北京市哲学社会科学"十一五"规划重点项目

北京市社会科学院重大课题

北 京 专 史 集 成

主 编 王 岗

北京手工业史

章永俊 著

人 民 出 版 社

《北京专史集成》课题组成员

总顾问：刘牧雨

总策划：戚本超

主　编：王　岗

特聘学术顾问（以姓氏笔划为序）： 王钟翰 、陈高华、
林甘泉、赵其昌、徐苹芳、曹子西、龚书铎、蔡美彪、
戴　逸

名誉顾问：陈之昌

执行策划：王　岗、李宝臣、刘仲华、章永俊

编委会主任：李宝臣

编　委：王　玲、尹钧科、阎崇年、王灿炽、吴建雍、
于德源、李宝臣、孙冬虎、袁　熹、王　岗、吴文涛、
郑永华

分卷主编：（见各卷）

课题组成员：王　岗、尹钧科、吴建雍、于德源、李宝臣、
袁　熹、邓亦兵、孙冬虎、吴文涛、何　力、郑永华、
刘仲华、张雅晶、赵雅丽、章永俊、何岩巍、许　辉、
张艳丽、董　焱、王建伟

课题组特邀成员：张　泉、齐大芝、赵志强、徐丹俍、
李建平、韩　朴、谭烈飞、马建农、姚　安、邓瑞全、
郗志群、宋卫忠等

丛书主编：王　岗

本书撰稿：章永俊

序

　　北京的历史文化，源远流长，博大精深，是中华民族优秀传统文化的结晶。北京市社会科学院历史研究所自成立以来，就一直从事北京历史文化的研究工作，30 年来，在全所科研人员的共同努力之下，取得了一些北京历史文化研究成果，其中，又以曹子西先生主编的《北京通史》为代表，在学术界和社会上都产生了较好的影响。而《北京通史》的问世，又为进一步深入研究北京历史文化奠定了一个较为坚实的基础。

　　2006 年，北京市社会科学院的领导对北京历史文化的研究工作加大扶持力度，提出把《北京专史集成》列入院科研重大课题，使得我院的北京历史文化研究从整体上进入了一个新的阶段。在此之前，历史研究所的科研人员已经开始对北京专史进行研究，如王玲女士撰写有《北京与周围城市关系史》，尹钧科先生撰写有《北京郊区村落发展史》，于德源先生撰写有《北京农业经济史》，吴建雍等人合写有《北京城市生活史》、《北京城市发展史》，等等，这些专史的问世把北京历史文化的研究逐步引向深入。但是，要想形成一套体系完备的专史研究系列，显然仅仅依靠个人的研究力量是不够的，必须组成一支力量相对强大的科研队伍，才能够完成系列专史研究的繁重工作。

　　正是在这种情况下，北京市社会科学院领导组织历史研究所的全体科研人员对《北京专史集成》课题进行了认真的论证。特别是课题总顾问刘牧雨院长和课题总策划戚本超副院长对课题中研究项目的编写原则和立项次序都给予了精心指导。经过论证，初步确定了《北京专史集成》课题的第一批研究项目，即：

1. 北京政治史；　　　　　　2. 北京经济史；

3. 北京农业史；　　　　　　4. 北京手工业史；

5. 北京商业史；　　　　　　6. 北京军事史；

7. 北京文化史；　　　　　　8. 北京文学史；

9. 北京美术史；　　　　　10. 北京学术史；

11. 北京著述史；　　　　　12. 北京戏剧史；

13. 北京风俗史；　　　　　14. 北京考古史；

15. 北京民族史；　　　　　16. 北京宗教史；

17. 北京佛教史；　　　　　18. 北京道教史；

19. 北京伊斯兰教史；　　　20. 北京基督教史；

21. 北京教育史；　　　　　22. 北京城市发展史；

23. 北京建筑史　　　　　　24. 北京园林史；

25. 北京陵寝史；　　　　　26. 北京地理学史；

27. 北京交通史；　　　　　28. 北京城市生活史；

29. 北京建置沿革史；　　　30. 北京对外交流史：

31. 北京水利史；　　　　　32. 北京饮食史；

33. 北京服饰史；　　　　　34. 北京环境变迁史；

35. 北京音乐史；　　　　　36. 北京名胜史。

这些研究项目，只是北京专史庞大体系中的一小部分，今后随着科研工作的不断深入，专史的项目也会不断增加。《北京专史集成》经过历史研究所论证之后，院领导又组织全院的专家学者对这个重大课题进一步加以论证，并且提出了很好的意见，对专史的撰写工作有很大帮助。

《北京专史集成》中的每部专史的容量，视其内容的多少，大致在30万字左右，有些内容较多的，字数可以多一些，反之，则会少一些。各部专史的时间跨度，一般始于远古，迄于新中国建立。有些部专史在撰写过程中，时间会有所下延。如《北京建置沿革史》，必须延续到新中国建立之后，才能够对今天北京政区的沿革状况有全面的叙述。各部专史的地域范围，也不是严格局限在今天的北京政区，而是根据不同朝代政区划分的变化而随之变化，如汉唐时期的幽州，辽代的南京析津府，金代的中都大兴府，元代的大都路，明清时期的北京顺天府，等等。政区范围的大小虽然会不断变化，但是其核心地区仍然是今天的北京。

《北京专史集成》的撰写，有很多难以处理的地方。例如，"专"和"史"的关系。"专"是指专门、专业，如在《北京宗教史》中，"专"是指宗教或是宗教学，而"史"则是指在北京历史上曾经发生或是出现过的、与宗教有关系的事件或人物，当然也包括相关的典制。如在《北京宗教史》中，我们所研究的佛教史，主要的着眼点不仅仅是在北京地区的禅宗、律宗、净土宗等佛教流派的发展、变化，更重要的，是着眼于这些佛教流派所产生的社会影响、其代表人物的社会活动、历代统治者和社会各界对这些宗教派别的态度，以及由此而产生的重要宗教事件，等等。我们认为，要想处理好"专"与"史"的关系，一方面，要掌握相关专业的基础知识；另一方面，又要对当时的历史状况有准确的认识，掌握宗教之外的政治、经济、文化等各方面的历史资料。只有这样，我们才能够正确认识不同历史时期宗教产生、发展和兴衰的变化历程。其他专史的撰写工作也是如此。

再如，"全国"和"地方"的关系，换言之，即"全局"和"区域"的关系。在北京成为全国的政治和文化中心之前，所有的北京史都是"地方史"，其所产生的历史影响也有着明显的"区域"性质。但是，当北京成为全国首都之后，在北京发生的许多史事除了具有"地方"和"区域"的性质之外，又具有了"全国"或是"全局"影响的特质。如"戊戌变法"、"五四运动"等，其影响范围之广，影响力之持久，显然不是局限在北京地区的。此外，由于北京的统治中心地位，有些发生在其他区域（甚至国外）的重大历史事件，也会对北京产生巨大的影响。如近代史上的"鸦片战争"、"太平天国运动"、"辛亥革命"，这些重大事件的始发地虽都不在北京，但其对北京的巨大影响甚至超过了在北京地区发生的一些事件。因此，如何处理好"全局"与"局部"的关系，在北京历史文化研究中确实是一个难度很大的问题。

《北京专史集成》课题立项后，得到了学术界和相关领导的大力支持。首先，是有一批德高望重的著名史学前辈在年事很高、工作繁忙的情况下，热情支持本课题的研究工作，慨然担任特聘学术顾问，并且对北京专史的撰写工作提出了珍贵的指导意见；有些史学前辈还在百忙之中审阅了部分书稿的内容。其次，是北京市哲学社会科学规划办公室的陈之昌主任和李建平副主任对本课题的重视，使《北京专史集成》得以被列为市社科规划重点课题。再次，本课题的出版工作得到了人民出版社领导的大力支持，在出版经费较少的情况下，得以立项出版。特别是资深历史学编审张秀平女士和诸多编辑人员，认真审阅全部书稿，并且提出了许多宝贵的修改意见，为各部专史的出版付出了辛勤的劳动。

北京市社会科学院历史研究所的一批批老专家学者们为北京历史文化的研究奠定了较好的基础，他们的退休对北京文史研究带来了一些影响。但是，许多已经退休的老专家仍然坚持工作在科研第一线，笔耕不辍。《北京专史集成》中的一些项目就是以他们作为骨干带领年轻同志完成的。一批批青年学子陆续来到所里，他们在科研能力上尚需锻炼，在学术见识上亟待积累，但是，他们有朝气，有吃苦耐劳的干劲，有新的更加开阔的视野，假以时日，他们在《北京专史集成》研究中的成果将会越来越多。我相信，在院领导的大力支持下，在社会各界的热心帮助下，在历史研究所全体新、老科研人员的共同努力下，持之以恒，《北京专史集成》将会为北京历史文化研究不断增添新的科研成果，为首都的社会发展和文化建设不断做出新贡献。

值此北京市社会科学院建院 30 周年、《北京专史集成》开始出版之际，是为之序。

王岗

2008 年 10 月

前　言

　　《北京手工业史》是北京经济史的一个重要组成部分。由于北京在中国历史中所占据的显著地位，使得对这个地区的手工业史加以研究具有特别重要的意义。在中国古代，早在先秦时期就有了较为精细的社会分工。历史文献有这样的记载："公食贡，大夫食邑，士食田，庶人食力，工商食官，皂隶食职。"（见《国语》卷十《晋语四》）其中，公、大夫、皂隶是社会管理者，士为战士，庶人为农夫，工和商并称，亦为劳动者。其中的"工"，就是这本专著研究的主要对象，既包括做工的人，也包括制作的工艺技术。

　　在中国古代，最早的工匠应该是石匠和木匠，从考古发掘的视角来看，我们所能见到的人类最原始的工具就是石器，包括石斧（又称砍砸器）、石刀（又称刮削器）等，这些石器的制作越来越精细，最后变成专业性很强、难度很大的玉器和石器雕琢工艺。在石器发展演进的过程中，木器的制作技艺应该是同步的，因为木器的制作比石器更容易一些，应用范围也更广泛一些，包括木锄、木矛，等等。但是，木制器皿保存的时间是很短的，且不说几十万年，就是几千年前的木器，如果没有特殊的保护方法，今天我们也已经很难见到了。因此，在现在的考古学中有石器时代、金石并用时代等名词，准确地说，石器时代应该被称为木石并用时代。

　　早在先秦时期，中国的手工业已经进入了相当发达的生产阶段，工匠们的分工也已经相当专业化了，在历史文献中，被统称为"百工"。而在政府职能部门中，也设置有管理工匠的官员，被称为工师、工尹、工正。在周代，每年三月，"命工师，令百工，审五库之量，金铁、皮革、筋角、齿羽、箭干、脂胶、丹漆，毋或不良。百工咸理，监工日号，毋悖于时。"（见《礼记·月令》）因此，对"百工"的管理，成为当时政府部门的一项重要职能，甚至被认为关系到社会的稳定。从隋唐时期建立三省六部制以后，对官营手工业中众多工匠的管理，又成为六部中的工部所承担的主要职责之一。

手工业生产在中国古代的有些地方，只能是农业生产的辅助产业，但是，在有些地方却已经成为"支柱性"产业。史称，姜太公被分封到齐国之后，因地制宜，大力发展手工业，"太公至国，修政，因其俗，简其礼，通商工之业，便鱼盐之利，而人民多归齐。"（见《史记》卷三十二《齐太公世家》）因为齐国邻海，有生产海盐的便利条件，故而使食盐的生产成为齐国手工业生产中的最大项目，卖盐所得也成为国家财政收入的主要来源。此后，历代封建政府都把食盐的生产与管理作为财政收入的一大来源。

在中国古代，手工业生产又与商业贸易有着极为密切的关系。在古代的许多城市中，都有一些著名的手工业作坊，它们所采用的，就是前店后厂的经营方式，手工业产品在后面的作坊中制造加工，然后再到前面的店铺中出售。这种经营方式，一方面保证了生产厂家的经济效益的最大化，避免了商家倒手加价的弊病。另一方面，又保证了自己产品的品牌可信度，避免了假冒产品出售的弊病。但是，这种经营方式只能是在生产规模较小的情况下才能够维持，如果生产的产品数量较大，厂家是很难保证把自己的产品全部都推销出去的，只能借助商家的销售渠道。

在中国古代，手工业生产又与农业生产有着极为密切的关系。在古代的广大农村，自给自足的自然经济形态占据了主导地位，一家一户的自耕农往往采用男耕女织的生产模式，耕田是农业生产，纺织是手工业生产，这种生产模式提供了一个家庭的主要生活来源。相关历史文献表明，在男耕女织的生产模式中，农耕收入所占比重较大，纺织收入所占比重较小。但是，在一些特殊环境下，如家庭中的男劳力丧生或是失去劳动能力，妇女的纺织生产收入就成为整个家庭的主要生活来源。由此可见，纺织生产在自耕农家庭中的位置还是相当重要的。

在中国古代，手工业生产又与科学技术的发展有着十分密切的关系。数学是许多科技发展的基础学科，而早在先秦时期，中国的数学就有了相当程度的发展，为手工业生产奠定了良好的基础，当时许多房屋的建造（如宫殿的高矮及宽窄）、器皿的生产（如礼器钟鼎的大小），甚至连城池方圆的丈量、街道宽窄的拓展，等等，皆是以数字为依据的。可以说，数字在中国古代的手工业生产中是无处不在的。又如冶金技术的发展，是与人们对金属客观属性的认知密切相关的，陶瓷的烧造，是与人们对窑洞温度的认识与把握密切相关的，等等。科学技术越发达，手工业生产的产品质量也就越高。

在中国古代，官营手工业生产一直占有显著的位置，所谓的"工商食官"，指的就是官营工匠和商贾。而在官营手工业生产中，居于主导地位的，则是盐业和冶铁铸造业生产，二者被古人简称为"盐铁"。古代的封建政府在全国各地设置了一大批管理盐业和铸造业的官僚机构，称之为"盐官"与"铁官"。这些官员除了负责生产过程的管理之外，还负责营销和征税的整个过程。而在盐铁生产过程中，劳动力的主要来源乃是罪犯，他们在犯罪之后被政府发配到盐场或是矿山，在十分恶劣的环境下从事劳动强度极大的生产，故而死亡率很高。他们的生产过程，给封建政府带来极为丰厚的财政收入。

在北京地区，手工业生产的历史是很久远的，这一点，我们通过人类活动留下的遗迹可以得到证明，在北京猿人生活的洞穴中，已经发现了当时制造的石器。至迟到了汉代，涿郡（属幽州）就设置有铁官，主持这里的冶铁生产。据后人统计，《汉书·地理志》中所载官府所设，有铁官38处、盐官29处、工官9处。涿郡的铁官，就是38处中的1处。到了东汉时期，"复置涿郡故安铁官。"（见《后汉书》卷四《孝和孝殇帝纪》）此后，历代封建政府往往在北京地区设置铁官，进行冶铁生产。而燕地因为没有盐业资源，故而也就一直没有盐官的设置。

到了元代，京城变成了官营手工业最为集中的地方，不论是生产种类之多，生产规模之大，产品质量之高，都达到了前所未有的程度。特别是元朝统治者采用的分类户籍制度，把手工业生产者皆定为匠户，世代承袭，不许与其他户种（如民户、军户、站户等）的民众通婚。一方面，确实束缚了大量手工业工匠的人身自由和剥夺了他们的许多权利；另一方面，也使得一些工匠的手艺得以父子相传，更加精湛，并传承不绝。这种匠籍制度，到了明代，逐渐衰落废止了。而官营手工业的发展，在北京仍然十分兴盛，一直延续到清代。

正是在明清时期，西方大机器工业生产兴起，很快就出现了一个新的时代——工业时代。在此之前的中国和西方相比，手工业生产的差距是不大的，准确说，是互有短长的。但是，随着大机器工业生产的不断发展，造成东西方之间生产能力的差距越来越大，中国开始明显落后于西方。到了清朝中后期，用西方大机器工业制造出来的洋枪洋炮终于轰破了中国古老的封闭大门，手工业生产无法与大机器工业生产相抗衡的道理已经是尽人皆知了。中国为了富强，也不得不走上发展大机器工业生产的道路。

在中国古代，手工业生产的发展并不落后于西方和亚、非、拉美的其他国家，但是，却没有能够率先从手工业生产转变为大机器工业生产，此中的根源何在？一直是研究中国经济史的专家们长期探讨的一个难题，目前，尚无人能够做出令人满意的回答。北京手工业史是中国手工业史的重要组成部分，迄今为止，还没有人对北京手工业史加以全面研究。永俊同志在来到所里以后，就欣然接受了这个难度较大的课题，经过广泛搜集相关资料，认真进行研究，取得了一些科研成果，这部《北京手工业史》就是成果之一，可喜可贺。我希望永俊同志能够继续努力，进一步深入研究，以北京手工业史为实例，来破解历史留给我们的诸多难题。

王岗

记于 2011 年 9 月

目　录

概　述

　　什么是手工业？手工业与小工业、轻工业、机器工业等有何联系与区别？这是我们编撰《北京手工业史》首先需要考虑的问题。

　　关于手工业的内涵及其与相关概念的关系，根据笔者掌握的材料，民国时期有关这方面的讨论较多，以下试举几例，如高叔康《中国的手工业》一书认为："手工业应分以下几项来说明：第一，就技术上的特质说，手工业的制造，全靠各人手艺的高低……手工业制品带着个人的色彩特别浓厚。第二，就组织形态说……小规模的手工业，即家庭制、匠人制及商人雇主制；大规模的手工业，即工厂制手工业等。自家庭手工业起至集中工厂手工业止，中国各地的手工业组织形态都存在着。然而手工业的组织形态，不能说各种各业都是依照这四种方式发展下去的。"[1]

　　郭子勋在《中国手艺工业概述》一文中说："手工业的定义必定要注意三点：（一）手工业团体所包括的手艺工人人数；（二）生产的方式（即是否全用手工或兼用机器）；（三）手艺工人在生产过程中的功能。"手艺工业的团体单位都不大，普通在 10 人左右。生产的方式，除间有采用小机器者外，大半沿用手工。而在功能方面，手艺工人于管理业务经营之外，兼作生产工作。[2]

　　大工业与小工业区别何在，方显廷《中国小工业之衰落及其复兴途径》一文指出："大工业多应用机械，在工场制度下，于城市交通便利之处，从事大规模之生产。小工业多应用手工，在主匠制或商人雇主制下，于城市或乡村，作小规模之生产。"[3]

　　此外，章元善就手工业、小工业与轻工业三者在手工比重、生产组织、原料来源、工具、动力、加工程度、产量等方面的差异，列出

《手工业、小工业、轻工业的分野》一简表[4]，甚为简洁明了，对于理解三者的特征颇有参考价值。

一般而言，手工业是相对机器工业来说的，因此其依靠技巧与手工劳动的比重较大。手工业在生产组织上，主要为家庭制。生产工具较为简单，社会分工不甚明显，产量不大，产品性质大多为自用品，等等。当然，这些特征主要反映在民间手工业上，官营手工业则另当别论。

笔者认为，在近代机器工业产生以前，所有工业形式皆可称为手工业。即便是以使用发动机为主的机器工业，其中有些环节也可能为手工生产。本书论及的北京手工业，正是基于此而言的。

为什么要编撰《北京手工业史》？换言之，其学术意义与现实价值何在？这是需要接着回答的问题。北京手工业史是北京经济史研究的重要组成部分，也是北京专门史中一个有待拓展深化的学术领域。从专史角度研究北京手工业的发展的来龙去脉，深入分析不同历史阶段的变化特点，不仅能展示北京手工业发展的清晰轮廓，而且可以获得对北京手工业中包含的诸多行业的深刻认识。就此而论，本书具有推进学科建设、拓展北京专门史研究的学术意义。从现实来看，深入挖掘北京手工业史研究中的诸多文化内涵，借以揭示传统手工业在现代社会中所蕴涵的社会意义和经济价值能为当前有关部门发展传统工业提供决策依据，对相关研究机构亦具有参考价值。

目前学术界有关北京手工业史的研究主要集中在以下方面：

一是中国经济史综述类资料、著作和论文，为研究北京手工业史的发展提供了基础资料和大量线索。如孙毓棠、汪敬虞、彭泽益、陈真、姚洛等编辑的《中国近代工业史资料》；童书业编的《中国手工业商业发展史》；严中平撰的《中国棉纺织史稿》；祝寿慈著的《中国近代工业史》；魏明孔主编的《中国手工业经济通史》，等等。

二是北京经济史综述类、著作和论文，其中有或多或少的北京手工业史的资料整理、科普介绍和学术研究。如孙健编撰的《北京经济史料》与《北京古代经济史》；杨洪运、赵筠秋编的《北京经济史话》和《北京工商史话》，等等。

三是北京手工业史的专题资料、著作和论文，程度不等地作了资料整理和学术研究工作。如李振兴主编的《北京工业志·综合志》；中国人民大学工业经济系编著的《北京工业史料》；中共北京市委党史研究室编的《北京早期工业史料选编》；张光钰编的《北平市手工艺生产合作运动》；包立德、朱积权的《北京地毯业调查记》；北京工艺美术研究所编的《北京刻瓷》；魏庆元的《北平制革工业调查报告》；彭泽益的《民国时期北京的手工业和工商同业公会》；仪德刚、张柏春的《北京"聚元号"弓箭制作方法的调查》，等等。

虽然已有的资料、著作和论文，从不同的层面和视角涉及到北京手工业史整理、介绍和研究，具有一定的科普价值和学术价值，但是从专门史的角度出发，仍缺少一部有学术深度的、系统研究北京手工业发展史的著作。这也是本书写作的初衷。

自先秦至 1949 年北京解放，北京手工业史主要经历了三个大的发展阶段：

一是元代以前，北京手工业处于初步发展阶段，官私手工业并存。

二是元明清（清前期）时期，随着北京政治文化中心的确立，官办手工业经济迅速发展起来，很多手工业都直接服务于封建统治的政治和文化需要。这一时期，北京的特种工艺、酿酒、烧制琉璃瓦业、文物古玩业等出现繁荣兴盛的局面。此外，家庭手工业占有很大比重，如棉纺织业、缫丝及粮食加工等基本上是在农民家庭中进行的。

三是 1840 年鸦片战争以后，北京的手工业发展相对迟缓，军火等官府手工业衰落，一些行业因受洋货排挤而减产、停产。不过，有些行业在新的原料、工具和市场需求的刺激下，技艺达到更高程度。在传统手工业普遍衰落时，新的手工业不断的出现。其中一类是从国外引进的，如火柴、制皂、铅石印刷、制西药、搪瓷等。这些新式工业引进后，或因机器设备昂贵，或因市场有限，改用手工制造，以后才逐渐使用机械动力。另一类是 20 世纪以后适应商品出口的需要发展起来的，如猪鬃加工、肠衣加工、桐油加工等。这些行业，随着出口的兴衰，起落不一。这一阶段，作坊和工场手工业占有相当的比重。

从长时段来看，北京手工业既有与中国手工业发展相似的演进轨迹，又有其鲜明的地域特色。例如，北京手工业的发展也经历了中国手工业的石器时代、青铜器时代、铁器时代，具有各历史时期的一般特征。然而，北京由于其独特的地理环境以及政治、文化等因素的影响，使其不可避免地富有自身的特征，明清时期的京师手工业即为政治、文化因素之于手工业发展影响的典型事例。

在资料的采撷和运用上，本书试图文献和考古资料的结合。充分挖掘北京地方志、档案以及相关的正史、实录、会典、类书、诗文集、碑刻等史料，对北京先秦至 1949 年新中国成立前的手工业发展进行全面系统的理论和实证研究。需要指出的是，在辽金以前，直接佐证北京手工业的文献资料相对有限，考古发掘报告及有关材料采用较多。

最后要说的是，作为专题通史，本书重在线索梳理和总体的把握上；限于篇幅，对有些问题未能作细致深入探讨。例如，政治因素、制度因素与文化内涵之于北京手工业发展的影响，就有待系统总结，本人拟在主持的国家社科基金青年项目《北京手工业史研究》（2009年）中对有关未能系统深入的专题进行进一步的研究。

注释：

（1）高叔康：《中国手工业概论》，商务印书馆 1946 年版，第 1—4 页。

（2）郭子勋：《中国手艺工业概述》，载《实业统计》第 2 卷第 6 期，1934 年。

（3）方显廷：《中国小工业之衰落及其复兴途径》，载《经济动员》第 2 卷第 3 期，1939 年。

（4）章元善：《手工业、小工业、轻工业的分野》，载《手工艺》第 5 期，1945 年。

第一章　石器时期

石器时期包括旧石器时代和新石器时代。在北京手工业发展史上，远古的石器时期是手工业的起源和最初发展阶段。旧石器时代，原始人类还主要是对石器和骨器的简单加工。到了新石器时代，不仅有较为精细的石器、骨器产品，还出现了原始的陶器。从旧石器时代向新石器时代的漫长演进中，当生产、生活用具需要的数量和品种愈来愈多，需要有一定的社会成员专门从事这种劳动时，生产、生活用具的生产就逐渐成为独立的手工业。

第一节　旧石器时代的手工业萌芽

1949 年新中国成立前，北京地区旧石器时代的考古发现主要有"北京人"和"山顶洞人"的遗址发掘。新中国建立以后，尤其是从 1990 年在北京地区进行广泛的考古调查表明：北京地区除周口店外也曾有旧石器时代不同时期人类劳动、生息过。截至 1998 年，发现可能属于旧石器时代的旷野地点或遗址 38 处：平谷县 12 处、密云县 3 处、怀柔县 10 处、延庆县 8 处、门头沟区 3 处、东城区和西城区各一处[1]。以上考古发现出土了数量不等的石器、骨器和装饰品。这些人工制品，还不是专门意义上的手工业产品，但对于研究北京手工业的萌芽和发展，无疑有着重要的价值。

一、"北京人"的石器与骨器

1929 年 12 月，在北京周口店龙骨山洞穴中发现了距今大约 50 万至 20 万年前的"北京人"，其生存时代在考古学上属于旧石器时代早期。[2]"北京人"是迄今发现最早生活在北京地区的原始人类,他们能够制造用于生产和生活的石器与骨器。这种石器,考古学家称为"初期旧石器",也就是最早的"手工业"制品[3]。

1. 石器

石片和石器不同于一般的石块,它是人类有意识地敲打或琢磨石块,造成锐利的边缘,以供使用的工具。

"北京人"遗址中出土的石片和石器约近 10 万件。石器使用的原料,早期主要为劣质的脉石英,后期水晶、燧石类原料有所增加,并尽可能地选用优质石英,表明长期的生产实践使"北京人"对岩石性质的认识逐步提高。[4]

考古学上把打石片称为第一步加工,把用石片修理成石器称为第二步加工。"北京人"制造石器在多数情况下也分两道工序:先打出石片,而后从中选坯,进而加工成器。

"北京人"生产石片曾用 3 种方法:砸击法、碰砧法和锤击法,并已初步懂得对不同石料采用不同的打片方法。用砸击法生产小型的石英片,用碰砧法打出大的砂岩石片,锤击法用于生产各种石料的石片。砸击法是主要方法,在同时代中罕见。存在大量砸击石片是"北京人"石器最鲜明的标志,也是世界上旧石器时代一个遗址内砸击石片出土最多的。[5]

"北京人"制造石器类似生产石片,也用 3 种方法,其中以锤击法为主要方法,占 97.05% 的石器是用锤击法加工成的。锤击加工的方式是多样的,有向背面、向破裂面,错向、交互打击和复向修理之别。其中向背面加工占石器总数的 49.66%,占锤击加工者 51.17%,它无疑是石器的主要加工方式。[6]

"北京人"的石器主要分两类:一类是生产石制品的石器,如锤击石锤、砸击石锤和石砧等;另一类是以加工生活资料为主要用途的石器,如砍砸器、刮削器、尖状器、雕刻器、石锥等。砍砸器形式多样,基本依砾石或石片原形状打制出刃口。刮削器是用石片加工制作,体积较小,按用途不同分为直刃、凸刃、凹刃、多边刃等。这类石器数量最多,占 75.2%。尖状器是石器中比较精致的一种工具,它是用石片或带尖的石块加工而成,类似三角形。尖状器的出现,反映"北京人"制作石器已具备一定水平。

"北京人"的石器功能相对简单,砍砸器的主要功能是砍劈树木,制作狩猎用的木棒,类似今日之斧或锛。刮削器主要用于刮削兽皮、切割兽肉等。尖状器用于割剥兽皮,挖掘植物根茎等,颇似今日尖刀的功能。

总观"北京人"加工使用的石器，其特点是以加工小型器为主。在漫长的岁月中，随着生产和生活经验的积累，"北京人"打制石器的技术也在逐渐提高。

2. 骨器

"北京人"是否制作和使用骨器，是中外学术界久已聚讼的问题，赞成或持异议的，均不乏人在。1931 年，法国考古学家步日耶教授（Prof. H. Breuil）在北京举行的中国地质学会议上，首次提出"北京人"遗址存在骨器[7]。后来他再次来中国时，又对所发现的碎骨和碎角进行研究，发表了一篇专文。[8]1933 年在步达生和德日进等合著的《中国原人史要》一书中，也就周口店的骨器作了扼要的阐述。[9]

贾兰坡也赞成"北京人"使用骨器之说。1959 年，他发表论文，提出："北京人"遗址中的许多碎骨"唯一的解释就是为当作骨器才来加工的"。[10]裴文中则持相反的意见，认为有的是为了"敲骨吸髓"打破的，有的是被"食肉类，特别是鬣狗"咬碎的，并不是骨器。[11]此后，两人围绕这个问题虽然在刊物上不断地进行讨论，但未能得到圆满的解决。

到了 20 世纪七八十年代，贾兰坡多次撰文表达他的观点。他认为，"北京人"遗址发现的兽骨绝大部分是破碎的，破碎的原因很多，可以肯定有一部分是制作的骨器。因为破碎的骨片和鹿角上不仅有人工打击的痕迹，而且有加工的痕迹。[12]他进而指出，打碎还包括着两种目的，一是为了取食脑髓和骨髓；另一个是为了制作骨器。所发现的肿骨鹿（Giant Deer）的掌状角（Palmate Antlers）和斑鹿的角，多被截成了段，有的保存了角根，有的保存了角尖。角根一般保存有 12—20（厘米）长，多有清楚的砍砸痕迹。角尖可以用作挖掘工具，尖头有沟痕和擦痕即是证据；角根可当锤子使用。破碎的鹿肢骨发现很多，特别是桡骨和蹠骨，常常把一头打击成尖，大的长骨常常是顺着长轴劈开，再把一头打击成尖形或刀形。还有许多骨片，在边缘上具有多次打击的痕迹。此外还发现过上百个鹿头骨，把大部分的骨都打掉，只保留下头盖部分，除了把它看作是盛水的器皿，难以有别的解释。"北京人"的头骨也只保留下像瓢儿式的头盖，恐怕"北京人"也曾拿它们当作盛水的器皿使用过。[13]

张森水则从观察无争议时代骨器（指打击骨器）入手，同时进行"北京人"遗址碎骨的整理和研究，到以打击骨器和敲骨吸髓的试验研究，使这个问题更接近于实际。他在观察研究 500 多件遗址碎骨后认为，"北京人"拥有打击骨器，但数量很少，约占观察过碎骨的 2%。把这些连续打击的、打击疤总长度超过 20 毫米的碎骨看作是打击骨器，则它们大体可分为两个类型：边刃器和尖刃器。前者相当于石器中的刮削器，后者则类似石器中的尖刃器。其加工方法都是用锤击法，加工方式有向外的、向内的、复向的和错向的。[14]

二、"山顶洞人"的石器、骨器及装饰品

"山顶洞人"遗址因在周口店龙骨山山顶而得名，发现于 1933 年。"山顶洞人"生活年代大约距今 18000 年前，属于旧石器时代晚期。"山顶洞人"的手工制品有石器、骨器和各类装饰品，骨器中以骨针最为重要。

"山顶洞人"加工使用的石器和骨器数量均不多。有人工痕迹可以判断为石器的只有 25 件，所用原料有砂岩、脉石英与燧石。石器器形有砍砸器、刮削器和石片，其中，3 件砍砸器由砂岩打制而成。刮削器用燧石和脉石英制成，有单直刃、单凹刃和平端刃 3 种。其中一件单凹刃刮削器制作较为精致。两件石片的制作继承了"北京人"石器制造方法。[15]骨制品中具有代表性的仅有一枚磨过的骨针，另外还有磨光的赤鹿角、梅花鹿下颌骨各 1 块。[16]"山顶洞人"的石器、骨器打制方法大多较原始，但其骨针制作技术已达到相当水平。骨针残长 82 毫米，针孔残缺，针眼用尖状器对刮而成。针身直径最粗处是 3.3 毫米，针眼最大直径为 3.1 毫米。针尖圆锐，针身刮磨得通体光滑、略有弯曲。骨针的使用，表明早在距今 2 万年左右，"山顶洞人"就已经能用兽皮之类缝制衣服了。

"山顶洞人"利用各种质料制成装饰品，诸如，穿孔的兽牙、穿孔海蚶壳、钻孔石珠、钻孔小砾石、穿孔鲩鱼上骨、刻沟的骨管等，共140 多件。其中以穿孔兽牙最多，共 120 枚，系用各种动物的牙齿制成。其中，有獾的牙齿 60 枚，狐的牙齿 37 枚，鹿的牙齿 17 枚，黄鼠狼的牙齿 2 枚，虎的牙齿 1 枚，野猫的牙齿 1 枚，另外还有 2 枚不知名的兽类牙齿。[17]穿孔海蚶壳的孔，是在石头上磨出来的。穿孔小砾石的孔，则是从砾石两面对穿而成。鲩鱼眼上骨，是在边缘处钻一小孔，表面用赤铁矿粉染成红色，这种用鱼眼上骨作装饰品还很少见。最为精致细巧的装饰品是一种穿孔小石珠，最大直径仅 6.5 毫米，白色石灰岩制成，作多面体，表面为不规则形。其制作经过磨和钻的技术而成，即中间钻一圆孔，再在其表面涂上红色的赤铁矿粉。装饰品需磨、挖、钻、两面打通等技艺，加之许多穿孔装饰品都染成红色，更增加

了制作的难度。"山顶洞人"制作和使用的装饰品,反映了当时生产力的发展和他们的生活水平已经有所提高。这些装饰品,也可以说是我国古代最早的工艺品。[18]

三、考古新发现遗址中的石器和骨器

如前所述,20 世纪 90 年代,在北京地区城郊发现旧石器早、中、晚期的旷野遗址 38 处。兹列表如下。

北京地区新发现的旧石器地点一览

序号	地点名称	地理位置	发现时间	材料摘要	时代
1	马家坟	平谷靠山集乡	1990 年	石制品 26 件(19 件地层,7 件地表),其中石核 3 件,石片 18 件,刮削器 5 件	中期
2	罗汉石	平谷靠山集乡	1990 年	石核 2 件,石片 5 件,刮削器 3 件(地表)	晚期
3	马家屯	平谷韩庄乡	1990 年	石核 2 件,石片 12 件,刮削器 6 件(地表)	晚期
4	上堡子	平谷靠山集乡	1991 年	石核 1 件,刮削器 1 件(地表)	晚期
5	刘家沟	平谷靠山集乡	1991 年	石核 1 件,刮削器 1 件(地表)	晚期
6	海子	平谷韩庄乡	1991 年	石片 4 件,刮削器 1 件(地表)	晚期
7	洙水	平谷韩庄乡	1991 年	石片 1 件,刮削器 1 件(地表)	晚期
8	小岭	平谷南独乐河镇	1991 年	石核 1 件(地表)	晚期
9	豹峪	平谷南独乐河镇	1991 年	石核 1 件,石片 3 件,刮削器 2 件(地表)	晚期
10	甘营	平谷南独乐河镇	1991 年	石片 3 件,刮削器 4 件(地表)	晚期

（续表）

序号	地点名称	地理位置	发现时间	材料摘要	时代
11	夏各庄	平谷 夏各庄乡	1991 年	石核 1 件，石片 1 件，刮削器 3 件，具有人工痕迹小石块 1 件	晚期
12	安固	平谷 夏各庄乡	1991 年	石核 1 件，石片 2 件，刮削器 6 件，尖状器 1 件（地表）	晚期
13	黄土梁	密云 上甸子乡	1990 年	石制品 50 余件（16 件地层，34 件地表），其中石核 24 件，石片 19 件，刮削器 4 件，砍砸器 5 件，具有人工痕迹的石块 10 件	早期
14	松树峪	密云 太师屯镇	1990 年	石制品 5 件（1 件地层，4 件地表）	中期
15	东智北	密云 溪翁庄镇	1990 年	石制品 22 件（8 件地层，14 件地表）	晚期
16	帽山	怀柔喇叭沟门乡	1991 年	石制品 14 件（4 件地层，10 件地表），其中石核 5 件，石片 4 件，刮削器 1 件，砍砸器 4 件；犀牛牙齿化石 1 枚	中期
17	四道穴	怀柔喇叭沟门乡	1991 年	石制品 9 件（2 件地层，7 件地表），其中石核 1 件，石片 4 件，刮削器 1 件	中期
18	西府营	怀柔喇叭沟门乡	1991 年	石制品 12 件（4 件地层，8 件地表），其中石核 4 件，石片 9 件，刮削器 1 件，砍砸器 1 件	中期
19	长哨营	怀柔 长哨营乡	1991 年	石制品 6 件（5 件地层，1 件地表），其中石片 4 件，砍砸器 1 件，石核 1 件	中期
20	七道河	怀柔 七道河乡	1991 年	石制品 7 件（地表）	中期
21	宝山寺	怀柔 宝山寺乡	1992 年	石制品 3 件（1 件地层，2 件地表）	中期

（续表）

序号	地点名称	地理位置	发现时间	材料摘要	时代
22	转年南梁	怀柔宝山寺乡	1996 年	石制品 4 件（地表）	中期
23	鸽子堂	怀柔宝山寺乡	1996 年	石制品 1 件（地表）	中期
24	杨树下	怀柔宝山寺乡	1996 年	石制品 3 件（地表）	晚期
25	东帽湾	怀柔汤河口镇	1996 年	石制品 1 件（地表）	晚期
26	茶木沟	延庆沙梁子乡	1992 年	石制品 387 件（260 件地层，127 件地表）	中期
27	路家河	延庆靳家堡乡	1992 年	石制品 27 件（11 件地层，16 件地表）	中期
28	沙梁子	延庆沙梁子乡	1992 年	石制品 12 件（5 件地层，7 件地表）	中期
29	古家窑	延庆千家店乡	1993 年	石制品 10 件（1 件地层，9 件地表）	中期
30	辛栅子	延庆千家店乡	1993 年	石制品 6 件（1 件地层，5 件地表）	中期
31	三间房	延庆花盆乡	1993 年	石制品 1 件（地层）	中期
32	河北村	延庆花盆乡	1993 年	石制品 1 件（地层）	中期
33	佛峪口	延庆张山营乡	1993 年	石制品 2 件（地表）	晚期
34	王坪村	门头沟色树坟乡	1993 年	石制品 2 件（地表）	中期
35	西胡林	门头沟军响乡	1993 年	石制品 1 件（地层）	晚期

（续表）

序号	地点名称	地理位置	发现时间	材料摘要	时代
36	齐家庄	门头沟齐家庄乡	1993 年	石制品 2 件（1 件地层，1 件地表）	晚期
37	王府井	东方广场东城区	1996 年	标本 1500 余件，其中石制品 700 余件，还有骨制品和伴出的哺乳动物化石及用火遗迹	晚期
38	西单中银大厦	西城区	1997 年	石制品 1 件（地层）	晚期

资料来源：郁金城、李超荣：《北京地区旧石器考古的新收获》，见苏天钧主编：《北京考古集成2—4》，北京出版社 2000 年版，第 4—5 页。

从以上考古材料来看，北京地区发现的石器数量并不多，但有少数地点例外。骨制品更为稀少，仅见于旧石器晚期。

密云县上甸子乡的黄土梁地点出土的旧石器早期石制品，原料以劣质的安山岩为主，打片采用锤击法，偶尔采用碰砧法，加工方式为向背面，石制品较粗大，多数在 60 毫米以上。[19]

旧石器时代中期地点共发现 18 处，制作石器的原料以安山岩为主，另外还有脉石英、石英砂岩和燧石等。打片技术采用锤击法，偶尔也可能使用碰砧法；加工石器的素材主要为石片，这是以石片工业为主的工业。石器类型以刮削器为主，石器的第二步加工比较精细，且以向背面加工为主。[20]

旧石器时代晚期遗址在城郊都有发现，共计 19 处。旧石器时代晚期的中国北方存在着 3 种工业，其一为小石器工业，其二为细石器工业，其三为细石器与小石器共存的工业。[21]北京地区已知的有两种工业，即第一种和第三种。目前发现的旧石器晚期的 20 处地点里，平谷县马家屯、小岭两处属于第三种工业，其余 18 处均为小石器工业（含山顶洞人遗址）。东城区王府井东方广场出土的石制品，有石核、石片、石锤、石钻、刮削器和雕刻器等，原料以燧石为主，多为石片石器。骨制品有骨核、骨片、骨器，有些骨片上有人工砸击和刻划的痕迹，还有些骨制品和石制品上附着赤铁矿粉。[22]王府井遗址出土的骨器和人工刻划痕迹的骨片是继山顶洞发现之后的又一重要发现，在华北地区亦不多见。它为研究我国旧石器时代晚期骨器的制作技术和艺术品的研究提供了珍贵的材料。[23]

第二节　新石器时代的原始手工业

在大约距今 1 万年至四五千年期间，北京地区处于新石器时代。北京新石器考古是在新中国成立以后才进行的。到 20 世纪 80 年代末，已知北京地区的新石器时代遗存达 40 余处[24]，早、中、晚期的代表性遗址有门头沟东胡林，怀柔转年，平谷上宅、北埝头，房山镇江营，昌平雪山等。这些遗址的手工业遗存比较丰富，石器、骨器不仅类型多样，而且磨制品的数量增多。陶器的出现，开辟了新的生产领域，扩大了生活用具的使用范围。陶器制作成为原始手工业的重要部门。值得注意的是，新石器时代的古陶窑址在北京地区开始有所发现。

一、早期遗址的手工制品

距今 1 万年左右的东胡林遗址和转年遗址，是北京地区重要的新石器早期遗址。东胡林遗址是 1966 年 4 月考古工作者在门头沟区东胡林村西侧发现的，出土了两个成年男性个体和一个 16 岁左右的少女个体，内有所谓"东胡林人"制作的装饰品。2001—2006 年，东胡林考古队又进行 4 次考古发掘，发现了比较丰富的石器、骨器、蚌器和陶器。转年遗址位于怀柔县宝山寺乡转年村西，发现于 1992 年，1995—1996 年进行正式发掘，出土了数量众多的石制品、少量的陶器碎片和动物骨骼等。[25]

1. 东胡林遗址[26]

（1）石器

"东胡林人"的石器种类有打制石器、磨制石器与细石器等，以打制石器居多，其次是细石器，磨制石器的数量很少。所用石料多取自河滩砾石，质地有凝灰岩、砂岩、页岩、花岗岩、脉石英、燧石等。

打制石器的器类包括砍砸器、刮削器、尖状器等。大多加工比较简单，有的稍加打制即成；少数制作较精细，采用两面加工方法，刃部较锋利。

细石器的种类有石核、石片、石叶等，多用燧石制成，加工较为精细。

磨制石器的数量较少，仅见小型斧、锛类器。一般只是局部磨光，器身仍保留着打击疤痕；仅个别小型器物通体磨光，制作较精细。

石制品中有多件琢磨而成的石磨盘、磨棒。磨盘一般平面近椭圆形。磨棒分为两种，一种剖面近圆角方形，另一种剖面呈圆形，后者比前者制作更为细致。此外,还有石臼和用于研磨赤铁矿颜料的石研磨器。

（2）骨器

骨器的种类主要有锥、笄、鱼镖、骨梗石刃刀等,皆用动物肢骨制成,加工较精细,磨制光滑。骨梗石刃刀,残长 11.4 厘米,骨梗上部刻有花纹,发现时尚有一枚石刀片嵌在槽中。

（3）蚌器

蚌器主要是用蚌壳或螺壳制作的装饰品,一般在一端或两端穿孔,可供系挂。

（4）陶器

发现的陶器皆为残片,共计 60 余件。多数为器物的腹部残片,也有口沿和器底。均为夹砂陶,有夹粗砂和夹细砂之分;其中夹粗砂者占多数,器表多不光滑。陶片表面一般为红褐色或灰褐色,因烧制火候不高,大多颜色斑驳,质地也比较松软。陶器表面大多为素面,少数饰有附加堆纹、压印纹。有的陶片采用了泥条筑成法,有的则呈片状脱落。器底一般为平底器,未见圜底器。陶器的器形主要有平底直腹盆(或称盂形器),有的可能属罐、碗等类器。应当说,"东胡林人"的制陶技术还较原始,具有早期陶器的显著特征。

（5）装饰品

20 世纪 60 年代的考古发现主要是装饰品。在少女的颈项周围,发现有 50 多枚穿孔小螺壳制成的"项链",螺壳大小相当匀称,最大者为 18(长)×16(宽)×11(厚)(毫米),最小者 11.5×8×6(毫米)。少女的腕部,佩戴着一副用 7 枚牛肋骨截段磨制串联而成的"骨镯",骨管形状稍扁,长短相间排列,其中长型 4 枚,为 39(长)×17(宽)×9.5(厚)(毫米);短型 3 枚,为 29×22×10(毫米)。

另外,尚有残破蚌类的壳制品两件,一件已裂成 3 块,复原后可见其顶端钻有小孔 2 个,系由两面对钻而成或作装饰品,具体用途不明。另一件为扁平的长棒,在上端亦钻有孔,孔处断裂只有半个钻孔被保存,残留部分长 37.5 毫米、宽 7.5 毫米,可能是坠饰[27]。

"东胡林人"的装饰品,制作得比较精致美观,反映了当时人们工艺制作的技术水平。

2. 转年遗址[28]

数量众多的打制石器、细石器、磨制石器、石容器和陶器共存,是转年遗存的突出特点。尤其是与陶器共存的石容器和大量的典型细石器,在北京地区还是首次发现。

（1）石器

转年遗址出土的石制品约1.5万余件。石制品包括打制的小型石器，有砍砸器、盘状器和石片等，还有细石器，即石核、刮削器、细石叶和碎屑等；此外还有少量磨制石斧、磨棒、磨盘和石容器残片。出土的石器以典型的细石器最引人注目，不仅制作精细，数量也较多，尤其是楔型、铅笔头型细石核以及细石叶和圆头刮削器等，具有中石器时代特征的典型细石器工艺传统。石磨盘和磨棒也具有早期石器的特征，尤其是小型石斧和石容器多选用石质硬度较低的石料磨制而成。

（2）陶器

陶器的种类简单，仅发现筒形罐和盂等残片。陶质以夹砂褐陶为主，火候不均，质地疏松，硬度较低，陶土中羼杂有大量石英颗粒。陶片颜色不纯，有的陶胎呈黑色，似未烧透。陶片内表面粗糙、外表面经打磨较为光滑，有的呈黄褐色或灰褐色、除个别口沿处施附加堆纹或凸纽装饰外，均为素面。从陶片残断面观察，可看出片状贴筑的痕迹，有的陶片内外成片脱落，表现了早期陶器的特征。

二、中期遗址的手工制品

北京地区新石器中期遗址有房山镇江营，平谷上宅、北埝头，昌平雪山一期、林场、马坊，密云燕落寨等处，约距今8000至6000年前。古人类在这些地点活动期间，留下了丰富的手工制品。

1. 镇江营遗址[29]

镇江营遗址位于房山区西南的北拒马河南岸，1959年发现，1986—1990年进行了大面积发掘，取得了重大成果。镇江营遗址地层堆积共分为四期，其中前三期为新石器中期的遗存。

（1）石器

镇江营一期使用的工具是大量打制石器和少量磨制石器，器形有砍砸器、刮削器、石磨盘、石磨棒、石斧、石凿等。其中斧凿等磨制石器只将刃部磨光，用于砍伐加工树木；磨盘、磨棒用于加工谷物、果实。镇江营二期基本使用磨制石器。

（2）陶器

镇江营一期陶器以夹云母粉的红陶为主，器表为均匀的红色，也有外表多红色，并夹杂着灰色、黑色斑块。器表素面为主，个别器表局部有锥刺纹和划纹。器形以圆底为多，虽有三足器和圈足器，但其容器底部仍是圆的。器物分为两大类：一类是炊煮器，主要是大口圆底的釜、器盖、盆、支脚等；另一类是盛储器，有盆、小口壶、钵等。

陶器胎质软，推测是采用露天式、覆烧方法烧成，烧成温度低。用泥片接筑法制陶，胎壁厚薄不匀，陶器易残断。

镇江营二期陶器有夹云母陶器、钵、鼎、小口双耳壶、器盖、支脚等，还有泥质陶钵、盆和小口双耳壶。与镇江营一期不同是鼎的数量增多，但少了圆底盆，出现了泥质折口壶和乳丁纹罐。

镇江营三期典型器物有夹云母褐陶双桥耳侈口罐、小口高领广肩罐、双桥耳直口罐和泥质红陶彩陶钵等。

镇江营遗址中新出现的三足（如褐陶三足钵、红陶釜和支脚）、双耳（如红陶小口双耳壶）和带把器皿，不仅使器物放置更加平稳，提携和使用更为方便，也增加了器物的美感，是制陶工艺上的一大进步[30]。

2. 上宅遗址[31]

上宅遗址位于平谷区韩庄乡上宅村西北，1984年北京市进行文物普查时发现，出土石器、陶器及小型陶塑和石雕3000余件。该遗址地层堆积共分8层。除第一、二层为耕土层、扰乱层外，其余6层可分为三期。第一期为第8层；第二期为7—4层，是该遗址的主要堆积，第二期又可分早（7、6两层）和晚（5、4两层）两段；第三期为第3层。

（1）石器

上宅遗址的石器大多是打制或磨制的大型石器，也有少数细石器。第一期仅为几件打制粗糙的盘状器、磨制的石铲和磨棒，及少量细石器碎片。细石器多数是用间接打制法制成的长条形石片，种类有石镞、尖状器、刮削器、复合刃器等。第二期早段打制石器较多，晚段磨制石器数量增加。

上宅遗址的石器主要作为生产工具，如用于狩猎的尖状器、掷球、弹丸、石镞，用于农业和采集业的斧、凿、锛、铲、磨盘、磨棒、石球和柳叶形石刀等。其中以单面起脊斧状器和盘状磨石最具有代表性。单面起脊斧状器的形状似石斧，一面起脊，刃圆钝。起脊的一面琢制精细，另一面则保留了自然面。石质属辉长岩，长约16.8厘米、宽7.2厘米、厚4厘米。盘状磨石是利用天然卵石或较平整的石料打制成的，呈圆饼形或半球形、或再琢制修整，为花岗岩质。该磨石底径10.5厘米、顶径8.4厘米、通高4.5厘米。值得特别提出的是在遗址中发现的复合刃器，刃为燧石质，呈扁条形，一面开刃，镶在一硬度较软的石质刀身的凹槽内，出土时刃部与刀身分离。

（2）陶器

上宅遗址的陶器出土数量很大，可复原的器皿有 800 余件。陶质以夹砂陶为主，亦有少量泥质陶。陶器皆为手制，用分片贴筑法和泥条盘筑法制成。值得注意的是，典型器物中没有三足器，没有支脚或支座，未见彩陶和绳纹。

第一期以压印组合纹夹砂褐陶为主。陶胎中多含有滑石粉末。器形以厚胎大口筒形罐为主，有的罐底厚达 2.5 厘米左右。器表皆施以整齐的压印组合纹，即口沿处有数圈凹弦纹，其下为麻点状附加堆纹，最下为网格状纹，而且纹饰布满全身。

第二期以夹砂陶和夹滑石粉末陶为主，并有少量泥质陶。由于采用露天烧制，因而造成颜色不匀的现象。器表多呈褐色或灰褐色，个别呈外红内黑。泥质陶为红褐色或红色，有上红下灰（如“红顶碗”）。大多数陶器表面都有纹饰，主要有抹压条纹、压印之字纹、箆点纹和划纹。器形以平底器为主，并有圆底和圈足器。陶器种类主要有深腹罐、盂、钵、碗、盆、杯等。其中，第二期早段以夹砂陶施抹压条纹为主，晚段泥质陶和划纹增加，划纹形式多样，有方格、回字形、波折形等纹样。

第三期则以泥质红陶为主，还有夹砂褐陶和灰褐陶，器表多为素面，少数施压印弦纹和划纹等，主要器物有口沿处压印一周弦纹的红陶钵和“红顶碗”、及盆、罐等类。

陶器主要作为生活用具，分别用于炊煮器和盛储器。炊煮器主要是深腹罐，一般体形较大，是上宅遗址的代表性陶器。盛储器可分为碗、钵，一般体形较小，表面有纹饰。

上宅遗址出土的夹砂深腹抹条纹罐，从器形与纹饰分析，既含北方文化因素，又反映受中原文化影响，充分说明南北两种文化系统的互相接触与交融。

尤其需要提到的是，1987 年 9 月，在上宅村北高地发现陶窑一座，附近还发现 7000 平方米以陶器石器为主的堆积层，厚处达 4 米。出土陶器 1000 余件，有碗、罐、钵、鬲、猪等[32]。据文博专家马希桂推测，这里应是一处新石器时代的大型制陶窑场[33]。

（3）装饰艺术品[34]

上宅遗址还出土了一些陶塑、石雕艺术品，如石质和陶质耳珰形器、石猴形饰件、石鸮形饰件、石龟、陶塑猪头、空心陶球、鸟首形镂孔器等，件件造型精致、形象生动，展现了新石器时代北京地区的雕塑艺术成就。

耳珰形器有石质和陶质的。又分两种型式。1 型上部为一圆锥形尖，中部出一伞状沿，下部为一圆柱体。2 型无上部圆锥尖，整体状似蘑菇，下面圆柱体比 1 型略粗。石质的耳珰型器 1、2 型均有发现，均为黑色滑石制成。1 型上、中部磨光，漆黑油亮，下部圆柱体未经细磨，留有较粗糙的加工痕迹。2 型只是上部伞状蘑菇头磨光，下部较粗糙。陶质耳珰型器只发现有 1 型。

石猴形饰件为黑色滑石质。状似小猴，头部雕刻出眼睛、眉毛、耳朵、鼻、嘴，下部为一蝉形身子，肩部有一横向穿孔。全长 3.1 厘米、最宽 1.4 厘米、最厚 1.35 厘米、孔径 0.5 厘米。

石鸮形饰件为黑色滑石质。整体呈三棱锥形，有一贯孔为双眼，眼上有鸡冠状凸棱，凸棱之下有双耳，两侧有刻划线痕，平底未经精细加工。通长 2.8 厘米、通高 1.9 厘米、孔径 0.6 厘米。

小石环呈黑色滑石质，已残，磨制，较粗糙。外径 2.1 厘米、内径 0.8 厘米。

小石龟用滑石雕成。通长 4.5 厘米、体厚 1.5 厘米。石龟小巧玲珑、传神逼真。龟首有一穿孔，应是供佩戴之用的。

陶塑猪头为泥质红褐陶，仅存头部，颈以下残断。头形瘦长，双耳较小向后背，拱嘴较长，两侧刻划獠牙一对。

空心陶球为泥质红陶质，壁很薄，素面无纹。内装一实心陶丸，夹细砂黄褐陶质。摇晃时陶丸可滚动作响。球直径 2.4 厘米、壁厚 0.1 厘米，陶丸径 1.1 厘米。

鸟首形镂孔器用夹砂陶制成，红褐色，掺有滑石粉。设计十分精巧，顶部为鸟头形，腹部有四道长方形镂孔，遍体为羽状交叉划线纹饰。该器下部略残，残件高 21.8 厘米、壁厚 0.8 厘米，为其他新石器时代遗址所未见过的器物。根据形制，推测可能用于祭祀的器物。

此外，还发现石羊头形饰、陶羊头形饰、陶蚕形饰、陶海马形饰等。

3. 北埝头遗址[35]

北埝头遗址位于平谷区大兴庄乡北埝头村西，东距上宅遗址约 30 公里，1984 年发现。出土器物主要为石器和陶器。石器有石斧、石凿、石磨盘、石磨棒和盘状器、细石器等。陶器的种类比较简单，均为手制。

（1）石器

石器有 73 件，其中细石器约占 1/3，由硬度较高的燧石石料打制而成，采用直接或间接打击法，有一些石器的刃部经过二次加工，仍残留着新石器时代早期的某些特征。细石器有狩猎用的石镞、石核及柳叶形石刀、尖状器、刮削器等，其中以柳叶形细石器最为典型。大型石器有盘状磨石、斧、铲、磨盘和用来渔猎的石饼、石坠等，其中，数量众多的盘状器和两端呈半圆形或方形的平底板状磨盘具有一定的特色。

（2）陶器

陶器可以辨明器形的93件，其中完整的陶器数量不多。器类有大口深腹罐、圈足器、碗、双系小杯、鸟首支架形器，以及磨制的圆形陶饼、残磨盘碎片等。以大口深腹罐的数量最多，形状有大有小，但口沿特征基本一致，都是厚圆唇。其次是各种形状的圈足器。此外，该遗址出土的陶磨盘，是其他地区少见的。

陶质以夹砂陶为多，泥质陶很少。夹砂陶一般都掺滑石粉，陶色多褐色及红褐色。由于火候不匀，一件陶器上往往有几种不同颜色。少量泥质陶为橘红色。遗址中也未见有彩陶。陶器制作全部为手制。一些陶器残断的口沿上残存泥条贴筑痕迹。陶胎普遍比较厚重，厚薄均匀。尤其是掺滑石粉的器物，内壁及底部压磨平滑。在陶器上，为缀合裂隙而钻孔的现象普遍，钻孔皆外大内小。纹饰以压印的之字纹数量最多，其次为划纹、刮条纹、篦点纹、戳刺纹等多种。素面陶较少。

北埝头遗址也出土了陶制鸟首支架形器。从其形制来看，圆筒形的壁比较薄，而且还有镂孔，若作支座使用，支撑力很有限，推测有可能是一种祭祀用的器物，而非日常生活实用器。

从出土的陶器可以看到，当时制陶技术已有一定的水平，已懂得一些陶器缀合修补技术；但也说明当时要制作一件形制比较大的陶器还比较困难，陶器生产的数量也很有限。

4. 雪山一期遗址[36]

雪山遗址位于昌平区雪山村，发现于1961年。该遗址可分为三期，其中第一、二两期属于新石器时代。雪山一期遗址约距今6000多年。

（1）石器

石器以磨制方法为主。种类有刀、斧、锛、凿、磨盘与磨棒，以及细石器镞等，尤其是石刀较多，大多用作农业生产或狩猎工具。

（2）陶器

陶器以夹砂陶为大宗，陶色以褐色为主，灰、黑陶少量；其次是掺贝粉的泥质红陶，纯泥质陶很少。器表多素面，有一定数量的彩陶，少见绳纹等拍印纹饰。彩陶图案有垂带纹等。陶器大多数为平底，少数带圈足，未见三足器。器类以双耳罐为主，还有钵、壶、盆、豆等，另有从事原始纺织业的陶纺轮。陶器采用手工捏制或泥条盘筑法成形。

值得注意的是，在雪山一期发现有红陶尊。尊是一种鼓腹侈口高圈足的酒器，尊的出土表明，可能在新石器时代中期，北京地区就可能已经出现了酿酒业[37]。

三、晚期遗址的手工制品

北京地区新石器晚期遗址有昌平雪山二期、曹碾、燕丹，平谷刘家河，密云坑子地，海淀清河镇，房山镇江营四期和丁家洼等处。

1. 雪山二期遗址

雪山二期的遗存最为丰富，遗址约距今 4000 多年。与雪山一期相比，陶器种类明显增加，不过，石器中仍有石核、石镞等一定数量的细石器。

（1）石器

石器有斧、凿、锛、刀、环、镞、刮削器、石核等物，其中石斧数量最多。大型石器以磨制为主，且大多通体磨光，加工精致。

（2）陶器[38]

陶器以夹砂和泥质褐陶为主，其次是泥质黑陶，灰陶和红陶。黑陶的出现是这一时期陶器生产的新成就[39]。泥质黑陶的里外面均为黑色，但陶胎是红色或灰色的。只有极少数薄胎陶是纯正的黑陶。此外还有少量的薄胎白陶。器表有纹饰，以绳纹为主。器类很多，以有耳的、无耳的、高领的、矮领的诸多形制的深腹罐为主，其次是平底盆、折腹盆，另外还有鬲、甗、鼎、器盖等。

这一时期，除仍沿用手制外，还发明了用陶轮制作陶器。一般用在器形稍小的盆、壶、罐、碗类泥质陶器上。陶轮的使用大大提高了陶器成型的质量，器壁渐薄，器型规整匀称，这是制陶技术上划时代的一次飞跃与成就[40]。

2. 镇江营四期遗址[41]

镇江营四期遗存的陶器有早晚之别。早段以泥质陶为大宗，其次是夹砂陶，纹饰以素面居多，绳纹占 20% 左右。陶器器形比较简单，以罐为主、还有盆、钵、器盖等；晚段以夹砂陶为主，还有泥质陶，绳纹约占 65%，素面为 20% 左右。陶器器类丰富，有鬲、盆、碗、甗、斝、罐、甑、盘和陶环等。与雪山二期遗存相比，未见带把陶杯和鬼脸式鼎足。

镇江营四期遗存与雪山二期遗址在陶系和基本陶器组合上相同或

相近。陶质以夹砂和泥质灰陶为主，磨光泥质黑陶比例较小。基本器物组合为罐、鬲、甗、盆、豆、盘、碗和器盖等。

　　新石器晚期的陶器，器型也比早期有所增多，如出现了甗、鼎、斝等。纹饰也增加了方格纹、篮纹、绳纹等，有的还装饰有附加堆纹。

注释：

（1）李超荣、郁金城、冯兴无：《北京地区旧石器考古新进展》，载《人类学学报》1998年第2期。

（2）关于"北京人"在北京周口店龙骨山洞穴中的生活年代，主要有两种看法。一种认为距今约50万至20万年前，参见：贾兰坡：《周口店遗址》（《文物》1978年第11期）；任美锷等：《北京周口店洞穴发育及其与古人类生活》（《中国科学》1981年第3期）；于德源、富丽：《北京城市发展史先秦—辽金卷》（北京燕山出版社2008年版，第2页）等。另一种则认为距今约70万年至20万年前，参见：曹子西：《北京通史》（第一卷）（中国书店1994年版，第7页）；北京市社会科学研究所《北京历史纪年》编写组：《北京历史纪年》（北京出版社1984年版，第1页）；北京大学历史系《北京史》编写组：《北京史（增订版）》（北京出版社1999年版，第1页）；李淑兰：《北京史稿》（学苑出版社1994年版，第5页）等。本文从第一种说法。

（3）童书业编著：《中国手工业商业发展史》，齐鲁书社1981年版，第2页。

（4）武弘麟：《北京文明的曙光》（北京出版社2000年版，第47页）指出，从石器的原料来看，其中石英：88.8%，水晶：4.77%，燧石、砂岩：各占2.443%。

（5）武弘麟：《北京文明的曙光》，北京出版社2000年版，第48页。

（6）张森水：《周口店研究的主要成果和周口店精神——纪念北京人第一头盖骨发现60周年》，载《文物春秋》1989年第3期。

（7）［法］步日耶：《周口店之火迹及其石器与骨器之意义》，1931—1932年《中国地质学会志》，第11卷，第147—154页。

（8）［法］步日耶：《周口店猿人产地之骨角器物》，1939年，《中国古生物志》，新丁种6号，总号117号。

（9）［加拿大］步达生、［法］德日进等：《中国原人史要》，载《地质专报甲种》第11号，1933年。

（10）贾兰坡：《关于中国猿人的骨器问题》，载《考古学报》1959年第3期。

（11）裴文中：《关于中国猿人骨器问题的说明和意见》，载《考古学报》1960年第2期。

（12）贾兰坡：《周口店遗址》，载《文物》1978年第11期。

（13）贾兰坡：《北京人生活中的几个问题》，载《史前研究》1983年第2期。

（14）张森水：《周口店研究的主要成果和周口店精神——纪念北京人第一头

盖骨发现 60 周年》，载《文物春秋》1989 年第 3 期。

（15）武弘麟：《北京文明的曙光》，北京出版社 2000 年版，第 62 页。

（16）齐心主编：《图说北京史》，北京燕山出版社 1999 年版，第 13 页。

（17）曹子西主编：《北京通史》（第一卷），中国书店 1994 年版，第 13 页。

（18）陕西省西安半坡博物馆：《中国原始社会》，生物出版社 1977 年版，第 25 页。

（19）陈光：《北京市考古五十年》，见苏天钧主编：《北京考古集成 1 综述》，北京出版社 2000 年版，第 16 页。

（20）郁金城、李超荣：《北京地区旧石器考古的新收获》，见苏天钧主编：《北京考古集成 2—4》，北京出版社 2000 年版，第 8 页。

（21）张森水：《环渤海地区旧石器时代考古回顾》，见河北省文物研究所编：《环渤海考古国际学术讨论会论文集》（石家庄·1992），知识出版社 1996 年版。

（22）陈光：《北京市考古五十年》，见苏天钧主编：《北京考古集成 1 综述》，北京出版社 2000 年版，第 16 页。

（23）郁金城、李超荣：《北京地区旧石器考古的新收获》，见苏天钧主编：《北京考古集成 2—4》，北京出版社 2000 年版，第 7—8 页。

（24）北京市文物研究所：《北京考古四十年》，北京燕山出版社 1990 年版。

（25）郁金城：《北京市新石器时代考古发现与研究》，见苏天钧主编：《北京考古集成 2—4》，北京出版社 2000 年版，第 242 页。

（26）主要参阅东胡林考察队：《北京东胡林遗址的发掘及其意义》，见朱耀廷主编：《北京文化史研究》，光明日报出版社 2008 年版，第 29—37 页。

（27）周国兴、尤玉柱：《北京东胡林村的新石器时代墓葬》，载《考古》1972 年第 6 期。

（28）主要参阅郁金城：《北京市新石器时代考古发现与研究》，见苏天钧主编：《北京考古集成 2—4》，北京出版社 2000 年版，第 242—243 页。

（29）主要参阅陈光：《北京市考古五十年》，见苏天钧主编：《北京考古集成 1 综述》，北京出版社 2000 年版，第 17—18 页。郁金城：《北京市新石器时代考古发现与研究》，见苏天钧主编：《北京考古集成 2—4》，北京出版社 2000 年版，第 242 页。

（30）《北京地区陶瓷概述》，见马希桂：《文博耕耘录 马希桂文集》，中国林业出版社 2007 年版，第 250 页。

（31）主要参阅郁金城：《北京市新石器时代考古发现与研究》，见苏天钧主编：《北京考古集成 2—4》，北京出版社 2000 年版，第 241—242 页。

（32）北京市文物研究所：《北京考古四十年》，北京燕山出版社 1990 年版，第 14 页。

（33）《北京地区古窑址》，见马希桂：《文博耕耘录 马希桂文集》，中国林业出版社 2007 年版，第 336 页。

（34）主要参阅北京市文物研究所、北京市平谷县文物管理所上宅考古队：《北京平谷上宅新石器时代遗址发掘简报》，载《文物》1989 年第 8 期。闻雨平：

《小石龟》，载《北京考古信息》1989 年创刊号。

（35）主要参阅北京市文物研究所、北京市平谷县文物管理所：《北京平谷北埝头新石器时代遗址调查与发掘》，载《文物》1989 年第 8 期。

（36）主要参阅北京市文物局考古队：《建国以来北京市考古和文物保护工作》，见《文物考古工作 30 年》，文物出版社 1979 年版，第 4 页。韩建业：《试论北京地区的新石器时代文化》，见朱耀廷主编：《北京文化史研究》，光明日报出版社 2008 年版，第 22 页。

（37）鲁琪等：《北京市出土文物巡礼》，载《文物》1987 年第 4 期。

（38）主要参阅陈光：《北京市考古五十年》，见苏天钧主编：《北京考古集成 1 综述》，北京出版社 2000 年版，第 18 页。李淑兰：《北京史稿》，学苑出版社 1994 年版，第 14 页。

（39）北京大学历史系《北京史》编写组：《北京史（增订版）》，北京出版社 1999 年版，第 12 页。

（40）《北京地区陶瓷概述》，见马希桂：《文博耕耘录　马希桂文集》，中国林业出版社 2007 年版，第 251 页。

（41）郁金城：《北京市新石器时代考古发现与研究》，见苏天钧主编：《北京考古集成 2—4》，北京出版社 2000 年版，第 242—243 页。

第二章 夏商周时期

大约从公元前 2000 年至公元前 221 年，北京地区进入到我国历史上的夏商周时期。这一时期，北京地区的手工业生产出现初步繁荣的局面。手工业产品种类繁多，主要是青铜器和陶器，此外还有石器、骨器、蚌器、金器、玉器等生产、生活用具及装饰品。其中，青铜冶铸与制陶已经成为独立的手工业部门。

第一节 夏商时期手工业的初兴

夏商时期，中国的青铜冶炼和铸造技术在此时达到相当高的水平。因而，在考古学上称为青铜时代。这一时期，北京地区的先民也创造了独具特色的青铜文化，其鲜明的地域特色属于"夏家店下层文化"范畴内的"燕南型"[1]。在夏家店下层文化遗址中，除发现大量的青铜器外，陶器、石器和金器等都有实物出土。1983 年在平谷县山东乡北辛庄西考古发掘一座夏家店下层文化时的陶窑遗址，窑呈圆形，直径 2 米，窑顶有 4 个气孔，出土有陶罐和陶鬲残片[2]。

目前的考古资料表明，北京地区的"夏家店下层文化"[3]遗址主要有平谷刘家河，昌平雪山三期，密云燕落寨及密云水库中心岛凤凰山下，房山大石河流域刘李店和拒马河流域塔照、镇江营、西营等处。

一、刘家河遗址的手工制品[4]

刘家河遗址分布于平谷县南独乐河乡刘家河村东、北和南部，发现于 1977 年。其中位于村东公路南侧水塘边一座墓葬（M1）出土铜、金、玉、陶等器物和饰品 40 余件，距该墓东南 14 米的另一座墓葬

（M2）出土陶器 20 余件。M1 和 M2 出土的手工制品分属于"夏家店下层文化"早、晚期遗存。M1 出土的金、铁、铜器堪称瑰宝，是迄今北京地区发现的年代最早、也是唯一的一批商代中期的文物，具有重要的历史、学术、科学、工艺价值[5]。

1. 青铜器

M1 墓中出土青铜礼器 16 件，计弦纹鼎、鬲、甗、爵、斝、卣、三羊罍、饕餮纹瓿各 1 件，小方鼎、饕餮纹鼎、盉和盘各 2 件。

弦纹鼎已残。通耳高 16.2 厘米、口径 14.5 厘米。敛口，折沿，双直耳，深腹，圜底，尖锥形足，足中空到底，三足外撇，鼎耳与一足对位，另一耳在两足之间。腹部饰弦纹三周。

鬲通耳高 15.2 厘米、口径 17.1 厘米。敛口，折沿，双直耳，分裆袋足，实锥足根。口沿下有弦纹二周，腹饰双道人字形弦纹。

甗通耳高 31 厘米、口径 22 厘米。侈口，折沿，双直耳，分裆袋足，实锥足根，器为上下合铸。口沿下有弦纹两周，袋足外饰双道人字形弦纹。无箄。

爵通高 16.1 厘米、流至尾长 14 厘米。体呈圆筒形，圜底，底与器壁之间有明显折角，流折旁有对称涡纹菌式柱，有鋬，三棱尖角实足。腹饰饕餮纹两组。

斝已残。残高 18 厘米、底径 13 厘米。平底微凹，外有烟炱痕迹，颈、腹均饰饕餮纹，尖足，足截面为"T"形。涡纹菌式柱。

卣已残。残高 22 厘米、腹径 16 厘米。折肩，鼓腹。圈足上有弦纹三周，并有等距的 3 个十字形孔，颈下有残圈纽。肩部饰象纹，腹饰饕餮纹，界以连珠纹。

三羊罍通高 26.8 厘米、口径 19.9 厘米、肩宽 29.5 厘米。敛口，方唇，短颈，折肩，深腹。颈饰弦纹。肩饰云目雷纹，上附三羊头，腹饰饕餮纹及脊棱三组，圈足饰对角云雷纹，上有 3 个小方孔。

饕餮纹瓿通高 20 厘米、口径 19.3 厘米、肩宽 28.5 厘米。敛口，外折方唇，圆肩，深腹，平底，直圈足。颈饰弦纹二周，肩饰云目雷纹、腹饰饕餮纹，圈足饰雷纹，上有一方孔。

小方鼎形制大体相同，其中一件已残损。完整的一件通耳高 14.2 厘米、上口长 11 厘米、宽 8.7 厘米。长方形，口沿外折，双直耳，四锥状实足，足截面为椭圆形。腹四周饰云雷纹，界以连珠纹。

两件饕餮纹鼎形制相同，通耳高 18 厘米、口径 14 厘米。敛口，折沿，双直耳在前一足和后二足之间，深腹，圜底，锥状足中空到底。腹饰饕餮纹。其中一件内腹底铸有凸线龟纹，另一件内腹底有补铸痕一片。

盉分为二式：I 式 1 件，通高 18 厘米。封口、顶部隆起．上有长方形口，口径 8.5×7.5（厘米）。圆筒状流。上部已残断，流两侧有圆泡各一，有鋬，分档袋足。腰部饰饕餮纹，界以连珠纹。II 式 1 件，通高 20 厘米。直口，有盖，长颈，圆鼓腹，縲状提梁，盖纽与提梁间有环套接，三短锥形足，肩上一端有短流．颈下有弦纹二周。

盘也分为二式：I 式 1 件，高 9.5 厘米、口径 25.5 厘米。窄沿外折，内壁凹圆，平底，短圈足。盘外壁有弦纹二周，盘内壁有鸟首鱼尾纹三组。中心有圆涡纹，界以连珠纹。出土时。盉置于盘上，盘底部尚留有盉三足痕迹。II 式 1 件，高 20.5 厘米、口径 38.8 厘米。宽沿外折，内壁凹圆，盘内中心有用涡纹及连珠纹组成的龟形图案，内壁有鱼纹三组，盘沿左右对立两鸟形柱，鸟首相背（焊接时误为鸟首相向）。

16 件青铜器中，以三羊罍、鸟柱龟鱼纹盘的工艺水平最高，堪称同时期青铜器中的杰作。值得注意的是，刘家河遗址出土的青铜器与中原地区的殷代青铜器有很多相似之处：刘家河出土的两件小方鼎的形制、花纹与郑州张寨南街出土的商代大方鼎近似；刘家河出土的弦纹鼎、弦纹鬲、弦纹甗、I 式盘、I 式盉等与湖北黄陂盘龙城李家咀出土的商代器物基本相同；刘家河出土的饕餮纹瓿、斝，与河北藁城台西村出土的器物基本相同，出土的三羊罍的整体造型、折肩、罍上所饰饕餮纹与郑州白家庄三号墓出土的罍相似，唯器形较为短矮。这也反映了自古以来北京地区就与中原地区存在着经济与文化上的联系。

2. 金器

M1 墓中金器有耳环、笄各 1 件，臂钏 2 件，另有金箔残片。

耳环重 6.7 克，环径 1.5 厘米。一端作扁喇叭口形，宽 2.3 厘米，底部有一沟槽，用于镶嵌物（嵌物已无）。另一端呈尖锥形，弯曲成环式钩状，便于挂耳眼中。

笄是别在妇女卷起发髻的簪子。重 108.7 克，长 27.7 厘米。器为长形，笄头宽尾窄，尾部有长约 0.4 厘米的榫状结构，易于插入发内。器身一面光平，另一面有脊（出土时断为二段），截面呈钝三角形。

臂钏为套在妇女臂上的装饰品。一重 93.7 克，另一重 79.8 克。两件形制相同，用直径 0.3 厘米的金条制成。两端锤打成扇形，相对为环，环径 12.5 厘米。

金箔残片残存 2×1（厘米）。无纹饰，似为器物嵌饰。

四件金饰，造型美观别致。制作工艺虽简洁，但比较精细，器面光净，色泽金光闪闪。从其表面和断面观察似为铸件，经鉴定，含金量达 85% 。另据北京钢铁学院的仪器检测分析，金内含银较多，而且还有微量的铜，未见其他杂质。从这几件金器看，无论是制作工艺水平，还是黄金的质量，都比其他地区出土的器物有较大的进步和提高。

3. 玉器

M1 墓中玉器有斧、柄、璜各 1 件，松石珠 9 件。

斧长 14. 6 厘米、宽 7. 5 厘米、厚 1 厘米。青玉质，淡绿色，有云纹斑，磨制光润，顶部未作进一步加工，似有装柄附件。

柄残长 12. 3 厘米。青玉质，橄榄绿色，有白斑点，柄首有对穿孔 2 个。

璜两头残断，中有对穿钻孔两个，断边尚有残留半孔。残长 2. 9 厘米、宽 2. 5 厘米。

绿松石珠应为串饰的一部分，皆为对穿钻孔，其一为蝉形。

4. 铁器

M1 墓中发现铁刃铜钺 1 件。刃部已锈蚀残损，残长 8. 4 厘米、阑宽 5 厘米。直内（接柄之处称内），内上有一穿孔，孔径 1 厘米。钺身一面扁平，一面微凸。铁刃铜钺的制造技术并不简单，首先要将天然陨铁锻造成 2 毫米左右的薄刃，然后再将薄刃与铜浇铸成一体，说明当时的人们已掌握了一定的锻铁技术。

这种铁刃铜钺，在考古发掘中极为少见，至今全国只出土了三、四件[6]。铁刃铜钺的发现，说明早在 3000 多年前，北京地区的先人就已经认识到铁刃比铜刃更锋利，已经掌握了锻打天然陨铁并将其包入青铜器内的技术。若从使用陨铁的时间算起，当时的北京应是最早制造和使用铁器的地区之一。

5. 铜饰

M1 墓中还发现若干铜制装饰物。

人面形饰 5 件，均有残损。形制皆同，长 10 厘米、宽 10. 5 厘米、高 0. 9 厘米。呈面具形，眼为双孔，大耳，直鼻，张口露齿，头顶有二穿孔，似为衣饰。

铜泡 3 件，其中一件残缺。形制皆同，直径 11 厘米、高 2. 5 厘米。郭内为涡状纹，两侧有对称二穿孔。

蟾蜍形铜泡 4 件，皆残。长约 7 厘米、宽约 5 厘米。大头，四爪，背微凸，有圆点脊骨纹。

蛙形铜泡 2 件，皆残。长约 6 厘米、宽约 3. 5 厘米。四爪已残缺，仅余尖首及背部。

当卢 1 件，已残。长 35 厘米、上宽 15.5 厘米、下两尖角相距 25 厘米。

6. 陶器

M1 墓中的陶器残片较小，器形不易辨识。由于出于墓葬填土中，可能是当时地表填入的，也可指是当时遗址的陶片填入的。

M2 墓中出土陶器 21 件，其中折腹盆 3 件、折肩罐 18 件。

折腹盆均为手制，器内折腹处有接合痕，口沿经过慢轮修整。分二式。

Ⅰ式 1 件（M2：2），泥质灰陶、大口平折沿。深筒腹，上腹部稍外侈。折腹下角度缓而宽。平底略小。折腹下部外施绳纹。口径 24 厘米、底径 10 厘米、折腹径 16 厘米、通高 18 厘米。

Ⅱ式 1 件（M2：1），夹砂灰陶。平折沿、大敞口，上腹内敛，下折腹。折腹下角度斜而窄。平底较大。折腹上绳纹磨光，折腹以下及底外施绳纹。口径 21 厘米、底径 11.5 厘米、折腹径 16 厘米、通高 13.5 厘米。还有一件残折腹盆，黑衣红陶，宽折沿，深腹，筒腹外有砼绘痕。口径约 25.5 厘米。

折肩罐均为泥条盘制，口沿经过慢轮修整，器内折肩及底部有接合痕。分三式。

Ⅰ式 3 件，泥质灰陶。圆唇小口微外侈。广肩、折腹较深，平底。其中两件底部有砼绘痕迹，一件素面磨光。M2：12，腹部施绳纹及不等距弦纹五周，折肩上有彩绘痕。口径 13.8 厘米、底径 12 厘米、肩径 23.5 厘米、通高 24.6 厘米。

Ⅱ式 10 件，泥质红褐陶 4 件，黑衣红陶及夹砂褐陶各 3 件。圆唇，口较大外侈。折沿略宽，束颈，深腹较肥胖，折肩较窄。M2：9，黑衣红陶件，肩部有一周砼绘痕，为平行斜线组成的重叠三角纹饰。腹部绳纹加弦纹四周。口径 17 厘米、底径 11.7 厘米、折肩径 21 厘米、通高 21 厘米。M2：5，泥质红褐陶，火候不匀。肩部磨光腹饰细绳纹，底部亦有绳纹。口径 16.8 厘米、底径 12 厘米、折肩径 24 厘米、通高 24 厘米。

Ⅲ式 5 件，黑衣灰陶 3 件，夹砂灰陶及泥质红褐陶各 1 件。方圆唇，宽沿外翻，窄肩深腹。M2：8，泥质红褐陶，肩部磨光，腹部绳纹加弦纹，小平底，底部亦施绳纹。口径 16.8 厘米、底径 10.5 厘米、折肩径 21.5 厘米、通高 24.5 厘米。M2：7，黑衣灰陶。肩部砼绘平行线组成的弦纹加三角形。腹饰排列整齐的绳纹加弦纹七周。口径 14.8 厘米、底径 11.5 厘米、肩径 22 厘米、通高 24.5 厘米。M2：11，夹砂灰陶。宽沿内凹，口沿外折。肩部微内曲，磨光。腹饰绳纹加弦纹五周，小平底，底部有交叉绳纹。口径15.2厘米、底径9厘米、肩径20厘米、通高20厘米。

二、刘李店遗址的手工制品[7]

刘李店遗址位于房山区琉璃河镇北1.5公里的刘李店村，1962年发现，做过小型试掘，1973年在该村东南又发现两座夏家店下层文化墓葬。先后出土了石器、骨器、陶器和铜饰物等，其中陶器占绝大多数。

1. 石器与骨器

1962年在刘李店遗址中发现8件骨器，分别为笄、锥、镞等。石器3件，其中2件为长方形的石刀，另一件为石杵。

2. 陶器

1962年出土的陶器以红陶为主，其次是灰陶。这两种陶质中均羼合有蚌壳碎屑及粗砂，由于烧造时陶窑内气氛不同，所以呈现出红或灰两种颜色。加砂灰陶的数量较少，火候很高，陶质坚硬。泥质灰陶的陶土不太纯净，火候较低，陶质松软。细泥磨光灰陶的泥质纯净，火候极高，陶质极坚。陶器制法有泥条盘筑、模制及轮制三种。泥条盘筑法见于深腹盆，模制以鬲为最多。轮制有泥质灰陶及细泥磨光灰陶的簋、盆、罐等。陶器上以绳纹为主，其中粗绳纹较多。个别器物有附加堆纹，也有部分器物有用绳纹组成的回纹。细泥磨光灰陶罐的肩部有连续三角纹的空间印绳纹的；也有在竖绳纹之上抹成或划上弦纹的。器类主要有鬲、甗、盆、簋、罐、缸、纺轮等。这些器物的制作最早可到商代。

1973年，在一座墓穴内发现鬲、簋、敛口罐等陶器5件。鬲分筒腹鬲和圆腹鬲。筒腹鬲，敞口直腹，矮档实足。圆腹鬲，敞口短颈，圆腹袋足。敛口罐，敛口，边唇稍微外侈，短颈，肩腹无明显分界。该处墓葬出土的陶器属于夏家店下层文化晚期，或相当于商代晚期。

3. 铜饰物

1973年，在另一座墓穴中发现铜耳环、指环各1件。铜耳环呈喇叭形，铜指环作螺旋形，形状似弹簧。

三、塔照、镇江营、西营遗址的陶器[8]

根据已有的考古调查资料，在房山区西南的北拒马河流域的塔照、镇江营、西营都发现有商代遗存。采集的遗物仅为陶器，按其文化特征分为三期。

1. 一期陶器

该期陶器主要采集于塔照遗址，此外还有西营遗址。

塔照遗址位于南尚乐乡塔照村南。遗址中的陶器以细砂黑皮红褐胎为主，胎质中羼合云母粉末，泥质灰陶胎质中不羼云母粉。平底器的口、颈、肩、腹、底及三足器的足跟与袋足的结合部位可看出粘接痕迹，在接缝处的内壁或外表有一层薄泥片以盖住缝隙，器表加泥片的再用缠有细绳的制陶工具按实。器物成形后，通身滚印绳纹，罐的颈肩部绳纹被抹平磨光，盆的腹部绳纹被抹平，加划弦纹，平底器的底部保留交错绳纹。采集的陶片中可辨器形有筒形鬲、卷沿盆，可复原的器物有折肩罐和卷沿盆各一件。

西营遗址位于南尚乐乡尚乐村西北、西营之南。遗址中采集到一件残破的袋足鬲，与同遗址的其他采集物有明显区别。该鬲胎质中含细砂，羼有石母粉，胎红褐色，表皮灰褐色。鼓腹，袋足。器表印有不规整的浅细绳纹，裆与颈相接处附加短条堆纹，堆纹上留有绳纹，表明是用缠绳工具按在器身上的。

通过与周围地区比较，该期陶器年代上限可望进入夏纪年内，下限晚到二里冈上层时期。

2. 二期陶器

该期陶器均采集于塔照遗址。

陶胎为细砂红褐色，羼少许云母粉和大砂粒，器表呈灰褐色。制法同于第一期，口沿多有附加堆纹加固，鬲足的制法很有特色，用泥片卷成圆锥形，粘接于袋足下，内壁塞入泥球抹平。器表通身滚印交错绳纹，连口沿的唇面、足跟的底部也不例外。

这种鬲口沿附加一周堆纹的作风在北方几省的考古发掘中屡屡被证明早于西周早期。邹衡先生在"论先周文化"中认为这类鬲的年代可以早到殷墟三期早段，不晚于殷墟四期[9]。

3. 三期陶器

该期陶器全部采集于镇江营遗址。

陶器的质地、颜色、制法与第二期完全相同，只是器物口沿变成折沿，沿下的泥条堆纹被按扁，成了一周泥片状堆纹。

经过 1986 年下半年的试掘，发现叠压在第三期遗存之上有方唇折沿袋足鬲、三角划纹内填线纹的簋片，年代应在殷墟四期的晚段，至迟不晚于西周早期。所以，第三期的年代约当殷墟四期的早段。

拒马河流域商代的三期文化陶器的质地、颜色、制法基本一致，似属同种文化一脉相承的三个阶段。第二、三期之间的联系比较紧密，都经常在器物口沿、腰部附加泥条（泥片）。

总之，以上考古资料表明，商代北京地区的手工业生产和工艺已达到相当高的水平，手工业内部已有一定程度的分工。

青铜器铸造业在手工业中占有重要的地位，其生产规模、种类和技术都有较大的发展。青铜器的种类主要为礼器（祭祀、礼宴、赏赐或作为权力等级象征）和生活用具。青铜铸造工艺已达到很高的水平。商代早期已熟练使用多块范、芯的复合范，铸造较复杂的器形。商代中后期，已能熟练地使用分铸法等技术，制作精美、复杂和大型的青铜器，一些重器上往往铸三重花纹，有的还有铭文[10]。

除青铜器制造业外，制陶业也有很大的发展。这是因为，一般平民和奴隶大量使用的仍是成本低廉、取材容易的陶器。制陶业主要生产一般的灰陶和一些红陶、黑陶，还出现了专门为随葬用的明器。商代陶器与前代相比，"最大的变化，自然是带彩陶器的消灭，与刻纹陶器的出现。"[11]这在商代北京地区也是适用的。

值得注意的是，商代北京地区已能冶炼黄金、铅、锡等金属，还能用黄金制作耳环、笄、臂钏等饰物。

第二节　西周燕国手工业的显著发展

西周初期，今北京地区是蓟、燕二国并立。但后来蓟国灭绝，而燕国独存[12]。唐人张守节《史记·正义》谓："蓟、燕二国俱武王立，因燕山、蓟丘为名，其地足自立国。蓟微燕盛，乃并蓟居之，蓟名遂绝焉"[13]。燕并蓟而迁都蓟约在西周中、晚期[14]。燕国前后共有5个都城。琉璃河董家林为西周早期燕国之都，蓟城在西周中晚期为燕国都，其余良乡、武阳城、临易皆为春秋、战国时燕国之都[15]。

西周燕国手工业的生产逐渐走向繁荣。今北京地区燕国手工业的发展情况，也主要依靠考古资料。从考古发掘的情况看，这个时期的遗址不断被发现，尤其是发现了比较集中而又规模较大的手工业制品遗址。其中比较重要的有两处：一处是房山琉璃河地区的燕国墓地；另一处是昌平白浮村西周燕国木椁墓。两处出土器物很多，比较突出的为青铜器、漆器、玉石器、陶器及原始陶瓷等。

一、青铜冶铸业

1. 发展状况

西周时期，燕国的青铜制造业得到进一步的发展。燕地的工匠们

27

铸造了很多青铜器。在房山、昌平、顺义、怀柔、通县、延庆等区县和城近郊均有西周时期的青铜器出土，包括有礼器、兵器、车马器和工具。

房山琉璃河遗址是 1962 年发现的，20 世纪 70 年代初正式发掘。墓地出土了大量的青铜器。1973—1974 年，发掘 7 座墓，以及 1 座车马坑。7 座墓随葬青铜器中，有礼器 19 件、兵器 12 件、工具 6 件。礼器包括鬲、鼎、簋、尊、爵、觯、盘、匕等；兵器有戈、戟、剑、矛、盾饰和镞等；工具有刀、锛、凿等。车马坑中的车马器有軎、辖、銮、当卢、铜泡等铜饰件[16]。截至 1977 年为止，共出土青铜器 471 件，其中礼器 70 件，包括有鼎、簋、鬲、甗、爵、觯、尊、卣、盉、盘、壶等；兵器 79 件，包括剑、戟、戈、矛、镞等；工具 9 件，包括刀、锛、凿等；此外有车马器 270 件，杂器 43 件[17]。此后，又出土了不少青铜器。1981—1983 年的发掘简报中未公布具体数字。但出土青铜器的器形有：鼎、簋、罍、爵、戈、戟、矛、镞以及铜车马器等[18]。1986 年发掘的 1193 号大墓出土的青铜器共 55 件，分别是：罍、盉、弓形器、斧、锛、胄、觯各 1 件，戈 20 件，戟 4 件，矛 10 件，凿 3 件，人面饰 4 件，兽面饰 5 件，圆饼形饰 2 件。还有一些未说明数量的青铜器，如：马具中的当卢、马衔、弓镞、铜泡、铜扣等[19]。

可以看出，在青铜礼器中，除未见青铜瓿外，几乎包括了西周时期的所有青铜礼器的器型。其中以鼎、簋、鬲、爵和尊为多。鼎可分圆形鼎、分当鼎、方鼎和盆形扁足鼎等。簋有圈足簋和圈足带座簋等。纹饰以饕餮纹、夔纹、鸟纹、云雷纹为主。

值得注意的是，琉璃河墓地出土的这批青铜礼器，除器型齐全外，最大特点是绝大部分器物都铸有铭文，最长铭文达 43 字之多，涉及历史人物事迹的有 10 余件。所记述的重要历史史实，为研究和解决周初封燕事和其具体封地之所在，提供了独一无二的证据。同时，从器物的形制及纹饰上看，都具有中原地区青铜礼器的风格与特点，表现出西周时期北京地区与中原地区在文化上的一致性，以及周文化在这一地区的影响和密切关系[20]。

1975 年发掘的昌平白浮墓地是继房山琉璃河遗址之后北京地区西周时期又一次重要的考古发现。3 座木椁墓出土的铜器仅见于 M2 和 M3，器类有兵器、工具、礼器和车马饰件等，数量较多，但器形有大有小。鼎、簋等大型礼器出土较少。每种只出土 3 件，而小铜泡等小型器物则出土较多。这类铜泡 M2 出土 125 件，M3 出土 145 件。如果将这些铜器加在一起计算，则 3 座墓共出土铜器约 500 多件。白浮墓地出土的铜兵器有戈、戟、刀、短剑、匕首、斧、钺、矛和盔等，约60余件。值得注意的是，有些兵器器形是罕见的，有的还是首次发现。如 M2 出土的 V 式戈（有銎戈）、Ⅵ式戈（宽胡斜刃戈）、Ⅱ式双钩戟、青铜短剑、Ⅱ式刀、异型铜盔、"护腿甲"，M3 出土的带铃匕首、斧、钺、鹰首短剑、马首短剑等。白浮墓地的大部分随葬铜器，均与中原西周墓相似。Ⅱ式双钩戟是浚县辛村钩戟的进一步发展。鹰首或马首的青铜短剑这类兵器，过去在内蒙古、辽宁、河北一带屡有发现。这为研究西周燕国文化与中原文化以及与北方文化三者关系提供了重要线索，充分说明早在 3000 年前北京一带就是中原文化与北方地方文化传播交流的枢纽[21]。

此外，1975 年延庆县西拨子村发现了一件青铜釜，内装 50 余件青铜器，有鼎、匙、耳环、斧、锛、凿、刀、猎钩、锥、戈等生活用具、生产工具和兵器，其时代约当西周晚期或春秋早期[22]。从器形和花纹上观察，这些铜器反映了我国中原地区和北方民族地区的文化交流和相互影响的情况。例如，其中有一件口沿饰有重环纹的铜鼎残片，其纹饰可能受到中原文化的影响。出土的铜刀、铜匙、铜猎钩等，也都与我国北部地区同时代山戎遗址出土的器物相似，带有明显的游牧民族的特色[23]。

经过近年的考古发掘，在古城内遗址中发现了冶铸青铜器用的陶模、陶范和铜渣。虽然发现数量不多，但足以证明此时燕地也已有自己的铸铜业了[24]。

2. 典型器物

琉璃河燕国墓地出土的青铜器，无论是从造型之精美，还是从出土数量之大，都可反映出西周时期北京地区的青铜冶铸不仅技术水平较高，而且铸造规模也是很大的。其典型器物有堇鼎、伯矩鬲、攸簋、复尊和克罍等。

堇鼎，琉璃河 253 号墓出土。口径 47 厘米、高 62 厘米、重 41.5 千克，是北京地区发现最早、最大的一件青铜礼器。此鼎为三足圆腹双耳鼎，体态浑厚凝重，纹饰庄严古朴。鼎内壁刻有 4 行 26 字铭文"匽侯令堇饎太保于宗周，庚申，太保赏堇贝，用作太子癸宝𩾃彝"，记述了燕侯派遣堇前往宗周向太保奉献美食（宗周即西周，太保即召公奭），受到赏赐的史实。堇用太保赏赐的贝币为太子癸作此宝鼎。它不仅是燕侯政治活动的见证，更是罕见的青铜艺术珍品。

伯矩鬲，口径 22.8 厘米、通高 30.4 厘米，重 7.53 千克。又称"牛纹鬲"，因器身、器足、器盖及器纽皆用牛头纹作装饰而得名。在雕刻技术上有浮雕也有立体雕刻。器纽是用两个立体雕刻的小牛头做成，器盖则是用两个高浮雕的牛头装饰，牛角稍翘出器耳的上方，使器盖的中部自然下陷，而两个小牛头组成的器纽，在凹陷处突起，使整个器盖组成一个完整和谐的整体。鬲的3个袋足，则因器形而各雕一个完整牛头，牛吻部内收而额头前倾，做斗牛状。两支粗壮的角向斜上方翘起，与相邻的牛角两两相对，两只如铜铃般的巨目，给整个器物增添了威严的气氛。全器7个牛头装饰，在艺术设计和铸造工艺上，都有独到之处，是西周青铜器中精品，反映出燕国青铜冶铸的高超水平。盖内及颈部内壁各铸有相同的铭文，曰："才戊辰，匽侯赐伯矩贝，用作父戊障彝"。盖内4行15字，器内壁5行15字。大意是：在戊辰这一天，匽侯赏赐伯矩一些贝，伯矩用此贝为死去的父亲戊作了这件宝器。

攸簋，琉璃河53号西周燕国墓出土。制器者"攸"因受到匽侯赏赐贝三朋，以显示荣耀而作此簋。该器造型奇特、纹饰华丽。盖顶有圆杯形提手。下腹外鼓，腹部两侧有兽耳，下垂珥。圈足下有3虎悬托器身。盖和腹部满布鸟纹。腹部有浮雕两兽首。圈足饰斜角雷纹。盖和腹内底铸有相同铭文，曰："侯赏攸贝三朋，攸用作父戊宝障彝，启作祺"，3行17字。3虎原雕足昂首直立，神态生动憨壮，背负重器，冶铸精良为前所少见。

复尊，口径20厘米、高24厘米，重2.45千克。喇叭形口，鼓腹，圈足外侈，颈下端饰两周平行的弦纹，腹部上下各饰一周双勾的夔龙纹，圈足上饰两道弦纹。尊内底刻有铭文曰："匽侯赏复冕、衣、臣、妾、贝，用作父乙宝障彝"，3行17字。讲的是复为纪念燕侯赏赐，为死去的父亲乙制作了这件宝尊。铭文记载的臣、妾就是男女奴隶。臣、妾与冕、衣、贝等物品一样作为赏赐品进行赏赐，而且奴隶被列于冕、衣之后，可见当时他们社会地位的低下。

克罍，口径14厘米、通高32.7厘米。弇口，平沿，方唇，短颈，圆肩，鼓腹，圈足，有盖，盖上有圆形把手，肩部有兽首状半环形双耳衔环。下腹部有一兽首形鼻。颈部有凸弦纹两周，上腹部有凹槽一周。器盖与肩部各有对称的4或6个圆涡纹。盖内和器沿内壁有相同铭文，曰："王曰太保：'乃明乃鬯，享于乃辟。余大对乃享，令克侯于匽。旟、羌、马、叡、雩、微。'克宁匽，入土众厥词。用作宝障彝"6行43字。这件宝贵的器物讲的是，周王任命克到燕地为君侯，克为了纪念此事而铸造的。过去虽然出土过不少带"匽侯"铭文的青铜器，而燕侯（太保、召公奭）自作之器，却为首见[25]。

这些铜礼器,不仅标志了当时青铜制造的水平,而且许多铜器铭文又成为研究当时社会历史的重要资料。尤其是那些带有"匽侯"铭文的铜器,对北京史的研究更有极其珍贵的史料价值。

二、制陶业及原始瓷器

西周时期燕国的制陶业比较发达。琉璃河燕国墓地出土的陶器数量较多。1973—1977 年的发掘,在 61 座墓中,随葬陶器的墓葬有 46 座,占已发掘墓葬的 73% 左右,共出陶器 241 件。器形有鬲、簋、罐、壶、斝和陶拍等。与中原地区的陶器一样,纹饰也是以绳纹为主。在这些陶器中,一部分器表尚留有烟熏痕迹,为生活实用品,也有较多的是专门烧制的随葬明器。陶器的质地大多为夹砂灰陶,也有少量夹砂红陶和泥质灰陶。夹砂陶以北京地区农村称为"鱼骨盆"原料制作。这种"鱼骨盆"的原料,不是人工掺入蚌壳和云母,而是一种自然的,夹杂有滑石颗粒的红粘土。这种红粘土在北京地区有较多的蕴藏,如良乡附近的料石岗即有。1973 年在刘李店村南的遗址发掘中,曾在一座烧制陶器的陶窑旁就发现过未经焙烧的用这种红粘土制成的陶坯[26]。

昌平白浮墓地的陶器数量不多,种类有鬲和鼎。鬲 2 件,皆为绳纹灰陶。其造型特征为体高小于体宽,口径约等于腹径;折沿外缘向上起棱。鼎 1 件,已残,为红衣黑陶,器饰乳钉纹及附加堆纹[27]。

值得注意的是,西周燕地陶制品中已发现陶器施釉工艺。中国瓷器制造的历史,最早可追溯到商代。解放以后,在河南郑州二里岗、安阳小屯以及江西清江县吴城等地的商代遗址中,出土了一批外施青绿色釉的器皿和碎片[28]。经研究,这些器皿是用高岭土制坯,经过 1200℃ 左右的高温焙烧而成,表面施釉,吸水性较弱,质地坚硬,其胎质和釉的化学成分,与宋明时期的瓷器已较接近,故称原始瓷器,或原始青瓷。

琉璃河 52 号墓曾出土 4 件器型完整的釉陶,其中罍 1 件、豆 3 件。这些釉陶胎质坚硬,釉色青绿或微黄,器表光洁,扣之有声。罍,侈口、短颈、折肩、敛腹、圈足。颈部有凸棱二道,肩部饰五道弦纹,并饰对称的半环形双系耳。口径达 14 厘米,高 27.5 厘米。豆,直口、浅盘,盘壁外侧呈凹槽状,盘腹斜收,凹底,短柄,喇叭状圈足,器形不太规整,有变形。口径 17.5 厘米,高 9.8 厘米[29]。原始青瓷四系罍和原始青瓷豆在北方首次发现,是北京古代陶瓷史上的一件大事,代表了北京地区早期瓷器的特点。

三、漆器[30]

漆器是我国一项著名的传统工艺，有着悠久的历史。漆器的起源可以上溯到新石器时代，但是东周以前制作的漆器在我国北方出土很少。琉璃河西周燕国墓地发现的一批漆器，丰富了我们对早期漆器的认识。

漆器的胎骨有木胎、夹纻胎、皮胎、竹胎等。琉璃河燕国墓地出土的漆器均是木胎，器胎一般较厚重。器类有罍、豆、觚、壶以及漆盾等，器表普遍涂红、褐两种颜色，并用蚌片和绿松石作嵌饰，有的还贴有金箔。

出土的漆罍和漆觚都是朱漆地、褐漆花纹。漆豆则是褐地朱彩。这3件漆器的外表都有嵌饰。豆盘上用蚌泡和蚌片镶嵌，与上下的朱色弦纹组成装饰纹带；豆柄则用蚌片嵌出眉、目、鼻等部位，与朱漆纹样合组成饕餮图案。喇叭形的觚身上除了由浅雕的3条变形夔龙（内髹褐漆）组成的花纹带外，上下还贴有金箔三圈，并用绿松石镶嵌。

漆罍造型优美，纹饰繁缛精致。除在朱漆地上绘出褐色的云雷纹、弦纹等纹样外，器盖上还用细小的蚌片嵌出圆涡纹图案，颈、肩、腹部也用很多加工成一定形状的蚌片，嵌出凤鸟、圆涡和饕餮的图形。此外，在盖和器身上还有附加的牛头形饰件，器身中部有鸟头形器把。这些鸟兽形象的附件上也用蚌片镶嵌，使牛头和凤鸟的形象更加突出。无论是器表彩绘和镶嵌的图案花纹，还是附加的鸟兽形饰件，这件漆罍的工艺之精、形态之美，都是很突出的。这是我国早期漆器中一件罕见的精品。

毫无疑问，琉璃河燕国墓地成组漆器的发现不仅反映了当地高超的手工技艺，也为研究我国西周时期的髹漆工艺提供了丰富的实物资料。出土的罍、豆等漆器，镶嵌的蚌饰大多是磨成厚不足2毫米的薄片，镶嵌的图案纹样工整精致，说明当时的工匠在制作这种螺钿漆器[31]时已经掌握了熟练的技术，达到了相当高的水平。我国螺钿工艺，过去发现最早的实物属南北朝时期，约距今1500年。琉璃河墓地漆器的出土，将我国螺钿工艺的时间至少上推到西周时期。从而使我国古代先民创造螺钿漆器的历史，又提前了1500年。

四、玉石器

琉璃河西周燕国墓地出土的玉器数量较多，种类丰富。1973—

1997 年，琉璃河遗址共出土玉器 267 件，另有串饰 4 套数目无法统计。品类有玦、璧、璜、戈、圭、斧、柄形器、佩饰、坠饰及镶嵌饰等。这些玉器按其用途，大致可以分为礼器、仪仗、实用工具及装饰品 4 大类（不包括用途不明者及玉珍）。其中，礼器有琮、璧、环、璜、玦、圭等，其中以玦为最多，共 9 件；圭 3 件；璧 2 件，琮、环和璜各 1 件。仪仗玉数量和种类不多，仅有戈 4 件，斧 1 件。实用工具只有玉刀柄 1 件。装饰品大致有佩饰、坠饰和镶嵌饰等，造型有动物形和几何形两类。佩饰和坠饰多雕成动物形象，有虎形、凤形、鱼形、蚕形、蝉形、鸟形、龟形等。饰物上分别钻有可供佩带的小孔，雕琢精巧，形象生动逼真，是精美的艺术品。再加上各种材质的玉珠，总数为 150 多件。从数量上看，礼器、仪仗、实用工具和装饰品的比例达到了 17∶5∶1∶150，可见，玉器的使用已经不仅仅局限于礼器和仪仗，其装饰功能有所增加。

琉璃河燕国墓地的玉器，除了单独使用的玉佩外，还出现了组合使用的组玉佩。而在商代的墓葬当中，很少发现有完整的组玉佩。组玉佩，又称全佩、大佩、玉组佩。作为人体主要佩饰的组玉佩，在两周时期最为兴盛。琉璃河西周燕国墓地出土了 5 套组玉佩，其中 ⅡM251∶30，为 1 串 179 件，是组玉佩中最繁复的一件。该组玉佩以中心玉璧为主，下缀一管状形人面饰，其下再缀一牛头形饰，其余的佩饰由玛瑙珠串连。这些玛瑙珠有束腰管状形、圆形、扁圆形、算珠形等，大小不一。穿孔大多从两面钻，呈马蹄形，只有少数穿孔为同心圆。其绿松石饰件形制有菱形管状、圆形管状、扁圆状、自然体状等，穿孔都为马蹄形，器表较粗糙。由于受浸之故，表面有白斑，色泽不光润。玉饰中多为管珠之类，少数为肖形器，如蚕、兔、鱼等[32]。

昌平白浮墓地出土的玉器十余件。有戈 1 件、鱼 3 件、觿 1 件、蝉 1 件、柄形饰 1 件、器把 1 件、小系璧 1 件以及玛瑙杯 2 件。另外石器 3 件，有砺石 2 件和石锤 1 件[33]。

西周燕国墓地出土的玉石雕刻制品，不仅反映出当时的加工水平，也折射了当时燕地人民的风俗和文化。

综上可见，西周燕地手工业生产领域较商代更加扩大，分工更细、种类更多，生产技术达到了新的水平。青铜冶铸、制陶、漆器、玉石器等手工业生产都有很大的发展。

青铜器制造是此期最重要的手工业部门。青铜器的种类已较为齐全，仍以礼器（含食器）和兵器为主，还出现了铜匜、铜壶、铜盨等新器物。随着礼器使用的制度化，用于随葬的礼器如鼎、簋、盘、匜、壶大为增加。在形制方面，此期青铜器质胎厚重，具有庄重典雅之古拙风。青铜器的纹饰由繁缛趋于简洁，兽面纹逐渐为兽体变形纹所取代。在铸造方面，西周青铜器多采用合范的通体浑铸法。这种浑铸方法，是先用模范，在造型翻模的工作中，器模作型不雕花，花纹是刻在范上的。铜器铸造是用一范一器，而不是以一范多器的冶铸方法制成的[34]。这在琉璃河燕国墓地出土的青铜器中可以找到实例，如伯矩鬲、攸簋等。这一时期的青铜器大都有记事铭文（金文），与商代青铜器多数无铭文相比，是一个很大的不同。手工业作坊集中分布于都邑中，燕国都城内就设有青铜冶铸作坊。

第三节　东周燕地手工业的继续发展

从公元前770年周平王东迁到公元前221年秦始皇统一中国的500余年，史称东周。此一时期，今北京及附近地区的燕地手工业生产继续发展。手工业生产范围更加广泛，专业分工和手工业内部分工更加细密。冶铁、煮盐、漆器等成为新兴的手工业部门，尤其是冶铁业已成为最主要的手工业部门。其他手工业部门有青铜冶铸、制陶、铸币、兵器制造、建筑等。

一、冶铁业

东周时期，燕国的社会生产力得到迅速的发展。由于冶铁鼓风炉的使用和金属制造工具技术的改进，促使了冶铁业的发展。战国时代，燕国的铁器有锄、镰、钁等农具，也有斧、凿等手工工具。燕国的冶铁遗址，在今北京及其附近地区都有发现，比较重要的有两处：一是河北兴隆，另一处是河北易县的燕下都。

1953年，河北兴隆寿王坟地区战国冶铁遗址中，出土铁质铸范87件、大量木炭屑、烧土，还在铸场西1.5公里的古洞沟，发现两个古代矿井，当为铁矿产地。从性能和用途上区分，铁范主要为农业生产工具铸范，如锄、镰、钁、斧，其次有鑿和车具范。钁范25副47件，斧范11副30件，双镰范2副2件，锄范1副3件。斧、钁范占铁范总数九分之七强[35]。铁范由含炭量达4.45%的白口铁铸成[36]。一些铁农具的形状和铁范极相近似，有人估计，可能是用这些铁范铸造的。铁范的出现，可以看作是铸造工艺的一次革命。陶范一般只用一次，而铁范能够连续使用，铸成的器物也比较精细。兴隆出土的战国铁工具范，说明当时燕地冶铁工艺又向前跨进了一步[37]。

1961—1962 年在燕下都故城遗址发现铸铁作坊遗址 3 处，其中 23 号遗址是面积最大的一处，约 170000 平方米，发现有两块炼铁锅残壁和铸铁遗物多件[38]。出土的铁器种类很多，包括生产工具、生活用具、装饰品和兵器等。如：斧、锛、凿、刀、削、锥、钻；还有犁、䦆、臿、耙、锄、镰以及鼎、盘、盆、杯、带钩；剑、戟、矛、镞、甲胄、匕首等，其中农具占的比重大，兵器数量也不少。燕下都 44 号墓（1965 年发现）出土的一批铁兵器，共有 6 种 52 件，既有进攻性武器，也有防护性装备，体现了燕国军队的作战水平。铁兵器的出现，是冶铁工艺技术的改进和提高的结果。科学家对其中几件兵器进行金相考察分析，说明燕地当时（约公元前 3 世纪初叶）在冶铁技术方面，不仅创造了用块炼法得到的海绵铁增碳来制造高碳钢的技术，而且掌握了淬火技术。燕下都大批完整的淬火钢剑的发现，将我国已知的淬火技术年代提早了两个世纪[39]。

此外，北京顺义兰家营村出土有战国时期铁制镰、䦆各 1 件。镰刀长 24.5 厘米，宽 3 厘米，铁裤部长 10.7 厘米，䦆长 18.8 厘米[40]。

可见，由于冶铁业的发展，到战国时期，各种铁制生产工具、生活用具及兵器已经在燕国普遍使用。铁制农业生产工具有锄、镰、䦆、斧、臿、耙等，用于除草、起土、收割等方面。铁制手工业生产工具有斧、锛、凿、刀、削、锥、钻等。铁制生活用具有鼎、盘、盆、杯、带钩等。铁制兵器有剑、戟、矛、镞、甲胄、匕首等。

二、青铜冶铸业

1. 发展状况

东周时期燕地的青铜业进一步发展，其中战国时期的青铜制造业比较发达，发现的战国时期青铜器遗址也较多，仅北京地区就有 10 余处。例如：

1981 年，在北京通县中赵甫村西一里左右的一座战国中晚期的墓葬中，出土一批铜器。由于这个墓已被破坏，墓中部分青铜器和其他器物已经散失，仅已收集到的铜器，计有鼎、豆、敦、匜、匕、勺、戈、镞、剑、刻镂刀、削刀、车軎、马衔、带钩等 30 余件[41]。

1982 年，在北京顺义县龙湾屯村一座战国墓中，出土一组青铜器，计有鼎、簋、豆、戈、剑、镞、车軎、盖弓帽等 17 件。此墓鼎的大附耳、高蹄足、大圈底是战国中晚期的主要形制，颈带宽于腹带亦为主要纹饰特征。簋有盖，上有三鸟纽，深圆腹，环耳圈足，与唐山贾各庄战国墓的簋（18∶3）形制近似，唯盖上三纽不同，贾各庄墓的簋乃三兽纽。该墓器物的纹饰皆为战国时期典型纹样[42]。

1977年，在北京丰台区永定门外贾家花园的一座战国墓中出土有铜钫、铜鼎、铜灯、铜扣等青铜器。

1959—1960年，在北京怀柔县城北发掘了23座东周墓，在4座墓（墓12、25、35、50）中出土铜带钩4件，其中一件定为春秋时器物，其他3件为战国时器物[43]。

北京地区出土了很多有特色的战国时期青铜器，如怀柔的饕餮纹铜矛头、三角云雷纹铜豆、三牺纽铜鼎、错铜云纹环耳盖壶、延庆古城铜剑、匕首，宣武的长杆铜镞、铜勺，昌平下苑的错金铜带钩，丰台的环耳铜鼎，延庆的鹈鹕鱼纹敦等[44]。这些青铜器形制灵巧，花纹细致，图案纤细，反映了当时青铜冶铸技巧已达到较高水平。

值得注意的是，从20世纪50—70年代，延庆县内十余处发现东周时期的青铜遗物，其中直刃匕首式青铜短剑等具有北方少数民族文化特点。自1985年起，考古工作者进行有计划的科学发掘，于延庆盆地北部边缘地带军都山南麓发现大型的东周山戎氏族部落墓地遗址[45]。考古工作者选择葫芦沟、西梁垙和玉皇庙3处墓地进行发掘，发现并清理山戎文化墓葬五百余座，出土各类山戎文物近万件，青铜器为其中之大宗。

青铜器包括工具、装饰品、兵器、车马器和容器5类。前3类具有鲜明的山戎文化特色。工具有削刀、锛、凿、锥、锥管、砺石等。装饰品主要有耳环、牌饰、带钩、带扣、各式带饰、铃饰、扣饰等。兵器有直刃匕首式青铜短剑和铜镞等。车马器有车軎（辖）、衔、镳、三通节约、泡饰等。另外还有青铜容器，包括鼎、豆、罍、鍑、簋、盘、匜、舟、杯等，在有的铜罍中还发现大量带壳谷物的酒糟积块。这些容器大多来源于燕南或中原地区。

2. 青铜器在制造方面的变化

与商和西周时期相比，东周（尤其战国）时期北京及其附近地区的青铜器在制作方面发生了明显的变化。这种变化主要表现在器物造型和制造技术等方面。

变化之一是，又出现了一些新型器物和新的工艺部门。

——铜敦，这是战国时出现的形制，是用作盛黍稷的器物。北京地区在通县中赵甫出土铜敦一件，呈圆球形，通高21.5厘米、腹径16.5厘米，制作很精细。器腹口两侧有二环耳，器和盖皆有3个鸟喙形的纽，可作器足。器与盖均饰有大三角纹和变化蟠虺（hui）纹，盖顶中心饰涡纹，花纹纤细清秀。

另一件铜敦是鹈鹕鱼纹敦，为拣选品，原器出土于延庆县河湾村，这一地区正处在战国时期的燕国境内。此器底盖相合呈球形，通高20厘米、口径15.8厘米、腹径18厘米，底和盖均有3个环形钮，钮上各附一突起类似鸟喙之形，底腹两侧有素环耳，盖顶部中央饰圆形涡纹，环绕其外是心形兽面纹。底和盖的口沿各饰一周鹈鹕捕鱼纹和心形兽面纹，鹈鹕作张嘴追逐捕鱼之状，两侧衬以有往有来之游鱼，形态生动活泼，镂铸精工挺秀，花纹别具巧思。

——带钩，在通县中赵甫村、昌平下苑和怀柔等地均有出土。怀柔城北出土4件，其中有两件作琵琶形，一件在正面镂成蟠螭形，背后有圆钮；另一件其座呈半龟盖形，正面有错金花纹，座背有圆钮。通县中赵甫村发现4件，一件为弧形，面上错金银勾连云纹，并嵌9颗圆形松石；另一件是龙首素面，其余2件为四棱弧面形。此外在其他地区也发现少量带钩。

带钩是我国古代生活用品，一般是作为钩系束腰的革带之用，但在身带佩饰或其他物品时，也用带钩钩挂在腰间[46]。带钩出现的时间较晚，一般认为是在春秋、战国这段时期内出现的。考古发现的带钩，在春秋时数量还是很少的，到战国时才逐渐增多，因此，在春秋战国时期，带钩应是当时新兴的器物。

——车軎、辖。顺义龙湾屯村战国墓中的车軎、辖比以往所见新颖，辖孔浮雕兽身、兽尾，辖一端浮雕人面或兽面，在战国器中颇为罕见。

——铜钫，也是战国时出现的一种新的器形。1977年在北京丰台贾家花园出土铜钫一件，方口、方圈足，通高41厘米、口宽11.5厘米、腹宽22.4厘米、方圈足宽13.5厘米。腹部两侧有铺首衔环，在器盖和圈足的一侧各有铭文一字，此字有的释作"胜"[47]，有的释作"朕"[48]，尚无确释。

——异型铜鼎。亦为贾家花园战国墓出土。小直口、鼓腹、覆钵形盖，上附三环钮。腹两侧有对称鼻钮附环。三长蹄足，足肩突出，足根内收。其中一足的下半段有修补痕迹，且歪扭粗糙，与其他足不同。鼎外底部有烟炱痕。该鼎较为罕见，具有北方燕器的特点[49]。

——青铜削刀。玉皇庙、葫芦沟山戎墓地出土的样式繁多的青铜削刀，其型式演变有序。有数座年代偏晚的墓随葬尖首刀币，其型式可与年代偏晚一些墓葬中出土的青铜削刀相衔接，递变轨迹清楚明确，为此前北京和邻近地区考古资料中所罕见。

——铜制铸币，北京地区出土了很多战国铸币。这些铸币的出现，虽主要是反映了当时社会经济的发展，但从铜器制造业的角度来看，也反映了制铜业的新发展，它是在原有制铜业的基础上，形成了新的工艺部门。

变化之二是，青铜器在制造技术上有很大的进步。

比较突出的是装饰工艺的兴起，出土的实物中有错金、错银、错红铜等工艺产品。作为装饰艺术，青铜器表面的图案花纹，一改商代以来端庄、威严的作风，而变得富有生气，形象生动、柔和，给人以清新的感觉。1982年在北京顺义县龙湾屯村发现一批铜器，其中有青铜豆一件，通高38.5厘米、腹径20.5厘米，高柄圈足，器物的纹饰皆用红铜镶嵌而成。器柄饰云纹、三角纹，器盖饰菱形纹、蟠虺纹、锯齿纹等。此器物的形制、花纹与1952年在唐山贾各庄发现的铜豆（18:8号）相同，器物的纹饰也都是用红铜镶嵌而成[50]，这是当时的一种新工艺。除红铜镶嵌外，当时还流行着错金、错银工艺。1981年在中赵甫村发现的4件带钩，其中一件长11.4厘米，弧形，面上饰错金银勾连云纹，还嵌有9颗圆形松石[51]。1959年怀柔城北发现的4件铜带钩中，有一半龟盖形带钩，正面有错金花纹。1977年在北京丰台区贾家花园的一座墓葬中，出土一组圆漆盒错金银铜扣，共4件，一件为盖顶铜扣，上饰金银错卷云纹及草叶纹；一件为盖口铜扣，上饰金银错菱形纹，内填草叶纹；另一件为底口铜扣；还有一件为底圈足铜扣。这两件铜扣面都饰有与盖口相同的金银错花纹，这一组铜扣是属于一个圆漆盒的几个附件。

另一种突出反映战国时期青铜制造水平的是出现了一种器壁极薄的刻纹铜器[52]，又称用针刻纹作装饰的槌制铜器[53]。这种铜器是经过热加工之后锤打成器的，突出的特点是器壁极薄。铜器上的花纹，是用极尖细锐利的小刀刻出来的，线条细如毫发，但并不连贯，而是用小短线条接续成线。虽然若断若续，但刻工非常熟练，不失其流畅性。这种铜器在国内许多地区，如河北、河南、山东、山西、湖南、陕西、江苏等地都有发现，在北京附近的怀来、涞水永乐村等地，也发现了刻纹铜器。涞水永乐村发现的是铜匜残片[54]。河北怀来北辛堡发现的是战国早期的铜缶[55]，这是在一座墓葬中的随葬品，共2件（1:88、89），形制基本相同。口和底部有些残缺，高36厘米，侈口唇微卷，圆肩，平底、深鼓腹。腹部饰一凸弦纹和4个绚索纹的吊环，花纹分几部分，颈部饰链索纹和三角纹，肩至上腹部饰蟠螭纹和链索形带纹，下部饰链索形纹和三角纹。器壁厚为1毫米左右，花纹的线条都是用短短的点线构成的，刻画极为精细[56]。

三、金银器加工

燕地生产金银器的历史久远。从考古发掘的实物资料来看，早在殷商时期的考古遗址中就发现过金器，例如1977年在北京平谷县刘家河商代墓葬中就发现了金器，发展到战国时期，出土金银器的遗址就比以前多了。例如，在北京延庆古城村战国墓中出土了金发叉，在北京丰台贾家花园墓中出土了错金漆器铜扣，在延庆军都山3处墓地出土了少量工艺精细的鎏金饰品和金制品，在燕下都也出土了大量的错金、错银的器物，这说明当时金银器的制造水平已相当高了[57]。

四、兵器制造

1958年在十三陵水库淹没区，发现很多战国墓葬，其中一个人骨架的上肢骨里，发现一个铜镞，和唐山贾各庄战国墓出土的狭翼式铜镞大体相仿，铜镞射入骨内约1.5厘米，由此可见战国时铜镞的杀伤力是很大的，它不仅能射伤人的皮肉，而且可以射入骨内[58]。

1965年10月，燕下都44号墓出土的铁兵器，共6种52件，有剑、戟、矛、刀、匕首、胄等，还有铜铁合制的弩机、镞，以及铜兵器[59]。铁兵器的制造和使用，提高了燕国军队的装备水平。当时燕军使用的兵器不仅有剑、戟、矛等进攻性武器，而且有防护性武器。燕下都44号墓出土的铁胄（盔），就是燕军的防护性装备。

延庆军都山3处墓地出土的兵器，以直刃匕首式青铜短剑和铜镞为大宗。其中，形式各异、装饰精致的近百件直刃匕首式青铜短剑集中出土，为我国古代兵器宝库增添了一批新内容。

五、制陶业

1. 发展状况

西周时期燕国的陶器主要是以绳纹为装饰的鬲、簋、罐等。到了东周时期，燕地生产的陶器，除建筑构件和生活用品如筒瓦、板瓦、瓦当、罐等之外，主要是仿青铜礼器的陶鼎、豆、壶、盘、匜、甗、簋等。此期陶窑时有发现，如1982年，在平谷县夏各庄东大地和刘店乡的胡店村先后发现战国陶窑7座，窑呈圆形，高不过2米，直径1米许，仅出土一些碎陶片[60]。

筒瓦、板瓦和瓦当是在烧制日用生活陶器的基础上发展起来的一种新兴手工业。我国西周初期就创制出了筒瓦、板瓦和瓦当等建筑陶器。筒瓦和板瓦的制法，是先采用泥条盘筑成一头粗一头细的圆筒形瓦坯，并经过轮修和在器表拍印绳纹之后，再从圆筒形瓦坯的内面，用切割工具把圆筒形瓦坯切割成两半，即成一头宽一头窄的两个半圆形筒瓦。用同样的制法，作成较粗大的圆筒形瓦坯，然后从内壁切割成三等分，即成 3 个一头宽一头窄的板瓦。瓦当是在筒瓦的窄端加上圆形或半圆形堵头，即成为全瓦当或半瓦当[61]。东周时期北京地区的建筑陶器，主要出土于一些古窑址和古城址中。1960 年，在房山县良乡镇南 5 公里处发现东周时期的砖瓦窑数座，这些窑址在数千年的地理变迁中大部分已毁，发掘时仅存底部，窑址及其附近遗址中出土不少板瓦、筒瓦和兽面瓦当等。板瓦长 40 厘米，宽 30 厘米。筒瓦宽 18 厘米[62]。东城区呼家楼遗址、房山县周口店蔡家庄古城址、房山县芦村城址和长沟城址也发现有战国时期建筑用的筒瓦、板瓦和瓦当[63]。

北京地区春秋、战国时代的墓葬遗址中，以昌平松园村和怀柔城北出土的陶器为大宗。1956—1957 年，昌平松园村两座战国墓出土了相同的成组陶礼器，组合关系均有鼎、豆、盘、盨、鬲、匜、壶、簋等，未见铜器。这些陶器的陶质分两种，一为泥质灰陶，一为加砂粗红陶。泥质灰陶，火候很高，陶胎呈深灰色，表面略黑。加砂粗红陶只有陶鬲一种，为实用炊器。陶器的制法有手制、模制和轮制。在制作工序上有的很复杂，如陶鼎除手、模、轮等工序外，花纹是以特殊工具用压、印、划等办法刻划的。所制陶礼器，如匜、簋、豆、壶等，器形非常精美，有的远看和铜器一样。陶器纹饰主要有彩绘、暗纹、绳纹和旋纹 4 种。彩绘主要见于陶豆、陶簋和陶盘。绳纹多见于陶鬲外壁，线条非常粗，是战国时代常见的陶器纹饰。旋纹多见于器物的腹、足、盖等部位。暗纹是在轮制过程中用刀在陶器周身轧划成的。有些陶器，如陶匜，还带有朱绘图案，是用红色绘在陶器的周身。花纹大体分为两种，一种是流云纹，一种是变形的蟠螭纹。这些陶器的形制和纹饰作风，显系模仿铜器所为，所以这两座墓的陶礼器，又是一批仿铜陶礼器[64]。

1959—1960 年，北京市文物工作队在怀柔城北发掘 23 座东周墓，随葬的陶器 187 件。出土的陶器中，有泥质灰陶与夹砂红陶两系。泥质灰陶器为大宗，共有 15 座墓葬出土器物 159 件，每墓皆有组合的陶礼器，如鼎、豆、壶、盘、匜等。泥质灰陶器以轮制为主，个别器物如陶匜或鼎耳、足、壶钮、支柱、铺首等为模制，而附件则为制好后安接于器身。器物上的纹饰有弦纹、螺旋纹、锯齿形暗纹、兽面纹、动物纹等。陶壶的肩部多用竖行锯齿纹、横行 S 纹、几何纹 3 种组成。鼎、匜之钮或塑成动物形。夹砂红陶器形有鬲和釜两种。陶鬲腹、壁为模制，锥形实足为手制，然后安接于器身。陶釜表面印有绳纹。底部有火烧痕迹，可能为实用器物[65]。

除昌平松园村和怀柔城北出土了成组的陶礼器外，1960 年在昌平半截塔村、1971 年在宣武区白纸坊崇效寺院内、1972 年在宣武区崇效寺第二小学校、1973 年在宣武区白广路枣林街二条、1992 年在房山县琉璃河刘李店村等地也出土了一些东周（主要为战国时期）的陶礼器[66]。

值得注意的是，这些陶礼器大多是在中小奴隶主的墓穴，甚至平民墓穴中发现的，这是燕国"礼崩乐坏"的反映。春秋以来，王室和贵族的地位相继衰落，一些奴隶主贵族甚至失去了官爵田禄，只好用陶制礼器来显示以往的尊贵地位。也有一些下层的士和平民地位上升，竟然仿照青铜礼器的样子制作陶制礼器。

2. 陶器的时代特征

已有研究表明，北京地区春秋、战国时期的陶器在器类和形制上有着各自的时代特征。春秋时代出土的陶器组合简单，多用两件夹砂（云母颗粒）红陶鬲或釜，也有的用一鬲一灰陶尊或两件灰陶罐。陶鬲的形制有两种，一种是抹角三角形平底鬲，另一种是圆底小型鬲。战国时代的随葬陶器以鼎、豆、壶、小口壶、盘、匜为其组合形式，间或出土夹砂红陶鬲或盘状豆。这一时期的陶器形制可分 3 个阶段的变化。比如陶鼎，早期鼎耳较小，鼎盖隆起较高。鼎足膝部有兽面纹。晚期鼎耳较大，鼎盖扁平，鼎足呈束腰之兽蹄形。中期的鼎正好介于两者之间，成为一种承前启后的形制。又如陶壶，早期的壶颈矮壮，溜肩，肩部有三组花纹。中期的壶颈部多刻划动物。晚期壶颈较高，口向外侈，耸肩，肩部的三组花纹已简化为 4 道弦纹。再如陶匜，早期多作鸡心形，腹深。中期出现桃形匜。晚期的作圆形，腹浅。战国时代的陶器表面，多施一层云母粉，陶器呈银灰色；或在陶器表面涂一层细泥，经过火烧陶器呈黑褐色[67]。

六、铸币业

西周时期，北京地区已普遍使用贝。1973—1974 年，在北京房山琉璃河燕国墓地，发掘 7 座墓，均有贝出土，共数百枚[68]。1981—1983 年，琉璃河黄土坡村 4 座墓中又有大量的贝出土[69]。

自春秋晚期，金属货币开始在燕国铸造和使用。战国时燕国货币主要是铜刀币，也有少量铜布币。北京解放后，在 15 个区县内，有 40 余处出土过燕国刀币[70]（具体见下表）。出土的战国燕币，绝大多数为窖藏，少数为居住遗址残存，极个别为墓葬发掘[71]。

41

战国时期北京地区出土货币一览表

序号	出土时间	出土地点	出土数量	铸币形式	所据文献
1	1952 年	先农坛	约 6 千克	铜布币	《建国以来北京出土先秦货币综述》，载《中国钱币》1990 年第 3 期
2	1953 年	海淀区紫竹院	4 千克	铜刀币	同上
3	1957 年	朝阳区呼家楼	3876 枚（其中布币 992 枚）	铜刀、布币	《略谈北京出土的辽代以前的文物》，载《文物》1959 年第 3 期。《北京朝阳门外出土的战国货币》，载《考古》1962 年第 5 期
4	1959 年	怀柔县文教局院内	15 枚	铜刀币	《建国以来北京出土先秦货币综述》，载《中国钱币》1990 年第 3 期
5	1963 年	顺义县兰家营村	2 枚	铜刀币	《建国以来北京出土先秦货币综述》，载《中国钱币》1990 年第 3 期
6	1965 年	通县杨庄，怀柔县苏峪口村，房山县长沟村	5 千克零 21 枚	铜刀币	《建国以来北京出土先秦货币综述》，载《中国钱币》1990 年第 3 期
7	1970 年	密云县后店村	552 枚	铜刀币	《建国以来北京出土先秦货币综述》，载《中国钱币》1990 年第 3 期
8	1970 年	怀柔县城东北，平谷县马坊村、刘家河村，延庆县城关公社等地	30 千克又 122 枚	铜刀币	《建国以来北京出土先秦货币综述》，载《中国钱币》1990 年第 3 期
9	1971 年	宣武区牛街、白纸坊街，延庆县永宁公社等地	15 余千克	铜刀币	《建国以来北京出土先秦货币综述》，载《中国钱币》1990 年第 3 期
10	1972 年	宣武区韩家潭图书馆	10 余枚	铜刀币	《北京又发现燕饕餮纹半瓦当》，载《考古》1980 年第 2 期

（续表）

序号	出土时间	出土地点	出土数量	铸币形式	所据文献
11	1972 年	崇文区山涧口街，延庆县古城村等地	35 枚	铜刀币	《建国以来北京出土先秦货币综述》，载《中国钱币》1990 年第 3 期
12	1974 年	大兴县红星公社，平谷县峨眉山村等地	2.1 余千克	铜刀币	《建国以来北京出土先秦货币综述》，载《中国钱币》1990 年第 3 期
13	1975 年	房山县董家林村等地	1.5 千克零 200 枚	铜刀币	《建国以来北京出土先秦货币综述》，载《中国钱币》1990 年第 3 期
14	1976 年	通县杨庄，海淀区温泉公社东埠头村等地	3.5 千克零 25 枚	铜刀币	《建国以来北京出土先秦货币综述》，载《中国钱币》1990 年第 3 期
15	1978 年	延庆县辛庄堡村	约 30 千克	铜刀币	《建国以来北京出土先秦货币综述》，载《中国钱币》1990 年第 3 期
16	1978 年	大兴县旧宫村等地	2 千克零 32 枚	铜刀币	《建国以来北京出土先秦货币综述》，载《中国钱币》1990 年第 3 期
17	1979 年	延庆县下屯公社，怀柔县怀丰公路	6.5 千克	铜刀币	《建国以来北京出土先秦货币综述》，载《中国钱币》1990 年第 3 期
18	1979—1986 年	怀柔县城等地		铜刀币	《北京市发现一批古遗址和窖藏文物》，载《考古》1989 年第 2 期
19	1983 年	房山区韩继村，延庆县米家堡村等地	5 捆（以绳贯刀环）	铜刀币	《建国以来北京出土先秦货币综述》，载《中国钱币》1990 年第 3 期
20	1988 年	房山区东营乡西营村	752 枚（完整者 512 枚）	铜刀币	《北京房山区出土燕国刀币》，载《考古》1991 年第 11 期。
21	1990 年	丰台区大井村	140 余千克	铜刀币	《建国以来北京出土先秦货币综述》，载《中国钱币》1990 年第 3 期

燕国刀币以其形制差异，可分为尖首刀、针首刀和明刀 3 类。尖首刀以其刀首呈尖锐状而得名。针首刀以其刀首尖锐如针而得名，它是尖首刀化中的一种特殊形制的刀化形态。北京地区尖首刀与针首刀出土较少。1978 年，延庆县香营公社辛庄堡村出土尖首刀 1350 枚。其形制特征：刀尖较短，弧背较直，刀身直窄，刃凹，刀身隆起，中断于柄处，面背柄均有二竖直纹，柄环圆形者多，椭圆形者少。

明刀是燕国的主要铸币，它可分两类，一种是方折刀，一种是圆折刀。明刀刀面都模铸有"明"字[72]，刀背有文字和其他记号。明刀中，方折刀最多，其次为圆折刀，窖藏中则以圆折刀与方折刀同出较为普遍。

至于战国时期燕国刀币的铸造情况，燕下都遗址考古发掘出土了大量明刀铸范，但大都是使用后的碎范（陶质）[73]。比较完整的有 4 刀范和 5 刀范两合，为圆折刀币范。总观燕国各式刀币的铸造工艺，从铜质方面观察，尖首刀币铜质较好，圆折刀币稍差，方折刀币铜质很不一致，有的含铅、锡及杂质较多，质地轻薄易折断，在铸造技术上几种刀币都比较原始，似均停留在泥范模一次浇铸的原始阶段，在泥版未干时，用刀币原形压一印痕，再刻出面、背文字符号，烘干后即行浇铸，泥模用一次即作废，另制新范[74]。这种铸范的浇铸工艺属于平板范竖式浇铸，是我国古代早期铸钱的基本形式，在春秋中后期之后的数百年内，广泛用于铸钱业[75]。

总之，春秋战国时期燕地的手工业生产，在西周的基础上又有很大的进步。手工业不但规模庞大，而且种类繁多，分工细致，对生产的技术要求和管理十分严密。

尤其是，以铁器的推广使用和冶铸技术的迅猛发展为标志，创造了北京乃至中国古代手工业生产的又一个辉煌时期（铁器时代），在此之前则为青铜时代。春秋战国时期，最突出是冶铁业，也是新创立的手工业部门。这一时期，铜器的应用比西周更为普遍，不过在某些方面不及西周铜器。

值得注意的是，春秋战国时期，许多手工业的工艺技术，如前述的青铜冶铸业、金银器加工等逐步科学化、新奇化和精细化。而且，从出土的铁器、青铜器来看，燕国的金属冶炼、铸造、锻造水平并不比中原地区差。

第四节 商周时期的手工业管理[(76)]

一、官营手工业

1. 商代的"百工"与"多工"

商代的手工业是奴隶制官营手工业,官营手工业作坊主要为王室生产贵族所需要的各种用品。商代手工业生产过程中,"百工"为直接参加手工业劳动的工奴隶;"多工"为管理手工业生产的工官。从史料和甲骨文中可见,商代手工业生产属职业氏族负责。《左传·定公四年》说,周武王克商后,把殷民的条氏、徐氏、肖氏、索氏、长勺氏、尾勺氏六族,分给鲁公伯禽,而把殷民陶氏、施氏、繁氏、倚氏、樊氏、饥氏、终葵氏七族,分给卫康叔。可证商代有专门从事手工业的氏族。周代则出现相应的职业官吏,在《考工记》中有记载。

"百工"的身份在商代应为工奴隶。如 1973 年安阳小屯南地出土的甲骨文中,就有"癸未卜,又(有)福,百工"。"多工"则是管理手工业的官员。如《殷墟文字丙编》54,有"乙未酒,多工率条遣。"《金璋》413:"多工令众灾方"。另有"尹工"、"司工",当为工官之专名。

商代官营手工业尚处于初创阶段,只有青铜器、金银器、陶器和玉器等少数手工业品制造业。商代北京地区的官手工业也大体如此。

2. 西周的"工商食官"制

西周手工业生产由官府统一经营管理,由官府供给原材料,提供作坊场地,手工业工匠在"工师"或"工尹"的监督下,加工官府指定的产品。手工业者的生活必需品也由官府供给,其职业世袭,不准迁业。此即《国语·晋语四》所称的"工商食官"[(77)]。西周以后,几乎所有重要的手工业品,都由官府设立作坊制造。西周主持工事的官吏称"司空"或"司工",位居六卿。

在西周早期,"百工"的地位还是很受优待的。《周礼·冬官考工记第六》记载冬官之职,"国有六职,百工与居一焉。""审曲面执,以饬五材,以辨民器,谓之百工"。"知者创物,巧者述之守之,世谓之工。百工之事,皆圣人之作也"。凡此说明了"百工"一职的重要,也给百工以至上的褒奖。周公曾作《酒诰》曰:"群饮。汝勿佚。尽执拘,以归于周,予其杀。又惟殷之迪诸臣,惟工乃湎于酒,勿庸杀之,姑惟教之。"[(78)]反映了周初统治者对有特殊技艺的手工业者特别重视,不随便杀戮。同时也要看到，他们的身份毕竟是战俘转化而来的奴隶或半奴隶而已。

到了西周中后期，"百工"的地位明显下降。据《礼记·月令第六》载，季春"命工师，令百工，审五库之量，金铁、皮革、筋角、齿羽、箭干、脂胶、丹漆，毋或不良。百工咸理，监工日号，毋悖于时，毋或作为淫巧以荡上心"。可见，"百工"已沦为官府作坊中的手工业奴隶，他们在监工的督责下，必须按时、按质、按量地完成指定任务。

3. 春秋战国时期的生产和管理

春秋战国时期，官营手工业的生产范围，几乎包括了所有手工业生产部门。各国都设有一套官手工业组织。出土的战国中期以后的手工业品上，往往铭刻督造的机构、司造的各级官工和生产者的名字。例如，在河北省兴隆县古洞沟出土的战国铁农具范，范上有"右廪"的铭文[79]，廪为保管粮食的部门，和农业生产有直接的关系，可能廪也负责生产一部分铁农具。这是战国时期燕国政府经营冶铁手工业的明证。

春秋战国时期，一切具有专业技艺的工匠，无不被官府搜罗到有关的官营手工业部门中，他们成为"在官之工"，即所谓"处工，就官府"[80]。官府手工业中工匠的服役时间，为每年 3—8 月，余下时间方能自己生产经营。也就是《吕氏春秋·季秋纪第九》所载："是月（九月）也，霜始降，则百工休。"

官营手工业，既有完整的制度，又有严密的管理，而且从整个生产过程中的原料到产品，每道工序均要受"工师"的监督，还有监工的考核和检查。如《管子·立政第四》曰："论百工，审时事，辨功苦，上完利，监壹五乡，以时钧修焉；使刻镂文采，毋敢造于乡，工师之事也。"生产成品刻有制造者的名字，就是为了防止偷工减料或诈伪。又《吕氏春秋·孟冬纪第十》载："是月也，工师效功，陈祭器，按度程。毋或作为淫巧，以荡上心，必功致为上。物勒工名，以考其诚。工有不当，必行其罪，以穷其情。"显然，"工有不当"，是要受到相应处罚的。

战国时的手工业，对每个工种的质量要求极为严格，必须遵循一定的操作规程。《墨子·法仪》说："百工从事者，亦皆有法。百工为方以矩，为圆以规，直以绳，正以县。无巧工不巧工，皆以此五者为法。"[81]《荀子·儒效第八》也说："设规矩，陈绳墨，便备用，君子不如工人。"工匠在官营手工业作坊中，"相语以事，相示以功，相陈以巧，相高以知事。"[82]众多有一技之长的工匠在一起劳作，互相观摩，互相激励，从而将生产技术保持在一个较高的水平上。

二、私营手工业

春秋战国时期，"工商食官"制下的官营手工业格局逐渐松动，民间私营手工业得到发展。当时私营手工业的类型主要有：家庭手工业、小手工业者及豪民经营的大手工业。他们占有一定的生产资料，独自经营，有的甚至有自己的作坊。

家庭手工业普遍存在。《墨子·非乐上》载："妇人夙兴夜寐，纺绩织纴，多治麻丝葛绪、綑布縿，此其分事也。"[83]可见，春秋战国时期从事家庭纺织业的人很多，它已成为普通家庭妇女的分内之事。《吕氏春秋·尊师》曰："织葩屦，结罝网，捆蒲苇。"[84]说明织草鞋、制渔网、编蒲席也是当时流行的家庭手工业。

以商品生产为主的小手工业迅速增长。小手工业者原由家庭手工业发展而来，逐步成为一种有专门技艺的工匠。《商君书·算地第六》说："技艺之士资在于手"。《庄子·内篇逍遥游第一》谓："宋人有善为不龟手之药者，世世以洴澼絖为事。"《左传·襄公十五年》谈到："宋人或得玉，献诸子罕。子罕弗受。献玉者曰：'以示玉人，玉人以为宝也'……子罕寘诸其里，使玉人为之攻之。"这些手工业者，生产范围狭小，技术保密，自产自销。他们谋生比农民相对容易，所谓"今为末作奇巧者，一日作而五日食。农夫终岁之作，不足以自食也。"[85]

豪民经营的大手工业，主要是冶铁业和煮盐业，其经营规模较大。《盐铁论·复古》曰："往者，豪强大家，得管山海之利，采铁石鼓铸，煮海为盐。一家聚众，或至千余人。"[86]《史记·货殖列传》中提到战国时因煮盐、冶铁而致巨富的大商人，如"猗顿用鹽盐起。而邯郸郭纵以铁冶成业，与王者埒富"。[87]

当时私营手工业的生产技术，往往由某个家族中的某些成员世代相传。所谓"巧者述之，守之世，谓之工。"[88]世代相传，有利于技术的不断积累，所达到的产品质量，是其他未受家传的生产者难以企及的。但是，这种以家族为生产单位，以个人技艺熟练为技术基础的手工业结构中，生产技术难以有普遍的提高。由家族保守诀窍的传统也阻碍着技术的推广和借鉴。当时虽有学徒制度，但师傅往往只传授一般的技术而保留技术中的绝技，历史上的许多绝技因之失传。

注释：

（1）李淑兰：《北京史稿》，学苑出版社 1994 年版，第 19 页。

（2）《北京地区古窑址》，见马希桂：《文博耕耘录 马希桂文集》，中国林业出版社 2007 年版，第 336 页。

（3）夏家店文化是中国古代早期的一种北方文化类型，因较早发现于辽宁省赤峰县夏家店村而得名。"夏家店下层文化"的年代，一般认为相当于中原地区的夏、商时代，最晚不超过西周早期。其分布范围大致北起今内蒙古自治区的西刺木伦河，南至河北省东北部，东至辽宁以西，西至河北蔚县一带。"夏家店下层文化"以燕山为界可分为燕南型和燕北型。今北京地区正处于夏家店下层文化圈的南缘。

（4）主要参考袁进京、张先得：《北京市平谷县发现商代墓葬》，载《文物》1977 年第 11 期。北京市文物工作队：《北京平谷刘家河遗址调查》，见北京市文物研究所编：《北京文物与考古（第三辑）》，北京燕山出版社 1992 年版，第 51—64 页。刘秀中：《平谷刘家河商墓出土的金器》，载《中国文物报》1993 年 8 月 8 日，第 31 期。

（5）齐心主编：《图说北京史》，北京燕山出版社 1999 年版，第 33 页。

（6）除北京发现商代的铁刃铜钺外，其他地区发现的几件是：1972 年在河北省藁城县台西村的商代遗址中，发现一件铁刃铜钺（河北省博物馆、文物管理处：《河北藁城台西村的商代遗址》，载《考古》1973 年第 5 期）；1976 年在山西灵石县旌介村的商代墓葬中，出土一件含铁铜钺（戴尊德：《山西灵石县旌介村商代墓和青铜器》，载《文物资料丛刊》第 3 辑）；又传称 1931 年在河南省浚县出土一批铜兵器，这批兵器已流落到美国，其中有铁刃铜钺一件和铁援铜戈一件，后经科学分析证明这两件铜兵器中的铁，也是陨铁制成的（《考古》1973 年第 5 期《河北藁城台西村的商代遗址》一文及所附夏鼐：《读后记》）。

（7）主要参考郭仁：《北京房山县考古调查简报》，载《考古》1963 年第 3 期。北京市文物管理处琉璃河考古工作队：《北京琉璃河夏家店下层文化墓葬》，载《考古》1976 年第 1 期。

（8）主要参考北京市文物研究所：《北京市拒马河流域考古调查》，载《考古》1989 年第 3 期。

（9）邹衡：《夏商周考古学论文集》，文物出版社 1980 年版，第 314 页。

（10）季如迅：《中国手工业简史》，当代中国出版社 1998 年版，第 32 页。

（11）李济：《殷商陶器初论》，见《安阳发掘报告》第 1 期，国立中央研究院历史语言所 1929 年版，第 57 页。

（12）尹钧科主编：《北京建置沿革史》，人民出版社 2008 年版，第 10 页。

（13）三家注《史记》卷四《周本纪第四》。

（14）陈平：《燕亳与蓟城的再探讨》，载《北京文博》1997 年第 2 期。

（15）尹钧科主编：《北京建置沿革史》，人民出版社 2008 年版，第 12—13 页。

（16）琉璃河考古队：《北京附近发现的西周奴隶殉葬墓》，载《考古》1974 年第 5 期。

（17）北京市文物研究所：《琉璃河西周燕国墓地》（1973—1977 年），文物出版社 1995 年版。

（18）琉璃河考古队：《1981—1983 年琉璃河西周燕国墓地发掘简报》，载《考古》1984 年第 5 期。

（19）琉璃河考古队：《北京琉璃河 1193 号大墓发掘简报》，载《考古》1990 年第 1 期。

（20）马希桂：《文博耕耘录　马希桂文集》，中国林业出版社 2007 年版，第 9—10 页。

（21）北京市文物管理处：《北京地区又一重要考古收获——昌平白浮西周木椁墓的新启示》，载《考古》1976 年第 4 期。

（22）北京市文物管理处：《北京市延庆县西拨子村窖藏铜器》，载《考古》1979 年第 3 期。

（23）王彩梅：《燕国简史》，紫禁城出版社 2001 年版，第 255—256 页。

（24）齐心主编：《图说北京史》，北京燕山出版社 1999 年版，第 50 页。

（25）马希桂：《文博耕耘录　马希桂文集》，中国林业出版社 2007 年版，第 10—11 页。

（26）主要参考田敬东：《琉璃河遗址发掘述略》，见苏天钧主编：《北京考古集成 2—4》，北京出版社 2000 年版，第 894 页。琉璃河考古队：《北京附近发现的西周奴隶殉葬墓》，载《考古》1974 年第 5 期。

（27）北京市文物管理处：《北京地区又一重要考古收获——昌平白浮西周木椁墓的新启示》，载《考古》1976 年第 4 期。

（28）参见中国科学院考古研究所安阳发掘队：《1975 年安阳殷墟的新发现》，载《考古》1976 年第 4 期；《我国长江以南第一次发现大规模商代遗址》，载《光明日报》1975 年 5 月 6 日；李科友等：《略论江西吴城商代原始瓷器》，载《文物》1975 年第 7 期；李知宴：《关于原始青瓷的初步探索》，载《文物》1972 年第 3 期；《谈谈郑州商代瓷器的几个问题》，载《文物》1960 年第 8、9 期。

（29）马希桂：《文博耕耘录　马希桂文集》，中国林业出版社 2007 年版，第 9 页。

（30）主要参考殷纬璋：《记北京琉璃河遗址出土的西周漆器》，《考古》1984 年第 5 期。李淑兰：《北京史稿》，学苑出版社 1994 年版，第 33 页。

（31）用蚌片镶嵌的漆器有悠久的历史，在漆器中占有一定地位。它独立形成为一个较重要的髹漆品种，一般称为螺钿漆器。

（32）主要参考杨学晨：《琉璃河西周燕国墓地出土玉器初探》，载《中原文物》2007 年第 3 期。

（33）北京市文物管理处：《北京地区又一重要考古收获——昌平白浮西周木椁墓的新启示》，载《考古》1976 年第 4 期。

（34）祝寿慈：《中国古代工业史》，学林出版社 1988 年版，第 132—133 页。

（35）郑绍宗：《热河兴隆发现的战国生产工具铸范》，载《考古通讯》1956 年第 1 期。

（36）杨根：《兴隆铁范的科学考查》，载《文物》1960 年第 2 期。

（37）华觉明等：《战国两汉铁器的金相学考查初步报告》，载《考古学报》1960 年第 1 期。

（38）河北省文化局文物工作队：《河北易县燕下都故城勘察和试掘》，载《考古学报》1965 年第 1 期。

（39）北京钢铁学院压力加工专业：《易县燕下都 44 号墓葬铁器金相考察初步报告》，载《考古》1975 年第 4 期。李众：《中国封建社会前期钢铁冶炼技术发展探讨》，载《考古学报》1975 年第 2 期。

（40）北京市文物研究所：《北京考古四十年》，燕山出版社 1990 年版，第 59 页。

（41）（42）程长新：《北京市通县中赵甫出土一组战国青铜器》，载《考古》1985 年第 8 期。

（43）北京市文物工作队：《北京怀柔城北东周两汉墓葬》，载《考古》1962 年第 5 期。

（44）葛建军：《北京三千余年灿烂历史的见证——〈北京历史文物陈列〉》，载《首都博物馆丛刊》1998 年总第 12 期。

（45）北京市文物研究所山戎文化考古队：《北京延庆军都山东周山戎部落墓地发掘纪略》，载《文物》1989 年第 8 期。

（46）王仁湘，《古代带钩用途考实》，载《文物》1982 年第 9 期。

（47）张先得：《北京丰台区出土战国铜器》，载《文物》1978 年第 3 期。

（48）徐中舒主编：《殷周金文集录》，四川人民出版社 1984 年版，第 358 页。

（49）北京市社会科学院编：《今日北京：历史、名胜卷》，北京燕山出版社 1991 年版，第 38 页。

（50）安志敏：《唐山市贾各庄发掘报告》，载《考古学报》第 6 册，1953 年。

（51）程长新：《北京市通县中赵甫出土一组战国青铜器》，载《考古》1985 年第 8 期。

（52）叶小燕：《东周刻纹铜器》，载《考古》1983 年第 2 期

（53）李学勤：《东周与秦代文明》，文物出版社 1991 年版，第 229 页。

（54）孟昭林：《河北涞水县永乐村发现一批战国铜陶器》，载《文物参考资料》1955 年第 12 期。

（55）敖承隆、李晓东：《河北怀来北辛堡出土的燕国铜器》载《文物》1961 年第 7 期。

（56）河北省文化局文物工作队：《河北怀来北辛堡战国墓》，载《考古》1966 年第 5 期。

（57）曹子西：《北京通史（第一卷）》，中国书店 1994 年版，第 105 页

（58）苏天钧：《略谈北京出土的辽代以前的文物》，载《文物》1959 年第 9 期。

（59）河北省文物管理处：《河北易县燕下都 44 号墓发掘报告》，载《考古》1975 年第 4 期。

（60）《平谷、密云等县发现的古代窑址》，见《中国考古年鉴》1955 年，第

105 页。

（61）中国硅酸盐学会、冯先铭等主编：《中国陶瓷史》，文物出版社 1982 年版，第 82 页。

（62）《北京房山县考古调查》，载《考古》1963 年第 3 期。

（63）苏天钧：《十年来北京市所发现的重要古代墓葬和遗址》，载《考古》1959 年第 3 期。王汉彦：《周口店区蔡庄古城遗址》，载《文物》1959 年第 5 期。冯秉其、唐云明：《房山县古城址调查》，载《文物》1959 年第 1 期。

（64）苏天钧：《北京昌平区松园战国墓发掘记略》，载《文物》1959 年第 9 期。

（65）北京市文物工作队：《北京怀柔城北东周两汉墓葬》，载《考古》1962 年第 5 期。

（66）北京市文物工作队：《北京昌平半截塔村东周和西汉墓》，载《考古》1963 年第 3 期。苏天钧主编：《北京考古集成 15》，北京出版社 2000 年版，第 311—313 页。《房山县琉璃河刘李店战因墓地》，见苏天钧主编：《北京考古集成 2—4》，北京出版社 2000 年版，第 1254 页。

（67）北京市文物工作队：《北京怀柔城北东周两汉墓葬》，载《考古》1962 年第 5 期。

（68）琉璃河考古队：《北京附近发现的西周奴隶殉葬墓》，载《考古》1974 年第 5 期。

（69）琉璃河考古队：《1981—1983 年琉璃河西周燕国墓地发掘简报》，载《考古》1984 年第 5 期

（70）北京市文物研究所：《北京考古四十年》，北京燕山出版社 1990 年版，第 63 页。

（71）高桂云、张先得：《北京市出土战国燕币简述》，见中国钱币学会编：《中国钱币论文集》，中国金融出版社 1985 年版，第 139 页。

（72）燕刀面文的"明"字，历来诸家解释不一：旧释"莒"、"明"、"盟"、"召"、"回文"、"泉"、"易"等。近人以释"明"者居多。同时，有学者主张释"匽"即"燕"字。也有学者认为释"易"字，也就是"晏"即"匽字比较妥当"。（参见李如森：《中国古代铸币》，吉林大学出版社 1998 年版，第 78—79 页）

（73）河北省文物研究所：《燕下都》，文物出版社 1996 年版，第 865 页。

（74）高桂云、张先得：《北京市出土战国燕币简述》，见中国钱币学会编：《中国钱币论文集》，中国金融出版社 1985 年版，第 150 页。

（75）周卫荣：《中国传统铸钱工艺初探》，载《中国钱币论文集》第四辑。

（76）本节参考陈汉生主编：《中国古代经济法制史纲》，电子工业出版社 1990 年版，第 11—12、22—24、39—43 页。季如迅：《中国手工业简史》，当代中国出版社 1998 年版，第 42—44 页。

（77）《国语》，上海古籍出版社 1978 年版。

（78）《周书·酒诰第十二》。

（79）郑绍宗：《热河兴隆发现的战国生产工具铸范》，载《考古通讯》1956

年第 1 期。

（80）《国语》卷六《齐语》。

（81）《墨子》卷一《法仪第四》。

（82）《管子·小匡第二十》。

（83）《墨子》卷八《非乐上第三十二》。

（84）《吕氏春秋·孟夏纪第四》。

（85）《管子·治国第四十八》。

（86）《盐铁论》卷一《复古第六》。

（87）《史记》卷一百二十九《货殖列传第六十九》。

（88）《周礼·冬官考工记第六》。

第三章　秦汉时期

秦于公元前 222 年灭掉燕国。次年统一中国后，在地方行政区划上基本沿用原燕国制度，仍置上谷、右北平、渔阳、辽西、辽东五郡。在原燕国都蓟城及燕下都一带，新置广阳郡，治蓟（今北京城西南）[1]。今北京地区分属上谷、渔阳、右北平和广阳郡的一部分。

西汉初年，实行郡国制，今北京地区为燕国，以蓟为都城。公元前 80 年，废国为广阳郡。公元前 73 年，又废郡复为广阳国，仍以蓟为都城。公元 9 年，王莽篡汉，改广阳郡为广有郡，又改蓟县为伐戎县[2]。

东汉基本上沿用西汉制度，但亦有变化。东汉初，这里划归幽州，州治蓟，幽州下辖十一个郡（国）[3]。其中广阳、涿、上谷、渔阳、右北平五郡（国）的全部或部分地区，在今北京市境内。公元 37 年，广阳国并入上谷郡[4]。公元 96 年，复置广阳郡[5]，下辖蓟、广阳、昌平、军都、安次五县，此后直至东汉灭亡，广阳郡不废。

秦汉四百余年间，燕蓟地区的手工业发展比较迅速。手工业生产不仅行业类型增多，而且拥有很高的工艺技术水平。这一时期，手工业的管理经营有官营和民营两类。

第一节　燕蓟地区手工业的发展

秦至两汉时期，随着封建统一国家的建立与巩固，社会经济有了很大的发展，也为手工业的长足发展和生产技术的成熟提供了有利的条件。冶铁、煮盐、铸铜钱成为汉代手工业的三大生产部门，漆器、纺织、制陶业等也相当繁荣。秦汉时期燕蓟地区的手工业生产，在行业类型的发展和工艺水平的提高上，都取得了很大的成就。冶铸、制陶、制盐、石作业以及玉器、漆器、骨角牙器、编织物等工艺品制造，是具有代表性的行业部门。

一、冶铸业

1.冶铁业

秦汉时期，燕蓟地区的冶铸业比战国时期有所发展，其中冶铁业是最重要的生产部门。

1954年，北京清河镇朱房乡古城遗址经考察属西汉初期，城址北部发现有炼炉、炉渣、炉壁残块等冶铁遗存，并有铁器出土。采集到铁器40余件，有兵器如剑、戟、钺等，有农具和手工工具如锄、镢、铲、耧足、锛、凿、环刀等，此外还有鼎、镜、车具、马饰和其他器具[6]。其中铁铲呈凹形，经过柔化处理，属可锻铸铁件[7]。可锻性铸铁具有一定韧性，不像一般铸铁质脆易断。这里出土的可锻性铸铁铲显示出西汉时蓟城地区的冶铸技术已具有较高水平。耧车为播种工具，西汉时铁足耧车尚属新式农具，这座古城遗址中出土的铁耧足以说明西汉时期蓟城地区的农业生产技术也是比较先进的。

西汉中期，汉武帝刘彻下令废除各种旧币，统一铸造五铢钱，当时怀柔是渔阳郡郡治所在地，朝廷在渔阳郡派有驻铁官督造五铢钱和兵刃、农器。20世纪50年代修建怀柔水库时，在主坝东侧龙山脚下曾出土了铸造五铢钱的作坊并出土了陶范（模具）和五铢钱。1981年在古代渔阳郡治地——梨园庄附近又出土了五铢钱、铜镜等，说明当时渔阳郡的冶铸业已有一定规模。[8]1982年，在怀柔县城关龙山坡下发现一钱币作坊遗址，其面积南北80米，东西50米，从路边的断崖上还可看出木炭灰的堆积和遗址断层，出土陶钱范四十余件，不少范上刻有"五铢"二字[9]。

河北承德西汉采矿冶铁遗址，位于承德北山的东沟，1953年发现，有矿坑、选矿场、搬运矿石的道路、冶炼场4处以及铁渣等，出土铁锤、钎子、铁带钩、铁锄和小铁刀等铁器[10]。

1975年在北京市丰台区大葆台发掘的西汉晚期墓中，有不少铁器出土。其中有铁斧、铁箭铤、铁笄、铁扒钉、铁环首工具及铁戟等[11]。大葆台汉墓出土铁器经过金相分析，箭铤、铁簪、铁扒钉、铁环首削系用生铁固态淬火脱碳成钢制成[12]。铸铁脱碳成钢是我国古代发明的独特的制钢技术，是铸铁热处理技术臻于成熟的产物。方法是将铸铁件退火脱碳，变为钢的组织，可根据不同的用途，在退火时适当掌握，以获得含碳量不同的高碳钢或低碳钢。经过脱碳热处理获得的钢件或白心韧性铸铁，性能良好，适用于制作刀剪之类。大葆台汉墓出土的铁簪等，是运用铸铁脱碳钢工艺的最早实物[13]。这比燕下都44号战国时期墓中出土的由块炼法取得海绵铁，再加以锻冶、淬火的制钢技术更为先进。

窦店汉代古城冶铁遗址，位于北京市房山区窦店乡西安庄村西一带，即窦店古城东南隅，曾发现有铁块、残铁器、红烧土，还有"土炼炉"痕迹。1986年发掘，又出土了西汉时的铁钁和东汉时的铁铤铜镞等[14]。

随着冶铸技术的进步，西汉铁制品的数量与品种日益增多，铁质的生产工具和生活用具基本取代了铜器。汉武帝后，铁兵器已占主要地位。东汉时，主要兵器如刀、剑、矛、戟、镞、盾等已全部用钢铁制造。

2. 冶铜业

秦汉时的农具、手工业工具、兵器虽以铁器为主，但冶铜技术仍有进步。汉代铜器崇尚实用，更趋朴素轻巧，已广泛采用错金银、鎏金、镶嵌等工艺。品种主要有镜、灯、炉、壶、洗等，铜镜成为铜器制造的重点之一。大葆台汉墓出土的铜器尤能说明这一时期冶铜业的发展水平。

大葆台汉墓出土铜器七十余件。其中一号墓19件，器形主要是铜镜、鎏金铜铺首、铜鎏金龙头枕、鎏金铜豹、八棱兵器和车马饰等；二号墓57件，器物有虎、长柄刷和一些漆器上的饰件。一号墓11件铜器和车马饰件，经冶金部有色金属研究院光谱和定量分析，得知这些铜器主要成分为铜锡合金，另外还有中量的铅和微量的镍、镁、铝、锌、钒、锰、钴、铋等稀有金属[15]。

燕王（广阳王）墓出土星云纹铜镜1件，直径15.5厘米，连峰式钮，钮外凸起一周连弧纹，连弧纹外为四朵梅花，梅花之间有七颗乳钉。四螭纹铜镜1件，直径19厘米，有连珠纹座，座外四乳钉之间饰四螭纹，螭的两侧复饰有鸟兽纹。昭明铜镜2件，直径15厘米，圆钮，连弧纹座，座外环以8个内向连弧纹，连弧纹之间或填以斜"田"纹和涡纹。其中一件镌有"内清质以昭明，光辉象夫乎兮一日月，心忽而愿忠，然雍塞不泄"铭文，另一件也刻有"内清质以昭明，光辉象夫日月，心忽而扬愿忠，然雍塞而不泄"的铭文。星云纹铜镜和昭明铜镜所含金属成分的百分比如下：星云纹镜含铜66.6%，锡23.03%，铅6.0%；昭明镜含铜67.2%，锡23.32%，铅5.2%。

鎏金铜铺首、铜鎏金龙头枕、鎏金铜豹等饰件，造型优美，装饰华丽。鎏金铜铺首，圆面，宽鼻，阔口，鬃毛竖立，眼角上吊，形象雄壮威严，透露着凛然不可侵犯和杀气腾腾的神秘色彩。鎏金铜铺首是门环的配件，同时起装饰作用，但其最根本的意义则是门神，与我国新石器时代玉器上的"神徽"，商周青铜器上的"饕餮"具有源流关系。铜鎏金龙头枕为玉衣的龙头枕的两侧部件。龙头用圆水晶为眼，青玉牙、舌和双角，作张口吐舌状，形态别致。

铜错银八棱棍，似为棁类兵器。长 48.5 厘米。铁心外包铜，两端为银头，柄端嵌金箔一圈，金箔的两侧缠绕丝绳，周身错菱形银纹和红铜云纹。该器设计精巧，铸造技术高超，是汉代兵器中不可多得的珍品。

二、制陶业

1. 发展状况

制陶业是蓟城地区另一项重要的手工业部门。从考古发掘来看，有各个时期精细的陶制器物出土，如汉代的陶井圈、陶俑、陶制明楼和其他器物。有的器物上加绘一层朱漆或黑漆，也有的涂有绿釉。从北京地区汉墓中发现的陶器种类、数量和加工技术中，我们可以了解到这一时期燕蓟地区陶器的生产状况。

解放以来，北京地区发现了大批的汉代陶井，其中大部分是西汉时期的。1956 年北京市永定河引水工程中，发现了汉代陶井一百五十余座，主要密集于复兴门外蔡公庄到宣武门豁口的一段地带内。井址最密集的在 6 平方米之内有 4 处之多。井的底部都发现有陶罐，多者达 16 个。1965 年又在这一带发现了汉代陶井五十余座。这些水井皆为陶土烧制的井圈迭砌成筒状，保持最高的有 16 节。井圈内外两壁皆有花纹，有的外壁是绳纹，内壁是云纹；有的外壁是蓆纹，内壁无花纹[16]。此外，在今琉璃厂、新华街、象来街、北线阁、广安门内大街、校场口、牛街、陶然亭、姚家井、白纸坊等地，直至西单的大木仓，也都发现有瓦井[17]。西汉陶井圈的工艺水平比战国时期有所提高。战国时期的陶井圈多直径小而较高，汉代的陶井圈多直径大而较矮。从生产工艺角度来看，显然后者的水平要高些。

西汉时期的制陶业比较繁荣。陶器的种类很多，工艺水平也很高。许多陶壶、陶罐不仅体势端庄，而且器表有彩绘花纹，远远看去、和漆器制品差不多。还有一类陶器通体涂有黑色漆衣，油黑闪亮，是一种仿漆器的陶制品。例如，大葆台西汉墓出土的陶器有鼎、罐、壶、盘、盆、钫、瓮及耳杯等。陶质多为泥质灰陶、泥质红陶和釉陶。陶质细腻坚硬。陶器制作方法主要为轮制，间有模制或手制。纹饰有篮纹、弦纹、绳纹、龙纹、鱼纹、鹤纹和涡纹等。陶器表面多施一层黑漆衣，亦有里涂红漆外施黑漆。其中，黑漆衣博山炉式盖陶壶是这一时期的特色器物。器形规整匀称，黑衣色泽鲜亮厚重。据冶金部钢铁研究院陶器表釉 X 光分析，黑衣成分主要是石英（SiO_2），此外尚有少量顽辉石（MgO、SiO_2）、铝板钛矿（Al_2TiO_5）和无定形玻璃相[18]等无机矿物涂料，并非漆树树脂。此期的陶窑遗址也有发现，1981 年在房山区周口店乡娄子水村西坡地上发现西汉前后陶窑 2 座，圆形，高约 2 米，直径 1.8 米，出土有红色夹砂陶片和一些遗留的灰烬。1985 年在该区张坊乡北白岱村亦发现汉代瓦窑 1 座，仅存窑炉残壁，附近地面上遗留一些战国及汉代陶片和残瓦[19]。

东汉时期，制陶业发展到了新的阶段，具有代表性的有釉陶器和彩绘陶器等。其中绿釉陶制的庄园明器使用普遍，类型繁多，显示了制陶业的发展。庄园明器内塑有亭台楼榭、井亭、仓库、猪圈、禽舍等建筑，还有炉、灯、壶等用具，奴仆俑以及狗、猪、鸡、鸭等家畜。东汉陶器加施绿釉技术，是陶器制作上的一大进步，北京东南郊三台山和顺义临河东汉墓出土的大型绿釉陶楼，是这类陶器的代表作[20]。

1975 年，在顺义县平各庄乡临河村东汉墓出土的大量陶器中，有一件极为精致的彩绘陶灯。这座陶灯分为上、中、下 3 节，最上一节为平盘，中心突起尖状灯插。中间一节装饰着龙头与火焰花饰。最底下一节为喇叭形灯座，上面贴塑 3 层百戏杂技人物。上层是双人吹乐、倒立、跳丸、长袖舞俑各一；中层是双人吹乐、打击乐俑各一；下层有一组骑马俑。奏乐者、倒立者、长袖舞者服饰皆涂以红彩，造型生动，确为一件难得的艺术珍品。这件彩绘百戏杂技人物陶灯，不仅表明当时制陶技术的进步，而且对研究我国早期百戏杂技史提供了形象的资料。临河村东汉墓还出土了 4 座形状各异的绿釉或彩绘陶楼，不但体形高大，而且反映了当时的楼房和仓楼建筑形制，是研究古代建筑的重要实物[21]。

2. 各个时期的陶器特征

两汉各个时期北京地区出土的陶器也具有各自的时代特征[22]。西汉时期陶器的组合形式基本上有两种，一种是沿袭战国时代传统，以鼎、豆（或盒）、壶为其组合，另一种是以一罐和两个高领罐为其组合。这一时期陶器特征是：鼎多活耳，鼎盖扁平；豆向盒演变，其柄越来越矮；壶出现了盘口者；胆形壶也是这一时期很盛行的器物；陶壶上多加一博山炉盖式的盖；陶器表面多涂一层白粉或用黑红、黑兰等色绘成图案。以怀柔城北西汉墓葬群为例，110号墓中出土的Ⅰ式陶鼎，腹中部的棱线纹饰及鼎足均绘有红、白色的图案。Ⅵ式陶壶，腹的上半部及颈、口分别用红、白、兰、黑等色绘成图案，出土时彩绘保存完好。盖呈博山炉式。该墓出土的Ⅰ式陶盒和63号、34号墓出土的Ⅲ式陶盒的底之上半部及盒盖表面皆有彩绘花纹。113号墓出土的Ⅶ式鼎，腹中部有一周白彩。61号墓出土的Ⅰ式陶豆，盖、腹表面用黑、红两色绘成花纹[23]。这种加有彩绘的陶器显然比战国时期的只有各种刻纹、划纹的陶器更加优美。

新莽时代的陶器[24]多以鼎、罐、壶为其组合。鼎、罐制作粗糙，且器形很小，而陶壶则多系大件。这时的陶壶大抵有两种形制，一种是大喇叭口，其口与底足几乎相等；另一种是盘口，高颈，高足，鼓腹。这两种均多有博山炉式盖。陶器表面多涂一层云母粉。

到东汉中期，风气大变，出土陶器鼎、豆之类已不多见，陶壶退居到次要地位，代之而起的是圆头陶灶，或井、楼、仓、灯、猪圈等现实生活用具的仿制品。长方形盝顶式盖的陶方盒，在这时算是典型器物。东汉晚期的陶器种类繁杂，杯、盘、案、奁等是这一时期的典型器物。建筑模型及人俑、动物俑在这时已很盛行。值得注意的是，汉代北京地区出土的陶器也有一定程度的地方色彩，如西汉时期的活耳鼎，新莽时代陶器上涂一层云母粉末等，都是其他地区不多见的。

三、大葆台汉墓中的工艺品[25]

北京大葆台汉墓中出土了多种工艺品，包括玉器、漆器、骨角牙器、漆纱冠和组带等物。

1. 玉器

玉器共七十余件，其中一号墓46件，二号墓30件。主要器形有璧、璜、环、螭虎饰件。其中，透雕玉璧、玉螭佩、透雕人像玉饰、凤形玉觿等，形体之优美，雕技之精巧，都是出类拔萃的。玉器制作大致有锯截、琢磨、穿孔和雕刻等工序。琢磨技术已很熟练，开料亦很规整，穿孔依器物之厚薄，有一面单孔或两面对孔。玉质主要为白玉，亦有少量青玉。纹饰作法大致有镂孔、半浮雕、阴刻和彩绘等4种。纹饰有龙凤纹、双象纹、螭虎纹、鱼纹、回纹和云纹等。最小的器物只有0.15厘米左右，最薄的只有0.5毫米。孔径最小者也只有0.15厘米。这些器物说明汉代玉器制作已经达到相当高的水平，生产工具和制作方法也已相当进步。

一号墓出土白玉璧 3 件。Ⅰ式 1 件，镂孔龙凤纹璧，两面透雕龙凤纹，龙凤纹之间为心形，其上阴刻变形云纹，在肉和好的边缘各刻弦纹一周。直径 9.2 厘米、厚 0.3 厘米。Ⅱ式 1 件，镂孔象纹璧，已残缺不全。一面透雕双象纹，作屈身足舞状，形象生动。在肉和好的边缘处，阴刻弦纹一周。直径 9.2 厘米、厚 0.1 厘米。二璧刻工巧妙，轻薄精美，堪称佳品。

二号墓出土玉佩 1 件。白玉质，圆形。上部镂雕成樱花，中间镂雕一盘曲螭虎，虎体用阴线条刻出虎形，均两面刻，形象生动简朴；边缘阴刻两圈弦纹，中间夹以双弧形纹。全长 9 厘米、直径 7.1 厘米、厚 0.5 厘米。

二号墓出土透雕人像玉饰（玉舞人）1 件。墨玉质，扁平长方形，两面镂雕线刻舞俑人像，长裙甩袖弯腰，一袖高扬，一袖下拂，姿态蹁跹，栩栩如生。长 5.5 厘米。

二号墓出土玉觿 2 件，已残。每件长 12 厘米。白玉质，扁平长方形，两面镂孔线刻回首飞凤，线条柔和而富旋律感。

2. 漆器

大葆台汉墓共出土漆器及其嵌件 167 件，均见于一号墓。其中漆器 12 件，漆器嵌件 155 件。器形主要有漆床、卷云纹漆板、云龙纹漆器、平脱漆奁、漆弓、漆案铜马腿和漆器嵌件玛瑙珠等。漆器多为木胎，少数为夹纻胎。花纹有卷云纹、三角云纹、菱纹、云气纹、几何纹、鸟兽纹和龙凤纹等。漆器普遍采用了彩绘、平脱、镶嵌等多种技艺和朱红、黑、黄 3 种颜色。同时使用各色玛瑙、玳瑁、云母等作嵌饰；有的还贴金箔，饰鎏金铜饰，使漆器显得格外华丽夺目。

形体大者有漆床 2 件。其一为楸木胎，长 2.7 米，宽 2 米，床面满施黑漆，周边红漆，彩绘云纹及夔龙，夔龙飞舞，翩翩欲生。其二长 3 米，宽 2.2 米，床面施黑漆，周边饰朱色双线纹，其上朱漆隶书"黄熊桅神"4 字。

云龙纹漆器 1 件。已残，长 92 厘米、前宽 17 厘米、体宽 8.2 厘米、厚 2.5 厘米。楠木胎。体作扁平长条形。底平，上面微内凹呈半弧形。前端由条形向外逐渐扩呈方形，方形部分的上、下两面均为平面，后端残缺。正面体心施红漆，两边施黑漆。体心墨绘云气纹，云气纹中用墨、黄两色绘一条屈体飞龙。它的前方亦用黑、黄两色绘 1 匹奔跑之天马，画工精巧细致。体边用朱、黄两色绘三角纹、菱纹和涡纹。前端施黑漆，其上体心用朱、黄两色绘云气纹，云气纹中有一用朱、黄两色绘的展翅飞翔的丹凤和用黄色绘的奔鹿。构图严谨，动物形象生动。三边用朱、黄两色绘两组平行双线纹、三角纹和涡纹等。背面体施黑漆，上用朱、黄两色绘云气纹，云气纹中亦用朱、黄两色绘一似天马之兽，体边用朱色各绘两道直线纹。两侧面髹黑漆，上朱绘双线纹和云气纹，云气纹中用朱、黄两色绘飞翔的天鹅，并嵌有鎏金铜帽，每个铜帽之间相距约8—9（厘米）。整个器物的漆色均匀艳丽，各种动物花纹绘画得生动细致，是一件不可多得的汉代精美艺术品。这也充分反映了汉代绘画艺术的高超和漆器制作艺术的精巧。

平脱漆奁1件。出土时已成碎片，通长5.3厘米、宽4.4厘米。夹纻胎，圆底，外施黑漆，器上贴花草、云纹和鹤、兔等金箔。内施朱漆，上墨绘云气纹等。并遗留奁上铜衔环铺首和盖上的圆环钮饰等。铺首兽面突出，眉目清晰，鼻衔环，鎏金。

嵌玛瑙珠漆器残件1件。木胎，为漆器的一个残角。上、下均髹黑漆，其上用朱、黄漆绘卷云纹和线条纹等。面上有一圆孔，内嵌扁圆形白玛瑙珠一颗。厚1厘米。

3. 骨角牙器

骨角牙器共出土16件，均见于一号墓。其中骨器5件、角器2件、牙器9件。器形有镂孔凤纹和云纹骨雕、彩绘骨棒、虬角龙雕、綦和云龙纹牙雕器柄等。骨角牙器数量虽少，且多残碎，但制作精细，很有价值。

凤纹残骨雕1件。已残，体长7.3厘米、前端宽2.7厘米、后端宽3.2厘米、厚0.9厘米。体扁平，前端比后端稍窄，正面边缘向下倒棱，其上阴刻线条纹为地，地上刻凹双线的三角纹。前端作长方形，后端中空成双股形。骨雕正面阴刻飞舞丹凤，背面边缘阴刻双线，双线之间阴刻三角形纹一周，中心阴刻一怪兽，右爪擎鞭，驾驭一飞龙。其它3面亦边缘阴刻直线，中心阴刻兽纹，雕工精细，阴刻处均涂红。

彩绘骨棒1件。长11.7厘米、直径0.7厘米。长条圆柱形，通体绘5组三角和直线纹。其中3组朱绘三角和白色线纹，另2组三角和线纹均为白色。

镂孔凤纹骨雕1件。已残，长7.6厘米、宽2.7厘米、厚0.08厘米。长方形，左上角呈斜双弧形，中间镂雕凤纹，凤尾高卷，表面涂一层薄漆，雕凤黑漆绘目及羽毛等，线条简练，雕工精细。上面两角和下面左角，均有一圆孔，直径仅0.1厘米。背面未涂漆，似为嵌件。

镂孔云龙纹骨雕1件。已残，长3.2厘米、宽2.5厘米、厚0.09厘米。长方形，四边有框，中镂雕飞舞云龙，雕工精细。表面涂薄漆一层，背面残留木痕，为嵌件。

虬角龙雕 1 件。长 3.5 厘米、宽 1.9 厘米、厚 0.8 厘米。用虬角端头雕出龙头，背面前端平直，后端为半圆凹槽，整个器形断面呈半弧形。雕工非常精巧生动。

牙棊 8 枚。个别残损，大部分完好。牙质，6 面长方形，边缘有阴刻的直线为框。其中 4 枚的六面框内有阴刻飞龙，另 4 枚的 6 面框内有阴刻奔虎。雕工精巧，形象生动。

4. 其他

二号墓出土的 1 件陶盆造型独特，装饰华丽，比较引人注目。该盆为泥质红陶，轮制，高 20 厘米、口径 70 厘米。平沿，壁微内弧，内底正中凸起一空心圆柱，柱面上刻划有不规则方格。盆沿饰凹三角曲线纹，内壁饰一周相连的涡纹、1 条飞龙、3 尾游鱼和 3 只奔鹤，盆底亦饰有一周三角曲线纹和龙、鱼、双鹤纹。造型别致，纹饰生动，为弥足珍贵的工艺美术品。

广阳王墓还发现漆纱冠的若干残片，这是一种用丝线编结的手工艺品。实物有粗细两种：编号 851，每平方厘米 18×18（目），厚 0.11 毫米；编号 852，每平方厘米 20×20（目），厚 0.16 毫米。外观皆呈棕黑色，浸涂有漆膜，富有光泽，乍一看似乎是在角质薄片上精工打孔做成的，又很像是平纹织物制成的，但据显微切片观察，漆膜中包埋着的织物组织，为纂组结构，其编结方法是以两组合股（双头）的经线，相互垂直交穿编结而成的。由于这种组织结构具有极好的格眼变形性能。如把编好的成品，蒙贴到制冠模具（盔头）上，可通过织物变形与冠膜完全服贴而无皱褶。然后再经特别的涂漆处理，孔眼不堵不糊、光洁均匀，等漆膜干燥适当，再碾压平整，最后定型制成漆纱冠。这种编织物的残片在武威磨咀子、长沙马王堆汉墓中也见到过完整的实物[26]。但就漆纱的细密程度而言，皆不及大葆台所出者。这种漆纱冠的编织加工难度大，工艺水平高，是当时具有代表性的产品。

这种丝线编结物，实非织机上织造的方目纱或罗纱，而是最基本的组编织物，当时又称为纚、纵，以示与经纬纺织物的区别。这种所谓的漆纱，相沿六七百年，一直是制冠的高级材料。我们所熟知的古代官吏的"乌纱帽"就是起源于这种漆纱帽。这种帽子的特点是结实、轻便、挺括、舒适可体，故千百年来一直是官吏们的"官帽"。

与漆纱冠同出的还有经编的组带残段。丝质纤维已呈碳化状态，外观呈铁锈色，仅一小段保存稍好。组带宽约 1.1 厘米，残长 5 厘米。通体编作斜格，格眼为正八边形，孔径 1.3—1.5（毫米）。每根丝线为Z 向（反手）捻的合股线，直径 0.15 毫米左右。其格眼组织结构为双层，十分清晰，是一般纂组的复合形式。

这段双层结构的组带，编制得非常匀净工致，在古代叫"组缨"或"冠缨"。所谓缨，就是系冠的带子，这在战国秦汉出土人物绘塑形象中多有反映，史籍中不乏与之有关服饰制度、社会生活的描述。许慎《说文》曰："组，绶属。其小者以为冠缨。"又《礼记·玉藻》说："玄冠朱组缨，天子之冠也。玄冠丹组缨，诸侯之斋冠也。玄冠蒙组缨，士之斋冠也"。汉代大体本于旧制，这种冠缨的使用与墓主身份是相当的。

四、制盐业

战国时期，燕国就是当时著名的制盐业中心之一。"燕有辽东之煮"[(27)]，已始见于记载。到了汉代，随着幽蓟地区人口的增加、生产水平的提高以及贸易的发展，制盐成为重要的手工业生产部门。据《史记·货殖列传》载："夫燕亦勃、碣之间一都会也……有鱼盐枣栗之饶"[(28)]。作为都会的燕，当然包括古燕都蓟城及其周边地区。汉人桓宽在《盐铁论》中亦言："燕之涿、蓟……富冠海内，皆为天下名都"[(29)]。

关于秦汉时期幽蓟地区制盐手工业的具体生产情况，考古和文献资料较少，故难考其详，仅能据目前所见材料作些推断。《汉书·地理志》载，西汉时渔阳郡泉州县（治今天津武清县）设有盐官[(30)]，说明这里是当时的重要产盐地。然而《后汉书·郡国志五》中，却没有关于在泉州设盐官的记载[(31)]。但实际上，东汉时泉州的盐业生产仍很发展，并在东汉末年内地郡县经济来源断绝时，支撑了幽蓟地区的社会经济。清朝初年谈迁《北游录》曾记"天津产鱼盐，榷务在河西务"。天津在汉代即属泉州。可见当地产盐自古至清，始终不废。

五、石作业

东汉时期蓟城地区的石作手工业也很发达。1964 年，北京石景山区老山北坡脚下以北约 100 米处，因采石工程发现汉代石刻一批，其中有石表、石柱等 17 件，经复原后为"汉故幽州书佐秦君之神道"石阙。

秦君石阙是墓前神道阙。石阙前部墓表为二石柱，石柱通高 2.25 米，额面刻字 3 行："汉故幽州书佐秦君之神道"，隶书阳刻，额下两侧各雕石虎一个，拱托其额，虎尾相交其后。下有垂莲纹饰绕柱一周，其下体为直棱纹。石阙后部为方柱组成的子阙和主阙，现仅存子阙，即二方石柱。其中一方石柱高 2.07 米，宽 0.45 米，厚 0.24 米，正面刻一武士手持兵器，上端刻一朱雀作飞翔状，左侧刻一仰龙。另一方石柱高 1.88 米，宽 0.4 米，厚 0.23 米，左侧面刻以"乌还哺母"为题的铭文，铭文 7 行，每行 20 字左右，正面刻一条款识。石景山区这一东汉秦君石阙与我国其他汉阙相比大体相似，具有我国汉代石阙的共同特点[32]。

秦君石阙不但规模宏大，而且刻工精美。郭沫若对此有极高评价，认为"秦君石阙的柱形、纹饰、文字、雕刻等都具有相当高度的艺术性，不可忽视"[33]。在石阙的石柱上有"鲁工石巨宜造"6 字题记，郭沫若认为"我们应该把石巨宜肯定为公元一二世纪之交的雕刻家"[34]，在中国美术史上应占有重要地位。秦君石阙的发现为我国雕塑艺术，特别是为北京石刻艺术增添了极为珍贵的实物资料。

第二节 燕蓟地区手工业的管理与经营

秦汉时期，与全国其他地区一样，燕蓟地区手工业的管理经营也主要是官营和民营两种。不过，官营和民营政策在各时期有所不同。大致说来，秦至西汉时期，手工业的生产大多由官府控制。秦朝建立了体系完备、机构健全的官手工业制度，各个手工业部门都设有专官进行管理[35]。汉高祖和武帝元狩年间，实行盐铁专营政策。元帝初元五年（前 44 年），曾一度废除盐铁手工业的官营政策。永光三年（前 41 年），又恢复了盐铁的官营，此后直至西汉末年再未改变。

东汉建武至章和元年，仍然实行盐铁官营政策。到了东汉和帝时，中央集权开始削弱。据《后汉书·和帝纪》记载，和帝即位后，遵照章帝的遗诏，即罢盐铁官，"纵民煮铸，入税县官如故事"[36]。又据《后汉书·百官志五》载："本注曰，凡郡县出盐多者，置盐官，主盐税"[37]。大概这时的盐官性质已有变化，只是主盐税而已。至此盐铁生产的官营政策几近废除。

至于燕蓟地区。东汉末年，天下纷扰，幽州断绝了内地诸郡资助之源，经济困窘。幽州牧刘虞"开上谷胡市之利，通渔阳盐铁之饶"[38]，用以补充幽州财政，减轻人民负担。可见至东汉末年燕蓟地区盐铁业的官营并没有罢废。

一、官营手工业

秦汉时期官营手工业规模庞大，行业众多，分工十分细致。中央主管部门为大司农（秦代叫治粟内史，汉景帝时更名大农令，汉武帝时又更名大司农）和少府。地方郡县则设专官管理官府手工业，如管杂项工艺的称工官，管织造业的称服官，还有盐官、铁官等。这一时期，官营手工业的管理制度更加完善，组织形式和管理机构已基本定型。

两汉时期，在各郡国和重要产地都设有工官。工官管辖下的官营手工业作坊，生产技术比较高，规模比较大，产品数量比较多，主要包括采矿冶铸、铸铜钱、兵器、漆器、金银首饰和器皿制造等。所生产的产品大多是一些具有高技术水平的工艺品，这从燕蓟地区出土的大量手工业品也可得到证明。

汉武帝在元狩四年以大司农丞领盐铁事，元狩五年在全国范围内实行盐铁手工业的官营政策，即《汉书·食货志》所述："愿募民自给费，因官器作煮盐，官与牢盆"，"敢私铸铁器、煮盐者，釱左趾，没入其器物"[39]。在产盐铁的郡国设置盐官和铁官。

盐铁官为汉政府经营煮盐和冶铁手工业的管理机构，为汉政府的组成部分，其地位相当于县一级，其长官分别为盐官长和铁官长。据《汉书·地理志》可知，西汉设置盐官的有 27 个郡国，铁官的有 40 个郡国，这些盐铁官统由大司农管理，但行政上仍接受郡太守和王国相的领导。

据《汉书·地理志》载，西汉时渔阳郡（治今北京怀柔县）和涿郡（治今河北涿县）设置有铁官，负责监督各种铁器的生产[40]。大葆台燕王墓中出土的铁斧一面铸有"渔"字，可能是当时的渔阳铁官铸造的。据《后汉书·郡国志五》载，东汉时，渔阳郡的渔阳县（治今北京怀柔县）和泉州县设有铁官[41]，主开山鼓铸。

渔阳郡泉州县素以产盐著称，且其地近滩墕不似产铁之地。汉政府在渔阳郡的泉州、蓟城以东的平谷还曾设盐官[42]。

两汉时期，官营手工业中的生产者，包括工奴（官奴婢）、罪人（刑徒）和作为更卒征调的民间工匠和农民。工奴领取工钱，而刑徒和更卒只支口粮，不领工钱，更卒期满留役可支钱，称"工庸"。例如，官营冶铁业中的主要生产者是刑徒。汉武帝时每年仅因盗铸铜钱免死服刑者不下数 10 万人。征调更卒作为劳力则更为普遍。

二、民间手工业

秦汉时期民间手工业的类型，主要有家庭手工业、独立经营的小手工业和地主官僚及豪强经营的手工业。

汉初，对盐铁业采取放任民营和低税政策，因而西汉前期是民间手工业发展的黄金时期。惠帝、吕后时期，文帝、元帝初元及和帝永光时期，实行盐铁放开政策，任民采取。汉文帝五年（前175年）曾废盗铸钱令，"使民放铸"。汉武帝时，又一度允许诸"郡国铸钱"[43]。东汉和帝以后，民间经营的手工业更是得到较大的发展。

家庭手工业是两汉手工业生产中最重要的经营方式。自给自足的小农经济是封建社会的经济基础，绝大多数农民的生活用品都是靠家庭手工业来提供。如《汉书·食货志》中提到"女子纺绩不足衣服"，"一夫不耕，或受之饥；一女不织或受之寒。"[44]《盐铁论·水旱》说到："家人相一，父子戮力，各务为善器。器不善者不集，农事急，挽运衍之阡陌之间，民相与市买。"[45]"善器"指好的铁器。家庭铸造的铁器可以运到田间售卖，颇受农民欢迎。家庭手工业的特点就是以家庭成员为劳动力，技术世代相传，并不需要雇佣家庭以外的人，往往利用农闲小本经营。

独立经营的小手工业人数众多、行业广泛，包括纺织、编织、服装、鞋帽、竹木器、漆器、制陶、铜铁器、酿酒等，遍布城乡。《史记·货殖列传》载："贩脂，辱处也，而雍伯千金。卖浆，小业也，而张氏千万。洒削，薄技也，而郅氏鼎食。胃脯，简微耳，浊氏连骑。"[46]反映了一些小工商业主，经营得当也能致富。独立经营的小手工业者不少从事纺织业，还有个体冶炼户和制盐户等。盐铁官营前，农民弃农从事冶铁、采铜、煮盐、铸钱的很多。

在盐铁官营之前，出现了一批采矿、冶铁、煮盐的大手工业作坊主。如《史记·货殖列传》中提到从事冶铁业的蜀卓氏："即铁山鼓铸，运筹策，倾滇蜀之民，富至僮千人。田池射猎之乐，拟于人君。"大手工业作坊主还有程郑氏、宛孔氏和曹邴氏等，这些"豪强大家，得管山海之利，采铁石鼓铸，煮海为盐。一家聚众，或至千余人。"[47]地主官僚及豪强，也经营家庭手工业。如《汉书·张汤传》载，张安世"夫人自纺绩，家僮七百人，皆有手技作事，内治产业，累织纤微，是以能殖其货，富于大将军光"。[48]地主庄园除农牧业外，也从事染织、酿酒、制酱、制糖、制脯、作器物、作舟车、治屋室等手工业。

目前，直接佐证燕蓟地区民间手工业生产情况的考古及文献材料均不多见。虽然作为全国性的民营制度实施并不针对燕蓟地区，但其影响所及这一地区无疑是肯定的。尤能说明问题的是制陶业，除官府陶窑烧制大量砖瓦之外，陶器中的日用器和明器则主要是民间的陶窑烧制的。考古发掘的汉代北京地区陶器也充分反映了当时燕蓟地区民间制陶业的兴盛。

注释：

（1）《水经注疏》卷十三《漯水注》。

（2）《汉书》卷二十八下《地理志第八下》。

（3）《后汉书》志第二十三《郡国五》。

（4）《后汉书》卷一下《光武帝纪第一下》。

（5）《后汉书》卷四《孝和帝纪第四》。

（6）苏天钧：《十年来北京所发现的重要古代墓葬和遗址》，载《考古》1959年第3期。

（7）华觉明等：《战国两汉铁器的金相学考查初步报告》，载《考古学报》1960年第1期。该文认为清河镇出土的铁铲、铁镂角等铁器为东汉时期器物。

（8）怀柔县志编纂委员会：《怀柔县志》，北京出版社2000年版，第263页。

（9）赵光林：《北京冶炼、铸造遗址》，载《北京文物报》1990年8月，第21期。

（10）罗平：《河北承德专区汉代矿冶遗址的调查》，载《考古通讯》1957年第1期。

（11）北京市古墓发掘办公室：《大葆台西汉木椁墓发掘简报》，载《文物》1977年第6期。

（12）北京钢铁学院《中国冶金史》编写组：《大葆台汉墓铁器金相检查报告》，见中国社会科学院考古研究所编：《北京大葆台汉墓》，文物出版社1989年版，第125—126页。

（13）季如迅：《中国手工业简史》，当代中国出版社1998年版，第95页。

（14）北京市文物研究所拒马河考古队：《北京市窦店古城调查与试掘报告》，载《考古》1992年第8期。

（15）中国社会科学院考古研究所编：《北京大葆台汉墓》，文物出版社1989年版。北京市古墓发掘办公室：《大葆台西汉木椁墓发掘简报》，载《文物》1977年第6期。

（16）北京市文物局考古队：《建国以来北京市考古和文物保护工作》，见文物编辑委员会：《文物考古工作三十年（1949—1979）》，文物出版社1979年版，第5页。苏天钧：《十年来北京所发现的重要古代墓葬和遗址》，载《考古》1959年第3期。

（17）北京市文物管理处：《北京外城东周晚期陶井群》，载《文物》1972年第1期。《北京地区古瓦井》，载《文物》1972年第2期。

（18）北京市古墓发掘办公室：《大葆台西汉木椁墓发掘简报》，载《文物》1977年第6期。中国社会科学院考古研究所编：《北京大葆台汉墓》，文物出版社1989年版，第33、66、119页。

（19）《北京地区古窑址》，见马希桂：《文博耕耘录　马希桂文集》，中国林业出版社 2007 年版，第 336、342 页。

（20）北京市文物管理处：《北京顺义临河村东汉墓发掘简报》，载《考古》1977 年第 6 期。北京市文物工作队：《北京平谷县西柏店和唐庄子汉墓发掘简报》，载《考古》1962 年第 5 期。北京市文物工作队：《北京东南郊三台山东汉墓发掘简报》，见北京历史考古丛书编辑组编辑：《北京文物与考古》（第一辑），北京燕山出版社 1983 年版，第 19—27 页。

（21）北京市文物管理处：《北京顺义临河村东汉墓发掘简报》，载《考古》1977 年第 6 期。北京市社会科学研究所、北京电视台：《北京古今十讲》，北京日报出版社 1985 年版，第 17 页。

（22）（23）北京市文物工作队：《北京怀柔城北东周两汉墓葬》，载《考古》1962 年第 5 期。

（24）新莽时代的陶器以昌平白浮及史家桥所出者为代表。具体参见北京市文物工作队：《北京昌平白浮村汉、唐、元墓葬发掘》，载《考古》1962 年第 3 期。北京市文物工作队：《北京昌平史家桥汉墓发掘》，载《考古》1962 年第 3 期。

（25）主要参考张罡昕主编：《中国考古文化地图》，中国环境科学出版社 2005 年版，第 112—115 页。中国社会科学院考古研究所编：《北京大葆台汉墓》，文物出版社 1989 年版。北京市古墓发掘办公室：《大葆台西汉木椁墓发掘简报》，载《文物》1977 年第 6 期。

（26）湖南省博物馆、中国科学院考古研究所：《长沙马王堆二、三号汉墓发掘简报》，载《文物》1974 年第 7 期。甘肃省博物馆：《武威磨咀子三座汉墓发掘简报》，载《文物》1972 年第 12 期。

（27）《管子·地数第七十七》。

（28）《史记》卷一百二十九《货殖列传第六十九》。

（29）《盐铁论》卷一《通有第三》。

（30）《汉书》卷二十八下《地理志第八下》。

（31）据推测，或系东汉时在泉州发现铁矿而设铁官并兼领盐务，所以只称铁官；或系《后汉书·郡国志五》有误。

（32）中共北京市石景山区委宣传部组编：《爱我中华爱我石景山》，新华出版社 1995 年版，第 146 页。

（33）郭沫若：《“乌还哺母”石刻的补充考释》，载《考古》1965 年第 4 期。

（34）郭沫若：《“乌还哺母”石刻的补充考释》，载《考古》1965 年第 4 期。

（35）齐涛：《中国古代经济史》，山东大学出版社 1999 年版，第 361 页。

（36）《后汉书》卷四《孝和孝殇帝纪第四》。

（37）《后汉书》卷二十八《百官五》。

（38）《后汉书》卷七十三《刘虞列传》。

（39）《汉书》卷二十四下《食货志第四下》。

（40）《汉书》卷二十八《地理志》。

（41）《后汉书》志第二十三《郡国五》。

（42）北京市社会科学研究所《北京历史纪年》编写组编：《北京历史纪年》，

北京出版社 1984 年版，第 19 页。

（43）《汉书》卷二十四下《食货志第四下》。

（44）《汉书》卷二十四上《食货志第四上》。

（45）《盐铁论》卷六《水旱第三十六》。

（46）《史记》卷一百二十九《货殖列传第六十九》。

（47）《盐铁论》卷一《复古第六》。

（48）《汉书》卷五十九《张汤传第二十九》。

第四章　魏晋十六国北朝时期

魏晋十六国北朝时期（220—581 年），幽州蓟城地区政权递嬗频繁，经济处于长期动荡波动的状态之中。

公元 184 年，黄巾大起义失败后，蓟城陷入军阀刘虞、公孙瓒、袁绍的长期争夺之中，乌桓的势力也侵入上谷、渔阳、右北平等地。直到公元 204 年曹操占领幽冀、统一北方为止。

公元 220—265 年，是魏、蜀、吴三国鼎立时期。这时，幽州纳入曹魏的版图。

公元 265 年，司马炎受禅于魏，登帝位，建立西晋王朝。西晋仍置幽州，治范阳国（今河北省涿州市），统郡国七，即范阳国、燕国、北平郡、广宁郡、上谷郡、代郡、辽西郡。

十六国时期（304—439 年），后赵、前燕、前秦、后燕相继占有幽州之地。

北朝时期（439—581 年），今北京地区先后为北魏、东魏、北齐、北周所统治。

十六国开始后，蓟城先落于鲜卑段部，后又落入羯族石勒手中。公元 350 年后，又为鲜卑族慕容部夺得。4 世纪末，蓟城又被鲜卑拓跋部的北魏政权取得。北魏分裂以后，蓟城先后又属于北齐和北周。

魏晋十六国北朝历时三百六十多年，除西晋和北魏实现统一百余年外，其余都是分裂割据的局面，战争连绵不断。幽州蓟城地区的手工业生产也遭受到严重的挫折，经历了曲折起伏的发展道路。这一时期手工业生产的规模虽远不及秦汉，但随着各地区交流的加强，手工业生产技术，尤其是与战争和人民生产生活直接有关的冶铸、兵器制造、麻布生产和日用装饰品等行业的生产技术，在秦汉的基础上仍有较大的进步。不可忽视的是，这一时期的人口的频繁流动对蓟城地区手工业生产的影响是相当大的。

第一节　蓟城地区的主要手工业

魏晋十六国北朝时期的墓葬，在北京地区出土的不多[1]。由于这些墓葬大多被盗掘扰乱，出土文物不足以反映这一时期幽州蓟城地区的手工业情况。因此，相关文献的佐证无疑是必要的。

随葬品中，主要有陶器、铜器、铁器、金银饰物和漆器等，此外，发现的骨尺和料器，也是颇具研究价值的新器物。仅从出土器物看，冶铸业及与之相关的兵器和日用装饰品制造相当发达。有关史料显示，麻布生产和煮盐等也是这一时期重要的手工业部门。

一、冶铸业

魏晋至北朝时期，由于军事和农业生产的需要，幽州蓟城及附近地区的冶铸业具有一定的规模。

1. 冶铁业

铁范、生铁范铸术和铸铁柔化术等在汉代的基础上有新的发展，百炼钢已相当成熟，魏、蜀、吴三国都用之锻制刀剑。曹操曾令工师制作"百辟利器"[2]。曹丕《典论·剑铭》曰："选兹良金，命彼国工，精而炼之，至于百辟"，制成的刀剑有美丽的纹理，文似灵龟，"采似丹露"，"理似坚冰"，"曜似朝日"。历经战乱后，北魏冶铁业逐渐恢复，据史料记载："其铸铁为农器、兵刃，在所有之"[3]。

此外，在制钢技术方面出现了新的突破。《重修政和经史证类备用本草》卷四十五"石部"引陶弘景语："钢铁是杂炼生鍒作刀镰者"，这是最早明确记载用生铁和熟铁合炼成钢（即灌钢）的文献资料。北齐的綦母怀文曾用灌钢法造宿铁刀，"其法，烧生铁精以重柔铤，数宿则成钢。以柔铁为刀脊，浴以五牲之溺，淬以五牲之脂，斩甲过三十札"[4]。"生"指的是生铁，"柔"指的是熟铁。先把含碳高的生铁溶化，浇灌到熟铁上，使碳渗入熟铁，增加熟铁的含碳量，然后分别用牲尿和牲脂淬火成钢。牲畜尿中含有盐分，用它作淬火冷却介质，冷却速度比水快，淬火后的钢较用水淬火的钢硬；用牲畜的脂肪冷却淬火，冷却速度比水慢，淬火后的钢比用水淬火的钢韧。由此可知，当时不但炼钢技术有较大的发展，淬火工艺也有了提高。灌钢法在坩埚炼钢法发明之前是一种先进的炼钢技术，对后世有重大的影响[5]。

魏晋北朝时期北京地区的考古发现主要有：1963 年，在怀柔县韦里村发现的北齐傅隆显墓，出土有铁器多件[6]。1973 年，西城区王府仓北齐砖石墓中，出土铁斧 1 件。锻制，平头，长方孔。斧长 9 厘米、宽约 5.5 厘米[7]。1981 年，顺义县大营村 8 座西晋墓葬中，出土铁镜和铁斧各 1 件。铁镜直径 11.5 厘米，已锈蚀。铁斧为平顶，两面刃。斧长 12 厘米、宽 5.1—7（厘米）[8]。

密云县藏有铁矿，刘虞时有继续开采的记载。史书称他"开上谷胡市之利，通渔阳盐铁之饶，民悦而年登。"[9]

此一时期，由于战争的需要，各种攻防器械和兵器制造都有不同程度的发展。兵器制造多属于官铁冶，规模庞大，人力物力雄厚，不计成本。如建武八年（342 年），石季龙在青、冀、幽州穷兵征讨，仅造甲生产用工就多达 50 万人[10]。这在当时城邑丘墟、千里无烟的社会中，是一个相当可观的队伍，足见其时幽州一带军工生产规模之庞大。钢铁兵器已普遍取代铜兵器，但仍有部分铜兵器，如弩、戟、矛、枪、锥和剑。

2. 冶铜业

铜器冶铸业尤为发达。1962 年，北京西郊景王坟附近，发现两座西晋砖室墓。1 号墓出土铜镜、铜铃各 1 件。铜镜已残，圆钮座，饰乳钉、飞鸟图案，径 10.2 厘米。2 号墓出土的钱币皆残，可看出的有战国"明"刀、东汉"五铢"和"直百五铢"各 1 枚[11]。

1965 年，八宝山革命公墓迤西约 500 米，发现西晋永嘉元年王浚妻华芳墓一座。出土铜熏炉、铜炉盖、铜弩机各 1 件，铜钱二百余枚。铜熏炉作圆形，腹下有三足，与托盘相连。高 9 厘米、盘径 14.5 厘米。盖面有透孔，作博山式，盖口和炉口之间，有鼻钮相连，其形制与东汉墓出土的炉相同。铜炉盖盖顶有钮及环，透孔呈柿蒂纹。高 4.5 厘米、径 9.5 厘米。铜弩机高 17.7 厘米、长 14.5 厘米。铜钱大部是东汉五铢，还有剪轮五铢和少数綖环钱[12]。

西城区王府仓北齐砖石墓出土铜器 3 件。其中，铜发钗 1 件，发钗双股平面呈 U 形，上圆下尖。长 14 厘米、宽 3.5—4（厘米）。常平五铢钱 1 枚，面背有周郭，正方形穿，直径 2.4 厘米。铜戒指 1 件，圆形，素面，铜质坚硬，直径 1.9 厘米。铸有"常平五铢"篆文 4 字[13]。据《北齐书·文宣帝纪》载，天保四年（553 年）春正月"己丑，改铸新钱，文曰'常平五铢'"[14]。

顺义县大营村 8 座西晋墓中出土的铜器，以铜镜为多，此外，还有盆、熏炉、熨斗、带钩、发钗、发饰、手镯和四叶蒂形饰等。铜镜共 8 件。其中："位至三公"镜 2 件，标本 M5：13，直径 8.3 厘米。直式铭纹，旁作双兽。连弧纹镜 2 件。标本 M2：17，直径 15.3 厘米，宽素缘，连珠纹钮座，内区为八内向连弧纹，每个连弧纹之间加一乳钉纹，外区为弦纹加饰乳钉纹和一条篦齿纹带。标本 M4：13，直径 10 厘米，宽素缘，乳钉纹钮座，内区为八内向连弧纹。四叶纹镜 1 件，标本 M1：2，直径 12 厘米，内区为蝙蝠式四叶纹和篦齿纹带。规矩镜 1 件，标本 M8：1，直径 15.2 厘米，柿蒂纹钮座，内区为八乳规矩，乳间作 8 个小鸟，外区为锯齿纹和篦齿纹带，中间有一条铭纹带，因残损，仅见"青同（铜）之竞（镜）明且好……"等字。鸟纹镜 2 件。标本 M4：13，直径 13.5 厘米，连珠纹钮座，内区饰八乳鸟纹，外区为双线锯齿纹。另一件 M7：8，直径 9 厘米，素宽缘，连珠纹钮座，内区为五乳和篦齿纹，乳间饰鸟纹。以上各镜均斜平缘，面微凸，半圆钮对穿孔[15]。这些铜镜为我们研究西晋晚期铜镜分期断代提供了标尺[16]。

1990 年，房山区小十三里村西晋墓，出土有铜镜、铜簪、铜削器，以及一方私人小铜印和一把长约一寸的弩机模型[17]。

这一时期铜器出土不少。特别要提到的是前燕慕容儁，在蓟城建都以后，为了宣扬慕容氏家族的"显赫战功"，特在宫城东掖门铸造了一座铜马像。它是仿慕容廆的坐骑"赭白"铸造的。这匹战马随慕容廆祖孙三代出没战场，屡立战功，当时已有"四十九岁"。可惜铜马铸成时这匹战马已死[18]。慕容儁还亲自写了赞铭，镌刻在铜马像上，这座铜马像形态逼真，栩栩如生，显示了蓟城工匠的精湛技艺。

从考古和文献材料来看，魏晋至北朝时期的冶铜业中，比较常见铜镜等工艺品以及兵器铜弩机。不过，铜弩机这种远射兵器在北京地区主要出现于西晋。这是因为，西晋灭亡之后，北方匈奴、鲜卑等少数民族先后进入中原，他们长于骑射，盛行弓箭，但不大使用弩，因此从大量发掘的北朝墓葬中，几乎见不到弩的踪迹[19]。此外，筋角是制造弓弩的重要材料，幽州的筋角，驰名天下。魏人陈琳的《武军赋》，对幽州筋角制成的弓弩倍加称道过："铠则东胡阙巩，百炼精刚……弩则幽都筋骨"[20]。

3. 金银器

幽州地区的金银器多为小件饰品，由魏晋时期墓葬出土物可窥一斑。顺义县大营村 8 座墓葬出土的金银器有：金手镯 1 对（M2：19），直径 6.5 厘米，重 20.5 克；金指环 3 件（M2：20），直径 1.4 厘米，重 1.4 克；银手镯 5 件，其中标本 M5：15，直径 6.5—7（厘米）；银臂钏 1 对（M4：16），直径 6.6 厘米，重 46.1 克；银发钗 3 件，其中标本

M5：17，长 24 厘米，标本 M4：15，长 12.5 厘米；银指环 2 件（M5：16），直径 1.5 厘米[21]。

房山区小十三里村西晋墓出土有银簪 1 把[22]。

西晋华芳墓出土银铃 1 件，已残缺。铃作球状，圆径 2.6 厘米，球体上部以银丝捏成 8 个乐人的形象，乐人之间有连弧、圈状花纹。在乐人之下系有小铃，嵌有红、蓝宝石。铃之钮座饰成虎形。8 个乐人可分作 4 组：两人捧排箫；两人持管或作持喇叭状；两人扬手作捶击状，其中一人腹前尚存圆形小鼓；两人举手横于鼻下左方，似作吹笛的形象[23]。在十分有限的形体上，装饰如此复杂的纹饰，且加以镶嵌，足以表明此期金银制作工艺具有较高的水平。

二、制陶业

从出土资料看，魏晋幽州蓟城地区的陶器有泥质陶和夹砂陶两类，陶质以泥质灰陶为主，火候较高，质地坚硬，主要器形有碗、盘、甑、瓿、仓、磨、灯、灶等；夹砂红陶仅见罐、钵、盆一类器形，掺有蚌壳等羼合料，火候低，质地较粗糙。此外，还有个别釉陶器，如双耳小罐等。这些陶器造型大多素朴无华，为此期各地常见的实用器皿与模型。[24]这一时期幽州蓟城地区的制陶水平与中原等地区比较起来是较为落后的。而且，至今北京地区也尚未有这时期的瓷器出土。

三、麻布生产

在战国时期，幽州原是桑蚕业很发达的地区。魏晋以后，幽州大麻的种植与纺织却十分兴旺。北魏实行均田制和户调制，秦、洛、豫、怀、兖等 19 州以绵、绢及丝为征收内容，而规定幽州诸郡"皆以麻布充税"。蓟城地区改以麻布代替丝、绢等，官府还特别要求凡征收麻布的地区，"男夫及课，别给麻田十亩，妇人五亩"。[25]

这种变化当与古代气候变比有关。据竺可桢研究，中国东汉至南北朝时期正处于近 5000 年来气候变迁中的第二寒冷期[26]。北魏贾思勰《齐民要术》总结了沤制大麻的要领："获欲净，沤欲清，水生熟合宜"。即水少了，麻纤维易氧化变脆，如沤过头，纤维受损，太烂就没有拉力，沤不透就难剥皮；冬天若用温泉水沤麻，纤维最为柔韧。但大麻纤维短、硬，纺纱性能不如江南盛产的苎麻。

气候由温润转为干寒，可能是这一时期幽州桑蚕业逐渐衰退的主要原因。当然，所谓衰退，并不是说这一时期幽州地区桑蚕业已经灭绝。苻秦之末，慕容垂围苻丕于邺城，"禁民养蚕，以桑椹为军食"[27]。《齐民要术》卷五"种桑柘第四十五"又云:"今自河以北,大家收百石,少者犹数十斛。故杜(洛周)、葛(荣)乱后,饥馑荐臻,唯仰以全躯命,数州之内,民死而生者,干椹之力也。"可见,后燕、北魏之世河北地区桑树还有不少,每逢荒年,饥民常以桑椹充腹。但是由于干寒气候的影响,幽州已由以桑蚕为主逐渐转变为以麻布为主的地区,这也是事实,何况以上两例主要说的是冀州的情况。至隋唐时期,中国古代气候复进入温暖期后,幽州地区的桑蚕业才重新得以恢复。[28]

北朝时期的幽州及其附近地区,有重视发展纺织业的记载。如北齐设"太府寺……统左、中、右三尚方","中尚方,又别领别局、泾州丝局、雍州丝局、定州绅绫局四局丞";"司染署,又别领京坊、河东(山西永济县东南)、信都(河北冀县)三局丞"[29]。又,《北齐书·祖珽传》记载范阳狄道人祖珽"出山东大文绫并连珠孔雀罗等百余匹,令诸妪掷樗蒲赌之,以为戏乐"[30]。

四、煮盐业

幽州的煮盐是多年来传统的手工业,但经战乱后,盐官多罢,形成富豪专擅其用,贫弱者不得资益。孝文帝延兴末年,"复立监司,量其贵贱,节其赋入,于是公私兼利"[31]。其后,时罢时立。

今平谷县西北有盐池,出产食盐,北魏在这里设斛盐戍,驻兵守卫。史书记载"俄而安州石离、穴城、斛盐三戍兵反,结洛周,有众二万余落"[32],可作印证。按,东魏元象中,原在古北口外的安州及所领三郡八县(即密云郡及所领白檀、密云、要阳3县,广阳郡及所领燕乐、广兴、方城3县,安乐郡及所领土垠、安市2县)内迁于幽州北界安置,其中要阳县寄治于今平谷县北境上镇处(见《光绪顺天府志·地理志》密云县村镇中上镇村下注)。上镇旧属密云县,后划入平谷县。[33]又,《水经注·鲍邱水》云:"鲍邱水出御夷北塞中,南流迳九庄岭东,俗谓之大榆河。又南,迳镇东南九十里西密云戍西……大榆河又东南出峡,迳安州旧渔阳郡之滑盐县南,左合县之北溪水。水出县北广长堑南,太和中,掘此以防北狄。其水南流迳滑盐县故城东,王莽更名匡德也。汉明帝改曰盐田。右承治,世谓之斛盐城,西北去御夷镇二百里,南注鲍邱水。"[34]据《读史方舆纪要》称,汉滑盐县故城在平谷县西北。从这段文字,我们知道:西汉渔阳郡领有滑盐县,王莽时改名匡德,东汉明帝时,滑盐县更名盐田,到北魏郦道元撰写《水经注》时,又易名为斛盐城了。尽管地名屡变,但其中作为盐产地的主要信息一直未断。

五、其他手工制品

西晋华芳墓出土的料器（料盘）和骨尺，是这一时期有特色的新器物。

料盘 1 件，残碎不全，观其口沿和底足，是盘形器。足作乳头状，从两足的间距及弧度推测，该盘应有 8 足。盘口径为 10.4 厘米。盘壁极薄，断面呈绿色。此料盘是目前我国所见最早的玻璃料器[35]。

骨尺 1 件，出土时总长 24.2 厘米弱，宽 1.6 厘米。尺之两面皆分刻 10 寸，其一面又在寸的分度内，分刻十分的分度。在寸和五分的分度线上，刻一至三个圈形纹。尺之一端有穿孔，以为系绶之用。此尺原已断为三截。中段略为弯曲，已经修复。

这件骨尺的发现，为研究我国古代尺度提供了新资料。从汉代开始，官府的尺度就逐渐增大。魏、晋时期，更是我国古代尺度变化较大的时期。汉代的标准尺长 23 厘米，到了三国时代的魏尺，就增大到 24.17381 厘米，此尺长是 24.2 厘米弱，可见晋时尺度仍沿魏制。到后魏时期便增大到 27 厘米至 30 厘米[36]。

北魏时期，幽州蓟城地区佛教大兴，今海淀车儿营村的石佛像，即为北魏太和十三年（489 年）所雕，高 2.2 米，是北京现存最古的石佛造像。[37] 这也显示出幽州蓟城地区在石雕工艺方面具备了较高的技术水平。此外，据有关记载，北齐天统四年（568 年），光林寺尼静妃石造像一尊，上有题记"天统四年三月一日，光林寺尼静妃为亡姐造玉像一躯，皇帝陛下，一切众生，居同成佛"[38]。可惜其造像具体面貌已不可知。

第二节　人口变迁对蓟城地区手工业生产的影响

魏晋十六国北朝是社会动荡不已的年代，同时也是各民族交流融合的重要时期。在幽州蓟城地区，人口的迁入和徙出之于手工业生产的兴衰是相当明显的。

一方面，战争掳掠、政策性迁徙的各族人民和避乱北迁流民的涌入促进了蓟城地区手工业的发展。整个魏晋十六国北朝时期，蓟城地区居民的主体仍然是汉族人民，但内迁的乌桓、鲜卑人民也不少。据史料记载，魏文帝黄初二年（221 年），"（轲）比能出诸魏人在鲜卑者五百余家，还居代郡。明年（222 年）……遣魏人千余家居上谷。"[39]

魏明帝太和元年（227 年），"（司马宣王）斩达，传首京师……又徙孟达余众七千余家于幽州"。⁽⁴⁰⁾魏明帝景初元年（237 年），"遣幽州刺史毌丘俭率诸军及鲜卑、乌丸屯辽东南界，玺书征公孙渊。渊发兵反，俭进军讨之，会连雨十日，辽水大涨，诏俭引军还。右北平乌丸单于寇娄敦、辽西乌丸都督王护留等居辽东，率部众随俭内附。"⁽⁴¹⁾晋成帝咸康五年（339 年），"石季龙将夔安、李农陷沔南，张貉陷郏城，因寇江夏、义阳，征虏将军毛宝、西阳太守樊俊、义阳太守郑进并死之。夔安等进围石城，竟陵太守李阳距战，破之，斩首五千余级。安乃退，遂略汉东，拥七千余家迁于幽冀。"⁽⁴²⁾公元 352 年，鲜卑慕容儁都蓟城后，把前燕的文武官员、兵士和众多的鲜卑人民迁至这里⁽⁴³⁾。公元 356 年，慕容恪"遂克广固，以凭为伏顺将军，徙鲜卑胡羯三千余户于蓟"⁽⁴⁴⁾。公元 364 年，慕容暐"复使慕容评寇许昌、悬瓠、陈城，并陷之，遂略汝南诸郡，徙万余户于幽、冀"⁽⁴⁵⁾。公元 432 年，北魏又从东北诸郡（营丘、成周、辽东、乐浪、带方、玄菟六郡）徙民 3 万家于幽州⁽⁴⁶⁾。公元 502 年，鲁阳蛮柳北喜、鲁北燕等聚众反叛，"诏以（李）崇为使持节、都督征蛮诸军事以讨之。蛮众数万，屯据形要，以拒官军。崇累战破之，斩北燕等，徙万余户于幽并诸州"。⁽⁴⁷⁾北齐文宣帝天保八年（557 年），"议徙冀、定、瀛无田之人，谓之乐迁，于幽州宽乡以处之"。⁽⁴⁸⁾

除此之外，晋末中原混战时，流民也常常自发地向幽州移徙。例如，"初，中国士民避乱者，多北依王浚，浚不能存抚，又政法不立，士民往往复去之。段氏兄弟专尚武勇，不礼士大夫。唯慕容廆政事修明，爱重人物，故士民多归之……游邃、逄羡、宋奭，皆尝为昌黎太守，与黄泓俱避地于蓟，后归廆"。⁽⁴⁹⁾又，"高瞻，字子前，渤海蓨人也……属永嘉之乱，还乡里，乃与父老议曰：'今皇纲不振，兵革云扰，此郡沃壤，凭固河海，若兵荒岁俭，必为寇庭，非谓图安之所。王彭祖先在幽、蓟，据燕、代之资，兵强国富，可以托也。诸君以为何如？'众咸善之。乃与叔父隐率数千家北徙幽州"。⁽⁵⁰⁾

各种类型人口的大量迁入，为幽州蓟城地区手工业生产提供了丰富的劳动力资源。其中可能不乏拥有一定技艺的手工业工匠。

另一方面，各族征服者强迫徙民政策是蓟城手工业衰落的直接原因。幽州蓟城地区人民向外大批流动现象也很多，这多是由于各族征服者，对蓟城附近人口掠夺所致。公元 338 年，后赵石虎强徙蓟城居民一万多户于中原。公元 340 年，又从渔阳掠走民户；同年鲜卑慕容皝掠徙蓟城和附近居民 3 万户北去。⁽⁵¹⁾公元 385 年，后燕叛将徐岩入蓟时又掠走千余家居民[52]。北魏初年，蓟城等北方地区的手工业者又被强徙平城（今山西大同）。例如，道武帝天兴元年（398 年），"徙山东六州民吏及徒何、高丽杂夷三十六万，百工伎巧十万余口，以充京师"[53]。又，明元帝泰常三年（418 年），"徙冀、定、幽三州徒何于京师"[54]。到了北魏孝庄帝建义元年（528 年），"幽州平北府主簿河间邢杲，率河北流民十余万户反于青州之北海"[55]。频繁的强徙居民使手工业生产日趋衰败，有的手工业几乎失传。

关于幽州地区生产凋敝之情状，有史证之，如永嘉之乱时，北方各地的丧乱情形，"至于永嘉，丧乱弥甚。雍州以东，人多饥乏，更相鬻卖，奔迸流移，不可胜数。幽、并、司、冀、秦、雍六州大蝗，草木及牛马毛皆尽。又大疾疫，兼以饥馑。百姓又为寇贼所杀，流尸满河，白骨蔽野。刘曜之逼，朝廷议欲迁都仓垣。人多相食，饥疫总至，百官流亡者十八九"[56]。天灾、疾疫交乘于战乱之后，人民救死不暇，"工巧手技劳力之流散，与农户之流散无异；其幸存者，与农民共依武夫、军将为部曲"[57]。工匠的日益枯竭，手工业的正常开展自然因之破坏。

人口的不断变迁，统治者的强制迁徙，使蓟城地区的居民不断出现新变化，劳动力资源充沛和不足不可避免会影响到手工业的兴衰迭变。

注释：

（1）考古发现的北京地区魏晋北朝时期墓葬较少，共 13 处，其中魏晋时期 9 处，北魏、北齐各 2 处。魏晋墓葬分布在海淀、顺义、石景山、房山、延庆等几个区。两处北魏墓葬为房山区长沟镇南正村北魏纪年墓和大兴黄村镇小营村北魏墓。两座北齐墓葬，其一为怀柔县韦里村傅隆显墓，其二在西城区王府仓。魏晋北朝时期较为典型的墓葬当数西晋华芳墓。（参见北京市文物研究所：《北京考古六十年》，载《北京文博》2009 年第 3 期）

（2）《太平御览》卷三四五引《内诫令》。

（3）《魏书》卷一百一十《志第十五·食货六》。

（4）《北齐书》卷四十九《列传第四十一·綦母怀文》。

（5）白寿彝：《中国通史》第五卷《中古时代·三国两晋南北朝时代》（上册），第五节《冶金》，上海人民出版社 1995 年版，第 544—545 页。

（6）北京市文物工作队：《北京郊区出土一块北齐墓志》，载《文物》1964 年第 12 期。

（7）北京市文物工作队：《北京王府仓北齐墓》，载《文物》1977 年第 11 期。

（8）北京市文物工作队：《北京市顺义县大营村西晋墓葬发掘简报》，载《文物》1983 年第 10 期。

（9）《后汉书》卷七十三《刘虞公孙瓒陶谦列传第六十三》。

（10）《晋书》卷一百六《载记第六·石季龙上》。

（11）北京市文物工作队：《北京西郊发现两座西晋墓》，载《考古》1964 年
第 4 期。

（12）北京市文物工作队：《北京西郊西晋王浚妻华芳墓清理简报》，载《文
物》1965 年第 12 期。

（13）北京市文物工作队：《北京王府仓北齐墓》，载《文物》1977 年第 11 期。

（14）《北齐书》卷四《帝纪第四·文宣》。

（15）北京市文物工作队：《北京市顺义县大营村西晋墓葬发掘简报》，载《文
物》1983 年第 10 期。

（16）黄秀纯：《顺义县大营村西晋古墓群》，载《北京考古信息》1989 年第
2 期。

（17）朱志刚：《房山区小十三里村西晋墓》，载《北京考古信息》1991 年第
1 期。

（18）《晋书》卷一百一十《载记第十·慕容儁》。

（19）陆敬严：《中国古代兵器》，西安交通大学出版社 1993 年版，第 163 页。

（20）（清）严可均辑：《全上古三代秦汉三国六朝文》，《全后汉文》卷九
十二。

（21）北京市文物工作队：《北京市顺义县大营村西晋墓葬发掘简报》，载《文
物》1983 年第 10 期。

（22）朱志刚：《房山区小十三里村西晋墓》，载《北京考古信息》1991 年第
1 期。

（23）北京市文物工作队：《北京西郊西晋王浚妻华芳墓清理简报》，载《文
物》1965 年第 12 期。

（24）北京市文物工作队：《北京市顺义县大营村西晋墓葬发掘简报》，载《文
物》1983 年第 10 期。

（25）《魏书》卷一百一十《志第十五·食货六》。

（26）竺可桢：《中国近五千年来气候变迁的初步研究》，载《考古学报》1972
年第 1 期。

（27）《资治通鉴》卷一百六十《晋孝纪二十八晋孝武帝太元十年》。

（28）以上参阅曹子西主编：《北京通史》（第一卷），中国书店 1994 年版，第
317 页。

（29）《隋书》卷二十七《志第二十二·百官中》。

（30）《北齐书》卷三十九《列传第三十一·崔季舒祖珽》。

（31）《魏书》卷一百一十《食货志》。

（32）《魏书》卷八十二《列传第七十·李琰之　祖莹　常景》。

（33）尹钧科：《北京历代建置沿革》，北京出版社 1994 年版，第 270—271 页。

（34）郦道元：《水经注》卷十四《鲍邱水》。

（35）陈康：《西晋华芳墓出土的器物珍品》，见北京市石景山区地方志办公室编：《名人墓葬》，中央文献出版社 2008 年版，第 36 页。

（36）北京市文物工作队：《北京西郊西晋王浚妻华芳墓清理简报》，载《文物》1965 年第 12 期。

（37）萧默：《巍巍帝都：北京历代建筑》，清华大学出版社 2006 年版，第 18 页。

（38）史树青：《北魏幽州光林寺考》，载《中国历史博物馆馆刊》，1984 年第 6 期。

（39）《三国志》卷三十《魏书三十·乌丸鲜卑东夷传第三十》。

（40）《晋书》卷一《帝纪第一·宣帝》。

（41）《三国志》卷三《魏书三·明帝纪第三》。

（42）《晋书》卷七《帝纪第七·成帝　康帝》。

（43）《资治通鉴》卷九十九《晋纪二十一·穆帝永和八年》。

（44）《晋书》卷一百十《载记第十·慕容儁》。

（45）《晋书》卷一百十一《载记第十一·慕容暐》。

（46）《魏书》卷四上《帝纪第四·世祖纪上》。

（47）《魏书》卷六十六《列传第五十四·李崇》。

（48）《通典》卷二《食货二·田制下》。

（49）《资治通鉴》卷八十八《晋纪十·孝愍皇帝上》。

（50）《晋书》卷一百八《载记第八·慕容廆》。

（51）《晋书》卷一百六《载记第六·石季龙上》。

（52）《晋书》卷一百二十三《载记第二十三·慕容垂》。

（53）《魏书》卷二《帝纪第二·太祖纪》。

（54）《魏书》卷三《帝纪第三·太宗纪》。

（55）《魏书》卷十《帝纪第十·孝庄纪》。

（56）《晋书》卷二十六《志第十六·食货》。

（57）李剑农：《魏晋南北朝隋唐经济史稿》，中华书局 1963 年版，第 54 页。

第五章　隋唐五代时期

　　今北京地区在隋代包括当时幽州的大部分地区；在唐代包括当时幽州的大部、檀州全部（今密云、怀柔、平谷县境）和妫州东部（今延庆县境）地区。隋炀帝时，幽州改为涿郡。唐武德元年（618年），又罢郡置州，涿郡复称幽州。唐玄宗天宝年间一度更名为范阳郡，以后又改称幽州。幽州治所设在蓟城，城址与北魏相同，一直到五代前期没有什么改变。唐末诸藩镇互相攻并，国家政权陷入四分五裂，酿成了五代十国的分裂局面。幽州地区先为刘燕所据，后为后唐所有，继为后晋石敬瑭割让给了契丹。

　　需要指出，唐代幽州大总管府管辖的范围相当大。据《旧唐书·地理志》"幽州大都督府"条下记载，武德六年（623年），"改（幽州）总管为大总管，管三十九州"[1]。这说明，当时不仅营、辽二州归幽州大总管府管，甚至河北道[2]诸州也可能归幽州大总管府所辖。

　　隋唐统一后，由于国内较长时间的社会安定，农业生产逐渐恢复和发展，商业繁荣，都为手工业的发展提供了有利的环境。同全国一样，幽州地区的经济发展终于走出了魏晋十六国北朝时期的低谷，手工业生产迅速繁荣起来。隋唐五代时期的手工业规模宏大，分工细密，制度完整，生产技术水平有了长足的进步。在手工业管理和经营上，官营手工业仍居主导地位，但民间手工业有了较大的发展。官府手工业者的来源和身份，自中唐以后逐渐由无偿征役为主改为在一定范围和条件下实行和雇及纳资代役，劳动者的人身束缚遂有明显的减轻，工匠地位有了相对提高。在手工业类型上，幽州地区主要有丝织、冶铸、制盐、陶瓷、营造业以及石刻、雕塑工艺，等等。

　　值得注意的是，随着民间手工业的发展，幽州城里形成各种手工业"行"。各"行"既是一种同业组织,又受到官府的管理和控制。手工业行会的出现,表明幽州地区的手工业进入了一个新的阶段。

第一节　幽州地区官私手工业的发展

这一时期幽州地区的手工业,虽然因其所处特定地域等因素而具有某些方面的区域特色,但是,它也有与中央政府生产体系的关联之处,如在手工业的管理和经营上,作为中央的一整套管理机构和组织方式,必然会与地方发生一定的联系,尤其是生产物料征收、工匠来源等方面。因此,本节在阐述幽州地区官私手工业的发展时,先从中央政府系统说起。

一、官营手工业的管理与经营

1. 官府手工业的管理系统及经营内容

隋代对手工业的管理制度,仍继承了以往的以官营手工业为主,由官府设置专门机构,统管工匠,制造产品的制度。工部下设太府寺,掌管官府手工业。以后又分出少府监和将作监,少府监掌管重要的手工业部门,将作监掌管土木营建。地方上设专官主持矿冶等。工匠每年要服役两个月,劳役繁重。太府寺掌握的工匠数目非常多。据《隋书·苏孝慈传》载,开皇初,苏孝慈曾任太府卿,"征天下工匠,纤微之巧,无不毕集"。[3]

唐代官府手工业机构更为庞大,主要由属工部的少府监以及将作监、军器监管辖。其中少府监规模最大,所属机构最多。少府监"掌百工伎巧之政令,总中尚、左尚、右尚、织染、掌冶五署之官属,庀其工徒,谨其缮作。少监为之贰。凡天子之服御、百官之仪制,展采备物,皆率其属以供焉。"[4]少府监所辖五署亦有法定的官吏设置及明确职责。中尚署"掌供郊祀之圭璧,及岁时乘舆器玩,中宫服饰,雕文错彩,珍丽之制,皆供焉。"[5]左尚署"掌供天子之五辂、五副、七辇、三舆、十有二车,大小方圆华盖一百五十有六,诸翟尾及大小伞翰,辨其名数,而颁其制度。丞为之贰。凡皇太后、皇后、内命妇之重翟、厌翟、翟车、安车、四望、金根等车,皇太子之金辂、轺车、四望车,王公已下象辂、革辂、木辂、轺车,公主、王妃、外命妇一品厌翟车,二品、三品犊车,其制各有差。"[6]右尚署"掌供天子十有二闲马之鞍辔及五品三部之帐,备其材革,而修其制度。丞为之贰。凡刀剑、斧钺、甲胄、纸笔、茵席、履舄之物,靡不毕供。"[7]织染署

"掌供冠冕、组绶及织纴、色染"[8]。掌冶署"掌范镕金银铜铁及涂饰琉璃玉作"[9]，并直接领导设在全国各地的诸冶监。诸冶监具体经营"镕铸铜铁之事，以供少府监（掌冶署）"以及"铸兵农之器，以给军旅、屯田、居人焉"[10]。掌冶署与诸冶监构成一上下垂直管理的冶铸手工业系统。

少府监各署执掌所及，概而言之，大致是中尚署与右尚署管辖礼器及马具皮毛等材料的上供与加工制造。左尚署掌管车辆伞盖等器物装备。织染署掌管天子、群臣等的冠冕服用。掌冶署掌管冶铸铜铁以及琉璃玉作等精巧器物，而诸冶监所铸造的都是常用的兵农之器，不供造皇室内廷所用精细制成品。

将作监"掌土木工匠之政"[11]，属下机构辖有左校、右校、中校、甄官四署及百工等监，组成一个自上而下的事务系统。左校署"掌梓匠之事。乐县、簨虡、兵械、丧葬仪物皆供焉"[12]。右校署"掌版筑、涂泥、丹垩、匽厕之事"[13]。中校署"掌供舟军、兵械、杂器。行幸陈设则供竿柱，闲厩系秣则供行槽，祷祀则供棘葛，内外营作所须皆取焉。监牧车牛，有年支刍豆，则受之以给车坊。"[14]甄官署"掌琢石、陶土之事，供石磬、人、兽、碑、柱、碾、硙、瓶、缶之器，敕葬则供明器。"[15]此外，百工等监负责"采伐材木"[16]。略言之，左校署辖木匠，右校署管土工，中校署掌舟车，甄官署则负责石工与陶工。

军器监"掌缮造甲弩之属，辨其名物，审其制度，以时纳于武库。少监为之贰焉。丞掌判监事。凡材革出纳之数，工徒众寡之役，皆督课焉。主簿掌印及勾检稽失。录事掌受事发辰。"[17]军器监下设甲坊、弩坊二署。甲坊署"掌出纳甲胄、缦绳、筋角、杂作及工匠"[18]，弩坊署"掌出纳矛矟、弓矢、排弩、刃镞、杂作及工匠"[19]。军器监专门生产军队所需的各种兵仗器械。兵器生产在隋唐以前没有这样集中，一般由少府和军队共同生产。唐代军器监则承担了军队所用器械的全部生产任务，而少府只负责生产御用兵器。[20]

五代时期手工业的最高管理部门工部及其所辖少府监、将作监的设置基本上沿袭唐的设置。这一时期，由于特殊的历史环境，各政权在统治时间的长短、政权的强弱上都有很大的不同，因此在手工业管理机构的设置上也不尽相同。

隋唐五代时期，地方政府系统也有规模不小的官设作坊，主要制造有地方特色的特种丝织品、从事盐铁生产以及铸钱，等等。

据《隋书》记载，隋代官府手工业机构中，中尚方别领地方四居丞，而"定州绸绫局"便是其中之一[21]。

隋唐时期的盐铁的经营管理与汉代的盐铁专营政策有所不同，中央政府不再严格控制盐铁生产的全部，而是一部分由地方政府来承担了。至唐代晚期，盐铁基本归州县政府管理。据《新唐书·食货志》记载："开成元年（836年），复以山泽之利，归州县、刺史选吏主之。"[22]

就幽州地区而言，政府经营盐业生产的形式是设立盐屯。《通典》卷十《食货十·盐铁门》载开元二十五年（737年）所颁《屯田格》云："幽州盐屯，每屯配丁五十人，一年收率满二千八百石以上，准营田第二等；二千四百石以上，准第三等；二千石以上，准第四等。大同、横野军盐屯，配兵五十人，每屯一年收率千五百石以上，准第二等；千二百石以上，准第三等；九百石以上，准第四等。又，成州长道县盐井一所，并节级有赏罚。"《新唐书》卷五十四《食货志四》亦载："幽州、大同、横野军有盐屯，每屯有丁有兵，岁得盐二千八百斛，下者千五百斛。"可见官营盐屯仿照官营屯田之制，准屯田法经营运作，每屯配士兵50人或配征发来的丁夫50人，政府除保障他们的衣食生活之需及给予一定的报酬外，按照军事编制的方法，让士兵或丁夫专司为政府生产食盐。

铸钱业本是中央政府手工业中的一个重要部门，唐以前多隶属于少府监。唐初仍之，置十炉铸钱，诸州铸钱亦隶属少府。因铸钱业以设于产铜诸州为便，少府监主管全国铸币的权力逐渐被夺去。诸铸钱监"以所在州府都督、刺史判之；副监一人，上佐判之；丞一人，判司判之；监事一人，参军及县尉知之；录事、府、史，土人为之。"[23]铸钱业遂成为主要由地方政府控制的一种手工业。唐高祖李渊伐隋后，就在幽州设有铸钱监。据史料记载，武德四年（621年）七月，"置钱监于洛、并、幽、益等州"[24]。

五代时期，铸钱权主要由官府控制，不允许私铸，因为私铸钱币的质量不能够保证，也会致使造币材料流失。后唐天成元年（926年）十二月敕："行使铜钱之内，如闻夹带铁镴，若不严设条流，转恐私家铸造。应中外所使铜钱内，铁镴钱即宜毁弃，不得辄更有行使。如违，其所使钱，不计多少，并纳入官，仍科深罪"[25]，对于盗铸的钱币一经发现就一律没收，并且对使用盗铸钱币者和盗铸者都治有重罪。到后晋时发生变化，天福三年（938年）十一月，"诏许天下私铸钱，以'天福元宝'为文"[26]，开始允许私铸，但是对铸币的形制进行规定，必须要以铜为原材料，并且让盐铁使铸样，颁给诸道来铸钱。但不久因为所铸钱币的质量问题，再次禁止私铸钱币。

此外，军器制造方面，地方政府也设有作坊进行生产。《玉海》卷一百五十一《兵制门·剑戟类》引刘敞《古器图》有云："一刀以金错其背，曰贞观十六年并州都督府造。"《全唐文》卷四百十四常衮所撰《减淮南租庸地税制》并停扬、洪、宣三州军器作坊。唐代地方政府制造军器于此可见一斑。

五代时期的割据政权，从后梁开始就在中央设有作院负责制造兵器，另外在诸道设立作院，"先是，诸道州府，各有作院，每月课造军器，逐季搬送京师进纳"。[27]后周之前诸道州府都设有作院，朝廷对作院有严格的规定，每月都有一定的制作任务，制造好兵器之后向中央进纳。但具体管理情况有变化。后晋时期，由于地方制造兵器产生混乱，质量没有保证，于"天福二年（937年），敕禁诸道不得擅造器甲"[28]，禁止诸道铸造兵器，由中央作院统一铸造。但这种禁止状态并未维持很久，"开运元年（944年），命诸道州府，点集乡兵，率以税户七家共出一卒，兵仗器械，共力营之"[29]，令诸道出兵员，且须负责兵器，反映后晋时期地方拥有铸造兵器的权力。

2. 官府手工业的物料征收与工匠来源

综上可知，隋唐五代时期官府手工业的规模相当巨大。要支持如此庞大的官府手工业，生产原料来自何方呢？简单说来，主要有三：一是官府直接经营；二是土贡；三是官市与和市。

一般来说，金、银、铜、铁、木材等由政府直接经营而获得。据《新唐书·食货志》记载，宪宗元和初年，全国官营诸冶达到了"岁采银万二千两，铜二十六万六千斤，铁二百七万斤，锡五万斤，铅无常数"[30]的采冶规模。

土贡即"任土作贡"，各地名优土特产品及手工业原料、半制成品，甚至制成品皆可入土贡之列。《唐六典》集中记载了少府监所属中尚、左尚、右尚、织染四署所需原料的土贡来源，兹不备述。除《唐六典》记载唐代各地土贡的详细情况外，《通典》、《元和郡县图志》、《新唐书·地理志》诸书也有一些记载。傅筑夫曾据《新唐书·地理志》所载列了一个唐十道土贡物品清单。[31]唐代初年，将全国划分为十道[32]，各道每年须向中央缴纳一定数量的贡赋，丝织品为贡赋中很重要的一项。例如，河北道定州有罗、䌷、细绫、瑞绫、两窠绫、独窠绫、二包绫、熟线绫，幽州主要是绫、绵、绢，等等[33]。

官市，就是由政府将私人物品全部购买，不许私自出卖。如开元十七年（729年）八月唐玄宗颁《申严铜禁制》，规定"禁断私卖铜锡，仍禁造铜器。所在采铜铅，官为市取"[34]。掌冶署就有此职责，所谓"凡天下出铜铁州府，听人私采，官收其税。若白镴，则官市之"[35]。和市亦称和买，指政府通过市场购买物品，如将作监右校署"掌版筑、涂泥、丹垩、匽厕之事。有所须，则审其多少而市之"[36]。依规定，和市是官民双方同意的公平交易，但实际并非如此。如睿宗景云二年（711 年），监察御史韩琬在所陈时政疏中说："顷年国家和市，所由以克剥为公，虽以和市为名，而实抑夺其价"[37]。

关于官府工匠的来源，可分为两部分：一部分是官奴婢、刑徒与流徒；一部分是征自民间的各类工匠和农民。

官奴婢、刑徒与流徒皆因犯罪所致。《唐六典》卷六《尚书刑部》及卷十九《司农寺》较集中地记载了官奴婢、刑徒与流徒的管理和役使情况，兹不述论。官奴婢有专门的籍簿，由役使诸司和尚书省工部之都官司共同管理。他们没有报酬，政府只供给衣服和粮食。他们除从事手工业生产外，还从家畜饲养、蔬菜种植等。政府对刑徒、流徒的管理更为苛刻，其劳作更具无偿性。

官奴婢、刑徒与流徒人数较少，主要劳动力还是根据需要自各地征调的各类工匠和农民。各地工匠被征发到官府作坊或者官府工程中要服每年二十日（若属闰月之年则为二十二日）的正役和正役之外的其他加役。如中央少府监有工匠 19850 人，将作监有工匠 15000 人，即是"散出诸州，皆取材力强壮、伎能工巧者"[38]。

在生产者人身依附关系比较强化的隋及唐初，工匠主要以力役的形式在官府从事生产，工匠的"独立"性不能不受到这种力役形式的限制，个体工匠自己从事生产受到比较大的影响。中唐及其以后，直接生产者的人身依附关系有了明显的减轻，和雇及纳资代役在一定范围和条件下实行，这对于生产者来说在安排自己生产时间和品种上有了比较大的自主权。随着和雇及纳资代役的比较普遍，工匠身份有了相对提高。[39]

不过，有些工匠是不准纳资代役的，如《唐六典》卷七有云："巧手供内者，不得纳资"。[40] 有时代役之资索要甚高，超乎工匠能力，如代宗大历八年（773 年）正月诏："诸色丁匠，如有情愿纳资课代役者，每月每人任纳钱二千文"[41]。

从有关史料来看，唐统治者对丝织精品如锦、绫的需求很大，除征调各地能工巧匠及役使官奴婢在官府织锦坊、织绫坊专事织造外，政府还使用政治强权将另一部分各地巧匠确定为专门从事织造、专司进贡丝织精品的专门户。这方面最有说服力的证据是诗人王建的《织锦曲》诗。诗云："大女身为织锦户，名在县家供进簿。长头起样呈作官，闻道官家中苦难。回花侧叶与人别，唯恐秋天丝线干。红缕葳蕤紫茸软，蝶飞参差花宛转。一梭声尽重一梭，玉腕不停罗袖卷。窗中夜久睡鬓偏，横钗欲堕垂著肩。合衣卧时参没后，停灯起在鸡鸣前。一匹千金亦不卖，限日未成宫里怪。锦江水涸贡转多，宫中尽著单丝罗。莫言山积无尽日，百尺高楼一曲歌。"[42] 诗文反映了织锦户在官府指令下，依照官样，保质保量，夜以继日地勤苦织造，同时表明织锦户在县府是被登录入"供进簿"的。根据唐政府好为不同类型的人专立簿籍的一般做法，这种供进簿当是县府为织锦户设立的专门簿籍，表明织锦户专司织造供进，为政府控制下的专门户。诗人元稹《织妇词》所云"东家头白双女儿，为解挑纹嫁不得"的"贡绫户"，[43] 亦当是由地方政府控制的专门丝织户，当地政府亦应对贡绫户设有专门的供进簿籍。[44]

二、民间手工业的经营管理

隋唐时期，由于社会的相对稳定和政府尤其是唐朝对采矿、制盐和纺织等领域的开放政策等因素，当时民间手工业的发展无论从数量到质量等方面都有显著的发展。五代时期的民间手工业也有一定程度的发展。隋唐五代时期民间手工业的类型，主要包括家庭手工业及与商业资本相结合的较大的作坊手工业。

1. 对民间手工业的管理

隋唐五代时期，虽然政府对民间手工业采取鼓励发展的措施不是一贯的，但其间相当长时间民间手工业生产的环境还是较宽松的。

隋至盛唐时期，政府对某些手工业采取了相当放任自由的政策。如武德九年（626 年）八月，即位当月的唐太宗发布诏令，说"通财鬻货，生民常业"，要"思改前弊，以谐民俗"，命"潼关以东缘河诸关悉宜停废，其金银绫等新物依格不得出关者，并不须禁"。[45]

就盐业而言，隋文帝开皇三年（583 年）实行"通盐池、盐井，与百姓共之"[46]的政策，一方面由政府经营管理着部分盐业生产，另一方面也允许私人经营盐业生产。唐统治者继承了这一政策。乾元元年（758 年）以后，虽特置盐铁使，但实际上只管收税，并不直接经营盐场。

盐铁使的另一职责是，兼掌银铜铁锡的开采，实际上也仅收税，并不直接经营铁矿场或冶铸作坊。据《旧唐书·职官志》记载，"凡天下出铜铁州府，听人私采，官收其税。若白镴，则官市之。其西北诸州，禁人无置铁冶及采铁。若器用所须，具名移于所由官供之"。[47]可见，铁冶及采铁，除西北诸州为防止兵器外流禁止私营外，其内地各州郡大致皆民营。

唐代铜山私采官买尤为常见。《续通典》卷十一记载："天下有铜山，任人采取，其铜官买。"此外民间用铁器、铁农具皆由私营手工业作坊供应。民间所造铁器亦有精良之品，《新唐书·地理志》及《唐六典》中不难见到土贡的铁器，如河北道邢州土贡刀。唐代兵器弓矢长刀等，亦许民间锻造，私营私卖。据《唐六典》记载："凡与官交易及悬平赃物，并用中贾。其造弓矢长刀，官为立样，仍题工人姓名，然后听鬻之。诸器物亦如之。以伪滥之物交易者，没官；短狭不中量者，还主。"[48]锻造售卖兵器，订入法令，足见私营铁冶手工业之普遍。

唐政府对民间手工业者立有专门的匠籍，《唐六典》卷三《尚书户部》所云"工、商皆为家专其业以求利者"，卷七《尚书工部·总括》所云"工巧业作之子弟，一入工匠后，不得别入诸色"的规定，以及《唐何好忍等匠人名籍》[49]、《唐喜安等匠人名籍》[50]等出土吐鲁番文书，皆证明唐代通过户籍对民间手工业者进行严格的管理。同时在工匠的组织形式上，政府又按地区划分，实行类似于府兵的编制管理，即所谓"凡工匠，以州县为团，五人为火，五火置长一人。"[51]

五代时期，虽然没有对手工业者编户籍，他们的人身依附关系有所松弛。但手工业者始终不能与"良民"相比，身份还是较低，甚至惨遭屠戮。例如，刘仁恭割据幽州时，"令燕人用墐土为钱，悉敛铜钱，凿山而藏之，已而杀其工以灭口，后人皆莫知其处"。[52]将藏铜钱的工匠杀死灭口，手工业者地位之低下可窥见一斑。

2. 家庭手工业与作坊手工业

家庭手工业，在中国中世纪是一种始终不衰的手工业形式，历代相沿，隋唐五代时期亦不例外。家庭手工业经营的行业众多，以业别而论，生产最为发达的，莫过于唐代的农村家庭纺织业。农村家庭纺织业的发展，同唐代实行的租庸调赋税制度有很大关系。"调"是户调，主要向农民征收丝麻织品，而且数量很大。天宝中，政府每年征收的纺织品，计绢740万匹，丝185万屯（1屯等于6两），麻布1605万端（1端等于5丈）。折合今制，丝、麻合计达1.72亿平方米，按当时约5000万人口计算，平均每人3.5平方米。[53]由此可见当时农村家庭纺织生产之盛。

中唐后，民间的纺织业作坊大为增多，有些作坊已有很大的规模。在谈到唐代私营手工业作坊时，《太平广记》中有关唐定州何明远的记载，是一则被人广为征引的重要史料："定州何明远大富，主官中三驿。每于驿边起居停商，专以袭胡为业，资财巨万。家有绫机五百张。"[54] "家有绫机五百张"之类的记载在唐代文献中很少见到，学术界对这一史料的揭示也是众说纷纭，莫衷一是。大致说来，有代表性的观点主要包括以下几种：

（1）傅筑夫认为，何明远是一个资本所有者，即拥有500张绫机的大作坊所有者，也就是说何明远是一个资本家，而不是织绫工人……这个有500张绫机的绫织作坊，是在一个富有的资本家指挥下经营的。[55]

（2）朱伯康等指出，何明远是大商人兼营旅店及家庭手工业作坊。[56]

（3）李仁溥认为，何明远是前代少见的纺织业大作坊主。[57]

（4）巫宝三则认为，何明远经营的丝织业家有绫机500张，只可能是定州三驿附近500农家织机，这500户是与他人合约，其织品归他包销，而不是何明远自有织机500张。[58]

尽管上述说法从不同的侧面对何明远"家有绫机五百张"的性质作了各自的诠释，但这种手工业作坊在形式和规模上，有别于传统的家庭手工业则是毋庸置疑的。

隋唐五代时期较大规模的手工业作坊屈指可数，除何明远"家有绫机五百张"外，还有琼山郡守韦公干"有女奴四百人，执业者大半"[59]；宦官高力士"于京城西北截沣水作碾，并转五轮，日破麦三百斛。"[60]也算是规模不小的碾磨作坊。

有学者指出，私营手工业作坊尤其大型私营手工业作坊，是唐代出现的新生事物，它反映了社会经济的发展、商品交换与市场经济的活跃、手工业生产技术的提高以及直接生产者人身依附关系的相对减轻等等。但是，当时私营手工业作坊却有着十分明显的不成熟性和缺陷，这其中包括较大型的私营手工业作坊往往与官府或官吏有着形形色色的结合，官坊结合是当时私营手工业作坊的一个明显特点。[61]

至于唐代幽州地区的民间手工业作坊的发达情况，我们可以从已经公布的北京房山石刻中找到线索。房山石经题记内容十分丰富，其中题记盛唐时期石经内容不仅有经名、卷数、品名、面背，甚至连施主、刻式、字数等内容都有记载。据不完全统计，房山石经出现的手工业行会包括布行、小彩行、大绢行、丝行、小绢行、生铁行、炭行、磨行、染行、帛行、幞头行、靴行等等。[62]石经所载重要的史料，对我们今天了解当时的私营手工业作坊颇有意义。

三、行会手工业的出现

"行"的名称，隋代就开始出现了。每一行从事一种职业，行的增多反映了工商业的发展，体现了社会分工更趋精细。如隋代长安丰都市，"其内一百二十行，三千余肆"[63]；东都丰都市"邸凡三百一十二区，资货一百行"[64]。"资货一百行"、"一百二十行"说明了隋代行业种类繁多。到了唐代，"行"更为常见。如长安东市"货财二百二十行，四面立邸，四方珍奇，皆有所集"[65]。不仅京城的工商业行业众多，其他城市也有很多行业。

唐天宝（742—756 年）、贞元（785—805 年）年间，幽州城里的各行各业十分发达。城北部设有一个固定的手工业区和商业区，称为"幽州市"。各行业都在市里进行营业。行业种类见于房山云居寺石经题记的有白米行、大米行、粳米行、屠行、肉行、油行、五熟行、果子行、椒笋行、炭行、生铁行、磨行、染行、布行、绢行、大绢行、小绢行、新绢行、小彩行、丝绵彩帛绢行、幞头行、靴行、杂货行、新货行等近 30 种行业，不仅行业种类繁多，而且各行之间的分工也很细。[66]

在房山石经题记中，还可见到有关唐代涿州（今河北涿县）有肉行、椒笋行、果子行、靴行、新货行、杂货行、染行等的记载。[67]

行是由经营同一种类商品的店铺组成的，业主称为铺人。铺人有的有许多伙计和学徒，有的则是依靠自己和家人劳动为生的小手工业者和小商人。"行"这种工商业组织同时还是封建官府控制手工业者和商人的一类机构，宋人耐得翁指出："市肆谓之行者，因官府科索而得其名，不以其物大小，但合充用者，皆置为行"[68]。

在唐代，手工业作坊与店肆往往很难分开，手工业生产者同时兼营买卖的很多，生产与销售往往合二为一。据《唐六典》记载，工与商的区别，在于"功作贸易者为工，屠沽兴贩者为商"[69]，可见它们之间的差别不大。

有学者认为，唐代的"行"是十分成熟的工商同业行会。唐代工商行会的形成，是当时社会经济发达、市场繁荣的重要标志之一。[70]若从手工业生产者行会的角度分析，可以看出幽州地区手工业发展到了一个新的水平。

第二节　主要的手工业部门

隋唐五代时期，幽州地区比较突出的手工业部门是丝织、冶铸、制盐、陶瓷、营造业以及石刻、雕塑工艺，等等。

一、丝织业

幽州地区的丝织业素称发达，上一章说过，西晋北朝时期因气候的影响曾一度衰退。隋唐时期正处于中国近 5000 年气候变迁中的第三温暖期[71]，气候回暖，桑蚕业又重新恢复起来。

唐代，幽州地区是丝织品的重要产地，盛产绫、绢、锦、帛等，"范阳绫"、"幽州绢"相当有名。绫、绵、绢是幽州向朝廷贡献的土产[72]。《唐六典》记载，充作赋调的绢布按精粗分类，绢分八等，布分九等。幽州绢为第五等，属中等水平。[73]房山石经题记中载丝织品生产行业数量最多，生产规模及分工都有相当的发展。当时幽州诸行业中，丝织行业分工很细，有绢行、小绢行、大绢行、新绢行、彩帛行、绵行，等等。

唐玄宗开元中（718—720 年）张说为幽州都督时，"每岁入关，辄长辕轓辐车，辇河间、蓟州傭调缯布，驾轊连軏，坌入关门，输于王府"[74]。由此种场面，我们不难推断当时幽州地区的丝织业是相当普遍的。唐代，河北道丝织业最为发达的是定州、深州，定州则是当时北方丝织业生产的中心。朱滔为幽州卢龙节度使时，"苦无丝纩，冀得深州以佐调率"[75]。定州、深州绢皆为第四等。

唐代纺织业，无论官府还是民间的纺织业，都有了更快的发展。到中期达到了空前繁荣的程度。唐代的官府纺织业已形成完整、严密的组织体系，作坊规模巨大，分工精细。如中央的少府监下辖的织染署，即建有 25 个作坊。

丝织品中，绫是斜纹（或变形斜纹）地上起斜纹花的丝织物。从六朝至隋唐，绫盛极一时。唐代织染署织纴之作中的第五就是绫作。根据《舆服志》对官吏们穿着服饰的规定制度，生产各种不同花纹和规格的绫。《旧唐书·舆服志》记载："三品以上，大科紬绫及罗，其色紫……五品以上，小科紬绫及罗，其色朱……六品以上，服丝布，杂小绫，交梭，双紃，其色黄……七品以上，服龟甲双距十花绫，其色绿。九品以上，服丝布及杂小绫，其色青。"[76]

唐代绫织物生产规模和生产技术达到了新的高峰。武则天垂拱（685—688 年）初年，织染署所领作坊中有织绫绵巧儿（工匠）365人，其中内作使绫匠 83 人，掖廷绫匠 150 人，内作巧儿 42 人。[77]这些官婢巧儿制织花绫的技术要比民间高超，织出的花纹多为雁衔绶带、鹊衔瑞草、鹤衔方胜以及盘龙、对凤、麒麟、天马、孔雀、仙鹤、芝草、万字、辟邪或其他折枝散花等。图案花纹布局均衡、对称，质朴中略显妩媚。由于吸收和融合了外来花纹，织物图案更加丰富和多样化。

二、冶铸业

隋唐五代时期，尤其是唐代，幽州地区铁的开采冶炼及采铜、铸钱等，具有相当的规模。

1. 铁铜采冶

幽州是北方军事重镇，无论是出征作战，还是从事农业生产，都需要大量铁器。铁的开采和冶炼是幽州的重要手工业之一，蓟城附近有铁冶。据北京房山区云居寺唐代石经题记，当时幽州城北市开设有生铁行。从考古资料来看，20世纪70年代，在北京昌平、石景山的唐墓中出土了铁斧和铁匦各一件。铁斧长33厘米，作"8"形交股，保存较为完好。铁匦口径约21.5厘米，圆形，板沿。浅腹，壁微内斜，平底微外鼓，壁有直柄，口沿有短流，三足均残[78]。1966年在丰台林家坟发现一座唐墓，出土有嵌金铁马镫[79]。

唐玄宗开元初年，张说检校幽州都督，命兵夫"采铜于黄（燕）山，使兴鼓铸之利"[80]，说明幽州的冶铜业在继续发展之中。1972年，北京昌平唐墓中出土有铜镜、铜造像及铜钱各一。铜镜直径10.5厘米，圆形，薄胎，凸沿，乳钉钮。铜造像高仅3.6厘米，形象已模糊不清，形体较小。铜钱直径3.6厘米，边缘有一圈凸起的周郭，正方形穿，钱的正面有楷书"开元通宝"4字。1974年，在石景山唐墓中发现铜勺一件。勺呈椭圆形，尾有曲形扁长柄，柄端呈圆角。勺长约9厘米、宽7厘米、深3.5厘米。柄长20.6厘米、宽0.7—10（厘米）[81]。1966年丰台林家坟唐墓，还出土有铜牛[82]。

据《新唐书》统计，唐代计有铁、铜、银、锡、铅等矿168处，元和初年，年产铁200余万斤，铜26万余斤，锡5万斤，银1.2万两。[83]

唐代，在炼钢方面，南北朝时出现的"灌钢"（又称"团钢"）冶炼法逐渐成为炼钢的主要方法。[84]同时发明了"铜合金铁"的铁合金冶炼法，以提高钢铁的品质和质量。

唐初，钢铁主要用于铸造农具、手工工具、兵器和生活用具；铜主要用于铸钱和制造铜镜，器皿等生活用具，有的铁器铸造也开始使用铜模。各种金属用具的制造方法和过程，已经相当完善和精密。中唐以后，随着商品经济的发展，铸钱业日见兴旺，因铜不够用，还多次铸造铁钱。唐代以后的铜镜，制作和纹饰精细、新颖。

2. 金银作

金银器皿制造，是唐代一个新兴的手工业部门，发展迅速。金银除作货币、充当流通手段外，还越来越多地用于制造器皿和首饰。金银器皿主要有碗、盘、盒、杯、壶等，首饰主要有钗、簪、环、钏、坠和妇女衣饰等。器皿和首饰制作十分精巧。器皿的制作综合了钣金、浇铸、焊接、切削、抛光、铆、镀、捶打、刻凿等多种工艺。唐代前期，金银器皿的器形和纹饰曾受到波斯金银器皿的影响，唐代中期后逐渐与华夏原有的民族传统文化融合。

1972 年，北京昌平唐墓中还出土有银发钗 3 件，均为双股，其中两件柄端剖面为圆形。长 13 厘米、宽 1.5 厘米。另一件柄端平面犹如今日之戒指面，中间平面略高于四周，并有一道凸棱。残长 11 厘米、宽 2 厘米。[85]

据史料记载，唐定州安嘉县（应为安喜县，今河北定州）人王珍，"能金银作，曾与寺家造功德，得绢五百匹……珍以咸亨五年（674年）入海运。"[86]

3. 铸钱业

唐代铸造业规模最大的是铸钱业，唐玄宗天宝年间，全国共有铸钱炉 99 处，每炉一年铸钱 3300 贯，用铜 21220 斤[87]，每炉用匠 30 人[88]。

幽州也设有铸钱的钱炉。天宝九年（750 年），安禄山居幽州，于"上谷郡置五炉，许铸钱"[89]。幽州钱铸造精美，唐玄宗时期，安禄山曾以之作为贡品。

唐朝时，在冶铸技术方面又发明了蜡范制币新技术。这样，蜡范与过去的泥范和铁范，共同构成了我国著名的三大铸造技术。[90]唐代铜钱"开元通宝"的钱样，就是用蜡模法铸造的。据《唐会要》记载，当时文德皇后看蜡模时，在样上掐了一指甲，因此铸出的钱上留有掐痕，这是文献中关于熔模铸造的最早记载。[91]

后唐建立政权之初仍使用唐旧钱"开元通宝"，后于天成元年（926 年）铸"天成元宝"[92]，其"径九分，重三铢六参，文曰：'天成元宝'"[93]。后晋于天福三年（938 年）铸"天福元宝"，"每一钱重二铢四参"[94]。这些铸币在当时基本上是以铜为原材料，而且制作技术相当高超，制作精良。

三、制盐业

幽州地区自古号称"鱼盐之饶"，所谓"盐池之数有九，七在幽朔"[95]。盐业生产自战国至隋唐五代相沿不辍。

前面已经说过，唐代幽州地区制盐设有盐池，政府设盐屯，每屯配丁（兵）50人，每年收率满二千石（斛）以上。农民也积极从事煮盐的生计，所产之盐，除了满足当地军民的食用需要，而且还不断地输向东北地区。安史之乱以后，藩镇割据，不再向朝廷缴纳盐赋，但幽州地区盐业生产并没有罢废。如张允伸为幽州卢龙节度使时，一次即向朝廷上纳盐二万石[96]。

据《日下旧闻考》引金代刘晞颜《新建宝坻县记略》说，河北宝坻地区历来产盐，五代时赵德钧镇守幽州地区时在这里开盐场，置榷盐院。[97]

四、陶瓷业

隋唐五代时期，有关幽州地区陶瓷（尤其是瓷器）生产的文献记载尚付阙如，尽管墓葬出土有一些陶器或瓷器制品，但也不能肯定皆为幽州所产[98]。不过，这期间，幽州附近的邢窑和定窑相当有名。邢窑与定窑的高度发展对幽州地区的陶瓷业生产有着深远的历史影响，这从随后辽金时期北京地区的瓷业发展可以看出来。

隋唐时期，我国的制瓷业进入了繁荣时期，唐朝瓷器制造业开始形成一个独立的手工业部门。瓷窑遍布全国，并形成了一批名窑，如越窑、邢窑、鼎窑、婺窑、岳窑、寿窑、洪窑、蜀窑、霍窑等。其中的越窑和邢窑是当时南方和北方的制瓷中心，代表了青瓷和白瓷制造的最高成就。[99]

唐代，邢窑器物大为流行，有"天下无贵贱通用之"[100]的记载。在唐代，邢瓷（河北邢台内丘地区所产瓷器）已进一步发展，其白瓷成为全国著名佳品。其他如黄釉瓷、绿釉瓷、三彩瓷也很精美。器型主要有生活用具碗、盘、缸、灯、壶以及工艺品、宗教器具等。

至于邢瓷的实物例证，1984年在河北省内丘县发现唐代邢窑遗址28处，采集到大量标本，经专家研究比较，确定为唐代著名白瓷产地邢窑遗址。其中细白瓷，胎质坚实细腻，胎纯正洁白，击之，声音清脆，瓷片薄如蛋壳。透光性能极佳。其中有三彩釉陶，胎质细腻，呈白色或淡红色，釉质莹润，流动性极强，釉层凝厚，有极细的开片，色调由淡到浓，融和绚丽，斑驳多彩。从实物形制及釉彩等方面与其他各地唐墓出土瓷器比较，此遗址包括时代从北齐至唐末五代，可分五期，其最盛时期在晚唐。晚唐以后衰落，一蹶不振，此后为迅速兴起的定窑所替代。[101]

到晚唐，位于河北曲阳的定窑崛起，取代邢窑成为著名的白瓷产地。据故宫博物院的调查，定窑古窑址在河北曲阳县北乡灵山镇的涧磁村以及东西燕山村。现在地面上还堆积着无数标准定瓷碎片与烧窑工具，形成了几个小丘。[102] 值得注意的是，定窑遗址晚唐层出土的白瓷托盘和注壶与北京昌平晚唐墓出土的白釉托盘和注壶相类似，定窑晚唐墓出土的三足炉和黑酱釉碗与北京昌平晚唐墓出土的半环形三足鼎和酱釉灯碗完全相同[103]。

已有研究表明，著名的宋代定窑，其创烧年代始于唐及五代。由于定器是复烧的，故器口多毛边。定瓷的胎骨一般较薄，白釉微显牙黄，柔和洁净。花纹有划花、刻花、印花等。定瓷除了瓶、碗、盘、碟之外，也烧瓷枕。[104]

唐代除烧制青、白二色釉外，黑釉瓷器也比晋代德清窑所烧制的更进了一步，并缀以大块斑点装饰。釉下彩的开始创烧，更是制瓷工艺上的一个重大进展。[105]

唐代的陶器制造，除普通灰陶外，有享誉中外的"唐三彩"。所谓"三彩"，就是三色釉，以青、绿、铅黄为主。它是在铅釉中掺和少量铁和钴的氧化物，并掌握适度的烧造气氛烧制而成。其中以蓝三彩（又称"三彩加蓝"）最为名贵。唐三彩器类包罗万象，主要有俑和日用器皿等。俑又分人物俑和动物俑两类，日用器皿有枕、炉、尊、壶、灯、钵盂及各种碗罐，此外还有假山、房屋、楼台亭阁等。根据窑址资料分析，唐三彩创烧于唐高宗时期，兴盛于开元年间，安史之乱后日渐衰落[106]。

唐三彩在全国各地均有出土，其中以西安、洛阳和扬州出土最多。北京地区也有考古发现的唐三彩罐，此器于 1977 年在密云县沿村出土。罐高 11.3 厘米、口径 10.6 厘米、腹径 15.5 厘米、底径 5.6 厘米。直口，卷唇，短颈，圆肩，鼓腹，平底，兽形三足。口部施黄釉，肩部饰黄、绿、白、蓝 4 种釉色的变形莲瓣纹，腹部饰白釉点状纹及一圈凸起的弦纹，足与器下无釉。这种造型的三彩三足罐，过去陕西西安，江苏扬州、句容和辽宁朝阳地区均有出土，但北京地区还是首次出土。[107]

唐代陶制器物，在北京宣武、海淀、石景山、昌平等地多有发现[108]。需要注意的是，北京地区还出土有唐代陶制骑马俑、武士俑，这些可能是带兵武将死后的随葬物。从这里也反映出当时蓟城在军事上的地位是相当重要的[109]。

五、营造业

隋唐时期幽州地区的营造业，在宫殿建设和寺院建筑等大规模土木工程中，其特色得到了具体的体现。在桥梁工程方面，驰名中外的石拱桥的建造技术，在这一时期更趋成熟。

1. 营建临朔宫

隋炀帝时代著名的工艺美术家阎毗，曾以工艺进殿内少监，并以画家参与隋代的许多土木建筑工程。大业五年（609年），阎毗"兼领右翊卫长史，营建临朔宫"[110]。阎毗为隋炀帝在涿郡营建的临朔宫，虽然其主要目的用于军事，就是要利用涿郡作为基地，向东北征讨高丽，但它也是建筑艺术上的一个重大成就，并垂名于后世。遗憾的是，临朔宫遗迹已不存在。

2. 建造佛寺与道观

在唐代，幽州地区建筑了一些著名的古刹。唐太宗贞观十九年（645年），为纪念征伐辽东和高丽阵亡的十多万将士，有意建造寺庙，但未成。直至50年后，在武则天万岁通天元年（696年）才于幽州城东南隅现法源寺址建成，赐名悯忠寺，是北京城内现存历史最古的名刹。寺建成后，天宝十四年（755年），安禄山在寺东南隅建塔一座。两年后，史思明为安禄山称帝并定都幽州，在寺之西南隅又建一塔，二塔可能均为方形木塔，形成寺前双塔对立的格局。唐武宗会昌年间（841—846年）实行灭佛，而"幽燕八州惟悯忠独存"，但在唐末僖宗中和二年（882年），全寺毁于火灾。火焚后不久寺即重建，不仅恢复了双塔布局，在寺中路后部还兴建了面阔7间，高达3层的观音阁。

此外，初建于唐的佛寺尚有高宗武德五年（622年）的聚慧寺（明代重修改名戒台寺）、太宗贞观年间（627—649年）的兜率寺（今卧佛寺前身）。玄宗开元间（713—742年）在幽州城内西北隅还建成道教建筑天长观（今白云观前身）。这些佛寺和道观一千多年来屡经翻修和重修，一直保留至今。[111]

3. 建造安济桥[112]

安济桥，俗称赵州桥，建于隋开皇中期（591—599年），跨越在河北赵州（今赵县）洨河之上，是现存最早的大型石拱桥之一。它以精美的建筑艺术与设计技巧，首创的敞肩拱结构形式等杰出成就，在中外桥梁建筑史上占有重要地位。

安济桥全长50.82米，拱券净跨37.37米，桥面宽9米，桥脚处宽9.6米。桥的构造颇有特色：建造时利用洨河的地质特点，选择承载能力较大的多年冲击而成的土层作为天然地基，桥台以5层石板（总厚1.55米）铺筑。主桥石拱由28道平行的拱券组成，为了加强拱券之间的联系，把桥面中间做得略窄，使拱券逐渐向中心靠拢，又使用腰铁和横向枨石，把它们勾连成一个整体，既便于施工，又保证了桥梁的耐久性。一千四百多年来，安济桥历经多次地震和数百次洪水的严峻考验，仍巍然屹立。

安济桥设计者为隋代工匠李春。为了减低桥梁的坡度，便利陆上交通，他标新立异，改变了石拱桥形式多用半圆形拱的传统，提出了割圆式（即圆弧的一段）桥型方案。安济桥的拱矢仅7.23米，远小于半径，与拱的跨度之比约1:5，成为坦拱，适应了车辆行走的要求。

李春还对拱肩技术进行重大革新，把以往拱桥建筑中采用的实肩拱改为敞肩拱，在桥两侧各建两个小拱作为拱肩，这样的设计，算得上是世界桥梁工程中的首创。敞肩拱式结构在承载时使桥梁处于有利的状态，可减少主拱圈的变形，提高了桥梁的承载力和稳定性。同时，敞肩拱比实肩拱节约原料，又减轻桥身的自重，从而也减少对桥台与桥基的垂直压力与水平推力，增强桥梁的稳固，汛期中且有协助泄洪的作用，其建筑形象也较实肩拱美观。

安济桥建成后，史乘上不乏惊叹之词。清光绪年间的《赵州志》有"奇巧固护，甲于天下"的美誉。安济桥的"奇巧固护"，在于全桥结构匀称，与四周的景色配合得十分和谐，就连桥上的石栏石狮也雕刻得古朴雅观。唐代文学家张鷟描述道："赵州石桥甚工，磨礲密致如削焉。望之如初日出云，长虹饮涧。上有勾栏，皆石也，勾栏并有石狮子。龙朔年中，高丽谍者盗二狮子而去，后复募匠修之，莫能相类者"。[113]唐代张嘉贞在《石桥铭序》中说安济桥"制造奇特，人不知其所以为"，"两涯嵌四穴，盖以杀怒水之荡突，虽怀山而固护焉"。[114]

六、石刻与雕塑工艺

1. 隋唐时期的房山刻经

刻经于石，早在我国东汉就开始。其代表作即是著名的"熹平石经"，它们的年代比房山佛教石经的刊刻早四五百年以上。

隋唐时期，幽州地区是北方著名佛教中心，寺庙林立，施钱刻经一度成为社会居民的重要精神寄托，由此推动了石刻业的进一步发展。

位于房山西南部的白带山，当地称为小西天，又称石经山。在石经山的石窟中，保存了隋唐以来大量的石刻佛经，它是隋代僧人静琬为"宣扬佛法"所开创的。经石始刻于隋朝，终于明末，前后达1000

年之久，共刻佛教经籍 1122 部，3572 卷，镌刻石经版 14278 石[115]，而隋唐所刻石经占很大比例。石经工程之艰巨浩大，也是世界所仅见。明代高僧道衍（即姚广孝）观后留诗曰："峨峨石经山，莲峰吐金碧。秀气钟芝题，胜概拟西城。竺坟五千卷，华言百师译。琬公惧变灭，铁笔写苍石，片片青瑶光，字字太古色。功成一代就，用藉万人力"[116]。

中国佛教协会编辑的《房山云居寺石经》一书，将隋唐时期房山石经的刻造分为 3 个阶段：一是隋大业中至唐初；二是盛唐开元天宝之间；三是晚唐时期。[117]

首先，是隋大业中至唐初，静琬及其弟子玄导刻经时期。静琬刻经得到了当时最高统治者的支持。隋大业七年（611 年），炀帝来到离云居寺不远的涿郡，其后萧氏施绢千匹及钱物，皇后弟内史侍郎萧瑀施绢 500 匹以助其力，从而为静琬的刻经事业奠定了物质基础。静琬刻经主要在隋大业至唐贞观。他原计划刊刻 12 部佛经，这 12 部佛经的具体名目，由于缺乏记载，已不得周知。《华严经》是他最初刊刻的一部，现藏于石经山雷音洞左之第八洞。其早期刻经如《法华经》、《胜鬘经》等则嵌于雷音洞（即第五洞，又称石经堂或华严堂）内的石壁上。可以确认的静琬所刻石经主要有：《法华经》、《华严经》（晋译）、《涅槃经》、《维摩经》、《胜鬘经》、《佛遗教经》、《金刚经》、《弥勒上生经》等。隋和唐初刻经的人除静琬外，还有僧玄导等人。玄导继承师业，主持刻有《大品般若经》、《楞伽阿跋多罗宝经》、《思益梵天所问经》、《佛地经》等。

其次，为盛唐开元天宝之间，惠暹和玄法主持刻造石经事业的时期。这一时期可以说是房山石经的全盛时期。此间得到了唐玄宗和玄宗第八妹金仙公主及地方势力的施助，不仅得到唐王朝所赐的新旧译经四千余卷，作为石刻经本；而且划出大片田园山林作为刻经费用[118]。同时从地方官捐助中也刻造了大量经版，如上谷郡政府折衡何元汕捐经题记 18 则，经石 537 条，河间郡太守卢晖夫人捐经 300 条，顺义郡李太师捐经题记 21 则，刻经至少 48 条以上，这些都促进了刻经事业的发展。此外，捐助刻经人分布地域相当广泛，据题记的不完全统计，这时施土籍贯涉及到范阳、河间、上谷、文安、清河、平原、归化、景城、广阳、顺义、燕州、陈留、弘农等 13 个州郡，拓河、太原等 2 个府，蓟县、昌平、良乡、文安、路县等 32 个县。[119]

从发掘情况看，惠暹、玄法时期所刻造的佛经均藏在第一洞和第二洞内。现存石经中，属于惠暹、玄法时期刻造的主要有：《药师经》、

《正法念经》、《大方等大集经》、《大般若经》、《佛顶尊胜陀罗尼经》、《大集经日藏分》及《月藏分》等。

再次，为晚唐时期，其中以贞元至元和期间（785—820年），云居寺住持律僧真性，得到幽州地方势力，特别是幽州节度使刘济的施助，所刻石经为多。

会昌三年至五年（843—845年），唐武宗发动了灭佛运动，石经的刻造虽一时遭到一定的打击，但由于地方势力的支持很快又恢复起来，在大和元年（827年）至咸通四年（863年）的三十多年中也先后刻了百余卷，其中施助最多者则为当地地方官吏元忠、史再荣、史元宽、张允皋、杨志诚等。

唐末，房山刻经事业逐渐衰落下来，五代时期因战乱而暂废。

隋唐时期的刻经石为传统的碑形，尺寸较大，碑阴碑阳连续镌刻，没有统一的形制。额题与碑文皆为风格一致的楷书，早期风格质朴刚健有北碑风骨，后期融会大唐诸体书法，力显端方遒劲气象。章法上，初唐静琬刻经时期遗存的石刻经文横成列，纵成行，字均行匀。静琬以后石经尤其是中晚唐石经虽然有界行，但整体布局多茂密紧迫，布白较少，这种布局在咸通三年（862年）的《药师琉璃经与造塔功德经》碑中得到改善。[(120)]

云居寺石经蕴涵着很多价值，此不述论，仅就其在中国艺术史，尤其在书法史上的重要地位，就有学者指出："隋代的刻经，已是当代高手所书，唐代的刻经，更具有唐代书法的优美风格，和欧、虞、褚、薛等大家的碑刻相比亦无逊色，其艺术价值之高，早为书法界所称道。"[(121)]

2. 雕塑工艺

隋唐时期，幽州地区的雕塑工艺有了进一步的发展，雕刻技艺日趋精湛。幽州地区的雕塑工艺以石雕品为主。这一时期的雕塑成就多见于佛教文物，风格与题材基本延续了中原样式。

唐天宝末年，安禄山在幽州，以"燕石"（即今汉白玉、青白石等）雕为龟、龙、凫、雁及莲花等献给唐玄宗和杨贵妃，石刻"雕镌巧妙，殆非人功。上大悦，命陈于汤中，仍以石梁横亘汤上，而莲花才出水际。上因幸华清宫，至其所，解衣将入，而鱼龙凫雁，若奋鳞举翼，状欲飞动"。[(122)]可见其形象之生动与雕琢之精湛。此外，永定河河床中出土有唐石犀牛，高20厘米、长50厘米，为镇水兽。犀牛身上雕出浅的鳞片，四足踏地行进，兽头微右侧低垂，似乎正用鼻探寻。其形象逼真传神，将圆雕、浮雕和线刻的手法结合在一起，突出犀牛的主体特征，风格雄厚质朴[123]。

1952 年在宣武区姚家井发现唐信州刺史薛氏墓，出土有 5 个高一尺上下不等，汉白玉石刻的兽首人身龙、鸡、蛇、羊、猪的精美雕像，为不可多得的石雕艺术品。这种兽首人身十二辰相为隋唐墓中习见的殉葬俑，不过以前所见的都是瓦制，塑制粗糙，雕刻得如此精美的石俑尚是初次发现[124]。

除了动物雕塑之外，更多的是寺塔、经幢上的雕刻以及佛教造像，主要集中于今北京房山地区。

房山云居寺雷音洞旁唐代的宋小儿造金刚经碑，高约 209 厘米，宽约 100 厘米。在形制上，碑首延续南北朝造像碑的特点，碑额中间、盘螭后足处，开一小尖拱形佛龛，龛内雕一佛二菩萨，主佛端坐于方座之上，两旁侍立的菩萨形体婀娜，屈体微呈 S 形，姿态优美，为唐造像风格。此地同样风格的碑首雕刻还有袁敬一造金刚经碑等，碑首龛外两侧边框上刻题记，类似小型的造像碑。[125]

佛教造像遗存以金石造像为主。隋代遗存较少，仅石经山雷音洞中千佛柱确定为隋代作品。隋大业年间，高僧静琬即开始刻经于此。洞内立有支撑洞顶的 4 根六棱石柱。石柱周匝遍刻石佛 1056 尊，故称"千佛柱"。每个柱面从上到下通体凿龛，龛内雕刻佛像，佛着通肩袈裟，结跏趺坐于莲座之上，风格质朴、豪放，手法整齐划一，秩序井然，每龛佛像旁还刻有佛的名号，雕工精致，为同期少见之精品。

至于唐代佛教造像，据《帝京景物略》记载，晋阳庵有唐贞观十四年（640 年）尉迟敬德监造的观音像，"观音古铜身，三尺，不以金涂饰，妙相慈颜端若，而丈夫棨具，磊磊然也。"[126]《天府广记》也记载有，幽州城西南隅的唐淤泥寺供有佛像等[127]。隋唐石雕造像既有端庄典雅的时代风貌，又有北方粗犷质朴的地域特点，既与时代主流风格保持一致，又流露出地方造像发展的保守性和滞后性。[128]

云居寺内现存有唐代精美石塔多座，均为方形，塔身中空，上有七级或九级密檐及宝珠。其中以北塔东北角"大唐易州新安府折冲都尉李公石浮图"内雕刻最为精美。塔建于唐开元十年（722 年），塔身正面刻一佛两胁侍，左右两侧壁分刻男女供养人。佛像雕刻采用浅浮雕与线刻两种技法刻画。释迦佛端坐的莲台由一条昂首盘卧的蟠龙托起，周围线刻花草图案。佛像面庞丰满，衣纹流畅洗练，背光上饰火焰宝珠，光环内刻小化佛多尊，项光中刻饰莲花。除主佛像及胁侍，其余均由线刻勾勒，更显出精妙绝伦，美而不俗。唐代佛教题材石雕作品摆脱了北朝以展示佛本身或佛传故事为主要内容，以一佛二胁侍为主要参拜偶像的制围，增加了佛弟子及僧众的刻画，世俗化倾向开始出现，拉近了仙凡之间的距离，这时人已经开始注重自身价值的体现，同时对于佛本身已有了客观的认识。[129]

在房山磁家务的南山坡上，有一座无梁殿，名万佛龙泉宝殿，又叫万佛堂。殿内壁镶嵌的三十余块汉白玉石雕板所构成的《万佛法会图》浮雕，据其北壁题记知为唐大历五年（770 年）所刻。该图总长23.8 米、高 2.4 米。中心主题图案为释迦牟尼佛与文殊、普贤、金刚、力士同聚一堂，释迦佛说法。为了展示听法大会的壮观场面，该浮雕以密集排列在四周的图像来代表听法的信徒，极富创意。同时在南北二面墙及主图两侧，划分为若干区域，以菩萨为中心传讲佛法，并有伎乐天人持各种乐器演奏于侧，烘托出一派祥和景象。该图内容新颖别致，布局颇有章法，详略对比鲜明。不过，与开元石塔内的浮雕相比，万佛堂人物形象类同，缺乏个性，再加上形体丰肥，肌肉松弛，衣纹绵软，是晚唐时期艺术衰退的表现。

除了唐寺塔中遗存的佛教造像外，许多山崖上还有摩崖造像。如房山张坊乡大峪沟村东山腰上的摩崖开龛造像，其风格及人物刻画与万佛堂石雕有近似之处。龛高 88 厘米、宽 98 厘米，雕造于光滑岩面上。人字形龛楣，中央释迦佛端坐于莲花台上，面相丰润饱满，背有项光，外饰火焰纹，两侧刻祥云托起的飞天左右各一。主佛左右侍立着两位弟子，其侧前方为两位菩萨，身披薄纱，腰系丝裙，背有火焰项光，再前为两位身穿铠甲手持利器的天王。该龛面积不足 1 平方米，造像均为浅浮雕，人物主像居中雍容而坐，其余诸像均微侧其身而立，前后错落有致，布局严谨，可谓北京地区唐代摩崖开龛造像中小而精的典范。[130]

注释：

（1）《旧唐书》卷三十九《志第十九·地理二》。

（2）据《新唐书》卷三十九《志第二十九·地理三》知，河北道统辖二十九州，一都护府、百七十县。二十九州为：孟、怀、澶、卫、魏、博、相、邢、洺、惠、贝、冀、深、赵、镇、定、沧、景、德、瀛、莫、幽、易、涿、平、妫、檀、蓟、营。

（3）《隋书》卷四十六《列传第十一·苏孝慈》。

（4）《唐六典》卷二十二《少府军器监·少府监》。

（5）《唐六典》卷二十二《少府军器监·中尚署》。

（6）《唐六典》卷二十二《少府军器监·左尚署》。

（7）《唐六典》卷二十二《少府军器监·右尚署》。

（8）《新唐书》卷四十八《百官志三·织染署》。

（9）《新唐书》卷四十八《百官志三·掌冶署》。

（10）《唐六典》卷二十二《少府军器监·诸冶监》。

（11）《新唐书》卷四十八《百官志三·将作监》。

（12）《新唐书》卷四十八《百官志三·左校署》。

（13）《新唐书》卷四十八《百官志三·右校署》。

（14）《新唐书》卷四十八《百官志三·中校署》。

（15）（16）《新唐书》卷四十八《百官志三·甄官署》。

（17）《唐六典》卷二十二《少府军器监·北都军器监》。

（18）《新唐书》卷四十八《百官志三·甲坊署》。

（19）《新唐书》卷四十八《百官志三·弩坊署》。

（20）刘国良：《中国工业史（古代卷）》，江苏科学技术出版社 1990 年版，第 284 页。

（21）《隋书》卷二十七《志第二十二·百官中》。

（22）《新唐书》卷五十四《志第四十四·食货四》。

（23）《唐六典》卷二十二《少府军器监·诸铸钱监》。

（24）《旧唐书》卷四十八《志第二十八·食货上》。

（25）《五代会要》卷二十七。

（26）《旧五代史》卷七十七《（晋书）高祖纪三》。

（27）《旧五代史》卷一百一十二《（周书）太祖纪三》。

（28）（29）《文献通考》卷一百六十一《兵考十三·军器》。

（30）《新唐书》卷五十四《志第四十四·食货四》。

（31）傅筑夫：《中国封建社会经济史》第四卷，人民出版社 1986 年版，第 26—34 页。

（32）唐代的十道是：关内道、河南道、河东道、河北道、山南道、陇右道、淮南道、江南道、剑南道、岭南道。

（33）《新唐书》卷三十九《志第二十九·地理三》。

（34）《全唐文》卷二十三《元宗（四）·申严铜禁制》。

（35）《旧唐书》卷四十四《志第二十四·职官三》。

（36）《新唐书》卷四十八《百官志三·将作监》。

（37）（宋）王溥：《唐会要》卷六十二《御史台下·谏诤》，中文出版社 1978 年版，第 1077 页。

（38）《唐六典》卷七《尚书工部》。

（39）参见宁可主编：《中国经济通史·隋唐五代经济卷》，经济日报出版社 2000 年版，第 364—365 页。

（40）《唐六典》卷七《尚书工部》。

（41）《册府元龟》卷四百八十七《邦计部·赋税一》。

（42）《全唐诗》卷二百九十八《织锦曲》。

（43）《元氏长庆集》卷二十三。

（44）参见刘玉峰：《唐代工商业形态论稿》，齐鲁书社2002年版，第86页。

（45）《册府元龟》卷五百四《邦计部·关市门》。

（46）《隋书》卷二十四《志第十九·食货》。

（47）《旧唐书》卷四十四《志第二十四·职官三》。

（48）《唐六典》卷二十《太府寺》。

（49）《吐鲁番出土文书》第4册，文物出版社1983年版，第15—17页。

（50）《吐鲁番出土文书》第6册，文物出版社1985年版，第466—469页。

（51）《新唐书》卷四十六《百官志一·工部》。

（52）《新五代史》卷三十九《杂传第二十七·刘守光》。

（53）李仁溥：《中国古代纺织史稿》，岳麓书社1983年版，第89页。

（54）《太平广记》卷二百四十三"何明远条"引《朝野金载》。

（55）傅筑夫：《中国封建社会经济史》第四卷，人民出版社1986年版，第343页。

（56）朱伯康、施正康：《中国经济通史》上册，人民出版社1995年版，第543页。

（57）李仁溥：《中国古代纺织史稿》，岳麓书社1983年版，第88页。

（58）巫宝三：《试释关于唐代丝织业商人的一则史料》，载《中国经济史研究》1996年第2期。

（59）《太平广记》卷二百六十九"韦公干条"引《投荒杂录》。

（60）《旧唐书》卷一百八十四《列传第一百三十四·宦官》。

（61）宁可主编：《中国经济通史·隋唐五代经济卷》，经济日报出版社2000年版，第354—355页。

（62）曾毅公：《房山石刻中所存的重要史料》，载《文物》1959年第9期。

（63）（唐）杜宝：《大业杂记》，中华书局1991年版，第6页。

（64）《太平御览》卷一百九十一引《西京记》。

（65）《唐两京城坊考》卷三《西京·外廓城》，中华书局1985年版。

（66）北京图书馆金石组中国佛教图书文物馆石经组：《房山石经题记汇编》，书目文献出版社1987年版，第83—92页。

（67）北京图书馆金石组中国佛教图书文物馆石经组：《房山石经题记汇编》，书目文献出版社1987年版，第114—144页。

（68）（宋）耐得翁：《都城纪胜·诸行》。

（69）《唐六典》卷三《尚书户部》。

（70）曲彦斌：《行会史》，上海文艺出版社1999年版，第45页。

（71）竺可桢：《中国近五千年来气候变迁的初步研究》，载《考古学报》1972年第1期。

（72）《新唐书》卷三十九《志第二十九·地理三》，又见《日下旧闻考》卷一四九《物产》。

（73）《唐六典》卷二十《太府寺》。

（74）《大平广记》卷四百八十五《东城老父传》。

（75）《新唐书》卷二百一十二《列传第一百三十七·藩镇卢龙》。

（76）《旧唐书》卷四十五《志第二十五·舆服》。

（77）《新唐书》卷四十八《志第三十八·百官三·少府注》。

（78）北京市文物工作队：《北京市发现的几座唐墓》，载《考古》1980 年第 6 期。

（79）鲁琪、葛英会：《北京市出土文物展览巡礼》，载《文物》1978 年第 4 期。

（80）孙逖：《唐故幽州都督河北节度使燕国文贞张公遗爱颂并序》，见《全唐文》卷三一二。《新唐书》卷五十四《志第四十四·食货四》则记载："唐有盐池十八，井六百四十，皆隶度支。"

（81）北京市文物工作队：《北京市发现的几座唐墓》，载《考古》1980 年第 6 期。

（82）鲁琪、葛英会：《北京市出土文物展览巡礼》，载《文物》1978 年第 4 期。

（83）《新唐书》卷五十四《志第四十四·食货志四》。

（84）灌钢炼钢法的基本方法是：四周围以熟铁，中间放入生铁，进行封闭冶炼，利用生铁的含碳量高和熔点低的特点，在较低温度先熔化，使生铁液灌入四周盘绕的熟铁中，同存在熟铁内的氧化渣紧密地发生氧化作用，使熟铁中的渣滓得以除去，其所含的碳达到所需标准，使铁变成钢。因这种冶炼法的基本特点是生铁液灌注熟铁，故称"灌钢"。又因是生、熟铁"团结"而成，故亦称"团钢"。

（85）北京市文物工作队：《北京市发现的几座唐墓》，载《考古》1980 年第 6 期。

（86）《太平广记》卷一百三十四"王珍"条。

（87）《通典》卷九《食货志九》。

（88）《新唐书》卷五十四《志第四十四·食货四》。

（89）《新唐书》卷二百二十五上《列传第一百五十上·逆臣上》。

（90）张九洲：《中国经济史概论》，河南大学出版社 2007 年版，第 191 页。

（91）《唐会要》卷八九《泉货》："武德四年七月十日。废五铢钱。行开元通宝钱……（欧阳）询初进蠟（即蜡）样。自文德皇后掐一甲迹。故钱上有掐文。"

（92）撰人不详：《钱币考》卷上，中华书局 1985 年版，第 23 页。

（93）（宋）洪遵：《泉志》卷三，中华书局 1985 年版，第 21 页。

（94）撰人不详：《钱币考》卷上，中华书局 1985 年版，第 23 页。

（95）《金石萃编》卷一〇三《大唐河东盐池灵庆公神祠碑》。

（96）《旧唐书》卷一百八十《列传第一百三十·张允伸》。

（97）《日下旧闻考》卷一百十三《京畿》。

（98）北京市文物工作队：《北京市发现的几座唐墓》，载《考古》1980 年第 6 期。

（99）张九洲：《中国经济史概论》，河南大学出版社 2007 年版，第 192 页。

（100）（唐）李肇：《唐国史补》卷下。

（101）内丘县文物保管所：《河北省内丘县邢窑调查报告》，载《文物》1987年第9期。

（102）陈万里、冯先铭：《故宫博物院十年来对古窑址的调查》，载《故宫博物院院刊》1960年总第2期。

（103）北京市文物工作队：《北京市发现的几座唐墓》，载《考古》1980年第6期。

（104）（105）陈万里：《中国历代烧制瓷器的成就与特点》，载《文物》1963年第6期。

（106）张旭：《中国古代陶器》，地质出版社1999年版，第75页。

（107）赵光林、郭建成：《介绍几件北京出土的陶瓷器》，载《文物》1983年第11期。

（108）北京市文物工作队：《北京市发现的几座唐墓》，载《考古》1980年第6期。

（109）李淑兰：《北京史稿》，学苑出版社1994年版，第69页。

（110）《隋书》卷六十八《列传第三十三·阎毗》。

（111）参见萧默：《巍巍帝都：北京历代建筑》，清华大学出版社2006年版，第20—21页。

（112）参见庄裕光：《古建春秋》，百花文艺出版社2007年版，第63页。刘国良：《中国工业史·古代卷》，第326—327页。

（113）《朝野金载》卷五。

（114）引自李泽民：《度》，湖北人民出版社2005年版，第78页。

（115）杨亦武：《云居寺》，华文出版社2003年版，第1页。

（116）（明）蒋一葵：《长安客话》卷五《畿辅杂谈》。

（117）中国佛教协会编辑：《房山云居寺石经》，文物出版社1978年版，第3—5页。

（118）王守泰：《山顶石浮图后记》，见北京图书馆金石组中国佛教图书文物馆石经组：《房山石经题记汇编》，书目文献出版社1987年版，第11—12页。

（119）参见吴梦麟：《房山石经述略》，见北京史研究会：《北京史论文集》，北京史研究会1980年编印，第235页。

（120）李福顺主编：《北京美术史（上）》，首都师范大学出版社2008年版，第68页。

（121）赵迅：《房山云居寺塔及石经》，见《北京辽金文物研究》，北京燕山出版社2005年版，第62页。

（122）《资治通鉴》卷二百一十七《唐玄宗天宝十四载》注引。

（123）李福顺主编：《北京美术史（上）》，首都师范大学出版社2008年版，第139页。

（124）周耽：《介绍北京市的出土文物展览》，载《文物参考资料》1954年第8期。

（125）李福顺主编：《北京美术史（上）》，首都师范大学出版社 2008 年版，第 143—144 页。

（126）（明）刘侗等：《帝京景物略》，北京古籍出版社 1983 年版，第 180 页。

（127）（清）孙承泽：《天府广记》，北京古籍出版社 1982 年版，第 579 页。

（128）李福顺主编：《北京美术史（上）》，首都师范大学出版社 2008 年版，第 150 页。

（129）（130）《北京文物精粹大系》编委会、北京市文物事业管理局编：《北京文物精粹大系·石雕卷》，北京出版社 1999 年版，第 23、22 页。

第六章　辽金时期

辽自太祖神册元年（916 年）以"契丹"立国始，至保大五年（1125 年）被金所灭，共享国 210 年。其中，从契丹天显十一年（936 年）取得燕、云十六州地始，到保大二年（1122 年）金人陷燕京止，辽人统治幽燕地区长达 184 年。

辽得幽州后，遂于会同元年（938 年）升幽州为南京⁽¹⁾。又于南京道置幽都府，改蓟县名蓟北县。圣宗开泰元年（1012 年），南京亦称燕京，并"改幽都府为析津府，蓟北县为析津县，幽都县为宛平县"⁽²⁾。辽南京道统析津府及平州、滦州、营州。其所属县在今北京境内的有：析津、宛平、良乡、潞、昌平、玉河、潞阴、怀柔、密云、行唐及渔阳县西南部。此外，辽中京道大定府北安州及所领的兴化县西南部（今怀柔、密云），西京道奉圣州所领儒州缙山县（今延庆）也在今北京境内。

辽天祚帝天庆五年（1115 年），阿骨打即皇帝位，国号大金。贞元元年（1153 年），海陵王迁都燕京，改名中都⁽³⁾。宣宗贞佑二年（1214 年），迫于蒙古军威胁而迁都开封，次年，蒙古军攻占中都。至哀宗天兴三年（1234 年）金亡。金代有国共为 120 年，其中，都燕61 年。

金迁都中都城后，建中都路，并改析津府为大兴府，改析津县为大兴县。据研究，金中都路统府一（大兴府）、节镇三（平州、雄州、保州）、刺郡九（通州、蓟州、顺州等）、县四十九（大兴县、宛平县、潞县等）⁽⁴⁾。大安元年（1209 年），今北京地区分属于中都路、西京路与北京路的各一部分。

此外，宣和四年（1122 年），北宋约金伐辽，金兵攻下燕京，地

106

归于宋。宋废燕京称号，改置燕山府路燕山府，领析津、宛平、都市、昌平、良乡、潞、武清、永清、安次、玉河、香河、漷阴 12 县。宣和七年（1125 年），地复入金，燕山府废。北宋在山西地区置云中府路，云中府下辖的儒州缙山县在今北京境内。

在北京城市发展史上，辽金两代是北京由"军事重镇"向"帝王之都"过渡的重要时期。辽代在这里建立陪都，继之统治整个北中国的金朝又在此建立了政权中心。这一时期，随着古老蓟城政治地位之变化，必然对北京地区社会经济，当然包括手工业生产的发展都会产生巨大的影响。鉴于北宋在今北京地区的实际统治仅 3 年（1123—1125 年），其手工业生产情况在本章未予专论。

辽金时期北京地区的手工业，在经营管理、品类发展、生产规模、工艺技术等方面均得到了显著的发展。在手工业的经营管理上，官营手工业仍占主体地位，其管理机构日趋完备，行业分工精细。官府手工业的工匠有官匠、军匠和民匠几种形式，其中民匠有一定的人身自由。民间手工业也有一定程度的发展。值得注意的是，作为官营手工业题中之义的宫庭手工业在北京地区的独立发展，是与此前有所不同的明显特征。因为辽金以前的宫庭手工业非北京地域中心上的所有内容，而仅在某些行业或部门与北京地区关联而已。

辽金时期北京地区的主要手工业类型是：制瓷、纺织（丝织）、冶铸（军器）、制盐、石刻与雕版印刷、酿酒、采煤及营造建筑业，等等。其中，制瓷、酿酒、采煤等行业为发展较迅速或新兴的手工业部门；纺织（丝织）、冶铸（军器）、制盐、石刻与雕版印刷与营造建筑业等，则在前代的基础上，有新的成就和进展。

第一节　辽南京的手工业

一、官私手工业状况

1. 官营手工业的生产管理

辽代共设 5 座都城，其中南京是当时经济比较发达的地区，辽在燕京管理经济的南面官也较多。《辽史·百官志》载："辽有五京……大抵西京多边防官，南京、中京多财赋官"[5]。南京三司使司与南京转运使司即是掌管辽南京经济（包括手工业在内）的重要管理机构。

在南京地区，铁、铜的冶铸及钱币的铸造权由政府掌握，官营手工业鼓铸。私人铸造铜、铁是严禁的。开泰年间，曾"诏禁诸路不得货铜铁，以防私铸"[6]。清宁十年（1064 年），"诏南京不得私造御用彩缎，私货铁"[7]。有关禁止钱币出境和销毁的立法就更严酷。《辽史·刑法志》载，重熙元年（1032 年），"先是，南京三司销钱作器皿三斤，持钱出南京十贯，及盗遗火家物五贯者处死；至是，铜逾三斤，持钱（出南京）及所盗物二十贯以上处死"。[8]《辽史·道宗纪》载，大康十年（1084 年）六月，又"禁毁铜钱为器"[9]。大安四年（1088年）七月，复"禁钱出境"[10]。

盐业也是由官府经营的。盐税是辽财政收入的重要来源，辽太宗占领燕云后，即"置榷盐院于香河县"[11]。

此外，制瓷、刻经等行业也有官府参与管理。南京西郊的龙泉务有瓷窑，它的产品主要是白瓷，釉色莹白而微泛青，呈半透明状。辽政府设置了瓷窑官来进行管理。1961 年，北京市发掘的辽代赵德钧墓，出土的瓷器底有"官"和"新官"字样，这是官窑产品。[12]另据《宋会要辑稿·蕃夷一》记载，太平兴国四年（979 年）六月二十六日，宋军攻临南京城下时，"幽州神武厅直卿（鄉）兵四百余人来归，山后八军、伪瓷窑官三人，以所授处牌印来献"。[13]据研究，其中提到的"伪瓷窑官"很可能就是龙泉务瓷窑的窑官[14]。

辽代燕京设有印经院，专门负责刻版印经，并设有"判官"等职官管理具体的印经工作。山西应县出土的《释摩诃衍论通赞疏卷第十》和《释摩诃衍论通赞疏科卷下》题记提到："……燕京弘法寺奉宣校勘雕印流通，殿主讲经觉慧大德臣沙门行安勾当，都勾当讲经诠法大德臣沙门方距校勘，右街天王寺讲经论文英大德赐紫臣沙门志远校勘，印经院判官朝散郎守太子中舍骁骑尉赐绯鱼袋臣韩资睦提点。"[15]可见，燕京的刻经组织十分庞大而缜密。从朝廷的刻经管理机构，到每个寺院的具体负责僧职，都非常具体。

此期燕京官刻佛经的活动，规模最大的有两项：一是以今房山云居寺为中心，镌刻石经。二是在燕京城内，以悯忠寺、昊天寺、竹林寺、弘业寺、弘法寺、天王寺、仰山寺、圣寿寺等为中心，刻印《契丹藏》和其他佛经。这些寺院奉朝廷之旨刻印经文，所刻经卷的题记中常有"奉宣校勘雕印流通"字样，有的还盖有楷书"宣赐燕京"的朱印，表明这为官刻。[16]

2. 民间手工业的发展

除上面说的官办手工业外，很多行业在民间也有发展，如印刷、刻经、纺织、陶瓷，主要是民间自己的需要或为交换自己需要商品而进行生产。

燕京民间的印刷、刻经业很发达，有坊刻和家刻等形式。街坊上的书肆不仅贩书，也刻印书出售，当时燕京地区曾经出过宋苏轼的诗集，"张芸叟奉使大辽，宿幽州馆中……闻范阳书肆亦刻子瞻诗数十篇，谓《大苏小集》"[17]。应县木塔刻经中有"燕京檀州街显忠坊门南颊住冯家印造"、"燕京仰山寺前杨家印造"、"穆咸宁、赵守俊、李存让、樊遵四人同雕"、"燕京雕历日赵守俊并长男次第同雕记"、"樊绍筠雕"等字样。《法华经玄赞会古通今新抄》卷第二、卷第六，参加的刻工各有47、45人之多[18]，由此可见燕京坊刻与家刻之盛况。道宗清宁十年（1064年），"禁民私刊印文字"[19]，这实际也表明清宁以前民间刻书是没有限制的。

纺织、陶瓷是与庶民百姓息息相关的行业。除官府组织生产外，民间经营应当不少。作为纺织业中的丝织品，主要通过官营提供给皇室和官僚贵族；而作为广大劳动生产者必需的麻布，则大多由传统的家庭手工业完成。制造陶瓷的窑址有官窑与民窑之别。龙泉务窑产品的底部有"官"或"新官"的款识，我们可以确证它们来自官窑。还有许多没有名款的陶瓷估计出自民窑的不少。从龙泉务窑采集的标本看，多数属于民间粗器[20]。此外，密云小水峪窑是一座典型的辽金时代的民间窑，房山磁家务窑在辽代也主要烧民间粗器[21]。

二、制瓷业

辽南京的制瓷业是一个新兴的部门，其重要标志是燕京地区瓷窑的兴起。据调查，现已发现辽代多处古窑遗址，如门头沟龙泉务村、房山区磁家务村、密云县小水峪村、平谷县寅洞村均有发现。[22]燕京瓷窑以烧制白瓷为主，并烧青釉瓷和绿、黑、褐色釉瓷，有的瓷窑还烧制琉璃制品。北京地区还出土了一批辽代瓷器，其中有些即为燕京当地所产。

1. 龙泉务窑

龙泉务窑是北京地区首次发现的一座具有代表性的北方辽金（主要在辽代）瓷窑。窑址位于北京市门头沟区龙泉镇西北约5公里龙泉务村北，此地俗称"窑火筒"。先后进行过多次勘查发掘，1958年第一次文物普查时，在龙泉务村北的地表，发现遗存大量古代瓷片。1975年在配合农田水利建设进行考古调查时，确定遗址范围东西长300米，南北宽200米，遗址的堆积层厚达1—2（米）[23]。20世纪90年代，考古人员对龙泉务辽金瓷窑址又进行了抢救性发掘，共揭露面积1000余平方米，出土各类器物四千余件，发现窑炉13座，其中有6

座存在叠压打破关系，作坊遗址 2 处，各类火炕、炉灶等十余处，以及灰坑、建筑遗迹等。[24]

（1）烧制时间

对龙泉务窑烧制起讫时间，有一个逐渐认识的过程。20 世纪 70 年代的考古推测，龙泉务窑在辽代初期应历八年（958 年）前就已经设置，到辽末天庆三年（1113 年）还在烧造瓷器，估计辽末以后就停烧了。[25] 20 世纪 90 年代的考古认为，龙泉务瓷窑遗址始烧于辽初，至金代停烧。发掘揭露的 13 座窑炉中，保存较为完整 Y2 的年代约在辽末金初[26]。

（2）烧制条件

龙泉务窑三面环山，层峦叠峰。村北灰峪、西南对子槐山产坩子土，村西曹家地和东北军庄村永定矿盛产煤。永定河由村东流过。这里资源丰富，运输便利，具备了烧制瓷器的良好自然条件[27]。

从社会背景来说，龙泉务窑所在地南京是辽国境内最大都市，燕南地区的经济中心，辽太宗时，即"置南京，城北有市，百物山偫"[28]。经过一个多世纪的发展，辽代末期南京户口已达 30 万，"城北有市，陆海百货，聚于其中。僧居佛寺，冠于北方。锦绣组绮，精绝天下……水甘土厚，人多技艺"。[29] 南京经济的繁荣和人口规模的扩大都为创建窑场提供了必要的物质基础和良好的社会环境。

此外，随着宋辽之间经济交往的频繁，北宋的制瓷技术传到燕京。这也为烧制瓷器准备了一定的技术基础。

（3）烧制器类

截至 1997 年，龙泉务窑出土各类器物八千余件，其产品以盘、碗、碟、钵为主，其次有罐、壶、盂、盒、洗、炉、水呈、枕等生活用品。小型玩具类有狮、羊、猴、狗、铃及围棋子、象棋子、瓷砚等文玩。三彩器有碗、炉、碟、佛像及砖、瓦当、吻兽等琉璃建筑构件。釉色以白釉为主，酱釉、黑釉、茶叶末釉及三彩釉次之。[30] 同时还出土大量的匣钵和不同类型的支烧具[31]。可见，当时南京的陶瓷生产规模相当大，制瓷工艺也达到了一定的水平。

值得指出的是，龙泉务窑址出土的琉璃三彩器残片、琉璃三彩菩萨坐像及彩绘坐佛等制品，胎质坚细，釉色光润，制作规整，特别是三彩菩萨及彩绘坐佛制作的非常精致。[32] "寿昌五"字样的三彩瓷片颇具历史价值，"寿昌"是辽道宗耶律洪基的年号，寿昌五年为公元 1099 年，由此表明龙泉务窑辽代晚期曾烧造三彩。

（4）烧制方法

龙泉务窑炉为北方常见的倒焰窑，平面系长方形或马蹄形，由火膛、窑床、烟囱等部分组成，大都长 6 米左右，宽 2.5—3.5（米）。其中以 Y13 保存较好，平面呈马蹄形，全长 5.44 米。火膛经过二次修复、改造，呈不规则梯形，深 0.95 米。窑床长 3.12 米、宽 3.12—3.3（米），南北两侧保留的残窑壁高 0.18 米，窑床表面堆积厚 18 厘米的灰白色耐火渣土。烟道 4 条，已残。烟囱 2 个，略呈方形，底部烧结坚硬，呈灰褐色。为保存火膛及窑室温度，沿火膛及窑床南北砌弧形护窑墙。其结构为青石块及匣钵混砌。

装烧方法主要为匣钵叠烧，器物之间以手捏支钉或垫饼相隔、少量为单件装烧，三彩器皿由三叉形支具烧制。值得注意的是，在装烧工艺中以两件匣钵相扣，内装器物亦相扣的对烧方法是以往北方窑址中所未见的。[33]

龙泉务窑的白瓷主要受五代时期定窑风格的影响，并融合了地方特色，形成了自己的风格。如定窑较流行芒口覆烧，以求提高产量和质量，而龙泉务窑是通过改进匣钵结构和装烧方法，采用叠烧、扣烧、套烧等以提高窑炉容量和产品质量。同时龙泉务窑还吸收了耀州窑唐宋时期以泥条封糊匣钵合口缝隙，以提高匣钵使用次数，降低原材料成本。总之，龙泉务窑在装烧工艺方面诸多成功的探索和实践，在当时具有科学性和先进性，是值得我们今天借鉴和总结的。[34]

2. 磁家务窑[35]

1981 年发现此窑。在北京考古发现的多处古窑址中，房山磁家务窑为烧造年代最早、规模最大，烧造年代最久和产品花色品种最多的一处。窑址位于房山区河北乡磁家务村北，遗址范围东西 200 米，南北 300 米。[36]

（1）烧制时间

根据出土物分析，磁家务窑烧造应始于辽代初期，金代有较大发展，元代末年停烧。

（2）烧制条件

窑址北靠半壁山，南临大石河，附近产瓷土与煤，加之交通方便，利于运输，为瓷器生产创造了有利条件。

（3）烧制器类

根据出土器物分析，在辽代主要烧民间粗器，以青釉碗居多。

（4）烧制方法

辽代所烧制品胎质粗劣，一般不用化妆土，器外挂半釉，均叠烧，器内底有明显支钉痕，从某些平底和宽足碗看，还保留晚唐风格。

3. 小水峪窑[37]

1979 年发现此窑。它位于密云县卸甲山乡小水峪村西高地上，北靠万里长城，南通华北平原，西面靠山，东临小溪。窑址周围大都被平为耕地，仅剩南北长 60 米，东西宽 30 米的一块未开垦地。从地表可看出有 3 处窑址痕迹，其中一处只能看出火烧土的窑壁。窑均为圆形，直径约 2 米，似馒头窑。从地面遗存瓷片观察，该窑主要烧制白釉瓷，兼烧青釉瓷、褐釉瓷，偶见绿釉斑，釉面上多有碎开片。

器物造型有碗类，均敞口，圈足，内底有条状支痕，器外挂半釉，色分青白、黄白、青绿、酱褐等。灰白胎，底足有支钉痕。大部分为素面，也有刻仰莲纹的。高一般在 5—8（厘米），口径 15—22（厘米）。可辨的其他器型还有绿褐釉盆、青釉缸、青釉罐和鸡腿瓶等。

小水峪窑器物的造型、施釉和烧造工艺与龙泉务和磁家务窑基本相同。但成色稍好一些的细瓷，不如龙泉务窑器物胎质坚致、细腻和白润。一般粗瓷胎多含杂质，砂性较大，不施化妆土，并有生烧现象，是一座典型辽金民间窑。

4. 北京辽墓和塔基中出土的白瓷

新中国成立以后，在北京地区陆续发现一些有白瓷出土的辽墓和塔基，如：辽北平王赵德钧墓（1956 年于丰台）、彭庄辽墓（1956 年于宣武）、辽景州龙池冶监潞县商面铁都监丁文道墓（1958 年于海淀）、辽净光舍利塔基（1963 年于顺义）、辽琅琊郡开国侯王泽墓（1970 年于丰台）、丰台镇辽墓（1970 年）、罗贤胡同辽墓（1970 年于西城）、海王村辽墓（1970 年于宣武）、大玉胡同辽墓（1971 年于西城）、甘家口辽墓（1971 年于海淀）、长辛店辽墓（1974 年于丰台）、辽北郑塔基（1977 年于房山）、辽始平军节度使韩佚墓（1981 年于石景山）；等等。

已有研究表明，北京辽墓和塔基出土的大量白瓷器中，以盘、碗、碟、罐和壶居多，另有少量盏托、奁盒、唾盂、净水瓶和灯。它们的胎釉、造型、花纹和烧造方法略有区别。大致可以分为两类：一类是，白瓷制作比较端庄优美、胎薄而较规整。胎土洁白而细腻或带灰色，胎质坚硬而紧密，瓷化程度较高，釉色多白中微闪青黄或青灰色，施釉均匀细润而有光泽，透明感较强。像盘、碗和碟的口沿，多做成花边状或做出小缺口花边，内壁又多以直线为饰。除口沿露胎无釉外，余皆全器挂满釉，有的甚至足底亦挂满釉。这类白瓷器应是河北曲阳县涧磁村定窑烧造。另一类白瓷的胎质不如定窑白瓷的细薄坚实，一般均较厚重，器形不甚规整，有些还略有变形，有的胎面还留有大小不同的颗粒，摸之能给人以不平之感。施釉前挂一层白粉衣，釉色不及定窑白瓷的光亮莹润，有时给人以混浊昏暗之感。外壁多挂半釉，内底多有数枚支钉，圈足触地面多粘有小砂粒。花纹不及定窑白瓷的明快清晰，纹饰繁杂并多饰以牡丹野芍药，荷花和卷草等图案。纹饰多为刻、印或间有剔花，有些纹饰的线条粗重而深宽粗放。这类瓷器主要是东北辽地瓷窑烧造的（俗称辽白瓷）。这种白瓷多仿定器，但在胎釉、器形、花纹和烧造方法上，又与定器有明显的区别。如北京彭庄辽墓出土的白釉葵瓣小碗，形制与辽宁省博物馆所藏白釉花式杯相同[38]。北京甘家口辽墓出土的白釉花口盘与 1956 年 6 月，辽宁新巴图营子辽墓出土的白釉花式小碟[39]，形制基本相同。北京长辛店辽墓出土的白釉碗无论胎釉或形制，都与巴图营子出土的白釉碗相同。北京北郑塔基出土的白釉印花方碟，无论在造型和纹饰的做法上，都与辽宁西孤山辽肖孝忠墓出土的三彩牡丹小方碟[40]相似。至于长辛店辽墓中出土的白釉莲菊纹葫芦壶，无论胎釉和器形都是辽白瓷中所常见的。如 1972 年 2 月，内蒙古库伦旗 1 号辽墓出土的白釉葫芦执壶[41]，除无纹饰外，胎釉、器形都极相同。除此，彭庄辽墓出土的白釉注壶和白釉牡丹纹大碗上所饰牡丹纹，都是线条宽深粗放，为辽白瓷所特有的做法和风格。上述表明，这类白瓷当为东北辽地瓷窑所烧是毋庸置疑的。

第二类白瓷，除主要是辽地瓷窑烧造外，可能也有北京龙泉务瓷窑的烧造品。如 1962 年昌平县就曾出土一件白釉花口盘，这个盘与在瓷窑遗址采集的一件白釉花口盘，不仅胎釉相同，器形也完全相同。[42]

三、丝织业

丝织业是幽州地区传统的手工业部门，唐末五代初幽州丝织业曾一度中衰。辽南京时期的丝织业生产有了进一步恢复和发展。

天赞二年（923 年），后唐将领卢文进、王郁投辽，"皆驱率数州士女……教其织纴工作。中国所为，房中悉备"。[43]这一契机带动了辽地丝织业的迅速发展，技术也日益改进。

辽南京本就是重要的农业生产区，富产桑麻，正如北宋使臣许亢宗所谓"锦绣组绮，精绝天下"、"桑、柘、麻、麦……不问可知"[44]。在据有幽蓟之后，辽南京的丝织业发展更上一个台阶，尤其是在质量上的提高达到惊人的地步。一些高质量丝织品，辽国皇帝用来给臣下的赏赐，而且还作为馈赠宋朝皇帝和外国的礼品。一次回赠新罗国的礼品有"细绵绮罗绫二百匹，衣著绢一千匹"[45]。

景德二年（1005 年），宋真宗把辽所赠送的精美丝织品分送给近臣，同时又取前朝所献礼物进行比较，指出过去的产品明显地质地粗朴，而现在则工巧细致，不禁为之惊叹"盖幽州有织工耳！"[46]宋真宗叹为观止，许亢宗《行程录》"精绝天下"的评论，都证明了辽南京丝织品质量的突出进步。

1955年，北京市政府在拆除双塔寺时发现一批辽金时期的丝织品，既有赭黄质地，上绣有张牙舞爪地吐舌戏珠黄龙、彩云，并且缀满荷花、牡丹、芍药、菊花、牵牛花、野菊串枝杂花并枝叶的绸质绣花包袱；酱色地，绣有四叶萼构成不知名图案的织花朵绸和素绸；而且有紫色地，绣有黄绿颜色相间的小波纹、卧莲、小鹅戏游等图案的缂丝；绣满唐草花纹，金光耀眼的丝金紵线等。[47]这些出土物表明当时的染色和纺织技术已经十分成熟，达到了很高的技术水平。南京市民还大量织造彩缎，以至于辽朝政府不得不多次严令禁止。[48]

丝织业之外，麻纺织业在辽南京依然占主导地位。南京道不仅以"桑柘麻麦"著称，而且麻布更是广大劳动生产者的最基本的需要，麻布生产量大也就不足为怪了。

四、冶铸业

1. 冶铁与军器业

辽燕京地区的冶铁业与军器手工业都发展起来，其直接原因是宋辽对峙，北宋王朝当然不会容许铁器输入辽境去"资敌"。

（1）冶铁业

南京道所辖景州（今河北遵化）等地有铁矿。辽在景州设置了龙池冶监管理铁矿开采及冶炼事务。龙池冶监建置年代不详，据天庆三年（1113年）韩昉所写的丁文逎墓志上说："其冶（景州龙池冶监）铁货岁出数不供课，比来为殿罚者殆且十数人"，"公泊（当作洎）至，督役勉工，亲时铸炼，所收倍于常绩"。[49]又，柳河馆（今河北伊逊河西岸）"西北有铁冶，多渤海人所居"[50]。渔阳（蓟县）定躬冶，也可能是一铁冶，此据《全辽文》卷十，王鉴《三河县重修文宣王庙记》。

解放后，在京郊通县、顺义、怀柔、房山等县出土的辽代铁器有犁铧、犁镜、耘锄、镐、铡刀等铁具和铁水盆、菜刀、剪刀、三足六鋬釜等器具，说明了当时冶铁业十分繁荣。[51]

辽燕京铁冶的方法，则由于铁矿石的特殊性而有其特色。开泰二年（1013年），王曾使辽时见到："七十里至柳州馆，河在馆旁……就河漉沙石，炼得成铁"[52]，这是说：河滩上有的砂石，是铁矿石被冲刷成为砂石状，把这些铁矿碎砂漉出炼成铁的。宋应星曾经指出，铁矿石"质有土锭、碎砂数种。凡土锭铁，土面浮出黑块，形似秤锤，遥望宛然如铁，捻之则碎土，若起冶煎炼，浮者拾之"。这种铁矿石，在"燕京遵化、山西平阳，则皆砂铁之薮也"；"凡砂铁，一抛土膜，即现其形，取来淘洗，入炉煎炼，熔化之后，与锭铁无二也"。除这一步骤与北宋统治地区冶炼上存在差别，至于杂生鍒以炼钢则完全一样："铁分生熟，出炉未炒则生，既炒则熟，生熟相和，炼成则钢。"[53]

（2）军器手工业

在辽燕京地区，与铁冶同时并存的还有制造武器盔甲等军工作坊，可以考知的有打造部落馆。王曾使辽时，"过松亭岭（今喜峰口），甚险峻，七十里至打造部落馆。惟有蕃户百余，编荆为篱，锻铁为军器"。[54] 又，《辽史·地理志》记载："河州、德化军，置军器坊。"[55]

制作的各类武器，"弓以皮为弦，箭削楔为竿"[56]，"燕北胶弓，坚韧不易折"[57]，还有短刀、鸣镝之类，都制作良好。

2. 金银采冶业

辽疆域内的金银矿产资源比较丰富。燕京地区的金银矿产区，可以考知的有顺州东北银冶。《王沂公行程录》称："五十里至顺州，东北过白屿河，北望银冶山。"[58] 路振《乘轺录》中的白絮河亦即白屿河，即今密云县之白河。银冶山在密云县南十五里，又名银冶岭。[59]

《辽史·食货志》载："太祖征幽蓟，师还，次山麓，得银、铁矿，命置冶。"[60] 此则材料极为笼统，既无明确时间，亦无具体地点，暂存疑。

金银的采冶，为金银器的制作奠定了基础。辽南京有金银铺专门制作金银器物，形成专业化。早期的金银马具制作数量和种类都非常丰富，有鞍桥、带饰、缨罩、银铃等。契丹鞍尤为著称，它能够同宋统治地区的名品相媲美，被誉为"天下第一"。此据宋人《袖中锦》所记："监书、内酒、端砚、徽墨、洛阳花、建州茶、蜀锦、定瓷、浙漆、吴纸、晋铜、西马、东绢、契丹鞍、夏国剑……皆为天下第一，他处虽效之，终不及。"[61]

辽代金银器在北京地区出土的有：顺义县净光舍利塔、房山辽塔等。1963 年，北京顺义县辽净光塔塔基中出土了银座水晶塔、凤纹银盒、荷叶纹银盒等银器 7 件。从经幢石刻可知塔基建于开泰二年（1013 年）[62]。1977 年，房山北郑村辽塔重熙二十年（1051 年）的地宫中出土了八曲银碗、八曲银盘、银佛幡、银树等金银器[63]。银树与银佛幡均为辽中期制品，银树通高 28.5 厘米，共 2 株。由三种形式的银花组成 14 支花枝，插在刻莲花纹的砖座上。银佛幡通高 17 厘米，共 4 件。佛幡为錾花银片制成，插在刻莲瓣纹的八角形砖座上[64]。

3. 冶铜及铸币业

辽境内铜产量较少，铜冶和铜产量都不多。燕京地区的铜矿采冶记载更为稀见。不过，与铜冶有关的铸币业有一定的发展。

辽代铸造铜币制度化，始于辽太宗，当时"置五冶太师，以总四方钱铁"，并铸有"天显重宝"。辽穆宗时铸有"应历重宝"。辽景宗因"旧钱不足以用，始铸乾亨新钱，钱用流布"[65]。圣宗一面发掘刘守光窖藏于大安山的铜钱，"散诸五计司"，同时又"铸太平钱，新旧互用"。辽兴宗重熙十二年（1043 年）置长春路钱帛司[66]。自圣宗以来，铸有开泰元宝、太平元宝等铜钱。到辽道宗时，辽代铸钱达到最高峰，当时"钱有四等，曰咸雍，曰大康，曰大安，曰寿隆（寿昌）"[67]。辽天祚帝时，继续铸造乾统元宝、天庆元宝和天庆通宝。尽管频频铸钱，但由于铜产量的严重不足，年额有限，有时不过 500 贯[68]，很难满足流通的需要。而且钱的质量也不够好，如辽道宗时的清宁通宝，"径九分，重三铢"[69]，很难与开元钱、宋钱相比。

五、制盐业

辽代盐的制作主要有两类，一类是池盐，另一类是海盐。池盐在辽建国之前即已存在，炭山南"有盐池之利"，当时契丹"八部皆取食之"。辽太祖征幽蓟还军，经过鹤刺泺，"命取盐给军。自后泺中盐益多，上下足用"。[70]可见，鹤刺泺是一重要的池盐产地。

海盐则是在辽取得幽云十六州和灭渤海之后才取得的，产盐地点集中于瀛、莫两地。《辽史·食货志》曰："会同初……晋献十六州地……而瀛、莫在焉，始得河间煮海之利，置榷盐院于香河县。"[71]澶渊之盟以后，宋辽以白沟为界，辽海盐集中于香河一带。《辽史·地理志》载："香河县本武清孙村，辽于新仓置榷盐院，居民聚集，因分武清、三河、潞三县户置"[72]，形成为一个盐业中心。据估算，燕京管下的榷永两盐院"合煮盐二十二万硕，合卖钱二十九万贯"[73]。

六、石刻与雕版印刷业

1. 房山石经的续刻

辽金时期，房山石经事业得到了继续发展。虽不能与唐代相比，但仍是仅次于唐代的重要时期。

辽代房山石经的续造，始于圣宗（982—1031 年），其后兴宗、道宗（1031—1101 年）继之，对刻石经尤为热衷，至天祚帝（1101—1122 年）尚维持不断[74]。

辽代刻经在云居寺主谦讽和尚，沙门留公、顺公主持下，首先镌刻完《大般若经》80 卷，使这部 600 卷的大经得以全部完成。又刻《大宝积经》120 卷，至此完成了所谓《四大部》的经数。

后又在通理大师主持下，于大安年间（1085—1094 年）完成佛经 44 帙，小碑石 4080 片。通理所刻之佛典，与此前有很大不同。以前所刻多为大乘的经，而通理刻经的特点是多为律和大乘论，如《大智度论》（100 卷）、《十地经论》（12 卷）、《佛地经论》（7 卷）、《瑜伽师地论》（100 卷）、《显扬圣教论》（20 卷）、《成唯识论》（10 卷）等。通理补前人所刻之缺，使佛经之大乘经、律、论三藏得以完备。

其后通理弟子善伏，在"故守大保令公陈国别胥"的施助下，于乾统七年经天庆至保大元年间（1107—1121 年）续刻石经 13 帙，一百多卷，这些刻经主要藏在压经塔下。

辽代房山石经续刻同样得到皇家和地方势力的捐助。在最高统治者帝王亲自过问，屡捐所谓"御府钱"资助以后[75]，地方势力继而效之，黎民百姓募而助之者也日渐增多，因此刻经数量大为增加，捐经人数量和施主分布的区域，都是很可观的。[76]

房山石经，隋、唐旧刻原无《千字文》编号；辽代诸刻，如《大般若经》，乃补系刻未完部分，仍遵原式没有采用《千字文》编号，辽代刻经以《大宝积经》为最先之作，由圣宗赐钱镌造，从这部开始才为《千字文》编号的[77]。

2. 应县出土的燕京刻经

1974 年 7 月，山西应县木塔发现辽代印刷品，多为当时燕京雕造。印刷品主要包括《契丹藏》（12 卷）、单经（35 件）、刻书与杂刻（8 件）等五十多件经卷和书籍。[78]其中，《上生经疏科文》为现存北京最早的雕版制品。《契丹藏》的发现，尤为国内外学者提供了多年所希望见到的珍贵文物。这些秘藏于木塔四层释迦塑像内的印刷品的发现，不仅使人们对辽燕京的雕版印刷有了较为清晰的认识，而且对于探讨辽代的政治、经济和文化，具有重要意义。

（1）《上生经疏科文》——现存北京最早的雕版印刷品

应县木塔中发现的《上生经疏科文》，1 卷，卷轴装。此卷为科判文，每行字数不等，楷书，皮纸入潢。卷首镌有"燕台悯忠寺沙门诠明改定"，卷尾镌有"时统和八年岁次庚寅八月癸卯朔十五日戊午。所有讲赞功德，回施有情，故记。燕京仰山寺前杨家印造" 3 行题记。

上述题记表明，此经刻于辽圣宗统和八年（990 年），是目前发现的北京地区刻印最早的雕版印刷品。

（2）《契丹藏》与其他刻经

辽代刻印的《契丹藏》有两种版本之说[79]，一是大字本，卷轴装；二是小字本，册装。由于小字本《契丹藏》实物散佚，其刻印的具体时间和地点难以详考，因此这里暂不予论。专述应县出土的大字本《契丹藏》。

《契丹藏》共 579 帙，收录佛典 1373 种、6006 卷。关于《契丹藏》的雕印年代，有学者认为，《契丹藏》的编纂和雕造完成时间都在辽圣宗朝，与《开宝藏》[80]几乎同时。有的则认为，《契丹藏》开雕的时间上限是辽圣宗统和年间（983—1012 年），下限是辽兴宗重熙七年（1038 年）。[81]又有的指出，《契丹藏》的雕印年代，仅晚于《开宝藏》，而早于国内其他任何大藏经[82]。对于说法不一的诸多观点，兹不拟详论。根据经文内容，结合学界已有成果可以推知，这部《契丹藏》开雕时间应晚于宋太祖朝《开宝藏》三十多年，但比流传到今的宋徽宗朝刊刻的《开宝藏》则早一百多年。雕造完成时间在重熙七年（1038 年），因为，重熙七年建山西大同华严寺时，就在该寺藏了 579 帙的《契丹藏》。

依据已有研究，《契丹藏》的一般情况，可以归纳为以下几点：

①经文全用汉字楷书刊刻，字体工整有力。

②每版印成一整纸，由数纸至数十纸粘连成一卷，每卷各纸行数、每行字数略有差异，但整体风格基本上一致。

③每卷用千字文编号。每卷刻有译者名字。全部为卷轴装，丝织缥带。卷轴外表都贴有印就的佛经经名、卷次的狭长小纸条。这个小纸条就是书签，起书名页的作用。印刷的书签，最早见于《契丹藏》，比南宋绍定本印好的书签要早近 200 年。印刷书签是辽燕京刻印工匠的首创[83]。

④行格疏朗，排列整齐，版式统一。

⑤这些经卷，都是用麻纸经过入潢避蠹（即用黄柏汁浸染防虫）处理后，形成的硬黄纸印造的，虽千有余年，纸质仍很坚韧，未生虫蛀，可见其入潢避蠹的技术很高。

⑥不避讳，与其他辽刻经不同。

⑦很多经卷卷首有精美的木刻佛像。这些卷首扉画，构图、布局、线描、刀刻都相当精致。

《契丹藏》刊刻之后，对当时高丽国曾发生过影响。《辽史·道宗纪》载，咸雍八年（1072 年）十二月庚寅，"赐高丽佛经一藏"[84]。《辽史·高丽列传》也记述了同样的内容："咸雍七年、八年，来贡。十二月，以佛经一藏赐徽"[85]。按，徽为高丽朝文宗王名。

《契丹藏》与房山石经的关系，有必要说一下。关于两者间的关系，可以列出几种观点：一是，木塔发现的木刻本《契丹藏》与房山云居寺石刻本《契丹藏》，经名、译者、千字文编号一一吻合[86]。二是，房山辽刻石经即《契丹藏》的覆刻石本，它虽然并没有把《契丹藏》全部刻出，但根据《千字文》编号验之，《契丹藏》的大、小乘的经部一项是大致刻齐了[87]。三是，石刻本和木刻本在每行的字数、每纸的行数以及每卷的纸数均有差别[88]。可见，随着研究的推进，人们对《契丹藏》与房山石经两者间的异同有了更为深入细致的认识。

木塔除发现《契丹藏》外，还有辽代其他刻经。这批刻经中，4卷经卷尾题记有明确雕印年代。《上生经疏科文》刻于辽圣宗统和八年（990 年），《妙法莲花经卷第四》Ⅲ式刻于辽圣宗太平五年（1025年），《释摩诃衍论通赞疏卷第十》和《释摩诃衍论通赞疏科卷下》均刻于辽道宗咸雍七年（1071 年）。同时发现的杂刻中，有两件刻有辽代年号：一件是《封套残纸》，刻有辽道宗大康年号（1075—1084年）；另一件是《菩萨戒坛所牒》，刻有辽天祚帝天庆年号（1111—1120 年）。其余刻经虽无年款，但从版式、行款、字体、纸张等情况看，有不少与上述有年款的辽刻经系同时同地所刻。如《妙法莲花经卷第四》Ⅰ式卷首画右上角题记"燕京雕历日赵守俊并长男次弟同雕记"，与《称赞大乘功德经》卷尾题记中之雕工"燕京赵守俊"，应属一人，显系同时同地同一人参加雕刻[89]。难能可贵的是，这批经卷中还有几件套色版刻，如《药师瑠璃光佛说法图》，木板墨印、朱膘、石绿二色填染，印于麻纸。这种雕版套色技术，在印刷史上具有重要的意义[90]。

从应县发现的五十余件经卷和书籍的装订情况看，卷轴装 42 件，蝴蝶装 6 件，经折装 1 件，其余为单页。卷轴装在唐宋之际十分流行，长纸书号，一端有轴，一端作签，滚轴成卷，以丝绦捆系，收藏甚便。燕京的卷轴装无论从轴到纸，乃至签、绦、幖、帜，都十分讲究。蝴蝶装，即将书页反折，有字的一面相对折叠，将中缝背口粘连，再以厚纸包裹书面，翻阅时如蝴蝶展翅，故名。孙毓修《中国雕版源流考》引《疑耀》曰："秘阁中所藏宋版书皆……谓之'蝴蝶装'，其糊经数百年不脱落"。经折装又称为"梵夹装"，佛家经典多用此式。燕京刻经中发现的《妙法莲花经卷第一》Ⅲ式，初为卷轴装，后改为经折装。

这说明了辽代从卷轴装到经折装的演变过程。

总之,应县出土的这些经卷和书籍,字体秀丽,书法遒劲、刀法圆润有力、行款疏朗、纸墨精美、装订考究,显示出辽时燕京的刻工手艺、印刷技术,以及造纸、制墨技艺等都达到了很高的水平。与现存的《开宝藏》零卷比较,无论在书法、刻技、版式、纸质、墨色、刷印、装帧等方面均毫不逊色于同期的北宋[91]。

七、建筑业

1. 南京城建筑

辽南京城位于今北京城区西南,城垣沿唐藩镇旧城营缮,方 25 里[92],高 3 丈,宽 1.5 丈,敌楼、战橹完备。城有 8 门,依顺时针方向,东为安东、迎春,南为开阳、丹凤,西为显西、清晋,北为通天、拱辰。大内(宫城)在西南隅,内有元和殿,为唐幽州之旧殿。

南京城中有 26 坊,仍用唐时旧名。各坊有围墙、坊门,门上有坊名。每坊内有一条主街,即干路,主街两旁分列各小巷。小巷亦为与之垂直之支街。南京城内的坊大多分布在城的北半部及东半部。宋王曾《上契丹事》记辽代燕京城说:"城中坊闬皆有楼"[93]。南京的建设工匠主要都是汉族,又地处北方,必然具有更多唐代的传统,比较规整严肃,商业均集中在称为"市"的坊内,商店也只面向坊内开门,并不临街,与当时北宋汴京和江南工商更加发达的城市如扬州、杭州、平江(今苏州)已经实行的废除里坊、商铺和人家皆向街道开门、比较开朗活泼的城市面貌有别[94]。

南京城建立之初,基本上沿用唐代的幽州城址,只是把城墙重加修筑,并没有进行大规模改建,城内西南部仅修建了一个很小的宫城,城内宫殿也多半沿用前朝的建筑。据《辽史·太宗本纪》记载,会同三年(940 年)十二月,太宗"诏燕京皇城西南堞建凉殿"[95]。从保宁五年(973 年)春正月,景宗"御五凤楼观灯"[96];统和五年(987年)十一月,圣宗"幸内果园宴,京民聚观"[97];清宁五年(1059年),道宗"幸南京,祭兴宗于嘉宁殿"[98];到乾统四年(1104 年),天祚帝"御迎月楼,赐贫民钱"[99]之时,新增了五凤楼、嘉宁殿、迎月楼等建筑。尤其是六街,每当节日之夜,灯火同昼,游人如织,连辽圣宗也微行观之[100]。从市坊之繁盛,可见当时建筑规模不小。其中,重熙五年(1036 年)五月,兴宗"诏修南京宫阙府署"[101],对其后许多建筑的增建有一定促进作用。

需要指出的是,辽南京的宫殿衙署建筑不尚华饰,以至于一百五十多年后，金大定二十八年（1188 年），世宗尚对其宰臣曰："宫殿制度，苟务华饰，必不坚固。今仁政殿辽时所建，全无华饰，但见它处岁岁修完，惟此殿如旧，以此见虚华无实者，不能经久也。"[(102)]

总体来看，辽南京城宫殿衙署等建筑与北宋初期形制类似，以雄朴为主，结构完固，不尚华饰。

2. 行宫苑囿及寺庙建筑

辽南京城内外还建有许多重要的行宫与寺庙建筑。主要行宫有南京城内的果园、栗园、长春宫等，西北郊的瑶屿行宫，东南郊延芳淀辽帝后驻跸之所。当时名刹则有马鞍山的戒台寺、白带山云居寺、旸台山清水院、蓟州独乐寺、上方感化寺，以及燕京城内的悯忠寺、昊天寺、三学寺、竹林寺等。

辽南京陪都地位的确立，使得皇家捺钵游幸的苑囿纷纷开始兴建。位于今北京通州区的延芳淀即为此类。文献中关于延芳淀的记载颇多，建有辽帝后春夏驻跸兼崇佛的天宫寺、神潜宫。天宫寺南向，三进院落，依地势而建，远看若崇楼层叠。天宫寺内有长春宫，宫内有芳明殿。辽在延芳淀建有众多的猎鹅放鹰的土台，如放鹰台、呼鹰台、晾鹰台等。为训练兵士水陆作战，辽在延芳淀还建有演练兵马的高台建筑，如萧家台子和萧太后马步军点将台等。

由于少数民族统治者的审美倾向和生活习俗，辽南京的行宫苑囿在传承汉唐以来中原楼阁亭台建筑的基础上，苑囿中还多设庐帐等供帝王驻跸，显示出自身不同的少数民族特征。[(103)]

辽代君主继承唐朝尊佛的传统，在其统治北方的二百余年中，修建了不少佛教寺院，为后世留下了一批珍贵的宗教建筑。

辽代新建的寺庙有西便门之西的昊天寺、栗园附近的奉福寺、城北部的开泰寺、笔管胡同的竹林寺、牛街的清真寺、西郊旸台山的大觉寺、马鞍山的戒台寺，大房山之云居寺等。重修寺庙为数更多，如潭柘寺、悯忠寺、天宁寺等。

天宁寺在辽代叫天王寺，明宣德年间才改为天宁寺。北京西山大觉寺，在辽朝称为旸台山清水院，始建于辽咸雍四年（1068 年）。契丹人有朝日之俗，房屋、帐幕、寺庙都坐西朝东。大觉寺现存建筑虽属明、清重修，但仍然保持了辽代东向的格局。座落在门头沟区马鞍山的戒台寺，辽代称慧聚寺。辽道宗咸雍年间由高僧法钧主持，修了一座大戒坛。戒坛下有普贤大师舍利塔，普贤大师衣钵塔，都是为纪念法钧所修。这些辽代建筑，至今保存完好。辽代新建寺院后面有山林，如陈公山观鸡寺，山林百余顷，果树七千余株，有大面积园林；

又如上方感化寺，有"甘栗万余株，清泉茂林，半在疆域"。许多寺庙周围山水秀丽，林木茂盛。[104]

3. 佛塔建筑

辽代佛教建筑以佛塔的成就最为显著。为了能长久保存，辽代的佛塔多用砖石建造，但其造型多仿木结构作密檐塔，阁楼式塔较为少见。不少砖石密檐塔在模仿木结构时，做工十分精巧，柱、梁、斗拱、门窗和檐口等部件，全用砖石精雕细琢而成，其精湛程度令人惊叹，充分显示出辽代砖瓦技术在制作和施工方面的高水平。遗存至今的天宁寺塔，是北京市区现存年代最早、尺度最高，也是砖砌密檐式塔最优秀的代表之一。

位于北京广安门外的天宁寺塔，建于辽天祚帝天庆九年至十年（1119—1120 年），原名天王寺舍利塔，是辽南京城遗存的唯一辽代地面建筑。塔立于下层方形上层八角形的台基上，塔体实心，全部砖砌，平面八角形，总高 57.8 米。全塔分为塔座、塔身、塔檐、与塔刹 4 个部分。塔座由 3 段叠成，下段是雕有壸门的须弥座，上段是 3 层莲瓣组成的莲台，中段由须弥座、平坐斗拱和栏杆组成，雕饰十分华丽。塔身高 1 层，完全仿木结构，每面一间，用 8 根圆形角柱，四正面砌菱花门，四斜面雕直棂窗，壁面上有力士、菩萨半圆雕和大量装饰浮雕，此乃辽塔的普遍做法。再向上是 13 层高的密檐，檐间满布斗拱，第一层出檐较远，其上 12 层出檐深度逐层递减，使整个密檐轮廓呈现出丰满有力的"卷杀"。塔刹原来应为铁质，重修时改为砖砌。天宁寺塔的这种格式，是辽代才开始出现的，被称为"天宁式"。此塔整体造型柔和优美，构图富有韵律，装饰偏于华丽、繁缛。塔身、塔檐的阑额、普拍枋、立颊、地栿、腰串以及斗拱、门窗等都与木结构比例一致，刻意仿木已达到无以复加的程度。[105]

还有一种可称为复合式的佛塔，其中有楼阁式塔与窣堵波的复合，典型建筑如房山云居寺北塔。云居寺坐西朝东，原在寺院南北各有一座建于辽天庆年间（1111—1120 年）的砖塔，对称的夹峙于寺两侧，现仅存北塔，通高 22 米，是在八角形基座上建楼阁式砖塔 2 层，两层之间有斗拱、腰檐和平座，此上再置巨大覆钵和称作"十三天"的相轮。在塔外四角各有一座小石塔，与大塔一起，总体呈金刚宝座式组合。有的小石塔为唐代物，显然是从它处移来。[106]

第二节　金中都的手工业

辽末金初，在辽宋和金宋争夺燕地的战争中，燕京城遭到了很大的破坏。天会元年（1123 年）四月，金兵自燕地退走。燕京被搜刮一空，"城市丘墟，狐狸野处"，成为一座残破不堪之空城[107]。原有的手工业基础因之遭到毁灭性的打击。

金灭北宋时，从汴梁俘虏的大批工匠有很大一部分被安置到燕京，"各便生养，有力者营生铺肆，无力者喝货挟托，老者乞丐于市，南人以类各相嫁娶"[108]。金迁中都后，随着经济的恢复和人口的增加，手工业生产也迅速发展起来。

一、官私手工业的状况

1. 官营手工业的机构设置及其职能

金代中都的官手工业十分庞大，设置也非常繁杂，分别属于工部、少府监等政府机构和宫廷各部门。

工部"掌修造营建法式、诸作工匠、屯田、山林川泽之禁、江河堤岸、道路桥梁之事"[109]。工部下设各专门机构，覆实司"掌覆实营造材物、工匠价直等事"[110]。修内司"掌宫中营造事"[111]，有兵匠 1065 人，兵夫 2000 人，具体负责宫庭工程的营建和修建管理工作。修内司虽名隶工部，但实际由少府监长官提控。都城所"掌修完庙社及城隍门钥、百司公廨、系官舍屋并栽植树木工役等事"[112]，主要负责官署的修造工程，其职责是"监督工役"，"支纳诸物"等事。祇应司"掌给宫中诸色工作"[113]。上林署"掌诸苑园池沼、种植花木果蔬及承奉行幸舟船事"[114]。

少府监是仅次于工部的官手工业管理机构，"掌邦国百工营造之事"[115]，拥有尚方、织染、文思、裁造、文绣等多种手工业部门。所属尚方署"掌造金银器物、亭帐，车舆、床榻、帘席、鞍辔、伞扇及装订之事"[116]。图画署"掌图画缕金匠"[117]。裁造署"掌造龙凤车具、亭帐、铺设诸物，宫中随位床榻、屏风、帘额、绦结等，及陵庙诸物并省台部内所用物"[118]。裁造署拥有固定裁造匠 6 人，针工 37 人。文绣署"掌绣造御用并妃嫔等服饰、及烛笼照道花卉"[119]，拥有绣工 1 人，都绣头 1 人，副绣头 4 人。此外，还有女工 496 人，其中上等工 70 名，次等工 426 人。织染署"掌织纴，色染诸供御及宫中锦绮币帛纱穀"[120]。文思署"掌造内外局分印合，伞浮图金银等尚辇仪銮局车具亭帐之物并三国生日等礼物，织染文绣两署金线"[121]。

除工部和少府监之外，在中都城内，中央政府和宫庭掌管的官手工业还有军器监、太府监、秘书监、宣徽院、户部等机构。

军器监"掌修治邦国戎器之事"，其属军器库"掌收支河南一路并在京所造常课横添和买军器。"甲坊署和利器署"掌修造弓弩刀槊之属"。[122]

太府监所辖酒坊"掌酿造御酒及支用诸色酒醴"。典给署"掌宫中所用薪炭冰烛、并管官户"。[123]

宣徽院辖有尚衣局、仪鸾局、尚食局、尚药局和尚酝署、侍仪司。尚衣局"掌御用衣服、冠带等事"。仪鸾局"掌殿庭铺设、帐幕、香烛等事"。尚食局"掌总知御膳、进食先尝、兼管从官食",其下属具体负责"给受生料物色"与"给受金银裹诸色器皿"。尚酝署"掌进御酒醴"。侍仪司"掌侍奉朝仪,率捧案、擎执、奉辇各给其事"。[124]

户部设有印造钞引库和抄纸坊,"掌监视印造勘覆诸路交钞,盐引,兼提控抄造钞引纸"[125]。宝源监和宝丰监专营铸钱[126]。

此外,秘书监设有著作局、笔砚局。殿前都点检司辖有器物局、尚辇局以及武库、武器两署。器物局"掌进御器械鞍辔诸物";尚辇局"掌承奉舆辇等事";武库署"掌收贮诸路常课甲仗";武器署"掌祭祀、朝会、巡幸及公卿婚葬卤簿仪仗旗鼓笛角之事"。[127]

据上可知,中央一级政府和宫廷执掌的官手工业机构相当完备,分工极为细致,有些机构的设置不免有重复交叉,因此,机构的裁撤增减及其执掌内容变化的情况也是常有的。具体可见《金史·百官志》。

属于中都路地方置办的官手工业则有中都军器库、中都都作院、中都都麴使司、中都广备库、中都店宅务等机构。中都军器库"掌甲胄兵仗";中都都作院"掌监造军器,兼管徒囚、判院事";中都都麴使司"掌监知人户酝造曲蘗,办课以佐国用",设使、副使、都监等官员,监督酒户造酒及收税;中都广备库"掌匹帛颜色,油漆诸物出纳之事";中都店宅务"掌官房地基,征收官钱,检料修造摧毁房舍";此外还有,中都永丰库所属的镀铁院"掌泉货金银珠玉出纳之事";宝坻盐使司所辖榷、永两盐院,"掌分管诸场发卖收纳恢办之事";等等。[128]

值得提出的是,负责一般的住房管理及其维修的"中都店宅务",设管勾四员,正九品,各以两员分设左、右厢,掌管房基地,征收官钱,检修房舍等。那些被毁的房子也由他们去修建或重造。这种设立专门的房管机构对城市房屋进行管理和维修,在北京历史上还是首次出现的行业。

2. 官府手工业的工匠

金代官府手工业的工匠有官匠、军匠和民匠之分。官匠是指长期在官府服役的工匠，他们根据不同的技术分工和手艺高低而冠以不同的名称，其钱粮衣物都由官府支给，并根据工种和技能高低各有等差。凡为官匠，其终身服役，而世代不能解脱。而民匠是从民间召雇的手工业者，他们的地位相对较高。

以文绣署为例，管理官员设署令（从六品）、署丞（从七品）和直长（正八品）。署令、署丞主要负责组织生产，如原料的选择，各类服饰的规格、质量等。直长管理工匠。工匠中设绣女都管一人，为技术水平最高超者。下设都绣头、副绣头数人，他们是在直长领导下管理女工的工头。大小工头和绣工的酬劳，据《金史·百官志》记载："绣女都管钱粟五贯石，都绣头钱粟四贯石，副绣头三贯五百石，中等细绣人三贯石，次等细绣人二贯五百石，习学本把正办人钱支次等之半，描绣五人钱粟三贯石，司吏二人三贯石。修内司，作头五贯石，工匠四贯石，春秋衣绢各二匹。军夫除钱粮外，日支钱五十，米一升半。百姓夫每日支钱一百、米一升半。国子监雕字匠人，作头六贯石，副作头四贯石，春秋衣绢各二匹。长行三贯石，射粮军匠钱粟三贯石，春秋衣绢各二匹，习学给半。初习学匠钱六百，米六斗，春秋绢各一匹，布各一匹。"[129]

军匠是从军队中抽调服役的，"上、中等军匠每月发给绢五匹，钱五十贯，下等军匠月给绢四匹，钱四十贯"[130]。"民匠的薪饷则以日工资计给，钱一百八十文。修内司所雇百姓夫役，日价钱一百文，米一升半"[131]。官府对各类工匠待遇规定如此之细密，是金代手工业的显明特点之一。

金代中都工匠受到官府的严格控制，其劳作非常辛苦，所受的剥削和压迫相当严重。海陵迁都之后，"役诸路夫匠造诸军器于燕京，令左丞相李通董其事，又令户部尚书苏保衡、侍郎韩锡造战船于潞河，夫匠死者甚众"[132]。工匠的状况可见一斑。

3. 手工业的官营政策

金代手工业的管理政策以官营方式为主，但我们不能简单地将某行业归入官营或非官营。这是由于多种因素的影响，不同行业的官营形式有别，就是同一行业在不同历史时期的官营政策也会有变化，因此，对于手工业的官营政策还需具体分析。以下就铸铜与盐业等重要门类作一阐释。

金代铸铜业主要由官府垄断，严禁私人铸造铜器，"民用铜器不可阙者，皆造于官而鬻之"[133]。近年考古发现的金代铜镜上刻有"铜院"、"承安二年镜子局造"、"南京路镜子局官"等铭文字样，可能为中都城内的官手工业产品。

在不到 20 年的时间中，金世宗曾三次发布铜禁。大定八年（1168年），"民有犯铜禁者，上曰：'销钱做铜，旧有禁令。然民间犹有铸镜者，非销钱而何？'遂并禁之"[134]。大定十一年（1171 年）二月规定："禁私铸铜镜。旧有铜器悉送官，给其直之半。惟神佛像、钟、磬、钹、钴、腰束带、鱼袋之属，则存之。"[135]大定二十六年（1186 年），"上谓宰臣曰：'国家铜禁久矣，尚闻民私造腰带及镜，托为旧物，公然市之，宜加禁约'"[136]。由于产铜量少，不得不用奖励的政策，遣人各地"规措铜货"，访察铜矿苗脉，如能指引矿藏得实，给予奖励。[137]

不过金代官府也有几度放松铜禁，"正隆而降……乃听民冶铜造器"[138]。泰和四年（1204 年），金章宗又允"铜冶听民煎炼，官为买之"[139]。

金代对盐业的管理制度大抵承袭北宋，官榷是管理的根本原则。金政府在全国设置山东、沧、宝坻、莒、解、北京、西京等 7 盐司，盐司之下设场，再下设务。为防止私煮盗卖及盐司使扰民，大定二十八年（1188 年）五月，世宗"创巡捕使"，山东、沧、宝坻各二员，解、西京各一员。[140]巡捕使秩从六品，直隶尚书省，各给银牌，独立执行监督和缉私任务。

与北宋实行严密的劳役制相比，金统治者对盐业生产的控制程度则较为宽松。金代主要采取官府监督、官给盐本、灶户纳税、商人运销的经营管理体制。官府对灶户，通过纳税和榷买进行间接控制。如宝坻盐区，官府"先一岁贷支偿直，以优灶户"。灶户对官府"计口承课"。灶户一年收成后，先还清官府的贷支，然后以"计口"交足盐课，在上述开支以后还有余额，"则尽以申官"，由官府收购、榷买，灶户不得自由买卖，否则即以盗卖论处。[141]

此外，金王朝规定酒曲由国家专卖。大定三年（1163 年），世宗"诏宗室私酿者，从转运司鞫治"[142]。在实行酒曲专卖的过程中，承办的官吏从中作弊，中饱私囊，影响朝廷的财政收入，大定二十七年（1187 年），又"改收曲课，而听民酤"[143]。

4. 民间手工业的发展

金中都的手工业虽以官营为主体，但民间手工业也在某些行业有一定的发展。

前面说到，金统治者再三重申关于禁止铸铜命令，也说明民间铸铜业并没有因官府限制而消亡，反而由于其利润的高昂造成了一定程度的发展。

对于铜器的铸造,官府管理甚为严格,而关于金银矿冶的管理则相对宽弛一些。金大定三年(1163年),"制金银坑冶,许民开采,二十分取一为税"[144],即由冶户自行开采金银矿,官府向冶户抽取 1/20 即 5% 的税额,其余 95% 任由冶户自行处理。大定五年(1165年),"听人射买宝山县银冶",这里虽然是一个县的银冶"听人射买",却有普遍性的意义,这一规定表明金代初步确定了冶户与官府的承买关系,税率依旧。大定十二年(1172年),"诏金、银坑冶,听民开采,毋得收税"[145],这时,金银矿冶更是彻底放开了,甚至连 5% 的低税也不收取了。金世宗认为:"金银,山泽之利,当以与民,惟钱不当私铸。今国家财用丰盈,若流布四方与在官何异?"[146]但是,到大定二十七年(1187年),尚书省奏:"听民于农隙采银,承纳官课"[147]。此时已加强了税收管理,而只允许在农闲时去开采银矿。到明昌三年(1192年),"封诸处银冶,禁民采炼"[148],明令禁止民间采炼银矿,但实际上已不起作用,所谓"上有禁之之名。而无杜绝之实"[149]。过了两年,又根据朝臣建议允许民间开采,并设官管理。

此外,酿酒、丝织等私营手工业也有一定程度上的发展。中都城内私人酿酒业很多,吸引着大批的官营酿酒工场的酒户外逃。世宗大定三年(1163年),"省奏中都酒户多逃,以故课额愈亏,上曰:'此官不严禁私酿所致也'"[150]。在私人酿酒业的冲击下,某些官营酿造场也逐渐变成了私营。大定九年(1169年),大兴县官以广阳镇务亏课,"乃以酒散部民,使输其税"[151]。这实际上是承认了私人经营酿酒的合法性。

丝织业不仅在民间普遍存在,而且丝织品还可作为商品交易。金代,女真贵族在家中就豢养有丝织工匠,并令其将纺织出来的产品送到市场上去出售,如"枢密使仆散忽土家有绦结工,牟利于市"[152]。

不过,从整体来看,中都地区的民间手工业规模不大,行业较窄,且大多数为分散的家庭手工业。手工业技术的提高,也不是特别显著。

二、纺织业

丝织业是幽州传统的手工业,范阳绫久已闻名于世。金代中都地区的纺织品主要有绫、罗、绵、绢等。这一时期由于北宋工匠的涌入,使得纺织技术和花色品种增多。

据《金史·舆服志》记载,金朝上自皇帝下及百官臣僚的礼服,品类极其繁多,等级界限十分鲜明。此外,对士庶、兵卒、奴婢等衣着,也均有具体规定。如大定十三年(1173年),"太常寺拟士人及僧尼道女冠有师号、并良闲官八品以上，许服花纱绫罗丝绸"。"庶人止许服繻绸、绢布、毛褐、花纱、无纹素罗、丝绵，其头巾、系腰、领帕许用芝麻罗、绦用绒织成者，不得以金玉犀象诸宝玛瑙玻璃之类为器皿、及装饰刀把鞘、并银装钉床榻之类。""兵卒许服无纹压罗、繻绸、绢布、毛褐。奴婢止许服繻绸、绢布、毛褐。倡优遇迎接、公筵承应，许暂服绘画之服，其私服与庶人同。"[153] 从文献记载不难推知，金代官府和民间的纺织业都相当兴盛。仅由民间手工业生产、庶人衣着的纺织品就有繻绸、绢布、毛褐、花纱、无纹素罗、丝绵、芝麻罗等诸多品种。

金朝宫庭内专设有文绣署制造各类丝织品，所雇用的工匠竟达 500 人之多。文绣署产品主要供给皇室和百官臣僚所需，因而不具有商品生产性质。丝织品除了满足宫庭消费外，金朝还大量用于赏赐。章宗明昌六年（1195 年）三月，一次就赏赐北边军绢 5 万匹、杂彩千端、衣 446 袭。承安元年（1196 年）十二月，又劳赐北边军绢 5 万匹[154]。

金中都纺织品不仅种类多，而且质量高。在纺织技术上又有新的发展，其代表新工艺的织品叫"缂丝"。1955 年，北京双塔寺出土的丝织物，有一部分是金代产品，绸缎绣花、缂丝以及丝金绽线等，制作精巧细腻，十分精美，反映金朝丝织业达到了很高水平。

三、冶铸与军器业

1. 冶铸业

金中都地区有金、银、铜、铁等矿藏。如大兴府"产金、银、铜、铁"[155]。奉先县山地盛产银，《金史·食货志》载："坟山、西银山之银窟凡百一十有三"[156]。按，《大金集礼》则曰："银山在坟山西北，其山东西形势，岭南属奉先县，有银洞五十四处。山岭北属宛平县，有银洞六十二处。两县银洞只是一山，自陵寝红排沙以西最近银洞四十二里，最远银洞四十八里。"[157] 此记银洞共为 116 处，比《金史·食货志》所记多出 3 处。

（1）铁器制造业

金代中都的铁器制造业发展很快，产品有生产工具、车马具、生活用具和民间制造兵器等。金政府规定，民间造车，"马鞍许用黑漆，以骨角、铁为饰，不得用玉较具及金、银、犀、象饰鞍鞯"[158]。辽金墓葬中出土的铁器，在北京各地发现很多，如先农坛、天坛、清河镇、百万庄、东小营等地，就常有铁制的灯台、灯碗、锁等器物。最突出的是金代的土坑墓，差不多每墓都有铁铧头 4 件随葬。

据推断，顺义大固现村发现的 5 件铁器和房山焦庄村出土的 64 件铁器，其年代均为金代制品，主要包括生产工具和生活用具两种。这两处金墓出土的铁铧样式形如三角锥，两面皆有高脊，与辽墓出土的铁铧样式中间无脊或一面中间有高脊，存在差异。焦庄出土的铁器中，铁镰的样式很多，除大小不同外，形状也不同，镰的尾部接柄之处，有环形的、卷筒形的、长方形的，推测是可接各种各样的柄。另有一种钩镰，长 53 厘米，尾部衔接双环，这种镰按其刃部的长大及尾部的双环，推测是安长柄，可以使其自由活动进行收割。铁叉样式有两种，一种是双叉，另一种是钩叉，钩叉除堆叠草垛外，还能用钩装卸禾物。焦庄出土的双耳三足釜，底平，釜壁较浅，如去其耳、足，与现在市面上所售之饼铛相仿，可能是当时农家常用制作面食的炊具。[159]

（2）铸铜业

金代铸铜业中，以铸造铜镜为多。据考古资料和著录研究，金代流行的镜类有：双鱼镜、历史人物故事镜、盘龙镜、瑞兽镜和瑞花镜。金代主题纹饰多样化，是唐镜以后各个时代所没有的。金代铜镜的图案可以概括为两类，一是仿照汉唐宋镜的图案。仿汉镜有星云纹镜、四乳家常富贵镜、昭明镜、瑞兽镜。其中以四乳家常富贵镜为多。仿唐镜中，以瑞兽葡萄镜为多。二是吸收了前者的纹样，创造出一些新的样式。新出现的形式和题材中，以双鱼镜和人物故事镜为多见。北京地区出土的金代铜镜，则有：通县三间房附近发现的葵瓣式素铜镜[160]；海淀区四季青乡南辛庄一座长方形竖穴土圹石椁墓中，出土有万字纹铜镜[161]；等等。

金代铜镜的另一重要特征是，有的铜镜边缘錾刻官府验记文字和押记。刻记字体纤细清晰，北京地区考古发现的此类铜镜也较多。如"通州司使司官（押）"[162]、大兴县官（花押）[163]、良乡县官匠（押）、昌平县验记官（押）等。铜镜上的这些款识刻记或铭文，证实了史书关于金代铜禁极严、凡铸铜镜均需官方验校的记载。铜镜上必须加上官府的验记，方可使用和流通。[164]

（3）铸币业

金代货币的主要形式是铜钱、银币和纸币。

金代的铜主要用于铸钱。据《金史·食货志》记载："金初用辽、宋旧钱，天会末，虽刘豫'阜昌元宝'、'阜昌重宝'亦用之。海陵庶人贞元二年迁都之后，户部尚书蔡松年复钞引法，遂制交钞，与钱并用。正隆二年，历四十余岁，始议鼓铸。冬十月，初禁铜越外界，悬罪赏格。括民间铜鍮器，陕西、南京者输京兆，他路悉输中都。三年二月，中都置钱监二，东曰宝源，西曰宝丰。京兆置监一。曰利用。三监铸钱，文曰'正隆通宝'，轻重如宋小平钱，而肉好字文峻整过之，与旧钱通用。"[165]"（大定）十八年，代州立监铸钱，命震武军节度使李天吉、知保德军事高季孙往监之，而所铸斑驳黑涩不可用，诏削天吉、季孙等官两阶，解职，仍杖季孙八十。更命工部郎中张大节、吏部员外郎麻珪监铸。其钱文曰'大定通宝'。"[166]"（泰和）四年，欲增铸钱，命百官议所以足铜之术……后铸大钱一直十，篆文曰'泰和重宝'，与钞参行。"[167]上述所铸铜钱在北京地区田野考古中皆有发现，其中以大定通宝、正隆通宝为最多。

中都各铸钱监的具体生产情况因缺乏文字记载，还不清楚。但据张世南《游宦纪闻》记载北宋蕲春监的铸钱过程，得知要经历三道工序，即沙模作、磨钱作和排整作[168]。料例（钱的原料）除铜外还有铅、锡，金代铜钱还要加些白银。此外高温熔铸矿产品需炭。料例和炭均需从产地运到铸钱监。

金朝一向通用白银，以50两为1铤，每铤折铜钱百贯。铸造发行银币，则自金章宗始。《金史·食货志》载，承安二年（1197年）十二月，"尚书省议，谓时所给官兵俸及边戍军须，皆以银钞相兼，旧例银每铤五十两，其直百贯，民间或有截凿之者，其价亦随低昂，遂改铸银名'承安宝货'，一两至十两分五等，每两折钱二贯，公私同见钱用，仍定销铸及接受稽留罪赏格"。[169]这是汉武帝以来第一次正式流通使用的银币，也是我国有法定计数银铸币之始。[170]银币体积小，重量轻，给商品的交换带来了很多方便。虽然因种种原因很快就停止了使用，但为以后的银币使用开创了先例。

2. 军器业

金代中都地区的军器业尤为突出，军器制造主要由军器监和利器署经营管理。《大金国志》记载，海陵迁都之后，"役诸路夫匠造诸军器于燕京，令左丞相李通董其事，又令户部尚书苏保衡、侍郎韩锡造战船于潞河"。[171]张棣《正隆事迹》也说："再役下天军民夫匠，不限丁而尽起之，委左丞李通提控，造军器于燕山西北隅。"据此清楚地知道，金中都的军器生产在京城西北隅。

金朝不仅能够制造刀矛、弓箭等冷兵器，而且由于汴京工匠的大量迁入，还能够制造火药和火器。金代制造的火器见之于记载的有铁火炮、震天雷及飞火枪等，其中铁火炮在攻打南宋蕲州时曾使用过。铁火炮"状如合碗，顶一孔，仅容指"[172]。震天雷是一种威力很大的武器，系以"铁罐盛药，以火点之，炮起火发，其声如雷，闻百里外，所蒸围半亩以上，火点著甲铁皆透。"[173] 飞火枪是管状火器，制造技术水平非常先进。其制法："以勒黄纸十六重为筒，长二尺许，实以柳炭、铁滓、磁末、硫磺、砒霜之属，以绳系枪端，军士各悬小铁罐藏火，临阵烧之，焰出枪前丈余，药尽而筒不损"[174]。金代火器以铁为外壳装制而口小，说明当时已掌握火药性能的转化作用来发挥火炮发射的威力，标志着火药利用技能的成熟。

四、制瓷业

金代的瓷业继承了宋瓷高度发展的技术水平，在世宗大定年间，制瓷业逐渐得到恢复，在总体上虽未达到宋代的繁荣和辉煌，但在制作方法等环节上则有创新和突破。

上文说到，北京地区发现几处辽金陶瓷窑址，如龙泉务窑、磁家务窑、小水峪窑等瓷窑在金代还有或长或短时间的续烧。

根据地层堆积，龙泉务窑址可分为 4 期。其中第三期是辽末金初（1076—1160 年），最晚的铜钱为"宣和通宝"；第四期是金代，因有"大定通宝"铜钱出土。[175]

到了金代，磁家务窑无论在胎釉的用料和烧造技术都有很大进步。例如胎釉中的杂质和铁的成分减少；烧成温度增高；生烧现象不见；胎上开始用化妆土；花纹装饰增多；个别器物出现芒口，说明已采用覆烧法。但烧成温度仍不如龙泉务瓷窑高，所以胎质细而不甚坚。

有些器物烧造方法已由支钉叠烧改进为涩圈叠烧，即器物入窑前，在内底用旋刀刮去一圈釉面，形成一露胎环。这种烧法减少了工序，提高了生产率，因此在我国北方各窑中普遍使用。[176] 在烧制方法上由覆烧法发展到涩圈叠烧，质量好，产量高，是金代烧瓷技术的重大发展。

小水峪瓷窑出土金代的瓷片较少，仅见一个内底带涩圈的白瓷碗和几块白釉刻花瓷片。此种器物一般比辽代的同类器物胎薄、釉润、质细。

1982 年在小水峪之南 2 公里，庄窠村西 1.5 公里处，又发现一处金元时的瓷窑址。范围南北 50 米，东西 60 米。地表遗存很多赭色瓷片。从造型可以看出有碗、罐、坛和缸等，均属民间粗瓷。此外，1983 年在邻近的平谷县刘店乡寅洞村北的埫阶上，发现很多炼制瓷釉的坩埚和一些辽金时的瓷片，估计这里也可能是一处古窑场。[177]

五、石刻与雕版印刷业

1. 房山石经的续刻

金代的刻经是继续辽代的经帙而进行的。金代刻造石经开始于天会十年（1132年），当时涿州知州张玄徵刻的《佛经三昧经》（"景"字号）等，距辽保大元年（1121年）最后所刻的《虚空藏菩萨求闻持法》（同"景"字号）等仅11年。金天眷三年（1140年），玄英及其俗弟子史君庆刻《镌葬藏经总经题字号目录》的27帙中，其中"覆"字以下13帙，至"景"字的前一部分所收石经，均为辽刻，"景"字的后一部分及自"行"至"八"后14帙，乃是金天会十年至天眷三年涿州知州张玄徵、刘庆余和奉圣州玄英及其弟子等募刻的。

天眷三年以后，自皇统元年至九年（1141—1149年）间，刘庆余、玄英及史君庆等还续刻了宋代新译经和辽代译的部分经，这些石经多有序文和题记。

皇统九年以后，历正隆、大定至明昌之初，约50年间，有刘丞相夫人韩氏、张守仁、皇伯汉王等，曾刻了自"履"至"息"及"取"、"定"等共20帙。这些石经主要是《阿含经》。此外，辽译《金刚摧碎陀罗尼经》和辽代新撰之《一切佛菩萨名号集》等也是金代所刻的。金代所刻石经，除见嵩刻的《大教王经》藏第三洞外，主要部分则是埋在压经塔下地穴内。

金末兵乱以后，房山刻经事业遂告停顿下来。[178]

2. 雕版印刷业

金代的雕版印刷业，是在辽和北宋的基础上发展起来的。尤其是金军攻占北宋京城开封后，不但把北宋的各种技艺人赶到中都，同时还从宋京城劫取了大量的书籍印版和印好的监本书籍。其中包括国子监、三馆秘阁藏书、鸿胪寺经版等，都被运往金朝京城。就连开封的一些民间印刷作坊的印版和私人书籍也未能幸免。除了运送过程中的损失外，大部分都被金政府收藏，而这些印版则成为金国子监印书的基础。金代刻印书虽不及宋代之盛，但远超过辽代。到金世宗、章宗时期，已形成了中都、南京、平阳和宁晋四大刊刻刷印中心。

（1）国子监刻印书

金代中央的刻书机构有国子监、史馆、都水监等。其中以国子监为主，刻印之书不仅品种多，印量也大。

天德三年（1151年），金海陵王诏设国子监[179]。贞元元年（1153年）迁都中都后，金国子监印书，除了利用原北宋国子监的印版印刷外，也有金朝自己刻版印刷的。《金史》记载，章宗明昌元年（1190年）正月，"以《六经》、《十七史》、《孝经》、《论语》、《孟子》、及《荀》、《扬》、《老子》内出题"[180]。据此可知，金国子监所印包括

《六经》、《十七史》、《老子》等29种书，作为教材，供各地学校学生习读。金朝所得宋印版中还有《资治通鉴》和苏东坡的诗文集及《东坡奏议》等，也都进行过印刷。当然也有金朝自己刻的书，如《魏全死节事》[181]、完颜勖的《东狩射虎赋》[182]及金诗人东莱刘迎的诗集《山林长语》[183]等。

（2）《赵城藏》的刷印

《赵城藏》共有7182卷，从金熙宗天眷年间（1138—1140年）至世宗大定十三年（1173年），历时三十余年方雕刻完成。大定二十一年（1181年），《赵城藏》经版由山西解州天宁寺运抵中都藏于弘法寺，在弘法寺进行过刷印。关于《赵城藏》经版运抵中都后进行刷印的情况，《金文最》卷一百十一所录赵《济州普照禅寺照公禅师塔铭》记载：大定二十九年（1189年）至明昌六年（1195年）间，济州普照寺智照和尚风闻京师弘法寺有藏教经版，特地从山东赶来该寺，用钱二百多万，印造两部藏经以归。一部是黄卷赤轴装的卷子本，归藏宝轮藏；另一部是折叠成册的经折本，庋贮壁藏。在中都刷印、装订如此规模的大藏，且分两种装帧形式，不难推想其工程之庞大浩繁。

（3）《大金玄都宝藏》的刷印

金政府还组织印刷道藏，大定二十八年（1188年），金世宗下令以《南京道藏经》版印刷。这实际上是北宋的《政和万寿道藏》的经版，后经道长孙明道的收集，将失散的缺版补齐，得遗经1074卷，补版21800余块，积经83198卷，并造了35间房子，140个架子，存贮经版。又经过校诠后进行印刷，题名为《大金玄都宝藏》，共计6455卷，602帙。这部道藏在中都刊补印刷，是北京印刷史上的又一大工程。

（4）女真文译本的雕版印刷

金在中都设立女真国子学，各路也设立女真学，学生约3000人。为满足教学的需要，政府组织翻译了一批书籍，用女真文印刷出版。金世宗时，提出一方面要学习汉文，但也不能忘了本民族的文化。大定五年（1165年），翰林侍读学士徒单子温译成《贞观政要》、《白氏策林》等书。[184]这是最早用女真文印刷的书籍。随后又陆续翻译印刷了一批女真文书籍。大定六年（1166年）翻译印刷了《史记》、《汉书》。大定十五年（1175年）世宗再次下诏翻译经史。[185]大定二十三年（1183年）八月，金世宗"以女直字《孝经》千部付点检司分赐护卫亲军"[186]，一次赠书即达千部，可见其印量之大。大定二十三年（1183年）九月，世宗又命颁行译成并印刷的女真文书籍《易经》、

《尚书》、《论语》、《孟子》、《老子》、《杨子》、《文中子》、《刘子》及《新唐书》等。金世宗并说明："朕所以令译《五经》者，正欲女真人知仁义道德所在耳！"[187]其后，金章宗也提倡要学习女真文。明昌五年（1194年），"置弘文院，译写经书"[188]。设立专门机构，校译经史，在客观上促进了金代雕版印刷业的发展。

在刻版技术及印刷质量上，金代的刻版技术与北宋不相上下，所用字体也沿袭北宋的习惯，颜、虞、欧、柳等古代名家字体最为常用。印刷具有墨色均匀、轻重适度，凝重厚实等特点。

在金刻版式方面，也是延用北宋的形式，十分重视边框、行格和中缝鱼尾的装饰。边框有粗、细两种，又有上、下单边，左右双边和四边双边之分。从刻版刀法来看，也都达到了以刀代笔，娴熟流畅的技术水平。[189]

（5）交钞的雕版印刷

金代的雕版印刷业，还要提及的是纸币的印刷。金代初期货币主要用辽、宋旧钱，迁于中都后，曾铸铜币正隆元宝和大定通宝，并使用过银币，但纸币的发行量仍很大。

贞元二年（1154年），金在中都设印造钞引库及交钞库，专门从事纸币——交钞的雕版印刷和发行。在印造钞引库下，还设有专门的机构，负责制造印钞所需的纸、墨等物料[190]。据《金史·食货志》记载，当时印刷的交钞有一贯、二贯、三贯、五贯、十贯等五种大钞，一百、二百、三百、五百、七百等五种小钞。交钞最初仿宋制，以7年为一界，到期换新钞。[191]大定二十九年（1189年），金世宗废除交钞流通期限，改为永久通行，这是纸币史上的大变革。同时制定伪钞法，创立倒钞法。伪钞法内容印在票面上："伪造交钞者斩，告捕者赏钱三百贯。"[192]倒钞法规定：交钞因流通时间太久而文字磨灭，可换新券，但要交纳印制费。由于这种纸币印制考究且较稳定，因此很受商民欢迎。后因财政困难，滥印交钞，结果钞价猛跌，民间不愿使用。

六、酿酒业

金代海陵王时，由于伐宋需要大量军粮，不可能将大量粮食用于酿酒，因而颁布了禁酒令。世宗时，中都设置"都麯使司"，实行榷酒制度，严禁民间私自酿酒，只能由政府酒务机构和政府特许的酒户卖酒。到章宗时，由于农业生产的发展，粮食除满足食用外，已多有剩余，因而酒类专卖制度由榷酒改为榷曲，即政府酒务机构向百姓出售酿酒用的酒曲，由百姓自行酿酒。

金代中都地区所产的酒享有盛名，不但产酒量大，而且质量也好。所谓"燕酒名高四海传"[193]，醽醁、鹅黄、金澜酒均为名优特产。金章宗《命翰林待制朱澜侍夜饮》诗云："三杯淡醽醁，一曲冷琵琶。"[194] 完颜璹《思归》诗云："新诗淡似鹅黄酒，归思浓如鸭绿江。"[195]

关于"金澜酒"，《日下旧闻考》引《北辕录》说："燕山酒颇佳，馆宴所饷极醇厚，名金澜，盖用金澜水以酿之者。"又引《海陵集》曰："金澜酒，皓月委波光入牖。冰台避暑压琼觞，火炕敌寒挥玉斗。追欢长是秉烛游，日高未放传杯手。生平饮血狐兔场，酿麋为酒氊衣棠。犹存故事议茶食，金刚大镯胡麻香。五辛盈柈雁粉黑，岂解玉食罗云浆？南使来时北风冽，冰山峨峨千里雪。休嗟北酒不醉人，别有班觞下层阙。或言此酒名金澜，金数欲尽天意阑。醉魂未醒酸未复，会看骨肉争相残。一双宝榼云龙蟇，明日朝辞倒壶去。只留余沥酹昭台，帝乡自有蔷薇露。"[196] 南宋使者来到金中都，金统治者必赐"金澜酒二瓶"[197]。另外，金代，每于夏季，宫庭还在"冰窖造御酒"，此酒口味"甚清冽"[198]，是金统治者赐予宋使的常品。

金代中都的酿酒业十分发达。无论是在喧闹的市区，还是在僻静的山村，往往都有酒楼酒肆。"山花山雨相兼落，溪山溪云一样闲。野店无人问春事，酒旗风外鸟关关"[199]。"暖日园林可散愁，每逢花处尽迟留，青旗知是谁家酒，一片春风出树头"[200]。这些诗人吟咏酒肆的诗句，反映了燕京地区民间酿酒业的盛况。

七、采煤业

北京采煤素有"发轫于辽金以前，滥觞于元明以后"之说。民国《房山县志》载："木岩寺碑记创自天监二年，重葺于天庆元年（辽天祚帝年号），其碑有取煤于穴之文，是辽之前煤矿已经发现矣。"[201] 在门头沟区龙泉务村辽代瓷窑遗址考古挖掘中，也曾多次发现有用于烧瓷的煤渣。因此，北京地区煤的发现与开采利用，至少可上溯到辽金时期。

中都地区出产的画眉石具有多种用途。《日下旧闻考》引《燕山丛录》："宛平西斋堂村产石，黑色而性不坚，磨之如墨。金时宫人多以画眉，名曰眉石，亦曰黛石。"[202] 又引《析津志》："画眉石出斋堂，其石烧锅铫盘虽百年亦不损坏，以此得名。"可见，"画眉石"在金时既可用作妇女的化妆用品，还可用作燃料。

金代中都，民间已出现以煤为燃料的暖炕。金代诗人赵秉文《滏水文集》中有一首诗，谈到中都煤的使用："京师苦寒岁，桂玉不易求；斗粟换束薪，掉臂不肯酬。日橐五升米，未有旦夕忧；近山富黑壨，百金不难谋。地炕规玲珑，火穴通深幽；长舒两脚睡，瑗律初回邹。门前三尺雪，鼻息方齁齁；田家烧榾柮，湿烟泫泪流。浑家身上衣，灸背晓未休；谁能献此术，助汝当衾裯。"[203] 中都地区西山所产"黑壨"，可以供应燃烧精致的地炕，使卧者可以舒服地安睡。这种黑色固体燃料，即指以后的煤。金代中都的煤不仅为人工开采，而且可以出售供人取暖之用。

八、营造业

1. 中都城的营建

(1) 营建的背景

金中都是海陵王完颜亮迁都燕京后，在北京原始聚落的旧址上发展起来的最后一座大城，在城市建筑上有承上启下的作用。

完颜亮南迁都城有着深刻的政治、军事、经济、地理环境等社会原因和自然因素。1141 年熙宗在位时，金宋双方达成和议，金的统治区域扩大到淮水流域以北的广大地区。金国以会宁为都城，难以控制黄、淮地区，指挥南下用兵也感到鞭长莫及。国都南迁势在必行。熙宗还没来得及实行迁都就被完颜亮弑杀。

完颜亮即位后，次年下诏向群臣征求对迁都的看法。右丞相梁汉臣进言："燕京自古霸国，虎视中原，为万世之基。"[204] 兵部侍郎何卜年亦曰："燕京地广土坚，人物蕃息，乃礼仪之所，郎主可迁都。北番上都，黄沙之地，非帝居也。"[205] 当完颜亮问到"朕栽莲二百本而俱死"的原因时，梁汉臣又说："自古河（江）南为橘，江北为枳，非种者不能，盖地势然也。上都地寒，惟燕京地煖，可栽莲。"[206] "内外臣僚上书者，多谓上京僻在一隅，转漕艰而民不便，惟燕京乃天地之中，宜徙都燕以应之，与主意合"[207]，完颜亮心中大喜。天德三年（1151 年），海陵王在颁发的《议迁都燕京诏》中说："昨因绥抚南服，分置行台。时则边防未宁，法令未具。本非永计，只是从权。"在行台既撤之后，"京师粤在一隅，而方疆广于万里。以北则民清而事简；以南则地远而事繁。深虑州府申陈，或至半年而往复；闾阎疾苦，何由期月而周知。供馈困于转输，使命苦于驿顿"[208]。遂决定营建燕京城，准备迁都。

除天时、地利条件外，完颜亮迁都燕京还有人和因素方面的考虑。海陵王是以庶长通过谋弑而取得帝位，宗室中对他多怀不满和不服。

这种情况更加深了海陵王为借迁都而彻底打击守旧派贵族，以摆脱他们的阻挠而加速政治革新的决心。

（2）宫殿建设

天德三年（1151 年），海陵王完颜亮派张浩、张通古、蔡松年等负责燕京城的改造和扩建。当时调集了全国大批能工巧匠及各种建筑工人，"所用军民夫工匠，每四月一替。近者不下千百里，远者不下数千里"[209]。中都城的修建历时三年之久，役使民夫 80 万，士兵 40 万。从涿州到燕京，把夫匠排成一长列，用筐传递运送土石方，"空筐出，实筐入，人止土一畚，不日成之"[210]。繁重的劳作和酷暑瘟疫，使许多夫匠因以致死。《三朝北盟会编》记载："其河北人，夫死损大半。其岭北西京路，夫七八千人得归者无千余人，可见人民冤苦。"[211]

工程分为城池扩建和宫殿兴修两大部分。宫阙制度模仿北宋汴京，《元一统志》就记载说："海陵……筑燕京，制度如汴"。关于中都的城池建设和宫阙制度，下文予以详述，此不赘。中都的主要门楼、殿宇皆用青色琉璃瓦覆盖，门上饰以金钉[212]。除去张浩等取真定府潭园的材木外[213]，不少宫殿的门窗、陈设和装饰品，也是攻占汴京后拆运来中都的。中都宫殿建筑"凡九重，殿凡三十有六，楼阁倍之"[214]。这些宫殿建设耗费极大，其建筑皆以黄金五彩为饰，所谓"运一木之费至二千万，牵一车之力至五百人。宫殿之饰，遍傅黄金而后间以五采，金屑飞空如落雪。一殿之费以亿万计。"[215]

金代宫殿建筑的极尽奢华，令南宋使臣见了也为之惊叹。范成大《揽辔录》中就有金中都建筑"工巧无遗力，所谓穷奢极侈者"之记载。由于过分地追究形式和华饰，造成建筑的质量窳劣，因而必须经常维修粉饰。世宗曾因此而感叹辽时的仁政殿，全无华饰，经久不坏。说明金宫殿的质量比起辽来要低劣很多。

（3）城内宫阙制度

新建的中都城是沿袭辽燕京城，进行大规模的改造扩建而成的。城共有三重，最外面的大城在东西南三面比旧城大大向外扩展，北城墙基本未动。有名的汉两燕王墓，辽时在东城之外，经过扩建后，已被围在东城之内。大城中部的前方为皇城，故址在今广安门内，为长方形小城，皇城之内又有宫城。中都城的外层大城周长三十七里余（实测为 18.69 公里），略成方形，设城门 13 座：东为施仁、宣曜、阳春；南为景风、丰宜、端礼；西为丽泽、颢华、彰义；北为会城、通玄、崇智、光泰[216]。各门三道，南墙中门丰宜门五道。

皇城在大城内中央稍偏西南，周长 9 里左右。宫城在皇城北部，四面各墙于正中开 1 门，南门左右有掖门。宫城正东为宣华门，正南为应天门，正西为玉华门，正北为拱辰门。主要宫殿建筑是从城南门丰宜门，北通宣阳门、拱辰门的直线为中轴线展开的。

　　沿着柳阴匝地的大道入丰宜门，前面就是龙津桥。桥下河水东流，水清而深。桥以燕石构成，颜色洁白，上面镌镂着精巧的图画。桥分 3 道，中间是御道。循御道进入皇城的南门宣阳门，夹道有沟，沿沟植柳，道旁为东西千步廊。文楼、来宾馆、太庙分布在廊之东；武楼、会同馆、尚书省在楼之西。再往北便是宫城的正南门应天门，四角皆有垛楼，覆琉璃瓦，金钉朱户。千步廊北端，在应天门横街南侧，又分别转向东西各百余间，直到应天门东西的左右掖门为止，中间圈成了"丁"字形的宫庭广场。皇城内的这种布局，明显地与北宋的汴京相近。

　　中都的宫殿也受到汴京宫殿的影响。在建设前先遣画工"写京师（指汴京）宫室制度，至于阔狭修短，曲尽其数，授之左相张浩辈，按图以修之"。[217]因此建筑制度大致亦如汴京而更为规整，宫前广场的形制几乎完全是汴京的翻版。

　　宫城内部亦仿自汴京，但纠正了汴宫前后两座宫院未能对中的不足，其大安殿院和仁政殿院都坐落在中轴线上。大安、仁政二院之间有一横长过院，四面皆门，东西门名左、右嘉会门。按照汴宫做法，可能通过这两座门也会有连接宫城东、西华门的横街。范成大《揽辔录》称大安殿为"前殿"，相当于大朝，为金朝皇帝举行盛大庆典的地方。大安殿以北的仁政殿曰"常朝"，是皇帝临朝听政的地方，也是宫城中的主要建筑。仁政殿是在辽的旧殿基础上改建而成的。又孙承泽《春明梦余录》记金宫城"正中位曰皇帝正位，后曰皇后正位"[218]，似乎仁政殿又相当于后寝。若果然，以后的元代皇宫就是对金宫的直接继承，并一直影响到明清[219]。

　　金中都居民的坊区已经由辽南京时期的 26 坊扩展为甘泉、会仙、棠阴、时和、延庆、开源、显忠、衣锦、仙露、嘉会、广源、开阳东、开阳西、常清、永乐、美俗等 60 坊。辽南京封闭式的诸坊格局，是承唐代蓟城之制。北宋建都开封时，废弃了汉唐以来城市划分为"坊"的封闭格局，实行开放式模式，诸坊之间不设坊墙。中都兴建时，大多参考汴京之制，故城市亦为开放式，无坊墙之设。元明清三朝在城市的建设中皆袭中都之制。

　　金中都城内还建有社稷坛、太庙及大圣安寺等寺庙建筑。大定七年（1167 年），金在中都建社稷坛。《金史·礼志》曰："社为制，其外四周为垣，南向开一神门，门三间。内又四周为垣，东西南北各开一神门，门三间，各列二十四戟。四隅连饰罘罳，无屋，于中稍南为坛位，令三方广阔，一级四陛。以五色土各饰其方，中央覆以黄土，其广五丈，高五尺。其主用白石，下广二尺，剡其上，形如钟，埋其半，坛南，栽栗以表之。近西为稷坛，如社坛之制，而无石主。四瀆门各五间，两塾三门，门列十二戟。瀆有角楼，楼之面皆随方色饰之。馔幔四楹，在北瀆门西，北向。"[220]

据《金史》记载，金初本来没有宗庙，金太祖驾崩之后，曾在上京宫城的西南陵上建宁神殿祭享，从此诸京开始先后立庙，但唯有京师庙称为太庙[221]。天德四年（1152年），有司提议在中都兴建太庙，又重新立原庙。海陵于是"名其宫曰衍庆，殿曰圣武，门曰崇圣"[222]。贞元初，海陵王迁至中都后，"乃增广旧庙，奉迁祖宗神主于新都，三年十一月丁卯，奉安于太庙"。[223]

中都的社稷坛和太庙，是北京地区首次开始兴建代表国家礼制思想的坛庙建筑。虽然早在隋炀帝时期，为了远征高丽，曾在粮饷物资集结地的幽州南的桑干河上建过社稷二坛，但真正在今北京地区内兴建坛庙是在金代，由此而言，金中都开创了北京坛庙建设的先河。金中都的坛庙形制同样吸纳了中原的坛庙制度，为元明清政权的坛庙建制的发展和完善奠定了基础。[224]

中都城内兴建的寺院建筑有大延寿寺、普济院、建福院、资福寺、义泉寺、永庆寺、十方观音院等，其中具有代表性的是大延寿寺。金熙宗天会年间（1123—1135年），帝后出金钱数万营缮费修建大圣安寺，建成后皇统初赐名大延寿寺。大定三年（1163年），任命晦堂大师为该寺主持。同时，"内府出重币以赐焉，六年新堂成，崇五仞，广十筵，轮奂之美，为郡城冠"[225]。

苑囿建筑为宫阙制度之重要内容，金在营建宫殿的同时，也开始了皇家园林的建设。中都城内苑囿以东、西、南、北四苑为主，还有其他的小型园林。其中，又以皇城内之西苑最为主要，它地近宫城，是金帝及皇室经常游玩的场所。[226]

2. 中都城郊建筑

（1）坛庙建筑

金中都在城外四郊分东、西、南、北各建朝日坛、夕月坛、南郊圆丘坛（天坛）、北郊方丘坛（地坛）。据《金史》记载："朝日坛曰大明，在施仁门外之东南，当阙之卯地，门瀆之制皆同方丘。夕月坛曰夜明，在彰义门外之西北，当阙之酉地，掘地污之，为坛其中。"南郊坛在丰宜门外，"当阙之巳地。圆坛三成，成十二陛，各按辰位。澶墙三匝，四面各三门。斋宫东北，厨库在南。坛、澶皆以赤土圬之"。北郊坛在在通玄门外，"当阙之亥地。方坛三成，成为子午卯酉四正陛。方澶三周，四面亦三门"。[227] 中都四郊天、地、日、月坛的建立，为北京建立四坛之始，其制度一直为元明清的都城建设所继承。

四坛之外，金在中都城外还建有风雨雷师坛和高禖坛等。明昌五年（1194年），金在景风门外和端礼门外建风雨雷师坛。《金史·礼志》记："为坛于景丰（风）门外东南，阙之巽地，岁以立春后丑日，以祀风师……又为坛于端礼门外西南，阙之坤地，以立夏后申日以祀雨师……是日，祭雷师于位下。"[228]

明昌六年（1195年），金又在景风门外筑高禖坛。《金史·礼志》载："筑坛于景风门外东南端，当阙之卯辰地，与圜丘东西相望，坛如北郊之制。岁以春分日祀青帝、伏羲氏、女娲氏，凡三位，坛上南向，西上。姜嫄、简狄位于坛之第二层，东向，北上。"[229]

（2）行宫御苑建筑

金建于中都城四周的行宫御苑也很多，现择其要者述之。

大宁宫。金世宗大定十九年（1179年）在辽代瑶屿行宫基址上兴建的大宁宫（今北海公园），是金中都地区规模最大的苑囿。大宁宫建成后名称屡易，"后更为寿宁，又更为寿安，明昌二年更为万宁宫"[230]。金统治者征发大批士卒、民夫和工匠，掘土造湖，赐名太液池，又堆砌假山，叠筑琼华岛。相传琼华岛上的假山石为北宋汴京的"艮岳"旧物。所谓"艮岳"，也叫万岁山，是宋徽宗在汴京城用从各地征集的奇石，由人工培筑的一座假山。大宁宫环湖而筑，琼林苑中筑有横翠殿、宁德宫，西园有瑶光台、瑶光楼。大宁宫殿堂很多，明昌六年（1195年）五月，"命减万宁宫陈设九十四所"[231]，陈设已裁减的就有94处之多，其宫殿群之庞大，是可以想见的。

建春宫。建春宫位于中都城南（今南苑之地）。《金史·地理志》载，大兴"有建春宫"[232]。《金史·章宗纪》记载，承安元年（1196年）二月，"幸都南行宫春水"[233]；三年（1198年）正月，"以都南行宫名建春"[234]。史载表明，此宫为金章宗时正式命名的。建春宫的建筑规模应不小，金章宗有《建春宫》诗描述："五云金碧拱朝霞，楼阁峥嵘帝子家。三十六宫帘尽卷，东风无处不扬花。"[235] 此外，从建春宫可久居，亦可处理国政，也可看出此宫规模较大。承安三年（1198年）二月己巳朔，"幸建春宫……甲申，至自建春宫"[236]，从己巳到甲申，章宗在此宫居住半月之久。有时在此处理政务，泰和五年（1205

年）二月己亥，"如建春宫甲寅，制盗用及伪造都门契者罪，视宫城门减一等。三月庚申，还宫"[237]。

此外，金中都的西北郊也建有行宫别馆，在今颐和园址建有完颜亮的行宫，玉泉山有金章宗建的行宫芙蓉殿，香山和今日的钓鱼台国宾馆址也曾建筑过金帝的行宫别苑。

（3）寺塔建筑

金对佛教的信仰与尊崇虽与辽相比有些逊色，但出于统治的需要，在辽寺塔建筑的基础上，金统治者也兴修了许多较有影响的寺塔。除上文提到的中都城内的寺庙外，中都郊区的寺庙有大永安寺、大延圣寺、大明寺、永庆寺、净宁寺等。其中具有代表性是大永安寺。

大永安寺位于中都城西南的香山。据《元一统志》记载，按旧记金翰林修撰党怀英奉敕书："昔有上下二院，皆狭隘，凿山拓地而增广之。上院则因山之高前后建大阁，复道相属，阻以栏槛，俯而不危。其北曰翠华殿，以待临达，下瞰众山，田畴绮错。轩之西叠石为峰，交植松竹，有亭临泉上。钟楼经藏，轩窗亭户，各随地之宜。下院之前树三门，中起佛殿，后为丈室云堂，禅僚客房，旁则廊庑库厨之属，靡不毕兴。千楹林立，万瓦鳞次。向之土木，化为金碧丹砂。旃檀琉璃，种种庄严，如入众香之国。金大定二十六年太中大夫尚书吏部侍郎兼翰林直学士李晏撰碑云。"又按泰和元年（1201年）四月翰林应奉虞良弼碑记："旧有二寺，上曰香山，下曰安集、金世宗重道思，振宗风，乃诏有司合为一，于是赐名永安寺。"[238]又《金史·世宗纪》记载，大定二十六年（1186年）三月，"香山寺成，幸其寺，赐名大永安，给田二千亩，栗七千株，钱二万贯。"[239]以上材料表明，大永安寺开始分上、下二院，后合为一，其建筑规模相当宏大，设计尤为精致，是中都郊区一所非常华丽的寺院。

北京地区的金塔遗存不及辽塔多，主要有六角形和八角形的密檐式塔、覆钵式及花式塔等，其中以六角形居多。较具代表性的有潭柘寺塔院的金塔、镇岗塔、圆正法师塔等。

门头沟区潭柘寺塔院中的金代密檐式佛塔主要有广慧通理禅师塔、奇公长老塔、言公长老塔和了公长老塔等。这些塔的塔身大多使用汉白玉石雕筑，其上7层或5层，结构基本为六角形、八角形的密檐式塔，但在细节装饰上各塔略有不同。

广慧通理禅师塔建于金大定十五年（1175年），为砖砌八角形七层密檐式塔，高约22米，塔基直径5.8米。二层须弥座上方由砖雕莲花承托塔身。塔身4个正面设有券门，4个侧面设有格窗，塔身转角处设有砖雕圆柱，塔身顶端每面都有砖雕如意云头 3 个。塔刹为覆钵式小塔。

奇公长老塔，高约 4.75 米，为汉白玉石雕筑而成的六角形七层密檐式塔，其石雕六角形须弥座上由二层莲花瓣承托塔身。塔身刻有塔铭和故奇公长老生平。塔刹由莲花承托宝珠。

言公长老塔建于金大定二十八年（1188 年）六月，高约 4 米，全部为汉白玉石雕成的六角形五层密檐式塔。其石雕须弥座的束腰 6 面各雕有兽头 1 个，座上由雕刻莲花瓣承托塔身，顶端为宝珠塔刹。

了公长老塔建于金泰和四年（1204 年），高约 4.75 米，为汉白玉石雕筑而成的六角形五级密檐式塔。石雕六角形须弥座的束腰部分雕有狮子头像，座上由二层莲花承托塔身。塔身刻有了公画像及铭文。塔刹由莲花瓣承托宝珠组成。[240]

丰台区长辛店乡云岗村的镇岗塔，高 18 米，为砖砌实心花塔。塔座呈八角形，用砖雕砌成斗拱，拱眼壁雕满花饰、兽头、神像等图案。塔身为八角形，转角处为圆柱，东、南、西、北的正面为菱形格子门，其他 4 面为直棂窗。由塔身上部挑出短檐的一层须弥座，承托着七层佛龛组成的相轮，各层佛龛相互交错，逐渐内收，组成一个锥形花束。第一层佛龛为双层楼阁式方塔，第二层以上为单层亭式方塔。从第二层相轮以上，每个佛龛内端坐着一尊或举双手、或举单手、或双手合十的佛像。塔刹由八角形须弥刹座、宝珠组成。[241]

门头沟区淤白村的圆正法师塔建于金皇统六年（1146 年），这座砖砌六角形三层密檐式塔，高约 10 米，坐北朝南。砖砌六角形须弥座高约 2.5 米，座上部由砖雕三层仰莲承托塔身。塔身每面设有券门和假窗，塔身上部为三层叠涩密檐，密檐上方由砖砌覆钵式刹座承托十三天相轮。刹顶为铁制宝珠。此塔造型结构的突出特点，是塔的下半部为砖砌密檐式、塔的上半部转化为砖砌覆钵式。这种双重形式于一塔，为我国古塔中所罕见。[242]

3. 卢沟桥的建造

金代在中都城附近进行的一系列水利工程建设，如金口河、高梁河西河、坝河、闸河等，经过几百年之后，都已经湮没不见了。但是在今天北京城西南永定河上的卢沟桥，经过了八百余年的风风雨雨，仍然屹立在北京的大地上。

卢沟桥原为浮桥。金代为了解决漕运之不足，积极改善陆路交通，决定在卢沟河的渡口上，修建一座大的石桥。《金史·河渠志》记："（大定）二十八年五月，诏卢沟河使旅往来之津要，令建石桥。未行而世宗崩。章宗大定二十九年六月，复以涉者病河流湍急，诏命造舟，既而更命建石桥。明昌三年三月成，敕命名曰广利。"[243] 广利桥即今天的卢沟桥，是金代留下来的巨大工程实例。

卢沟桥 11 个涵孔，全长 266.5 米，宽 7.5 米，是现存最古老的连续石拱桥。永定河河面甚宽，水量无定，枯水时仅涓涓细流，雨至辄山洪迅发，故不通航，拱高不需太大而拱数须多。桥面基本水平，以利车马通行。卢沟桥建成后，道路经太行山麓，通往华北各地，同时又把各地所征收的粮税和物资集中到中都。

这座桥修建工程无论是在设计上或是修建的质量上，都非常完美，桥身坚固，所需的石料都加以精选，石板之间都以铁钉锁锢。桥墩呈菱形，以减少洪水的冲力。桥墩的尖端以三角铁锢之，俗称为"斩凌剑"。当春洪来临时，冰凌浮于水上，"斩凌剑"即发挥它的威力，将浮冰破碎后，顺利通过桥洞。

卢沟桥拱券采用矢跨度很大的纵横式砌拱法，使整个拱券成为一个整体。匠师们将正中一拱跨径微微加大，矢高增加，由此向两头对称地逐拱递减，桥身显出中间略高两头渐低的平滑曲线，各拱也显出渐变韵律，用很经济的手法消除了平桥的僵直感。

意大利旅行家马可波罗《马可波罗行纪》谓此桥"长三百步，宽逾八步，十骑可并行于上"[244]。桥身两侧石雕栏板各有望柱 140 根，柱头上均雕有卧伏的大小石狮共 485 个，神态各异，栩栩如生。该桥由于气魄宏伟、雕刻精湛，加之桥头御碑亭里立有清乾隆所题"卢沟晓月"碑，引起多少文人墨客对它咏叹。马可波罗称此桥为"各处桥梁之美鲜有及之者"[245]。

卢沟桥雄伟宏丽，精巧雕饰，代表了金代在桥梁建筑工程上已经走在世界最前列。

注释：

（1）《辽史》卷四《本纪第四·太宗下》。

（2）《辽史》卷十五《本纪第十五·圣宗六》。

（3）《金史》卷二十四《志第五·地理上·中都路》。

（4）尹钧科主编：《北京建置沿革史》，人民出版社 2008 年版，第 122—129 页。

（5）《辽史》卷四十八《志第十七下·百官志四》。

（6）《辽史》卷六十《志第二十九·食货志下》。

（7）《辽史》卷二十二《本纪第二十二·道宗纪二》。

（8）《辽史》卷六十二《志第三十一·刑法志下》。

（9）《辽史》卷二十四《本纪第二十四·道宗四》。

（10）《辽史》卷二十五《本纪第二十五·道宗五》。

（11）《辽史》卷六十《志第二十九·食货志下》。

（12）文物编辑委员会：《文物考古工作三十年（1949—1979）》，文物出版社1979年版，第7页。

（13）（清）徐松：《宋会要辑稿》第一百九十六册《蕃夷一》，中华书局1957年版，第7675页。

（14）彭善国：《辽代陶瓷的考古学研究》，吉林大学出版社2003年版，第42—44页。

（15）阎文儒等：《山西应县佛宫寺释迦塔发现的〈契丹藏〉和辽代刻经》，载《文物》1982年第6期。

（16）《北京工业志》编委会编：《北京工业志·印刷志》，中国科学技术出版社2001年版，第40页。

（17）（宋）王辟之：《渑水燕谈录》卷七《歌咏》。

（18）陈述：《辽金史论集·第一辑》，上海古籍出版社1987年版，第151、218—219页。

（19）《辽史》卷二十二《本纪第二十二·道宗纪二》。

（20）鲁琪：《北京门头沟区龙泉务发现辽代瓷窑》，载《文物》1978年第5期。

（21）赵光林：《近几年北京发现的几处古代瓷窑址》，见文物编辑委员会编：《中国古代窑址调查发掘报告集》，文物出版社1984年版，第409、413页。

（22）《北京考古四十年》第四编·第一章·第四节，北京燕山出版社1990年版。

（23）赵光林、马希桂：《北京地区古窑址调查综述》，见赵光林：《古陶瓷的收藏与研究》，中国书籍出版社2007年版，第47页。

（24）黄秀纯、齐鸿浩：《门头沟区龙泉务古瓷窑址》，见苏天钧主编：《北京考古集成5 宋辽》，北京出版社2000年版，第255页。

（25）鲁琪：《北京门头沟区龙泉务发现辽代瓷窑》，载《文物》1978年第5期。

（26）彭善国：《辽代陶瓷的考古学研究》，吉林大学出版社2003年版，第38页。

（27）鲁琪：《北京门头沟区龙泉务发现辽代瓷窑》，载《文物》1978年第5期。

（28）《辽史》卷六十《志第二十九·食货下》。

（29）（宋）叶隆礼：《契丹国志》卷二十二《四京本末·南京》，上海古籍出版社1985年版，第217页。

（30）黄秀纯：《北京龙泉务窑址简介》，载《北京文博》1997年第2期。

（31）黄秀纯：《龙泉务窑窑具及装烧工艺》，载《文物春秋》1997年第38期。

（32）赵光林：《近年北京地区发现的几处古代琉璃窑址》，载《考古》1986年第 7 期。

（33）黄秀纯、齐鸿浩：《门头沟区龙泉务古瓷窑址》，见苏天钧主编：《北京考古集成 5 宋辽》，北京出版社 2000 年版，第 255 页。

（34）黄秀纯：《龙泉务窑窑具及装烧工艺》，载《文物春秋》1997 年第 38 期。

（35）此条内容主要参考，赵光林：《近几年北京发现的几处古代瓷窑址》，见文物编辑委员会编：《中国古代窑址调查发掘报告集》，文物出版社 1984 年 10 月版，第 409—413 页。

（36）赵光林：《北京最早的陶瓷窑址》，载《北京文物报》1989 年第 13 期。

（37）此条内容主要参考，赵光林：《近几年北京发现的几处古代瓷窑址》，见文物编辑委员会编：《中国古代窑址调查发掘报告集》，文物出版社 1984 年 10 月版，第 408—409 页。

（38）辽宁省博物馆：《辽宁省博物馆馆芷辽瓷选集》图版 101。

（39）冯永谦：《辽宁省建平、新民的三座辽墓》，载《考古》1960 年第 2 期。

（40）雁羽：《锦西西孤山辽肖孝忠墓清理简报》，载《考古》1960 年第 2 期。

（41）吉林省博物馆、哲里木盟文化局：《吉林哲里木盟库伦旗一号辽墓发掘简报》，载《文物》1973 年第 8 期。

（42）马希桂：《建国以来北京辽墓和塔基出土白瓷简述》，见苏天钧主编：《北京考古集成 5 宋辽》，北京出版社 2000 年版，第 260—265 页。

（43）厉鹗：《辽史拾遗》卷一引《唐明宗实录》，中华书局 1985 年版，第 11 页。

（44）（宋）叶隆礼：《契丹国志》卷二十二《四京本末·南京》，上海古籍出版社 1985 年版，第 217 页。

（45）（宋）叶隆礼：《契丹国志》卷二十一《外国贡进礼物》，上海古籍出版社 1985 年版，第 204 页。

（46）（清）徐松：《宋会要辑稿》第一百九十六册《蕃夷一》，中华书局 1957 年版，第 7690 页。

（47）北京市文化局文物调查研究组：《北京市双塔庆寿寺出土的丝、棉织品及绣花》，载《文物参考资料》1958 年第 9 期。

（48）《辽史》卷二十二《本纪第二十二·道宗纪二》。

（49）韩昉：《丁文道墓志铭》，见陈述辑校：《全辽文》卷十一，中华书局 1982 年版，第 317 页。

（50）（宋）叶隆礼：《契丹国志》卷二十四《王沂公行程录》，上海古籍出版社 1985 年版，第 231 页。

（51）北京市文物工作队：《北京出土的辽、金时代铁器》，载《考古》1963 年第 3 期。

（52）（宋）叶隆礼：《契丹国志》卷二十四《王沂公行程录》，上海古籍出版社 1985 年版，第 231 页。

（53）（明）宋应星：《天工开物》卷下《五金》，商务印书馆 1933 年版，第

232 页。

（54）（宋）叶隆礼：《契丹国志》卷二十四《王沂公行程录》，上海古籍出版社 1985 年版，第 231 页。

（55）《辽史》卷三十八《志第八·地理志二》。

（56）（宋）叶隆礼：《辽志·衣服制度》。

（57）杨复吉辑：《辽史拾遗补》卷五引《燕北杂记》，中华书局 1985 年版，第 133 页。

（58）（宋）叶隆礼：《契丹国志》卷二十四《王沂公行程录》，上海古籍出版社 1985 年版，第 230 页。

（59）《畿辅通志》卷五十七《舆地·山川门》。

（60）《辽史》卷六十《志第二十九·食货志下》。

（61）太平老人：《袖中锦》，见《四库全书》子部十·杂家类五（杂纂之属），《说郛》卷十二下。

（62）北京市文物工作队：《顺义县净光舍利塔基清理简报》，载《文物》1964 年第 8 期。

（63）齐心、刘精义：《北京市房山县北郑村辽塔清理记》，载《考古》1980 年第 2 期。

（64）朱天舒：《辽代金银器》，文物出版社 1998 年版，第 115 页。

（65）《辽史》卷六十《志第二十九·食货志下》。

（66）《辽史》卷六十《志第二十九·食货志下》。按，《辽史》卷四十八《志第十七下·百官志四》载，长春路钱帛司置于重熙二十二年，重熙无二十二年当系十二年之误。

（67）《辽史》卷六十《志第二十九·食货志下》。

（68）（宋）洪遵：《泉志》卷十一引赵至忠《虏廷杂记》，中华书局 1985 年版，第 54 页。

（69）（宋）洪遵：《泉志》卷十一，中华书局 1985 年版，第 53 页。

（70）（71）《辽史》卷六十《志第二十九·食货志下》。

（72）《辽史》卷四十《志第十·地理志四》。

（73）杨树森：《辽史简编》，辽宁人民出版社 1984 年版，第 176 页。

（74）中国佛教协会编辑：《房山云居寺石经》，文物出版社 1978 年版，第 5 页。

（75）据现存房山清宁四年（1058 年）赵遵仁撰《四大部成就碑记》云："迨及我兴宗皇帝之继位也……常念经碑敌广，匠役程遥，籍檀施则岁久难为，费常住则力乏惩办。重熙七年，于是出御府钱，委官吏贮之。"又据天庆八年（1110 年）志才撰《续秘藏石经塔记》说到："至大辽留公法师奏闻圣宗皇帝，赐普度坛利钱，续而又造。次兴宗皇帝赐钱又造。相国杨公遵勖、梁公颖奏闻道宗皇帝，赐钱造经四十七帙，通前上石，共计一百八十七帙。"可以看出，辽圣宗、兴宗、道宗三代皇帝皆赐钱资助刻经。

（76）参见吴梦麟：《房山石经述略》，见北京史研究会：《北京史论文集》，北京史研究会 1980 年编印，第 235—236 页。

（77）《大宝积经》一百二十卷《千字文》编号为［师］字至［乃］字十二号，为辽重熙十一年刻。但该经前部并无千字文编号，至［鸟］字起始见编号。（参见《房山石经之研究》，中国佛教协会出版社 1987 年版，第 172 页注文）

（78）国家文物局文物保护科学技术研究所等：《山西应县佛宫寺木塔内发现辽代珍贵文物》，载《文物》1982 年第 6 期。

（79）《北京工业志》编委会编：《北京工业志·印刷志》，中国科学技术出版社 2001 年版，第 42 页。

（80）《开宝藏》是北宋太祖开宝四年（971 年），在益州（四川成都）开雕，太宗太平兴国八年（983 年）雕造完成。

（81）《北京工业志》编委会编：《北京工业志·印刷志》，中国科学技术出版社 2001 年版，第 42—43 页。

（82）阎文儒等：《山西应县佛宫寺释迦塔发现的〈契丹藏〉和辽代刻经》，载《文物》1982 年第 6 期。

（83）《北京工业志》编委会编：《北京工业志·印刷志》，中国科学技术出版社 2001 年版，第 46 页。

（84）《辽史》卷二十三《本纪第二十三·道宗纪三》。

（85）《辽史》卷一百十五《二国外纪第四十五·高丽》。

（86）阎文儒等：《山西应县佛宫寺释迦塔发现的〈契丹藏〉和辽代刻经》，载《文物》1982 年第 6 期。

（87）周绍良：《房山石经与〈契丹藏〉》，见《房山石经之研究》，中国佛教协会出版社 1987 年版，第 175 页。

（88）雷德侯：《石类印板：房山云居寺石经与契丹藏》，2004 年龙门石窟国际学术研讨会宣读论文。

（89）阎文儒等：《山西应县佛宫寺释迦塔发现的〈契丹藏〉和辽代刻经》，载《文物》1982 年第 6 期。

（90）国家文物局文物保护科学技术研究所等：《山西应县佛宫寺木塔内发现辽代珍贵文物》，载《文物》1982 年第 6 期。

（91）《北京工业志》编委会编：《北京工业志·印刷志》，中国科学技术出版社 2001 年版，第 42 页。

（92）路振于宋真宗大中祥符元年（1008 年）出使辽朝，曾记燕京城"幅员二十五里"。（见《乘轺录》，载《宋朝事实类苑》）另，《宣和乙巳奉使行程录》（1125 年）（《三朝北盟会编》卷二十）记燕京城周长 27 里，与路振所记相近。《辽史·地理志四》则说南京"城方三十六里"，疑有误。

（93）《辽史》卷四十《志第十·地理志四》。

（94）萧默：《巍巍帝都：北京历代建筑》，清华大学出版社 2006 年版，第 24 页。

（95）《辽史》卷四《本纪第四·太宗下》。

（96）《辽史》卷八《本纪第八·景宗上》。

（97）《辽史》卷十七《本纪第十七·圣宗八》。

（98）《辽史》卷二十一《本纪第二十一·道宗一》。

（99）《辽史》卷二十七《本纪第二十七·天祚皇帝一》。

（100）《辽史》卷十七《本纪第十七·圣宗八》。

（101）《辽史》卷十八《本纪第十八·兴宗一》。

（102）《金史》卷八《本纪第八·世宗下》。

（103）李福顺主编：《北京美术史（上）》，首都师范大学出版社 2008 年版，第 89 页。

（104）赵兴华编著：《北京园林史话》，中国林业出版社 1994 年版，第 13 页。

（105）侯幼彬等：《中国古代建筑历史图说》，中国建筑工业出版社 2002 年版，第 102—103 页。

（106）萧默：《巍巍帝都：北京历代建筑》，清华大学出版社 2006 年版，第 244 页。

（107）北京市社会科学研究所《北京历史纪年》编写组编：《北京历史纪年》，北京出版社 1984 年版，第 87 页。

（108）《三朝北盟会编》卷九十八引赵子砥《燕云录》。

（109）（110）《金史》卷五十五《志第三十六·百官一》。

（111）（112）（113）（114）（115）（116）（117）（118）（119）（120）（121）（122）（123）（124）（125）《金史》卷五十六《志第三十七·百官二》。

（126）《金史》卷四十八《志第二十九·食货三·钱币》。

（127）《金史》卷五十六《志第三十七·百官二》。

（128）《金史》卷五十七《志第三十八·百官三》。

（129）《金史》卷五十八《志第三十九·百官四·百官俸给》。

（130）《金史》卷四十四《志第二十五·兵制·养兵之法》。

（131）《金史》卷五十八《志第三十九·百官四·百官俸给》。

（132）（宋）宇文懋昭：《大金国志校证》卷十四《纪年十四·海陵炀王中》，中华书局 1986 年版，第 197 页。

（133）《金史》卷四十六《志第二十七·食货一》。

（134）（135）（136）（137）《金史》卷四十八《志第二十九·食货三·钱币》。

（138）《金史》卷四十六《志第二十七·食货一》。

（139）《金史》卷四十八《志第二十九·食货三·钱币》。

（140）（141）《金史》卷四十九《志第三十·食货四·盐》。

（142）（143）《金史》卷四十九《志第三十·食货四·酒》。

（144）《金史》卷四十九《志第三十·食货四·金银之税》。

（145）《金史》卷七《本纪第七·世宗中》。

（146）《金史》卷四十八《志第二十九·食货三·钱币》。

（147）（148）（149）《金史》卷五十《志第三十一·食货五·榷场》。

（150）（151）《金史》卷四十九《志第三十·食货四·酒》。

（152）《金史》卷一百二十八《列传第六十六·循吏·刘焕》。

（153）《金史》卷四十三《志第二十四·舆服下》。

（154）《金史》卷十《本纪第十·章宗二》。

（155）《金史》卷二十四《志第五·地理上》。

（156）《金史》卷五十《志第三十一·食货五·榷场》。

（157）《四库全书》史部·政书类（仪制之属），《大金集礼》卷十八。

（158）《金史》卷四十三《志第二十四·舆服上》。

（159）北京市文物工作队：《北京出土的辽、金时代铁器》，载《考古》1963年第3期。

（160）北京市文物管理处：《北京市通县金代墓葬发掘简报》，载《文物》1977年第11期。

（161）《海淀南辛庄金墓》，载《北京考古信息报》1988年第2期。

（162）北京市文物管理处：《北京市通县金代墓葬发掘简报》，载《文物》1977年第11期。

（163）隆化县文物管理所：《河北隆化县发现金代窖藏铁器》，载《考古》1981年第4期。

（164）孔祥星：《中国古代铜镜》，文物出版社1984年版，第199—207页。

（165）（166）（167）《金史》卷四十八《志第二十九·食货三·钱币》。

（168）（宋）张世南：《游宦纪闻》卷二。

（169）《金史》卷四十八《志第二十九·食货三·钱币》。

（170）陈汉生主编：《中国古代经济法制史纲》，电子工业出版社1990年版，第347—348页。

（171）（宋）字文懋昭：《大金国志校证》卷十四《纪年十四·海陵炀王中》，中华书局1986年版，第197页。

（172）（明）何孟春：《余冬序录》卷五《外篇》。

（173）《金史》卷一百十三《列传第五十一·赤盏合喜》。

（174）《金史》卷一百十六《列传第五十四·蒲察官奴》。

（175）彭善国：《辽代陶瓷的考古学研究》，吉林大学出版社2003年版，第40页。

（176）（177）赵光林、马希桂：《北京地区古窑址调查综述》，见赵光林：《古陶瓷的收藏与研究》，中国书籍出版社2007年版，第50、51页。

（178）中国佛教协会编辑：《房山云居寺石经》，文物出版社1978年版，第7页。

（179）（180）《金史》卷五十一《志第三十二·选举一》。

（181）《金史》卷一百二十一《列传第五十九·忠义一》载："以全死节送史馆，镂版颁谕天下"。

（182）《金史》卷六十六《列传第四·始祖以下诸子》。

（183）张秀民：《金源监本考》，载《图书季刊》第2卷第1期，1935年。

（184）（185）《金史》卷九十九《列传第三十七·徒单镒》。

（186）（187）《金史》卷八《本纪第八·世宗下》。

（188）《金史》卷十《本纪第十·章宗二》。

（189）罗树宝：《中国古代印刷史》，印刷工业出版社 1993 年版，第 213—214 页。

（190）《金史》卷五十六《志第三十七·百官二》。

（191）（192）《金史》卷四十八《志第二十九·食货三·钱币》。

（193）（金）元好问：《中州集》卷八《王右辖许送名酒·久而不到·以诗戏之》，中华书局 1959 年版，第 398—399 页。

（194）（金）刘祁：《归潜志》卷一，中华书局 1983 年版，第 3 页。

（195）（金）元好问：《中州集》卷五《思归》，中华书局 1959 年版，第 275 页。

（196）（197）（198）（清）于敏中等：《日下旧闻考》卷一百四十九，引《海陵集》，北京古籍出版社 1985 年版，第 2376、2377 页。

（199）（金）元好问：《中州集》卷五《即事二首》，中华书局 1959 年版，第 194—195 页。

（200）（金）元好问：《元遗山诗集笺注》卷十一《杏花村杂诗十三首》之四，人民文学出版社 1958 年版，第 536 页。

（201）（民国）廖飞鹏、高书官纂修：《房山县志》卷五《实业·矿业》，1928 年版。

（202）（清）于敏中等：《日下旧闻考》卷一百五十，北京古籍出版社 1985 年版，第 2403—2404 页。

（203）（金）赵秉文：《闲闲老人滏水文集：附补遗》卷五《夜卧炕暖》，中华书局 1985 年版，第 63 页。

（204）《三朝北盟会编》卷二百四十三。

（205）（206）（207）（宋）宇文懋昭：《大金国志校证》卷十三《纪年·海陵炀王上》，中华书局 1986 年版，第 186—187 页。

（208）（宋）李心传：《建炎以来系年要录》卷一百六十二，绍兴二十一年（天德三年），中华书局 1956 年版，第 2650 页。

（209）《三朝北盟会编》卷二百三十。

（210）（元）熊梦祥：《析津志辑佚》，北京古籍出版社 1983 年版，第 1 页。

（211）《三朝北盟会编》卷二百三十。

（212）（清）孙承泽：《春明梦余录》（上册），北京古籍出版社 1992 年版，第 40—41 页。

（213）《金史》卷二十四《志第五·地理上·中都路》。

（214）（清）孙承泽：《春明梦余录》（上册），北京古籍出版社 1992 年版，第 40 页。

（215）《金史》卷五《本纪第五·海陵》。

（216）《金图经》所记无光泰门。《析津志辑佚》谓"改门曰清怡、曰光泰"。

（217）《三朝北盟会编》卷二百四十四。

（218）（清）孙承泽：《春明梦余录》（上册），北京古籍出版社1992年版，第40页。

（219）萧默：《巍巍帝都：北京历代建筑》，清华大学出版社2006年版，第29页。

（220）《金史》卷三十四《志第十五·礼七·社稷》。

（221）《金史》卷三十《志第十一·礼三·宗庙》。

（222）《金史》卷三十三《志第十四·礼六·原庙》。

（223）《金史》卷三十《志第十一·礼三·宗庙》。

（224）李福顺主编：《北京美术史（上）》，首都师范大学出版社2008年版，第94页。

（225）（元）孛蘭肹等撰、赵万里校辑：《元一统志》卷一《中书省统山东西河北之地·大都路·古迹》，中华书局1966年版，第34页。

（226）有关中都城内苑囿具体内容，参见赵兴华编著：《北京园林史话》，中国林业出版社1994年版，第15—18页。

（227）《金史》卷二十八《志第九·礼一》。

（228）《金史》卷三十四《志第十五·礼七·风雨雷师》。

（229）《金史》卷二十九《志第十·礼二·高禖》。

（230）《金史》卷二十四《志第五·地理上·中都路》。

（231）《金史》卷十《本纪第十·章宗二》。

（232）《金史》卷二十四《志第五·地理上·中都路》。

（233）《金史》卷十《本纪第十·章宗二》。

（234）《金史》卷十一《本纪第十一·章宗三》。

（235）（金）刘祁：《归潜志》，中华书局1983年版，第3页。

（236）《金史》卷十一《本纪第十一·章宗三》。

（237）《金史》卷十二《本纪第十二·章宗四》。

（238）（元）孛蘭肹等撰、赵万里校辑：《元一统志》卷一《中书省统山东西河北之地·大都路·古迹》，中华书局1966年版，第35页。

（239）《金史》卷八《本纪第八·世宗下》。

（240）（241）（242）薛增起、薛楠：《北京的塔》，北京出版社2002年版，第159—168、123、217页。

（243）《金史》卷二十七《志第八·河渠·卢沟河》。

（244）（245）冯承钧译：《马可波罗行纪》，中华书局1954年版，第418页。

第七章　元　代

金宣宗贞祐三年（1215 年），蒙古军攻克金中都。窝阔台六年（1234年），金朝灭亡。至元八年（1271 年），世祖忽必烈建国号曰"元"。十六年（1279 年），统一全国。顺帝至正二十八年（1368 年），元为朱明所灭。从蒙军攻入金中都直至元终，元统治大都地区长达 150 余年。

至元九年（1272 年）二月，元世祖"改中都为大都"[(1)]，定为首都。二十一年（1284 年），置大都路都总管府，"领院二、县六、州十。州领十六县"[(2)]。二院即左右警巡院，设于城区，分领坊市民事。大兴、宛平、良乡、昌平、永清、宝坻 6 县直属大都路。

大都路下辖的 10 州之中有 7 州全部或部分在今北京境内，即：通州所领的潞县和三河县北部、漷州之武清县北部、涿州之房山县、蓟州之平谷县、龙庆州（今北京延庆县）之东部、顺州（今顺义县）及檀州（今密云县）。此外，今北京市怀柔区北部和密云县西部，在元代为上都路属地。

大都是元代北方最发达的手工业中心城市，它几乎集中了当时最重要的手工业部门，如织造（丝织、毡罽）、军器制造、矿冶、采煤、酿酒、营造建筑等行业，其发展状况反映了元代手工业的最高水平。元代大都手工业有官办和民间的两种。官营手工业由于作为全国政治中心地位的确立而迅速发展，同时官手工业的缺陷和弊端也在经营过程中愈益显露出来。民间手工业生产虽在丝织、矿冶、酿酒、采煤等行业上有较快发展，但相对官手工业而言，由于受到诸多限制而较为逊色。

元大都的官营手工业空前发达，不仅在生产规模和产量上超越辽南京及金中都，生产技术方面更是集中西之大成，有不少创新发明，产品精美而且丰富多样。

第一节 大都的官营手工业

元代的官手工业，种类繁多，机构庞大。《经世大典》列其大类有宫苑、官府、仓库、城郭、桥梁、河渠、郊庙、僧寺、道宫、庐帐、兵器、卤簿、玉工、金工、木工、抟埴之工、石工、丝枲之工、皮工、毡罽之工、画塑之工、诸匠共 22 个门类[3]。归纳起来，主要包括土木工程、兵器、金工、玉工、丝枲、皮毛等几个大类。大都的官手工业基本涉及以上诸多领域的内容。

一、管理机构与经营措施

1. 管理机构及其职能

元代大都的手工业机构，主要有工部、大都留守司、将作院、武备寺等生产管理部门。从生产服务对象来看，这些机构又可分为工部与内廷（包括大都留守司、将作院、武备寺等）两大系统。当然，两者间的区分不是十分严格的。

据《元史·百官志》所载，工部是手工业的主管部门，"掌天下营造百工之政令。凡城池之修浚，土木之缮葺，材物之给受，工匠之程序，铨注局院司匠之官，悉以任之"。[4]工部不仅制定国家手工业政策法令、拨付生产物料、制定产品标准式样、任命匠官等事务，而且还直接实施造作。工部的下属机构共计50个，其中包括局、院、场、所等29个直属生产单位[5]。

工部属下的生产机构主要有：诸司局人匠总管府，"掌毡毯等事"，设有毡局、染局、蜡布局等生产行业。诸色人匠总管府，"掌百工之技艺"，专门从事绘塑佛像、制蜡、铸铜、金银器皿、镔铁、玛瑙玉器、石木油漆等行业生产。大都人匠总管府，辖有绣局、纹锦总院、涿州罗局等局院。提举右八作司，"掌出纳内府漆器、红瓮捎只等"，并在都局院从事镔铁、铜、钢、鍮石、东南简铁，两都支持皮毛、杂色羊毛、生熟斜皮、马牛等皮、鬃尾、杂行沙里陀等手工业生产。提举左八作司，"掌出纳内府毡货、柳器等物"。提举都城所，"掌修缮都城内外仓库等事"。受给库，"掌京城内外营造木石等事"。此外，还有制造撒答剌欺、纳失失金锦、陶瓷、刺绣的各种手工业局院等。需要指出的是，诸色人匠总管府所属的玛瑙玉局、镔铁局、油漆局、银局、石局等部门，主要是为宫庭和都城服务的机构。

在工部系统之外，还有将作院、大都留守司、武备寺、储政院、中政院、太仆寺、尚乘寺、利用监、中尚监等内廷诸王贵族所属的局院。各司其事，不相统属。

将作院，"掌成造金玉、珠翠、犀象、宝贝、冠佩、器皿，织造刺绣段匹纱罗，异样百色造作"[6]，其属主要是诸路金玉人匠总管府，"掌造宝贝、金玉、冠帽、系腰束带、金银器皿、并总诸司局事。"有从事制玉、金银器皿、玛瑙金丝、鞓带斜皮、雕木、温犀玳瑁、漆纱冠冕、装订、浮梁磁、绘画等手工业局院十余所。

将作院等内廷系统是专司御前供奉的，因此其产品无论在质量，还是式样与种类上都是工部无法比拟的。元人对此亦有论述："我国家因前代旧制，既设工部，又设将作院，凡土木营缮之役，悉隶工部；金玉、珍宝、服玩、器币，其治以供御者，专领之将作院，是宠遇为至近，而其职任，视工部尤贵且重也。"[7]

大都留守司，"兼理营缮内府诸邸、都宫原庙、尚方车服，殿庑供帐、内苑花木，及行幸汤沐宴游之所，门禁关钥启闭之事。"[8]其属修内司辖有大小木、泥厦、妆钉、车、铜、竹作、绳等手工业局院。祇应司辖有油漆、画、销金、裱褙、烧红等手工业。此外，大都留守司还属有器物局、采石局、犀象牙局、窑场等。

修内司，"掌修建宫殿及大都造作等事"。祇应司，"掌内府诸王邸第异巧工作，修禳应办寺观营缮"。器物局，"掌内府宫殿、京城门户、寺观公廨营缮，及御用各位下鞍辔、忽哥轿子、帐房车辆、金宝器物，凡精巧之艺，杂作匠户，无不隶焉"。[9]所辖有制铁、减铁、盒钵、成鞍、羊山鞍、网、刀子、旋、银、轿子等局。

采石局，"掌夫匠营造内府殿宇寺观桥闸石材之役"。犀象牙局，"掌两都宫殿营缮犀象龙床卓器系腰等事"。大都四窑场，"营造素白琉璃砖瓦"。[10]

制造军需用品属于官手工业中重要的一项。中央设有武备寺，"掌缮治戎器，兼典受给"[11]，所属有寿武库制衣甲，利器库制兵械。元代武备寺经历了一个机构演变的过程，"至元五年，始立军器监，秩四品。十九年，升正三品。二十年，立卫尉院。改军器监为武备监，秩正四品，隶卫尉院。二十一年，改监为寺，与卫尉并立。大德十一年，升为院。至大四年，复为寺，设官如旧"。[12]

宫庭贵族，如皇太子，后妃和诸王驸马等也控制了一部分手工业，主要是宣徽院、储政院、中政院和长信寺、长秋寺等机构，从事冶钱、营缮、鞍辔、舆辇、铁冶、金银、织染等手工业生产。

此外，户部、礼部等机构下也有手工局院的设置，如户部属下的大都、河间等路都转运盐使司，掌管关系国计民生的盐业生产，其作用不可小觑。

　　煮盐业是大都传统的官手工业部门，元代煮盐业规模继续扩大。元太宗丙申年（1236 年），于大都路的白陵港、三叉沽、大直沽等处设置盐司"设熬煎办"[13]。世祖至元三年（1266 年），又增设了宝坻三盐场。至元十九年（1282 年），置大都盐运司，设立芦台、越支、三叉沽三使司。至元二十五年（1288 年），又分设三叉沽、芦台、越支三盐使司"掌场灶，榷办盐货"[14]。

　　元代大都的官手工业，直接的生产机构一般称为局、院、提举司、所、库等，设院长、大使、副使、提举、同提举、副提举、提点、提领等官。元政府规定，工匠在 500 户以上的局院设提举，副提举，同提举；300 户至 500 户之间称院长、提领、提点；100 户至 300 户之间称大使、副使[15]；再次一级的官员称管勾、作头、头目、堂长等。

　　为了对元代大都官手工业中所置局院及其主管内容有一直观了解，兹引录有关文献与研究资料，将涉及大都官手工业机构置表如下：

表一　　　　　　　　　　　工部属下之局院

局院名称		设置年代	首领官品级	《元典章》之官品	备注
诸司局人匠总管府	大都毡局	至元十四年	从七	从七	《元史》：管人匠125户
	大都染局	至元十四年	从九	从九	《元史》：管人匠6003户。按：数字疑有误，按从七计
	剪毛花毯蜡布局	至元十四年			《元史》：管人匠118户
诸色人匠总管府	梵像提举司	至元十二年	从五		《元史》：董绘画佛像及土木刻削之工。延祐三年，升局为提举司
	出蜡局提举司	至元十二年	从五	局大使从七	《元史》：掌出蜡铸造之工
	铸泻等铜局	至元十年	从七		《元史》：掌铸泻之工
	银局	至元十二年	从七	局大使从七	《元史》：掌金银之工
	镔铁局	至元十二年	从八	从七	《元史》：掌镂铁之工。《元典章》作"镔帖"，按从七计
	玛瑙玉局	至元十二年	从八		《元史》：掌琢磨之工
	石局	至元十二年	从七	从七	《元史》：董攻石之工
	木局	至元十二年	从七		《元史》：董攻木之工
	油漆局	至元十二年	用从七印		《元史》：董髹漆之工。设副使，按从七计

（续表）

局院名称		设置年代	首领官品级	《元典章》之官品	备注
提举右八作司		至元二十九年	正六		《元史》：中统三年，始置提领八作司，秩正九品。至元二十五年，改升提举八作司，秩正六品。二十九年，以出纳委积，分为左右两司。
提举左八作司		至元二十九年	正六		
大都人匠总管府	绣局	至元六年	用从七印		按从七计
	纹锦总院	至元六年			《元史》：设首领官名提领
	涿州罗局	至元六年			《元史》：设首领官名提领
随路诸色民匠都总管府	织染人匠提举司		从七		《元史》：都总管府掌仁宗潜邸诸色人匠。延祐六年，拨隶崇祥院，后又属将作院。至治三年，归隶工部
	杂造人匠提举司		从七		
	大都诸色人匠提举司		从五		
	大都等处织染提举司		从五		《元史》：管阿难答王位下人匠1398户
提举都城所		至元三年	从五		《元史》：掌修缮都城内外仓库等事
受给库		至元十三年	正八		《元史》：掌京城内外营造木石等事
符牌局		至元十七年	正八	从七	《元史》：掌造虎符等
旋匠提举司		至元九年	从五		
撒答剌欺提举司		至元二十四年	正五	从七	
别失八里局		至元十三年	从七	从七	《元史》：掌织造御用领袖纳失失等段
忽丹八里局		至元三年	用从七印		《元典章》作别失失里局
平则门窑场		至元十三年	用从六印		
光熙门窑场		至元二十五年	用从八印		
大都皮货所		至元二十九年	用从九印		
通州皮货所		延祐六年	用从九印		

表二 　　　　　　　　　　将作院属下之局院

	局院名称	设置年代	首领官品级	《元典章》之官品	备注
诸路金玉人匠总管府	玉局提举司	至元十五年	从五	从五	
	金银器盒提举司	至元二十四年	从五	从五	
	玛瑙提举司	至元十五年	从五	从五	
	阳山玛瑙提举司	至元十五年	从五	从五	
	金丝子局	至元二十四年	从五	从五	
	鞓带斜皮局	至元十五年	从八	从八	
	瑾玉局	至元十五年	从八	从八	
	浮梁磁局	至元十五年	正九	副使正九	《元史》：大使、副使各一员。大使应从七，按从七计
	画局	至元十五年	从八		
	装订局	至元十五年	从八	从九	
	大小雕木局	至元十五年	从八	从八	《元典章》作刀木
	温犀玳瑁局	至元十五年	从八	从八	
	漆纱冠冕局	至元十五年			
	监造诸般宝贝官	至元二十一年	正五	从五	
异样局总管府	异样纹绣提举司	至元十四年	从五	从五	《元史》：中统二年立局。《元典章》作文锦
	绫锦织染提举司	至元二十四年	从五	从五	
	纱罗提举司	至元十二年	从五	从五	

（续表）

局院名称		设置年代	首领官品级	《元典章》之官品	备注
大都等路民匠总管府	备章总院	至元十三年	正六		《元史》：省并杨蔺等八局为总局
	尚衣局	至元二年	从五	从五	
	御衣局	至元二年	从五	从五	
	御衣史道安局	至元二年	从六		
	高丽提举司	至元二十二年	从五	从五	《元典章》：作高丽大都等路
	织佛像提举司	延祐四年	从五		

表三 　　　　　　　　　**大都留守司属下之局院**

局院名称		设置年代	首领官品级	《元典章》之官品	备注
修内司	大木局	中统二年	从五（修内司）	从五（修内司）	
	小木局	中统四年			
	泥厦局	中统四年			
	车局	中统五年			
	妆钉局	中统四年			
	铜局	中统四年			
	竹作局	中统四年			
	绳局	中统五年			
祗应司	油漆局	中统元年	从五（祗应司）	从五（祗应司）	《元史》：掌两都宫殿髹漆之工
	画局	中统元年			《元史》：掌诸殿宇藻绘之工
	销金局	中统四年			《元史》：掌诸殿宇装銮之工
	裱褙局	中统二年			《元史》：掌诸殿宇装潢之工
	烧红局	至元元年			《元史》：掌诸宫殿所用心红颜料

（续表）

局院名称		设置年代	首领官品级	《元典章》之官品	备注
器物局	铁局	中统四年	从五（器物局）	从五（器物局）	《元史》：掌诸殿宇轻细铁工
	减铁局	中统四年			《元史》：掌造御用及诸宫邸系腰
	盒钵局	中统四年			《元史》：掌制御用系腰
	成鞍局	中统四年			《元史》：掌造御用鞍辔、象轿
	羊山鞍局	至元十八年			《元史》：掌造常课鞍辔诸物
	网局	中统四年			《元史》：掌成造宫殿网扇之工
	刀子局	中统四年			《元史》：掌造御用及诸宫邸宝贝佩刀之工
	旋局	中统四年			《元史》：掌造御用异样木植器物之工
	银局	中统四年			《元史》：掌造御用金银器盒系腰诸物
	轿子局	中统四年			《元史》：掌造御用异样木植鞍子诸物
采石局		至元四年	从七		《元史》：至元十一年，拨采石之夫二千余户，常任工役，置大都等处采石提举司。二十六年罢，立采石局。
犀象牙局	雕木局	至元十一年	从六（犀象牙局）	从五（犀象牙局）	《元史》：中统四年置犀象牙局 《元史》：掌宫殿香阁营缮之事
	牙局	至元十一年			《元史》：掌宫殿象牙龙床之工
大都四窑场	南窑场	中统四年	从六（大都四窑场）		
	西窑场	至元四年			
	琉璃局	中统四年			
甸皮局		至元七年	正七		《元史》：管匠三十余户

表四 武备寺属下之局院

局院名称		设置年代	首领官品级	《元典章》之官品	备注
通州甲匠提举司			正六	正六	
大都弓匠提举司	双搭弓局		正五（大都弓匠提举司）		
	成吉里弓局				
	通州弓局				
大都甲匠提举司			正六	正六	
大都箭局			从七		
大都弦局		至元三十年			
大都杂造局		元贞二年			

表五 宣徽院、储政院等属下之局院

局院名称		设置年代	首领官品级	《元典章》之官品	备注
内宰司	柴炭局	至元二十年	从七		《元史》：以东宫位下民一百户烧炭二月，军一百人采薪二月，供内府岁用
	藏珍、文成、供须三库	至元二十七年	从五		《元史》：分掌金银珠玉宝货、段匹丝绵、皮毡鞍辔等物
	嘉酝局	至元十七年	正五		《元史》：至元十七年，立掌饮局。大德十一年，改掌饮司，秩升正四品。延祐六年，降掌饮司为局。至治三年罢。泰定四年复立。天历二年，改嘉酝局
	西山煤窑场	至元二十四年			《元史》：领马安山大峪寺石灰煤窑办课，奉皇太后位下
管领怯怜口诸色民匠都总管府	管领大怯口色匠都怜诸人匠提举司		正五		《元典章》：从五，有管领怯怜口人匠提举司，无地名，疑即指此
	典制局		从七		
	杂造人匠提举司	至元八年	从四		《元典章》：作杂造诸色人匠提举司

（续表）

局院名称		设置年代	首领官品级	《元典章》之官品	备注
随路诸色人匠都总管府	大都等路诸色人匠提举司 双线局	至元十八年	从五（大都等路诸色人匠提举司）		《元史》：大都等路诸色人匠提举司，至元十六年置
	大小木局	至元十八年			
	盒钵局	至元七年			
	管纳色提领	至元三十年			《元史》：管纳色提领管铜局、筋局、锁儿局、妆钉局、雕木局
	成制提举司	至元二十九年	从五		《元史》：掌缝制之事
	大都貂鼠软皮等局提领所 大都软皮局	至元十三年	从七升从六（大都貂鼠软皮等局提领所）		
	斜皮局	至元十三年			
	牛皮局	至元十三年			
	金丝子局	至元十二年			
	画油局	至元二十年			
	毡局	至元二十六年			
	材木库	至元十六年			
	玛瑙玉局	至元十四年			
	珠翠局	至元三十年			

（续表）

局院名称			设置年代	首领官品级	《元典章》之官品	备注
管领大都等路打捕鹰房胭粉人户总管府			至元二十九年	正四		
管领本投下大都等路怯怜口民匠总管府之织染提举司			中统元年	正七		《元史》：掌织造段匹
管领诸路怯怜口民匠都总管府		织染局	至元十六年	正七		《元史》：本都总管府至元七年立
		杂造局	至元十六年	正七		
		弘州衣锦院		正七		
		丰州毛子局		正七		
		缙山毛子旋匠局		正七		
昭功万户都总使司	宫相都总管府	织染杂造人匠都总管府 织染局	至元二十三年	从七		
		织染杂造人匠都总管府 绫锦局	至元八年	从七		《元史》：管匠282户
		织染杂造人匠都总管府 纹锦局	国初	从七		
	缮工司	金玉珠翠提举司				
		大都织染提举司				
		大都杂造提举司				
管领大都纳绵提举司			至元十七年	从六		
管领大都民匠提举司			至元二十一年	正七		《元史》：掌民匠202户

（续表）

局院名称		设置年代	首领官品级	《元典章》之官品	备注
管领涿州成锦局人匠提举司		至元二十一年	从五		《元史》：领匠102户
管领涿州等处民匠异锦局		大德二年	正五		《元史》：掌民匠150户
管领上都大都曲米等长官司		大德二年	从七		《元史》：领民匠79户
管领上都大都等处长官司		大德二年	从五		《元史》：掌民261户
管领大都上都打捕鹰房纳米面提举司		延祐五年	从五		《元史》：统领195户
管领大都涿州织染提举司		延祐五年	从七		《元史》：掌领96户
管领大都等处纳绵提举司		至元二十二年	正七		《元史》：掌纳绵户计703户
管领大都苏州等处打捕提举司		至元二十二年	从五		《元史》：掌打捕户及民匠600余户
杂造局		至元十六年	正六		
管领上都大都诸色人匠纳绵户提举司		至元十七年	从五		
户部	印造宝钞库	中统四年	正七	从七	
	抄纸坊	中统四年	正八	正八	
	印造茶盐等引局	至元二十四年			《元史》：掌印造腹里、行省盐、茶、矾、铁等引
礼部	铸印局	至元五年	正八	正八	《元史》：掌凡刻印销印之事
	白纸坊	至元九年	从八	从八	《元史》：掌造诏旨宣敕纸劄
宣徽院	大都尚饮局	中统四年	从五		《元史》：掌酝造上用细酒
	大都尚酝局	中统四年	从五		《元史》：掌酝造诸王百官酒醴
	沙糖局	至元十三年	从五		《元史》：掌沙糖、蜂蜜煎造，及方贡果木
	圆米棋子局、软皮局				

（续表）

局院名称		设置年代	首领官品级	《元典章》之官品	备注
中政院	尚工署	皇庆元年	从五		《元史》：掌营缮杂作之役，凡百工名数，兴造程式，与其材物，皆经度之，而责其成功
	玉列赤局	延祐六年	从七		《元史》：掌裁制缝线之事，隶尚工署
	赞仪署	皇庆二年	正五		《元史》：掌车舆器备杂造之事
利用监	怯怜口皮局人匠提举司	中统元年置局	正五	正五	《元史》：至元六年，改提举司
	杂造双线局		从八	正八	《元史》：造内府皮货鹰帽等物
	熟皮局	至元六年	从七		《元史》：掌每岁熟造野兽皮货等物
	软皮局	至元二十五年			《元史》：掌内府细色银鼠野兽诸色皮货
	斜皮局	至元二十年			《元史》：掌每岁熟造内府各色野马皮胯
	貂鼠局提举司	至元二十年	从五	从五	
	染局	至元二十年			《元史》：掌每岁变染皮货
长信寺·怯怜口诸色人匠提举司·大都铁局		至元十二年（大都铁局）	从五（大都铁局）		《元史》：怯怜口诸色人匠提举司，至元二十五年置。领大都、上都二铁局并怯怜口人匠，以材木铁炭皮货诸色，备斡耳朵各枝房帐之需
中尚监·资成库		至元二年（资成库）	从五（资成库）		《元史》：资成库掌造毡货
艺文监·广成局		天历二年（广成局）	从七（广成局）		《元史》：掌传刻经籍及印造之事

资料来源：《元史》、《元典章》。李幹：《元代社会经济史稿》，湖北人民出版社1985年版，第229—242页。

从以上诸表来看，大都的官手工业，不仅庞大复杂，而且分工极为细密，仅漆器制造一项，就有专门负责宫殿髹漆的和专门为皇家制作日常用品的两个部门。有些制造和修配工作，不但要由许多不同工序的作坊来承担，往往还要通过好几个局院的分工协作才能完成。如为装潢一副皇帝像，需木局造紫檀木轴杆，银局造银环，玛瑙局造白玉五爪铃杆轴头等。塑一尊神像，需木局造胎座，镔铁局打造丁铜子，铁手枝条，出蜡局塑造[16]。甚至修理两个象轿也需要动员好多部门和局院。

元代大都的官手工业多为满足皇室贵族生活之所需，因而宫苑、郊庙、佛寺、道观、庐帐等建造，金银玉器镂雕，丝缎纺绣，毡毯皮货，雕塑绘画等发展很快。

2. 管理措施

在官手工业内部，元朝政府实施了较为严格的经营管理。据《大元通制条格》记载，至元十四年（1277年）三月、元贞元年（1295年）正月，工部先后颁布了管理条款共十余则。其内容涉及到很多方面，如生产物料的来源及其管理、生产过程中的产品质量等环节的监管、管理人员的职责要求，以及对工匠的具体规定（有关工匠管理的内容，容下文另述），等等。这些管理措施适用于大都等各路局院。

其一，生产物料的来源与管理。

官营手工业生产的物料来源有直接经营、土贡、和买等形式。

由官吏直接到各地采办生产原料，是官手工业组织生产的重要途径。自然资源属政府所有，所谓"山林川泽之产，若金、银、珠、玉、铜、铁、水银、朱砂、碧甸子、铅、锡、矾、硝、碱、竹、木之类，皆天地自然之利，有国者之所必资也"[17]。官府组织匠人采办各类资源。如铁矿，燕南燕北地区有铁冶"大小一十七处，约用煽炼（注：元代把鼓风冶铁称为煽铁）人户三万有余"[18]。綦阳并乞石烈、杨都事、高撒合所管四处铁冶"分管户九千五百五十户"[19]。大都留守司下设有"上都采山提领所"，至元九年（1272年）置，专门"采伐材木，炼石为灰"[20]，很可能是一个为大都四窑场等作坊制备胎土釉料而提供原料的机构。又如，将作院属下的大同路采砂所，所采砂专供大都磨玉之用，据《元史》记载："大同路采砂所，至元十六年（1279年）置，管领大同路拨到民一百六户，岁采磨玉夏水砂二百石，起运大都，以给玉工磨礲之用。"[21]

土贡是土特产的进贡，亦称岁贡。地方土贡"因其土地所生，风气所宜，以为之出"[22]。如处州产箭竹，"岁办常课军器，必资其竹"[23]。

和买是政府以低于市场价格强制购得。名义上是向民众买，实际上是不给钱或少给钱。如"京师岁所需物，郡邑例买于民，其直旷欠不给。给则大半入贪吏手，名为和而实白"[24]。虽然规定了"和雇和买，并依市价，不以何户计，照依行例应当，官司随即支价，毋得逗留刁蹬"[25]，但往往名不副实。据《元典章》记载："今日和买，不随其所有而强取其所无。和买诸物，不分皂白，一例施行，分文价钞并不支给，生民受苦，典家卖产，鬻子雇妻，多方寻买，以供官司。而出产之处，为见上司和买甚物，他处所无，此处所有，于是高抬价钞，民户唯知应当官司和买，不敢与较，惟命是听。如此受苦，不可胜言。"[26]

对于生产物料的管理和运用，政府设有具体的规定。如对直接用于生产的原料，"须选信实、通晓造作人员，审较相应，方许申索，当该官司体覆者，亦如之"[27]。即由熟悉生产的人员选料用于生产。又如，对于制造金素段匹纱罗的丝金原料，建立严格收支管理制度，由本处正官亲行关支，"置库收贮，明立文簿"，每次支记材料，均必须开写备细各项斤两，半月具结一次，收支账目须由正官印押，"若应收支而不收支，应标附而不标附，致有耽误造作，叁日罚俸半月，伍日已上决柒下。若有失收滥支者，另行追断"[28]。至于生产的剩余物料，"须限拾日呈解还官。限外不纳者，从隐盗官钱法科"[29]。

此外，政府还禁止官员对生产物料的侵占掠夺。大德元年（1297年），成宗下令禁止勋戚、权贵、僧道擅自霸占矿山及煤窑山场，以保证矿冶和煤炭的正常生产及供应。[30]

其二，产品质量、工程期限等的监管。

政府对产品质量和完成期限亦有相应规定。据《元典章》记载："诸营造，皆须视其时月，计其工程，日验月考，毋使有废。惟夫匠疾病，雨雪妨工者除之。其监造官仍须置簿，常切拘检。"[31]以织染局院为例，《大元通制条格》规定："络丝、打线、缲经、拍金、织染工程，俱有定例，仰各处局院置立工程文簿，标附人匠关物日期，验工责限收支，并要依限了毕。如违限不纳及造作不如法者，量情断罪。"[32]加工丝料，"先行选拣打络，须要经纬配答均匀，如法变染。造到段定，亦要辐阔相应，斤重迭就，不致颜色浅淡，段定粗操……不得擅自损减料例，添插粉糨"。若质量不合格，则"局官断罪罢役，提调官吏责罚"。打造金箔，"须要照依元关成色"，人匠不得"添插银铜气子，（致使）颜色浅淡"[33]。

除纺织品外，对军器制造也有质量和工期的要求，"各路局院额造弓甲箭弦哈儿杂带镮刀一切军器……须管限柒日交付数足造作"[34]。

为保证生产效率和产品质量，政府设立覆实司，对官手工业产品质量和原料的使用状况进行核查。如果产品不合格，要发回本管机构，勒令工匠重新造作，"自备工价赔偿"[35]

制造军器、纺织等产品须在期限内造完，一旦工程过限，则分别"将本路总管府官、首领官，不分长次，一例拟罚俸半月，当行司吏的决壹十柒下。如过期悬远耽误造作至日验事轻重，别议处决"。"将当该局官勾唤赴部……以拾分为率，拖工肆分已上决贰十柒下，肆分以下贰分以上，决壹十柒下，贰分以下罚俸一月"。[36]官手工业严格的管理制度在一定程度上保证了官手工业生产的正常运转。

其三，主管官员的赏罚制度。

政府要求所有局官必须亲自监督生产，"局官每日巡视，提调官按月点检"。如果"造作堪好，工程不亏"，对主管官吏"临时定夺迁赏"。如果"低歹拖兑"，主管官吏要"验事轻重黜降"。[37]管匠的头目堂长、作头等，"每日绝早入局监临人匠造作，抵暮方散"，管匠提调官要经常点视人数，"如无故辄离者，随即究治"。[38]

负责御用品生产的官员，其赏罚、升迁与产品质量高下、监管得力与否息息相关。如仁宗延祐七年（1320 年）十月，"将作院使也速坐董制珠衣怠工，杖之，籍其家"[39]。英宗至治三年（1323 年）六月，"将作院使哈撒儿不花坐罔上营利，杖流东裔，籍其家"[40]。与前两例形成比照的是，顺帝至正四年（1344 年），月鲁帖木儿同知将作院事时，因其"董治工事甚严，所进罗縠皆胜于旧"[41]，而得到朝廷褒奖。

二、官手工业的工匠

1. 工匠的来源和类别

元朝统治者为了满足军事征战与生活享受的需要，在战争中，对有手工业技艺的俘虏，特别予以优待。屠杀战俘时，"惟工匠得免"[42]。灭金以后，通过检刮得民匠 72 万户。灭宋以后，除拘收江淮军匠，曾三次检刮江南民匠得 42 万户。依靠这些手工业工匠共设立大小手工业局院 310 余所，其中规模较大的有 70 多所，以之建立起庞大的官手工业。全国工匠有很大部分集中在官手工业场（厂）中。[43]

直属于中央各部门的大小局院大多数设置在大都。据《元文类》记载，"国家初定中夏，制作有程，乃鸠天下之工，聚之京师，分类置局以考其程度，而给之食，复其户，使得以专于其艺"。[44]工匠大多是从各地掳掠而来，如中统三年（1262 年）三月，"徙弘州锦工绣女于京师"[45]。忽必烈建立大都后又将分处在漠北等地的工匠迁来大都。在工部，将作院、徽政院、武备寺和大都留守司下，分设各专业局，进行生产，为宫庭的生活和军事需要服务。大都各色匠人的数量不断增加，如大都留守司所属工匠数以万计，仅修内司所属工匠计 1272 户，大都四窑场领 300 户，采石局工匠多达 2000 余户，犀象牙局也有工匠 150 余户之多。

元代在官手工业方面最重要的举措，是专门设立匠籍，管理从事官手工业劳动的工匠。这些身隶匠籍、在官府局院工作的匠户，称为系官匠户。[46]据估计，元代系官匠户可达 100 余万户[47]。大都的系官匠户虽无确切统计，但作为元朝统治中心，是官营手工业最为集中的地方，其数量应当不少，至少在 40 万人以上。

大都的系官工匠，主要有两类：一类是系官人匠，他们在官局工作，物料从官库支领，或支领物料钱，由官局或匠户自行收买。另一类是军匠，隶于军籍，平时制造兵器，战时充当工兵。如至元十六年（1279 年），为造回回炮，元政府"括两淮能造回回炮新附军匠六百，及蒙古、同回、汉人、新附人等能造炮者，俱至京师"[48]。军匠与官局人匠，只是因户籍不同，所隶属的局院系统不同而异其名，就其来源、性质、身份待遇方面言，则大体相同。军匠还与官局人匠、民匠共同进行手工业生产，并承担各种匠役。这方面的例证很多，如至元二十一年（1284 年）闰五月，元世祖下令，"以侍卫亲军万人修大都城"[49]。至元二十五年（1288 年）三月，又"以六卫汉兵千二百、新附军四百、屯田兵四百造尚书省"[50]。至元二十九年（1292 年）八月，"浚通州至大都漕河十有四，役军匠二万人，又凿六渠灌昌平诸水"[51]。又如，至大元年（1308 年）正月，元武宗也下令，"敕枢密院发六卫军万八千五百人，供旺兀察都建宫工役"[52]。

2. 工匠的管理与待遇

元政府非常重视匠籍的稳定，在通常的情况下，既不许匠户随意脱籍，也不许其他人户窜入匠籍。这是元代官营手工业管理与前代最大的不同之处。匠户的子女"男习工事，女习黹绣"[53]，世袭其业，不得脱籍，甚至婚嫁之事也不能自主，而由主管官员随意定夺。大德八年（1304 年）十月，大都金玉局人匠蔡阿吴，夫亡，其本局关提举"强将阿吴分付一般银匠王庆和为妻"，而工部认为违例，又令本妇离异，"与伊男蔡添儿依旧应当匠役"[54]。

元政府注意加强工匠的劳动制度管理。禁止在局人匠"妄称饰词，恐吓官吏，扇惑人匠推故不肯入局"，如有违犯之人"痛行断罪"[55]。

据《元史·王思诚传》记载，至元二年（1265 年），行部至檀州，首言："采金铁冶提举司，设司狱，掌囚之应徒配者，钦趾以舂金矿，旧尝给衣与食。天历以来，水坏金冶，因罢其给，啮草饮水，死者三十余人，濒死者又数人。"[56] 可见，官府对矿冶劳作监管之严酷。

依规定，匠户入局造作时，不仅可以免除部分赋税，而且口粮、衣装、钞、盐等也由政府配给。前引《元文类》之《经世大典序录·工典总叙·诸匠》已说明"给之食，复其户"。至元二十五年（1288年）三月，政府颁布《工粮则例》，具体规定口粮每家以四口为限，正身月支米三斗，盐半斤，家属大口支米二斗五升，小口并驱口大口月支米一斗五升，驱口小口月支米七升五合。[57] "男子、妇人拾伍岁已上为大口，十肆岁以下至伍岁为小口，伍岁以下不须放支"[58]。工匠的口粮，见于记载最多的是月四斗，最少的是月二斗五升。[59] 中数是日米一升。有时有盐，月半斤；有白面，月十五斤；有钞，月一两五钱。食粮支法，或按季或半年一次，有时在半年之首支给，多数在季或半年之末支给。[60] 至元三十年（1293 年）六月，政府又颁布《衣装则例》，规定衣装"皮衣隔二年支一遍者，请疋帛的，隔一年支一遍者。支布每年支者"[61]。工粮、衣装等制度的实行，使官匠的基本生活有了保障。

《析津志辑佚》"风俗"篇描绘了元大都工匠的生活图景："都中经纪生活匠人等，每至晌午以蒸饼、烧饼、馓饼、软粜子饼之类为点心。早晚多便水饭。人家多用木匙，少使筯，仍以大乌盆木杓就地分坐而共食之。菜则生葱、韭蒜、酱、干盐之属。"[62] 可见，与当时一般民户相比，大都匠人受季节丰歉及赋税杂徭的影响较小，生活更有基本供给。

据鞠清远的研究，元代系官匠户的粮钞，比临时雇佣的民匠、夫役多得多，甚至一度似多于军户的口粮，至少不比军户少。元代匠户的地位与待遇，是比较优良的。[63]

与系官匠户类似，盐户子孙也是世袭其职，终身固定在盐场上替政府煮盐，其生活资料和煎具均由政府发给，产品归政府所有。随着经济的发展，灶户的经济地位也有所提高，至元三年（1266 年），盐灶户工本每引为中统钞 3 两，至元二十八年（1291 年），增为中统钞 8 两[64]。

三、官手工业的缺陷与弊端

大都的官手工业几乎控制和参与了一切重要的生产部门，而且规模都相当大，同时内部还有一定程度的分工和协作。但是，这种表面繁荣、貌似有方的背后，也不可避免地暴露出其发展中的种种缺陷与弊端。下面试从官手工业的生产能力低劣、社会劳动的浪费极大以及主管官吏的贪赃枉法几方面作一说明。

1. 生产能力低劣

首先，官营手工业生产能力的低劣表现为单位时间内生产的产品数量少。

以元代规模宏大而分工又细密的毡罽业为例："（太宗）六年，元帅习剌奉剌聚诸工七千余户。至中统元年，又聚两万九千余户。二年立都总管府以统属之，岁造毡帽六、毡衫七、贻毡四十二片、帐毡二十片、毡鞍笼二。世祖皇帝中统三年，剌也的迷失佩金牌至大都，置立局院，以诸工分隶之，造作金银皮货毡染诸物，是年始岁造羊毛毡大小三千二百五十段，赴中尚监送纳，至今因三岁造白毡八百一十片。"[65]

规模巨大到有两万多户工匠的毡罽业，年产量却少得可怜。更值得注意的是，这种情况并非毡罽业之特例，而是带有相当的普遍性。当时在几处比较重要的官铁冶业里，也有类似现象。

元代官矿冶业的规模一般都比较大，例如，前文说过，燕南燕北大小 17 处铁冶约用煽炼人户三万有余；綦阳、赫舍哩、杨都事、高萨哈所管 4 处铁冶，"分管户九千五百五十户"[66]。其实矿冶业生产特点的本身，就必须要求大规模生产，而且还必须要求有分工和协作。没有一定数量人的分工和协作，就不可能把地下的大量矿石放置在冶炼炉中炼成人们所需要的金属品。

根据一般生产组织的原则，大规模的有着分工和协作的生产，要比分散而小规模的生产优越得多。可是元代的官手工业情况恰巧相反，它不仅没有表示出优越性来，而且和民间小规模的手工业相比，生产能力低劣到有时竟相去"有数十倍之远"的地步。

王恽在《论革罢拨户兴煽炉冶事》呈文中详细罗列了大都路綦阳、赫舍哩、杨都事、高萨哈四处铁冶户数、包银数与产铁数，折合价钞数：

綦阳

户：二千七百六十四户，每户四两（指包银），计钞二百二十一锭单六两。

办铁：七十五万斤，每十斤价钞一钱，计钞一百五十锭。

赫舍哩

户：一千七百八十六户，每户四两，计钞一百四十二锭四十四两。

办铁：二十六万斤，每十斤价钞一钱，计钞五十二锭。

杨都事

户：二千户，每户四两，计钞一百六十锭。

办铁：五十三万二千三百三十三斤半，每十斤价钞一钱，该一百六锭二十三两三钱半。

高萨哈

户：三千户，每户四两，计钞二百四十锭。

办铁：九十三万三千三百四十斤，计钞一百六十锭。内：青铁五十三万三千三百四十斤，每十斤价钞一钱，计钞一百单六锭三十三两四钱。黄铁四十万斤，每十五斤价钞一线，计钞五十三锭一十六两六钱。

王恽算了一笔账："验每户包钞四两计，该钞七百六十四锭。今总青黄铁二百四十七万五千六百九十三斤半，价值不等，该价钞四百六十八锭二十三两三钱三分半，比包钞亏官二百九十五锭二十六两六钱半。"[67] 官办铁冶得不偿失，因而王恽建议将相关冶户"罢去当差，许从诸人自治窑冶煽炼，据官用铁货，给价和买，深是官民两便"[68]。

从以上的计算中，完全证明了元政府经营的綦阳等 4 处铁矿冶业"岁官得铁甚鲜，不能当岁输包丝税石之数"[69] 的议论符合实际的情况。其他如拥有三万多冶户的燕北燕南的大小 17 处铁冶，基本情况和綦阳完全一样。因此上述綦阳的情况也可以说是当时官铁冶业中的一般情况。[70]

其次，官手工业生产能力的低劣还表现为工程产品的质量差。

由于元代匠户在应役期间除得支口粮、衣装、钞、盐等，免除丝料、包银负担外，"不时更有赏赐钱物，其为幸民无甚于此"[71]，因此"各处富强之民，往往投充人匠，影占差役"[72]。大量混入的匠户不免鱼龙混杂，其中无艺或手艺平庸者的工程产品质量就难以保证，这也是造成官手工业生产质量低劣的重要原因之一。

从文献多次记载元廷沙汰匠户的举措或建议，我们可看出当时工匠生产技能是参差不齐的。如至元三年（1266 年）十一月，元世祖下令"汰少府监工匠，存其良者千二百户"[73]；至大元年（1308 年）十一月，"沙汰宣徽、太府、利用等院籍，定应给人数"[74]；王恽主张"手艺平常者，放罢为民"[75]；等等。

除工匠自身素质等客观原因外，也有主观因素而致豆渣工程和质劣品的出现。例如，在建筑工程方面，据《大元仓库记》载，新建仓库"如二年之内损坏者，厘勒监造以资修补……若二年之外损坏者，官为修理，工物价钱申部破除。"新建仓库不到二年就被损坏，可见工程质量之差。《秋涧集》卷八十八《为太庙中柱损坏事状》载："相验到太庙中心等柱损坏迄一十四条，访闻先为刘晸监修太宫完备，特注朝官，重加赏赍。今者未及数年，朽坏如此，显见当间灭裂，多不如法。"太庙不及数年就朽坏灭裂，说明工程质量低劣到何等程度。仓库太庙尚且如此，其他更是可想而知。

又如在手工业品造作方面，至元六年（1269 年），各地收缴的皮甲，规格差异很大，每件皮甲，轻的只有 35 斤，重则 42 斤。[76] 主要是验收不严，导致产品良莠不齐，规格很不统一。至元八年（1271 年），都管甲局官裕噜、杨三合，"自今年二月内，造作至元五年（1268 年）常课，已造迄甲一百二十副，依已料关迄古狸皮一千二百四十八张，于内却用马项子抵搪"[77]，用低质皮货制造衣甲，从中获取私利。

2. 社会劳动的浪费极大

官营手工业有廉价的劳动力、充足的原料，而产品又多是供给统治者和官府军队使用。生产中没有什么核算，成本过高。元人胡祗遹指出："诸局织造杂作（或妨夺工役，或本官侵欺，造作不时），一岁会计无量入为出之数。"[78]

生产不计成本，对社会劳动的浪费极大。如世祖至元八年（1271 年）修筑大都宫殿，单是参加建筑的工匠就不下一百五六十万，"今窃观大都形势，则四方之根柢也……近余年间，其赋役科差比之外方，更为烦重。每岁除包银丝料课程税粮外，略于总管府各科分取问得。打造石材，般载木植及一切营造等处，不下一百五六十万工"[79]。此外，诸寺观的营造，终元之世，"未尝停辍"[80]。营造工巧，力求壮丽堂皇。

为皇室贵族消费而生产的奢侈品，更是不计工本。如至元四年（1267 年），天历太后赏赐给太师伯颜的一件衣段，是将作院用紫绒、金线、翠毛、孔雀翎织成，价值达一千三百锭[81]。顺帝制作的五云车，"车有五箱，以火树为槛式。乌棱为轮辕，顶悬明珠，左张翠羽，盖曳金铃，结青锦为重（一作'层'）云覆顶，旁建青龙旗，列磨锷雕银戟五。右张白鸠缉氅，盖曳玉铃（左宜玉，右为金），结素锦为层云覆顶，旁建白虎旗，列豹绒连珠枪五。前张红猴毛毡，盖曳木铃，结赤锦为重云覆顶，前建朱雀旗，列线锋火金戈五。后张黑兔团毫，盖曳竹铃，结墨锦为层云覆顶，后建玄武旗，列画干五。中张雕羽曲柄，盖曳石铃，结黄锦为层云覆顶，建勾陈旗，中厢为帝座，外四厢为妃嫔座。每晦夜游幸苑中，御此以行，不用灯烛"[82]。这些为猎奇而制作的手工产品，浪费了大量的人力和物料资源。

豪奢品生产浪费很大，势必影响其他产品的发展。时人胡祗遹慨叹曰："耕时不幸屡破损，往返劳劳凡几辈……一铧废夺十农功，办与官家多少利，劳形绥腹死甘心，最苦官拘卖农器。"[83]

3. 主管官吏的贪赃枉法

主管官吏贪赃枉法和敲诈勒索，使得官手工业生产愈益腐败。在元代，官手工业中各级官吏利用职权克扣原料，冒支工匠工粮，夹带私造的情况非常普遍，官府虽然屡次下令禁止，但收效不大。如有的局院"滥设局官三员、典史、司吏、库子、祗候人等，各官吏又有老小及带行人，一局之内，不下一二百人，并无俸给，止是捕风捉影，蚕食匠户"，使得工匠不仅在完课时受盘剥，就连其所应得"衣粮又多为官司揹除"[84]。又如大德四年（1300年），政府和买丝货时，出现"官府上下权豪势要之家，私下贱买，不堪丝料，逼勒交收，高抬时估，取要厚利"。[85]

利用职权夹带私造的现象时有发生。至元十九年（1282年），曾颁布管诸监的官吏和工匠夹带造私活的禁令[86]。至元二十五年（1288年），又发布禁止杂造局官员私下与诸人带造军器的命令。[87]可知官局私造的情况是相当严重的。

匠户还经常受到主管官吏的敲诈勒索。如中都甲局首领官张外郎影占造甲人匠刘仲礼，私下索要工价钱45钱，"却将（其）本人合造甲数，逐作抑令其余人匠分造了当"[88]。官豪势要对匠户的"影占"，变相增加了工匠的劳役量。

官府课程尤其是横造不以本色，更为加重了匠户的负担，"如抄纸、梳头、作木杂色匠人，何尝知会络丝、打线等事，非系本色，只得雇工，每月雇钱之外，又有支持追往之费，合得口粮，已准公用，工作所获，不了当官"[89]。

匠户的生活异常困苦，有"衣食不给，致有庸力将男女典者，至甚生受，按月支请，又无食盐，每口止得官粮二斗五升。"[90]更有甚者，"计无所出，必至逃亡，今已十亡二三，廷之数年，逃亡殆尽矣"[91]。

鉴于元代官手工业的诸多缺陷与弊端，当时有识之士群起抨击，要求废罢这种制度。胡祗遹指出："百工所贵之技过于买价，百工之力虚于所掌之吏"，他主张"百工诸府可罢"。[92]许有壬说："此（指官手工业制度）蠹财之尤者，而先去之，得节用之大者矣，天下生民不胜幸甚。"他也主张"但凡系官工役造作停罢"。[93]至正二十二年（1362年），枢密副使李士瞻上疏，提出："罢造作，以快人心"[94]。

到元代后期，大都地区的官手工业呈现日益衰落的趋势。官匠也争取到有一定的经济活动的自由，政府允许工匠在完成定额后和休工期间，可以私下造作，"各局院里合造的额数造了呵，放还教做他每的勾当，养喉嗉吃呵"[(95)]。

第二节　大都的民间手工业

在大都地区，尽管官营手工业几乎垄断了一切手工业部门，但是在各行业中官营手工业所控制的范围和程度有所不同，民间手工业在各行业中的原有基础不同，因此得以不断挣脱官营手工业的控制，求得生存和发展。

此外，官手工业从全国征调来大批工匠服役大都，也使得这里的民间工匠有学习、观摩和提高技艺的机会。这也就使得以墨守成规、分散和狭隘为特征的私人手工业，能够经常地获得新技术，从而促进了生产技术水平的提高。元代大都的民间手工业，发展较快的行业主要有丝织、矿冶、酿酒、采煤、家具制造、粮食加工以及编织等。

一、民间手工业的生产类型

元代大都地区民间手工业生产形式主要有三类：一是以一家一户小生产方式为基础的家庭副业；二是以个体工匠和私人手工业作坊为主体的私营手工业；三是由贵族官僚、寺观独立经营的手工业。

1. 家庭副业手工业

在中国封建社会，家庭副业生产在民间手工业中始终占据主体的地位，经营的行业相当多，其中以织造业生产最为发达。元代大都地区亦然。如世居大都城的赵荣祖、赵敬祖兄弟，先后病故，其二人之妻刘氏及徐氏，遂依靠纺织手工以维持生活，"娣姒织纴以为生，保育其孤"[(96)]。她们通过出卖自己织造的纺织品来养育后代。又如，良乡县周氏，夫殁后，"力耕织，养姑三十余年"[(97)]像这样的家庭，在当时不在少数。

2. 个体工匠和私人手工业作坊的私营手工业

与家庭副业手工业不同，元代私营手工业的生产主要以盈利为目的，生产的商品化程度较高。其生产者往往具备一定的技艺，技术也较为专一。就私营手工业内部生产规模以及内部生产分工来讲，私营手工业可分为个体工匠即手艺人、私人手工业作坊两个层次。其中前者以家庭成员为劳动力，生产中或以生产专门手工业品出卖，或承接城乡居民一定的来料加工业务，规模较小；而后者具有一定的生产规模与分工，在这类作坊中，除主人外，往往还有一定数量的雇工在内从事生产。这几类事例在大都城比较多见。

大都"市民多造茶褐木绵鞋货与人。西山人多做麻鞋出城货卖"[98]。反映了个体制鞋业的经营情况。有些个体手工业者也从事来料加工的业务。如元政府在整治钞法"条画"中规定，"金银匠人开铺打造、开张生活之家凭诸人将到金银打造，于上凿记匠人姓名，不许自用金银打造发卖"[99]。以上条令就是针对从事来料加工金银店铺的一些具体生产规定。

据《析津志辑佚》记载，大都城内还有许多手工业作坊，如雕刻业："湛露坊自南而转北，多是雕刻、押字与造象牙匙箸者，及成造宫马大红秋辔、悬带、金银牌面、红绦与贵赤四绪绦、士夫青褊绦并诸般线香。有作万岁藤及诸花样者，此处最多。"[100] 建筑业："木市街停塌大杈，叉木柱、大小檀椽桷并旧破麻鞋。凡砖瓦、石灰、青泥、麻刀。其破麻鞋，役人于水中净洗晒干，用刀斫烂，挦开葺葺，如麻苎。若验船做灶泥炕，并用之。"[101] 酿酒业："皇后酒坊前，都是槽坊"[102]。家具业："家具之属：铁络、量罐、花架、马槽、大小木柜……右此等木器多在海子桥南甚多，哈达门外亦有，然皆麄作生活。"[103]

在大都城内的一些私营手工业作坊中，也有一些零星的雇佣劳动。如城内有等待雇佣的"穷汉市。"这种"穷汉市"，"一在钟楼后，为最；一在文明门外市桥；一在顺承门城南街边；一在丽正门正西；一在顺承门里草塔儿"[104]。《朴通事》中也提到，"去角头叫几个打墙的和垒工来筑墙"。这表明，当时市集上确实常常有等待雇佣的"穷汉"存在。这种雇佣劳动的性质，基本上仍属于封建性的雇佣劳动，还不是资本主义性质，这些雇佣劳动者"穷汉"大多来自城郊的破产和半破产农民，他们大多只是临时受雇，一旦情况好转，就会返回农村，从事农业生产。另外，他们受雇，往往是走向卖身为奴的前奏。如王恽曾说："窃见在都贫难小民，或因事，故往往于有力之家典身为隶。"[105] 受雇"穷汉"往往都立有契约，有的甚至"出限数年，身执贱役，不能出离"[106]。因此，我们不能因为大都城内出现了雇佣劳动，就断定这时已出现了资本主义萌芽。从整体看，这时的大都城内，还没有资本主义性质的雇佣劳动存在。[107]

3. 贵族官僚、寺观独立经营的手工业

我们将贵族、官僚、寺观经营的手工业归入民间手工业，主要是因为他们的经营管理具有相对的独立性，且其产品大多由自己支配。

元代贵族官僚多经营手工业"以网大利"[108]。庄圣太后以布鲁海牙统领其在燕京等地的军民匠户，《元史·布鲁海牙传》记载："庄圣太后闻其廉谨，以名求之于太宗，凡中宫军民匠户之在燕京、中山者，悉命统之，又赐以中山店舍园田、民户二十"[109]。贵族马札儿台在通州开"槽房，日至万石"[110]。

寺观经营手工业的也不少，大都城西的大护国仁王寺便是一个典型的例子。据史料记载，该寺在至大元年（1308年）统计，有"水地二万八千六百六十三顷五十一亩有奇，陆地三万四千四百一十四顷二十三亩有奇，山林、河泊、湖渡、陂塘、柴苇、鱼、竹等场二十九，玉、石、银、铁、铜、盐、硝、碱、白土、煤炭之地十有五，栗为株万九千六十一，酒馆一，隶河间、襄阳、江淮等处提举司提领所者，得水地万三千六百五十一顷，陆地二万九千八百五顷六十八亩有奇，江淮酒馆百有四十，湖泊、津渡六十有一，税务、闸坝各一。内外人户总三万七千五十九，实赋役者万七千九百八十八。殿宇为间百七十五，棂星门十，房舍为间二千六百六十五，牛具六百二十八，江淮牛之隶官者百三十有三"[111]。可见，仅经营玉、石、银、铁、铜、盐、硝、碱、白土、煤炭等坑冶就达15处之多。大庆寿寺亦有"煤坑之利"[112]。文宗还以上都、大都、扬州酒店、湖泊，赐予大乾元寺、大兴教寺、大护国仁王寺为永业。[113]

虽然元政府规定："属寺家的酒店、做买卖的店里，出办的课程，更呵，你哥的酒店里出办的钱，尽数都交收拾者。"[114]但实际上，寺观的财产备受元统治者的庇护，"但属寺家的田地、水土、园林、碾磨、店铺、解典库、浴堂、人口、头匹等物，不拣是谁，休倚气力夺要者，休谩昧欺付者，休推是故取问要东西者"[115]。这样，"天下之田一入于僧业，遂固不移"[116]，永远为寺观所有。

贵族官僚、寺观经营的手工业得到官府保护，并可享受免税优待，一般的私营手工业根本无法与之竞争。

二、民间手工业的管理

1. 行业生产的有关规定

在大都地区，民间手工业经营的范围主要是纺织、酿酒、编织、雕刻、粮食加工等所需资本不大的行业。元朝政府对于一些利益攸关的民间手工业，如矿冶、纺织、酿酒等行业进行了重点管理，根据形势需要，制定了相应的行业政策和生产规定。

以矿冶业为例，元初和中期，采矿民户由政府调拨，主要从事金、银、铜、铁等矿的采炼事务，设总管府或提举司，管理矿冶有关事项。《元史·食货志》记载："至元五年（1268年），立洞冶总管府，其后亦废置不常"[117]。设立洞冶总管府，目的是保护官办矿场和征收矿冶税。如在产金之地，"有司岁征金课，正官监视人户，自执权衡，两平收受"[118]。

到元代中后期，在众多官员和士大夫的强烈呼吁下，元朝统治者不得不罢去一些官手工业部门。至元二十一年（1284年）二月，"放檀州淘金五百人还家"[119]。大德元年（1297年）十一月，"罢保定紫荆关铁冶提举司，还其户八百为民"[120]。至治三年（1323年）正月，"罢上都、云州、兴和、宣德、蔚州、奉圣州及鸡鸣山、房山、黄芦、三义诸金银冶，听民采炼，以十分之三输官"[121]。泰定二年（1325年）正月，"罢永兴银场，听民采炼，以十分之二输官"[122]。可见，即使在元代后期，私人开采所得依然受到政府的严重盘剥，被抽分或课以重税，税率一般都高达产品价值的20%—30%以上。

官府对民间手工业产品的质量、规格以及种类皆有要求，不许制造违禁或劣质品，如酿酒业有定额，不准私自加造，"诸私造唆鲁麻酒者，同私酒法，杖七十，徒二年，财产一半没官"[123]。为加强产品质量管理，元朝官府要求金属产品上必须刻上工匠的姓名。

又如织造业，在大都城里，一些居民为了获取更多的利润，他们在从事纺织生产时，甚至不惜采用非法手段，制作劣质纺织品，以坑害用户。大德十一年（1307年），"据大都申：街下小民不畏公法，恣意货卖纰薄窄短金索段匹、盐丝药绵，稀疏纱罗，粉饰绢帛，不堪狭布，欺谩卖主"[124]。鉴于"随路街市买卖之物，私家贪图厚利，减克丝料，添加粉饰，恣意织造纰薄窄短金索段匹、生熟里绢，并做造药绵，织造稀疏狭布，不堪用度"，元朝政府不得不下令"随路织造段匹布绢之家"，今后"选拣堪中丝绵，须要清水夹密，段匹各长五托半之上，依官尺阔一尺六寸，并无药丝绵，中幅布匹方许货卖"[125]，从质量、尺寸等方面做了明确规定。

为了维护服色等第，至大四年（1311年），元政府要求，"今后除系官局院外，民间制造销金、织金及打造金箔，并行禁止"[126]；也不允许"将银箔燻作假金，裁线织造贩卖"[127]；甚至一些特殊纹样如龙凤纹[128]、佛像西天字纹[129]的段匹也禁止织造。

此外，如酿酒业也是通过征收酒税的办法加以管理。元世祖忽必烈即位以后，对酒类的生产与管理加以规定：凡造酒之家，制造曲酒用米一石，须向政府交纳酒税钞一贯。《元史·元祖纪》载："初，民间酒听自造，米一石官取钞一贯。"[130]

2. 民匠的管理[131]

元代大都的民匠包括各类手工业匠人，如机工、铁匠、木匠、石匠之类。在身份上，民匠身隶民籍，是独立的手工业者，按照所从事的行业，又被称呼为"机户"、"街下织段子的匠人每"、"冶户"、"窑户"、"梓人"、"酒醋户"、"榨户"等等。当他们为官府服役时，才被称作"民匠"，以与官匠、军匠相区别。而在法律上，民匠只要认办或完纳一定的课税，便可以自由地造作货卖。

民匠除了造作货卖，向官府完纳课额外，有时还受官府差发，提供各种匠役。不过，由于元代系官工匠、军匠另立户籍，人数众多，在正常情况下，只有当系官工匠、军匠不敷使用时，才能差遣民匠。无故则"不许差倩民匠"[132]，但是实际上难以做到。民匠受到官府随意差役和贵族官僚"拘刷"的搔扰事件时有发生，如元延佑四年（1317 年），"刑部仪令管民官司倩民匠置局成造军器"[133]。各贵族投下"不经由本路官司，径直于州县开读，拘刷民户人匠便行拘收起移，及取索钱债搔扰"[134]。这些滋扰往往使民间手工业正常生产经营常常被迫中断。

官府征集民匠的形式主要有两种：一种是"椿要民匠"，即民匠无偿向官府提供劳役，如"大都修建宫阙合用诸色人匠，每年逐旋于随路椿要"[135]。另一种形式是官府出钱物和雇民匠。和雇往往采用包工或议价的形式，由于腐败官吏上下其手，"一切和雇和买造作，并不得钱"[136]，许多和雇徒有其名，实际上成为差役之一种。

第三节　主要的手工业部门

大都的手工业，主要为宫庭的皇室贵族服务，经营的种类很多，主要有丝织、毡罽、采矿、冶炼、军器生产、酿酒、采煤、营造建筑业等。丝织业中的纳失失锦，冶炼业中的镔铁（特种钢），酿酒业中的阿剌吉（烧酒）等，均是大都手工业中的新产品。

一、织造业

织造业是元代比较发达的一种手工业，也是元代大都重要的手工业部门。从元代织造品的使用量之大，就可以看出。如丝织品，至元二十六年（1289 年），岁赐仅币帛达 122800 匹[137]。此外，元代大都的毡罽业生产在官营手工业中占有较大比重，这是与辽（南京）金（中都）官营手工业不同的地方。

1. 丝织业

丝织业是大都地区传统的手工业行业，至元代，发展规模更为庞大。马可波罗曾说，大都"仅丝一项，每日入城者计有千车"，以每车500公斤计，则每日入城之丝平均有50万公斤，每年共有18万吨。[138]"用此丝制作不少金锦绸绢，及其他数种物品"[139]。涿州居民能"织造金锦丝绢及最美之罗"[140]。在丝织物中采用加金技术，这是元代的特色。

元代的丝织品中，织金最为有名，称为"纳石失"，或称"纳失失"、"纳失思"、"纳克实"等。织金锦中的纳失失（原产波斯）、撒答刺欺（原产中亚的一种丝织品），是元代手工业中出现的新技术和新产品。

元代的加金织物，可分金线织出和织后加金两种制作方法。用金线织出的，《元典章》称为金缎匹。金缎匹又分金锦和金绮两种。金锦称为金织文锦、金织文缎、金缎、纳失失缎。全部用金线织成的称为浑金缎。

拍金又称箔金，与现在的贴金相似。是先用凸版花纹用粘合剂印在织物上，然后贴以金箔。元代称为"金答子"，就是指用拍金的制作方法使呈块状纹样的一种金锦。

销金的方法很多，有印金、描金、点金等种。印金是用凸版花纹涂上粘合剂先印花纹，再撒上金粉；或是用粘合剂调以金粉，直接印在织物上。描金是用描绘出金色花纹。点金又称撒金，是在织物上用金粉撒出点子。

据《南村辍耕录》记载，元代织锦的花纹名目有：紫大花、五色簟文、紫小滴珠方胜鸾鹊、青绿簟文、紫鸾鹊、紫百花龙、紫龟纹、紫珠焰、紫曲水、紫汤荷花、红霞云鸾、黄霞云鸾（俗呼绛霄）、青楼阁、青大落花、紫滴珠龙团、青樱桃、皂方团白花、褐方团白花、方胜盘象、毬路、衲、柿红龟背、樗蒲、宜男、宝照、龟莲、天下乐、练鹊、方胜练鹊、绶带、瑞草、八花晕、银钩晕、红细花盘雕、翠色狮子、盘毬、水藻戏鱼、红遍地杂花、红遍地翔鸾、红遍地芙蓉、红七宝金龙、倒仙牡丹、白蛇龟纹，黄地碧牡丹方胜、皂木。绫的花色也很丰富，有云鸾、樗蒲、盘绦、涛头水波纹、仙纹、重莲、双雁、方棋、龟子、方縠纹、鸂鶒、枣花、鉴花、叠胜、白鹭等。此外还有辽代生产的白毛绫，金代生产的回文绫。[141]元代丝织业在宋代的基础上普遍得到发展，织物品种和精美程度都达到了新的高度。各种加金技术的运用更是达到炉火纯青的地步，织金缎匹深受蒙古贵族的喜爱，成为元代丝织品的代表之作。

元代金锦生产的兴盛，有其社会原因。首先是由于贵族统治者的享受挥霍，"衣金锦"以显示其华贵和权威。其次，是用金锦作为赏赐物品。元代皇帝每年大庆节日，都要给一万二千多大臣颁赐金袍，以示恩典。此外，也与喇嘛教的盛行有关，所用袈裟、帐幕，无一不为金锦所制。

纳失失是元代皇帝与百官臣僚质孙宴服（质孙宴，又作只孙宴。质孙，蒙古语，意为颜色。元朝宫庭设宴，与宴者着一色服饰，称质利宴）的主要原料。据《元史·舆服志》记载："天子质孙，冬之服凡十有一等，服纳石失、怯绵里，则冠金锦暖帽……夏之服凡十有五等，服答纳都纳石失……百官质孙，冬之服凡九等，大红纳石失一……夏之服凡十有四等，素纳石失一，聚线宝里纳石失一。"[142] 文中不同名目的"纳石失"，表明了不同颜色和不同织造方法。皇帝质孙冬服分十一等，用纳失失作衣帽的就有好几种。百官冬服分九种，有很多是用纳失失。此外，三品以上官吏的帐幕也用织金。说明当时织金锦的生产量相当之大。

纳失失还是贵族妇女的时尚服饰的主要衣料。《析津志辑佚》对此有详细描述："又有速霞真，以等西蕃纳失今为之。夏则单红梅花罗，冬以银鼠表纳失，今取其暖而贵重。然后以大长帛御罗手帕重系于额，像之以红罗束发，袤袤然者名罟罟。以金色罗拢髻，上缀大珠者，名脱木华。以红罗抹额中现花纹者，名速霞真也。袍多是用大红织金缠身云龙，袍间有珠翠云龙者，有浑然纳失失者，有金翠描绣者，有想其于春夏秋冬绣轻重单夹不等，其制极宽阔，袖口窄以紫织金爪，袖口才五寸许，窄即大，其袖两腋折下，有紫罗带拴合于背，腰上有紫枞系，但行时有女提袍，此袍谓之礼服。"[143] 文中描述的贵族妇女的时尚礼服，便是主要以纳失失为材料做成的。

为了满足统治阶级对织金锦的需要，当时在大都设有专局制造。值得注意的是，大都的民间工匠也发展了丝织物加金的技术。他们能在缎子上绣上人物肖像和美丽的图案，"街下织段子的匠人每织着佛像并西天字段子货卖有，那般织着佛像并西天字的段子卖与人穿着呵"[144]。织金的锦缎，曾大量的制造，并在"街市"上"货卖"。丝织技艺的提高显示出民间手工工匠卓越的才能。在大都农民的科差中，有一项丝料负担，政府赋税允许民间折绢交纳，这说明大都农村地区的丝织业已相当发达。

由于民间丝织用金过多，以至于元政府多次明令禁止。中统二年（1261 年）九月，中书省钦奉圣旨："今后应有织造毛段子，休织金的，止织素的或绣的者，并但有成造箭合剌，于上休得使金者。"[145]《元典章》卷五十八《工部·禁治诸色销金》条下载有："其余诸色人等不得织造有金缎匹货卖"，"开张铺席人等，不得买卖有金缎匹、销金绫罗、金纱等物，及诸人不得拍金、销金、裁捻金线"。

元代的织金锦，在北京西长安街庆寿寺等地均有出土。庆寿寺海云、可庵两塔内出土的纺织品，其中有赭黄地的绣花龙袄，有酱色地的织花残绸。还发现四片丝金纻线即纳石失锦，织出唐草图案，出土时"金光耀目"[146]。纳失失盛行于元代，和当时蒙古民族文化水准、装饰爱好、艺术理解有关系。同时，也要有提供大量黄金的手工业作基础。若从丝织物加金工艺史及纺织艺术的发展而言，则纳失失金锦，可以说是创新的工艺。

2. 毡罽业

毡罽业是我国北方蒙古等少数民族人民在长期的游牧生活中逐渐发展起来的。元蒙统治者对毡罽有特殊爱好，入主中原后，宫庭贵族的需求量越来越大，举凡铺设、屏障、庐帐、蒙车等，均饰以毡罽，因而大都的毡罽业十分发达。

顾名思义，从制作及用途分，毡罽业生产毡和罽两类毛织品。

毡是蹂毛而成，厚五、六分，多无花纹。有白、黑、青蓝、粉青、明绿、柳黄、柿黄，赤黄、肉红、深红、银褐等色。常用作帽、案席、褥等材料。

罽是用羊毛、野蚕丝等织成。毛软厚，进行剪绒，即今日的地毯。无花纹的称为剪绒毯或裁绒毯，有花纹的称为剪绒花毯，有五色、七色、九色以及十色不等。花纹多为山水、楼阁、花鸟、人物、动物、云纹等。

元代官府和贵族所控制的诸司、寺、监都大量生产毡罽。以大都毡局为例，在中统三年（1262 年）立局的当年，就织造了羊毛毡3250段，以后三年内又陆续织就白毡810 片，悄白毡180 段，大糁白毡625段，熏毡100 段，染青小哥车毡10 段，大黑毡300 段，另外还织染毡1225 斤。泰定元年（1324 年），随路诸色民匠打捕鹰房都总管府属的察迭儿局，一次织就送纳入库的就有白厚毡2772 尺，青毡8112 尺，四六尺青毡179 斤。[147]

据《大元毡罽工物记》记载，当时毡罽工业的原料和产品的种类甚为繁多，原料除羊毛（分白羊毛、青羊毛、黑羊毛3 种）外，还有回回茜根、淀、白矾、黑沙、大麦面、松明子、槐子、黄芦、荆叶、牛李、棠叶、橡子、绿矾、落藜灰、羊头骨、羊筋、花鑞、石灰、醋、黄蜡、寒水石、白芨等 22 种东西。出产的毡品有地毡、察赤儿铺设毛毯、剪绒花毯、杂用铺陈毯、脱罗毡、入内药白毡、入白矾毡、无矾白毡、雀白毡、青红芽毡、红毡、染青毡、白鑞毡、白毡胎，毡帽、毡衫、胎毡、帐毡、毡鞍笼、白毡、内绒披毡、绒裁毡、掠绒剪花毡、内药脱罗、无药脱罗、里毡、扎针毡、好事毡、披毡、衬花毡、骨子毡、悄白毡、杂使毡、大糁白毡、裁毡、熏毡、染青小哥车毡、大黑毡、内布答毡、染毡、内羊毛毡、内红毡、青毡、柳黄毡、绿毡、黑毡、柿黄毡、银褐毡、掠毡、内青毡、染者也毛绳、厚毡、纳苦宝簟毡、蒙鞍花毡、白脱罗毡、花掠绒染毡、海波失花毡、妆驰花毡、明绿毡、粉青毡、深色红毡、做檐赤哥白绒毡……等等达六七十种之多。生产的毡毯，不仅品类繁多，花式新颖，而且质地细软，精巧美观。

可以设想，在大规模的官府手工工场里，生产如此多的花色品种，每种产品又需要较多数量，在这种情况下，任何一个工匠很难参与生产一切产品和参与产品的一切生产过程，而必须是在某种程度的分工下进行协作和专门化的生产。

二、军器制造业

军器制造在南宋和金朝都已有相当的成就，元朝又有较大的发展。军器制造业是综合很多生产部门的手工业，其制造技术的进步反映了这一时期手工业生产能力的提高。

由南宋彭大雅撰写、徐霆考订的《黑鞑事略》对于元代军器业的发展过程有一段具体的叙述："霆尝考之，鞑人始初草昧，百工之事无一而有，其国除孳畜外，更何所产？其人椎朴，安有所能？止用白木为鞍，桥以羊皮，橙亦刓木为之，箭镞则以骨，无从得铁。后来灭回回，始有物产，始有工匠，始有器械。盖回回百工技艺极精，攻城之具尤精，后灭虏金虏，百工之事于是大备。"

元代官营铸造厂不仅能够制造常规冷兵器，而且大量制造域外传来的回回炮和火炮。至元八年（1271 年），回回人阿老瓦丁与亦思马因二人被推荐至京师大都，"首造大炮，竖于五门（当为午门）前，帝命试之，各赐衣段"[148]。至元十六年（1356 年），元政府又"括两淮造回回炮新附军匠六百人，及蒙古、回回、汉人、新附人能造炮者，至京师"[149]。这时已有许多人学会了制炮技术。

所谓回回炮，乃是一种抛石攻城机械，当时人描述说："其回回炮，本出回回国，甚猛于常炮，至大之木，就地立穿。炮石大数尺，坠地陷入三四尺。欲击远，则退后增重发之。欲近，反近前"[150]。这种炮，在元前期曾大量制造。在至元十年（1273 年）元军攻占襄阳时发挥过巨大的威力。当时，"亦思马因相地势，置炮于城东南隅，重一百五十斤，机发，声震天地，所击无不摧陷，入地七尺"[151]。

元代后期，火炮技术有了新的突破，出现了金属火炮——火铳，它是利用火药在金属管内爆炸产生的气体压力来发射弹丸，同现代的枪炮原理一致。

这种火炮，射程远、威力更大。据张宪《玉笥集》卷三《铁炮行》诗中所述："黑龙随卵大如斗，卵破龙飞雷鬼走。火腾阳燧电火红，霹雳一声混沌剖"[152]。黑龙指铁炮，由抛石机发射出去，到空中时，引线即发出来一股烟。卵即铁弹，当引线烧到炮壳的一刹那，烟忽停止，火光一闪，轰然一声，铁炮炸裂。

至正二十四年（1364 年），"时孛罗帖木儿拥兵京师……（达礼麻识理）纠集丁壮苗军，火铳什伍相联，一旦，布列铁幡竿山下，扬言四方勤王之师皆至，帖木儿等大骇，一夕东走，其所将兵尽溃"[153]孛罗帖木儿拥兵自雄，企图谋反，被达礼麻识理的火炮所威慑溃退。

世界上现存最早的铜火炮（铳），一门是至顺三年（1332 年）铸造的，重 6.94 公斤，长 35.3 厘米，铳口直径 10.5 厘米，铳筒中部盖面镌有"至顺三年二月十四日，绥边讨寇军，第三百号马山"的铭文，现存于中国历史博物馆。另一门是至正十一年（1351 年）铸造的，重 4.75 千克，长 43.5 厘米，铳口直径 3 厘米，前端镌"射穿百札，声动九天"，中部镌"神飞"，尾部镌有"至正辛卯"和"天山"等铭文，现藏于中国人民革命军事博物馆。[154]人们利用火药的燃烧性能和爆炸性能，使火器成为战争中最凶猛的武器。

元代军器制造业发达，并有许多新发明。孙威发明的"蹄筋翎根铠"[155]，成吉思汗亲自弯弓射击而未射穿。孙威的儿子孙拱还发明了能张能合的"叠盾"[156]。

三、矿冶业

矿冶业的发展，是一般手工业发展的标志。它与军器、生产工具等的制造及国家的财政收入都有直接关系，元政府对此非常重视。

元初各种矿藏的开采和冶炼基本由官府控制，其经营方式一般是：或派官员组织人匠开采，或包给私人募人开采。京畿各场地也专设官吏管理。诸如，《元史·百官志》载："檀景等处采金铁冶都提举司……国初，中统始置景州提举司……至元十四年（1277 年），又置檀州提举司，管领双峰、暗峪、大峪、五峰等冶。"[157]《元史·食货志》记："大德五年（1301 年），始并檀、景三提举司为都提举司，所隶之冶有七：曰双峰，曰暗峪，曰银崖，曰大峪，曰五峪，曰利贞，曰锥山。"[158]《日下旧闻考》引《昌平山水记》曰："檀州大峪锥山有铁矿，至元十三年（1276 年）立四冶。"[159]《元史·五行志》亦谓："至元十三年（1276 年），雾灵山伐木官刘氏言，檀州大峪锥山出铁矿，有司覆视之，寻立四冶。"[160]《永乐大典》本《顺天府志》记，宛平县城西北 180 里的颜老山有银冶，城西北 150 里的清水村有铁冶。[161]

到元代中后期，由于官营矿冶业的"废置不常"[162]，自然是听民开采。据《元史·食货志》载："银在大都者，至元十一年（1274 年），听王庭璧于檀州奉先等洞采之。十五年（1278 年），令关世显等于蓟州丰山采之。"[163]大德十一年（1307 年），铁矿"听民煽炼，官为抽分"[164]。其他如珍珠、朱砂、水银、矾等，大都听民采炼，以十分之三输官。矿冶听民开采和冶炼是与官矿无法掌握和衰落相适应的。

实际上，政府也开始把一些经营成本过高的官营矿山改为民营。中统二年（1261 年）后，"止合依验旧日有名曾煽炉座，存留三五处，依例兴煽"，其余的"许诸人认办课额兴煽小炉，或抽分本货，或认办钞数"。[165]大部分炉冶都变成了民营。此外，蓟州的丰山、宛平的颜老山清水村、昌平的苏家窝都有民营的银矿，硝场、铁冶场等。前已言之，有些寺院，如大护国仁王寺也经营玉、石、银、铁、铜、盐、硝、碱、白土、煤炭等矿冶业。

由于冶炼工具的改进和冶炼技术的提高，元代大都地区铁冶业发展很快。元代冶铁事业的发展，军事需要是一个主要的原则。元代保持着庞大的常备军，并且不断地进行开拓疆土的战争，这些军队所使用的武器，以铁器为主。所以武装这些军队和继续供应战争中的消耗，则需要大量的铁。此外，农业、手工业生产工具的制造，对铁的需要量也不少。从大都地区的铁冶生产来看，檀景地方设有双峰、暗峪、银崖、大峪、五峪、利贞和锥山等处铁冶 7 所，元初还在燕南、燕北总设铁冶 17 所，每年课铁一千六百余万斤，冶铁人匠达三万余户。这些地方的铁冶无疑为元代的军需和民用提供了一部分的来源。

此外，从元代的冶炼技术看，当时出现了镔铁（特种钢）。官府手工业中设有"镔铁局"，从事镔铁器具的生产。官手工业中有，民间手工业中可能也有。叶子奇《草木子》卷三下《杂制篇》说镔铁刀"价贵于金，实为犀利，王公贵人皆佩之"。《朴事通》中也提到"着镔打"五体儿刀子。

四、采煤业

1. 大都用煤之记载

元代，大都成为全国的政治、经济与文化中心，人烟日益稠密，对煤炭的需求量大增，有关当时用煤的文献记载也多了起来。

煤是大都居民重要的燃料来源之一。《朴事通》中有"煤场里推煤去"的记载。大都居民普遍使用煤炉和煤火坑。尹廷高的《燕山寒》"地穴玲珑石炭红，土床芦簟觉春融"[166]，欧阳玄《渔家傲·南词》"暖炕煤炉香豆熟"[167]，张仲举"土床炕暖石窑炭，黍酒香注田家盆"[168]等诗句，都说明了这一点。宫庭也用煤，如柯九思《宫词十首》曰："夜深回步玉阑东，香烬龙煤火尚红。"[169]

煤的使用曾使欧洲的旅行家们大为叹服。久居大都的马可波罗在他的游记中，专列一章介绍了"用石作燃料"的情形："契丹全境之中，有一种黑石，采自山中，如同脉络，燃烧与薪无异，其火候且较薪为优，盖若夜间燃火，次晨不息，其质优良，致使全境不燃他物。"[170]

那么，当时大都用煤为什么非常普遍呢？对此，马可·波罗也作了分析。他说："其地固不缺木材，然居民众多，私人火炉及公共浴场甚众，而木材不足用也。每人于星期中至少浴三次。冬季且日日入浴，地位稍高或财能自给之人，家中皆置火炉，燃烧木材势必不足。至若黑石取之不尽，而价值亦甚贱也。"[171]应当说，马可波罗的这个分析言之有理，他把煤炭与木材在资源、火力、价格、供求等方面进行了比较，进而指出了煤炭必然要取代木材，逐步成为主要燃料的趋势。元人欧阳原功也提到大都煤炭价格低廉，他在送熊梦祥寓居斋堂的诗中有"园蔬地美夏不燥，煤炭价贱冬常温"[172]的描述。

解放后的考古发掘，实物证实了元代燃烧煤的事实。在北京后英房元代居住遗址中，曾发现了当年宅院主人使用过的一个铁铸煤炉，炉高56厘米、炉盘直径47.5厘米。下有3足，圆底，有长方形炉门。这种炉子正是烧煤火的，其形制已与近代北京的煤球炉近似。出土时在炉盘上还垫支着5块碎砖头，由于火烧的缘故，砖头已变成土红色。[173]马可波罗对大都居民以煤作燃料，感到很稀罕，说明当时世界上大多数国家，尚不知煤为何物，元大都遗址铁煤炉的出土，为《游记》记述的居民以煤作燃料，进一步提供了实物例证。

2. 煤窑分布、煤炭开采及运输

今北京的门头沟地区（当时属宛平县）是元代较大的煤炭生产基地。元顺帝至元六年（1340年），熊梦祥寓居斋堂村编撰北京第一部志书《析律志》，书中就有"日发煤数百，往来如织"[174]至大都城等有关煤炭的记述。

《元一统志》记载：宛平县西45里大峪山有产黑煤小窑三十余座，大峪西南50里桃花沟有产白煤小窑十余座。斋堂地区生产"水火炭"，有炭窑1所。[175]这些煤窑场主要是由官府开办，也有寺院经营，是大都宫庭和部分市民的主要燃料来源。

宛平县的当地人以采煤为业，他们"操锤凿穴道篝火，裸身而入，蛇行鼠伏，至深入数十里始得之"，然后"负载而出，或遇崩压，则随陨于穴。故其沾污憔悴，无复人形"[176]。可见，当时的采煤工是在极其艰苦的环境下进行挖煤。

至正二年（1342年），丞相脱脱等上奏朝廷，称京师人口百万，燃料供应困难，若开浑河金口，通行船只，运西山之煤，可坐致城中。[177]并于是年动工修建，"开京师金口河，深五十尺，广一百五十尺，役夫一十万"[178]。但新河修成后，"起闸放金口水，流湍势急，沙泥壅塞，船不可行"[179]，元政府大规模开采运输煤炭的计划，因设计不善，"卒以无功"[180]而终。

西山的煤炭基本由陆路运输至大都城内。车牛运输为主要方式，《析律志辑佚·风俗》记有"城中内外经纪之人，每至九月间买牛装车，往西山窑头载取煤炭，往来于此"，"冬月，则冰坚水涸，车牛直抵窑前"。[181]在北京的地方文献中，也有关于煤骆驼的记载。《北京风物志》说："京西门头沟一带的煤，从金末元初以来，数百年间向城里供应；除车子外，主要靠骆驼运输。"[182]

五、酿酒业

1. 各阶层酿酒之盛况

酿酒业是大都重要的手工业部门。官府、贵族官僚、寺院和民间都有人经营酿酒业。

大都官营酿酒业十分发达。大德八年（1304年），大都酒课提举司设有官槽房100所，大德九年（1305年）减为30所，大德十年（1306年），复增到33所，至大三年（1310年），又复增加到54所，此外，累朝拨赐诸王公主寺庙为9所，槽房每所日酿酒不许超过25石。[183]按此产量累计，100所槽房日可酿酒2500石，月可酿酒75000

石。按 30 所计，则大都官营酿酒作坊最低日产量 750 石，最低月产量可达 22500 石。由此可见，当时官营酿酒业是很兴盛的。

寺院、贵族官僚也大量经营酿酒业。前已言及，元文宗曾以大都酒店颁赐大护国仁王寺、大兴教寺、大乾元寺为永业。贵族马札儿台在通州开糟房，每日消耗于酿酒的粮食达万石，一年竟达三百六十多万石，可见其制酒作坊的规模已相当可观。

大都的民间制酒作坊达百数个，"京师列肆百数，日酿有多至三百石者，月已耗谷万石。百肆计之，不可胜算"[184]。每月耗谷万石，一年需 12 万石，以百肆计，一年则需 1200 万石，可见大都城酿酒业之盛。大都城内的酒糟坊，"正门前起立金字牌，如山子样，三层，云黄公垆。夏月多载大块冰，入于大长石桅中，用此消冰之水酝酒，槽中水泥尺深"。[185]大都坊间的酿酒户，有起家巨万，酿酒多达"百甓"者，如元末大都的酒户沈万三家，拥有"铁力木酒榨，每榨或用米二十石，得汁百甓"[186]。

元代诗人马臻的《都下初春》诗描述当时的大都："茶楼酒馆照晨光，京邑舟车会万方。驿路花生春报信，御河水散客遥装。"[187]生动地反映了元大都茶楼酒馆的繁盛景象。在金代宫庭寿安殿基址上建立起来的"寿安楼"，是元大都的著名酒家，来此楼饮酒的，多为金朝耆老，他们常常"梦断朝元阁，来寻卖酒楼"，满堂酒客的"寿安楼"，但见"老人头雪白，扶杖话幽州"[188]。

以大量的粮食用于酿酒，而将酿酒业推向如此兴盛的地步，同时也造成了粮食的极大浪费。至元十四年（1277 年）三月，耶律铸等人就指出："足食之道，唯节浮费，靡谷之多，无逾醪醴曲蘖"[189]。

2. 酒的品类与制法

酿酒业的兴盛还表现在酒的品类上。葡萄酒，枣酒、椹子酒等都是元代大都的名酒，其中以葡萄酒最为有名。枣酒，"京南真定为之，但用些少曲蘖，烧作哈剌吉，微烟气甚甘，能饱人"。椹子酒，"微黑色"，"饮之后能令人腹内饱满。若口、齿、唇、舌，久则皆黧。军中皆食之，以作糇粮，干者可以致远"[190]。

葡萄酒在大都地区最为流行，元人文集中不乏"小车银甓葡萄香"[191]，"紫驼银甓出葡萄"[192]，"回头笑指银餅内，官酒谁家索较多"[193]等吟咏葡萄美酒的诗句。诗中提到的"官酒"，反映了元大都的葡萄酒官卖的史实。至元十九年（1282 年），元朝政府专门设置了大都酒课提举司，负责征收酒税，"大都酒使司于葡萄酒三十分取一"[194]。

元人熊梦祥曾记述了当时葡萄酒的制法："葡萄酒……酝之时，取葡萄带青者。其酝也，在三五间砖石瓮砌干净地上，作瓮瓷缺嵌入地中，欲其低凹以聚，其瓮可容数石者。然后取青葡萄，不以数计，堆积如山，铺开，用人以足揉践之使平，却以大木压之，覆以羊皮并毡毯之类，欲其重厚，别无麴药。压后出闭其门，十日半月后窥见原压低下，此其验也。方入室，众力抬下毡木，搬开而观，则酒已盈瓮矣。乃取清者入别瓮贮之，此谓头酒。复以足蹋平葡萄滓，仍如其法盖，复闭户而去。又数日，如前法取酒。窖之如此者有三次，故有头酒、二酒、三酒之类。直似其消尽，却以其滓逐旋澄之清为度。上等酒，一二盅可醉人数日。复有取此酒烧作哈剌吉，尤毒人。"[195]文中提到制作的"哈剌吉"即为阿剌吉烧酒。

阿剌吉酒为蒸馏酒，亦即烧酒。阿剌吉为阿拉伯语，原意为出汗，蒸溜酒类似汗珠，故得此名。李时珍的《本草纲目》、忽思慧的《饮膳正要》、朱震亨的《本草衍义补遗》、吴瑞的《日用本草》等书，都谈到烧酒，有的还介绍了该酒的制法。李时珍在《本草纲目》中说，烧酒又名火酒，"非古法也，自元时始创其法，用浓酒和糟入甑，蒸令气上，用器承取滴露"[196]。忽思慧谓烧酒为阿剌吉酒，是"用好酒蒸熬，取露成阿剌吉"[197]。

李时珍说烧酒自元朝始创其法，但唐诗中已出现"烧酒"之名，白居易《荔枝楼对酒》诗云："荔枝新熟鸡冠色，烧酒初开琥珀香。"[198]不过北京自元朝已有烧酒则确认无疑。

阿剌吉酒的出现是我国酿造史上的一次革命，马可波罗曾描述了加香料的阿剌吉酒的酿造："尚应知者，契丹地方之人大多数饮一种如下所述之酒：彼等酿造米酒，置不少好香料于其中。其味之佳，非其他诸酒所可及。盖其不仅味佳，而且色清爽目，其味极浓，较他酒为易醉。"[199]烧酒技术的发明，与元代酿酒业的兴盛是分不开的。

元代，葡萄酒不仅盛于民间，而且亦为宫庭帝后所嗜饮。当时葡萄酒分为数等，"有西番者，有哈剌火者，有平阳、太原者，其味都不及哈剌火者田地酒最佳"[200]。至元二十八年（1291 年）五月，元世祖诏令在"宫城中建葡萄酒室"[201]。位于宫城制高点的万岁山广寒殿内，还放着一口可"贮酒三十余石"的黑玉酒瓮，即为"渎山大玉海"[202]。此瓮至今尚存，是元朝帝后嗜饮的历史见证。

六、营造建筑业

1. 大都城的营建

（1）营建之背景

从自然环境和社会因素等方面来看，大都城的建立有其历史的必然性。

其一，燕京在全国所处地理位置的重要性，及其对政权统治的影响，早在忽必烈即汗位以前，其心腹霸突鲁就指出："幽燕之地，龙蟠虎踞，形势雄伟，南控江淮，北连朔漠。且天子必居中，以受四方朝觐。大王果欲经营天下，驻跸之所，非燕不可。"[203]即汗位以后，其谋臣郝经亦以"燕都东控辽碣，西连三晋，背负关岭，瞰临河朔，南面以莅天下"[204]为由，劝忽必烈定都燕京。

其二，就历史积淀等社会因素而言，选择大都作为都城有其必要。据《春明梦余录》载："元世祖问刘秉忠曰：'今之定都，惟上都、大都耳，何处最佳？'秉忠曰：'上都国祚近短，民风淳；大都国祚长，民风淫。'遂定都燕之计。"[205]大都较之上都历史悠久，其"民风淫"，以大都为都城无疑有加强统治之考虑。《续资治通鉴》载，景定五年（至元元年，1264 年）八月，"蒙古刘秉忠请定都于燕，蒙古主从之"[206]。

再从自然因素和社会心理等方面分析，元大都城放弃金中都城旧址，而在其东北另择新址而建，也有历史的合理性。

其一，大都新址的选择，是因为这里有高梁河水系形成的比较丰沛的水源，包括了大面积的湖泊与清澈的泉流，既为大都增添无限优美的自然风光，又为新城的水运提供了有利条件，这些都是中都旧城所难与比拟的。金中都城的水源主要依靠城西的莲花河水系，但是莲花河难以满足都城发展以及漕运用水的需要。金时虽曾开发金口导引卢沟之水，但终因其"地势高峻，水性浑浊。峻则奔流澒洄，啮岸善崩，浊则泥淖淤塞，积滓成浅，不能胜舟"[207]。而且，终金一代，都未能圆满地解决漕运用水问题。

其二，金朝迁都汴梁的第二年（1215 年），中都城即被蒙古兵所破，城内宫阙，焚毁严重。蒙古族风俗，每个蒙古大贵族都拥有数 10 辆，乃至数百辆的毡车和毡帐，统称为"斡耳朵"，以供其妻儿居住。但是，按蒙古人的习俗，一个"斡耳朵"曾在某处安置，当它搬走以后，只要那里有任何曾经被烧过火的痕迹，就没有一个人再敢经过这一地点，不管是骑马还是步行。若在亡金宫阙的废墟上来重建新宫，在蒙古人看来则是一种禁忌。[208]

（2）营建过程

大都城的营建工程，是从修筑宫城开始的，正式启动于至元四年（1267 年）正月，《元史·世祖纪》载："四年春正月……戊午，立提点宫城所……城大都。"[209] 大都营建的实际开工时间要早得多，如《元史·张柔传》中几次出现"至元三年（1266 年），城大都"[210] 的记载。事实上，最迟早在中统四年（1263 年），营建大都的各项准备工作就已经拉开帷幕，其重要标志是相关组织和管理机构的纷纷设立。如大都四窑场中的南窑场和琉璃局，就是设立于这一年的。

文献中不断有关于修筑宫城的记载。如《元史·世祖纪》载，至元七年（1270 年）二月，"以岁饥罢修筑宫城役夫"[211]。至元八年（1271 年）二月，"发中都、真定、顺天、河间、平滦民二万八千余人筑宫城"[212]。又，《南村辍耕录·宫阙制度》记，大内于"至元八年八月十七日申时动土，明年三月十五日即工"[213]。又，《元史·世祖纪》载，至元九年（1272 年）五月，"宫城初建东西华、左右掖门"[214]。至元十年（1273 年）十月，"初建正殿、寝殿、香阁、周庑两翼室"[215]。至元十一年（1274 年）正月，"宫阙告成，帝始御正殿，受皇太子诸王百官朝贺"；四月，"初建东宫"；十一月，"起阁南直大殿及东西殿"[216]。至此，宫城初具规模。

元大都皇城建成于至元十三年（1276 年），《元史·张弘略传》中说："十三年，城成。"[217]《析津志辑佚·城池街市》记："至元十八年，奉旨挑掘城濠，添包城门一重。"[218]《元史·世祖纪》载，至元十八年（1281 年）二月，"发侍卫军四千完正殿"[219]；至元二十年（1283 年）六月，"发军修完大都城"；十一月，"大都城门设门尉"[220]。整个大都新城的城墙、城门营建基本完毕。

大都城从至元四年（1267 年）大规模兴建，到至元二十年（1283 年）主体工程全部告竣，历时达 17 年之久。其中仅宫城修筑，便花了 4 年的时间。

（3）大都城的形制与布局

格局宏大、规划整齐的大都城，是当时世界著名的大城市之一。大都城坐北朝南，呈南北略长的长方形形状。"城方六十里，十一门"[221]，其总体模式，虽然严格依循《周礼·考工记》所说的传统规制，但实际营建的规模，却远远超过"方九里"的模式。

考古勘查表明，大都城南北长周长 28600 米，东城墙长 7590 米，西城墙长 7600 米；北城墙长 6730 米，南城墙长 6680 米。四周辟门 11 座：正南三门，分别是东为文明门（今东单南）、正中为丽正门（今天安门南）、西为顺承门（今西单南）；北面二门，东为安贞门（今安定门外小关）、西为健德门（今德胜门外小关）；东面三门，自北而南为光熙门（今和平里东）、崇仁门（今东直门）、齐化门（今朝阳门）；

西面三门自北而南为肃清门（今学院路西端）、义门（今西直门）、平则门（今阜成门）。大都 11 个城门，每门都建城楼、瓮城，它们和角楼、城墙一起，组成了城市外围丰富的立体轮廓。

综采有关文献记载和考古资料，宫城（又称大内）建在太液池以东全城中轴线上。并以此为依据，沿宫城的中心线向北延伸至太液池上游的另一处，即积水潭的东北岸，确定了全城平面布局的中心点，并在这个中心点上竖立一个石刻的标志，题为"中心之台"；在台东 15 步（约 23 米）处，又建立了中心阁。其位置相当于现在北京城内鼓楼所在的地方。在城市规划设计中，以实测的全城中心做出标志，在历代城市规划中，还没有先例，这也反映了当时在城市规划建设中重视测量技术。而事实上，中心阁和钟鼓楼也构成了全城的中心区，大都城的布局，都是围绕着这个中心区展开的。

皇城的正南门称之为崇天门，其两边各有一门，东为星拱门，西为云从门。崇天门面阔 11 间，在门的两边，还各建有一座趺楼，使崇天门显得更加壮观。星拱门与云从门规制相同，皆为面阔 3 间。皇城东、西、北各开一门。东为东华门，西为西华门，面阔皆为 7 间。北为厚载门，面阔 5 间。

在太液池西岸与大内相望，南北分建隆福，兴圣二宫以为别宫，分居太后、太子。这三组宫殿形成品字形，太液池穿插其间。在大内正北另有御苑。以上宫苑都在皇城内，专属于帝王，独立性很强。皇城内除了某些直接服务于皇室生活的机构之外，别无建置。衙署都分散在大城内各处，不在皇城内。

大内东西 480 步（约 760 米），南北 615 步（约 947 米），其东、西宫墙与今北京紫禁城东、西墙相重，南墙在后者南墙之北。约当今太和殿一线，北墙也在后者北墙之北，整座宫城面积与明清紫禁城相近。

宫城由高而厚的城墙包围。南面三门，正中大明门，两侧各一掖门，东为日精门，西为月华门。东、西、北各一门，没有特定的名称，统称之为红门。各门都建有城楼，城四角建有角楼。宫城内有以大明殿、延春殿为主的两组宫殿，这两组宫殿的主要建筑都建在全城的南北轴线上，其他殿堂则建在这条轴线的两侧，构成左右对称的布局。元朝的主要宫殿多由前后两组宫殿组成，每组各有独立的院落。而每一组殿又分前后两部分：中间用穿廊连为工字形殿，前为朝会部分，后为居住部分，而殿后又往往建有香阁，这是继承宋建筑的布局形式。

考古勘查证明，元大都的皇城位于全城南部的中央地区，宫城偏居皇城的东部。纵贯宫城中央的南北大路，也就是元大都城的中轴大路，纠正了以前认为元大都城中轴线偏西的说法，证明元大都的中轴线，即明清北京的中轴线，两者相沿未变。[222]

宫前广场的设计，仍遵循北宋汴梁和金中都的方式，御街取丁字形平面，但位置与前代有所不同，不是放在宫城正门崇天门外而是移到了皇城正门之前。把宫庭广场的位置，从传统的宫城正门前方，迁移到皇城正门的前方来。这不能不说是一个极大的变化。而这一迁移的结果，又进一步加强了从大城正门到宫城正门之间在空间上的层次和序列，从而使宫阙的位置更加突出，门禁也更加森严。元大都的宫庭广场在位置上的这一变化，突破了唐宋以来的旧传统，开创了一个新格局。

大都城每座城门以内都有一条笔直的干道，两座城门之间，除少数例外，也都加辟干道一条。这些干道纵横交错，连同顺城街在内，全城共有南北干道和东西干道各9条。其中丽正门内的干道，越过宫城中央，向北直抵中心台前，正是沿着全城的中轴线开辟出来的。从中心台向西，沿着积水潭的东北岸，又顺势开辟了全城唯一的一条斜街。上述纵横交错的干道，在城市的坊巷结构中起着不同的作用。其中占主导地位的是南北向的干道。因为全城的次要街道或称胡同，基本上都是沿着南北干道的东西两侧平行排列的。城市居民的住宅，集中分布在各条胡同的南北两侧，这样就使得每家住宅都可以建立起坐北朝南的主要住房。这样的设计，使居民住宅避免寒风袭击，又利于通风采光。

大都城内萧墙（皇城）以外的居民区，又被划分为50坊，坊各有门，门上署有坊名。这些坊的划分并不是建筑设计上分区的单位，而是行政管理上的地段名称。大都城内不建高大的坊墙，只是在坊与坊之间建一些近似于栅栏之类的人为阻碍物。各坊占地面积大小不一，与住宅用地的分配关系不大。当时直接关系到住宅用地分配的，还是坊内的胡同。

大都初建成时，凡是从中都旧城迁新城的住户，用地大小是有严格规定的，而且富户和有官职的人家可以优先迁入。《元史·世祖本纪》就是这样记载的：至元二十二年（1285年）二月，"诏旧城居民之迁京城者，以赀高及居职者为先，仍定制以地八亩为一份。其或地过八亩及力不能作室者，皆不得冒据，听民作室"[223]。这一规定的目的，显然意在保持新城的市容。

大都城还建有当时世界上最完整的城内排水系统。解放后地下发掘表明，当时城内南北主干大街街道两旁均建有排水渠。如在今西四附近的地下，发现了当时用条石砌筑而成排水明渠，渠宽 1 米，深 1.65 米，在通过平则门大街（今阜内大街）时，顶部覆盖了条石。渠内石壁上还留有当时工匠凿刻的字迹："致和元年五月日，石匠刘三"[224]。"致和"为元泰定帝年号，元年为 1328 年，时在大都城修完已经三十余年，可能是重修时凿刻的。由此推测，大都城内沿着主要的南北大街，都应有排水干渠。干渠的排水方向，同大都城自北而南的地形坡度完全一致，在城墙基部有石砌的排水涵洞，用来将城中废水排出城外。元代诗人虞集"绿水满沟生杜若"[225]的名句，生动地描述了这些排水渠的盛状。干渠两旁，还应有相与垂直的暗沟。这些明渠暗沟的铺设，应是与大都城的整体设计同时规划的。

大都城是作为一个统一的、多民族的中央集权封建国家的政治军事中心而建造的。在城市的规划和建筑上主要采用"汉法"。当时负责建筑工事的，虽然也有来自域外的匠师，如西域回回人亦黑迭儿丁等，并引进了个别域外的建筑技巧和形式，但城市的总体规划和宫殿建筑的一般工程做法，还都是继承了北宋以来的传统而有所发展。其中在总体规划上最为突出的一点，是力求体现《考工记》一书中所描述的"前朝后市，左祖右社"的原则，又结合地方特点，作了进一步的发挥。上述有关方面内容，容下文另述。

（4）著名的建设者

大都城的修建，凝聚着我国各族劳动人民，同时也包含了亚洲人民在内的辛劳与智慧。其中涌现出一批杰出的建设者，如刘秉忠、赵秉温、张柔、张弘略、段祯（段天祐）、亦黑迭儿丁、野速不花、高觽、杨琼等人，他们在大都城的规划设计、组织施工、实际建筑等工程中发挥了举足轻重的作用。

刘秉忠（1216—1274 年），大都城的主要组织和设计者。邢州（今河北邢台）人，原名侃，字仲晦，秉忠是入宫后元世祖忽必烈赐给他的名。刘秉忠博学多识，"尤邃于《易》及邵氏《经世书》，至于天文、地理、律历、三式六壬遁甲之属，无不精通"[226]。经海云禅师推荐，刘秉忠成为忽必烈的幕僚，逐渐受到重用。刘秉忠曾为忽必烈选址建造了上都开平，南迁前，他又被指定负责主持建造大都。《元史·刘秉忠传》记："（至元）四年，又命秉忠筑中都城，始建宗庙宫室。八年，奏建国号曰大元，而以中都为大都。他如颁章服，举朝仪，给俸禄，定官制，皆自秉忠发之，为一代成宪。"[227]又，《析津志辑佚·朝堂公宇》载："至元四年，世祖皇帝筑新城，命太保刘秉忠辨方位，得省基，在今凤池坊之北。"[228]从这些记载中，我们可以看出刘秉忠在规划设计大都城时所起的作用。

据《中奉大夫广东道宣慰使都元帅墓志铭》称，整个大都城的建造都是在刘秉忠的"经画指授"[229]下进行的。至元十一年（1274 年）八月，"秉忠无疾端坐而卒，年五十九"，"帝闻惊悼，谓群臣曰：'秉忠事朕三十余年，小心缜密，不避险阻，言无隐情，其阴阳术数之精，占事知来，若合符契，惟朕知之，他人莫得闻也。'"[230]

同刘秉忠参与城址选择、设计的还有赵秉温。据苏天爵《滋溪文稿》记载，赵秉温奉忽必烈之命，"与太保刘公同相宅，公因图上山川形势城廓经纬与夫祖社朝市之位，经营制作之位，帝命有司稽图赴功"[231]。

具体负责领导修建工程的则是张柔、张弘略父子以及段桢等人。如《元史·张柔传》载，张柔于"至元三年，加荣禄大夫，判行工部事，城大都"，其子张弘略"佐其父为筑宫城总管。八年，授朝列大夫、同行工部事"[232]。他们当中，段桢所起的作用较大。他不仅自始至终参与了大都城的修建工作，而且在后来还长期担任大都留守。大都城建成后相当一段时间内，城墙、宫殿、官署、河道的维修和增设，都是由他负责的。[233]

此外，参与大都城规划及宫殿苑囿建设的还有西域回回人亦黑迭儿丁、蒙古人野速不花、女真人高觿等人。

亦黑迭儿丁，又名"也黑迭儿"，元代著名的建筑家，亲自参加了元大都的城市和宫殿设计，并领导了工程施工。忽必烈即汗位后，命亦黑迭儿丁掌管茶迭儿局。"茶迭儿"蒙古语，是"庐帐"的意思。茶迭儿局，即元廷中专设的管理宫殿营造和工匠的机构。中统四年（1263 年）三月，亦黑迭儿丁"请修琼华岛，不从"，至元元年（1264年）二月，"修琼华岛"[234]。亦黑迭儿丁"魏阙端门，正朝路寝，便殿掖廷，承明之署，受釐之祠，宿卫之舍，衣食器御，百执事臣之居，以及池塘苑囿游观之所，崇楼阿阁，缦庑飞檐，具以法"[235]。身为少数民族的亦黑迭儿丁对中原建制的运用达到如此熟练的地步，这在古代建筑史上尤为少见。

在施工中，亦黑迭儿丁亲临现场指挥，使役工劳动适度，尽量节省资材。宫殿建成后，世祖很满意，对亦黑迭儿丁的奖赏居受奖者之首。他去世后，工匠们特地为他塑了一尊形象逼真的石像，竖立在他的墓前。皇帝敕赠亦黑迭儿丁"效忠宣力功臣""太傅""开府仪同三司""上柱国"，追封"赵国公"，谥"忠敏"。

亦黑迭儿丁去世后，其子马哈马沙袭其职，阶至正议大夫，授以工部尚书，领茶迭儿局诸色人匠总管府达鲁花赤。其后，马哈马沙的次子木八剌沙以正议大夫领茶迭儿局，元贞年间授工部尚书；四子阿鲁浑沙没有做官，其子蔑里沙后继领茶迭儿局总管府达鲁花赤。

从亦黑迭儿丁到蔑里沙，祖孙四代人主持元廷工部的工作，可以说是名副其实的回族工程世家，为大都城的建设作出了卓越的贡献。[236]

值得注意的是，还有来自太行山东麓曲阳县（今河北省曲阳）阳平村的石工杨琼。有关杨琼的史料，见于元代文人姚燧为其作的《大元朝列大夫骑都尉弘农伯杨公神道碑》及光绪重修《曲阳县志》。[237]以下引文皆来源于该碑文。

杨琼出身于匠工世家，自幼就跟随叔辈从事石匠，他"每自出新意，天巧层出，人莫能及"。中统初年，杨琼被元世祖招来营建都城。由于杨琼的技艺高超，被任命为"管领燕南诸路石匠"。"国初建两都及城郭诸营造"，皆资其力，又升任"大都等处山场石局总管"。至元十三年（1276年），又督造石桥。元大都宫殿中，础碣墀陛，雕镂极为精美，宫中陈设的奇器、建筑小品，乃至灵星门内金水河上的三座白石桥（周桥）及其阑楯，凡用石材之处，无不出自杨琼之手，而且都显示了高度的建筑艺术。至元十五年（1278年）卒，追封为"朝列大夫骑都尉弘农太君"。杨琼为人"贤厚"，有"杨佛子"之美称。

2. 城墙建筑

考古勘查和发掘表明，大都城城墙全部用夯土筑成，基部厚达24米，并在夯中使用"永定柱"（竖柱）和"絍木"（横木）来加固城墙。[238]城墙因系土筑，收分很大。根据发掘部分的实测推算，它的基宽高和顶宽的比例为3∶2∶1。为了防雨排水，在土城顶部中心安有半圆形瓦管，在西城墙陆续发现了长达300余米的排水瓦管。[239]土城城壁蒙以芦苇[240]，以减轻雨水冲刷的损坏。《析津志辑佚·城池街市》记载了蒙城的做法："世祖筑城已周，乃于文明门外向东五里，立苇场，收苇以蒙城。每岁收百万，以苇排编，自下砌上，恐致摧塌。"[241]尽管有预防雨水冲刷的这些措施，土城本身还是要经常修葺，据《元史》诸帝本纪，从世祖至元九年到顺帝至正十年（1272—1350年），前后80年间，有关都城修缮的记录，多至十五六次，役军数目，动以万计，足见劳费之大。[242]

对大都城北部东西两座城门——光熙门与健德门的基址进行钻探的结果表明，城门地基夯筑坚固，并有大量木炭屑和烧土的堆积层，是城门建筑被火焚烧的残余。由此可以推断城门建筑仍是唐末以来的"过梁式"木构门洞，即门洞顶部为粗大木梁，门洞呈方形。

元朝末年，各城门外加筑瓮城。《元史·顺帝纪》载，至正十九年（1359年）十月庚申朔，"诏京师十一门皆筑瓮城，造吊桥"[243]。1969年夏，在拆除西直门箭楼时，发现了包筑在其内的元末瓮城城门遗址。城门的残存高度约22米，门洞长9.92米，宽4.62米，内券高6.68米，外券高4.56米。木质板门和门额、立颊（门框）等部分，在明初填筑时均已拆除，只留下两侧的门砧石，门砧石上的铁"鹅台"（即承门轴的半圆形铁球）还保存完整。这和宋李诫《营造法式》所记大型板门的铁"鹅台"形制相同。这座城门的建筑，是从唐宋以来过梁式木构式门发展到明清砖券城门的过渡形式。砖券只用四层券而不用伏（券为竖砖，伏为丁砖），四层券中仅一个半券的券脚落在砖墩台上。城楼两侧各有小耳室，是进入城楼的梯道。城楼面阔3间，进深3间，除当心间4柱为明柱外，其他各柱都是暗柱。暗柱有很大的"侧脚"（下部向外倾斜），柱下安地栿，柱间用斜撑。四周墙壁收分显著。城楼地面铺砖，当心间靠近西壁的台阶下有并列的水窝2个。每个水窝用有5个水眼的石箪子做成，其下为一砖砌水池，水池外又砌有流水沟，分3个漏水孔，穿过瓮城顶部而向下到达木质城门扇之上，这是专门设计用来御防火攻城门时的灭火设施，在中国城市建筑史上是前所未见的一例。当时以砖券门洞代替木构"过梁式"门洞，也显然是为了御防火攻的。[244]

大都城城墙初建之时，就已经考虑到城内的排水问题，这和城内下水道网的铺设，都应该是预先经过测量并与街道的布局同时设计的。经实地勘查，曾在大都城东墙中段和西墙北段的夯土墙基下，发现了两处残存的石砌排水涵洞，从底部尚可见涵洞的结构情况。涵洞的底和两壁都用石板铺砌，顶部用砖起券。洞身宽2.5米，长约20米左右，石壁高1.22米。涵洞内外侧各用石铺砌出6.5米长的出入水口。整个涵洞的石底略向外作倾斜。涵洞的中心部位装有一排断面呈菱形的铁栅棍，栅棍间的距离为10—15（厘米）。石板接缝处勾抹白灰，并平打了很多"铁锭"。涵洞的地基满打"地钉"（木橛），在"地钉"的錾卯上横铺数条"衬石枋"（横木），然后即将地钉錾卯间掺用碎砖石块夯实，并灌以泥浆。在此基础之上，铺砌涵洞底石及两壁。整个涵洞作法，与《营造法式》所记《卷輂水窗》的做法完全一致。特别是满用"铁锭"、满打"地钉"和横铺"衬石枋"等做法，是宋元以来常见的形式。这些都说明，修建大都时的官式石工做法，仍继承了

北宋以来的传统。[(245)]

3. 宫殿建筑

据统计，元大都宫殿建筑，包括宫、殿、阁、楼、堂、台等各类形式，共计 220 处。[(246)] 兹不拟一一搜罗具体宫殿，主要是就一些典型宫殿或特色建筑分析其造型特征等。

元大都的宫殿建筑，继承了宋、辽、金时期的一些建筑传统，又融入了西藏喇嘛教文化乃至域外文化中的一些造型因素，使其呈现出既具多元化又有独特风貌的建筑造型。

其一，多元化的外观造型。

工字殿。元代宫庭中最主要的建筑，均采用工字殿的形式。工字殿起源于唐代的"轴心舍"，宋金时期一度得到发展，经常用在重要建筑上，元代工字殿进一步成熟和定型。元宫工字殿后殿两侧一般已固定有挟屋，不像前代有时将挟屋放在前殿。工字后殿向后凸出一座香阁，也成为元代的定式。工字殿形式，使几个比较简单的建筑造型结为一组而形成一个体量巨大、轮廓线变化丰富、空间节奏韵律明确的复合体。

十字脊殿阁。大都宫殿中十字脊殿阁较为多见，如兴庆宫后的延华阁，就是一座五开间见方的重檐十字脊殿阁，脊上正中立金宝瓶。延华阁后两侧的芳碧亭与徽青亭，也均为重檐十字脊殿阁。十字脊殿阁多用于园亭等附属性建筑，而不用于正殿。

三趓楼。元大都皇城正门崇天门左右所设的趓楼，崇天门两侧向前伸出的两阙楼，以及城墙四隅的角楼，均采用三趓楼的形式。三趓楼样式的造型有方向感，屋顶轮廓线富于变化，故多用于需要对称布置的附属性建筑中，以形成对主体建筑的拱卫之势。

盝顶殿。元代建筑中出现了一种此前宫殿建筑所没有的独特造型——盝顶殿，又称鹿顶殿。《南村辍耕录》释云："盝顶之制，三椽，其顶若笥之平，故名。"[(247)] 盝顶殿为平屋顶建筑，不同于中国古代建筑常见的反宇式坡形屋顶。屋顶顶部施以出挑的椽子以承出檐，使屋顶部分略存中国建筑坡屋顶的意味。这种造型形式，是元代西域人将中国建筑坡屋顶与西域建筑平顶屋造型融合而成。《南村辍耕录》中罗列了隆福宫、兴圣宫、延华阁里数量众多的盝顶式建筑。而且，盝顶殿多用于较次要的建筑上，如盝顶房、盝顶井亭、盝顶半屋；或用于一些建筑的附属部分，如盝顶轩之用于建筑中向前凸出的部分。[(248)]

弩头殿。元代宫殿中，每座宫殿中的后寝殿，都有向后凸出的香阁，其屋顶均以歇山山面向外，即龟头殿式，俗呼弩头殿。

棕毛殿。泰定二年（1325年）闰正月，"作棕毛殿"[249]。元大都宫殿建筑中见于记载的棕毛殿有两座。一座在隆福宫西御苑内。《南村辍耕录·宫阙制度》记："棕毛殿在假山东偏，三间，后盝顶殿三间。前启红门，立垣以区分之。"[250]另一座在兴圣宫后的延华阁东侧。《故宫遗录》载："延华阁……又东有棕毛殿。皆用棕毛，以代陶瓦。"[251]

畏吾尔殿。泰定二年（1325年）四月，"作吾殿"[252]。"吾殿"疑为畏吾尔殿，该殿显系模仿畏吾尔民族形式的建筑。

其二，富丽华贵的建筑材料和室内装饰。

大都的宫殿建筑，使用了许多贵重材料，如紫檀、楠木等。在装饰方面，主要宫殿用方柱，涂以红色并绘金龙，"凡诸宫周庑，并用丹楹彤壁藻绘"[253]。城墙、城垛则刷成白色，体现了蒙古人尚白的审美习惯。

墙壁上挂毡毯和毛皮丝顶帷幕等，凡属木构的外露部分，均以织物遮盖起来。这是由于他们仍然保持着游牧生活习惯，同时也是受到喇嘛教建筑和伊斯兰教建筑的影响。壁画雕刻也有很多喇嘛教的题材和风格。可见，元大都的宫殿建筑，虽然采取传统的汉式建筑，但室内布置仍主要是蒙古式的。

其三，琉璃瓦饰及色彩。

元代宫殿的屋顶皆覆以琉璃瓦，并在檐部与脊部加以重点装饰。琉璃瓦的色彩，随殿阁的位置等级的不同，而有所区别。

元代宫殿外观最为独特的一点，就是白色琉璃瓦的运用。文献记载中明确提到用白色琉璃瓦屋顶的是兴圣宫。兴圣宫正殿兴圣殿屋顶"覆以白磁瓦，碧琉璃饰其脊"，兴圣殿后的延华阁，亦"白琉璃瓦覆，青琉璃瓦饰其檐，脊立金宝瓶"[254]。

琉璃瓦的使用，自唐以来，日渐普及，但唐、宋、辽、金乃至后世的明清建筑，屋顶琉璃瓦多用黄色或绿色，特殊的建筑，有用蓝色的，少数建筑也用了黑色琉璃瓦。以白色琉璃瓦覆盖于大型殿阁的屋顶上，仅见于元代。

这种下为白玉石台座，上为白琉璃瓦屋顶的宫殿建筑，使人感受到一种与习见的中国古代建筑风格迥异的特殊气氛，有着强烈的少数民族文化风采。[255]

4. 坛庙与儒学建筑

元大都城的坛庙建筑也严格依照周代礼制建造。宗庙、郊坛作为祭祖和郊祀的专门场所，其功能之齐全，内容之繁杂，是辽金难以比拟的。

太庙。至元四年（1267年），忽必烈弃燕京旧城，择其东北隅建大都城。至元十四年（1277年）八月，元世祖"诏建太庙于大都"[256]。至元十七年（1280年），新建的太庙竣工。其庙址位于皇城以东的齐化门（今朝阳门）内，符合《周礼》"左祖右社"的原则。太庙规制为"前庙后寝。正殿东西七间，南北五间，内分七室。殿陛二成三阶，中曰泰阶，西曰西阶，东曰阼阶。寝殿东西五间，南北三间。环以宫城，四隅重屋，号角楼。正南、正东、正西宫门三，门各五门，皆号神门。殿下道直东西神门曰横街，直南门曰通街，甃之。通街两旁井二，皆覆以亭"。[257]至治元年（1321年），"诏议增广庙制"，三年（1323年）竣工。增建的太庙规模更大，"别建大殿一十五间于今庙前，用今庙为寝殿，中三间通为一室，余十间各为一室，东西两旁际墙各留一间，以为夹室。室皆东西横阔二丈，南北入深六间，每间二丈"。[258]其原附属建筑，如馔幕殿、齐班厅、雅乐库、法物库、神厨院等，都依次向南扩展。

社稷坛。社稷坛建在大都城西和义门（今西直门）内稍南。至元二十九年（1292年）七月，"建社稷和义门内，坛各方五丈，高五尺，白石为主，饰以五方色土，坛南植松一株，北墉塞坎墙垣，悉仿古制，别为斋庐，门庑三十三楹。"[259]社坛在东，稷坛在西，二者相距五丈之远。社坛上以青赤白黑四色土依方位填筑，中间为黄土。坛四面正中各有一条陛道，宽一丈。稷坛和社坛建制相同，只是纯用黄土。二坛四周垣高5丈，广30丈，四面各辟一座棂星门。外围垣只有南北二棂星门。在内外围垣之间，又有望祀堂、齐班厅、献官幕、院官斋所、祠祭局、仪鸾库、法物库、都监库、雅乐库、百官厨、太乐署、乐工房、馔幕殿、神厨院等建筑。[260]

天坛、地坛。与金中都的天地二坛分设城市的南北不同，元大都合祭天地于南郊坛一处，即将地坛并于天坛中。至元十二年（1275年）十二月，"遣使豫告天地……于国阳丽正门东南七里建祭台，设昊天上帝、皇地祇位二，行一献礼"[261]。大都南郊坛虽合祭天地，其制却完全采用天坛形式，而且一般也通称天坛。坛为圆形，昊天上帝位在坛之正中偏北，皇地祇位在其东北，皆为南向。坛分成3层，每一层台高8.1尺，上层台方5丈，中层台方10丈，最底层台方15丈。其面积比社稷坛大，而高度却不及社稷坛一半。南郊坛之四面正中各有一条陛道，十二级。[262]

孔庙与国子监是北京至今仍留存元大都时期的儒学建筑。

孔庙。元太祖初入燕京以后，便命宣抚王檝建宣圣庙，祭祀孔子。[263]元成宗即位后，开始在大都城修建新孔子庙，历时数载方完工。《元史·祭祀志》记："成宗始命建宣圣庙于京师。大德十年（1306年）秋，庙成。至大元年（1308年）秋七月，诏加号先圣曰大成至圣文宣王。"[264]又《元文类》载，大都的孔子庙"度地顷之半，殿四阿，崇尺六十有五，广倍之，深视崇之尺加十焉。配享有位，从祀有列；重门修廊，斋庐庖库，为楹四百七十有八"[265]。可见其规制之宏大。

国子监。大德十年（1306年），元成宗下令，"营国子学于文宣王庙西偏"[266]。开工不久，元成宗即死去。至大元年（1308年）五月，御史台大臣上奏："成宗朝建国子监学，迄今未成，皇太子请毕其功"[267]，得到元武宗的许可。经过近两年的兴建，国子监的校舍方初具规模。

5. 苑囿、离宫建筑

元大都时期皇家苑囿与离宫有许多是在辽金的基础上扩建和兴建的。

城中心是皇家宫苑。元大都放弃辽金旧城，以金中都北边的离宫——大宁宫为中心兴建都城，并在万岁山、太液池的西边开辟隆福宫和兴圣宫等宫庭苑囿，形成了一处规模巨大的皇家园林区。其中隆福宫西的御苑多嫔妃居住，苑中西南有假山，高50丈，山上怪石嶙峋，间植奇花异草，珍贵树木。山顶建有香殿，殿后柱廊与龟头屋相接，形成工字格局，碧瓦飞檐。最著名的太液池在大都宫城之西，水中遍植芙蓉，水面设有龙舟供皇帝、后妃等游览。太液池中有两个小岛，南岛为瀛洲，上面建有仪天殿；北岛即琼华岛，至元八年（1271年）改为万寿山。万寿山高数十丈，用玲珑奇石堆叠而成。山顶建有广寒殿，雕梁画栋、户扉描金，殿中有12根柱子，皆雕有云龙盘绕，涂以黄金。大殿的左、右、后三面还用香木刻成数千方片祥云，密集装饰于大殿的屋顶，金碧辉煌、耀眼夺目。凭栏眺望，前有瀛洲仙桥与三宫台殿交相辉映，后有西山云气与城阙翠华溢彩流光。"山左数十步，万柳中有浴室，前有小殿。由殿后左右而入，为室凡九，皆极明透，交为窟穴，至迷所出路。中穴有盘龙，左底仰首而吐吞一丸于上，注以温泉，九室交涌，香雾从龙口中出，奇巧莫辨。"[268]

大都城近郊泉池地带则分布着一些权贵和士大夫们的私园。元代私家小园之盛，远远超过以前各代。元大都也建有许多士大夫园林。知名的小园林有：海子旁的万春园有蓬莱观、午风园、绿雨楼、松鹤堂、万柳堂、古墨斋亭、张九思之遂初堂、张子有之遂初亭、马文友之婆娑亭及饮山亭、甄氏访山亭、祖氏园、玩芳亭、南野亭、垂纶亭、匏瓜亭、双清亭、漱芳亭、董宇定之杏花园、姚仲实之艾园、曲太保之贤乐堂、符氏雅集亭、野亭、何将军别业、清胜园，礼圣亭、远风台、野春台、丽春楼、望海楼、葫芦套、种德园、烧饭园、玉渊亭、南山新居、艺圃、闫氏园池、德清别业、五花亭、寿山亭、翠云亭、锦波亭、岁寒亭、碧云亭、独秀亭、紫燕亭、湛然亭、月波亭、松园、刘十二之野春亭、王俨别业等。[269]

在辽金基础上，元大都在城外的郊区也开辟了皇家游猎区，如下马飞放泊、柳林飞放泊、北城店飞放泊、黄堠店飞放泊等四大飞放泊猎区。此外，延续辽金以来寺庙园林的传统，在大都西郊自然风景优美的山林地区，兴建的寺庙如隐寂寺、平坡寺、广济寺、慈悲庵等也成为大都重要的寺庙园林区。[270]

6. 宗教建筑

在建筑业中，除宫殿苑囿建筑外，当数宗教建筑最能反映当时的建筑技术水平。元代大都地区宗教建筑众多，包括佛教寺庙、道教宫观以及伊斯兰教等建筑。其中比较著名的有庆寿寺、兴教寺、大护国仁王寺、大圣寿万安寺、海云禅寺、崇真万寿宫、长春宫等。数量庞大的各类宗教建筑，有些始建于前朝，元代曾加以增广重修，有些则始建于元代，一直保存至今，或气势恢弘，或风格独特，充分体现了元代工匠的聪明智慧和高超技艺。

据《元一统志》记载，大都内外宗教建筑多达 127 处。[271] 因《元一统志》成书于大德七年（1303 年），属于元前期著作，故而不能全面反映有元一代大都的建筑情况。另据研究，仅见于文献记载的元大都佛教寺庙有 142 处，其中 35 处明确始建于元代；道教宫观有 92 处，其中 39 处明确始建于元代。[272]

（1）佛教寺院建筑

大都城建成后，元朝历代帝后、贵族与官僚等都不断兴建新的佛教寺院。自世祖忽必烈开始，历代元帝登基前皆必须受帝师灌顶授戒后敕建寺院，遂形成一种惯例。因此大都佛教寺院与辽金旧都相比，数量更多、规模更大，且新兴的蒙、藏、汉三种建筑样式相结合的藏传佛教寺院大量涌现。大都地区敕建的藏传佛教寺院，在都城之内的，当首推大圣寿万安寺；在都城近郊的，则为大护国仁王寺。敕建的藏传佛教寺院规模宏大、地位崇高，经济雄厚、佛事频繁，在当时的大都乃至全国都产生重大的影响。

大圣寿万安寺，又称妙应寺，因院中修建有一座形状巍峨的大白佛塔，故俗称白塔寺。该寺位于大都新城平则门内街北，今尚存。元廷每年举行的元正受朝仪、天寿圣节受朝仪、郊庙礼成受贺仪以及皇帝即位受朝仪前百官习仪等都在大圣寿万安寺举行[273]。

据《元史》记载，大圣寿万安寺建于至元九年（1272 年）十二月。[274]为修建这座寺院，元朝政府花费了巨额的钱财和物资。如至元二十二年（1285 年）十二月，元世祖下令，"以中卫军四千人伐木五万八千六百，给万安寺修造"[275]。寺院建成后，其内部的布置和安排也极尽奢华。至元二十五年（1288 年）四月，"万安寺成，佛像及窗壁皆金饰之，凡费金五百四十两有奇、水银二百四十斤"[276]。寺院内部金碧辉煌、流光异彩。

大圣寿万安寺的整体建筑十分壮观，楼宇殿堂气势恢弘。《大元一统志》曾称其"精严壮丽，坐镇都邑"[277]。《元代画塑记》记载："大圣寿万安寺内，五间殿、八角楼四座，令阿僧哥提调……东北角楼尊圣佛七尊，西北趏楼内山子二座……西南北角楼马哈哥刺等一十五尊，九曜殿星官九尊，五方佛殿五方佛五尊，五部陀罗尼殿佛五尊，天王殿九尊。"[278]由此可知，大圣寿万安寺内有五间殿、八角楼各 4 座，四隅建有 4 座角楼，并有九曜殿、天王殿、五部陀罗尼殿等建筑，而汉地佛教寺院中无角楼之制。

大护国仁王寺在都城以西。《元史·世祖纪》载，至元七年（1270 年）十二月，"建大护国仁王寺于高良河"[279]。高良河即为高梁河，流经大都城西郊。至元十一年（1274 年）三月，"建大护国仁王寺成"[280]。

大护国仁王寺的规模非常宏大，《大元一统志》述其"寺宇宏丽雄伟。每岁二月八日大阐佛会，庄严迎奉，万民瞻仰焉"[281]。大护国仁王寺建有殿宇一百七十余间。时人程钜夫描述该寺说："迄致重门复殿，金碧交辉，巍巍煌煌，为京师诸宝坊冠冕。"[282]

（2）佛塔建筑

与辽金时期种类繁多、形制各异的寺塔相比，元代大都地区的寺塔主要以密檐式塔和覆钵式塔为主，其中密檐式塔数量较多，以八角形为主，花式塔和经幢塔较少见。

覆钵式塔以大圣寿万安寺白塔（即妙应寺白塔）最为典型。该塔是一座砖石结构的覆钵式塔，通高 50.9 米，由塔基、塔座、塔身、相轮、华盖和塔刹构成。塔基用城砖砌成，呈"T"字形，高 2 米，面积 1422 平方米。塔座面积 810 平方米，共分 3 层，高 9 米。下层塔座的护墙呈方形，中层和上层为拆角须弥座，呈"亚"字形。上层须弥座，四周设有铁灯龛，中央呈圆形，24 个仰莲瓣组成的莲座上面，由五道环带形"金刚圈"使方形的塔座自然过渡到圆形塔身。塔身为一座巨大的覆钵，最大处直径 18.4 米，形如宝瓶。塔身顶部有呈"亚"（十）字形的小须弥座。再往上竖立着下大上小、呈圆锥状的十三重相轮，称作"十三天"。相轮顶端覆盖直径 9.7 米的铜制华盖，周边透雕花饰并悬挂 36 个铜风铃。华盖之上正中竖立着重 4 吨、高 5 米的空心鎏金铜制塔刹。塔刹为覆钵式小金塔。[283] 全塔基座高大，造型比例匀称，气势雄伟，与明清时修建的喇嘛塔有明显差异[284]。

白塔的主要设计者阿尼哥，为尼波罗国（今尼泊尔）人。"整个白塔的造型具有印度波罗风格的明显特征，其中塔瓶等建筑单元具有浓郁的尼泊尔风格，而塔基四方所开的四个塔龛则为典型的汉族建筑，为印度、尼泊尔和汉族艺术融合的代表作"。[285]

与辽金相比，大都地区的密檐式塔在辽金六角形、八角形的基础上，逐渐演变为以八角形为主，六角形为辅，且砖塔居多。密檐式塔仍延续了以往的塔檐砖雕仿木斗拱、塔身开假窗等形式，有的在塔身转角处还装饰有密檐式砖雕小塔。但辽金时期密檐式塔须弥座束腰、上下枋等处生动的人物、动物形象浮雕较少出现。[286]

八角形密檐塔主要有万松老人塔、庆寿寺双塔、金安选公塔、宋公长老塔、慧公禅师塔和龄公和尚舍利塔。八角形密檐塔以七级居多，万松老人塔等最为著名。该塔在西城区西四南大街，是今北京城区仅存的一座砖塔，基本保持了金元时期古塔的风貌。砖塔由石质平面塔基承托塔身，八角形塔身 4 个正面设有拱门，4 个侧面设有假窗。塔身上方承托着砖砌九级叠涩封护檐，再上由尖形筒瓦顶承托着砖制八角形刹座与砖制宝珠。[287]

六角形密檐塔主要有上方寺玲珑塔、应公长老寿塔和妙严大师塔等，皆为五级密檐塔、须弥座，塔身设有砖雕假窗门，门楣上方嵌有塔铭或石额，檐下有仿木斗拱结构。其中上方寺玲珑塔，建于元中统年间，坐落于北京市海淀区凤凰岭的上方寺遗址北侧。玲珑塔坐西朝东，高约 9 米。六角形须弥式塔座，每面宽 1.4 米，须弥塔座各面分别砖雕斗拱和"卍"字花饰。其上方由 3 层砖砌仰莲承托着塔身。塔身正面镶嵌的汉白玉塔铭，字迹已漫漶不清，其他各面为砖雕窗扉。塔身各转角处均设有一座 5 层六角形密檐式砖雕小塔。塔刹为复瓣莲花形砖雕宝顶。此塔做工精巧，玲珑别致。[288]

应公长老寿塔位于房山区岳各庄乡天开水库附近，建于元大德五年（1301 年）二月。塔高 12 米，坐北朝南，此座砖筑六角形五级密檐式塔，其六角形须弥座上由 3 层砖雕莲花承托塔身。塔身南面开拱门，门楣上镶嵌"应公长老寿塔"铭文。东南、西南两面均嵌铭文一方。塔身正面设假门，其他各面设假窗，假窗上部都有挂落。塔身上部为五级砖砌密檐，每层檐下均有仿木结构的砖制斗拱。塔刹早已无存。[289]

建于元代的妙严大师塔，高约 17 米，塔为砖砌六角形五层密檐式。其砖筑六角形须弥座的束腰部分有砖雕兽头图案，座上部由 3 层砖雕莲花承托塔身。塔身各面设有假门和假窗，塔身正面门楣上方镶嵌塔铭，塔身上部为 5 层密檐，塔刹由露盘、莲花、仰月、宝珠组成。[290]

（3）道观建筑

大都新城内的道观主要有崇贞万寿宫与清真观等。至元年间，龙虎山的天师张宗演被征来到大都城，一同前往的还有张留孙。第二年张宗演返回龙虎山，张留孙留居大都陪侍元帝。世祖以其"严静自持，行业可尚，平章改贞，度地京师，建宫艮隅"[291]。《元一统志》亦有记载："至元十五年置祠上都，寻命平章政事段贞度地京师，建宫艮隅，永为国家储祉地。辟丈室斋宇，给浙右腴田，俾师主之。赐额曰崇贞万寿宫"[292]。清真观为广严虚妙寂照真人何守夷所建，何守夷曾受业于长春宫主教邱处机。清真观位于京师奉先坊，为祈福之地。[293]

南城旧都道观密集，许多里坊都建有道观，如长春宫、天宝宫、天长观、东阳观、兴真观、崇元观、太清观等。这些道观，大多是在旧址上重建或增修的。

长春宫创建于唐代开元年间。旧名太极宫，元改为长春宫。长春宫人邱处机得到重用居于此后，元朝政府"凡道门事一听长春处置，仍赐虎符以尊显之。海内承风，洞天福地起道场，全真之教大行。列圣相仍，崇奉甚至。又增虚皇台、白云观、道纪斋"[294]。

天长观在旧南城昊天寺之东会迁坊内，始建于唐代开元年间，金大定年间修缮后遭火焚。元代盘山栖云子王志受命主持兴建，历经 20 余年，"建正殿五间，即旧额曰玉虚，妆石像于其中，层檐峻宇，金碧烂然。方丈庐室，舍馆厨库，焕然一新。凡旧址之存者，罔不毕具"[295]。

（4）伊斯兰教与基督教建筑

除佛寺与道观建筑外，元代大都地区还有或多或少的伊斯兰教、基督教等建筑。

元大都的伊斯兰教建筑，虽然文献中没有明确记载，但从当时人的诗文集中我们还能捕捉一些踪影。如元代诗人张昱的《辇下曲》云：

"花门齐侯月生眉，白日不食夜饥之。纏头向西礼圈戶，出浴升高呌阿弥。"[296]诗中描述的是伊斯兰教宗教仪式的封斋、礼拜与沐浴的场景，反映了元大都确实有清真寺的存在。

至于基督教建筑，大德三年（1294）年，罗马天主教派"方济各会"传教士约翰·孟高维诺来到元大都，开始在中国传教，并在大都城建造了第一座教堂。大德九年（1305 年），他又建造了第二座能容 200 人的教堂。欧洲教皇得知孟高维诺传教顺利，于 1307 年决定再派"方济各会"修士 7 人来北京，委任孟高维诺为汗八里总主教。

孟高维诺曾在 1305 年 1 月 8 日的信中说，"余已在京城汗八里建筑了一座教堂，这是在六年前（1299 年）竣工的。我又建筑了一座钟楼，在里面设置了三口钟"[297]。1306 年 2 月孟高维诺又在书信中说："1305 年，我已在大汗宫门前开始建筑一座新教堂。这座教堂与宫门之间的距离仅有一掷石之远……为了建筑一座罗马天主教堂，在大汗帝国的全境，人们再也找不出比这更为合适的地址了。我于八月初接受了这块地基，由于我的施主们和资助者们的帮助，建筑工程于圣方济各节已大部竣工，计有围墙、房屋、简单办公用房和一座可容二百人的礼拜堂……从城内和其他地方来的人，看到新建成的房屋，并且有一个红十字架高树房顶时，都认为似乎是一个奇迹……大汗在宫里可以听到我们歌唱的声音……我们的第一座教堂和新建的第二座教堂，都在城里。两处相距约二迈耳（英里）半。"[298]

关于第二座教堂的具体方位，学界有不同的看法。据中西交通史研究专家张星烺认为，该教堂在新华门附近，他所理解的教堂四周的围墙为元之南城基，即今长安街[299]。而日本学者佐伯好郎则推测这座教堂应在元大都宫城的北门厚载门外。原中国社会科学院考古研究所所长徐苹芳在《元大都也里可温十字寺》一文中通过详细而合理的考证，认为该教堂的位置应在地安门稍南的地方。[300]

7. 衙署、民居建筑

元大都的衙署建筑，主要包括中央官僚机构的官署建筑、大都地区的地方机构的衙署建筑以及内廷各机构的官署建筑。其中以元朝最高权力机构之一的中书省的官署建筑最具代表性。

至元四年，世祖忽必烈兴建大都城，命太保刘秉忠辨方位，在凤池坊之北建中书省。《析津志辑佚》载："始于新都凤池坊北立中书省。其地高爽，古木层荫，与公府相为樾荫，规模宏敞壮丽。"[301]此为"北省"衙署。至元九年（1272 年）二月，"建中书省署于大都"[302]。新建的衙署为"南省"，在皇城东南面的五云坊。其规模较之北省更加宏敞。《析津志辑佚》载："（中书）省堂大正厅五间，东西耳房，宽广高明，锦梁画栋，若屏障墙。耳房画山水林泉，灿然壮丽。由厅后入穿廊，又名直舍。穿廊五间，舍之左右，咸植花果杂木。正堂五间，东西耳房，春冬东耳房，夏秋西耳房，于内署省事。太子位居中，居正中，有阑楯绕护，堂后有花木交荫石看山。次从屋，又有小亭。"[303]此外，中书省衙署还有断事官厅 3 间、参议府厅 3 间、西右司厅 3 间、东左司厅 3 间，以及左右提控掾史幕司、左右属司幕司、东检校厅正厅、西架阁库正厅、东西司房等数十间。

元大都的民居建筑，主要指官宦富商与平民住宅建筑。根据考古发掘的建筑遗址的规模、形制和生活遗物等判断，后英房胡同、西绦胡同、后桃园胡同及雍和宫后等居住遗址，为元代高、中级官吏和商贾住宅的典型建筑。

后英房胡同居住遗址。为元大都大型住宅遗址，位于今西直门里后英房胡同西北的明清北城墙下。1965 年秋、1972 年上半年，元大都考古队曾两次进行发掘，弄清这是一处较大的居住遗址。虽因城基范围以外的部分在明初筑城时已遭破坏，但其布局仍清晰可见。

这所大型住宅平面布局分 3 部分，中部为主院，两旁分列东、西院。东院比较完整，西院仅残存北房的月台等处。主院正中偏北是由 3 间正屋和东西两厢房组成的 5 间北房。这 5 间北房建在一座平面呈"凸"字形的砖台基之上，台基高约 80 厘米。正屋面阔 11.83 米，当心间 4.07 米，两厢房各为 3.88 米，进深一间 6.64 米。正屋前出轩廊 3 间，后有抱厦 3 间。东院的正房是一座平面呈"工"字形的建筑，即南北房之间以柱廊相连，其中南房 3 间，面阔为 11.16 米，3 间等阔；柱廊 3 间，间阔 3.72 米，北房也是 3 间，面阔与南房相同，建筑台基也是"工"字形。"工"字形主要建筑的两侧，建有东西厢房。东西厢房各 3 间。东院周围砌有围墙，成为一个封闭式的院落。

西院的南部大部分已被破坏，仅在北部尚存有一小月台。月台南端正中及东侧各砌一踏道，月台的东南、西南两角上各浮放一狮子角石。月台北面尚存台基的东部及房屋的东南柱础。整个遗址的平面布局，反映了宋元时代向明清时代过渡的建筑形式。

室内布置和装修，炕是一种主要陈设，门窗主要有格子门、板门、直棂窗等，在额枋一类的木构遗迹上还发现了残存的以黑、白、蓝三色为主的彩画。屋顶的瓦件与脊饰全部用灰瓦，遗址中发现了长 29、宽 12、厚 2 厘米的华头筒瓦，还有兽面和凤鸟纹、花草纹瓦当，重唇、滴水板瓦，还有兽头、垂脊的迦楞频伽等饰件。[304]

西绦胡同居住遗址。是一处坐北朝南的建筑，位于旧鼓楼大街豁口以西约 150 米的明清北城墙下。至少有前、后、东 3 个院落，由于破坏严重，每座房子都已面目全非，院内有排水的暗沟与明沟。屋顶瓦饰有瓦当、滴水板瓦、华头筒瓦和迦楞频伽等，全为灰瓦。据研究，南院的 3 间北屋有高大的砖砌台基，磨砖对缝的砖墙，光滑平整的方砖铺地，宽敞的后廊和套间，应是主人居住的地方。北院南房的砖墙高大宽厚，有粗壮的木柱，房内出土了铜权以及置放整齐的陶瓷器等物件，表明这里应是存放东西的房子。东院出土有炊煮等器皿，应该为厨房、磨房或仆役所居之处。[305]

后桃园胡同居住遗址。位于新街口豁口以西明清北城墙下，东距后英房元代居住遗址约 125 米。遗址破坏严重，现仅存一些碎砖破瓦，房屋建筑及基础早已无存。遗址中出土不少元代建筑构件。如：覆盆式柱础、门砧和壁画残片，以及屋顶各种瓦饰。如鸱尾、迦楞频伽、武士、兽面纹和花草纹瓦当、凤鸟纹和花草纹滴水及各式华头筒瓦等。其中尤以各式残瓦武士为元大都居住遗址中首次发现。武士身穿盔甲，肩雕兽面，形象逼真，姿态各异。[306]

雍和宫后居住遗址。为一座四合院，北房 3 间建在砖砌的台基上，房内四周有用砖、土坯砌成的连炕。火炕较宽，有灶膛、烟道，烟囱立在墙外；实心炕较窄，有的炕前的帐柱还保留下来一部分。房前有砖月台，月台两侧各有台阶、砖道，月台前有十字形砖露道通往东西厢房和南房，厢房内铺砖亦有炕，南房已破坏。[307]

至于元代的平民住房，则是相当简陋的。北京 106 中学发现的元代平民百姓的简陋住宅，只是一间方形的小屋，碎砖头垒成，四角各用一根直径不到 18 厘米的木柱支撑着，屋内地面比门槛低约 40 厘米，仅有一炕、一灶和一个石臼，所用瓷器也很粗劣。[308] 类似的平民居住的小窝棚遗迹还在安定门煤厂、德胜门西德建华铁厂发现过。

8. 粮仓建筑

元代的粮食仓库遍布全国，在大都地区主要分布于城内及城外通州、河西务等地。《大元仓库记》卷首说："我朝仓库之制，北部有上都、宣德诸处，自都而南，则通州、河西务、御河及外郡常平诸仓，以至甘州有仓。"[309] 有元一代，大都地区所建的粮仓主要有：京师 22 仓、通州 13 仓、河西务 14 仓，以及直沽广通仓等，这些粮仓统称为京仓。管理京仓的官僚机构为京畿都漕运使司。

京师 22 仓是陆续修建而成的。元世祖忽必烈决意定都大都时就开始修建粮仓。元人王恽《中堂事记上》载，中统元年（1260 年）七月，"并建葫芦套省仓落成，号曰千斯。时大都漕司、劝农等仓，岁供营帐工匠月支口粮。此则专用收贮随路偿漕粮科……及勘会亡金通州河仓规制。自是漕船入都，常平救荒之法，以次有议焉"[310]。王恽所记千斯仓的建成年代为中统元年（1260年），与《元史》记为中统二年（1261年）[311]稍有出入。

据《元史·百官志》记载，元代的京师22仓分别是：

千斯仓、万斯北仓、相因仓、通济仓（中统二年，1261年置）

永济仓、广贮仓（至元四年，1267年置）

丰实仓（缺载，应为至元四年，1267年置）

永平仓、丰润仓（至元十六年，1279年置）

万斯南仓（至元二十四年，1287年置）

既积仓、盈衍仓（至元二十六年，1289年置）

大积仓（至元二十八年，1291年置）

广衍仓、顺济仓（至元二十九年，1292年置）

惟亿仓、既盈仓、大有仓、屡丰仓、积贮仓、丰穰仓、广济仓（皇庆元年，1312年置）。

《元史·百官志》记通州13仓为：有年仓、富有仓、广储仓、盈止仓、及秭仓、乃积仓、乐岁仓、庆丰仓、延丰仓、足食仓、富储仓、富衍仓、及衍仓。

又，《元史·百官志》载有河西务14仓：永备南仓、永备北仓、广盈南仓、广盈北仓、充溢仓、崇墉仓、大盈仓、大京仓、大稔仓、足用仓、丰储仓、丰积仓、恒足仓、既备仓。[312]

据研究，京师仓、通仓和河西务仓的仓廒规制大小一样，规定每间的储存量也一样，均为2500石。[313]京仓的建筑用料皆有一定规格：每根檐柱高一丈二尺，每根檩长一丈四尺，八椽。[314]京仓布局大致上以10间为一个单位，称为"座"，每间均高一丈六尺，深四丈五尺，长六丈五尺。《永乐大典》卷七千五百十一引录元《经世大典》云："宣德府（治今河北宣化市）仓。如京仓正廒二座，各十间，高一丈六尺，深四丈五尺，长六丈五尺。西廒一座，十间，高一丈六尺，深四丈五尺，长六丈五尺。"[315]依此可知京仓仓廒的大小。以上所说的"深"、"长"是指每间的进深和面阔，而非10间的通深和通面阔。

每座（10间）京仓仓廒用料包括：赤栝檩木540根，赤栝木方木225根，椽木1734根，板瓦34760块，条砖68139块，重唇336副，合脊连勾1016副，沟瓦677块，石灰22664斤，麻刀602斤，石础55个。除此之外，还有各种大小钉子、箔子、紫胶、煤子、竹雀眼等物不等。[316]

七、其他行业

1. 粮食加工业

与大都居民生活密切相关的，是粮食加工业的发展。据《析津志辑佚·风俗》记载，在城内大街官道旁分布着"朝南半披屋，或斜或正"[317]的许多碓房和磨坊。

大都地区石碾的种类很多，有旱碾、水碾、纺纱碾、纑纱碾，等等，其形制各异。据时人记述，旱碾"半边石槽（当为槽），如月样，数人相推"。纺纱碾"其制甚巧，有卧车立轮，大小侧轮，日可三十五斤"。[318]大都通惠河为人工开凿而成，以通漕运，"今各枝（指元朝贵族）及诸寺观权势，私决堤堰，浇灌稻田、水碾、园圃，致河浅妨漕事"[319]，可见通惠河河畔水碾、水磨之盛。西山斋堂村有水磨"日夜可碾三十余石"，有的磨坊的碾"以牛、马、驴、骡拽之。每碾必二、三匹马旋磨，日可二十余石"。[320]旱碾、水碾、纺纱碾等是放置在碾房之内，而纑纱碾则一般置于露天之处，"多不在人家房屋内"[321]。

杵臼仍然相当普遍，因为对解决一家一户吃饭比较方便。诗人胡助描述他在大都的生活时说："近午不出门，舂米始朝饭"[322]，既可见小官（他当时在翰林院任职）生活之清苦，又可知一般家庭仍以自己舂米为主。《析津志辑佚·物产》亦说："都中自以手杵者，甚广"。碓房使用的杵臼"多以车头为之，或以木㮕瘿挽之木为之，亦有就其石之大小为之"；蒜臼"钟鼓前及海子桥上多有之，麤恶殊甚"[323]。

宫庭中粮食加工则另有一番情景。宫庭中食用的米称为圆米，经过特殊的加工，"计粳米一石，仅得圆米四斗"[324]，可见精加工舍弃比例之大。宫庭中的磨亦与众不同。宫中尚食局使用的、由巧工崔氏制造的面磨更先进，"其磨在楼上，于楼下设机轴以旋之。驴畜之蹂践，人役之往来，皆不能及，且无尘土臭秽所侵"[325]。

2. 木器家具业和编织业

大都地区的木器家具业和编织业也很发达。木制产品种类繁多，有铁络、量罐、花架、马槽、大小木柜、镫鏨、用高丽榧子刳或旋成的盘类（如碗碟、盂、盏、托等）、橱、矮桌、矮床、门框、窗隔、蒙古棺（用大木去外皮，削成圆木，以针开作盖，中刳作人形，冠服，一如平时。合之以铁条钉合之）；等等。木器制作业集中在海子桥南和哈达门外，那里的工匠"皆麤作生活"。[326]

编织业包括荆条编织和蒲草编织，产品主要有笆、筐、瓜篮、车搭、雀笼、米囤、无底圈、炊饭荆笆、粪筐、挑菜筐、门篱笆等，"荆条笼制诸项器用，都城人广用之"[327]。柳条编制的有簸箕、斗升、井桶、车箕筐、撮米斗、担水斗。蒲编的有蒲帽盒（有盖）、蒲合（作鞯）、蒸饼盒、酒盖、底团、鞍鞯、方座、酒瓮盖等。[328]

3. 工艺美术业

（1）金玉雕刻制作

元代大都的金玉雕刻业很发达。官手工业中曾有一大批技艺高超的雕刻和技艺专家，私营手工业作坊也不乏雕刻高手。如《析津志辑佚·风俗》载，大都城中"湛露坊自南而转北，多是雕刻、押字与造象牙匙箸者"[329]。

尼泊尔籍的阿尼哥，"颇知画塑铸金之艺"，"凡两京寺观之像，多出其手"[330]。蓟州宝坻人刘元，"独长于塑"，又从阿尼哥为师，"神思妙合，遂为绝艺"，"凡两都名刹，有塑土范金，抟换为佛，一出元之手"，他创造的雕塑方法"（先）漫帛土偶上而髹之，已而去其土，髹帛俨然像也"，手艺"天下无与比"。[331]

元代的玉器雕琢，据传其技术是由长春真人邱处机传入，从业者达1万多人，使京师玉器琢磨居全国之冠，邱处机遂被尊为玉器业始祖，称邱祖。南城郭义门外二里许，"望南有人家百余户，俱碾玉工，是名磨玉局"[332]。南城外有村名黄土坡，"凡铸治佛像、供器、印篆，并及万亿库钞板，势须此处取土为沙模"[333]。

元代重要的大型玉器是现存北海公园前团城内的渎山大玉海，又称黑玉酒瓮、玉瓮。玉海的琢造年代，据《元史·世祖纪》载：至元二年（1265年）十二月"己丑，渎山大玉海成，敕置广寒殿"[334]，这是最早见于史籍的记录。

据研究，大玉海在当时北京制成的可能性最大。其原因在于，玉海制成之前，元尚未正式建都于北京，但金代都城所在地的北京，早已在蒙古族的统辖之下，而另一个琢玉中心地的江、浙地区、还属南宋的势力充围，元朝兵力只是偶尔在其边沿地区与南宋王朝发生战争。

玉海制作的工艺流程，据考查大致分如下几步：先设计平面图样，在玉料上按图勾画出玉海的基本轮廓。动工时，先是"断底"，即断平玉海的底部，把下面及四围凸出的余料切掉，显示出大致的形体；再就是"掏膛"，用各种工具将玉海中部掏空；第三步是进行器物外部的景物加工，先用管钻取出深浅浮雕物的余料，这道工序必须十分仔细。今玉海正面龙头上部还可见到两个制作时留下的败钻口（即管钻下错了部位或钻得比原要求过深，后又无法磨去的痕迹），其中一个直径1

厘米、一个 2 厘米，可见当时钻子是有不同口径的规格。余料取完，再用压铊、钻铊、勾铊等工具铊磨出各种景物的具体形象和纹饰，最后是碾磨、磋磨和光亮表面。

渎山大玉海的制作，继承和发展了我国琢玉工艺上"量料取材"和"因材施艺"的传统技艺。玉海外部景物的琢磨，基本上是如陶宗仪所说的"随其形刻"[335]而作纹饰的。这从南北两面虬龙的设计中可以看出，北面玉料下凹，龙是采用浅浮雕的技法表现的；南面玉料上凸，故采用高浮雕的手法，琢制成一条腾跃出海面的蛟龙。其他如水波、漩涡等，也无不根据玉料的高低形状进行恰当的安排和设计。各种海兽出没于惊涛骇浪中，起伏自然，恰到好处，绝无矫揉造作之感。大玉海在运用"巧色"的技法上也有"变瑕为瑜"的独到之处。如玉海南部的一处"白章"，用来点缀了一颗旋转如飞的大龙珠，几处激流漩涡，都是利用玉色较浅的地方、而大片的深碧色处，则刻成汹涌起伏的波涛。这样，就把玉料的自然质地合理而充分地利用起来，使其根据器物内容的要求完美和谐地融为一体，充分显示出当时工匠们卓越的才华和技艺。[336]

（2）漆器制作

元代漆器的著名品种，有雕漆、戗金、螺钿等。

元代漆器的制作过程非常复杂。据时人陶宗仪《南村辍耕录》记载："凡造碗、碟、盘、盂之属，其胎骨则梓人以脆松劈成薄片，于旋床上胶粘而成，名曰卷素。髹工买来，刀刳胶缝，干净平正，夏月无胶泛之患。却炀牛皮胶，和生漆，微嵌缝中，名曰捎当。然后胶漆布之，方加粗灰。灰乃砖瓦捣屑筛过，分粗、中、细是也。胶漆调和，令稀稠得所。如髹工自家造卖低歹之物，不用胶漆，止用猪血、厚糊之类，而以麻筋代布，所以易坏也。粗灰过，停令日久坚实，砂皮擦磨，却加中灰，再加细灰。并如前，又停日久，砖石车磨，去灰浆，洁净停一二日，候干燥，方漆之，谓之糙漆。再停数月，车磨糙漆，绢帛挑去浆迹，才用黑光。黑光者，用漆斤两若干，煎成膏。再用漆，如上一半，加鸡子清，打匀，入在内。日中晒翻三五度，如栗壳色，入前项所煎漆中和匀，试简看紧慢，若紧，再晒；若慢，加生漆，多入触药。触药，即铁浆沫，用隔年米醋煎此物，干为末，入漆中，名曰黑光。用刷蘸漆，漆器物上，不要见刷痕。停三五日，待漆内外俱干，置阴处晾之，然后用揩光石磨去漆中颣类。揩光石，鸡肝石也，出杭州上柏三桥埠牛头岭，再用箬粉，次用布粉，次用菜油傅，却用出光粉揩，方明亮。"[337]以上除了说明漆胎的作法，以及制作漆器的各种过程，主要指黑漆的制作。如果制作红漆，则应用不同的材料。"用贜朱桐叶色，然后用银朱，以漆煎成膏子，调朱。如朱一两，则膏子亦一两，生漆少许，看四时天气，试简加减，冬多加生漆，颜色暗，春秋色居中，夏四五月，秋七月，此三月，颜色正，且红亮"[(338)]。

雕漆，是在漆器胎上涂数十层或上百层漆，待稍干，在上雕刻各种装饰花纹。雕漆又称剔红，这是指纯用红漆的品种；若用黄漆则称剔黄，黑漆则称剔黑；漆层有多色的，称为剔彩。

《新增格古要论》载："元朝嘉兴府西塘杨汇有张成、杨茂，剔红最得名。"[(339)]他们的作品，在当时即为人所珍重。不仅闻名国内，而且流传海外。在日本，以张成、杨茂的名字各取一字，而称为"堆朱杨成"，沿用至今，成为漆艺专用的姓氏。张成的作品，故宫博物院收藏有剔红山水人物圆盒和剔红花卉圆盘各一件。剔红山水人物圆盘呈枣红色，底及里为栗皮色，涂漆约80层左右，有针刻"张成造"字铭。盒画刻观瀑图。人物山石树木，都富装饰性。杨茂的作品，故宫博物院藏有剔红漆渣斗和剔红观瀑图八方盘各一件。

明高濂《燕闲清赏笺》曾评论两家的作品，"元时有张成、杨茂二家擅一时，但用朱不厚，漆多敲裂"[(340)]。明张应文《清秘藏》也有类似评论："元时张成、杨茂二家，技擅一时，第用朱不厚，间多敲裂。"[(341)]与遗物相印证，上述指责并不妥切。

戗金，是指在漆器上进行雕刻，再填以金彩。流传日本的佛经经箱，就是用戗金进行装饰的元代作品。戗金银法在《南村辍耕录》中记载得很详细："嘉兴斜塘杨汇鰍工戗金戗银法，凡器用什物，先用黑漆为地，以针刻画，或山水树石，或花竹翎毛，或亭台屋宇，或人物故事，一一完整，然后用新罗漆。若戗金，则调雌黄，若戗银，则调韶粉，日晒后，角挑挑嵌所刻缝罅，以金薄或银薄，依银匠所用纸糊笼罩，置金银薄在内，逐旋细切取，铺已施漆上，新绵揩拭牢实。但着漆者自然粘住，其余金银都在绵上，于熨斗中烧灰，坩埚内熔锻，浑不走失。"[(342)]嘉兴斜塘杨汇人彭君宝，是当时戗金名手。他所制作的山水树石，花竹翎毛，亭台屋宇，人物故事，都极精巧工细。

除以上所述雕漆和戗金外，螺钿也是一个重要品种。在北京后英房出土螺钿残漆盘一片，表现出广寒宫秀丽的建筑和云树，五彩斑斓，嵌片精细，虽已残破，但仍可看出这是一件十分精美的作品。[(343)]

（3）笔、墨制作

大都城人口众多，尤其是宫庭和各级衙署对文具的日常需求量大，加上许多文人学者云集于此，个人消费量也很大。因此，除了商人从各地贩运文房四宝到大都城外，大都城里的笔、墨等文具制作也成为一种客观上的需要。

元代大都城以制笔著称的，有笔工张进中，他制作的毛笔，备受时人赞赏，称其笔："管以坚竹，毫以鼬鼠，极精锐宜书，人争售之。"[344] 由于毛笔质量精良，大书画家赵孟𫖯与当时的社会名流王恽、宋渤等人，"非进中制不用也"[345]。而且，张进中与这些著名的文人学士交往密切，并建立了友谊。王恽曾赠其诗曰："书艺与笔工，两者趣各异。工多不解书，书不究笔制。二事互相能，万颖率如志。进中本燕产，茹笔钟楼市。虽出刘远徒，妙有宣城致。我藏一巨弗，用久等箠敝。授之使改作，切属锋健锐。疏治近月余，去索称不易。先生莫促迫，致思容仔细。中书不中书，安用从新系？"[346] 张进中制作的毛笔数量也很大，仅一次捐赠给元朝政府用于抄写佛经的毛笔就多达数万支。

大都的制墨工艺也颇有渊源。早在蒙古国时期担任中书令的耶律楚材，就曾向被俘的江南墨工杨子彬学习制作墨的技法，并且将其技艺传授给了儿子耶律铸。耶律铸遂在燕京用杨氏之法制作墨丸一万枚，质量很好，"其妙即远过雪堂，蔑视诸家，可与李廷珪相先后焉"[347]。此外，元代初年的檀州（今北京密云）人王仲玄，也以善于制墨而着称。由于受到元世祖的赏识，"累奉旨造墨，选墨工数十人，俾领之"[348]。其制墨的规模也越来越大。

（4）灯漏、御扇等制作

元代官手工业的生产技术较高，如郭守敬设计制造的大明殿灯漏，高1丈7尺，以金为架，分四层"饰以真珠，内为机械，以小木偶人十二捧十二相属。每辰初刻，偶人相代，开小门出灯外板上，直御床立，捧辰所属，以报时"[349]。"其机发隐于柜中，以水激之"[350]。

元顺帝自制的计时宫漏，约高六七尺，"广半之，造木为匮，阴藏诸壶其中，运水上下。匮上设西方三圣殿，匮腰立玉女捧时刻筹，时至，则浮水而上。右右列二金甲神，一悬钟，一悬钲，夜则神人自能按更而击，无分毫差。当钟钲之鸣，狮凤在侧者皆翔舞。匮之西东有日月宫，飞仙六人立宫前，遇子午时，飞仙自能耦进，度仙桥，达三圣殿，已而复退立如前"，这种宫漏，"其精巧绝出，人谓前代所鲜有"[351]。能够设计制作出如此精巧工艺的机械产品，说明当时的制造技术已达到相当高的水平。

在大都旧南城一带，元政府设有织染局，生产的手工艺品也颇为精致。如夏天所用的扇子，因其制作的产品是"进上位御扇"，故精美异常，"有串香柄、玛瑙、犀角，成雕龙凤，金涂其刻"。不仅扇柄十分精致，扇面也画有人物、故事、花木、翎毛、山水等各种图案，"妙绝古今"。由织染局制作的拂子，"用洁白细冗软牛毛，亦有染色者不一。"[352]。

4. 陶瓷、琉璃等烧造

元代大都的陶瓷烧造，总的趋势是较为衰落。制瓷工艺除官办窑场外，民间瓷窑大都质量不高。不过，这时期制瓷技术仍有新的发展。兹综录有关考古发掘材料说明如下。

1986 年在龙泉务瓷窑之西，上清水村之北发现一座缸瓦窑。此窑不仅烧缸胎器，亦烧瓷器。在清理旧窑底和在附近修造鱼池时，曾出土一些粗瓷片。虽然胎质较厚，但色白而坚硬，烧成温度应在 1200℃ 左右，经鉴定应属元末明初制品。[353]

磁家务瓷窑产品在辽金时期受定窑影响比较明显，到了元代近似定窑的制品已不复见。但产品种类和不同釉色明显增多，像北京元墓中常见的黑釉瓶、双系罐、鸡腿瓶和钧釉碗等，即与窑址中所出非常相似。[354]

1982 年在小水峪之南 2 公里，庄窠村西 1.5 公里处，发现一处金元时的瓷窑址。出有碗、罐、坛和缸等，均属民间粗瓷。[355]

关于元代琉璃烧造，据赵光林、马希桂的调查研究，认为大都设有四窑场营造素白琉璃，和平门外琉璃厂即是其中之一，门头沟琉璃渠为其分场所在。1953 年在和平门外师范大学扩建校舍时，曾出土过大量琉璃砖瓦和一些磨制瓷釉的磨盘。在新华街和平门中学的北院，在一座砖塔上还嵌有一块琉璃方砖，书有"琉璃窑"3 字。这就是原来琉璃厂窑区所在地。1984 年在和平门东琉璃厂西口修建施工中，于地表下发现长 8 米、深 1.5 米的火烧土，出土了大量的黄绿琉璃建筑构件，因而这里亦属当时场区。1963 年在元大都考古工作中，于德胜门东 100 米处的明清城墙内发现一件元代白琉璃兽头。故宫博物院于浴德堂附近施工时亦出土过白琉璃瓦片，据古建专家杜先洲先生讲，原来丰台区大井有一座牌楼，装饰用的全是白琉璃。1983 年在海淀区公主坟以南复兴路北端东侧挖一条深 2 米、宽 1.8 米南北向电缆沟，沟的两侧共发现 3 处窑址的砖残壁（东侧两处，西侧一处），残高均在 1 米上下，壁厚 0.3 米，火烧土南北长 70 米，出土大量建筑构件，其中白琉璃砖长 32 厘米，宽 16.5 厘米，厚 6.5 厘米，灰白胎，烧结程度好，有的近似瓷胎。方椽残长 76 厘米，截面 8 厘米，灰白色。除此尚有圆头方椽、白釉器残片、褐绿釉琉璃宝顶和长方型、圆型匣钵等。

1964 年 7 月在公主坟南 400 米处基建施工时，于地表下一米深处曾发现大量用坩子土制成未上釉的砖瓦，有板瓦、筒瓦、瓦当、勾头和滴水等。瓦件大都模印龙凤纹，估计可能是该窑制作建筑构件的作坊。胎质与琉璃渠烧制的琉璃制品的胎质近似，所用原料似为京西产的坩子黏土。

根据出土物的造型、釉色、工艺特点与明清琉璃制品不同，特别是白琉璃建筑构件在明清宫殿、王府和寺庙建筑中尚属少见。据此判断，这里应是一处以烧制建筑构件为主，烧制其他器物为辅的元代大型官办窑场。[356]

5. 造纸与印刷

元大都的造纸业也颇具规模。其手工业生产场所，在旧南城的西南，其地称为白纸坊。至元九年（1272 年），元朝政府设立白纸坊，"掌造诏旨、宣敕纸劄"[357]，设大使一人，秩从八品，副使一人，专门负责制造白纸。此外，元朝开始在全国行用纸制钞币，其印造钞币所用之纸，则是在大都新城西北肃清门里的抄纸局进行生产的。由于印造钞币关系国家财政收支，极为重要，因此，这项手工艺生产工作是在官方严密控制下进行的，是不允许私营手工业者参与的。

元朝太史院下设有印历局，专门刻印天文历算的书籍。元朝设有回回、汉儿两个司天台，所印日历分《大历》、《小历》、《回回历》3种。据《元史·食货志》记载，天历元年（1328 年），印历日"总三百一十二万三千一百八十五本，计中统钞四万五千九百八十锭三十二两五钱。内腹里，七万二千一十本，计钞八千五百七十锭三十一两一钱；行省，二百五十五万一千一百七十五本，计钞三万七千四百一十锭一两四钱。大历，二百二十万二千二百三本，每本钞一两，计四万四千四十四锭三两。小历，九十一万五千七百二十五本，每本钞一钱，计一千八百三十一锭三十二两五钱。回回历，五千二百五十七本，每本钞一两，计一百五锭七两"[358]一年印三百多万本日历，可见其印量之大。

用蒙、藏、西夏文译刻大藏经，是元代一项浩大的翻译刻书工程。元统治者曾召集大批译师、工匠将藏文佛经译成蒙文、畏吾尔文。这一活动是在大都大圣寿万安寺即今阜成门内白塔寺内进行的。据中央民族大学珍藏的《入菩提行论疏》蒙文刻本称："将《入菩提行论疏》于大都白塔寺雕版印行一千份，皇庆元年。"又，《柏林吐鲁番蒙古文收集品》中一份刻于 1312 年的佛教印刷品残件上记有："余受合罕之命，于鼠儿年夏月第一日初一日，于大都白塔寺内刻此……经注，印行千册，以传众生。"在吐鲁番出土的畏吾尔文佛经《变神作品的题记》残卷载有："这次翻译最优秀的作品的工作由迦鲁纳答思圆满而无遗漏地实施并完成了，翻译地点在大都精美奇妙的白塔寺中进行，时间是吉祥的虎年、十干之壬年，七月。善哉！善哉！"迦鲁纳答思是元代著名译师，畏吾尔人，《元史》有传。至顺二年（1331年）四月，文宗命以泥金印畏吾尔字书《无量寿佛经》1000部。[(359)]

此外，元大都还有一些书坊刻书和家刻。如耶律楚材据西游所见风土人情写成的《西游录》，于1229年元旦在燕京私邸刻版刊行，卷末有"燕京中书侍郎宅刊行"条记为证。此后还刊行过自著的《心经宗说》。[(360)]

6. 舟船制造

由于元代漕运与海运的盛行，作为京杭运河最北端的大都城，为舟船制造提供了必要的前提条件。其生产场所，设置在大都东边的通州。元政府专门设有提举司，主管造船工作。造船的工匠，大多是从外地征调到京城来的。如至元二年（1265年）正月，元世祖下令，征调镇海、百八里、谦谦州的工匠来大都，同时，"又徙奴怀、忒木带儿炮手人匠八百名赴中都，造船运粮"[(361)]。至元二十九年（1292年）闰六月，通州造船完毕，遂罢去提举司。

在大都城造船的另一项功能，则是为元朝统治者的生活享乐服务。元代中期，元英宗曾于至治二年（1322年）十一月，"造龙船三艘"[(362)]。其样式今已不详。到元代后期，元顺帝于至正十四年（1354年），又在皇城内苑亲自设计，由内苑制造龙船，其形制十分精巧，"首尾长一百二十尺，广二十尺，前瓦帘棚、穿廊、两暖阁、后吾殿楼子，龙身并殿宇用五彩金妆，前有两爪"，龙船造好之后，"自后宫至前宫山下海子内，往来游戏，行时，其龙首眼口爪尾皆动"[(363)]。

注释：

（1）《元史》卷七《本纪第七·世祖四》。

（2）《元史》卷五十八《志第十·地理一》。

（3）（元）苏天爵：《元文类》卷四十二《经世大典序录·工典总叙》，商务印书馆1936年版，第612—613页。

（4）《元史》卷八十五《志第三十五·百官一》。

（5）胡小鹏：《中国手工业经济通史·宋元卷》，福建人民出版社2004年版，第569页。

（6）《元史》卷八十八《志第三十八·百官四》。

（7）（元）胡行简：《樗隐集》卷二《将作院题名记》，四库全书本。

（8）（9）（10）（11）（12）《元史》卷九十《志第四十·百官六》。

（13）《元史》卷九十四《志第四十三·食货二·盐法》。

（14）《元史》卷八十五《志第三十五·百官一》。

（15）《元典章》卷八《吏部二·循行选法体则》，中国广播电视出版社 1998 年版，第 238—239 页。

（16）（宋）黄休复：《元代画塑记》，人民美术出版社 1964 年版，第 7、10 页。

（17）《元史》卷九十四《志第四十三·食货二·岁课》。

（18）（元）王恽：《秋涧集》卷九十《省罢铁冶户》，四库全书本。

（19）（元）王恽：《秋涧集》卷八十九《论革罢拨户兴煽炉冶事》，四库全书本。

（20）《元史》卷九十《志第四十·百官六》。

（21）《元史》卷八十八《志第三十八·百官四》。

（22）《元典章》卷二十六《户部十二·科役·和买·出产和买诸物》，中国广播电视出版社 1998 年版，第 1059 页。

（23）（元）杨瑀：《山居新话》，中华书局 1991 年版，第 5 页。

（24）（元）许有壬：《至正集》卷五十四《碑志·故奉政大夫铅山州知州兼劝农事元公墓志铭》，四库全书本。

（25）郭成伟点校：《大元通制条格》卷四《擅配匠妻》，法律出版社 2000 年版，第 235 页。

（26）《元典章》卷二十六《户部十二·科役·和买·出产和买诸物》，中国广播电视出版社 1998 年版，第 1059 页。

（27）《元典章》卷五十八《工部一·造作·段疋·至元新格》，中国广播电视出版社 1998 年版，第 2115 页。

（28）（29）郭成伟点校：《大元通制条格》卷三十《营缮》，法律出版社 2000 年版，第 355、350 页。

（30）《煤炭志》编委会：《北京工业志·煤炭志》，中国科学技术出版社 2000 年版，第 13 页。

（31）《元典章》卷五十八《工部一·造作·段疋·至元新格》，中国广播电视出版社 1998 年版，第 2115 页。

（32）（33）（34）郭成伟点校：《大元通制条格》卷三十《营缮》，法律出版社 2000 年版，第 355、354、352 页。

（35）《元典章》卷五十八《工部一·造作·选买细丝事理》，中国广播电视出版社 1998 年版，第 2123 页。

（36）（37）（38）郭成伟点校：《大元通制条格》卷三十《营缮》，法律出版社 2000 年版，第 352、353、354、356 页。

（39）《元史》卷二十七《本纪第二十七·英宗一》。

（40）《元史》卷二十八《本纪第二十八·英宗二》。

（41）（明）危素：《危太朴文续集》卷七《故荣禄大夫江浙等处行中书省平章

政事月鲁帖木儿公行状》。

（42）《元史》卷一百六十三《列传第五十·张雄飞》。

（43）李幹：《元代社会经济史稿》，湖北人民出版社 1985 年版，第 228 页。

（44）（元）苏天爵：《元文类》卷四十二《经世大典序录·工典总叙·诸匠》，商务印书馆 1936 年版，第 618 页。

（45）《元史》卷五《本纪第五·世祖二》。

（46）关于元代系官匠户的研究，主要有鞠清远：《元代系官匠户研究》，载《食货》第 1 卷第 9 期（1935 年 4 月）。李剑农：《宋元明经济史稿》，三联书店 1957 年版。李景林：《元代的工匠》，载《元史及北方民族史集刊》第 5 期，1981 年。胡小鹏：《元代的系官匠户》，载《西北师大学报》2003 年第 2 期。

（47）胡小鹏：《元代的系官匠户》，载《西北师大学报》2003 年第 2 期。

（48）《元史》卷十《本纪第十·世祖七》。

（49）《元史》卷十三《本纪第十三·世祖十》。

（50）《元史》卷十五《本纪第十五·世祖十二》。

（51）《元史》卷十七《本纪第十七·世祖十四》。

（52）《元史》卷二十二《本纪第二十二·武宗一》。

（53）《元史》卷一百三《志第五十一·刑法二·户婚》。

（54）郭成伟点校：《大元通制条格》卷四《擅配匠妻》，法律出版社 2000 年版，第 62 页。

（55）郭成伟点校：《大元通制条格》卷三十《营缮》，法律出版社 2000 年版，第 356 页。

（56）《元史》卷一百八十三《列传第七十·王思诚》。

（57）郭成伟点校：《大元通制条格》卷十三《工粮则例》，法律出版社 2000 年版，第 154 页。

（58）郭成伟点校：《大元通制条格》卷十三《大小口例》，法律出版社 2000 年版，第 154—155 页。

（59）（元）王恽：《秋涧集》卷八十九《论肃山住等局人匠偏负事状》，四库全书本。

（60）鞠清远：《元代系官匠户研究》，载《食货》第 1 卷第 9 期（1935 年 4 月），第 18 页。

（61）郭成伟点校：《大元通制条格》卷十三《衣装则例》，法律出版社 2000 年版，第 154 页。

（62）（元）熊梦祥：《析津志辑佚》，北京古籍出版社 1983 年版，第 207—208 页。

（63）鞠清远：《元代系官匠户研究》，载《食货》第 1 卷第 9 期（1935 年 4 月），第 20—21 页。

（64）《元史》卷九十四《志第四十三·食货二·盐法》。

（65）《大元毡罽工物记》。

（66）（元）王恽：《秋涧集》卷八十九《论革罢拨户兴煽炉冶事》，四库全书本。

（67）（68）（元）王恽：《秋涧集》卷八十九《论革罢拨户兴煽炉冶事》，四库全书本。

（69）（元）王恽：《秋涧集》卷八十一《中堂事记中》，四库全书本。

（70）中国人民大学中国历史教研室：《中国封建经济关系的若干问题》，三联书店1958年版，第254—255页。

（71）（元）王恽：《秋涧集》卷八十九《论肃山住等局人匠偏负事状》，四库全书本。

（72）（元）王恽：《秋涧集》卷九十《便民三十五事·论匠户》，四库全书本。

（73）《元史》卷五《本纪第五·世祖二》。

（74）《元史》卷二十二《本纪第二十二·武宗一》。

（75）（元）王恽：《秋涧集》卷九十《便民三十五事·论匠户》，四库全书本。

（76）（元）王恽：《秋涧集》卷八十九《论成造衣甲不宜责办附余物料事状》，四库全书本。

（77）（元）王恽：《秋涧集》卷八十九《弹甲局官裕噜等抵搪造甲皮货》，四库全书本。

（78）（元）胡祗遹：《紫山大全集》卷二十二《时政》，四库全书本。

（79）（元）魏初：《青崖集》卷四《奏议》，四库全书本。

（80）（元）王恽：《秋涧集》卷九十《权停一切工役》，四库全书本。

（81）（元）杨瑀：《山居新话》，中华书局1991年版，第2页。

（82）（元）陶宗仪：《元氏掖庭记》，见罗炳良主编：《中华野史·辽夏金元卷》，泰山出版社2000年版，第875页。

（83）（元）胡祗遹：《紫山大全集》卷四《农器叹寄呈左丞公》，四库全书本。

（84）（明）杨士奇等：《历代名臣奏议》卷六十七《治道·户计》，四库全书本。

（85）《元典章》卷五十八《工部·选买细丝事理》，中国广播电视出版社1998年版，第2123页。

（86）《元典章》卷五十八《工部·不得带造生活》，中国广播电视出版社1998年版，第2134页。

（87）郭成伟点校：《大元通制条格》卷三十《营缮·私下带造》，法律出版社2000年版，第359页。

（88）（元）王恽：《秋涧集》卷八十四《弹甲局首领官张经影占工役事状》，四库全书本。

（89）（明）杨士奇等：《历代名臣奏议》卷六十七《治道·户计》，四库全书本。

（90）（元）王恽：《秋涧集》卷八十九《论肃山住等局人匠偏负事状》，四库全书本。

（91）（明）杨士奇等：《历代名臣奏议》卷六十七《治道·户计》，四库全书本。

（92）（元）胡祗遹：《紫山大全集》卷二十一《政事》，四库全书本。

（93）（元）许有壬：《至正集》卷七十七《正始十事》，四库全书本。

（94）《元史》卷四十六《本纪第四十六·顺帝九》。

（95）郭成伟点校：《大元通制条格》卷二《搔扰工匠》，法律出版社2000年版，第22页。

（96）（元）危素：《危太朴集》卷四《赵氏家法记》。

（97）（民国）《良乡县志》卷五《烈女》。

（98）（元）熊梦祥：《析津志辑佚》，北京古籍出版社1983年版，第202页。

（99）《元典章》卷二十《户部六·整治钞法》，中国广播电视出版社1998年版，第770页。

（100）（101）（102）（103）（104）（元）熊梦祥：《析津志辑佚》，北京古籍出版社1983年版，第208、209、230、5页。

（105）（元）王恽：《秋涧集》卷八十四《为典雇身良人限满折庸事状》，四库全书本。

（106）（元）王恽：《秋涧集》卷八十四《为典雇身良人限满折庸事状》，四库全书本。

（107）孙健：《北京古代经济史》，北京燕山出版社1996年版，第129页。

（108）《元史》卷一百四十四《列传第三十一·星吉》。

（109）《元史》卷一百二十五《列传第十二·布鲁海牙》。

（110）（元）权衡：《庚中外史》卷上。

（111）（元）程文海：《雪楼集》卷九《大护国仁王寺恒产之碑》，四库全书本。

（112）永乐大典本《顺天府志》卷七《寺》，北京大学出版社1983年版，第3页。

（113）《元典章》卷二十四《户部十·僧道税·僧道租税体例》，中国广播电视出版社1998年版，第1040—1041页。

（114）《元典章》卷二十二《户部八·酒课·寺院酒店课程》，中国广播电视出版社1998年版，第937页。

（115）蔡美彪编著：《元代白话碑集录》，科学出版社1955年版，第52页。

（116）（元）吴师道：《礼部集》卷十二《金华县慈济寺修造舍田记》，四库全书本。

（117）《元史》卷九十四《志第四十三·食货二》。

（118）《元史》卷一百四《志第五十二·刑法三》。

（119）《元史》卷十三《本纪第十三·世祖十》。

（120）《元史》卷十九《本纪第十九·成宗二》。

（121）《元史》卷二十八《本纪第二十八·英宗二》。

（122）《元史》卷二十九《本纪第二十九·泰定帝一》。

（123）《元史》卷一百四《志第五十二·刑法三》。

（124）《元典章》卷五十八《工部·禁军民服色段匹等第》，中国广播电视出版社 1998 年版，第 2126—2127 页。

（125）《元典章》卷五十八《工部·禁治纻薄段帛》，中国广播电视出版社 1998 年版，第 2124 页。

（126）《元典章》卷五十八《工部·禁断金箔等物断例》，中国广播电视出版社 1998 年版，第 2136 页。

（127）郭成伟点校：《大元通制条格》卷二十八《杂令·爆金》，法律出版社 2000 年版，第 306 页。

（128）《元典章》卷五十八《工部·禁织龙凤段匹（禁织大龙段子）》，中国广播电视出版社 1998 年版，第 2124、2126 页。

（129）《元典章》卷五十八《工部·禁织佛像段子》，中国广播电视出版社 1998 年版，第 2126 页。

（130）《元史》卷十三《本纪第十三·世祖十》。

（131）主要参考胡小鹏：《中国手工业经济通史·宋元卷》，福建人民出版社 2004 年版，第 632—639 页。

（132）（133）《元典章》卷三十五《兵部二·军匠自造军器》，中国广播电视出版社 1998 年版，第 1340 页。

（134）郭成伟点校：《大元通制条格》卷二《投下收户》，法律出版社 2000 年版，第 15 页。

（135）（元）魏初：《青崖集》卷四《论和雇大都修建人匠》，四库全书本。

（136）（元）胡祗遹：《紫山大全集》卷二十三《民间疾苦状》，四库全书本。

（137）《元史》卷十五《本纪第十五·世祖十二》。

（138）（139）（140）冯承钧译：《马可波罗行纪》，中华书局 1954 年版，第 379、381、380、421 页。

（141）（元）陶宗仪：《南村辍耕录》卷二十三《书画裱轴》，文化艺术出版社 1998 年版，第 314—315 页。

（142）《元史》卷七十八《志第二十八·舆服一》。

（143）（元）熊梦祥：《析津志辑佚》，北京古籍出版社 1983 年版，第 206 页。

（144）郭成伟点校：《大元通制条格》卷二十八《佛像西天字段子》，法律出版社 2000 年版，第 306 页。

（145）郭成伟点校：《大元通制条格》卷二十七《毛段织金》，法律出版社 2000 年版，第 304 页。

（146）北京市文化局文物调查研究组：《北京市双塔庆寿寺出土的丝、棉织品及绣花》，载《文物参考资料》1958 年第 9 期。

（147）《大元毡罽工物记》。

（148）《元史》卷二百三《列传第九十·方技（工艺附）》。

（149）《元史》卷九十八《志第四十六·兵一》。

（150）（宋）郑所南：《心史》，民国据明刻本校印，第 155 页。

（151）《元史》卷二百三《列传第九十·方技（工艺附）》。

（152）（元）张宪：《玉笥集》卷三《古乐府·铁炮行》，四库全书本。

（153）《元史》卷一百四十五《列传第三十二·达礼麻识理》。

（154）王荣：《元明火铳的装置复原》，载《文物》1962 年第 3 期。

（155）《元史》卷二百三《列传第九十·方技·工艺》。

（156）《元史》卷二百三《列传第九十·方技·工艺》。

（157）《元史》卷八十五《志第三十五·百官一》。

（158）《元史》卷九十四《志第四十三·食货二·岁课》。

（159）（清）于敏中等：《日下旧闻考》卷一百五十，引《昌平山水记》，北京古籍出版社 1985 年版，第 2403 页。

（160）《元史》卷五十《志第三上·五行一》。

（161）永乐大典本《顺天府志》卷十一《场冶》，北京大学出版社 1983 年版，第 296 页。

（162）（163）（164）《元史》卷九十四《志第四十三·食货二·岁课》。

（165）（元）《秋涧集》卷九十《省罢铁冶户》，四库全书本。

（166）《玉井樵唱》卷上《燕山寒二首》，四库全书本。

（167）（元）欧阳玄：《圭斋文集》卷四《渔家傲·南词》，四库全书本。

（168）（清）于敏中等：《日下旧闻考》卷一百六，引《渌水亭杂识》，北京古籍出版社 1985 年版，第 1755 页。

（169）柯九思：《宫词十首》，见《辽金元宫词》，北京古籍出版社 1988 年版，第 6 页。

（170）（171）冯承钧译：《马可波罗行纪》，中华书局 1954 年版，第 407 页。

（172）（清）于敏中等：《日下旧闻考》卷一百六，引《渌水亭杂识》，北京古籍出版社 1985 年版，第 1755 页。

（173）中国科学院考古研究所、北京市文物管理处元大都考古队：《北京后英房元代居住遗址》，载《考古》1972 年第 6 期。

（174）（元）熊梦祥：《析津志辑佚》，北京古籍出版社 1983 年版，第 209 页。

（175）（元）孛兰肹等撰、赵万里校辑：《元一统志》卷一《中书省·大都路·土产》，中华书局 1966 年版，第 18 页。

（176）永乐大典本《顺天府志》卷十一《土产》，北京大学出版社 1983 年版，第 295—296 页。

（177）《元史》卷一百八十二《列传第六十九·许有壬》。

（178）《元史》卷四十《本纪第四十·顺帝三》。

（179）（180）《元史》卷六十六《志第十七下·河渠三·金口河》。

（181）（元）熊梦祥：《析津志辑佚》，北京古籍出版社 1983 年版，第 209 页。

（182）林红：《北京风物志》，北京旅游教育出版社 1985 年版，第 311 页。

（183）《元史》卷九十四《志第四十三·食货二·酒醋课》。

（184）（元）姚燧：《牧庵集》卷十五《中书左丞相姚文献公神道碑》，中华书局 1985 年版，第 182 页。

（185）（元）熊梦祥：《析津志辑佚》，北京古籍出版社 1983 年版，第 202 页。

（186）（明）蒋一葵：《长安客话》卷二《皇都杂记》，北京古籍出版社 1982 年版，第 30 页。

（187）（188）（清）孙承泽：《天府广记》（下册），北京古籍出版社 1982 年版，第 674、661 页。

（189）《元史》卷九《本纪第九·世祖六》。

（190）（元）熊梦祥：《析津志辑佚》，北京古籍出版社 1983 年版，第 239 页。

（191）《元音》卷十一《退宫人引》，四库全书本。

（192）（元）虞集：《道园学古录》卷三《送袁伯长扈从上京》，四库全书本。

（193）（元）纳延：《金台集》卷二《京城春日二首》，四库全书本。

（194）（清）于敏中等：《日下旧闻考》卷一百五十，引《元典章》，北京古籍出版社 1985 年版，第 2377 页。

（195）（元）熊梦祥：《析津志辑佚》，北京古籍出版社 1983 年版，第 239 页。

（196）（明）李时珍：《本草纲目》卷二十五《谷部·烧酒》，四库全书本。

（197）（宋）忽思慧：《饮膳正要》卷三《米谷品·酒》，明景泰七年内府刻本。

（198）《全唐诗》卷 441《荔枝楼对酒》，见《国学智能书库》电子版。

（199）冯承钧译：《马可波罗行纪》，中华书局 1954 年版，第 406 页。

（200）（宋）忽思慧：《饮膳正要》卷三《米谷品·酒》，明景泰七年内府刻本。

（201）《元史》卷十六《本纪第十六·世祖十三》。

（202）（明）蒋一葵：《长安客话》卷二《皇都杂记》，北京古籍出版社 1982 年版，第 35 页。

（203）《元史》卷一百一十九《列传第六·木华黎（霸突鲁）》。

（204）（元）郝经：《陵川集》卷三十二《便宜新政》，四库全书本。

（205）（清）孙承泽：《春明梦余录》（上册）卷一《建置》，北京古籍出版社 1992 年版，第 5 页。

（206）（清）毕沅：《续资治通鉴》卷一百七十七《宋纪一百七十七·景定五年（蒙古至元元年）》。

（207）《金史》卷二十七《志第八·河渠·卢沟河》。

（208）周良霄、顾菊英：《元代史》，上海人民出版社 1998 年版，第 280 页。

（209）《元史》卷六《本纪第六·世祖三》。

（210）《元史》卷一百四十七《列传第三十四·张柔》。

（211）《元史》卷七《本纪第七·世祖四》。

（212）《元史》卷七《本纪第七·世祖四》。

（213）（元）陶宗仪：《南村辍耕录》卷二十一《宫阙制度》，文化艺术出版社 1998 年版，第 287 页。

（214）《元史》卷七《本纪第七·世祖四》。

（215）（216）《元史》卷八《本纪第八·世祖五》。

（217）《元史》卷一百四十七《列传第三十四·张弘略》。

（218）（元）熊梦祥：《析津志辑佚》，北京古籍出版社1983年版，第1页。

（219）《元史》卷十一《本纪第十一·世祖八》。

（220）《元史》卷十二《本纪第十二·世祖九》。

（221）《元史》卷五十八《志第十·地理一》。

（222）文物编辑委员会：《文物考古工作三十年（1949—1979）》，文物出版社1979年版，第8页。

（223）《元史》卷十三《本纪第十三·世祖十》。

（224）中国科学院考古研究所、北京市文物管理处元大都考古队：《元大都的勘查和发掘》，载《考古》1972年第1期。

（225）张景星编：《元诗别裁集》卷五《七言律·城东观杏花》。

（226）（227）《元史》卷一百五十七《列传第四十四·刘秉忠》。

（228）（元）熊梦祥：《析津志辑佚》，北京古籍出版社1983年版，第32页。

（229）（元）陆文圭：《墙东类稿》卷十二《中奉大夫广东道宣慰使都元帅墓志铭》，四库全书本。

（230）《新元史》卷一百五十七《列传第五十四·刘秉忠》。

（231）（元）苏天爵：《滋溪文稿》卷二十二《故昭文馆大学士中奉大夫知太史院侍仪事赵文昭公行状》，四库全书本。

（232）《元史》卷一百四十七《列传第三十四·张柔》。

（233）陈高华：《元大都》，北京出版社1982年版，第36页。

（234）《元史》卷五《本纪第五·世祖二》。

（235）（元）欧阳玄：《圭斋文集》卷九《元赠效忠宣力功臣太傅开府仪同三司上柱国追封赵国公谥忠靖玛哈穆特实克碑》，四库全书本。

（236）王锋主编：《中国回族科学技术史》，宁夏人民出版社2008年版，第245—246页

（237）朱玲玲：《建造元大都的石匠——杨琼》，载《北京史研究通讯》1981年第6期。

（238）文物编辑委员会：《文物考古工作三十年（1949—1979）》，文物出版社1979年版，第7页。

（239）元大都考古队：《元大都的勘查和发掘》，载《考古》1972年第1期。

（240）《元文类》卷四十一《经世大典·政典总序·工役》（商务印书馆1936年版，第595页）称，在兴建大都城时，"军之役土木者，率以筑都城、皇城、建郊庙、社稷、宫殿……余则建佛寺……砍苇被城上"。

（241）（元）熊梦祥：《析津志辑佚》，北京古籍出版社1983年版，第1页。

（242）王璞子：《元大都城平面规划述略》，载《故宫博物院院刊》1960年第2期。

（243）《元史》卷四十五《本纪第四十五·顺帝八》。

（244）中国科学院考古研究所、北京市文物管理处元大都考古队：《元大都的

勘查和发掘》，载《考古》1972 年第 1 期。

（245）中国科学院考古研究所、北京市文物管理处元大都考古队：《元大都的勘查和发掘》，载《考古》1972 年第 1 期。

（246）王岗：《北京城市发展史》（元代卷），北京燕山出版社 2008 年版，第37—52 页。

（247）（248）（元）陶宗仪：《南村辍耕录》卷二十一《宫阙制度》，文化艺术出版社 1998 年版，第 291 页。

（249）《元史》卷二十九《本纪第二十九·泰定帝一》。

（250）（元）陶宗仪：《南村辍耕录》卷二十一《宫阙制度》，文化艺术出版社 1998 年版，第 293—294 页。

（251）（明）萧洵：《故宫遗录》，北京古籍出版社 1983 年版，第 77 页。

（252）《元史》卷二十九《本纪第二十九·泰定帝一》。

（253）（254）（元）陶宗仪：《南村辍耕录》卷二十一《宫阙制度》，文化艺术出版社 1998 年版，第 288、291 页。

（255）王朝闻主编：《中国美术史·元代卷》，齐鲁书社·明天出版社 2000 年版，第 220 页。

（256）（257）（258）《元史》卷七十四《志第二十五·祭祀三·宗庙上》。

（259）《元史》卷十七《本纪第十七·世祖十四》。

（260）《元史》卷七十六《志第二十七·祭祀五·太社太稷》。

（261）（262）《元史》卷七十二《志第二十三·祭祀一·郊祀上》。

（263）《元史》卷一百五十三《列传第四十·王檝》。

（264）《元史》卷七十六《志第二十七·祭祀五·宣圣》。

（265）（元）苏天爵：《元文类》卷十九《碑文·国子学先圣庙碑》，商务印书馆 1936 年版，第 237 页。

（266）《元史》卷二十一《本纪第二十一·成宗四》。

（267）《元史》卷二十二《本纪第二十二·武宗一》。

（268）（明）萧洵：《元故宫遗录》，中华书局 1985 年新 1 版，第 3 页。

（269）赵兴华编著：《北京园林史话》，中国林业出版社 1994 年版，第 24 页。

（270）李福顺主编：《北京美术史（上）》，首都师范大学出版社 2008 年版，第 305 页。

（271）（元）孛兰肹等撰、赵万里校辑：《元一统志》卷一《中书省统山东西河北之地·大都路·古迹》，中华书局 1966 年版。

（272）王岗：《北京城市发展史》（元代卷），北京燕山出版社 2008 年版，第112—123、128—135 页。

（273）《元史》卷六十七《志第十八·礼乐一》。

（274）《元史》卷七《本纪第七·世祖四》。

（275）《元史》卷十三《本纪第十三·世祖十》。

（276）《元史》卷十五《本纪第十五·世祖十二》。

（277）（元）孛兰肹等撰、赵万里校辑：《元一统志》卷一《中书省统山东西河北之地·大都路·古迹》，中华书局 1966 年版，第 22 页。

（278）（宋）黄休复：《元代画塑记》，人民美术出版社 1964 年版，第 15 页。

（279）《元史》卷七《本纪第七·世祖四》。

（280）《元史》卷八《本纪第八·世祖五》。

（281）（元）孛兰肹等撰、赵万里校辑：《元一统志》卷一《中书省统山东西河北之地·大都路·古迹》，中华书局 1966 年版，第 22 页。

（282）（元）程文海：《雪楼集》卷二十九《白鹤歌（并序）》，四库全书本。

（283）薛增起、薛楠：《北京的塔》，北京出版社 2002 年版，第 19 页。

（284）《中华文明史》编委会编：《中华文明史》第 7 卷，河北教育出版社 1994 年版，第 498 页。

（285）熊文彬：《元代藏汉艺术交流》，河北教育出版社 2003 年版，第 90 页。

（286）李福顺主编：《北京美术史（上）》，首都师范大学出版社 2008 年版，第 316 页。

（287）（288）（289）（290）薛增起、薛楠：《北京的塔》，北京出版社 2002 年版，第 15、67、247、184 页。

（291）永乐大典本《顺天府志》卷七《宫》，北京大学出版社 1983 年版，第 74 页。

（292）（293）（294）（295）（元）孛兰肹等撰、赵万里校辑：《元一统志》卷一《中书省统山东西河北之地·大都路·古迹》，中华书局 1966 年版，第 42、53、44、46 页。

（296）（元）张昱：《可闲老人集》卷二《辇下曲》，四库全书本。

（297）（298）［英］道森编，吕浦译：《出使蒙古记》，中国社会科学出版社 1983 年版，第 263、267 页。

（299）张星烺：《中西交通史料汇编》（第一册），中华书局 1977 年版，第 225 页。

（300）转引自顾卫民：《基督教宗教艺术在华发展史》，上海书店出版社 2005 年版，第 83 页。

（301）（元）熊梦祥：《析津志辑佚》，北京古籍出版社 1983 年版，第 8 页。

（302）《元史》卷七《本纪第七·世祖四》。

（303）（元）熊梦祥：《析津志辑佚》，北京古籍出版社 1983 年版，第 9 页。

（304）中国科学院考古研究所、北京市文物管理处元大都考古队：《北京后英房元代居住遗址》，载《考古》1972 年第 6 期。

（305）（306）中国科学考古研究所、北京市文物工作队元大都考古队：《北京西绦胡同和后桃园元代居住遗址》，载《考古》1973 年第 5 期。

（307）（308）中国科学院考古研究所、北京市文物管理处元大都考古队：《元大都的勘查和发掘》，载《考古》1972 年第 1 期。

（309）《史料四编：大元仓库记·大元海运记》，广文书局有限公司 1972 年版，第 1 页。

（310）（元）王恽：《秋涧集》卷八十《中堂事记上》，四库全书本。

（311）（312）《元史》卷八十五《志第三十五·百官一》。

（313）于德源：《北京漕运和仓场》，同心出版社 2004 年版，第 155 页。

（314）《史料四编：大元仓库记·大元海运记》，广文书局有限公司 1972 年版，第 1 页。

（315）《永乐大典》卷七千五百十一《京诸仓》，中华书局 1986 年版，第 3398 页。

（316）《史料四编：大元仓库记·大元海运记》，广文书局有限公司 1972 年版，第 1—2 页。

（317）（318）（元）熊梦祥：《析津志辑佚》，北京古籍出版社 1983 年版，第 206、231 页。

（319）《元史》卷六十四《志第十六·河渠志一·通惠河》。

（320）（321）（元）熊梦祥：《析津志辑佚》，北京古籍出版社 1983 年版，第 231 页。

（322）（元）胡助：《纯白斋类稿》卷四《客居冬怀十首》，四库全书本。

（323）（元）熊梦祥：《析津志辑佚》，北京古籍出版社 1983 年版，第 231 页。

（324）《元史》卷一百二十五《列传第十二·铁哥》。

（325）（元）陶宗仪：《南村辍耕录》卷五《尚食面磨》，文化艺术出版社 1998 年版，第 61 页。

（326）（327）（328）（329）（元）熊梦祥：《析津志辑佚》，北京古籍出版社 1983 年版，第 230、230—231、231、208 页。

（330）《元史》卷二百三《列传第九十·工艺》。

（331）（元）陶宗仪：《南村辍耕录》卷二十四《精塑佛像》，文化艺术出版社 1998 年版，第 335—336 页。

（332）（333）（元）熊梦祥：《析津志辑佚》，北京古籍出版社 1983 年版，第 115 页。

（334）《元史》卷六《本纪第六·世祖三》。

（335）（元）陶宗仪：《南村辍耕录》卷二十一《宫阙制度》，文化艺术出版社 1998 年版，第 292 页。

（336）周南泉、王名时：《北京团城内渎山大玉海考》，载《考古》1980 年第 4 期。

（337）（338）（元）陶宗仪：《南村辍耕录》卷三十《髹器》，文化艺术出版社 1998 年版，第 416—417、417 页。

（339）（明）曹昭撰、王佐增，舒敏编：《新增格古要论》卷八《古漆器论·剔红》，中华书局 1985 年版，第 159 页。

（340）（明）高濂：《遵生八笺》卷十四《论剔红倭漆雕刻镶嵌器皿》，四库全书本。

（341）（明）张应文：《清秘藏》卷上《论雕刻》，四库全书本。

（342）（元）陶宗仪：《南村辍耕录》卷三十《饯金银法》，文化艺术出版社 1998 年版，第 421—422 页。

（343）中国科学院考古研究所、北京市文物管理处元大都考古队：《北京后英房元代居住遗址》，载《考古》1972年第6期。

（344）王士熙：《张进中墓表》，见李修生主编：《全元文》第22册，江苏古籍出版社2001年版，第166页。

（345）（346）（清）于敏中等：《日下旧闻考》卷一百五十，引《香祖笔记》，北京古籍出版社1985年版，第2410页。

（347）（元）耶律铸：《双溪醉隐集》卷四《玉泉新墨（并序）》，四库全书本。

（348）（元）张之翰：《西岩集》卷十九《王仲玄传》，四库全书本。

（349）（元）柯九思：《宫词一十五首》，见《辽金元宫词》，北京古籍出版社1988年版，第5页。

（350）《元史》卷四十八《志第一·天文一·大明殿灯漏》。

（351）《元史》卷四十三《本纪第四十三·顺帝六》。

（352）（元）熊梦祥：《析津志辑佚》，北京古籍出版社1983年版，第218页。

（353）（354）（355）（356）赵光林、马希桂：《北京地区古窑址调查综述》，见赵光林：《古陶瓷的收藏与研究》，中国书籍出版社2007年版，第48、50、51、53—54页。

（357）《元史》卷八十五《志第三十五·百官一》。

（358）《元史》卷九十四《志第四十三·食货二·额外课》。

（359）（360）《北京工业志》编委会编：《北京工业志·印刷志》，中国科学技术出版社2001年版，第50、52页。

（361）《元史》卷六《本纪第六·世祖三》。

（362）《元史》卷二十八《本纪第二十八·英宗二》。

（363）《元史》卷四十三《本纪第四十三·顺帝六》。

第八章 明 代

洪武元年（1368年）八月，明太祖"改大都路曰北平府"[1]。永乐元年（1403年）二月，"设北京留守行后军都督府、北京行部、北京国子监。改北平府为顺天府"[2]。永乐十八年（1420年）九月，明成祖下诏："自明年正月初一日始，以北京为京师"[3]。

据《明史·地理志》记载，顺天府领5州、22县。府直属县为大兴、宛平、良乡、固安、永清、东安、香河7县。5州分别是：通州，领三河、武清、漷县、宝坻4县；霸州，领文安、大城、保定3县；涿州，领房山1县；昌平州，领顺义、怀柔、密云3县；蓟州，领玉田、丰润、遵化、平谷4县。[4]

明初，北京地区的手工业呈现衰微状态。永乐四年（1406年），明成祖开始营建北京，修建宫殿、城池、官署，从全国各地征调来京的各种工匠比元代更多，土、木、瓦、窑、石、铁、织染等行业的匠人皆有。这些能工巧匠以后多附籍大兴、宛平两县，长期留住下来，加之迁都后城市消费骤增，北京地区的手工业遂得到迅速地恢复和发展。

关于明代北京手工业的生产类型，学术界有不同的理解和划分。诸如，一说"明代北京的手工业，仍然分为官营手工业和私人手工业两种"[5]；二说"明代手工业大体上可分为三种，一是官办手工业，二是宫廷手工业，三是民间手工业"[6]；三说"明代北京的手工业分官营和私营两大类"[7]、"明代北京的手工业，仍然有官营和私营两种"[8]等。笔者比较认可一、三两种说法，认为明代北京手工业可以分为官营手工业和民间手工业两种。因为宫庭手工业是专门的官办皇家手工业生产，当然是官营手工业的组成部分。而民间手工业不仅包括私人、私营手工业，还包括家庭手工业，甚至寺院手工业等也是其题中之义。

明代北京的官手工业组织与规模虽不及元代复杂，但依然庞大。"举凡宫殿、坛场、公廨、营房的修建，盔甲、刀枪、祭器、刑具的制作，官冕、袍服、制帛、诰敕的染织，船只的建造，器皿、城砖、石灰的烧造，以及各种陶器、漆器、铁器、金属货币，甚至宫女、内监使用的棺材、便纸，无不包括在官手工业工场造作范围之内。官手工业营造的规模也很庞大。如永乐时代营建北京宫殿，费时十五年，参加建筑的有工匠二十多万人，还有从各省选调来的百万农民"。[9]此为陈诗启对明代官手工业生产内容的概括，基本能反映北京地区的官手工业之盛况。明代官手工业分工比元代更加细致，如京内织染局有32种行业，兵仗局有34种行业，整个北京城内官手工业行业不下一百余种。[10]

官营手工业的发展与北京作为政治中心的地位有直接的密切的关系。首先，北京有许多手工业行业是直接为封建政府服务，或是为了满足皇室贵族的生活需要。统治者穷奢极欲的需求，刺激了北京众多的手工业部门与行业的发展。其次，全国各地区的能工巧匠集中到京城，使这里的生产在技术上可以博采各地之长，从而促进了北京手工业的发展。

到了明朝中后期，官营手工业已有走向衰落的趋势。政府和宫庭消费开始部分走向市场，商品经济的繁荣和市场容量的增加，以及匠籍制度的进一步放松，皆为民间手工业的发展创造了客观条件。明代中期，在北京城内外出现了私营作坊，如磨坊、酒坊、机房、染坊等。也出现了一些私营的矿场，如铜作坊和铁作坊等。

明代北京地区发展最为明显的手工业生产部门，主要有建材与建筑、矿冶、军器制造、酿酒、特种手工艺等行业。此外烧窑、织造、造纸印刷等行业皆有不同程度的进展。明代北京的手工业生产技术发展很快，以北京的景泰蓝生产技术、工艺流程和顺天府所属遵化冶铁业生产技术的发展，最为突出。

第一节　北京的官营手工业

一、管理机构与经营措施

1. 管理机构及其职能

明代前中期，北京的手工业大都为官府所控制，管理机构主要是工部和内府监局司，户部、礼部也有所属手工业。工部"掌天下工役、农田、山川、薮泽、河渠之政令"[11]，其下设营缮、虞衡、都水、屯田四个清吏司。"工部的四个司，分别领导和管理了京师的大小工场和各项物料"[12]。

营缮司，"掌经营兴造之事。凡大内宫殿、陵寝、城壕、坛场、祠庙、廨署、仓库、营房之役，鸠力会材而以时督而程之，王邸亦如之。凡卤簿仪仗乐器移内府及所司各以其职治之"[13]。其职掌范围非常广泛，分支机构很多，据《工部厂库须知》记载："分司为三山大石窝，为都重城，为湾厂（通惠河道兼管），为琉璃黑窑厂，为修理京仓厂，为清匠司，为缮工司兼管小修，为神木厂兼砖厂，为山西厂，为台基厂，为见工灰石作；所属为营缮所。"[14]

三山大石窝，掌烧造、开运各工灰石之事。营缮司注差郎中于动工时前往任事。有关防，有公署。[15]三山是指马鞍山、牛栏山、石焦山（今西山支脉），大石窝亦为地名，均在北京周围百里内外之地。

都重城，主管修理都城和重城，凡都城重城遇有塌坍，查明呈堂合同科院勘估修理。主管官员为营缮司的注差员外郎，有关防、公署。[16]

修理京仓厂（简称修仓厂），专管京仓修理事情。京仓共有1092座，通仓614座，本厂经营的京仓三年一次大修。营缮司注选主事一人主其事。[17]

见工石灰作，为临时机构，不设衙门。"凡宫殿兴建，奉堂劄差委监督，工止则虚掌"[18]。

缮工司，原系督率囚犯搬运灰炭的机构，嘉靖后，本司只是管理追比上纳工作，万历三十五年（1607年）令兼管小修事务。[19]

营缮所专司木工，位于东城明照坊的东北部。本司还属有五大厂，神木厂在崇文门外，专门加工和存放直径大于五尺的巨木。大木厂在朝阳门外，造作与存放直径大于三尺的木材。琉璃厂和黑窑厂位于宣武门外，皆掌烧造砖瓦及内府器用。台基厂位于南熏坊内，"查国初无，系后增设。以近宫殿，造作所就，易于输送，一切营建定式于此，故曰台基。内有砖砌方地一片，为规画之区。厂屋三层，内监居住，监督亦从遥制"[20]。台基厂为堆放薪柴、芦苇之地。

由上可知，营缮司职掌所及，大部分是有关城墙、宫殿、京仓等建筑工程和维修工作，还有一部分建筑材料，如各种木材、瓦器、陶器、琉璃器及薪苇等制作及保管工作。此外，仪仗物件中的清道御杖、交椅坯、脚踏坯、马杌、头管、戏竹、龙笛、笛、板等，为营缮所制作。[21]营缮司为工部四司中管理官手工业的主要部门。

虞衡司主掌山泽、采捕、陶冶之事。[22]与手工业有关的,一是采集、收购制造礼器和军器、军装所需的鸟兽皮张、骨角、翎毛等物料。二是与兵部监督军器、军装的制造,经管及统核陶器、铸器、铸钱、冶课等。三是经管颜料和纸札。分司为皮作局、军器局、兵仗局、宝源局、街道厅、验试厅等。

皮作局,专司革工,设有大使一人、副使二人[23],熟造各处解进的生皮及煎水胶[24]。

军器局,专管成造军器,京营所用的一般性的军器和军装均由该局成造,至于神枪、神炮,则由工部奏行兵仗局铸造。[25]其下辖有盔甲厂和王恭厂,二厂由内府管辖,虞衡司仅派注差主事遥制。盔甲厂位于崇文门内以东,宣德二年(1427年)设立。后又设王恭厂,位于内城西南隅。天启五年(1625年)六月初五日所藏火药失事爆炸后,王恭厂迁至西直门内街北,更名为安民厂。二厂每年额造盔甲、腰刀等器3600件,其余长枪、铳炮、撒袋等项,数目不等,用工匠9200余名,分两班四季成造。[26]

兵仗局,位于皇城之内,今南长街北口路东。其外厂位于北安门外海子桥之东。洪武朝设立。本局成造修理御前执事人员的兵器,负责领取盔甲军器和相关材料。三年一次成造,用银24000两,以后,逐渐减少,隆庆五年(1571年)改为一年一成造,用银3700余两,用匠1700余人。[27]

宝源局,虞衡司注差员外郎监督,有关防、有鼓铸公署。[28]永乐年间设局于崇文门内,万历时称南宝源局,嘉靖三十一年(1552年),"改造新局于东城明时坊,即今宝源局,专铸制钱及铜铁器皿"。[29]

街道厅,专司街道、桥梁及沟渠等修整事务。设虞衡司注差员外郎一员,有关防、有公署。据《工部厂库须知》记载,其"现行事宜"为:"每年查理都城内外街道、桥梁、沟渠、各城河墙、红门水关及卢沟桥堤岸等处,或遇有坍坏,即动支都水司库银修理……每年春季开濬五沟渠以通水道,以清积秽……凡皇墙周围红铺各门直房、棋盘街栅栏及九门牌坊并各门圣旨牌,倘有损坏,动支营缮司库银修理。其九门城楼或遇损坏……听内官监移文营缮司动库银修补。遇圣驾、郊祀、幸学、谒陵、填垫道路。"[30]

验试厅,专管验收物料和某些成品,嘉靖二十八年(1549年)设于西安门附近。《明史·食货志》载:"嘉靖时,建验试厅,验中,给进状寄库。月逢九,会巡视库藏科道官,进库验收,不堪者驳易。"[31]

此为明政府检查进库物资质量的主要机构。

都水司，"掌山泽、陂池、泉泺、洪浅、道路、桥梁、舟车、织造、券契、衡量之事"[32]。有关官手工业的具体工作：一是官用舟车的修造；二是管理织造和衡量。织造包括缎匹、制帛、诰敕、冠服等项；衡量包括斛、斗、秤、尺，并附以器用。都水司所辖的京师手工业有器皿厂、六科廊、通惠河、文思院、织染局等。

器皿厂，营造光禄寺每岁上供及太常寺坛场器物，如各帝陵及婚丧典礼，各衙门所需的器物，按例造办。拥有木作、竹作、蒸笼作、桶作、镟作、卷胎作、油漆作、戗作、金作、贴金作、铁索作、绦作、铜作、锡作、铁作、彩画作、裁缝作、祭器作共 18 种。[33]

六科廊，成造备赏物品，设有都水司注差主事一员，专督工匠造作。[34]

通惠河，有奉敕注差员外郎一员，驻通州。专掌通惠河的漕政，兼管修理通州仓廒并湾厂收发木料之事。[35]

文思院，专司丝工，正德六年（1511 年）七月，"改建工部文思院于东城明照坊。以旧置地卑沮洳，不便造作故也"[36]，其址即今东城方巾巷以西，交通部所在地。文思院设有大使、副使，每岁题造祭祀净衣。每年京师各庙坛典仪及舞生、乐生冠带鞋靴等都一一供应。[37]

织染局，分内外局，内局以供宫庭，外局以备公用。织造缎匹"阔二尺，长三丈五尺。额设岁造者，阔一尺八寸五分，长三丈二尺。岁造缎定并阔生绢送承运库。上用缎定，并洗白。腰机画绢送织染局。婚礼纻丝送针工局。供应器皿、黄红等罗并子孙褃裙发文思院"[38]。

屯田司，"掌屯农、坟墓、抽分、薪炭、夫役之事"[39]。据《明书》卷六十五记载，屯田司职掌所及，"凡军马守镇之处……其规办营造木植、城砖、军营、房屋及战衣器械……农具之属"。此外，"山陵营建之事，俱本司掌行"[40]。屯田司在北京地区的一项重要职能是承担一些重要的工程建设，如皇帝陵寝、王府职官坟茔等。帝王陵墓是最大的工程，如修建定陵，从万历十二年起到十八年（1584—1590 年）止，用了 6 年的时间。屯田司另一项主要职责，就是供应京师皇宫及各衙门冬天取暖用的柴炭。主管台基厂柴炭的保管和供应，每到冬天，京师各机构均来此领取柴炭。

此外，户部和礼部也分管一部分手工业。户部属有宝泉局，天启二年（1622 年）始设，在东四牌楼街北，铸钱专供军饷。礼部辖有铸印局，"凡开设各处衙门，合用印信，札付铸印局官，依式铸造给降，其有改铸销毁等项，悉领之"[41]。

属于内务府管辖的手工业是专为皇宫制作产品的作坊，大都设在皇城之内，共有 24 个监局司，亦称二十四衙门[42]。包括司礼、御用、内官、御马、司设、尚宝、神宫、尚膳、尚衣、印绶、直殿、都知 12 监；惜薪、宝钞、钟鼓、混堂 4 司；兵仗、巾帽、针工、内织染、酒醋面、司苑、浣衣、银作 8 局。此外，还有内府供用库、司钥库、内承运库等处。[43]这些机构名义上隶属工部，而实际上由内廷宦官负责管理。

内府 24 监局司经营着很大部分的官手工业生产，诸如：

司礼监，辖有御前作，"专管营造龙床，龙桌、箱柜之类"[44]。

御用监，"凡御前所用围屏、摆设、器具，皆取办焉。有佛作等作，凡御前安设硬木床、桌、柜、阁及象牙、花梨、白檀、紫檀、乌木、鹦鹉木，双陆、棋子、骨牌、梳栊，螺甸，填漆，雕漆，盘匣，扇柄等件，皆造办之"[45]。辖有缫作与甜食房。缫作，亦称洗帛厂，"经手织造各色兜罗绒、五毒等缫，花素勒甲板缫，及长随火者牌繐缫"[46]。甜食房，"经手造办丝窝虎眼等糖，裁松饼减煤等样一切甜食"[47]。

内官监，"掌成造婚礼奁、冠、舄、伞、扇、衾、褥、帐幔、仪仗，及内官内使贴黄诸造作，并宫内器用、首饰与架阁文书诸事"[48]，"所管十作，曰木作、石作、瓦作、搭材作、土作、东作、西作、油漆作、婚礼作、火药作，并米盐库、营造库、皇坛库、裹冰窖、金海等处"[49]。此外御前所用铜、锡、木、铁、器，帝后陵寝，妃嫔、皇子女坟茔，"及完姻修理府第，皆其职掌"[50]。据此可知，内官监是内府掌管官手工业的主要衙门。

司设监，"所职掌者，卤簿、仪仗、围幨、褥垫，各宫冬夏簾、凉席、帐幔、雨袱子、雨顶子、大伞之类"[51]。

尚宝监，"职掌御用宝玺、敕符、将军印信"[52]。

尚衣监"掌造御用冠冕、袍服、履舄、靴袜之事"[53]。所属袍房，又名西直房，是裁缝匠役成造御用袍服的地方。

巾帽局，"掌造内宫诸人纱帽、靴袜及预备赏赐巾帽诸事"[54]。

针工局，"掌成造诸婚礼服裳"，"及造内官诸人衣服铺盖诸事"[55]。

内织染局，"掌染造御用及宫内应用缎匹、绢帛之类"。朝阳门外有外厂"澣濯袍服之所"，都城西设蓝靛厂。[56]

银作局，"专管制造金银铎针、枝箇、桃杖、金银钱、金银豆叶"[57]。

兵仗局，"掌御用兵器，并提督役造作刀甲之类，及宫内所用梳篦及刷牙、针剪诸物"[58]。所属军器库，"掌造刀枪、剑戟、鞭斧，盔甲，弓矢各样神器"。火药局一处，属之宫中。"凡每年七夕宫中乞巧小针，并御前铁锁、鎚钳、针剪之类，及日月蚀救护锣鼓响器，宫中做法事钟鼓、铙钹法器，皆隶之。是以亦称为小御用监也"[59]。

酒醋面局，"职掌内官宫人食用酒，醋，面，糖诸物"[60]，与御酒房不相统辖。御酒房，"专造竹叶青等样酒，并糟瓜茄，惟乾豆豉最佳"[61]。

惜薪司，"专管宫中所用柴炭，及二十四衙门、山陵等处内臣柴炭"[62]。

宝钞司，专为皇帝和宫人制造草纸，"抄造草纸，竖不足二尺，阔不足三尺，各用簾抄成一张，即以独轮小车运赴平地晒干，类总入库，每岁进宫中以备宫人使用"[63]。

除二十四衙门外，内府供用库、司钥库、内承运库等处也经营一些手工业。如乾清宫内，就有汤局、荤局、素局、点心局、干煠局、手盒局、冰膳局、馒膳局、面觔局、冻汤局、司房、笾库房、又有御药房、弓箭房、御茶房、猫儿房。整个内府手工业"俱有大珰主之，所役殆数万人"。[64]

2. 生产管理措施

其一，对生产物料的管理。

明代北京官营手工业机构庞杂，所需物料种类繁多，需求量极大。例如，《明书》卷八十三《土贡》记载，仅工部需用杂皮达 34.7761 万张，麂皮达 3.48 万余张，狐狸皮达 0.42 万余张。明代对于生产物料的管理是有整套办法的。《大明会典》载，正统十四年（1449 年），"令各处解到物料，送该库交收，方许支用"[65]。

各项物料入库之前，皆要经过检验，工部虞衡司下设验试厅专管此项工作。《大明会典》记："嘉靖二十八年题准……建造试验官厅（当为验试厅——撰者注）一所。遇有各处解到军器弓箭、弦等项，工部札行司官及咨兵部委司官，会同试验。精美合式，给与进状呈部。札委戊字库官吏，请科道官复行查验，照数收库。查验不堪、本部驳回陪补造解"[66]。又，《工部厂库须知》云：验试厅"专管验试之事，一应外解本色物料，其多寡数目，惟据各司送验为凭。验中则押送十库收贮；不中，则驳还商解更换"[67]。验试的各项明目不仅有各地所产军器，还有纸张、丝料、麻铁等物品。

为保证物料质量，各库复有辨验铺户的设置，此即佥定各行业商铺专人负责验试。永乐十九年（1421年）规定：甲字库辨验铺户四名，丙字库每季辨验铺户二名，丁字库每季辨验铺户四名，戊字库试验箭匠二名，乙字库每季辨验铺户三名，承运库每季辨验铺户三名，广积库办验火药匠一名。各库铺户，三月役满，即令金补。[68]

此外，户科给事中也兼管手工业生产物料。其职责如："凡各河泊鱼课（兼征皮毛、翎毛……物料）年终具办过数目，填空原降勘合，奏缴送科查收"；"凡甲字库官遇考满等项，本科官一员引奏，将收过钱粮等物委官查盘"；"凡各府州县管粮官员，及各仓场大使等官，考满给由，各亲赍本册，赴科交查"；"凡甲字等十库，该收钱钞等物，每季本科与各科轮差官一员监收"[69]。

有时为了完成某些紧急任务，还临时任命监察官员以督察。如宣德九年（1434年），"差御史一员，巡视在京仓。一员，巡视通州仓"。嘉靖年间遂为定制，"嘉靖八年题准，每年差御史一员，请敕提督京通二仓，收放粮斛"。[70]

生产物料的检验，按规定是很严格的。以验铜为例，根据宝源局的《镕铜规则》："每镕铜先抽一百包，堆放两旁。内点二包敲断，验其成色，秤兑二百斤，分东西二炉镕化。即令炉商各看守，俟烟气黑尽而绿，绿尽而白，铜色已净，才出炉秤兑。每百斤内除正耗十三斤三两外，多耗一斤，令商人补一斤，多耗二斤，令商人补二斤。二炉通融计算，共折耗若干斤，折衷每百斤各折耗若干斤。凡兑铜以此为例。"[71]

其二，对生产环节等监管。

为加强对生产各个环节的管理，设工科给事中全面监察官手工业生产。诸如：①凡工部军器局制造军器，本科差官一员试验。②凡工部盔甲、王恭二厂军器及各处解到弓箭弦条，本科官一员，会同巡视东城御史，及工部司官一员，于戊字库监收，年终，造册奏报。③凡营建监工，本科与各科官轮差。④凡宝源局铸钱，弘治十七年题准，按季稽核工料并钱数，本科与各科官轮差。⑤凡工部各项料价，每年上、下半年，本科差官一员，同巡视科道、四司掌印官，会估时价一次，造册奏报。⑥凡京通二仓，每年工部修理仓廒。工完，开具手本送科。本科官一员、查验有无冒破。年终，造册奏缴。⑦凡卢沟桥，通州、广积、通积抽分竹木局，每月初一日，将前月分支过竹木等项数目，开具手本，大使等官赴科投报查考。[72]

洪武年间制定颁布的《大明律》，专门设置了《工律》篇，对手工业生产的管理和控制作了具体的说明：

①"擅造作"。凡军民官司有所营造,应报上级批准,未经上级批准而非法营造,各计所役人数计工钱坐赃论。但是,如果是城墙倒塌或者是仓库、公廨损坏,则不在此限。另外营造计料、申请财物及工人不实者,笞五十。若财物和人工已费,各并计所损财物价及所费雇工钱,重者坐赃论。

②"虚费工力采取不堪用"。凡役使人工,采取木石材料及烧砖瓦之类,虚费工力而不堪用者,计所费雇工钱坐赃论。若有所造作及有所损坏,备虑不谨而误杀人者,以过失杀人论,工匠、提调官各以所由为罪。

③"造作不如法"。凡造作不如法者笞四十。若成造军器不如法及织造段匹粗糙纰薄者,各笞五十。若不堪用及应改造者,各并计所损财物及所费雇工钱,重者坐赃论,其应供奉御用之物加二等。工匠各以所由为罪,局官减工匠一等,提调官吏又减局官一等,并均偿物价工钱还官。

④"冒破物料"。凡造作局院头目、工匠,多破物料入己者,计赃以监守自盗论,追物还官。局官并覆实官吏知情符同者,与同罪。失觉察者,减三等,罪止杖一百。

⑤"带造缎匹"。凡监临主守官吏将自己物料辄于官局带造段匹者,杖六十。段匹入官,工匠笞五十,局官知而不举者与同罪。失觉察者,减三等。

⑥"织造违禁龙凤纹缎匹"。凡民间织造违禁龙凤纹、纻丝纱罗货卖者,杖一百,段匹入官。机户及挑花、挽花工匠同罪,连当房家小起发赴京籍充局匠。

⑦"造作过限"。凡各处额造常课段匹、军器过限不纳齐足者,以十分为率,一分工匠笞二十,每一分加一等,罪止笞五十,局官减工匠一等,提调官吏又减局官一等。若不依期计拨物料者,局官笞四十,提调官吏减一等。

⑧"修理仓库"。凡各处公廨、仓库、局院系官房舍,但有损坏,当该官吏随即移文有司修理,违者笞四十。若因而损坏官物者,依律科罪赔偿所损之物。若已移文有司而失误者,罪坐有司。(73)

此外,《工律》对"盗决河防"、"失时不修堤防"、"侵占街道"以及违反"修理桥梁道路"的违法行为,也都有专门的处罚规定。(74)

另据万历《大明会典》记,若有私煎矾货,漏用钞印,私造斛斗秤尺,器用布绢不如法等,则交刑部各管司依法给予严惩。(75)

其三,有关行业的管理与规定。

明初的矿冶政策，尤其是金银矿的开采冶炼，规定基本上由国家经营，一些与国计民生关系较大的铁、铜、铅、锡等矿，也由官府设局采冶。民间一般只许开采其他矿藏，并需要取得政府批准，交纳一定的课税。未经官方许可，私人不得擅自开矿，违者治罪。

《大明律》规定："凡盗掘金、银、铜、锡、水银等项矿砂，每金砂一斤折钞二十贯，银砂一斤折钞四贯，铜、锡、水银等砂一斤折钞一贯，俱比照无人看守物准窃盗论。"[76]政府严禁私采私煎银矿，正统三年（1438年）规定："军民私煎银矿者，正犯处以极刑，家口迁化外。"[77]到明代后期，诏罢金银等官矿，封闭坑冶。万历三十三年（1605年），明神宗下令："今开（金银）矿年久，各差内外官俱奏出砂微细，朕念得不偿费，都着停免……凡有矿洞，悉令各该地方官封闭培筑。"[78]

关系国民经济最重要的是铁矿。明初铁冶业继承宋元旧制，既建立了许多官营矿业，又允许民间开矿冶炼加以课税。洪武初年各行省均有官铁冶。据《大明会典》记载，北平的岁办铁课为35.1241万斤[79]。洪武七年（1374年），命置官铁冶13所，分设江西、湖广、山东、广东、陕西、山西等省。永乐时则添设了顺天遵化冶。冶所所在地设立"矿场局"或"炉局"进行管理，负责采矿冶炼，督办铁课及巡视矿场以防矿徒反抗等。

明代官营铁冶以官工业需要而定，需者多开，反之罢闭。洪武十八年（1385年），内府存铁过多，罢各处铁冶。其后又开，而洪武二十八年（1395年），内库存铁更多，遂"诏罢各处铁冶，令民得自采炼，而岁输课程，每三十分取其二"[80]。以后官营铁冶逐渐减少，在明前期大多关停，民营铁冶则日渐增加。官铁中维持最长、规模最大的当属遵化铁冶厂，直至万历九年（1581年）才完全歇业。

二、官手工业的工匠

1. 匠籍制与工匠的类别划分

匠户制度，是明廷编制、管理手工业者的重要措施。明初沿用元代的匠籍制度，工匠一旦编入匠籍则世袭其业，不得随意更改变动，《大明律》规定："凡军、民、驿、灶、匠、卜、工、乐诸色人户，并以籍为准，若诈冒脱免、避重就轻者，杖八十，其官司妄准脱免及变乱版籍者，罪同。"[81]《大明会典》亦载："凡军、民、医、匠、阴阳诸色户，许各以原报抄籍为定，不许妄行变乱。"[82]

按照服役的不同形式，明代北京工匠主要分为轮班匠和住坐匠两种。《大明会典》载："若供役工匠、则有轮班、住坐之分，轮班者隶工部，住坐者隶内府内官监。"[83]

轮班匠是由工部掌握的各省籍的工匠，他们依次轮番进京服役。明初，轮班匠服役期限"定三年为班，更番赴京，三月交代"[84]。由于工匠服役以后，常常出现无事可做的现象。洪武二十六年（1393年），对轮班制度进行了一次调整，即打破三年一班的硬性规定，采取了"先分各色匠所业，而验在京诸司役作之繁简，更定其班次"[85]。轮作的时间改为五年、四年、三年、二年、一年五种。这种改变加强了对轮班工匠的管理。其具体规定如下表。

明初行业轮班服役表

轮班方法	行　　业
五年一班	木匠、裁缝匠
四年一班	锯匠、瓦匠、油漆匠、竹匠、五墨匠、妆銮匠、雕銮匠、铁匠、双线匠
三年一班	土工匠、熟铜匠、穿甲匠、搭材匠、箄匠、织匠、络丝匠、挽花匠、染匠
二年一班	石匠、舵匠、船木匠、箬篷匠、橹匠、芦蓬匠、钑金匠、绦匠、刊字匠、熟皮匠、扇匠、魫灯匠、毡匠、毯匠、卷胎匠、鼓匠、削藤匠、木桶匠、鞍匠、银匠、销金匠、索匠、穿珠匠
一年一班	裱褙匠、黑窑匠，铸匠、绣匠、蒸笼匠、箭匠、银硃匠、刀匠、琉璃匠、剉磨匠、弩匠、黄丹匠、藤枕匠、刷印匠、弓匠、镟匠、缸窑匠、洗白匠、罗帛花匠

资料来源：万历《大明会典》卷一百八十九《工匠二》。

新制确定后，分别给予五种班次工匠勘合，按时持照上工，3 个月工完成后放归回家。这次发给勘合的轮班工匠共有 62 个行业、232089人。新的轮班制"使赴工者各就其役而无费日，罢工者得安家居而无费业"[86]。

五种轮班制实行几十年之后，存在的问题逐渐暴露，正如正统十二年（1447 年）福州闽县知县陈敏政上书所指出："轮班诸匠，正班虽止三月，然路程窵远者，往还动经三四余月；则是每应一班，须六七月方得宁家。其三年一班者常得二年休息，二年一班者亦得一年休息，惟一年一班者，奔走道路，盘费罄竭。"[87]他建议将一年一班改为三年或二年一班，"如有修造，将二年一班者上工四个半月，一年一班者上工六个月"[88]。但陈敏政的建议未被朝廷采纳。景泰五年（1454年），给事中林聪等人再次提出更定班次问题，建议"请以二年者更为四年，三年者更为六年"。工部复议后，"奏请均以四年为次，通计匠二十八万九千有余，除事故外，南京五万八千，北京十八万二千。今以北京之数分为四班，岁得匠四万五千，季得匠一万一千，亦未乏用。"[89]景泰帝奏准，"轮班工作二年，三年者，俱令四年一班，重编堪合给付"[90]。此后终明之世，这种办法基本上相沿未变。

重新更定班次使轮班匠的负担大为减轻，一年一班者等于减去了四分之三的工作量，二年一班者减去了二分之一。在原定班次中五年一班的只有木匠和裁缝匠两种，四年一班和三年一班各有 9 种，而二年一班有 23 种，一年一班者有 19 种，改定班次使三年一班至一年一班的 51 种工匠受益，占 62 种行业的 82%，从而大大放松了明政府对各种工匠的封建束缚。[91]

住坐匠设于永乐年间，由内府内官监管理。《大明会典》载："凡住坐人匠，永乐间，设有军、民住坐匠役"[92]。住坐匠每月服役 10 天，余 20 天可以自由从业。永乐年间，北京有住坐民匠户 27000 户。宣德五年（1430 年），"令南京及浙江等处工匠，起至北京者，附籍大兴、宛平二县"[93]，从而使住坐匠的管理制度化。

成化年间（1465—1487 年），住坐匠仅六千余人，其后招收住坐匠，数量大大超过了原额。正德时期（1506—1521 年）是北京住坐匠数量最盛时期，工匠总数达 25167 名。仅乾清宫就有"役工匠三千余人"[94]。因之刘健等言："内府工匠之饩廪，岁增月积，无有穷期。"[95]

嘉靖十年（1531 年），为了紧缩开支，对住坐匠进行了一次清查，"差工部堂上官，及科道官、司礼监官各一员，会同各监局掌印官，清查军民匠役，革去老弱残疾、有名无人一万五千一百六十七名。存留一万二千二百五十五名、著为定额"[96]。存留的 12255 名住坐匠分若干工种，分隶内府各司、局、库等衙门。

嘉靖四十年（1561 年），又"令司礼监清查见在支俸食粮匠官、匠人共一万八千四百四十三员名，裁革一千二百六十五员名。应留一万七千一百七十八员名，著为定额"[97]。

隆庆元年（1567 年），复"令清查内官等监各官匠，于原额一万七千一百七十八员名内，除逃亡不补外。裁革老弱六百二十二员名。存留一万五千八百八十四员名，著为定额"[98]。（按：嘉靖四十年以后的数目，系以员名计算。"员"指支俸的匠官，"名"指食粮的工匠。匠官为脱离生产的官员，其身份已不属于工匠，因此住坐匠的实际数目要少一些。)

隆庆元年住坐工匠分布表

机构名称	匠官（员）	军民匠（名）
司礼监	433	1383
内官监	480	1883
司设监	33	1437
御用监	40	2755
印绶监		19
尚衣监	42	654
御马监	11	305
内织染局	87	1343
银作局	23	166
兵仗局	6	1781
巾帽局		498
针工局	1	359
宝钞司		624
司钥库		15
内承运库		359
供应库	4	259
惜薪司		18
酒醋面局		169
尚膳监、军厨		693

资料来源：万历《大明会典》卷一百八十九《工匠二》。

隆庆三年（1569 年），再次"令司礼监会同各监局官，清查存留实在官匠一万三千三百六十七员名，著为定额"[99]。

2. 工匠的管理与待遇

据上所述可知，明代北京工匠种类之多，分工之细，可谓登峰造极。而每种工匠的具体人数，《大明会典》皆不厌其烦地一一抄录，由此可见工部和内府各部门对工匠管理的严格与细致。

应当看到，同元朝相比，明代北京工匠的地位与待遇有一定程度的改善。明代虽然特别制定了匠籍，但工匠分为轮班匠和住坐匠，匠籍制较元朝有所宽松和优免。早在洪武十九年（1386 年），明太祖就规定编入匠籍者免除其家的一切杂役。洪武二十六年（1393 年），又具体规定"本户差役，定例与免二丁，余丁一体当差。设若单丁重役，及一年一班者，开除一名"，老残无丁者"疏放"。[100] 宣德元年（1426 年），明政府对轮班匠的优免政策又做了调整："工匠户有二丁、三丁者留一丁，四丁、五丁者留二丁，六丁以上者留三丁。余皆放回，俾后更代，单丁则视年久近，次第放免，残疾老幼及无本等工程者，皆放免。"[101] 宣德五年（1430 年）再次强调："比闻在京工匠之中，有老幼残疾并不谙匠艺及有一户数丁皆赴工者，宜从实取勘。老幼残疾及不谙者皆罢之，丁多者量留，余悉遣归。"[102]

不过，明代（尤其是明初）北京工匠受到的束缚与控制，在一定范围内还是很明显的。住坐匠编入匠籍后便被严密编制起来，大兴、宛平均设有管匠官，管理住坐工匠。住坐工匠被终身束缚于京师附近，人身自由受到很大限制，服役地点又在门禁森严的皇城内，服役时间也远比轮班匠长，住坐匠地位较轮班匠为低。

工匠中有工头之类的"作头"，或曰"匠头"。作头是从工匠中选拔出来的，所谓"匠户中择其丁力有余，行止端愨者充之，所以统率各匠，督其役而考其成也"[103]。据《酌中志》记载，盔甲厂"辖匠头九十名"，王恭厂"辖匠头六十名"[104]。

明初《大明律》中有关工匠服役的规定反映了其人身所受的限制。如《户律》"丁夫差遣不平"条规定："若丁夫杂匠承差，而稽留不著役……一日笞一十，每三日加一等，罪止笞五十。"[105] "逃避差役"条规定："若丁夫杂匠在役及工乐杂户逃者，一日笞一十，每五日加一等，罪止笞五十。提调官吏故纵者，各与同罪。受财者，计赃以枉法从重论。"[106] 可见，手工业者如果误期或逃避，都要依法制裁。禁止私自雇人代役，如《兵律》"内府工作人匠替役"条规定："凡诸色工匠行差拨赴内府及承运库工作，若不亲身关牌入内应役，雇人冒名私自代替及替之人，各杖一百，雇工钱入官。"[107]

明代北京的各类工匠在物质待遇方面比元代有所改善。早在洪武十一年（1378 年），"令凡在京工匠上工者，日给柴米盐菜。歇工，停给"[108]。二十四年（1391 年）规定，工匠在内府服役，根据其劳动情况，每日发给钞贯若干。永乐十九年（1421 年），明政府令内府尚衣、司礼、司设等监，织染、针工、银作等局从南京带来人匠，每月支粮三斗，无工停支。[109] 其后，工匠服役期间月粮虽屡有变化，但从总的来看，数字是不少的。如宣德时内官监工匠月粮五斗，景泰时兵仗局军匠月粮五斗、民匠月粮四斗，天顺时顺天府军匠月粮五斗，而成化时高手人匠月粮一石。[110]

住坐工匠除享有月粮外，还有直米的待遇。月粮由户部发给，直米则计日发给。有工则有米，相当于伙食津贴，由光禄寺发给。[111]如成化四年（1468年）规定："锦衣卫镇抚司，月给粮一石，岁给冬衣布花。分两班上工。该班者，光禄寺日支白熟粳米八合。"[112]

然而，工匠所受的剥削仍是相当严重的。就轮班匠来说，他们不仅工作是无偿劳动，而且往返京城的路费都由自己解决。正如给事中林聪所奏称："天下各色轮班人匠，多是灾伤之民，富足者百无一二，艰难者十常八九。及赴京轮班之时，典卖田地子女，揭借钱物、绢布。及至到京，或买嘱作头人等而即时批工放回者，或私下占使而办纳月钱者，甚至无钱使用，与人佣工乞食者。求其着实上工者，百无二三。有当班之名，无当班之实。"[113]

住坐匠的境遇更为甚之。据《明宣宗实录》记载："近年在京工作匠人多有逃者。盖因管工官及作头等不能抚恤，又私纵其强壮者不令赴工，俾办纳月钱入己，并冒关其粮赏，止令贫难者做工，又逼索其财物，受害不已，是致在逃。及差人勾取，差去之人，又逼索财物，工匠受害，弊非一端。"[114]此外，住坐匠每月除提供10天的正差外，还要遭受额外的剥削，如成化六年（1470年），"令京城官旗匠役之家，丁多者皆坐铺"[115]。

3. 入仕的工匠

从明代社会各阶层来看，工匠的社会地位相对较低。他们除非获得最高统治者的特许，一般不能脱籍，超登仕流。陈宗渊脱匠籍入仕中书舍人即是典型例子。据《御定佩文斋书画谱》记载，永乐时，"文庙尝选中书舍人二十八人，专习羲献书，以黄淮领之，一日，上谓淮曰：'诸生习书如何？'淮对曰：'日惟致勤耳，惟今翰林有五墨匠陈宗渊者，亦日习书然不敢侪诸人之列，但跪阶下临搨，颇逼真。'……自今当令此人与二十八人者同习书。淮曰：'然尚在匠籍，又须如例，与饮食，给笔札。'俱从之，且令有司落其籍，宗渊遂得入士流云"。[116]

明代的工匠，像陈宗渊脱籍入仕的还有蒯祥、陆祥、张广宁、徐杲、赵奎等人。如永乐时，"蒯祥以木工，陆祥以石工，俱累擢太仆寺少卿，至侍郎，仍督工匠，时称为匠官"[117]。天顺时，"八年七月敕修隆善寺工竣，授工匠三十人官尚宝少卿"[118]。弘治时，"匠官张广宁等一传至百二十余人，少卿李纶、指挥张玘等再传至百八十余人"[119]。正德时，"画史、工匠滥授官职者多至数百人"[120]。嘉靖时，"工匠赵奎等五十四人以中官请，悉授职"[121]。"世宗时徐杲，亦以木工累擢至工部侍郎尚书，时称为匠官"[122]。

这些入仕的工匠，有些在当时就遭到一般官僚的歧视与非议。如弘治时，"御用监匠人李纶等以内降得官"，吏部尚书耿裕、给事中吕献等都上疏论争，认为不合。[123]嘉靖时，胡世宁奏《乞停工匠等升赏疏》，反对工匠赵奎等升官。其理由是："自古国家建官分职，下至百工技艺之人，皆有月给俸粮，使之各食其食，而事其事……至于升官，止惟武职论工，盖因用其死命，其余则皆遇缺抡材铨补，非以酬劳也。今赵奎等岁入官廪，成此工作，乃其职分，岂应更加升赏？"[124]

在官僚士大夫的反对下，嘉靖九年（1530年），世宗奏准："宣德年后……以技艺勤劳、传乞升职世袭者，俱查革"[125]。嘉靖十年（1531年）规定："匠官升级，悉照见行例支与半俸，奏扰者治罪"。二十三年（1544年）又补充规定："匠官加俸，后又升级者，止照今升品级支半俸。其节次所加之俸，不许重支。"[126]可见，明代工匠虽经特许脱籍入仕，但他们仍不能享有与一般官僚的同等待遇，工匠社会地位之低下，于此可见一斑。

三、官营手工业的发展趋势

明朝中后期，官营手工业已有走向衰落的趋势，手工工匠们不断以各种方式反抗官役，如"失班"、怠工和逃亡等，致使官营作坊的工匠日益减少。从宣德年间开始，工匠逃亡成为日益普遍的现象。据统计，宣德元年（1426年）逃亡工匠有5000人，正统三年（1438年）各处逃匠4255人，正统十年（1445年）逃匠万人，景泰元年（1450年）逃匠3.48万余名，天顺四年（1460年）逃匠3.84万余名，成化元年（1465年）逃匠1.8592万人。[127]在北京的一部分住坐匠，如成化二十一年（1485年），军器局军匠金福郎奏："正统年间，本局官军民匠共有五千七百八十七员名……近年以来，人匠逃亡、事故，止余二千余名。"[128]到嘉靖二年（1523年），仅剩下191人。[129]又比如北京的工部织染所，永乐年间额设匠役七百五十八人，由于工匠不断逃亡，成化八年（1472年），"仅存其半"[130]。嘉靖十年（1531年），只剩下195人，只等于永乐年间工匠的25.7%。[131]

明代北京工匠除逃亡外，还采取消极怠工的方式反抗。如遵化铁冶厂由于工匠逃亡、怠工，效率低下，产量随之下降。其中的"大鉴炉"由正德四年（1509年）的10座下降到嘉靖八年（1529年）的3座，生熟铁产量减少31.4万斤，减产近50%。"矿利甚微"迫使明政府于万历九年（1581年）大量裁减铁冶夫匠，改征民夫匠价。同年终于将遵化"山场封闭，裁革郎中及杂造局官吏，额设民夫匠价、地租银征收解部，买铁支用"[132]。历时最长、范围最大的明代官营铁冶厂寿终正寝，标志着官府冶铁业走向瓦解。遵化铁冶的倒闭，也是明代北京官手工业走向衰落的一个缩影。

明末，官吏贪污、工匠怠工使得北京官手工业经营十分腐败，产品日趋低劣。万历九年（1581年），"上谕兵工二部近年两厂所造盔甲俱粗糙不堪，徒费钱粮，无益实用"[133]。成本非常昂贵，"朝廷御用之物，其工直视民间常千百倍，而其坚固适用，反不及民间。计侵渔冒破之外，得实用者千分中之一分耳"[134]。

明代中期以后，随着生产力的提高，商品经济和货币关系迅速发展，资本主义萌芽已经稀疏的出现，这一切都向官手工业提出了严重的挑战。在商品经济繁荣的直接冲击下，明末北京的官手工业无可奈何地走上了衰落的道路。

伴随着官营手工业的衰落，其体系内部也发生了很大的变化：

1. 工匠以银代役制度的实行

明代后期，商品货币关系的发展，为工匠摆脱工役制劳役创造了前提，匠役的大量流亡也迫使明政府改变强迫的劳役制度。明代匠役的改革，工匠以银代役，大致开始于成化末。成化二十一年（1485年），工部奏准："轮班工匠，有愿出银价者，每名每月，南匠出银九钱免赴京，所司类齐勘合，赴部批工。北匠出银六钱，到部随即批放。不愿者，仍旧当班。"[135]由于当时的社会经济情况，使班匠征银只能是非强制性的双轨制。这种双轨制一直延滞到嘉靖初年，工部还令："南直隶等处远者纳价，北直隶等处近者赴班，各从民便。"[136]

至嘉靖四十一年（1562年），明政府正式废止双轨制，一律以银代役。是年工部题准："行各司府，自本年春季为始，将该年班匠通行征价类解，不允私自赴部投当……以旧规四年一班，每班征银一两八钱，分为四年，每名每年征银四钱五分。"[137]此时属于北京工部的班匠有14.2486万名，每年缴纳价银6.4117万两8钱。班匠以银代役，使得工匠对封建政府依附关系趋于缓和，匠籍开始失去原来的效用，使得占全国工匠80%的手工业者获得了相当大的工作自由，从而大大提高了生产的主动性和积极性，这对于明后期民间手工业的发展有很大的促进作用。

必须看到，终明之世，北京官府手工业及其匠籍制度始终未废，以银代役，只是局部改变或形式上的变化而已。据《明史·食货志》

记载："武宗时，乾清宫役尤大。以太素殿初制朴俭，改作雕峻，用银至二千万余两，役工匠三千余人，岁支工食米万三千余石。又修凝翠、昭和、崇智、光霁诸殿，御马临、钟鼓司、南城豹房新房、火药库皆鼎新之。权幸阉宦庄园祠墓香火寺观，工部复窃官银以媚焉……世宗营建最繁，十五年以前，名为汰省，而经费已六七百万。其后增十数倍，斋宫、秘殿并时而兴。工场二三十处，役匠数万人，军称之，岁费二三百万。其时宗庙、万寿宫灾，帝不之省，营缮益急。经费不敷，乃令臣民献助；献助不已，复行开纳。劳民耗财，视武宗过之。万历以后，营建织造，溢经制数倍，加以征调、开采，民不得少休。迨阉人乱政，建第营坟，僭越亡等，功德私祠遍天下。盖二百余年，民力殚残久矣。"[138] 可见，有明一代，以"役匠"、"征调"的形式从事营建、织造等劳役始终存在。

2. 原料的采购逐渐面向市场

我们知道，正规的官手工业基本上是一个封闭的体系，它的原料主要通过土贡、坐办征课等手段取得，制成品也直接供给皇帝和官府享用。其生产与消费皆与市场联系较少。

明代中期以后，官府手工业的另一重大变化是原料的采集逐渐面向市场。嘉靖以后，北京的商业市场十分繁荣，"天下财货聚于京师，而半产于东南"，"四方之货，不产于燕，而毕聚于燕"，"百货充溢，宝藏丰盈"。[139] 从而促进了官手工业的原料采集逐渐地走向市场。

北京官手工业所需的物料，在明代初年，一般以征收实物为主。嘉靖初年，明政府开始把各省物料改征银两输京。对于物料改折的必要性，御史苏琰在《理财三要疏》中有详细的论述。他说："若以外解之费，折色买于京商，可以得其二倍之用。何者？其搬运水陆不至归于乌有，所谓不在官、不在民者，悉为我用也。又有过时则朽烂而不堪用，及物粗价贱，必数千里外运解以入，是以百钱之费，致一钱之用，殆有甚于以三十钟而致一石者矣。职窃谓自颜料以下，逐色估算，俱令外解折色，而令户工二部领其买进之事。每月朔望，如光禄寺坐门之例。又将前件货物定四季通融之值，使商人不得鹜于贵而惰于贱，即商亦不称厉也。如是则内廷之所用，原自不乏，而无名之费，转为有用矣。"[140] 由此足见，若将外解物料，折色买于京商，则可以大获其利，避免不必要的开支与浪费。因此，嘉靖以后，物料改征货币，逐渐取得了主导的地位。

嘉靖十年（1531 年），工部题准："今后各处起解京库物料，果系本地无产者，许于批文内，明开某物若干，折征价银若干，到京召商上纳"[141]。十一年（1532年），讲官侍读学士吴惠疏请"各省岁办物料，宜敕有司准以折色解京，从宜置办"[142]。十二年（1553年），户部复奏"各处岁解物料，除土产听纳本色，其余折银解京，以便召买"[143]。从此以后，土贡除个别外，全部实现了改折。

到万历初年，"一条鞭法"普遍推行，土贡物摊入了一条鞭，物料改折至此全部完成。改折之后，封建官府掌握的只是货币，要维持官府手工业生产，就必须将货币投放市场购买物料，这就是所谓的"召买"，即召商买办之意。

明朝后期北京官府手工业所需的原材料，绝大多数是通过召买而来。例如，六科廊所需物料，根据"时异势殊，会有物料，往往变而为召买"[144]。水胶原由皮作局自行煎烧，但到正德六年（1511年），便令顺天府、山东、河南等处应解马皮，"听令卖银解部……召商收买水胶备用"[145]。

又如，万历年间，御用监所用的物料，几乎全部是召买而来的。《工部厂库须知》记载："查万历二十六年，该监（御用监）为乾清宫鼎建落成，题造陈设龙床、顶架、珍馐、亭山子、龛殿、宝厨、壁柜、书阁、宝椅、插屏、香几、屏风、画轴、围屏、镀金狮子、宝鸡、仙鹤、香筒、香盘、香炉、黄铜皱子等件合用物料，俱系召买，照原估止办三分之二，共银十万一千三百六十七两。"[146]遵化铁厂倒闭之后，征收的"民夫匠价"和地租银，一律解部，投入市场"买铁支用"[147]。

然而，这些召买活动是在封建特权下强制推行的，因而也不可避免地带来抑勒、欺压与"揽商"之弊。这也表明，官手工业再也不是一个完整的自给自足的体系，其原料采集开始部分地向市场开放，乃商品经济发展的结果，反映了官手工业的日渐沦落。

第二节　北京的民间手工业

一、民间手工业状况

1. 个体工匠和私营手工业作坊

以银代役的制度施行以后，工匠劳役制已开始动摇，政府对手工业者的控制也日益松弛，因而在北京城内，呈现出"若闾里之间，百工杂作奔走衣食者尤众"[148]的景况。

在北京城内为一般市民生活需要服务的，是一些私营的个体工匠。这些工匠技艺高超，产品优良，他们以自己独特的生产经营方式和一般市民对它们的依赖，存在并活跃于城市的经济生活中。很多手工业作坊与店铺相连，往往是前为铺面，后为作坊，一边制作，一边销售。为了生存与发展，私营手工业作坊更侧重于管理与技术的发展，同时，也出现了很多高质量的产品。其中有一些手工业作坊，因经营有方以至名噪京城，如："勾栏胡同何闸门家布，前门桥陈内官家首饰，双塔寺李家冠帽，东江米巷党家鞋，大栅栏宋家靴，双塔寺赵家薏酒，顺城门大街刘家冷淘面，本司院刘鹤家香，帝王庙街刁家丸药，皆著名一时，起家巨万。至抄手胡同辛家，专煮猪头，内而宫禁，外而勋戚，皆知其名，蓟镇将帅置走马传致。"[149]这些作坊生产的产品，多为一般市民的日常生活用品。这种为市民消费需要服务的小商品生产，既满足了一般市民经常性的消费需要，同时弥补了官营手工作坊之不足，满足了统治阶级的部分消费要求，在一定程度上促进了城市中商品生产和交换的发展。

嘉靖以来，由于北京城内手工业的不断发展，逐渐有以产品和生产者姓氏命名的胡同的出现。如以生产、经营篦子（梳子）的沈氏命名的沈篦子胡同，以生产、经营刀具著名的唐氏和杨氏命名的唐刀儿胡同、杨刀儿胡同，以生产、经营丝绵生意的马氏，命名的马丝绵胡同，以洗染业而著名的唐氏和石氏命名的唐洗白街，石染家胡同，等等。[150]

明代中期，在北京城郊出现了私营作坊，如磨坊、酒坊、机房、染坊等。也出现了一些私营的矿场，如铜作坊和铁作坊等。据记载，北京铜铁业分为西行与东行，还有匠头对外包揽铜铁作业，实行强占。[151]

2. 工商会馆的出现

明代中后期，工商会馆开始在北京的出现，是北京民间手工业发展的新因素。

会馆产生于明初，大体可上溯至永乐年间。据现在已知的材料，芜湖会馆当为北京最早的会馆。"京师芜湖会馆，在前门外长巷上三条胡同。明永乐间，邑人俞谟捐资购屋数椽并基地一块创建"[152]。隆庆之后，会馆逐渐增多。"京师五方所聚，其乡各有会馆，为初至居停，相沿甚便"[153]。

会馆其初只是一种地域性的同乡组织，后来才发展成为工商业者联谊、聚会的重要场所，具有保护同乡同行或同乡数行的利益的作用。据统计，可以确认明朝北京的会馆至少有 41 所[154]，分别是：芜湖会馆、福州会馆、歙县会馆、新城会馆、余姚会馆、稽山会馆、南昌会馆、余干会馆、新建会馆、怀忠会馆、延邵会馆、乐平会馆、邵武会馆、汀州会馆、常德会馆、潞安会馆、平遥会馆、金华会馆、全楚会馆、麻城会馆、泾县会馆、三原会馆、上高会馆、新昌会馆、延平会馆、嘉兴会馆、福清会馆、同安会馆、莆田会馆、袁州会馆、吉安会馆、鄱阳会馆、德化会馆、高安一馆、高安二馆、临汾东馆、临汾西馆、山右会馆、鄞县会馆、关中会馆、四川会馆。

这些会馆中属于工商会馆，有歙县会馆、平遥会馆、临汾东馆、临汾西馆、鄞县会馆、山右会馆等。例如，建于嘉靖三十九年（1560年）的安徽歙县会馆，为徽州商人出资兴建。[155] 建于万历年间的潞安会馆，为山西潞安锡、铜、铁、炭等工商业者出资兴建。[156] 建于万历年间的山西平遥会馆，由山西颜料、桐油商人所建，清乾隆六年（1741 年）碑文记载："我行先辈，立业都门，崇祀葛、梅二仙，香火攸长，自明代以至国朝，百有余年。"[157] 还有山西临汾纸张、干果、颜料、杂货、烟叶等五行商人建立的临汾东馆。[158] 山西临汾仕商建立的临汾西馆。[159] 浙江的鄞县会馆是浙东药材商人出资兴建，民国时改为四明会馆。[160] 此外，由临汾、襄陵商人出资兴建的山右会馆。[161]

这些会馆大多为工商业者所建，既有一馆数行之情形，也有一行数馆之情况。这类会馆，是工商业者自愿组织的，并没有严格的"行规"，也不干涉工商业者的业务活动，联系比较松散。它除作为本地在京的仕宦、士绅等居停之处外，亦是工商业者的聚会之所。明代北京工商会馆虽然有别于行会组织，但也在一定程度上反映了当时民间手工业的行业经营状况。

二、民间手工业的管理

明朝政府将京城内外居民按里巷编为牌甲，按其所从事的行业分别注籍。在京城开设店肆从事工商业活动者，叫作铺户。当时北京城内的手工业者一般采用"前店后坊"形式开设店铺，出售其产品。为了加强对民间手工业的控制，政府将这些铺户编审入行，称作铺行。据《宛署杂记》载："铺行之起，不知其所以始，盖铺居之民，各行不同，因此名之。国初悉城内外居民，因其里巷多少，编为排甲，而以其所业所货注之籍。"[162]

由于京师的铺户多为外地来京人员，而且商贾来去无常，资本消长不一，因此要不断清查编审，原来的规定是十年清审一次。所谓"铺行清审，十年一次，自成祖皇帝以来，则已然矣"[163]。万历七年（1579 年）改为五年一次。

根据万历十年（1582年）调查，京师宛平、大兴二县共有铺行132行。经过审编，将网边行、针篦杂粮行、碾子行、炒锅行、蒸作行、土碱行、豆粉行、杂菜行、豆腐行、抄报行、卖笔行、荆筐行、柴草行、烧煤行、等秤行、泥罐行、裁缝行、刊字行、图书行、打碑行、鼓吹行、捱刷行、骨簪箩圈行、毛绳行、淘洗行、箍桶行、泥塑行、媒人行、竹筛行、土工行，共32行裁撤，仅存留100行。[164]

明初编行，"遇各衙门有大典礼，则按籍给值役使，而互易之，其名曰行户。或一排之中，一行之物，总以一人答应，岁终践更，其名曰当行"[165]。"但惟排甲卖物，当行而已，未有征银之例"[166]。这种当行买办，是铺户轮流应承官府和皇家之役，将自己生产或出售的商品卖给官府，当行的时间，长者一年，短者一月。

据明顾起元《客座赘语》记载："铺行之役，无论军民，但买物则当行。大者如科举之供应与接王选妃之大礼，而各衙门所须之物，如光禄寺之供办，国学之祭祀，户部之草料，无不供役焉。"[167]明代后期，手工业铺行户，既需要"当行"应役，又要交纳行银，负担十分沉重。政府虽有征银免力之法，然"行之既久，上下间隔。官府不时之需，取办仓卒，而求之不至，且行银不敷，多至误事，当事者或以贾祸，不得复稍稍逶之行户，渐至不论事大小，供概及之"[168]。实际上，铺户身受征银和当行的双重负担。

铺行是明朝政府为了便于对京城中的工商业者进行科索而组织的，所以铺行不可能联合本行业的工商业者开拓市场，也不可能制订一整套严格的制度化的规范作为"行规"，更不可能使工商业者摆脱官府的控制，成为独立自主的经营者。

在沉重的剥削和压迫下，北京手工业者曾发生过大规模的反抗斗争。明末，私营手工业主和手工业工人就掀起了反对矿监税监的斗争，威震京师。

万历二十八年（1600年）六月，为反抗宦官王虎在香河县征收鱼苇税课，"香河知县焦元卿卒领生员土民喧嚷，执枪棍，抛瓦石者千余"[169]。当时，宦官王朝也在西山一带强征矿税，并且经常"私带京营选锋劫掠，立威激变窑民"。万历三十一年（1603年）正月，由窑户、窑工和运脚夫自发组成队伍向北京进发，这些"鳌面短衣之人"在京城内"填街塞路"，向明朝政府示威要求撤换王朝，减免矿税。这次示威是北京历史上第一次大规模的矿工反对矿监税使的斗争，引起了明朝统治者极端震恐。一部分官僚纷纷上书请求撤换王朝，有的说："今者萧墙之祸四起，有产煤之地，有做煤之人，有运煤之夫，有烧煤之家，关系性命，倾动畿甸。"有的说："一旦揭竿而起，辇毂之下皆成胡越。"[170] 在矿工们反抗斗争的巨大压力下，明朝政府不得不将王朝撤换。这次矿工斗争取得的胜利，充分显示了北京手工业者的巨大力量。

第三节　主要的手工业部门

一、建材与建筑业

自永乐迁都，北京开始了大规模的营建工程，此后各项工程持续进行，并贯穿整个明朝。据《明史·食货志》记载："明初，工役之繁，自营建两京宗庙、宫殿、阙门、王邸，采木、陶甓，工匠造作，以万万计。所在筑城、浚陂，百役具举。迄於洪、宣，郊坛、仓庾犹未迄工。正统、天顺之际，三殿、两宫、南内、离宫，次第兴建。"[171]这为明代北京的建材与建筑业的发展提供了极好的机会。

1. 建材业

明代北京营建工程的建筑材料主要包括良材巨木、琉璃砖瓦、石料石灰、颜料桐油，金箔铅锡等。其中，木材、颜料以及一般砖瓦等营建物资，是从全国各地源源不断地输运到北京；而琉璃砖瓦的烧造与石料石灰的采办则集中于京畿地区。

明代北京宫殿所用琉璃瓦瓦片和瓦筒两种，均由在京琉璃厂烧造，琉璃砖由黑窑厂烧造，其他各种砖则主要在临清、苏州烧造。明代的琉璃厂"为烧殿瓦之用"[172] 的重要厂地。因为皇宫营建工程在整个明代是不断地进行着的，所以琉璃瓦直到明末也还在不断地生产着。据《两宫鼎建记》载："琉璃、黑窑工程重大，非军不可集事……查得旧例：锦衣卫拨军一千名。"[173] 锦衣卫是皇宫禁军，一般用于监督民工劳动，既然连锦衣卫的军士都动用了上千名，那么征用民工的数量也就可想而知了。该书又记："两窑用柴九千七百余万斤，约银一十四万六千余两……题准砍伐南海子树株抵用。"[174] 从使用人力或物力的规模来看，都可以说明当时琉璃厂工地之大。

明代北京营建所需石料，尤其是巨型大石，主要取之于三山（房山马鞍山、顺义牛栏山、怀柔石径山）和房山大石窝。据史载："白玉石产大石窝，青砂石产马鞍山、牛栏山、石径山，紫石产马鞍山，豆渣石产白虎涧。大石窝至京城一百四十里，马鞍山至京城五十里，牛栏山至京城一百五里，白虎涧至京城一百五里。折方估价，则营缮司主之。"[175]

大石窝位于房山县西南40里黄龙山下，"前产青白石，后产白玉石，小者数丈，大至数十丈，宫殿营建多采于此"[176]。明朝建都北京后，所修建的宫殿、寺庙、陵寝、牌坊、御路、桥梁，以及其他大型建筑所用的汉白玉、青白石等石料，大多是从房山大石窝采运的。谢肇淛《五杂俎》云："京师北三山大石窝，水中产白石如玉，专以供大内及陵寝阶砌阑楯之用。"[177]

马鞍山出产青砂石和紫石。位于马鞍山麓石厂村的采石场始建于明代，当时开采石料全部为朝廷所用。明嘉靖年间，朝廷在石厂村北开设采石场，规模宏大。据碑文记载："大明嘉靖拾叁年柒月拾柒日起建造皇史宬、太宗等庙，启祥等宫，玄极宝殿、奉先等殿，天寿山诸陵寿宫、行宫，清虚观、金海大桥、慈庆宫、慈宁宫、城垣工所，颖王坟、泾王坟。"紫石出产于潭柘寺附近。据史料记载，明代正统年间，宫庭就曾专门组织过对潭柘寺紫石的开采，至今山上仍遗有碑刻记其事，上刻"内官监紫石塘界，钦差、提督马鞍山兼管理工程太监何立"字样。[178]

此外，明代在怀柔石塘山也设有采石场，"石塘山，在灰山之右，其石自成祖以至世宗不时取修陵寝，工部立厂，守以官军"[179]。

明代北京营建所需石灰，是在马鞍山、磁家务、周口、怀柔等处设置灰厂，俱由武功三卫军夫采烧搬运赴京。天顺年间，令差指挥、千百户等官分管提督，5年一换。后又罢用军夫，改用工役、囚人采造。万历《大明会典》记载："洪武二十六年（1383年）定：凡在京营造合用石灰，每岁于石灰山置窑烧炼……每窑一座，该正附石灰一万六千斤，合烧五尺围芦柴一百七十八束。计七十五工。永乐以后，马鞍山、瓷（磁）家务、周口、怀柔等处，各置灰厂。俱以武功三卫军夫采烧，搬运赴京，修理内外公廨等项应用。天顺间奏准，差指挥千百户等官分管提督，五年一换。后止拨工役、囚人，罢各卫军夫。其提督指挥如旧。"[180]据此可知，明永乐以后建北京城所需石灰乃京郊4处地方烧制。

2. 北京城的营建

（1）营建之背景

明初之京都为南京，成祖朱棣登基之后，营建北京宫殿，并决定将都城北迁，主要是出于当时军事、政治以及心理上的需要。

永乐元年（1403年）正月，朱棣祭天还宫后，礼部尚书李至刚等首先提出北平应建为京都。《明太宗实录》载："礼部尚书李至刚等言：

自昔帝王或起布衣平定天下，或系外藩入承大统，而于肇迹之地皆有升崇。切见北平布政司，实皇上承运兴之地，宜遵太祖高皇帝中都之制，立为京都。制曰：可。其以北平为北京。"[181] 此议正中朱棣心意，遂命改北平为北京。此时迁都意识是否萌发，尚难认定，但建立两京已确定无疑。本年九月，贵州镇远侯顾成向朱棣提出富有战略性的建议："云南、两广，远在边陲"，民间虽有变乱，"不足系心。东南海道，虽倭寇时复出没，然止一时剽掠，但令缘海滨卫严加提防，亦无足虑。惟北虏遗孽，其众强悍，其心狡黠，睢盱侦伺，侵扰边疆，经国远谋当为深虑"。[182] 朱棣对顾成的建议十分重视，特给予了嘉奖。应当说，顾成的建议与后来的营建北京宫殿、迁都，有着密切的联系。对李至刚和顾成两人建议的态度，朱棣周围的大臣亦心领神会，《明太宗实录》中就有永乐四年"文武群臣淇国公丘福等，请建北京宫殿"的记载。

朱棣是以藩王身份夺得大统的，一切又都以"遵太祖遗制"为名。其得位后对建文帝的直接追随者，进行过残酷的镇压，其中仅方孝孺一家就被杀一百五十余口。按照封建伦理，难免有失忠、恕、仁、义之嫌。作为一个驰骋疆场的皇帝，朱棣为争权夺势而残酷杀戮原不足为奇，但他毕竟不能毫无感触。因此离开南京，将京师建立在自己熟悉的北京，心理上亦会得到某种平衡。永乐七年（1409 年），朱棣来到北京，曾向北京耆老发出诏谕曰："朕受天命嗣大统，即位以来，夙夜拳拳，志图治理。今建北京，思与百姓同享太平，惟能务善去恶，可以永保身家。"[183]

此外，随燕王朱棣起兵的旧臣宿将，多为燕邸、北平都司及燕山三卫所属之将校，因为"靖难"之功，各有荣升，这些人跟随朱棣时间已长，根基都在北方，对他们来说自然赞同都城北迁。所以明都的北迁，军事原因固然占主要方面，同时也符合朱棣及其旧部个人的愿望。

（2）营建过程

从朱棣于永乐四年（1406 年）诏建并开始营建北京皇宫后，直至明末，营建工程可以说一直在陆续不断地进行。除去一般维修外，以工程量计，大体上可以分为四个时期。[184] 此为著名故宫学专家单士元的观点，若加上明初徐达筑城，北京城的营建则可分为五个时期。

其一是洪武草创时期。

元大都旧城周围 60 里，共 11 门。明洪武元年（1368 年），大将军徐达攻占元大都城，以其城围太广，不便防守，遂将比较空旷的北部放弃，废掉东西两墙北面的光熙、肃清二门，而在原北城墙以南 5 里，另筑一道新的城墙，仍然只开 2 个北门，改原安贞门为安定门，健德门为德胜门，同时又改东墙的崇仁门与西墙的和义门为东直门与西直门，其余 7 门则仍其旧。

根据考古发掘，徐达所筑城垣，在垣体内部的结构上有以下具体特征：城墙的"顶部有一弧线，弧线以下部分稍加夯筑，土质较软，夯层厚薄不匀，夯窝大小不等"。砖瓦层（建筑术语中俗称"嘎嘎儿层"）和黄土层，层次不规则，"其中夹杂着元代各类瓦件，有的地段甚至还包含着未经拆除清理的房址、帐柱、棋子"。桦皮厂福寿兴元观遗址的石碑、观前的旗杆等都被压在了城下。同时在部分垣墙段下还发现埋藏的木料，少量为原木，大部分是建筑材料，如：檩、椽、额枋、柱子等，有的还带彩绘。[185] 这说明城垣是为了防御北逃元军反攻的需要而突击修筑的。

其二是永乐开创时期。

这一时期，结合营建都城，将元故大都的南城墙南拓，并完成了北京城墙的修建，确定了整个皇宫的规模和座落。皇城的范围就是这一时期规划并完成其布局的。

关于明成祖始建北京的年代，学术界主要存在着永乐四年和永乐十五年两种观点。[186] 笔者赞同永乐四年说，因为营建工程不仅包括实际兴工营建的内容，还包括筹备建筑材料的阶段。万历《大明会典》记载："凡内府造作，洪武二十六年定，凡宫殿门舍墙垣，如奉旨成造及修理者，必先委官督匠度量材料，然后兴工。"[187] 可见，筹备建材与兴工营建为一个整体，同属于内府造作。

永乐四年（1406 年）闰七月壬戌，"文武群臣淇国公丘福等，请建北京宫殿……遂遣工部尚书宋礼诣四川，吏部右侍郎师逵诣湖广，户部左侍郎古朴诣江西，右副都御史刘观诣浙江，右金都御史仲成诣山西，督军民采木。人月给米五斗，钞三锭。命泰宁侯陈珪、北京刑部侍郎张思恭督军民匠砖瓦造，人月给米五斗"。[188] 这则诏谕，标志着北京营建工程的正式开始。

在上述诏谕中，除命令大臣督军民采木烧砖外，还下令："工部征天下诸色匠作，在京诸卫及河南、山东、陕西、山西都司，中都留守司，直隶各卫选军士，河南、山东、陕西、山西等布政司，直隶凤阳、淮安、扬州、庐州、安庆、徐州、和州选民丁，期明年五月，俱赴北京听役。"[189] 这说明，北京的营建工程计划从永乐五年（1407 年）五月就开始了。

此后，永乐七年（1409年），"修北京安定门城池"[190]。十二年，"开北京下马闸海子"[191]。下马闸海子即今三海中的南海，南海是明代的重要苑囿，西苑的一部分。开挖南海是与皇城南展，形成宫城前宽阔的建筑格局相联系的，是整个宫阙建筑规划中的重要组成部分。

永乐十三年（1415年），"修北京城垣"[192]。十五年（1417年）四月，"西宫成。其制：中为奉天殿，殿之侧为左右二殿，奉天之南为奉天门，左右为东西角门。奉天之南为午门，午门之南为承天门。奉天殿之北有后殿、凉殿、暖殿及仁寿、景福、仁和、万春、永寿、长春等宫，凡为屋千六百三十余楹"[193]。

永乐十七年（1419年）十一月，"拓北京南城，计二千七百余丈"[194]。《光绪顺天府志·京师志·城池》按语曰："是明初南城，自东至西，长一千八百九十丈也。至永乐时，拓而南及二里……统而计之，适得二千七百余丈。"[195]明北京城墙的规制，又《光绪顺天府志》记载："创包砖甓，周围四十里。其东、南、西三面各高三丈有余，上阔二丈；北面高四丈有奇，阔五丈。濠池各深阔不等，深至一丈有奇，阔至十八丈有奇。城门为九。"[196]

永乐十八年（1420年）十二月，"初，营建北京，凡庙社、郊祀、坛场、宫殿、门阙，规制悉如南京，而高敞壮丽过之。复于皇城东南建皇太孙宫，东安门外东南建十王邸。通为屋八千三百五十楹，自永乐十五年六月兴工，至是成"[197]。自永乐十五年（1417年）开始大举兴工，到十八年（1420年）基本竣工。此役不仅完成了紫禁城及皇城的宫殿、门阙、城池，而且完成了太庙、社稷坛以及鼓楼、钟楼等一系列建筑。这次营建的宫殿门阙，规制一如南京。紫禁城又称大内，周围6里，在元朝大内的旧址上稍向南移。有4门，南为午门，东为东华门，西为西华门，北为玄武门。皇城周围十八里有余，主要有6门，南面第一门为大明门，第二门为承天门，第三门为端门，东面为东安门，西面为西安门，北面为北安门。

其三是正统完成时期。

永乐之后，到底是定都北京还是定都南京，明王朝一直摇摆不定，所以，洪熙、宣德二朝对北京城的重大修缮工程并不多，直至正统时期，明王朝才最终下定决心定都北京，故北京城的修缮工程倍增。据《明英宗实录》记载，正统四年（1439年）四月，"修造京师门楼、城濠、桥闸完。正阳门正楼一，月城中、左、右楼各一。崇文、宣武、朝阳、阜城、东直、西直、安定、德胜八门各正楼一，月城楼一。各门外立牌楼，城四隅立角楼。又深其濠，两岸悉甓以砖石。九门旧有木桥，今悉撤之，易以石。两桥之间各有水闸，濠水自城西北隅环城而东，历九桥九闸，从城东南隅流出大通桥而去"。[198]

各城门的瓮城、天、地、日、月等坛在正统时期最后完成，皇宫也进行了大规模的兴建。三殿的重建，两宫的修缮，是这一时期的主要工程。《明英宗实录》记载，正统五年（1440年）三月戊甲，"建奉天、华盖、谨身三殿，乾清、坤宁二宫，是日兴工"[199]。

天顺是正统的复辟，都是朱祁镇作皇帝。他在位期间，把营建重点放在御苑方面。前期修建了玉熙宫、大光明殿，后期则重建了南内（包括今南河沿、南池子一带）。[200]

其四是嘉靖扩建时期。

到了明朝中叶，由于蒙古族的骑兵多次南下，甚至迫近北京城郊，遂屡有加筑外郭城的建议。明成化十年（1474年），定西侯蒋琬以土木之变为教训，正式奏请修建外城。他认为："太祖肇建南京，京城外复筑土城以卫居民，诚万世之业。今北京但有内城，己巳之变，敌骑长驱直薄城下，可以为鉴。"[201]嘉靖二十一年（1542年），掌都察院毛伯温等又议筑外城。三十二年（1553）年，给事中朱伯辰继续请建外城。[202]

嘉靖三十二年（1553年），兵部尚书聂豹等提出了修建外城的具体方案。即于北京城四周修筑一道城垣，总长70余里。具体走向是："自正阳门外东道口起，经天坛南墙外及李兴、王金箔等园地至荫水庵墙东止，约计九里。转北经神水厂、獐鹿房、小窑口等处斜接土城旧广禧门基趾，约计一十八里。自广禧门起，转北而西至土城小西门旧基，约计一十九里。自小西门起，经三虎桥村东马家庙等处接土城旧基，包过彰义门至西南，直对新堡北墙止，约计一十五里。自西南旧土城转东，由新堡及墨窑厂经神祇坛南墙外，至正阳门外西马道口止，约计九里。大约南一面计一十八里，东一面计一十七里，北一面势如椅屏计一十八里，西一面计一十七里，周围共计七十余里。"[203]除此之外，该计划还对城墙的高度、宽度、城门数、城上设施等提出了具体设计方案，并对工程用料进行了估算。

由于工程耗资太大，财政难继，不得不对原方案进行重大修改，决定只"筑正南一面城基，东折转北，接城东南角。西折转北，接城西南角"[204]。经过半年多施工，十月竣工。南面一面外城建成，城垣总计28里。这样改造的结果，使北京城由"口"字形形制改变成"凸"字形形制。这种形制一直延至清末而未再改变。

北京外城共设7门，命南垣正中为永定门，东侧为左安门，西侧为右安门，东垣为广渠门，西垣为广宁门。但当时只命名了这 5 座城门，东便门、西便门并未提及。直至 10 年后才始出现东便、西便二门之名，由此推测此二门很有可能是后来新增辟的，故称为便门。

这一时期的重点工程仍然是三大殿。这一朝的火灾最多，最大的一次是嘉靖三十六年（1557 年）的三殿火灾，一直延烧到午门和左、右廊。整个前朝化为瓦砾灰烬。从此陆续重建，到嘉靖四十一年（1562 年）才重新建成。第二次大火灾是在西宫万寿宫，即永乐时期最早建成的西宫。西宫重建之后，更加豪华壮丽，成了一座自成一体的宫殿建筑群。

其五是明末衰落时期。

万历二十五年（1597 年），三殿又发生了一次火灾。万历四十三年（1615 年）才开始兴建，直到天启七年（1627 年）才完成。万历、天启重建的三大殿，体量较永乐初建时似有偏低，与三台高度有不协调之感。从此更是每况愈下，只能进行小规模的维修了。像主要建筑琼华岛上的广寒殿，在万历七年（1579 年）倒坍之后，再也无力重建了。又如西宫的大光明殿和南内的延禧宫烧毁后也再没有重建，甚至南内飞虹桥石栏已坏，虽经补刻，也终不及原来的精巧了。[205]

（3）营建特征与筑城技术

明北京城的营建，是在元大都的基础上进行的，同时也作了重大修改。在筑城工程技术上，城防设施达到了与当时攻城兵器相适应的新水平。

明北京城在很大程度上沿用了元大都的规划布局，《考工记》关于"左祖右社、前朝后市"的规范得到了严格的遵守。如紫禁城的宫殿采用"外朝内廷"、"东西六宫"、"三朝五门"、"左文华（殿）右武英（殿）"、"左祖右社"、后万岁山等布局。

有研究认为，明北京城与元大都的主要差异在于，新的宫城的中轴线向东移 150 米，宫城以北堆起了一座万岁山，南面的城墙向南拓展。这些变动的核心是更加突出皇宫的中轴线，体现它是全国的政治中心。两者间有着根本性的差别：她从一个尊重自然的都市转变为一个严格依循礼制的城市，以后明清各代皇帝也一直沿着这条路子发展。

明代建筑（特别是宫庭建筑）有一些共有的特征：稳重、守则、简朴、结构与装饰的一体化、加工精良等。它与宋代建筑的自然理性以及元代建筑的大胆多样，在气质上有明显的区别。明代宫庭建筑虽然受保守主义的影响，但在建筑技术和艺术上仍有不少进步，特别表现于紫禁城宫殿之外的一些建筑中，其中主要的有祭社稷的享殿、祭祖宗的太庙以及祭天地的太祀殿等。[206]

需要指出的是，考古发掘已经表明，元大都的中轴线，即为明清北京的中轴线，因此，上述明北京城宫城的中轴线向东移150米不符合历史事实。明代北京的中轴线穿过宫城的中心，南达永定门，北抵钟楼，长约13里。全城最宏大的建筑和场地大都安排在这条中轴线上，而其他各种建筑物也都按照这条中轴线来作有机的布置和配合。

至于景山之设，则是明代的首创。景山的堆筑对于全城的空间序列有重大作用，是明代宫殿建筑的一个成功创造。[207]

明朝初期，逐步把北京内城的土城墙全部用砖包砌[208]，因而使城墙断面上下宽度的比例大为缩小。城门洞也完全改为砖砌筒券，又城门外面护城河上的木桥，在正统初年修建城楼时也都改建为石桥。两石桥间各有水闸，护城河水自城西北隅分水环城，历九桥九闸，从城东南隅入通惠河。此后，城墙门等曾屡经修葺，并多次加砖包砌。明中叶加筑外罗城，开始即用砖砌，环绕外城，并开挖护城河。[209]

特别是，明北京城在修建过程中非常重视城防设施。内城是当时设防的重点，城墙修筑牢固。墙高11.5米，墙角厚19.5米，顶面宽16米。这样大的高厚比，是前所未有的。城墙里外都包了砖，厚为1.0—1.8（米），下部改为包砌2米厚的条石。这样的构造，强度大，不用反复维修。

城墙防御体系的构成有城门、城楼、箭楼、闸楼、角楼、敌台和护城河。城门既是出入城市的交通咽喉，又是受敌袭击时的薄弱环节。这几种功能，如何统一于一座城门的建筑工程中，并给予恰当的处理，值得研究。北京城采取了构筑瓮城、箭楼、闸楼的办法，使城门成为独立进行战斗的坚固支撑点。9座城门都构筑了瓮城，一般瓮城只偏开一门，使攻城者不能直冲入城，只能曲折前进。同时又考虑到各城门之间互相支援比较方便，就把相邻两门的瓮城城门遥相对开。

瓮城上设有箭楼，箭楼每面墙壁上下有4排射孔，可以对敌人进行大面积的射击，使城门处在强有力的火力控制之下。一般箭楼下无城门洞，只有正阳门箭楼例外，因此在正阳门箭楼的门洞中，除去城门之外，还在门前3米处增设一道铁闸门，平时可以上部用绞车升起，战时靠重力放下，铁闸门用0.5厘米厚铁板包木，总厚10厘米。在一般瓮城的城门洞上都设有闸楼，敌人迫近时，从闸楼上可以一面放闸关门，一面从射孔射击。

角楼是修筑在城墙四隅上的防御据点，沿城墙外沿转角所建，呈平面曲尺状，四面砖甃，两条大脊于转角处十字相交，灰筒瓦绿琉璃剪边。角楼三面均设有箭孔，重檐之上为一排箭孔，其下为三排。由于角楼突出城墙之外，就能够侧射迫近城墙下部的敌人。楼体内部根据结构做成抱厦，结构独特，角楼的建设使整座城池既在军事防御上达到完善，又使北京城在布局构图上臻于完美。

内城城墙上设有敌台172座，有大、小两种，每座小台夹一座大台，敌台与城墙同高，间距在武器的射程之内（100米—60米），便于在敌人攻城时互相支援。

城墙跨水道处做了水关，墙上开券洞，洞内设置铁栅栏，以防止敌人从水道潜入城内。有的水关设有可以启闭的铁栅栏门，以便在必要时出入。护城河是修筑城墙时取土后所留下的大沟，引水注入便形成一道天然屏障。护城河宽约30米，深约5米，距城墙约50米，在各城门外设有石桥，石桥外设置能开关的铁栅栏，有敌情时即行关闭。

总之，明北京城可以说是中国古代设备最周全、构筑最坚固的城防体系。[210]

（4）著名的建筑师

有明一代，北京城的营建，涌现出很多著名的匠师，如建筑师蒯祥、阮安，木工徐杲、瓦工杨青、石工陆祥等。他们在修建殿坛、陵寝等建筑中，展现了很高的技能。

蒯祥，字廷瑞，苏州香山人（今吴县胥口地方），生于明洪武三十年（1397年），卒于明成化十七年（1481年）。

蒯祥出生在一个木工世家，祖蒯思明，父蒯福都是当时的知名匠人，尤其是蒯福，洪武年间便曾参与营建南京宫城，供职于工部，任木工首，在工匠圈内有着很高的声誉。蒯祥受家世背景的熏陶，自幼便表现出了对木工技术的浓厚兴趣，他略读了几年书后就辍学承袭祖业，随父亲学习技艺，年未弱冠便赢得巧匠之名。

明朝永乐十五年（1417年），成祖皇帝朱棣在北京建造紫禁城，蒯祥随父应征来到北京，参加了许多重要的建设工程。蒯祥一生历经洪武、建文、永乐、洪熙、宣德、正统、景泰、天顺、成化共9朝8帝，始终深受重用，先后参与、主持修建了承天门、乾清坤宁两宫、奉天华盖谨身三殿、景陵、裕陵、西苑、隆恩寺以及王府5处、衙署6座，其他规模较小而未载于史册的作品，当亦不在少数，惜不可考。《明宪宗实录》记载："自正统以来，凡百营造，祥无不预。"[211]光绪《苏州府志·杂记三》引《皇明纪略》曰："凡殿阁楼榭，以至回廊曲宇，随手图之，无不中上意者。"康熙《吴县志·人物志·艺术》记载，蒯祥"能以两手握笔画双龙，合之如一。每宫中有所修缮，中使导以人，祥略用尺准度，若不经意。既造成，以置原所，不差毫厘”。[212] 故其有"蒯鲁班"之称。

蒯祥供奉工部的六十余年间，凭借自己的真才实学屡获升迁，从最基本的营缮匠升任为营缮所丞，此后积功由营缮所丞至营缮所正、营缮清吏司员外郎、太仆寺少卿。正统十二年（1447 年），提升为工部主事。景泰七年（1463 年），和石工一起被授予工部右侍郎，之后于成化二年（1466 年）转升左侍郎，位居正二品。成化十一年（1475 年），特赏食从一品禄。蒯祥卒后，明宪宗朱见深特派人致祭，追赠其祖、父为侍郎，荫其二子，一为锦衣千户，一为国子监生。蒯祥生前居处也改称为"蒯侍郎胡同"，为京师工匠聚居之地。

阮安，一名阿留，交趾人。永乐五年（1406）明军平越南黎季犛之乱时被俘，入南京，选为阉人。他有巧思，善谋画，尤长于土木营造之事。永乐时的营建，阮安是否参加，目前尚不清楚，正统时的营建，他是主持者之一。《明英宗实录》记，正统元年（1436 年）十月辛卯，"命太监阮安、都督同知沈清、少保工部尚书吴中，率军夫数万人，修建京师九门城楼"[213]。

正统五年（1440 年）三月，阮安受命重建北京宫殿中的奉天、华盖、谨身三殿和乾清、坤宁二宫。他在已有的基础上，精思擘画，再接再厉，至次年十月而完工。重建后的三大殿，比原来的建筑更为壮观。正统七年（1442 年），阮安又受命设计建筑宗人府、吏部、户部、兵部、工部、鸿胪寺、钦天监、太医院、翰林院等诸司公宇。阮安还主持了城墙的修缮。《明英宗实录》载，正统十年（1445 年）六月戊辰，"京师城垣，其外旧固以砖石，内惟土筑，遇雨辄颓毁，至是，命太监阮安、成国公朱勇、修武伯沈荣、尚书王卺、侍郎王佑督工修甓"[214]。此外，他还督修国子监，负责治理杨村驿河等。

阮安主持完成的城垣、门楼、桥闸等项目甚多，有的建筑实物，如城墙角楼——北京内城东南城墙角楼，至今仍在北京火车站东侧矗立无恙，已被公布为全国重点文物保护单位。

可以说，阮安是明朝永乐至正统年间几乎所有重大建筑的总设计师。明人叶盛《水东日记》云："（阮安）为人清苦介洁，善谋划，尤长于工作之事。其修营北京城池、九门、两宫、三殿、五府、六部诸司公宇，及治塞杨村驿诸河，皆大著劳绩。工曹诸属，一受成说而已。"[215] 可见他对营建北京做出的巨大贡献。

除蒯祥、阮安外，还有徐杲、杨青、陆祥、陈珪、吴中、朱信、蔡信、冯巧等人，都在营建北京的工程中展现了各自的建筑水平和组织能力。

徐杲，"本明世宗时匠役。巧思绝人，每有营建，辄独自拮据经营，操斤指示。而其相度时，第四顾筹算，俄顷即出而斩材，长短大小，不爽锱铢。三殿规制，自宣德间再建后，诸将作皆莫省其旧，独杲能以意料量比；落成，竟不失尺寸。以营造践官工部尚书"。[216]

杨青，江苏金山卫人，幼名阿孙。他善于计算各种建筑的尺寸，用材大小，并且精确无误，因而受到永乐皇帝的称赞，给他改名叫"杨青"。

陆祥，江苏无锡人，著名石匠，来到北京后专门雕刻各种石雕建筑材料。他能用一寸大小的方石，镂刻成水池，里面又镂刻鱼龙水藻等石刻作品，在池水的映衬下，鱼虾水藻如同活的一样。现在故宫太和殿前和保和殿后的雕刻台阶，长 16 米，宽 3 米，雕刻着海水云龙，形象逼真栩栩如生。它与天安门前交龙环绕、浮雕精美的华表，可能都是陆祥的杰作。[217]

陈珪，江苏泰州人。"永乐四年，董建北京宫殿，经画有条理，甚见奖重"[218]。

吴中，山东武城人。"中勤敏多计算。先后在工部二十余年，北京宫殿，长、献、景三陵，皆中所营造"[219]。

朱信，江苏华亭人。"精算术。永乐中，累官至户部郎中。时甓某处城，使信计之，当用砖若干，既而有余，诘之，谢曰：'此失灰缝耳！'如其言度之，不失尺寸"[220]。

蔡信，江苏武进人。从小学习木工手艺，十分精通建筑技艺。永乐年间营建北京城，他来到北京担任工部营缮司郎中，负责调度指挥几项重要的营建工程。宣德年间，他负责指挥 10 万民匠从事十三陵中景陵的营建，并且只用了 3 个月，外省工匠尚未到齐，就把陵墓修成了。可见，蔡信技术水平和组织能力的高超。蔡信不只是营建皇家宫殿楼阁、园林陵墓，而且在皇城外河等处修建了 3 座水磨，供百姓磨面用，节省了人们的劳力。[221]

冯巧，北京人，为明朝末年负责营建北京宫殿的著名工匠。"明万历、崇祯间京师工师，董造宫殿"。后来，他的徒弟梁九成了清朝康熙年间有名的建筑师。[222].

3. 宫殿建筑

明初攻占元大都，在缩减北城的同时，又平毁了元宫城。永乐四年（1406 年）开始兴筑北京宫殿，十八年（1420 年）基本竣工。当时首先完成的是紫禁城。紫禁城整个宫阙利用了元朝大内的旧址，不过它的规模更加宏伟，布局更为严整了。

紫禁城南北长960米，东西宽760米，东西两墙的位置，仍同元大内旧址，只是南北两墙分别向南推移了近400米和近500米。紫禁城正南面的午门，正当元皇城棂星门的旧址。午门内金水桥，也就是元代的周桥。金水桥北新建奉天门。奉天门内，在元大内崇天门直到大明门的旧址上，先建成奉天殿，后又建成华盖殿（后改中极，清改中和）和谨身殿（后改建极，清改保和）。

奉天殿高踞于层层收进的三层白石台基之上，宽大的台基向前突出于奉天殿广场中。为了保持院庭空间的端方完整，大殿前檐与院庭后界平，大殿本身已在院庭以外。奉天殿经多次重修，现存之太和殿系清康熙三十七年（1698年）建成，仍大体保持了原建的规模与形象。殿身面阔9间，进深显4间，带周围廊，通面阔达60米，面积达2380平方米，是中国现存最大殿堂。从广场地面至殿顶高35.05米，单层，重檐庑殿顶。它的巨大的体量以及与层台合成的金字塔式的立体构图，使它显得异常庄重而稳定、严肃和凛然不可侵犯，象征皇权的稳固。微微翘起的屋角和略微内凹的屋面也表现出沉实稳重的性格。大殿左右接建廊屋随台层层跌落，连接着台侧两座不大的门屋。门屋与大殿形成品字形立面构图，是大殿的陪衬。院庭四面廊庑围合，左右廊庑正中分别为体仁、弘义两座楼阁，形成院庭横轴。

奉天殿后面是华盖殿和谨身殿。华盖殿平面方形，单檐攒尖顶；谨身殿平面横长方形，重檐歇山顶，二殿体量都比奉天殿小了很多，是奉天殿的陪衬。此二殿与奉天殿同在一座三层白石台基上。台基作工字形，为宋金元工字殿的遗意。工字台基前沿凸出广大月台，依上南下北方位，则呈"土"字。二殿所处院落与奉天殿院落同宽，但深度较浅，有东西廊庑和东北、西北两座角楼。谨身殿左右还有两座门屋，由此转入后寝。

外朝三大殿之后为内廷后三殿，奠基在元大明殿的旧址上，叫做乾清宫、交泰殿、坤宁宫，这三殿名称，清朝沿用不变。

这前后6座大殿，一如元朝大明殿和延春阁一样，正好建筑在全城的中轴线上，占据了最重要的位置，后3殿实际上相当于元朝大内的延春阁。不同的是，前后6座大殿虽然分成南北两组，而距离却很近。因此两组宫殿的周庑乃是紧相连接的，这与元时的情况已大不相同。元时前朝大明殿和后宫延春阁两处周庑之间，有横贯东华门与西华门的御道相隔，前朝后廷之间布局分散。紫禁城在平面设计上，显然有了改进，整个布局更显严整，在空间联系上更为紧凑。[223]

4. 坛庙建筑

明代北京最具代表性的坛庙建筑有社稷坛、太庙、天坛、地坛及先农坛等。

天坛始建于明永乐十八年（1420 年），在今祈年殿的位置建大祀殿，方形，因为当时是天地合祀，故名天地坛。嘉靖九年（1530 年），朝廷制定了四郊分祀制度。在大祀殿正南建圜丘，专以祭天。嘉靖二十四年（1545 年），将长方形的大祀殿改建为圆形三层檐的泰享殿，以祭谷神。其形式与现存祈年殿略同，只是三檐颜色不一，从上至下依次为蓝、黄、绿，分别代表昊天、皇帝、庶民，至此，天坛布局骨架基本形成。

祈年殿和圜丘是天坛的主要建筑，沿南北轴线对称布置。祈年殿设计精美，最能体现建筑之美。大殿为三层檐圆形攒尖顶，若不细看，会以为三层檐的直径是成比例的，各层之间的距离也好像相等。其实不然，古代工匠在设计上独具匠心。上层檐直径最小，中层檐比下层檐直径略小，上层和中层之间的距离要大于中层和下层之间的距离。如此安排，克服了呆板、僵硬的弊病，使得祈年殿庄严而不失活泼，规整而不失灵动，生趣盎然。[224]

圜丘是一个白石砌成的三层圆形白石台子。永乐十八年（1420 年）初建时，圜丘坛两层，坛上覆屋，名大祀殿，12 楹，中石台设上帝、皇帝祇座。东西广 32 楹，顶覆以五色琉璃瓦。嘉靖九年（1530 年）改建时，坛面仍保持两层，坛面及栏俱用青色琉璃瓦，将坛与殿分开。

永乐十九年（1421 年），北京建成社稷坛，合祭，在午门广场西侧，与广场东侧的太庙遥遥对称。社稷坛的建筑系列系自北而南，一反中国建筑自南而北的通例。坛方形，3 层，下层每边长约 20 米，3 层总高不到 2 米，比天坛圜丘的规模小了很多。方坛不设栏杆，四面各出踏道，坛顶平整，铺五色土：东为青色土，南为红色土，西为白色土，北为黑色土，中间为黄色土，象征普天之下莫非王土。方形壝墙四面琉璃瓦顶也按方位施用不同颜色。壝墙只有一圈，四门正中各立一座白石棂星门。[225]

北京太庙创建于明永乐十八年（1420 年），是明初皇家合祀祖先的地方。嘉靖十一年（1532 年），改为分祀，将一座大殿改为 9 座小殿。嘉靖二十年（1541 年），其中 8 座庙遭雷火击毁，3 年后重建，仍为合祀。太庙总平面呈南北矩形，整个建筑被 3 道黄琉璃瓦顶的红围墙分隔成 3 个封闭式的院落。主要建筑由南向北依次排列在中轴线上，古朴典雅。

太庙在整体设计上突出了肃穆庄严的氛围，以大面积的林木包围主体建筑群，并在较短的距离内安排了多重的门、殿、桥、河来增加入口部分的深度感。庭院广阔幽深，大殿体量大，又有三层台基承托，周围以廊庑环绕，突出了主体建筑宏伟的气势。大殿内外彩绘以香黄色为底色，配以简单的旋子彩画，进一步加强了建筑物庄重严肃的气氛。[226]

地坛又称方泽坛，建于明嘉靖九年（1530 年），并于嘉靖十三年（1534 年）更名为地坛。地坛坐北朝南，按照古代天阳地阴的说法，地坛的建筑尺寸以及建筑物的数量均为阴数即双数。如地坛内壝墙方二十七丈二尺、高六尺、厚二尺，外壝墙方四十二丈，高八尺、厚二尺四寸，与天坛的数目为奇数相反。

在古代中国，"天圆地方"的观念源远流长，因此，作为祭祀地祇场所的地坛建筑，最突出的一点，即是以象征大地的正方形为几何母题而重复运用。从地坛平面的构成到墙圈、拜台的建造，一系列大小平立面上方向不同的正方形的反复出现，与天坛以象征苍天的圆形为母题而不断重复的情形构成了鲜明的对照。这些重复的方形，不仅具有强烈的象征意义，而且还创造了构图上平稳、协调、安定的建筑形象。

空间节奏的完美处理，是地坛建筑艺术上的又一突出成就。全坛方形平面向心式的重复构图，使位于中心的那座体量不高不大的方形祭台显得异常雄伟，这种非凡的气魄，主要来自两个方面巧妙。首先是最大限度地去掉周围建筑物上一切多余的部分，使其尽可能地以最简单、最精炼的形式出现，从而形成了一个高度净化的环境；其次则是巧妙的空间节奏处理手法：两层坛墙被有意垒砌出不同的高度，外层墙封顶下为 1.7 米，内墙则只有 0.9 米，外层比内层高出了将近一倍；外门高 2.9 米，内门高 2.5 米。两层平台的高度虽然相近，但台阶的宽度却不同：上层台宽 3.2 米，下层台宽 3.8 米，这种加大远景、缩小近景尺寸的手法，大大加强了透视深远的效果。

地坛建筑在色彩运用方面也颇具匠心。全部方泽坛只用了黄、红、灰、白 4 种颜色，便完成了象征、对比、过渡，形成协调艺术整体、创造气氛的作用。祭台侧面贴黄色琉璃面砖，既标明其皇家建筑规格，又是地的象征，在中国古代建筑中，除了九龙壁之外，很少见到这种做法。在黄瓦与红墙之间以灰色起过渡作用，又是我国古代宫廷建筑常见的手法。整个建筑物以白色为主并伴以强烈的红白对比，给人以深刻的印象。[227]

先农坛与天坛隔街相望，是明代帝王祭祀先农和举行亲耕礼的地方。北京先农坛创建于明永乐十八年（1420年），当时称"山川坛"。嘉靖十年（1531年），于内坛墙南部增设天神坛、地祇坛，形成先农坛布局。万历年间，又增建了旗纛庙、神仓、斋宫等，格局趋于完整，此时更名叫先农坛。其建筑主要包括祭祀殿宇以及4座坛台，即观耕台、先农坛、天神坛、地祇坛。全部建筑由内外两层坛墙环绕，平面为北圆南方的长方形。主要建筑都在内坛墙之里，坛内为先农坛、天神地祇坛和太岁殿3组建筑。庆成宫、天神坛、地祇坛则位于内坛墙之外。此外，内坛观耕台前有一亩三分耕地，为皇帝行藉田礼时亲耕之地。

先农坛的祭祀建筑，根据祭祀礼仪的需求设计，诸如庆成宫、具服殿以及神厨、神仓，分别按不同祭祀需求，在建筑布局和手法上做了处理。例如，庆成宫后殿面阔5间，进深3间，殿内正面明间不设立柱，与紫禁城谨身殿同属明代减柱建筑风格。外檐之下为三彩单昂斗拱，单檐庑殿顶，上覆绿琉璃瓦，大殿廊檐彩画为金龙和玺彩画，色彩浓艳，金碧辉煌。神仓则为圆形规制，黑琉璃筒瓦绿剪边，圆攒尖顶，设计为粮仓的样式。[228]

5. 宗教建筑

（1）佛教建筑

明代北京的佛教建筑主要包括佛寺与佛塔建筑。佛寺建筑在继承元大都的基础上，形成了相对固定的建筑模式与风格，在强化宗教氛围的前提下，注重中轴线的对称与和谐，建筑的结构与层次更加深邃和富于变化。佛塔建筑秉承前代优秀建筑传统而发展，其中佛塔样式已基本完备，除了传统的密檐式和楼阁式造塔样式之外，藏传佛教覆钵式塔也在北京佛塔建筑中占有一席之地。

明代的寺庙山门演化为两进建筑，前有金刚殿，后有天王殿；中轴线上的佛殿增至二进或三进，如法海寺护法金刚殿、天王殿和大雄宝殿三殿前后对应。山门左右对称配置钟楼与鼓楼，这种布局与唐代有很大区别，唐代佛寺无鼓楼之设，一般设藏经楼与钟楼相对，而明代的藏经之所一般设置于寺庙的后半部分，成为寺庙中轴建筑的圆满结束。佛殿前左右对称配置观音殿和轮藏殿等，都是明代北京佛寺建筑布局的新特点。这种严整的规划布局，在奉敕建造的佛寺建筑中体现得更为明显，如智化寺、广济寺等。

智化寺始建于明正统八年（1443年），次年三月竣工。万历五年

（1577 年），智化寺进行过重修。智化寺坐北朝南，为南北纵深布局，分为南北二部，南部为寺之主体，北部为英宗天顺元年加宽而建。整体建筑节奏呈现出南部宽松舒缓，北部紧凑密集的特点来。智化寺原分左、中、右三路，布局严整，规模宏伟，具有皇家寺庙的风范，现仅存中路。自山门起至大悲堂为中路建筑，共四进院落。山门为砖石拱券结构，面阔 3 间，单檐歇山，上覆黑琉璃筒瓦，山门两侧置石狮一对，显得庄重威严。门内钟、鼓楼分列左右，是明代官修寺庙的典型样式。正北为智化门，面阔 3 间，单檐歇山，上覆黑琉璃筒瓦脊兽。

智化殿位于智化门之北，面阔 3 间，单檐歇山顶，明间后檐有抱厦，殿前东西分列配殿，东为大智殿，西为藏殿。殿内藻井的处理耐人寻味，因上层较低，天花板处理成覆斗状，正中为藻井，减弱了因层高低而带来的压抑感，较好地利用了空间。藻井的雕饰颇为精美，方形内以支条划为八角，其中饰以复杂的雕花，并贴金。藻井于 1930 年被寺僧盗卖给美国人，现藏美国纳尔逊博物馆。值得注意的是，明代皇家敕建的寺庙中融合了许多藏传佛教装饰因素，与智化寺大约同时建立的大隆福寺，其大殿藻井"制本西来，八部天龙，一华藏界具"[229]。而建于西山中的法海寺，在大殿"中央藻井顶部绘制毗卢遮那佛曼陀罗，东边藻井绘药师佛曼陀罗，西边藻井绘弥陀佛曼陀罗"[230]。明代北京的寺院中出现藏传佛教建筑因素，表明明代北京是藏汉艺术交流重地，这也是北京的特殊政治背景所决定的。[231]

北京密檐式佛塔中最为典型的是慈寿寺塔。该塔位于北京海淀区八里庄慈寿寺内，原名永安万寿塔。慈寿寺及寺内塔于明神宗万历四年（1576 年）建造，在清光绪年间寺废后，惟塔挺拔独存于今。塔为八角形密檐式砖塔，共 13 层，高约 50 米。三层宽大的塔台用砖石砌成。塔的基座为双层须弥座，上面雕有佛像、飞天、八宝、仰莲以及多种乐器。由仰莲花瓣承托塔身，塔身的东、西、南、北各面均有砖雕券门，门两旁置木胎金刚塑像。其余四面雕有假窗，窗上有砖雕小佛坐像，窗两旁为菩萨塑像。南面券门额书"永安万寿塔"。塔身以上为密檐 13 层，密檐上每根檐椽都挂有铁制风铎，共三千多个，每层檐下均有 24 个佛龛，内供佛像。塔刹为钢制鎏金宝瓶。[232]

此外，采用密檐式建筑的明塔还有姚广孝墓塔及周吉祥塔，与慈寿寺佛塔相比，姚广孝塔略显单薄，但整体外观十分秀丽挺拔。

明代北京藏传佛教佛塔继承了元代的基本样式，并且逐渐形成了自己的风格，相轮、塔身以及塔刹等都与元代的佛塔有了很大区别。具体表现在塔瓶形状逐渐变得圆滑内敛，相轮变得细长挺秀，与元代的覆钵式塔在建筑风格上差异很大，整体体量和气度都有所削减。潭柘寺塔院中建有部分明代覆钵式塔，如十方普同塔、印度僧人底哇若思塔、徐公原力塔等，因受地势等诸多因素的限制，这些佛塔的体量不大，塔身、相轮均具有明显的明代风格，并强调细部的装饰效果。位于紫竹院西南的白塔庵塔也是明代藏式覆钵式塔的代表。[233]

（2）道教建筑

明代北京最为典型的道教建筑为白云观和东岳庙。

白云观，因其在元末战乱中遭破坏严重，明初于是在其基址进行重建。白云观的许多建筑形式保存了元、明建筑遗痕。如四御殿、三清阁廊檐相接，形成了回廊院的建筑格局，具有明代建筑风格。

白云观建筑整体布局别具匠心，玉皇殿为中轴线上前半部的重心，其后出现一座体量与玉皇殿相似的老律堂，使建筑艺术空间继续延伸和拓展。老律堂后为邱祖殿、三清阁、四御殿所围合成的相对封闭性的建筑空间，但又不与前面建筑直接相连，而是巧妙地利用邱祖殿两侧的回廊将前后建筑关系相连。三清阁的院内，高阁耸立，廊檐相接，着意营造出神仙福地、洞天胜景的气氛，而且也在此形成了中轴建筑的第二个高潮。

白云观建筑吸取了南北宫观的特点，并融合园林建筑特色。虽然园林面积不大，但排列布局颇具匠心，达到了移步换景的效果。[234]

东岳庙，始建于元至治元年（1321年），落成于泰定二年（1325年）。明万历三年（1575年）和二十年（1592年），曾两次修葺增建。

东岳庙坐北朝南，由正院、东院、西院3部分组成。东岳庙主要建筑都集中在正院的南北中轴线上，正门前为气势雄伟的三间四柱七楼琉璃牌楼，以黄琉璃覆顶。此牌楼建于明万历三十年（1602年），牌楼正间的南北两面各有一块石匾，北面书"永延帝祚"，南面刻"秩祀岱宗"，为目前我国尚存最早的琉璃牌楼。

与一般佛寺道观不同的是，东岳庙中建有棂星门，棂星门之后建有戟门（又称瞻岱门、瞻岱殿、龙虎门），由此可见东岳庙既具道教建筑，又有礼制建筑的特征。瞻岱门为一座5间庑殿顶的大殿，殿内前间有二神将彩塑，其后间另塑有四神将。瞻岱殿之后为东岳庙的主体部分，岱宗宝殿将庙宇分为前后两院，前院瞻岱殿与岱宗宝殿之间是一条被称为"福路"的御道，殿宇四周为配殿，回廊四面环绕，形成了相对封闭的建筑空间。又在御道两侧建有东西对称的御碑亭。

东岳庙中轴线的最后部分为一座二层的后罩楼，建有玉皇阁、碧霞元君殿、斗姆殿、大仙爷殿、关帝殿、灶君殿、文昌帝君殿、喜神殿、灵官殿、真武殿等。东岳庙的东院以居住为主，建筑布局借鉴了园林修造模式，相对分散，院内回廊环绕，精心营构的亭台怪石之间栽种有奇花异木，颇有生活气息。西院由供奉民间信仰的各路神祇的小型院落组成，殿宇的规模都不大。[235]

（3）伊斯兰教建筑

牛街礼拜寺在北京地区伊斯兰教建筑中久负盛名，其建筑规模居京城清真寺之首，但有关牛街礼拜寺的始建年代，未能定论。说法不一，一说宋、辽，二说元初，三说明朝。[236]从现存建筑风格与做法来看，牛街礼拜寺具有较强的明代特色，寺中所存万历四十一年（1613年）《重修碑记》："惟宣德二祀瓜瓞奠基，正统七载殿宇恢张"[237]，明确说明为宣德年间奠基兴建的。

牛街礼拜寺主要建筑有礼拜殿、邦克楼、望月楼和碑亭等。首先进门迎面为望月楼，重檐六角攒顶，正面额书"敕赐礼拜寺"。望月楼后为礼拜殿，主要有前殿、主殿和窑殿组成。前殿、主殿屋顶为勾连搭式，窑殿上方如同半个角亭一般，其上覆以六角攒尖亭式建筑，象征圣地麦加，整座礼拜寺采用了所谓"龟头殿"样式，外部为汉式建筑，而内部和局部建筑上又存有阿拉伯建筑风格。礼拜殿内建筑装修独具特色，宽敞宏丽，柱子之间有由阿拉伯式尖拱演化而来的"欢门"，框楣之间为红地沥粉贴金的《古兰经》经文和赞美穆圣的词句，周围布满了采用沥粉贴金法绘制的卷草和"西番莲"纹样。梁、枋以及天花板上则为汉式彩画，以青绿颜色为主，与门柱的金红色形成强烈的色彩对比。邦克楼位于礼拜殿正前方，又称宣礼楼、唤醒楼，南北两侧分立重檐歇山碑亭。牛街礼拜寺的建筑，采用了中国传统的木结构形式，但在主要建筑物的细部装饰上，具有鲜明的伊斯兰建筑装饰风格。[238]

6. 皇陵建筑——十三陵

明代北京皇陵的营建，与都城迁移有着密切的关系。明永乐帝正式迁都北京前，就开始选陵址，修造长陵了。自永乐七年（1409年）修建长陵后，到清顺治初年完成思陵止，历经二百余年，先后在陵区内营建了长陵、献陵、景陵、裕陵、茂陵、泰陵、康陵、永陵、昭陵、定陵、庆陵、德陵和思陵，还有众多的地面建筑，俗称十三陵。它以长陵的天寿山为主峰，左右环列，四周沿山势筑围墙，险要之处设关口，建城关和敌楼，派兵驻守，整个布局十分严整。可以说，明十三陵是世界上规模最大的地下宫殿，是中华民族的瑰宝。

《明史·礼志》对天寿山的皇陵曾有所概括："凡山陵规制，有宝城，长陵最大，径一百一丈八尺。次永陵，径八十一丈。各陵深广丈尺有差。正前为明楼，楼中立帝庙谥石碑，下为灵寝门。惟永陵中为券门。左右墙门各一楼。明楼前为石几筵，又前为祾恩殿、祾恩门。殿惟长陵重檐九间，左右配殿各十五间。永陵重檐七间，配殿各九间。诸陵俱殿五间，配殿五间。门外神库或一或二，神厨宰牲亭，有圣迹碑亭。诸陵碑俱设门外，率无字。长陵迤南有总神道，有石桥，有石像人物十八对，擎天柱四，石望柱二。长陵有《神功圣德碑》，仁宗御撰，在神道正南。南为红门，门外石牌坊一。门内有时陟殿，为车驾更衣之所。永陵稍东有感思殿，为驻跸之所。殿东为神马厂。"(239)

由此可见，在明十三陵中，以明成祖的长陵和明世宗的永陵规模最大。长陵是在北京始建之陵，明成祖营建长陵，其殿宇规模之大毫不逊色于其父的孝陵。这是因为他在政治上需要利用各种手段强化自己的统治，其中包括以雄伟的宫殿、豪华的陵墓显示皇权、震慑臣民的做法。

与首陵长陵相比，明仁宗的献陵和明宣宗的景陵规模小多了。明仁宗及明宣宗皆是崇尚节俭的帝王，故而在营建陵墓的时候，也十分注重节俭。明仁宗在位10个月便病死了，临终前有遗嘱曰："朕既临御日浅，恩泽未浃于民，不忍复有重劳。山陵制度，务从俭约。"(240)他自己设计的陵墓，称为献陵，"于是建寝殿五楹，左右庑神厨各五楹，门楼三楹。其制较长陵远杀，皆帝所规画也"(241)。此后明宣宗在营建景陵时，也比较简陋。然而，明宣宗以后的明代诸帝，陵墓的建造越来越豪华，所需费用也是越来越多，及明神宗营建定陵之时，所费银两多至八百余万。

十三陵规模宏大，占地面积约40平方公里，随山川形势建有围墙。并设有关口、门楼，驻兵防范，计有中山口、东山口、老君堂口、贤庄口、灰岭口、锥石口、雁子口、德胜口、四山口、小红门口、榨子口等。陵的大门是大红门，为总门，离此两里地有石牌坊。大红门两侧有下马石，为官员谒陵时下马处。

进大红门，迎面是碑楼，螭首龟趺，高约3丈。碑楼四周有4座汉白玉云龙华表。再往北是神路，有石望柱二，继之为石狮四、獬豸四、骆驼四、石马四，各为两立两蹲，分列左右。再北为武将四、文臣四、勋臣四。次为龙凤门三道。穿温榆河七孔桥，可直达长陵。其他各陵均与此神路相通，神路有20里长。

十三陵每陵均建在一座小山下，如长陵在天寿山下、永陵在阳翠岭下、裕陵在石门山下、定陵在大峪山下、德陵在檀子峪下等等。各陵规制基本相同，都有祾恩门、祾恩殿（祭陵行礼处）、明楼和宝城。地宫用红墙围起来，地宫内还有祠祭署、宰牲亭等。每座地宫前均有石碑，不刻文字，名"无字碑"。

十三陵殿堂建筑所用木材均为香楠木，绝大部分采自云南、贵州、四川等地。所用砖为大型的城砖，每块50斤，砖上印有"寿工"二字，称为"寿工砖"，大部分来自山东的临清。石料多是艾叶青石、豆碴石、汉白玉、花斑石，有的来自京郊房山和顺天府的遵化，也有的来自河南。明朝统治者对于营建自己的陵墓十分重视，对于参加陵墓建造工程的大臣们也往往予以重赏。例如，嘉靖年间时任工部郎中的严清，"董作京师外城，修九陵，吏无所侵牟，工成加俸"[242]。当然，这些宫庭式格局的皇陵，处处显示出古代建筑大师的独具匠心。

7. 军事防御建筑

明代北京的军事防御建筑主要为长城、关隘及城池，其中长城是军事防御建筑中的浓墨重彩。

明洪武、永乐时期（1368—1624年），明朝军队不断北上远征蒙古，对北京地区长城的经营主要是在修缮北魏、北齐长城的基础上，增建了一些烟墩、屯堡、关城、壕堑等。

永乐至嘉靖年间（1521—1566年），尤其是明英宗即位后的七十多年时间里，由于内政腐败，宦官专权，明朝进入中衰时期。明朝无力再对蒙古各部进行大规模征战，只能以守御为主，因此，修筑长城、增设堡垒、添置墩台，就越来越重要了。明朝中期是大力修建长城的时期，东自山海关西至嘉峪关，长城皆有修缮或增筑，河北宣化以西兴工尤多。明代后期，隆庆至崇祯末年（1567—1644年），修建长城的重点转向了包括北京在内的东部地区。万历年间，又修了内长城，特别是对十三陵北部的长城大加修缮。

北京地区的长城分属于蓟镇和宣府镇所辖。谭纶和戚继光北调蓟镇后，精心筹划，亲自督修，一改过去低矮实心离墙敌台的作法，创建了长城之上既可庇护军士免受风吹雨淋又可贮藏军火器具以备急需的骑墙空心敌台（敌楼），将蓟镇所辖自山海关至居庸关长达近千公里的长城加高加固，修成了城墙高峙、墩台林立、烽火台相望的一道更加坚固的军事防线。

自今北京市怀柔区大角楼山向西，明长城分为南北两线，分别被称为内、外长城。内、外长城殊途同归，到山西省偏关附近的老营又会合在一起。内长城上有著名的内三关——居庸关、倒马关、紫荆关。外长城上有著名的外三关——雁门关、宁武关、偏关。这内外三关形成了明王朝保卫京师和中原地区的重要防御体系,居庸关是这个防御体系中的一个战略支撑点。明代内、外长城,是明代首都北京的西北屏障,对于防御来自西北的威胁、保卫王朝的安全,与蓟镇长城同样重要。因此,长城工程亦甚雄伟坚固。⁽²⁴³⁾

居庸关是万里长城上最负盛名的关隘之一,有“天下第一雄关”的美誉。洪武初年,朝廷派大将军徐达、副将军常遇春修筑居庸关城。此后历代皆有修建,特别是景泰年间将关城南移扩大,并设水陆两道关门,南北关门外都筑有瓮城,现南北关城券门上的匾额即为明景泰十年(1459年)修居庸关的真迹。明朝居庸关城建筑设施达到了相当完备的程度,其关城防御体系自北而南由岔道城、居庸外镇(即八达岭)、上关城、中关城(即居庸关城)、南口5道防线组成,而居庸关则是指挥中心所在。负责关城守御的是隆庆卫,配有盔、甲、长枪、弓、箭等军械和火器。居庸关不仅关城建筑完备,还设有衙署、仓储、书馆、神机库、庙宇、儒学等各种相关设施。⁽²⁴⁴⁾

八达岭位于居庸关北面,是扼守京畿的另一道门户,始建于明洪武元年(1368年),后经弘治、嘉靖、万历年间多次修筑。明弘治十八年(1505年),建八达岭关城,有东、西两座关门。其城东窄两宽,呈梯形,周长约300米,建筑面积约5000平方米。两门皆为砖石结构。券洞上有平台,平台两侧各开一豁口,与两侧城墙相连。这段长城修建于明隆庆三年(1569年)至万历元年(1573年)的5年间,将土筑边墙改建砖石结构,并在城墙上修了许多墙台和空心敌台,在墙外侧修建了许多城堡和烽火台。

八达岭段长城全长2.5公里,共有敌台19座,敌台均为两层。八达岭长城的墙身,大多用巨大的花岗岩条石砌成,十分坚固。城墙顶上用青砖铺面。城墙依山而筑,高低宽窄不一,平均高度约8米,墙基宽6.5米,顶宽5.7米。城墙顶上内侧砌矮墙,外侧砌垛口,城墙上每隔250米至500米设置一座空心敌楼。⁽²⁴⁵⁾八达岭长城,气势雄伟,极为壮观,是明代捍卫京师的重要军事屏障。

巩华城,始建于永乐十九年(1421年),嘉靖十九年(1540年)完工。城池初建时以军事防御为目的。据《明世宗实录》记载,嘉靖十六年(1537年)三月,“上驻跸沙河,视文皇帝行宫遗址,面谕大臣复建,无废前规,仍宜筑城设守,为久安之图。礼部尚书严嵩因言:‘沙河为圣驾展祀陵寝之路,南北道里适均。我文皇肇建山陵之日,即建行宫于兹。正统时为水所坏,今遗址尚存,诚宜修复,而不容缓者。且居庸白洋近在西北,若鼎建行宫于中,环以城池,设官戍守。宁独车驾驻跸为便，而封守慎固，南护神京，北卫陵寝，东可以蔽密云之冲，西可以扼居庸之险，联络控制，居然增一北门重镇矣。'"(246)

巩华城呈方形，每边长 1 公里，设有 4 门，每座城门都有设计严密的瓮城。"巩华城"汉白玉匾嵌于南门瓮城内墙，为明代权臣严嵩手迹。巩华城又是皇帝谒陵驻跸之所，因此建筑形制规模显赫。南门"扶京"开有 3 座门洞，其瓮城辟有 3 座闸楼，各设千斤闸，规制超过北京城的正阳门，是为特殊之处。巩华城布局严谨，城池之内建有庙宇、皇帝行宫。其面积虽不能与规划宏大严整的京师城池相比，但其功能性较强，为古代小型城池布局的典范，具有较高的建筑艺术水准。(247)

8. 桥梁建筑

明代北京具有代表性的桥梁主要有永通桥、朝宗桥及琉璃河大桥。

永通桥始建于明正统十一年（1446 年），是位于明代漕运要道通惠河上的一座大型石拱桥，俗称为八里桥。永通桥为 3 孔联拱实心栏板石桥，中间一孔较高，高达 8.5 米，宽 6.7 米，两次孔高仅 3.5 米。工匠采用此种特殊的拱桥造型，中孔加大高度，便于漕运船只顺利通航。两侧小桥孔，可以满足夏季雨水较多时排洪之需。桥两侧护栏，每侧望柱各 33 根，柱头雕石狮。桥东西两旁泊岸有 4 只镇水兽，雕刻精巧传神，栩栩如生。

朝宗桥建于明正统十三年（1448 年），位于北京昌平沙河镇北沙河（今温榆河）之上。该桥既是明代皇室谒陵要道，也是扼守京畿、通往塞北的咽喉，与卢沟桥、永通桥并称"拱卫京师三大桥梁"。桥为 7 孔联拱实心栏板石桥，体量硕大，桥面平稳，便于车马仪仗的通过。桥用实心板护栏，雄浑古朴。

琉璃河大桥，明嘉靖十八年（1539 年）始建，二十五年（1546 年）建成。位于北京房山琉璃河镇。石桥南北向，为 9 孔联拱实心栏板石桥。石桥拱券呈半月状，拱券正中雕有精美的兽头。桥体全部用巨石砌成，结实美观。石桥两侧为实心栏板和望柱，其上均雕有精美的海棠线纹饰，与桥体粗犷的巨石形成了鲜明对比。嘉靖四十年（1561 年），桥南北两方增修路堤，堤面铺巨型条石。琉璃河大桥结构严谨，气势恢弘，是北京地区保存较为完好的少数明代桥梁之一。(248)

二、矿冶业

明代北京的矿冶业不仅包括铁、铜等的采冶炼，还包括煤炼焦炭、石灰烧制等。

1. 遵化铁冶

明代中叶以后，冶铁业有较大的发展，全国生产铁的地区增加到一百多处。特别是顺天府属的遵化，冶铁业的规模很大，技术水平也较先进。

遵化炼铁炉形体巨大，"深一丈二尺，广前二尺五寸，后二尺七寸，左右各一尺六寸，前辟数丈为出铁之所，俱石砌"。冶炼时"用炭火置二韛煽之，得铁日可四次……生铁之炼凡三时而成，熟铁由生铁五六炼而成，钢铁由熟铁九炼而成，其炉由微而盛，由盛而衰，最多至九十日，则败矣"[249]。遵化铁炉不仅可以冶炼生铁，还可以冶炼熟铁和钢铁。这种长方形炼铁高炉，又叫大鉴炉，每3个时辰（6小时）出铁一次，每天可以出铁4次，可以连续使用90天，可见已具有相当高的生产能力。

遵化铁冶最初产量不高，从成化十九年（1483年）起，"令岁运京铁三十万斤"[250]，正德以后又略有增加。

遵化铁冶生产状况表

	正德四年（1509年）		正德六年（1511年）		嘉靖八年（1529年）	
	开工炉数	产量（万斤）	开工炉数	产量（万斤）	开工炉数	产量（万斤）
大鉴炉（炼铁炉）	10	生铁 48.60	5	生铁 48.60	3	生铁板 18.88 生碎铁 6.40
白作炉（炒钢炉）	20	熟铁 20.80 钢铁 1.20	8	熟铁 20.80 钢铁 1.20		熟铁块 20.80

资料来源：万历《大明会典》卷一百九十四《窑冶·遵化铁冶事例》。

遵化铁冶每年生产6个月，10月开工，次年4月放工。"夏月采石，秋月淘沙，冬月开炉，春尽炉止"[251]。从上表可以看出，它的生产效率并不高，正德六年，平均每炉每日产540斤，到嘉靖八年，降为349斤。

遵化铁冶的生产由盛而衰，至万历九年（1581年），题准"将山场封闭"，遵化铁冶遂完全停止生产。

明代工匠还懂得把煤炼成礁（焦炭）。方以智《物理小识》卷七记："煤则各处产之，臭者烧镕而闭之，成石，再凿而入炉，曰礁，可五日不绝火，煎矿煮石，殊为省力"[252]。李诩《戒庵老人漫笔》载曰："北京诸处多出石炭，俗称为水和炭，可和水而烧也……或炼为焦炭，备冶铸之用。"[253]冶炼从木炭、石炭混合使用到全部使用煤和焦炭，提高了炼铁炉的温度，加速了冶铁进程。据《涌幢小品》记载，遵化铁炉中"以简千石为门，牛头石为心，黑沙（铁矿砂）为本，石子为佐，时时旋下……妙在石子产于水门口，色间红白，略似桃花，大者如斛，小者如拳，捣而碎之，以投于水，则化而为水。石心若燥，沙不能下，以此救之，则其沙始销成铁，不然，则心病而不销也"[254]。这种助铁砂销熔的红白相间的桃花石，显然就是莹石（即氟石，亦即氟化钙）。这种捣碎的熔剂，熔点很低，投入炉火中，便"化而为水"。以莹石作熔剂，是明代冶铁技术的一大进步。

此外，明代采矿已从用铁锤点滴敲击到改用"烧爆"法，陆容《菽园杂记》载："旧取矿携尖铁及铁锤，竭力击之，凡数十下仅得一片。今不用锤尖，惟烧爆得矿。"[255]明代发明的这种"烧爆"采矿法，是用火烧矿床后再用水淋，利用热胀冷缩的变化，使矿床爆裂，较之以前用尖铁、铁锤击打，显然既节省了人力，又提高了功效。

2. 永乐大钟的铸造

明代的铸铜技术也达到了很高的水平。永乐初年（1403年或稍后）铸造的大铜钟，代表了明初北京金属铸造工艺的发展水平。明成祖取得政权后，在鼓楼西华严钟厂铸造大钟[256]，作为定鼎北京的标志。该钟铸成后，存放在汉经厂。明万历年间移置万寿寺。清乾隆年间又移到觉生寺（即大钟寺）。

据20世纪60年代的实际测量，钟身高5.84米（17.5市尺），蒲牢高1.1米（3.3市尺），钟底口外径3.3米（约10市尺），内径2.9米（6.6市尺），底边平均厚度220毫米（0.66市尺）。[257]重量为46.5吨。

永乐大钟的特点，不仅是大，而且钟身内外乃至钟口底部及钟纽各处铸有二十二万七千余字的阳文楷书佛经。经文字迹端正、雄健有力，铸型雕刻技艺高超。这座铜钟的主要部位很少有缺陷，铜质乌亮美观，撞击声音洪亮而清脆。这座大钟的各部分厚度设计适当，合金纯净程度十分考究。钟的铸造原料是合金，以铜为主，加有锡、铅等其他金属。化学定量分析结果：铜80.54%、锡16.4%、铅1.12%。[258]

明代金属铸造手工业生产水平，已能对大型铸件采用多种铸造工艺，例如失蜡法铸造、砂型铸造及泥型铸造等。永乐铜钟系采用地坑造型陶范法铸造的。造型的工艺过程主要可分为①准备地坑；②塑造钟模（与实物一样）、分段制造外型；③安装芯骨，筑造型芯（内模）；④合型；⑤安装浇冒口系统，准备浇铸。[259]

铸造永乐大钟，须用数10座炉子同时开炉。在这种情况下，对于炉子的部署、铜液的运输和劳动者的组织等，都须事先予以周密规划，以免紊乱。具体做法如《天工开物》所述："四面泥作槽道，其道上口承接炉中，下口斜低以就钟鼎入铜孔，槽傍一齐红炭炽围洪炉，镕化时决开槽梗（先泥土为梗塞住），一齐如水横流，从槽道中枧注而下，钟鼎成矣"[260]。

采用这种四面敷设土槽的办法，不但省去了杠抬浇所需的大量劳动力，还避免了浇铸场地紊乱，从而保证了安全生产。如果槽道过长，铜液流经时，温度急降，流动性将会下降，采用炭火炽烧土槽的办法，则在一定程度上保证了铜液温度的缓降。

3. 钱币铸造

明初用钞，中期以后开始铸钱，铸钱业初属工部宝源局，"至天启二年始添宝泉局，属之户部，而工部所铸微矣"[261]。但终明一代，户、工两部的铸钱规模不是很大，谢肇淛说："京师水衡日铸十余万钱，所行北不过卢龙，南至德州，方二千里耳。"[262] 由于铸造有限，流通亦因之有限。

明代北京铸钱所需的铜材，很大程度上依赖于民矿供应。嘉靖三十四年（1555年），"兵科给事中殷正茂言，今财用不足，惟铸钱一事，可助国计。但两京所铸以铜价太高，得不偿费"[263]。万历年间，给事中郝敬《钱法议》谓："二百余年来，钱法不修，天下废铜在民间为供具什器者，不知几千万亿。其产于各处名山者，豪姓大贾负贩以擅厚利，又不知几千万亿。"[264]

明代铸钱主要采用范铸法，其具体方法如《天工开物》所载："凡铸钱模以木四条为空匡（木长一尺二寸，阔一寸二分）。土炭末筛令极细，填实匡中，微洒杉木炭灰或柳木炭灰于其面上，或熏模则用松香与清油，然后以母钱百文（用锡雕成）或字或背布置其上。又用一匡如前法填实，合盖之。既合之后，已成面、背两匡，随手覆转，则母钱尽落后匡之上。又用一匡填实，合上后匡，如是转覆，只合十余匡，然后以绳捆定。其木匡上弦原留入铜眼孔，铸工用鹰嘴钳，洪炉提出镕罐，一人以别钳扶抬罐底相助，逐一倾入孔中。冷定解绳开匡，则磊落百文，如花果附枝。模中原印空梗，走铜如树枝样，挟出逐一摘断，以待磨鎈成钱。凡钱先错边沿，以竹木条直贯数百文受鎈，后鎈平面则逐一为之。"[265]

此外，明代官府设有银作局，铸造金银钱和金银豆叶等，作为赏赐之用。《酌中志》记载："银作局……专管造金银铎针、枝个、桃杖、金银钱、金银豆叶。豆者，圆珠，重一钱或三五分不等；豆叶则方片，其重亦如豆。不拘，以备钦赏之用。"[266]

4. 石灰烧制

如前所述，北京城营建的重要物料之一就是石灰，京郊的马鞍山、磁家务、周口、怀柔石厂等地为石灰的主要供应基地[267]。明代烧石灰已颇有技术，据《天工开物》记载："百里内外，土中必生可燔石，石以青色为上，黄白次之。石必掩土内二三尺，掘取受燔，土面见风者不用。燔灰火料，煤炭居什九，薪炭居什一。先取煤炭泥和做成饼，每煤饼一层，叠石一层，铺薪其底，灼火燔之。最佳者曰矿灰，最恶者曰窑滓灰。火力到后，烧酥石性，置于风中，久自吹化成粉。急用者以水沃之，亦自解散。凡灰用以固舟缝……用以砌墙石，则筛去石块，水调黏合。甃墁则仍用油灰。用以垩墙壁，则澄过入纸筋涂墁。用以襄墓及贮水池，则灰一分，入河沙、黄土二分，用糯米、粳（米）、羊桃藤汁和匀，轻筑坚固，永不隳坏，名曰三和土。其余造淀造纸，功用难以枚述。"[268]可见，明人在长期的烧制石灰的实践中，对石灰之功用已深谙其道。

三、军器制造业

明代军器制造较之前代有一定的进步。《明史·兵志》记载："古所谓炮，皆以机发石。元初得西域炮，攻金蔡州城，始用火。然造法不传，后亦罕用。至明成祖平交阯，得神机枪炮法……制用生、熟赤铜相间，其用铁者，建铁柔为最，西铁次之。大小不等，大者发用车，次及小者用架、用桩、用托。大利于守，小利于战。随宜而用，为行军要器。"[269]永乐八年（1410年）明成祖征交阯时，得其神机枪炮法，在禁军内设神机营，"其兵卒皆造火药之人也，当时以为古今神技，无可复加"[270]。神机火枪系"用铁为矢镞，以火发之，可至百步之外，捷妙如神，声闻而矢即至矣"[271]，而且"箭下有木送子，并置铅弹等物，其妙处在用铁力木，重而有力，一发可以三百步"[272]。可见，所谓神机火器是一种从投石车发展过来的火炮。其制造方法在元代就已经失传了，明代从越南传来，所用材料主要是铜和铁。管状火器制造在明代普遍推广。

明代火器的形制与性能有了很大改进。正统年间发明了两头铜铳、十眼铳等火炮火铳。据《明英宗实录》记载："左副都御史杨善请铸两头铜铳，每头置铁弹十枚，以继短枪……命兵仗局铸造式样，试验之"[273]。这种改进的两头铜铳，提高了发射速度。另外，还有十眼铳，据《武备志》记载，此铳两头一次共计可装填十眼，"十眼装完，自口挨眼，番转点放"[274]，能连续施放10铳。此外，还有三捷神机、五雷神机铳、八斗铳等，都类似这种铳。如五雷神机铳，其柄上安装有五个铳管，"一铳放后，轮对星门再放"，可以连续施放五铳。[275]

弘治年间，明政府在北京城内的建立盔甲厂和王恭厂，隶属于军器局。王恭厂是主要制造火器的大型军工厂。至嘉靖四十三年（1564年），两厂各类工匠达九千二百余人，根据不同季节，工匠分两班制造火器和其他军器。[276]由此可见明代北京火器、兵器制造之盛况。

正德末年，佛郎机传入中国。嘉靖八年（1529年），明朝开始仿制佛郎机炮，此炮"以铜为之。长五六尺，大者重千余斤，小者百五十斤，巨腹长颈，腹有修孔。以子铳五枚，贮药置腹中，发及百余丈，最利水战"[277]。此乃当时世界上最先进的火炮。

这种使用子铳和提心后装火铳火炮，是火器发展史上的一个极大进步。[278]例如百出先锋炮，"仿佛郎机炮而损益之也。火器莫利于佛郎机，大率筒长三尺有奇，而小炮则止于五。夫筒之长以局其气，使发之迅也。小炮五，以错其用，使迭而居也。先锋之制，则损其筒十分之六，状若神机而加小炮以至于十，曰气可局而用不使有余也；炮可错而用不使不足也。用则系火绳于筒外，而纳火炮于筒内，毕即倾出之，连发连纳，十炮尽则更为之循环无间断也"[279]。

明朝末年，徐光启和德国传教士汤若望（Johann Adam Schall von Bell，1591—1666年）受命在皇城设置炮场，研制新式西洋火炮。崇祯末，汤若望造就可装40磅炮弹的重炮二十余门，小炮五百余门。除了这些西式火炮外，明朝还创制了火妖、火弹、火砖、毒龙喷火神筒、神行破阵猛火刀牌等燃烧火器，水雷、地雷、炸弹等爆炸火器，以及各种管形火器和火箭。崇祯十六年（1643年），由汤若望口述、焦勖整理的《火攻挈要》写成，此书对火炮的冶铸制造、保管运输、演放及火药配制、炮弹制造均有详细阐述，它反映了明代火器技术已经达到了相当的水平。

四、酿酒业

明代北京的酿酒业十分繁盛，无论是宫庭还是坊间，所酿之酒均以种类繁多，花色新颖而见之于著录。明宫庭酒是在宫城的御酒房和"廊下家"制作。

明宫御酒房，设"提督太监一员，金书数员。专造竹叶青等各样酒"[280]。竹叶青酒是我国的一种古老名酒。除此之外，北京的名酒很多，在御酒房制作的名酒尚有"药酒五味汤"、"真珠红"、"长春酒"、"金茎露"、"太禧白"、"满殿香"等。这些御制名酒，皆为"多色味冠绝者"。有的历史悠久。如"真珠红"，早在唐代就很出名，为诗人墨客所喜饮，唐代著名诗人李贺有"小槽酒滴真珠红"[281]的诗句。"珍珠红"是用红曲酿成的，因"其色殆类胭脂"，故以得名。

"长春酒"专供皇帝饮用，不仅有提神作用，还可补肾壮阳，有甜苦二色。"金茎露"又名"金盘露"，其味"清而不冽，醇而不腻"。"太禧白"，"色如烧酒，彻底澄莹，浓厚而不腻"[282]。"满殿香"是用白面、糯米粉、甜瓜、莲花、白术、丁香、木香、白檀香、缩砂仁，藿香，甘草等酿造而成。[283]

此外，还有一种叫"内酒"，又叫"廊下内酒"。据《明宫史》记载，在明宫御酒房的后墙附近，曾有"枣树森郁，其实甜脆异常。众长随各以曲做酒，货卖为生，都人所谓'廊下内酒'是也"[284]。这种酒，很像元代的"枣酒"，色红味甜，香气袭人。故查嗣瑮诗曰："长连遥接短连墙，紫禁沧洲列两厢。催取四时花酿酒，七层吹过竹风香。"[285]

依规定，"京师内库酒法，不传于外"[286]。但是明朝帝后畅饮之余，还钦赐臣属，故而御制佳酿香溢禁苑之外。不少重臣还得其方，载之于著述，这为后人了解宫庭酒留下了宝贵的史料。

明代北京民间酿酒业也很发达，这种坊间酒可分为两大类：

一类为都人自酿自饮的，这类酒以"煮酒"为多。每年二月，"各家煮过夏之酒"。至八月，坊民又"始造新酒"。[287]另外，正月之椒柏酒，端午之菖蒲酒，中秋之桂花酒，重阳之菊花酒，亦为都人传统之节令酒。

另一类是京城民间作坊酒，专供销售的。酒的品种繁多，名产有玉兰酒、腊白酒、珍珠酒、刁家酒、麻姑双料酒、黄米酒、薏苡酒、桑落酒、烧刀酒等，这些都是由京城坊间酒槽房酿造，享有盛誉。在阜财坊还有以名酿"何薄酒"命名的"何薄酒胡同"[288]。

民间酒类中，最流行的是用高粱酿制的白酒，又称"烧酒"，亦称"烧刀"，为京都制酒业之大宗。南和刁酒更是"四远有名，而以酪浆为之者贵"。易州酒"如江南之三白，泉清味冽"。双塔寺赵家的薏苡酒"内外皆知","刑部街以江南造白酒法酝酿酒浆,卖青蚨尤数倍,如玉兰腊白之类,则京师之常品耳"。[289]

北京坊间丰富多彩的酒引起了骚人墨客的雅兴,诗人梁纲《荷花酒》诗云:"共君曾到美人家,池有凉亭荷有花。折取碧筒一以酌,争如天上醉流霞。"[290]

不少酒名还见于当时北京宅门民户的门联上,如"珍珠酒对琥珀糖"、"麻姑双料酒对玫瑰灌香糖"、"奇味薏米酒对绝顶松萝茶"等,[291]据此也可见明朝北京酿酒业兴盛之一斑。

五、特种手工艺

特种手工艺制造是明代北京兴起的一种手工业部门,雕漆、宣德炉和景泰蓝等是驰名中外的艺术精品。

1. 雕漆

明永乐年间,北京皇城内果园厂是专门制造雕漆的官营作坊。雕漆系用金银锡木4种原料为胎,在宋代多以金、银为胎,明代多以锡、木为胎。其制作方法有3种:剔红、填漆、倭漆。隆庆年间,剔红名手黄成著有《髹饰录》一书,是我国仅存的漆工专著。该书分乾、坤两集,共18章186条。乾集讲漆器制造的原料、工具、方法和制作技术上的得失;坤集叙述了漆器的分类和数十种装饰方法。通过《髹饰录》,我们可以看到漆器工艺的繁杂丰富。以坤集《复饰》一篇中"洒金地诸饰"条目为例,可见一斑。仅洒金地一种漆地,经黄成所列,就有11种做法:金理钩螺钿、描金加蜔、金理钩描漆加蚌、金理钩描漆、识文描金、识文描漆、嵌镂螺、雕彩错镂螺、隐起描金、隐起描漆、雕漆。

剔红,要上"朱漆三十六次,镂以细锦,底漆黑光(针刻大明永乐年制字)"[292]。

填漆,是在漆器上雕刻各种花鸟,彩填稠漆,磨平如画,所制者均小盒,盒边上刻五色灵芝和戗金的花纹。

倭漆,"国初至者,工与宋倭器等。胎轻漆滑,铝铃口,金银片,漆中金屑,砂砂粒粒,无少浑暗……以方长可贮印者贵,香合次之,大可容梳具为最"[293]。这些漆器,被称为"北京漆",是北京地区著名的特产。

明末,雕漆逐渐流入民间。高濂在《燕闲清赏笺·论剔红倭漆雕刻镶嵌器皿》中说:"民间亦有造者,用黑居多,工致精美,但几架、盘合、春撞各物有之……有伪造者,矾朱堆起雕镂,以朱漆盖覆二次,用愚隶家，不可不辨。"[294] 可见，民间制作的雕漆良莠混杂，不过上乘之作亦"工致精美"。

2. 宣德炉

所谓宣德炉，是明宣宗朱瞻基在位时（1426—1435 年），因宫庭郊庙祭祀所用彝鼎跟古式不同，下令根据《宣和博古录》和《考古图》等宋代书籍，并内府所藏柴、汝、均、哥、定各大名窑器皿款式古朴典雅者，设计出宣德炉的形式，于宣德三年（1428 年）铸造的铜炉，铸造中采用了多种精湛、独到、高超的工艺。

铸造宣德炉的原料，主要是从暹罗国（今泰国）进口的优质风磨铜，再加倭源白水铅（锌）、倭源黑水铅（铅）、日本红铜、贺兰锡等 30 多种原料。名为铜炉，实则为与铅、锌等多种金属合成的合金炉。

铸炉之前，对原料进行少则 6 次，多达 12 次的精炼。普通铜经过 4 炼即现珠光宝色。宣德炉原料经过精炼后，每 500 克只剩下 125 克，材质的比重极大。

宣炉铸成之后，还要在加药的水银中浸泡几十天，用水银把铜炉熏透入骨。这是使宣德炉日后色泽温润、晶莹灿烂、奇光在里，宝色外现、从黯淡中发奇光的至为重要至为关键的独到工艺。

宣德炉经过水银浸泡后，最为名贵的还要进行鎏金、镶嵌金银丝片等工艺处理。这是宣德炉成为一代名器的又一个重要工艺因素。鎏金，是将赤金粉刷在炉体上，用高温炭火进行烘烤，使赤金粉慢慢沁入炉体内，一般至少要反复进行 3 次。经过如此处理，炉体就会金光灼目、宝色腾睟。有些还要用错金、错银工艺，进行图案装饰。[295]

铸成后的宣德炉，一般口不愈三寸，品种多达 157 种，颜色有栗色、茄皮色、棠梨色、褐色和藏经纸色等，而以藏经纸色的宣炉最为稀少和贵重。宣德炉经过鎏金、错金、错银、镶嵌名贵宝石等处理，表现了明代铜工出色的铸造艺术技巧。

3. 景泰蓝

景泰蓝又称"铜胎掐丝珐琅"，是明代宫庭工匠吸收了域外传来的铜胎珐琅技术加以发展而成。有史料记载："大食窑器皿，以铜作身，用药烧成五色花者，与佛郎嵌相似。尝见香炉、花瓶、合儿、盏子之类，但可妇人闺阁之中用，非士大夫文房清玩也。又谓之鬼国窑，今云南人在京，多作酒盏，俗呼曰鬼国嵌。内府作者，细润可爱。"[296] "大食"是中国史籍对西亚阿拉伯国家的称谓。"佛郎"即"佛林"，是中国史籍对东罗马帝国的称谓，"佛郎嵌"即是指东罗马帝国的掐丝珐琅。"大食窑"、"鬼国窑"与"佛郎嵌"实际指的都是景泰蓝的制作。

元人吴渊颖有《大食瓶》诗曰："西南有大食，国自波斯传，兹人最解宝，厥土善陶埏。素瓶一二尺，金碧灿相鲜。晶莹龙宫献，错落鬼斧镌。粟纹起点缀，花毬蟠蜿蜒。定州让巧薄，邛邑斗清坚。脱指滑欲堕，凝瞳冷将穿。逖哉贾胡力，直致鲛鳄渊。常嗟古器物，颇为世所捐。襆衫易冠衮，盘盏改豆笾。礼图日以变，戎索岂其然。在时苟适用，重译悉来前。大寰幸混一，四海际幅员，县（悬）度缚绳絙，娑夷航革（海）船。凿空发使节，随俗混民编。汉玉堆棱笴，蕃罗塞鞍鞯。城池信不隔，服食奈渠迁。轮囷即上据，鼎釜畴能肩。插菡夺艳冶，盛酪添馨蘣。当筵特见异，博识无庸诠。藏之或论价，裹此犹吾毡。珊瑚尚可击，碛路徒飞烟。彼还彼互市，我且我栖圈。角端独不出，记取征西年。"[(297)]

这首咏《大食瓶》诗，具体描述了瓶的尺寸、色彩花样、胎盘的光滑清坚，说明这是从波斯来的物品。吴渊颖卒于至元六年（1341年），此诗所说的"大食瓶"在当时还是一种新东西。元代的武力所及曾经包括阿富汗、伊朗一带，并且初期有一条征伐的路线曾经由波斯一带到了云南的大理。《格古要论》中所说"今云南人在京，多作酒盏"，云南人有制"大食窑"的技术，和这条路线不无关系，可能"以铜作身，用药烧成五色"的制作方法，是这样从波斯带到云南的。[(298)]

景泰蓝的工艺流程要经过制胎、掐丝黏面、圈花、焊烧、填色烧造、错工、磋磨等复杂的工序。景泰蓝虽不是通体蓝色，却以莹石蓝般的蓝釉为最出色，而这种釉色又是在明景泰年间烧制而出的，所以称之为"景泰蓝"。

景泰蓝的初盛时期是在元末明初，见于实物以明宣德年间（1426—1435年）为多。这一时期，景泰蓝制造技术已达于成熟阶段。品种有盘、碗、炉、瓶、盒、薰炉等，后来还出现了鼎之类的欣赏品。制胎的物质材料有金、铜两种。纹样有蕉叶、饕餮、番莲等。釉料色彩多蓝色地，外加红、黄、白、绿等花色。如番莲大碗，口径约尺许，上有红、黄、蓝、绿等色大番莲数朵，图案简练，色调鲜艳、花形饱满、枝蔓舒卷有力，是宣德时期的代表作品。

到了景泰年间（1450—1457年），景泰蓝工艺大大繁荣起来。无论从艺术手法、制作技术、质量等方面都有了新的提高，规模远远超过前代，宫庭内的御用监设有专门制作景泰蓝的作坊。制胎水平已达到了相当的高度。胎型有方有圆，并向实用方面转化，除宣德年间胎型外，还有花、花盆、面盆、炭盆、灯、蜡台、樽、壶等器物。装饰纹样方面有龙戏珠、夔龙夔凤等寓意吉祥的题材，也有云鹤、火焰等表现道教、佛教内容的题材。[(299)] 大番莲的纹样也日趋丰满，枝蔓形状活泼有层次。釉色也出现了葡萄紫（作紫晶色，有玻璃的感觉）、翠蓝（在天蓝、宝蓝之间而色亮）和紫红（如玫瑰色）等新色，釉色光彩夺目，光亮如有一层玻璃釉。此外在装饰手法上，非常注重金工的处理，在器物的顶、盖、耳、足边线等部位，多有錾活装饰。朱家溍曾评价这时期的制品："'掐丝'整齐，'磨光'细润，'镀金'匀实等等，都是在宣德时代基础上的又一步提高。"[(300)]

大体说来，明前中期的景泰蓝，造型以器皿居多，铜质较好，多为紫铜胎，体略显厚重。[(301)] 景泰蓝主要用以宫庭摆设，就造型和纹样而言，大都仿照古瓷器和古铜器。常见的花纹，有饕餮纹、勾子莲、缠枝莲，还有各种花、鸟、虫、虾、鱼等，形成豪放而华丽、洒脱而不拘谨、浑厚而有力的艺术风格。景泰年间以后，色釉发展到 15 种之多，这时以孔雀蓝底色为主。用釉的技法上，使用混合色，可以表现出花瓣的深浅变化层次，使其更具真实感。就题材方面而言，除了沿用原有的图案外，新增加了人物、山水等，用轮饰和根据器形转折加以装饰。[(302)]

明代宣德景泰以后有款识的景泰蓝，现在已发现的有嘉靖款的盘，"大明万历年造"宝蓝色地五色双龙捧卍寿花纹，四铜镀金龙首吞足，天蓝色地五色双龙镂空盖，铜镀金火焰顶鼎式四足炉。不用铜镂空而用珐琅镂空作盖，是这个时期的新作法。还有蜡盘，淡青色地，上有黄、红、白色花骨朵，也颇清雅可爱。又有菱形掐丝连环钱纹锦地，上带红白赭诸色花蝶炉，其图案花纹是这一时期的新花样，赭和淡青是新的釉色。另外有角端香薰（一种瑞兽的名称），是以动物造型的新器皿。

明代很多无款的景泰蓝，和瓷器、漆器的花纹来对照，可以知道多是嘉靖、万历左右时期的作品。其中也有不少出色的，例如无款瓜形灯座，与真实的大南瓜尺寸相若，下有铜镀金枝蔓作足，上有铜镀金叶蔓以承灯颈，瓜色在黄绿之间，绿叶黄斑，似画笔烘染，景泰款诸器中尚未见此种作法。还有梅雀绣球大盆以及器形上仿古铜器而纹饰用花鸟图样等的各种作品，都是前此未有的。

无款器皿除了这类精品之外，还有些一般的，大小俱备，但掐丝不匀，且无镀金（也可能是镀金较薄，日久脱落），露红铜本色，胎骨较轻，与官款器皿重量相去甚远。和官款器皿相比，釉料成色较差，滞暗而少光。至于花样，也有些新题材，如鸳鸯卧莲罐和以白色为主略缀简单花草的盒、盆等等，都是较朴素活泼的另一种风格。[303]

六、煤窑业

明代北京郊区烧窑业也发展很快，有煤窑、石窑和灰窑。石窑掘凿的汉白玉等石料和灰窑烧制的白灰，供北京宫庭建筑和修缮之用，前文已有所述及。兹主要对北京的煤窑加以重点叙述。

明初，采煤业由官府垄断，随着商品经济的发展，官营煤窑逐渐走向衰落，私营煤窑开始兴起。在成化、弘治间，门头沟等地已有不少私营的煤窑。如该地区的孟家胡同和潘阆庙一带的居民大多数以掘煤为生。煤炭销售量很大，据丘濬《守边议》言："今京师军民百万之家，皆以石煤代薪。"[304]万历三十一年（1603 年），顺天府尹许弘纲上疏说，西山等地采煤业，"官窑仅一二座，其余尽属民窑"[305]，反映了官营煤窑的衰落和私营煤窑的代之而兴。与元代相比，明代北京广泛使用煤炭，官民绝大多数已用煤代薪做饭，在冬天能用煤作为取暖之用。

这些私营煤窑的生产技术还很落后，挖煤的工具是原始的锤、钎、镐、钯，窑中没有支柱，随时有塌顶可能。窑洞不足半尺高，挖煤工只能躺在煤上用镐挖煤。运输方法也很落后，主要是人拉，使用船形筐和绳套，每筐装煤 200 余斤，拉煤工将绳套在脖子上，在不到一公尺高的窑中，蛇行鼠伏的爬行将煤筐拉出窑洞。井下通风条件也极差，温度很高，劳动条件十分恶劣。

需要特别指出的是，西山煤窑多数是民间的合股经营。出现这种经营方式的原因有二：一是地下煤层相通，联合经营便于开挖、排水和井下运输；二是为了增加资金投入，有利经营和运销，还有助于窑户盈亏互济，减少风险。

煤窑也有的独户经营，但都是雇佣采煤工采掘和运输。民窑的雇工，大多是煤矿附近无地少地的农民或由河南、山西来的破产农民。采煤工同窑主完全是一种雇佣关系，表明已出现资本主义生产方式的萌芽。

不过，有的采煤窑工是被窑户骗入的，终身不能解脱。他们劳动强度大而且危险，但收入极其微薄，生活极端贫困。据《明孝宗实录》记载："刑科给事中王洧言：闻卢沟河迤西开窑之家，或诱略良家子女，或收留迷失幼童，驱之入窑。日常负煤出入，断其归路，如堕夕日。井有逃出者，必追获杀之，细人之奸无踰于此。"[306]可见，在民窑中，也还有落后的工奴制的存在。

七、织造业

丝织和麻织业仍是明代一个重要的手工业部门。产品有红纹绮、纹绮绫罗、红罗纱、纹绮绢、玄纁束帛、青纹绮、绢、锦、大红罗、紬、红绢、彩绢等。丝织物刻丝技术更是京畿名产。丝织物刻丝，"不用大机，以熟色轻于本桲上，随所欲作花草、禽兽状，以小梭布纬时，先留其处，以杂色线缀于经纬之上，合以成文（纹），不相连承，空视之如雕镂之象"。[307]

京畿农村的家庭纺织业也很繁盛。东安县盛产丝、绵、绢等丝织品，昌平出脂麻和麻布，香河县、固安县、宛平县、永清也都出产脂麻、丝、绢、绵、布、蓝靛等。明代北京农村的纺织业还只是家庭副业形式，没有同农业相分离，无数的农村妇女是这种纺织劳动的主要承担者。如密云县江氏，"昭死，江纺绩"；张氏，"家贫甚，纺绩守志"；胡氏，"躬自纺绩，训子读书"。[308]香河崔李氏，"贫苦无聊，以针黹自给"；王李氏，"勤纺绩，以供其舅"；王氏，"日事纺织，教子读书"。[309]昌平方氏，"日事纺绩，抚子琦成立，苦节终身"[310]。明代民间纺织品如果出卖，明朝政府还对其质量有所规定："绢布之属，纰漏薄短狭而卖者，各笞五十，器用布绢入官"[311]。

八、造纸印刷业

1. 造纸业

明成祖迁都北京后，设宝钞司负责造纸。这个官造纸局最初是以抄造优质桑皮纸为主要任务。至明宣宗年间（1426—1435年），官纸局专产各种名贵"官笺"的加工纸，主要有：细密洒笺、五色粉笺、磁青笺、镜面笺、罗纹笺、羊脑笺等名纸。其中磁青笺被宣宗帝评为"古色古香，光如缎素，坚韧可宝"；羊脑笺更为名贵，清乾隆时人沈初《西青笔记》载："羊脑笺以宣德磁青纸为之，以羊脑和顶烟（松烟）墨窨藏，久之，即以涂之砑光及压出缎纹而成笺，黑如漆，明如镜，出自宣德年间，以泥金写经，历久不坏，虫不能蛀，今（北京）内城犹有一家传其法。"可见明朝官纸局所产的名纸，到清朝初期，在北京内城还有依其法而继续生产者。[312]

宣宗帝死后，继位的英宗帝，对造纸不感兴趣，盛极一时的明朝官纸局日益衰落，遂改产稻草纸（卫生纸）专为宫人使用，据《酌中志》记载："宝钞司……每年工部商人办纳稻草、石灰、木柴若干万斤……抄造草纸，竖不足二尺，阔不足三尺，各用帘抄成一张，即以独轮小车运赴平地晒干，类总入库，每岁进宫中以备宫人使用。"而皇帝用的卫生纸则由内官监特造，"至圣上所用草纸，系内官监纸房抄造，淡黄色，绵软细厚，裁方可三寸余，进交管净近侍收"。[313]

有明一代，宝钞司造纸的数量很大，"其衙门，左临河，后倚河，有泡稻草池，每年池中滤出石灰草渣，二百余年陆续堆积，竟成一卧象之形，名曰'象山'。有作房七十二间，各具一灶，突朝天，名曰'七十二凶神'"[314]。

明熹宗即位不久，鉴于宝钞司机构臃肿，仅"掌司、监工数十员"，浪费很大，遂下令停办。[315]

2. 印刷业

（1）官府刻印书机构及其刻印书

在北京，明代许多中央机构都刻印过书，其中以司礼监、国子监及都察院刻书最多。

司礼监是掌管宫庭刻印书的主要机构，其下设有专门刻印书的经厂。经厂位于皇城西安门以东，宫城外西北隅金鳌玉蝀桥西，即西苑西内府衙门之处。《明宫史》载："玉河桥（即金鳌玉蝀桥）玉熙宫迤西，曰棂星门……棂星门迤西……曰大藏经厂，即司礼监之经厂也。"[316]经厂虽隶属于司礼监，但经厂和司礼监衙门不在一起。明内府二十四衙门大多集中在皇城北安门和东安门一带。司礼监衙门即位于北安门里。

嘉靖十年（1531年），司礼监的印刷机构有："笺纸匠六十二名，表背（裱褙）匠二百九十三名，摺配匠一百八十九名，裁历匠八十一名，刷印匠一百三十四名，黑墨匠七十七名，笔匠四十八名，画匠七十六名，刊字匠三百一十五名"[317]，总计1275名，可见明代政府的印刷规模之大。

经厂独据皇城西北角，地位却不同寻常。经厂负责内府重要书籍的雕版、刻印工作，直到最后成书，送呈宫中。明经厂实际上是明代内府的出版中心，连皇帝御撰、御注、敕纂的作品都由经厂刊印。经厂所刻之书称为"经厂本"，亦称"内府本"。

明代国子监有南京、北京两处，分别称为南监和北监。国子监作为最高学府，除对监生进行教育外，还刻印图书。北监最初没刻什么书，后来才多以南监本重刻，总的不如南监刻书多。

北京国子监，设置于明成祖永乐元年（1403年）。据成化年间《国子监通志》和弘治年间的《国子监续志》记载，北监共印书籍85

种，而以经史为多。万历年间，北监又出现了一次印书高潮，其中所刻印的重要书籍有《十三经注疏》、《二十一史》。[318]《十三经注疏》以福建版本为底本翻刻，从万历十四年至二十一年（1586—1593 年）历时 8 年完成；《二十一史》以南监本为底本重雕，从万历二十四年至三十四年（1596—1606 年），历时 11 年，费金 6 万两。[319]

都察院虽是监察机构，但也大量刻印书。都察院刻印的书，据周弘祖《古今书刻》记载有 33 种，如《算法大全》、《七政历》、《千金宝要》、《武经直解》、《史记》、《文选》、《杜诗集注》、《千家注苏诗》、《盛世新声》、《太平乐府》、《披图测海》、《唐音》、《适情录》等，甚至还有为广大群众所喜闻乐见的《三国演义》与《水浒传》。[320]此外，礼部、户部、兵部、工部、太医院、钦天监、顺天府等中央和地方官府机构也都刻印过一些书。如顺天府刊有《东草亭诗》、《金台八景诗》、《寰宇通志》、《史铖》、《观梅数》、《大宝箴帖》、《稽古定制》、《南园燕诗集》等 8 种书籍。

（2）民间坊刻

明代，北京的民间印刷业虽较金、元时期有很大发展，但远不及南京、建阳等地发达。究其原因：一是，由于政府的印刷规模较大，吸收了社会上一大批有刻版、印刷、装订技能的工匠，这无形中也削弱了民间的印刷力量。二是，北方造纸业不发达，北京印刷所用的纸张，要从南方远道运来，因而加大了印刷成本，反不如直接从南方购进书籍。三是，在古代，印刷在政治上是有风险的行业，如果印刷某本书被政府官员认为有问题，有关人员都会受到牵连。因此，在中国印刷史上几乎有一个普遍现象，京城的印刷业反不如其他地区。[321]

明代北京的民间印书作坊，大多在正阳门（前门）外打磨厂一带的小胡同内，宣武门、崇文门、隆福寺、崇国寺一带也有刻书作坊。有资料可考者近二十余家。例如，金台鲁氏书坊是明代北京早期书坊之一，刻书传世极少。台湾国立中央图书馆现藏有鲁氏书坊成化年间刻印的四种小曲，名《驻云飞》（一种重头小曲）。又，前门外廊房胡同费铺，刻有《新刊宋朝故事五鼠大闹东京记》，上图下文，卷末镌"廊房胡同费氏刊行"字样；万历十九年（1591 年）刻有《关王灵应箴卜》，祝辞后镌"万历庚子十九年孟春吉旦费氏刊行"字样。又，宣武门里铁匠胡同叶铺，刊印有两种书籍：万历十二年（1584 年）刻印《新刊真楷大字全号缙绅便览》，不分卷，蓝印本，后面刻有"北京宣武门里铁匠胡同叶铺刊行，麒麟为记"一行牌记，这是现代商业商标的萌芽。万历十二年（1584 年）刻印《新刊南北直隶十三省府州县正佐首领全号宦林便览》2 卷。卷末镌有"北京宣武门里铁匠胡同叶铺刊行"字样，以上二书现藏北京图书馆。又，崇文门内党铺，万历四十一年（1613 年）为陈文英刻有《太上三元赐福赦罪解厄消灾延生保命妙经》，即道经的《三官经》一藏。卷末镌有"海大门里单牌楼观音寺胡同红字牌党三铺印造"字样。[(322)]

明代北京书坊刻印的印刷品，大致可分为四类。清人阮葵生《茶馀客话》载："坊刻时文，兴于隆、万间……厥后坊刻乃有四种：曰程墨，则三场（殿试）主司及士子之文。曰房稿，十八房进士平日之作。曰行卷，举人平日之作。曰社稿，诸生会课之作。"[(323)]

（3）印刷及装订技术

明代北京刻印的书，无论是书写字体、刻工技巧、版式风格、书籍装订，还是用纸用墨等方面，都有不少发展和创新。明北京刻印的书，以经厂本为最突出的代表。其特点是："板式宽阔，行格疏朗，大黑口，双鱼尾相向，大黑双边，正文小注，断句加圈，楷书赵体，字大如钱，纸白如玉，宽幅大本，绫包背，精美大方。"

明初，经厂本多仿元赵孟頫体，大字，官私刻书皆以此为典范，竞相效仿。永乐时又重明沈度书法，内廷刻书率仿其体。永乐时的内府刊本《孝顺事实》、《为善阴骘》等，楷书优美。明正德、嘉靖以后形成了"宋体"字，最终成为今天的印刷字体，这是明代在雕版史上的一大进步。因为自此有了定型的印刷体，对于刻板工艺来说，易于施刀刻字，写工、刻匠都比较方便，可提高效率。

明代刻书的版式，在继承宋、元的基础上有所创新和变化。版框，多数是上下单边，左右双边，也有花边版框。大部分都刻有鱼尾。以单鱼尾和双鱼尾较多。单鱼尾多放在上部，下部为一横线隔开不同的内容；双鱼尾有对向排列和顺向排列两种。中缝内刻有书名、卷次等内容，少数还刻有出版者及刻工的姓名。

版画的发达是明代印刷的特色之一。明成化、弘治以后，民间说唱本、小说、戏曲广泛流行，出版者为了推销，书籍中增加插图成为时尚，书名前多冠有绘像、全相、出相等字样。特别是明万历、天启最为风行，插图书籍呈百花齐放的局面。北京永顺堂刻印的说唱词话和岳家书铺刻印的《奇妙全相注释西厢记》，"板画线条粗放朴实，古趣盎然"。

明代印刷业的发展，对墨的需要量很大。南北各地都有相当规模的制墨业。如北方有京墨，南方有徽墨、松江墨等。司礼监中除刊字匠、刷印匠数百名外，还有黑墨匠 77 名，可知当时北京也造墨，以供内府之用。民间还有孙氏京墨。明代印刷中还采用了一种新的墨料，即蓝靛。白纸蓝字，以嘉靖本白棉纸蓝印，最为有名。此为明人首创。万历十二年（1584 年），北京铁匠胡同叶铺刻印的《新刊真楷大字全号缙绅便览》一卷，就是蓝印。

明代早期印书多采用白棉纸。万历以后则大量采用竹纸，因为竹纸价廉。北京原来也产纸，因质低价高，逐步被江西南丰等地所产的纸取代，官私刻书多采用南方产的竹纸印刷。

明代书籍的装订，有承袭宋本书的蝴蝶装、梵夹装，元代的包背装，还有极少数的卷轴装。梵夹装即经折装，主要用于佛教经卷，明代的《南藏》、《北藏》皆为经折装。包背装乃沿用元代的装订形式，明初最为流行。内府的经厂本，北京的坊刻本，大多为包背装。《永乐大典》也是采用包背装，裱褙成册，内订棉纸纸捻，外用黄绫硬面包背。

线装则是明代中后期兴起的一种装订形式，北宋时已出现过线装，当时称为"缝缋"。元代也用过此种装订方法，称为"方册"，但均未推广开。明万历以后，才逐渐流行，并日益成为书籍的主要装订形式。现存较早的明线装书有正德元年（1506 年）司礼监重刻的《少微通鉴节要外记续编》。正德六年（1511 年）司礼监刊印的《大明会典》，均为蓝绫面线装。线装较经折装省钱省料，便于搬运和收藏。

线装书先将印张对折，折好叠成一册，用锥子穿小孔，再用棉线或蚕丝线订成一册。线装书多用软纸作书衣，在外表穿孔。最常见的是 4 孔，次为 6 孔，还有 5 孔、7 孔、8 孔，甚至 10 孔。7 孔与 10 孔比较少见。书皮除用纸外，也有用布、绫、绢的。装订是印刷的一道重要工序，是一个专门的工种，要有专门的技术。[324]

注释：

（1）《明史》卷二《本纪第二·太祖二》。

（2）《明太宗实录》卷十七《永乐元年·二月庚戌》。

（3）《明太宗实录》卷二百二十九《永乐十八年·九月丁亥》。

（4）《明史》卷四十《志第十六·地理一》。

（5）孙健主编：《北京古代经济史》，北京燕山出版社 1996 年版，第 174 页。

（6）尹钧科等：《古代北京城市管理》，同心出版社 2002 年版，第 272 页。

（7）陈晓苏：《从明代北京的经济发展看北京外城的修建》，见北京市文物研究所编：《北京文物与考古》（第 2 辑），北京燕山出版社 1991 年版，第 280 页。

（8）北京市地方志编纂委员会编：《北京志·综合经济管理卷·物资志》，北京出版社 2004 年版，第 372 页。

（9）陈诗启：《从明代官手工业到中国近代海关史研究》，厦门大学出版社 2004 年版，第 34 页。

（10）孙健主编：《北京古代经济史》，北京燕山出版社 1996 年版，第 181 页。

（11）（清）孙承泽：《天府广记》卷二十一《工部》，北京古籍出版社 1982 年版，第 273 页。

（12）陈诗启：《从明代官手工业到中国近代海关史研究》，厦门大学出版社 2004 年版，第 35 页。

（13）（清）孙承泽：《天府广记》卷二十一《工部》，北京古籍出版社 1982 年版，第 273 页。

（14）（明）何士晋：《工部厂库须知》卷三《营缮司》，见《续修四库全书》878 册，第 369 页。

（15）（明）何士晋：《工部厂库须知》卷四《三山大石窝》，见《续修四库全书》878 册，第 404 页。

（16）（明）何士晋：《工部厂库须知》卷四《都重城》，见《续修四库全书》878 册，第 407 页。

（17）（明）何士晋：《工部厂库须知》卷四《修仓厂》，见《续修四库全书》878 册，第 408 页。《大明会典》卷一百八十七《仓库》则谓："凡提督修仓。正统二年，初差工部堂上官提督。后复添设员外郎一员职专修仓，仍以堂上官提督。后又差内臣，及户部管仓堂上官提督。嘉靖十五年奏准，裁革京通二仓修仓内臣。令工部堂上官，并原委太仓通州员外主事，督率各卫所官修理。四十三年，令京仓修仓员外主事，于就近公署居住督工。"可见，主事的设立经历了一个发展过程。

（18）（明）何士晋：《工部厂库须知》卷四《见工灰石作二差》，见《续修四库全书》878 册，第 422 页。

（19）（明）何士晋：《工部厂库须知》卷四《缮工司兼管小修》，见《续修四库全书》878 册，第 416 页。

（20）（明）何士晋：《工部厂库须知》卷五《台基厂》，见《续修四库全书》878 册，第 444 页。

（21）《大明会典》卷一百八十二《营造二·仪仗一》。

（22）（23）《明史》卷七十二《志第四十八·职官一》。

（24）（25）（26）（27）万历《大明会典》卷一百九十二《军器、军装一》。

（28）（明）何士晋：《工部厂库须知》卷七《宝源局》，见《续修四库全书》878 册，第 507 页。

（29）万历《大明会典》卷一百九十四《铸器》。

（30）（明）何士晋：《工部厂库须知》卷七《街道厅》，见《续修四库全书》878 册，第 519—520 页。

（31）《明史》卷七十九《志第五十五·食货三·漕运仓库》。

（32）（清）孙承泽：《天府广记》卷二十一《工部》，北京古籍出版社 1982 年版，第 274 页。

（33）（明）何士晋：《工部厂库须知》卷十一《器皿厂》，见《续修四库全书》878 册，第 646 页。

（34）（明）何士晋：《工部厂库须知》卷十《六科廊》，见《续修四库全书》878 册，第 613 页。

（35）（明）何士晋：《工部厂库须知》卷十《通惠河》，见《续修四库全书》878 册，第 611 页。

（36）《明武宗实录》卷七十七《正德六年·七月》。

（37）（38）万历《大明会典》卷二百一《织造》。

（39）（清）孙承泽：《天府广记》卷二十一《工部》，北京古籍出版社 1982 年版，第 275 页。

（40）万历《大明会典》卷二百三《山陵》。

（41）万历《大明会典》卷七十九《印信》。

（42）（明）沈德符《万历野获编》补遗卷一《内府诸司》载："内官十二监四司八局，总谓之二十四衙门，俱在禁地，惟浣衣局则在皇城之外为异耳。"

（43）（明）王世贞《凤洲杂编》五，则曰内官十一监（神宫、尚宝、孝陵神宫、尚膳、尚衣、司设、内官、司礼、御马、印绶、直殿），二司（钟鼓、惜薪），六局（兵仗、内织染、针工、巾帽、司苑、酒醋面），三库（内承运、司钥、内府供用）。

（44）（45）（46）（47）（明）刘若愚：《酌中志》卷十六《内府衙门职掌》，北京古籍出版社 1994 年版，第 99、103、115、114 页。

（48）（明）王世贞：《凤洲杂编》五，中华书局 1985 年版，第 150 页。

（49）（50）（51）（52）（53）（明）刘若愚：《酌中志》卷十六《内府衙门职掌》，北京古籍出版社 1994 年版，第 102、103、104、105 页。

（54）（55）（明）王世贞：《凤洲杂编》五，中华书局 1985 年版，第 152 页。

（56）（57）（明）刘若愚：《酌中志》卷十六《内府衙门职掌》，北京古籍出版社 1994 年版，第 111、110 页。

（58）（明）王世贞：《凤洲杂编》五，中华书局 1985 年版，第 152 页。

（59）（60）（61）（62）（63）（明）刘若愚：《酌中志》卷十六《内府衙门职掌》，北京古籍出版社 1994 年版，第 111、112、114、106、109—110 页。

（64）（明）沈德符：《万历野获编》补遗卷一《内府诸司》，中华书局 1959 年版，第 812 页。

（65）万历《大明会典》卷三十《库藏一》。

（66）万历《大明会典》卷一百九十三《军器、军装二》。

（67）（明）何士晋：《工部厂库须知》卷七《验试厅》，见《续修四库全书》878 册，第 523 页。

（68）万历《大明会典》卷三十《库藏一》。

（69）万历《大明会典》卷二百十三《户科》。

（70）万历《大明会典》卷二百十《巡仓》。

（71）（明）何士晋：《工部厂库须知》卷七《宝源局》，见《续修四库全书》

878 册，第 513 页。

（72）万历《大明会典》卷二百十三《工科》。

（73）以上均见，《大明律集解附例》卷二十九《工律·营造》。

（74）《大明律集解附例》卷三十《工律·河防》。

（75）万历《大明会典》卷一百六十二、一百六十四。

（76）《大明律集解附例》卷十八《刑律·贼盗》。

（77）万历《大明会典》卷三十七《课程六·金银诸课》。

（78）《明神宗实录》卷四百十六《万历三十三年·十二月壬寅》。

（79）万历《大明会典》卷一百九十四《冶课》。

（80）《明太祖实录》卷二百四十二《洪武二十八年·闰九月至十月》。

（81）《大明律集解释例》卷四《户律·户役·人户以籍为定》。

（82）万历《大明会典》卷十九《户口一》。

（83）万历《大明会典》卷一百八十八《工匠一》。

（84）《明史》卷一百三十八《列传第二十六·秦逵》。

（85）（86）《明太祖实录》卷二百三十《洪武二十六年·十月至十二月己亥》。

（87）（88）《明英宗实录》卷一百五十三《正统十二年·闰四月》。

（89）《明英宗实录》卷二百四十《景泰五年·四月乙巳》。

（90）万历《大明会典》卷一百八十九《工匠二》。

（91）魏明孔主编，李绍强、徐建青著：《中国手工业经济通史·明清卷》，福建人民出版社 2004 年版，第 98 页。

（92）（93）万历《大明会典》卷一百八十九《工匠二》。

（94）《明史》卷七十八《志第五十四·食货二·赋役》。

（95）《明史》卷一百八十一《列传第六十九·刘健》。

（96）（97）（98）（99）（100）万历《大明会典》卷一百八十九《工匠二》。

（101）《明宣宗实录》卷二十一《宣德元年·九月戊申》。

（102）《明宣宗实录》卷六十三《宣德五年·二月丙戌》。

（103）（明）李昭祥：《龙江船厂志》卷三《官司志》，江苏古籍出版社 1999 年版，第 93 页。

（104）（明）刘若愚：《酌中志》卷十六《内府衙门职掌》，北京古籍出版社 1994 年版，第 122—123 页。

（105）（106）《大明律集解附例》卷四《户律·户役》。

（107）《大明律集解附例》卷十三《兵律·宫卫》。

（108）（109）（110）（111）万历《大明会典》卷一百八十九《工匠二》。

（112）万历《大明会典》卷一百九十二《军器、军装一》。

（113）《明英宗实录》卷二百三十九《景泰五年·三月》。

（114）《明宣宗实录》卷六十三《宣德五年·二月癸巳》。

（115）《续文献通考》卷十六《职役》，四库全书本。

（116）《御定佩文斋书画谱》卷四十《书家传十九·陈宗渊》，四库全书本。

（117）《御批历代通鉴辑览》卷一百四《以工匠蒯祥、陆祥为工部侍郎》，四库全书本。

（118）《明史》卷一百八十五《列传第七十三·王诏》。

（119）《明史》卷一百八十《列传第六十八·张弘至》。

（120）《明史》卷一百八十一《列传第六十九·刘健》。

（121）《明史》卷一百九十九《列传第八十七》。

（122）《续文献通考》卷四十二《方伎》，四库全书本。

（123）《明史》卷一百八十三《列传第七十一·耿裕》。

（124）《御选明臣奏议》卷二十《乞停工匠等升赏疏》，四库全书本。

（125）万历《大明会典》卷一百二十《铨选三》。

（126）万历《大明会典》卷三十九《廪禄二》。

（127）魏明孔主编，李绍强、徐建青著：《中国手工业经济通史·明清卷》，福建人民出版社 2004 年版，第 107 页。

（128）《明宪宗实录》卷二百六十一《成化二十一·正月下戊申》。

（129）《明世宗实录》卷二十九《嘉靖二年·七月己卯》。

（130）《明宪宗实录》卷一百一《成化八年·二月辛未》。

（131）万历《大明会典》卷一百八十九《工匠二》。

（132）万历《大明会典》卷一百九十四《窑冶》。

（133）《明神宗实录》卷一百十《万历九年·三月丁卯》。

（134）（明）谢肇淛：《五杂俎》卷十五《事部三》。

（135）（136）（137）万历《大明会典》卷一百八十九《工匠二》。

（138）《明史》卷七十八《志第五十四·食货二·赋役》。

（139）（明）张瀚：《松窗梦语》卷四《百工纪》，中华书局 1985 年版，第 76—77 页。

（140）（明）张萱：《西园闻见录》卷三十二《户部一·理财》，民国二十九年哈佛燕京学社印行本。

（141）万历《大明会典》卷三十《库藏一》。

（142）（143）《明世宗实录》卷一百四十二《嘉靖十一年·九月丁巳》。

（144）（明）何士晋：《工部厂库须知》卷十《六科廊条议》，见《续修四库全书》878 册，第 645 页。

（145）万历《大明会典》卷一百九十一《虞衡清吏司·皮张》。

（146）（明）何士晋：《工部厂库须知》卷九《都水司》，见《续修四库全书》878 册，第 586 页。

（147）万历《大明会典》卷一百九十四《窑冶》。

（148）（明）张瀚：《松窗梦语》卷四《百工纪》，中华书局 1985 年版，第 76—77 页。

（149）《钦定古今图书集成》066 册《方舆汇编·职方典》卷四十《顺天府》，引《菊隐纪闻》。

（150）参见（明）张爵：《京师五城坊巷衖衕集》，北京古籍出版社 1982

年版。

（151）（明）何士晋：《工部厂库须知》卷四《见工灰石作》，见《续修四库全书》878 册，第 424 页。

（152）民国《芜湖县志》卷四十八《人物志·宦绩》。

（153）（明）沈德符：《万历野获编》卷二十四《畿辅·会馆》，中华书局 1959 年版，第 608 页。

（154）吕作燮：《试论明清时期会馆的性质和作用》，见南京大学历史系明清史研究室编：《中国资本主义萌芽问题论文集》，江苏人民出版社 1983 年版，第 175—177 页。

（155）道光《重续歙县会馆志·续录后集》。

（156）潞安会馆，据乾隆十一年《重修炉神庵老君殿碑记》载："都城崇文门外，有炉神庵，仅存前明张姓碑版……吾山右之贸于京者，多业铜、铁、锡、炭诸货，以其有资于炉也。"

（157）平遥会馆，据乾隆六年《修建戏台罩棚碑记》。

（158）临汾东馆，据乾隆三十三年《重修临汾东馆记》："临汾为山右平阳首邑，其立东馆于京师也，自前明始……乡之人贸迁于畿甸者，率会聚于是焉。"

（159）临汾西馆，据光绪十八年《重修临汾会馆碑记》："我邑之宦于京师者为盛，即巨商大贾。我邑之牟利于京师者，亦视各属为最多"；"馆之设，创于有明"。

（160）鄞县会馆，据中华民国十三年《重修四明会馆碑记》："京师之西南隅多隙地……有旧名鄞县会馆者……相传为明时吾同乡之操药材者集资建造。"

（161）山右会馆，据中华民国二十一年《山右临襄会馆为油市成立始末缘由专事记载碑记》："油市之设，创自前明，后于清康熙年间，移至临襄会馆，迄今已数百年矣。"

（162）（163）（164）（165）（166）（168）（明）沈榜：《宛署杂记》卷十三《铺行》，北京古籍出版社 1982 年版，第 103、104、108 页。

（167）（明）顾起元：《客座赘语》卷二《铺行》，中华书局 1987 年版，第 66 页。

（169）《明神宗实录》卷三百四十八《万历二十八年·六月》。

（170）《明神宗实录》卷三百八十《万历三十一年·正月丙寅》。

（171）《明史》卷七十八《志第五十四·食货二·赋役》。

（172）孙殿起：《琉璃厂小志》，北京古籍出版社 1982 年版，第 22 页。

（173）（174）（明）贺仲轼：《两宫鼎建记》卷中，中华书局 1985 年版，第 11—12、10 页。

（175）（清）于敏中等：《日下旧闻考》卷一百五十《物产》，引《明水轩日记》，北京古籍出版社 1985 年版，第 2403 页。

（176）（清）于敏中等：《日下旧闻考》卷一百三十《京畿》，引《房山县志》，北京古籍出版社 1985 年版，第 2092 页。

（177）（明）谢肇淛：《五杂俎》卷三《地部一》。

（178）引自陈喜波、韩光辉：《明北京城营建石料采办研究》，载《北京社会科学》2010 年第 2 期。

（179）万历《怀柔县志》卷一《地理志》。

（180）万历《大明会典》卷一百九十《物料·石灰》。

（181）《明太宗实录》卷十六《永乐元年·正月辛卯》。

（182）《明太宗实录》卷二十三《永乐元年·九月辛卯》。

（183）《明太宗实录》卷九十二《永乐七年·五月壬申》。

（184）单士元：《明代营建北京的四个时期》，见于傅云主编：《紫禁城建筑研究与保护：故宫博物院建院 70 周年回顾》，紫禁城出版社 1995 年版，第 4 页。

（185）北京市文物研究所编：《北京考古四十年》，北京燕山出版社 1990 年版，第 193 页。

（186）持永乐四年（1406 年）说，如《大政记》、《明大政纂要》、《国榷》、《明史·地理志》、《明通鉴》；王宏凯：《明成祖营建北京始于永乐四年考》（北京市社会科学院历史所编：《北京史研究（一）》，北京燕山出版社 1986 年版）；单士元：《故宫》（《文物参考资料》1957 年第 1 期）；侯仁之：《历史上的北京城》（《光明日报》1962 年 1 月 17 日）；等等。持永乐十五年（1417 年）说，如《明实录》、《昭代典则》、《春明梦余录》、《天府广记》；王剑英：《明初营建北京始于永乐十五年六月考》（北京史研究会：《北京史论文集》，1980 年版）；等等。

（187）万历《大明会典》卷一百八十一《营造一·内府》。

（188）（189）《明太宗实录》卷五十七《永乐四年·闰七月壬戌》。

（190）《明太宗实录》卷九十三《永乐七年·六月戊申》。

（191）《明太宗实录》卷一百五十五《永乐十二年·九月癸未》。

（192）《明太宗实录》卷一百六十二《永乐十三年·三月丁巳》。

（193）《明太宗实录》卷一百八十七《永乐十五年·四月癸未》。

（194）《明太宗实录》卷二百十八《永乐十七年·十一月甲子》。

（195）（196）（清）周家楣、缪荃孙编纂：《光绪顺天府志》，北京古籍出版社 1987 年版，第 9、8—9 页。

（197）《明太宗实录》卷二百三十二《永乐十八年·十二月癸亥》。

（198）《明英宗实录》卷五十四《正统四年·四月丙午》。

（199）《明英宗实录》卷六十五《正统五年·三月戊申》。

（200）单士元：《明代营建北京的四个时期》，见于傅云主编：《紫禁城建筑研究与保护：故宫博物院建院 70 周年回顾》，紫禁城出版社 1995 年版，第 6 页。

（201）《明史》卷一百五十五《列传第四十三·蒋瑍》。

（202）（清）周家楣、缪荃孙编纂：《光绪顺天府志》，北京古籍出版社 1987 年版，第 10 页。

（203）《明世宗实录》卷三百九十六《嘉靖三十二年·闰三月丙辰》。

（204）《明世宗实录》卷三百九十七《嘉靖三十二年·四月》

（205）单士元：《明代营建北京的四个时期》，见于阜云主编：《紫禁城建筑研究与保护：故宫博物院建院 70 周年回顾》，紫禁城出版社 1995 年版，第 8 页。

（206）张钦楠：《中国古代建筑师》，生活·读书·新知三联书店 2008 年版，第 217—218 页。

（207）萧默：《巍巍帝都：北京历代建筑》，清华大学出版社 2006 年版，第 102 页。

（208）洪武初首先用砖包砌城墙外面，正统间又包砌了城墙内侧。

（209）（210）参见中国科学院自然科学史研究所主编：《中国古代建筑技术史》，科学出版社 1985 年版，第 449、453 页。

（211）《明宪宗实录》卷二百十三《成化十七年·三月辛丑》。

（212）引自杨永生编：《哲匠录》，中国建筑工业出版社 2005 年版，第 148 页。

（213）《明英宗实录》卷二十三《正统元年·十月辛卯》。

（214）《明英宗实录》卷一百三十《正统十年·六月戊辰》。

（215）（明）叶盛：《水东日记》卷十一《阮太监修营劳绩》，中华书局 1980 年版，第 123 页。

（216）杨永生编：《哲匠录》，中国建筑工业出版社 2005 年版，第 155 页。

（217）韦唐、洪宇：《北京——人文荟萃之所》，人民教育出版社 1998 年版，第 22 页。

（218）《明史》卷一百四十六《列传第三十四·陈珪》。

（219）《明史》卷一百五十一《列传第三十九·吴中》。

（220）康熙《松江府志·艺术传》，引自杨永生编：《哲匠录》，中国建筑工业出版社 2005 年版，第 148 页。

（221）韦唐、洪宇：《北京——人文荟萃之所》，人民教育出版社 1998 年版，第 21—22 页。

（222）引自杨永生编：《哲匠录》，中国建筑工业出版社 2005 年版，第 165 页。

（223）参见中国科学院自然科学史研究所主编：《中国古代建筑技术史》，科学出版社 1985 年版，第 449 页。萧默：《巍巍帝都：北京历代建筑》，清华大学出版社 2006 年版，第 92—96 页。

（224）龙霄飞等：《帝都赫赫人神居：宫殿、坛庙、王府、四合院》，光明日报出版社 2006 年版，第 35 页。

（225）参见萧默：《巍巍帝都：北京历代建筑》，清华大学出版社 2006 年版，第 143 页。

（226）（227）参见龙霄飞等：《帝都赫赫人神居：宫殿、坛庙、王府、四合院》，光明日报出版社 2006 年版，第 61、43—44 页。

（228）参见李福顺主编：《北京美术史（上）》，首都师范大学出版社 2008 年版，第 533 页。

（229）（明）刘侗、于奕正：《帝京景物略》卷一《城北内外·大隆福寺》，北京古籍出版社 1983 年版，第 43 页。

（230）苗天娥：《浅谈法海寺曼陀罗的深刻内涵》，载《北京文博》2006 年第

4 期。

（231）参见李福顺主编：《北京美术史（上）》，首都师范大学出版社 2008 年版，第 536—540 页。

（232）参见薛增起、薛楠：《北京的塔》，北京出版社 2002 年版，第 55 页。

（233）（234）（235）参见李福顺主编：《北京美术史（上）》，首都师范大学出版社 2008 年版，第 546、549—550、550—552 页。

（236）参见刘东声、刘盛林：《北京牛街》，北京出版社 1990 年版，第 139—140 页。

（237）殷海山等：《中国少数民族艺术词典》，民族出版社 1991 年版，第 350 页。

（238）参见李福顺主编：《北京美术史（上）》，首都师范大学出版社 2008 年版，第 553—554 页。

（239）《明史》卷六十《志第三十六·礼十四·谒祭陵庙》。

（240）《明仁宗实录》卷十《洪熙元年·五月辛巳》。

（241）《明史》卷五十八《志第三十四·礼十二·山陵》。

（242）《明史》卷二百二十四《列传第一百十二·严清》。

（243）（244）（245）朱祖希：《千年古都话沧桑：北京城的演进、桥梁、长城》，光明日报出版社 2006 年版，第 162—163、197、187 页。

（246）《明世宗实录》卷一百九十八《嘉靖十六年·三月丁未》。

（247）（248）参见李福顺主编：《北京美术史（上）》，首都师范大学出版社 2008 年版，第 563—565、565—567 页。

（249）（明）朱国祯：《涌幢小品》卷四《铁炉》，中华书局 1959 年版，第 94 页。

（250）（251）万历《大明会典》卷一百九十四《窑冶·遵化铁冶事例》。

（252）（明）方以智《物理小识》卷七《金石类》，四库全书本。

（253）《畿辅通志》卷五十七《土产》，引《戒庵老人漫笔》，四库全书本。

（254）（明）朱国祯：《涌幢小品》卷四《铁炉》，中华书局 1959 年版，第 94 页。

（255）（明）陆容：《菽园杂记》卷十四，中华书局 1985 年版，第 175 页。

（256）夏明明、于淑芬：《铸钟厂与汉经厂》，见北京市社会科学研究所《北京史苑》编辑部：《北京史苑（第一辑）》，北京出版社 1983 年版，第 357 页。

（257）（258）（259）凌业勤、王炳仁：《北京明永乐大铜钟铸造技术的探讨》，见科学史集刊编辑委员会：《科学史集刊 6》，科学出版社 1963 年版，第 39、41、43 页。

（260）（明）宋应星：《天工开物》卷八《冶铸》，明崇祯刻本。

（261）（清）于敏中等：《日下旧闻考》卷六十三，引《春明梦余录》，北京古籍出版社 1985 年版，第 1041 页。

（262）（明）谢肇淛：《五杂俎》卷十二《物部四》。

（263）《明世宗实录》卷四百二十一《嘉靖三十四年·四月戊寅》。

（264）（清）孙承泽：《春明梦余录》卷四十七《铸钱则例》，北京古籍出版社1992年版，第1010页。

（265）（明）宋应星：《天工开物》卷八《冶铸》，明崇祯刻本。

（266）（明）刘若愚：《酌中志》卷十六《内府衙门职掌》，北京古籍出版社1994年版，第110页。

（267）尹钧科：《丰台文脉》，首都师范大学2009年版，第46页。

（268）（明）宋应星：《天工开物》卷十一《燔石》，明崇祯刻本。

（269）《明史》卷九十二《志第六十八·兵四》。

（270）（明）沈德符：《万历野获编》卷十七《兵部》，中华书局1959年版，第433页。

（271）（明）邱濬：《大学衍义补》卷一百二十二《器械之利》下，京华出版社1999年版，第1058页。

（272）（明）茅元仪：《武备志》卷一百二十六《火器图说五》，华世出版社1984年版，第5177页。

（273）《明英宗实录》卷一百八十五《正统十四年·十一月壬辰》。

（274）（明）茅元仪：《武备志》卷一百二十五，华世出版社1984年版，第5150页。

（275）（明）茅元仪：《武备志》卷一百二十五，华世出版社1984年版，第5151页。

（276）万历《大明会典》卷一百九十二《军器、军装一》。

（277）《明史》卷九十二《志第六十八·兵四》。

（278）刘旭：《中国火药火器史》，大象出版社2004年版，第79页。

（279）（明）陈子龙等：《明经世文编》卷二百二十三《置造火器疏》，中华书局1962年版，第2343页。

（280）（明）刘若愚：《明宫史》木集《御酒房》，北京古籍出版社1982年版，第47页。

（281）（唐）李贺：《将进酒》，见《全唐诗》卷393之041。

（282）（明）顾清：《傍秋亭杂记》卷下。

（283）（明）刘基：《多能鄙事》卷一《饮食类·造酒法》。

（284）（明）刘若愚：《明宫史》金集《宫殿规制》，北京古籍出版社1982年版，第18页。

（285）（清）戴璐：《藤阴杂记》卷三，上海古籍出版社1985年版，第39页。

（286）（明）史玄：《旧京遗事》，北京古籍出版社1986年版，第26页。

（287）（明）刘若愚：《明宫史》火集《饮食好尚》，北京古籍出版社1982年版，第85、88页。

（288）（明）张爵：《京师五城坊巷衚衕集》西城"阜财坊"，北京古籍出版社1982年版，第11页。

（289）（明）史玄：《旧京遗事》，北京古籍出版社1986年版，第26页。

（290）（明）蒋一葵：《长安客话》卷二《皇都杂记》，北京古籍出版社1982

年版，第 40 页。

（291）（明）沈德符：《万历野获编》卷二十四《畿辅·京城俗对》，中华书局 1959 年版，第 613—614 页。

（292）（明）刘侗、于奕正：《帝京景物略》卷四《西城内·城隍庙市》，北京古籍出版社 1980 年版。

（293）（明）刘侗、于奕正：《帝京景物略》卷四《西城内·城隍庙市》，北京古籍出版社 1980 年版。

（294）（明）高濂：《遵生八笺》，巴蜀书社 1992 年版，第 555 页。

（295）参见王寅初：《中国古代金属工艺品的奇葩——宣德炉》，载《金属世界》1999 年第 5 期。常华安：《大明宣德炉综论》，载《中国历史文物》2008 年第 1 期。

（296）（明）曹昭著、王佐增补：《新增格古要论》卷七《古窑器论·大食窑》，中华书局 1985 年版，第 155 页。

（297）（元）吴莱：《渊颖集》卷二《大食瓶》，四库全书本。

（298）参见朱家溍：《铜掐丝珐琅和铜胎画珐琅》，载《文物》1960 年第 1 期。

（299）参见邓喆：《论景泰蓝的色彩风格特点及形成原因》，载《大众文艺（理论）》2008 年第 4 期。

（300）朱家溍：《铜掐丝珐琅和铜胎画珐琅》，载《文物》1960 年第 1 期。

（301）参见林超：《传统景泰蓝工艺及其历史渊源浅谈》，载《山东工艺美术学院学报》2007 年第 2 期。

（302）曹子西主编：《北京通史》（第六卷），中国书店 1994 年版，第 276 页。

（303）参见朱家溍：《铜掐丝珐琅和铜胎画珐琅》，载《文物》1960 年第 1 期。

（304）（明）陈子龙等：《明经世文编》卷七十三《守边议》，中华书局 1962 年版，第 619 页。

（305）《明神宗实录》卷三百八十一《万历三十一年·二月癸巳》。

（306）《明孝宗实录》卷九十三《弘治七年·十月癸未》。

（307）《畿辅通志》卷五十七《土产》，四库全书本。

（308）（民国）宗庆煦等：《密云县志》卷六之六《事略·烈女》，成文出版社 1968 年版，第 421、423、424 页。

（309）（民国）马文焕等：《香河县志》卷六《列女》，成文出版社 1968 年版，第 308、309—310、311 页。

（310）（清）缪荃孙等：《光绪昌平州志》卷十五《烈女》，成文出版社 1968 年版，第 704 页。

（311）《大明律集解附例》卷十《户律·市廛》。

（312）参见韦承兴：《北京手工造纸业起源史考证》，载《中国造纸》1988 年第 2 期。

（313）（明）刘若愚：《酌中志》卷十六《内府衙门职掌》，北京古籍出版社 1994 年版，第 109—110 页。

（314）（明）刘若愚：《酌中志》卷十六《内府衙门职掌》，北京古籍出版社

1994 年版，第 110 页。

（315）参见韦承兴：《北京手工造纸业起源史考证》，载《中国造纸》1988 年第 2 期。

（316）（明）刘若愚：《明宫史》金集《宫殿规制》，北京古籍出版社 1982 年版，第 11—12 页。

（317）万历《大明会典》卷一百八十九《工匠二》。

（318）参见罗树宝：《中国古代印刷史》，印刷工业出版社 1993 年版，第 303 页。

（319）《北京工业志》编委会编：《北京工业志·印刷志》，中国科学技术出版社 2001 年版，第 54 页。

（320）张秀民：《中国印刷史》，上海人民出版社 1989 年版，第 357 页。

（321）参见罗树宝：《中国古代印刷史》，印刷工业出版社 1993 年版，第 328 页。

（322）《北京工业志》编委会编：《北京工业志·印刷志》，中国科学技术出版社 2001 年版，第 59—62 页。

（323）（清）阮葵生：《茶馀客话》卷十六《坊刻时文》，中华书局 1959 年版，第 468 页。

（324）《北京工业志》编委会编：《北京工业志·印刷志》，中国科学技术出版社 2001 年版，第 64—65 页。

第九章　清代前期

　　清顺治元年（1644 年）定鼎北京之后，沿袭明制，仍以北京为京师。但清代京师专指北京城及近郊城属地区而言，这与明代京师稍有不同。明京师除指国都北京城外，还指整个北直隶省。[1]

　　清于京师置顺天府，《清史稿·职官志》载："乾隆八年，定为二十四州、县隶府"[2]。顺天府所领 24 州县，为大兴、宛平、良乡、固安、永清、东安、香河、通州、三河、武清、宝坻、宁河、昌平州、顺义、怀柔、密云、霸州、文安、大城、保定、涿州、房山、蓟州、平谷。清代除顺天府外，与今北京市境有关联的，还有宣化府延庆州、承德府滦平县及独石口厅。[3]

　　清代前期（1644—1840 年）京师的手工业，经明末清初的破坏之后，到康熙时期基本恢复起来，乾隆盛世达到鼎盛时期。清前期的京师手工业仍然分为官营和民间两种。官营手工业日渐衰落，民间手工业逐渐扩大，数量上比明代有所增加。

　　就总体生产规模和行业种类而言，清前期北京的官营手工业虽不及元明两朝大而繁杂，但在工艺技术的某些方面则超过前代。尤其是特色手工艺制作，在规模和技术上都有较大发展。清代前期京师的主要手工业，有军火业、铸钱业、织染业、建筑业、酿酒业及手工艺品制造业等。

第一节　京师的官营手工业

一、机构设置与经营规模

1. 管理机构及其职能

　　入清之后，京师的官手工业改隶清工部和内务府等机构。清工部，"掌天下工虞、器用、办物、庀材，其有陵寝、宫府、城垣、仓库诸大事，各率所司，分督监理"，其属有营缮、虞衡、都水、屯田四清吏司。营缮司，"掌缮治坛庙、宫府、城郭、仓库、廨宇、营房之役，凡物料各贮一厂，籍其数以供修作之用"，负责京内各衙门土木杂作；虞衡司，"掌山泽、采办、陶冶、器用、修造、权衡、武备"，负责制造军器火药等；都水司，"掌水利、河防、桥道、舟车、券契、量衡"，负责刻字、印刷、画匠、渡船、桥夫等各项事务；屯田司，"掌修缮、陵寝，并屯种、抽分、夫役、坟茔之事，凡筑造树碑开窑凿石悉司其禁令"，负责管理以上各工部作坊和手工工场守卫职责等。[4]工部各司的手工业作坊中，虞衡司下有火药局、安民厂、濯灵厂、盔甲厂、硝黄库专门制造和贮存火药及其原料，还有制造生、熟铁炮及铜炮的炮局、军需库等；都水司下有刻石、作画、染纸、裁缝等各工匠。

　　清代工部机构中，还有制造库、宝源局、琉璃窑、料估所、街道厅、皇木厂等部门。制造库"掌攻冶金革"，是工部重要的官手工业机构，其下设银作、锾作、皮作、绣作、甲作5个造作场，以及门神、门帘二库；宝源局"掌鼓铸钱布"；琉璃窑"掌大工陶冶"；料估所"掌审曲面势，以鸠百工"；街道厅"掌平治道塗，经理沟洫"；皇木厂"（监督）掌稽收运木……（柴薪监督）掌储木材……（煤炭监督）掌采取薪炭以供宫府之用"。[5]

　　除工部外，政府直接经办的还有户部宝泉局"掌铸造制钱收纳铜课"[6]，礼部铸印局"掌铸造金玺及内外百官之印信"[7]。

　　工部之外，清宫内的官手工业由内务府各内监局管理。内务府"掌内府财用、出入、祭祀、宴饗、膳馐、衣服、赐予、刑法、工作、教习之事……其属有七司，曰广储……曰营造……国初置内务府……顺治十一年裁，十八年复设……又设武备院、上驷院与织染局"[8]。

　　广储司下设六库、七作、二房。据《石渠余纪》载："广储司，掌银、皮、瓷、缎、衣、茶六库之藏物，相类者兼贮焉，稽其出纳。掌银、铜、染、衣、皮、绣、花七作之匠，以供御用。及宫中冠服、器币，三织造及内织染局属焉。"[9]

　　银作，"专司成造金银首饰器皿，装修数珠小刀等事"。铜作，"专司打造铸作各样铜锡器皿，拔丝、胎钣、錾花、烧古及乐器等事"。染作，"专司染洗绸绫、布匹、丝绒、棉线、氆氇、哔叽缎、羊羔、鹿皮、毡黏、鞍笼、绒绳、马尾、羊角、灯片，及炼绢、弹粗细棉花等事"。熟皮作，"专司熟洗各种皮张，成造羊角天灯、万寿灯、执灯等灯，宝盖、璎珞、流苏，并拴吉祥摇车、御喜凤冠垂珠，做鹰帽五指，织造氆氇等事"。绣作，"专司刺绣上用朝衣、礼服、袍褂、迎手、靠背、坐褥、伞韂，内庭所用袍褂、官用甲面补子等项，及实纳上用鞊、官用鞊、弓插、凉棚、帐房、角云等项"。花作，"专司成造各色绫绸、纸绢、通草，米家供花、宴花、瓶花等项，络丝、练丝、合线、做弦及鹰鹘绊等事"。针线房，"成造上用朝服，及内庭四时衣服、靴袜等项"。[10] 衣作和帽房，成造各种衣帽，皆造作不常。

营造司，"掌宫禁之缮修，其属有木、铁、房、器、薪、炭之六库，铁、漆、炮之三作"[11]。这里的炮作制作的是花炮爆仗，并非军器。

武备院，"掌上甲胄、弓矢、兵仗及鞍辔、行帐诸事……凡兵仗，皆由院敬谨修造，御用弓矢皆选盛京之良楛砮石成造"[12]。

京内织染局，织造御用缎匹，初属工部，设于地安门嵩祝寺后，康熙三年（1664 年）划归内务府。乾隆十六年（1751 年），将织染局移至万寿山。[13]

养心殿造办处，"掌供器物玩好"[14]。乾隆二十三年（1758 年）以前，造办处辖有 42 作，即画院，如意馆，盔头作，做钟处，琉璃厂，铸炉处，炮枪处，舆图房，弓作，鞍甲作，珐琅作，镀金作，玉作，累丝作，錾花作，镶嵌作，摆锡作，牙作，砚作，铜作，镀作，凿活作，风枪作，眼镜作，刀儿作，旋轴作，匣作，裱作，画作，广木作，木作，漆作，雕銮作，旋作，刻字作，灯作，裁作，花儿作，缘儿作，穿珠作，皮作，绣作。乾隆二十三年（1758 年）裁并后，剩留了匣裱作，油木作，灯裁作，金玉作，铜镀作，盔头作，如意馆、造钟处，琉璃厂，铸炉处，枪炮处，舆图房，珐琅作共 13 作。乾隆四十八年（1783 年），炮枪处的弓作及鞍甲作又独立分出，总数又增至 15 作。到清末光绪年间，复裁弓作及鞍甲作，增设花爆作（后改花爆局专司采购西洋烟火），又降为 14 作。造办处可谓是宫内最大的造作工场。[15]

2. 生产经营规模

清前期京师官手工业的生产与经营规模，从其使用经费和役使工匠人数，可知大略。

首先，就使用经费来看，清代前期的官手工业已较明代大为缩减。康熙四十九年（1710 年）谕户部："前（明）光禄寺一年用银一百万两，今止用十万两，（明）工部一年用二百万两，今止用二三十万两，必如此，然后可谓之节省也。"[16] 到康熙末年，官手工业经费更加减少，"光禄寺年用四五万（两），工部十五万余"[17]。乾隆时经费略有增加，乾隆三十年（1765 年），内务府、工部、太常侍、光禄寺、理藩院总共备用银 56 万两，内务府备用钱 5000 千，国子监膏火银 60 两，钦天监时宪书银 498 两有奇，宝泉、宝源两局料银 107671 两余[18]，总数经费也不过七十余万两，与明朝宫内用银和工部用银总共 300 万两的经费相较，清官手工业经费显然相形见绌，这也从一个侧面反映了清代前期京师手工业规模的萎缩。

其次，从使用工匠人数来看，清代前期的官手工业也远远小于元明两朝。雍正元年（1723 年），工部四清吏司额作匠役（包括首领、作管等）分别为：营缮司 97 名，虞衡司 64 名，都水司 107 名，屯田司 114 名。工部门神、门帘二库匠役（包括内监、库役等）共 187 名。工部制造库五作额设匠役（包括领催、种地领催等）271 名。此外，广储司额匠 1460 名，造办处食饷人匠 419 名，京内织染局匠 825 名。[19]以上数字皆按清代在工部和宫内长期造作的额作匠役最多时统计，总共各类匠役亦不过 3544 名。此数目与元代大都系官人匠 40 万，及与明代隆庆三年（1569 年）住坐匠较低数目 13367 员名比较，则清代不及元代的百分之一，明朝的三分之一。

更具体的例子是，明嘉靖四年（1525 年）织染局有军匠 2164 名，内官监新、旧工匠 9356 名，总计 1.1 万余名。其他监局食粮人役难以数计[20]。然而，清代内务府织染局在康熙初年最多时也仅有工匠 825 名，此后经多次裁减，至雍正十三年（1735 年），只剩下 190 名。[21]这些表明，清代前期京师官手工业规模大大地缩减了。

二、官手工业的工匠

1. 匠籍制度的废除与官府工匠的来源

明末，由于匠班银（匠价）的实行，匠籍制度日益失去了效用。清朝入关之后，于顺治二年（1645 年）正式下令废除匠籍。《嘉庆大清会典事例》记："顺治二年题准，除豁直省匠籍，免征京班匠价。"[22]《清朝文献通考》载："前明之例，民以籍分，故有官籍、民籍、军籍、医、匠、驿、灶籍，皆世其业，以应差役。至是除之。其后民籍之外，惟灶丁为世业。"[23]其后，匠班银制度曾一度保留。顺治十五年（1658 年）议准，"京班匠价，仍照旧额征解"[24]。康熙三十六年（1697 年）后，各省匠班银又陆续"并归田亩"[25]，"匠价银"仅仅作为《赋役全书》的一个征银项目，"匠价"的原有意义亦不复存在，这是班匠制度的尾声。工匠世袭制度的最终取消，反映了清代官手工业工匠的人身束缚进一步松弛，也标志着官手工业的衰落。

匠籍制度废除之后，清朝官手工业工匠的来源则主要靠雇觅民间工匠。如顺治二年（1645 年），"重建太和殿，令顺天府所属州县各解匠役百名，赴工应役"。又如康熙十年（1671 年）题准："紫禁城皇城内工程，应用匠役，转行五城确查土著，具结解送充役。又议准，嗣后各衙门应用匠役，均行都察院转行五城取用，永以为例。"[26]顺治十二年（1655 年）就规定："地方各匠有愿应役者，速行解部，照时给价赴工。"[27]按工给值，变无偿服役为有偿劳役，对工匠生产积极性有一定促进作用。这种制度的普遍推行，是元明以来官府工匠服役制度的重要变化。

2. 工匠的管理与待遇

清代前期，政府对于工匠的雇觅有着严格的规定。如康熙九年（1670 年）题准："官员解送匠役，或名数短少，或不择良工，以老病不谙之人塞责者，罚俸六月。"又如乾隆元年（1736 年）复准："内工重地，理宜肃清，管工官分饬各属，择朴实有身家者，点为夫头，各将召募之夫，取具甘结存案。其夫役每人各给火烙腰牌一面，稽查出入。如有酗酒赌博等事，即严惩驱逐……若风闻免脱及知情卖放，即将该管夫头交该地方官勒限严比，侯拏获本犯，分别治罪。"[28]可见，若雇觅的工匠在身体、技能等方面不符合要求，或参与酗酒赌博等事，则不仅工匠受到严惩，而且对于从事雇觅的官员也有相应的追究措施。

清前期，政府规定的官手工业雇佣民匠匠价略高于民间雇价，以吸收民间工匠应役。顺治十六年（1659 年）题准："内工，每匠给银二钱四分，每夫给银一钱二分；冬月，每匠给银一钱九分，每夫给银一钱。外工匠夫，比内工各减银二分。"康熙四年（1665 年）题准："内工，每匠给银二钱四分，每夫给银一钱二分。外工，每匠给银二钱二分，每夫给银八分。冬月，不论内外工，每匠给银一钱四分，每夫给银七分。"雍正元年（1723）规定："各项匠役，每工给银一钱八分，冬月给银一钱四分，夫役仍旧。"乾隆元年（1736 年）议准："各匠工价，旧例长工每日给钱百八十文，短工给钱百四十文，今核定无论长短工给钱百五十四文。搭材匠，长工每日给钱百七十文，短工给钱百四十文，今无论长短工给钱百四十文。夯硪夫，旧例日给钱百三十文，今核定给钱百文。壮夫，长工日给钱八十文，短工日给钱六十文，今无论长短工给钱七十五文。食粮匠，仍旧日给钱六十文。"[29]

乾隆三十年（1765年）京畿工资表　　　　　　单位：银两

品名 \ 地区	良乡	固安	通州	怀柔	涿州
匠工	0.12	0.15	0.15	0.15	0.10
夫工	0.06	0.08	0.08	0.08	0.05

资料来源：根据乾隆三十年汇总；乾隆三十年刊印的直隶物料价值。转引自孙健主编：《北京经济史资料——古代部分》，北京燕山出版社1990年版，第649页。

　　据研究，清代前期，京畿的匠工工价明显高于全国其他地区，乾隆二十六年至三十年（1761—1765年）间，手工业相当发达的江南地区，苏州匠工价仅六分，南京松江为五分，夫工徐州最高，每工二五分，南京，苏州，扬州均为四分。京畿的匠工工资比苏州高70%至250%，夫工也比南京高出一倍。清代前期粮价也不很高，相对而言，官手工业工匠反能维持较高的生活水平。[30]

　　3. 内务府造办处工匠

　　内务府造办处工匠分南、北两匠。北匠之"北"乃指北京，籍贯则并非皆为京籍，乃华北各省都有，而玉匠中之新疆回人亦列于其中；南匠之"南"则是相对于北方的南方，包括江南、湖广、闽粤及来自西欧的匠役，因为他们皆由南省各大吏所选送进入内廷。然而玻璃匠皆为山东博山县籍，为山东巡抚所交进，也列入南匠，此乃因康熙朝初设玻璃厂时，匠役长皆为西洋人。

　　北匠又分旗、汉两匠。旗匠分官匠及包衣匠两种，前者为八旗及蒙古人，包衣匠为内务府三旗人。汉匠则分食饷及招募两种，前者为长期之汉匠，后者是临时雇募的匠役。

　　南匠则分成3种：一是"抬旗南匠"，乃不论种族、籍隶内务府，永不南归；二是"供奉南匠"，必年老，始放回原籍；三是"传差南匠"，是因某种制造而招募入京的南匠，工竣回籍，乃临时性的南匠。[31]造办处匠役以北匠为主，终清如此。

　　造办处的工匠有：雕玉匠、牙匠、画匠、托裱匠、帖匠、轴匠，皆隶如意馆；镀金匠、累丝匠、磨玉匠、琢玉匠、錾花匠、镶嵌、摆锡匠、砚匠，皆隶金玉作；旋匠、匣匠、裱匠、彩画匠、广木匠，皆隶匣裱作；木匠、漆匠、雕匠、刻字匠，皆隶油木作；铸匠、锉匠，皆隶铸炉作；钟匠，隶造钟处；铁匠，隶炮枪处；鞍匠、皮匠、甲匠，隶鞍甲作；箭匠、弦匠、弓匠，隶弓作；珐琅匠，隶珐琅作；玻璃匠、吹玻璃匠、烧匠、碾匠，皆隶玻璃厂；镀匠、铜匠、凿匠、风枪匠、眼镜匠、刀匠，皆隶铜匠作；灯匠、穿珠匠、裁匠、花匠、绦匠、染皮匠、彩绣匠，皆隶灯裁作；盔头匠、切末匠、画线匠、绘图匠，隶舆图房；花爆匠、南盒子匠、北盒子匠、洋花匠、洋盒子匠、软灯匠、起花匠，皆隶花爆作。以上共 61 种工匠，故俗称"造办处六十一行"。[32]

上述 61 种匠役皆为正工匠人，其助手与副工不在其内。正工匠人因年老或生病无法继续服役时，技艺精湛的助手或副工经检视其手艺后，也可升为正匠，尤其是父子相传的情形不在少数，乾隆朝广木作中的雕銮匠傅起龙、傅大保、傅文斌三代先后在造办处中以南匠之身份服役。在傅起龙因年老无法服役之前，子傅大保随侍帮做活计[33]。傅文斌也随父亲傅大保在造办处协助工作[34]。三代皆父死子继，即为典型的例子。[35]

4. 工部制造库工匠

工部制造库经营的银作有大器匠、钑花匠、攒焊匠、镀金匠、打铜匠、打金匠、铜锁匠等 11 种工匠。鞍作是生产马的鞍辔及饰物的作坊，有剔凿匠、钑钑匠、钻银匠等 7 种工匠。皮作也和马具有关，有缝皮匠、熟皮匠、砍鞍匠、油漆匠等 12 种工匠。绣作有绣匠、裁缝匠、毛袄匠、画匠等 4 种工匠。甲作是生产盔甲的作坊，有盔匠、甲叶匠、腰刀匠等 7 种工匠。此外，还有门神、门帘二库，负责宫内门神、门对联、雨搭等工役，各库下面都有所需的各种工匠数十种，由太监执掌其事。乾隆年间，门神库太监曾因挂错了对联而受到了处罚。[36]

第二节　京师的民间手工业

一、民间手工业状况

1. 生产经营形式

清代前期，京师手工业的生产组织形式，大致存在家庭手工业、铺坊制、独立作坊制和个体手工艺人 4 种类型。

中国传统的家庭手工业一般都是为了满足自己需要而生产。然而，到了清代，随着家庭手工业商品化程度的提高，家庭副业不完全是自己生产自己消费的家庭手工业，在一定程度上冲破了"男耕女织"的范围。京师的家庭作坊在就是一种重要的生产类型。创办这类小作坊并不难，刀剪业"开一个作坊，生产工具可以借用，也可自造。只要三个子儿买铁，两个子儿买煤，还要几块现洋买些粮食和租间房子"[37]即可。家庭作坊中"夫妻店"、"全家福"、"父子兵"、"兄弟兵"的情况比比皆是。家庭作坊规模一般不大。

铺坊制是前面开店，后面开设作坊，工商合一的一种生产组织形式。这类手工业作坊还没有同商业分离，是典型的小商品生产的组织形式，京师的私营大作坊主要采取这一形式。如《燕京杂记》载："市上专门名家者指不胜数。如外城曰俭居之熟肉，六必居之豉油，都一处之酒，同仁堂之药，李自实之笔；内城长安斋之靴，启盛之金顶。"[38]

铺坊制经营多数以家族为中心，技术不外传，实行家长制领导，从管理方式看，这类铺坊又可划为 3 种类型，第一种是由所有者东家出资，但东家不直接出面经营铺坊，而是委托掌柜管理店坊事务，招雇伙计学徒。工人一般从学徒培养，不召雇外工，西鹤年堂制药作坊采取的就是这种方式。第二种是东家和掌柜共同经理店坊，但作坊和店务经营适度分离，店由学徒和伙计看管，作坊则另设工头管理，工头可以自由招收雇工，东家辞退工人须经他同意，合香楼的制香蜡厂和六必居的制酒作坊基本属于这一类型。第三种是东家或掌柜负责铺坊事务，铺坊完全不分离，只招收伙计雇工，不收学徒。门市部与厂坊直接相连，伙计分为两拨，一部分分配在门市部工作，另一部分则分配在作坊工作，两部分定期轮调，同仁堂的制药作坊采取的属于这种类型。在这种类型作坊中，第三种经营方式相对优越，伙计基本上属自由雇工，可以"自由"离店，往往还能在赢利中获得一些提成分红，工人有一定的积极性。这类作坊已经含有资本主义萌芽性质，一般来说，其生产能力和效率都较高。[39]

独立作坊是只开设作坊而不设门市部，独立作坊因其服务对象不同也分为 2 种类型。第一种是为固定店铺加工制造部分产品的作坊，这种作坊一般由小业主备有简单生产工具，带领 4—5 个工人和学徒劳动，本钱很少，经营本身为大店铺控制，他们从大店铺领取活计，完成部分工序（半成品）再交给店铺，领取加工费，属于这种类型的有制鞋行业的"卖活作坊"。第二种是零星加工的作坊，服务的对象直接是市民，这类作坊一般也雇有四五个工人，旧时称作"门活屋子"。[40]

个体手工艺人，他们或在店铺作坊领活在家制作，挣取加工费；或走街串巷，从事各项服务性手工业。如京师铁匠"三四人推一席篓小车，载风箱、炸煤，打铁各具，街巷乡村，到处以锤敲磋，有烂铁者，命其打各种常用铁器"；补锅匠"有锢者扛回铺中，次日送还，亦有挑担立锢者，近又能铜盆换底"；木匠"在行者背荆筐，带小家具会雕刻"；磨刀匠"负板凳，上置粗细磨石，早年代洗铜镜，有携一串铁片行敲者，近多推车"。[41] 此外京师还有小炉匠等。

2. 会馆、公所、公会

北京的会馆在明代就已出现，清朝时较为繁盛。康、雍两朝，北京的会馆有了显著的增加，乾隆、嘉庆时期达到全盛。由于京师工商业在此间的高度发展，工商业会馆犹如雨后春笋般地出现。道光十八年（1838 年）《颜料行会馆碑记》中说："京师为天下首善地，货行会馆之多，不啻什百倍于天下各外省。且正阳、崇文、宣武门外，货行会馆之多，又不啻什百倍于京师各门外。"[42]

清代京师的会馆数目，何炳棣根据朱一新、缪荃荪合撰的《京师坊巷志》和光绪《顺天府志·坊巷志》统计，共得会馆 391 所。李华在《明清以来北京工商业会馆碑刻选编》中统计为 392 所。吕作燮则根据《京师坊巷志》以及光绪《顺天府志》，并参校李华《明清以来北京工商会馆碑刻选编》和日本学者仁井田陞的《北京工商ギルド资料集》进行增补，共得大小会馆 445 所。

清代京师的 445 所会馆中，属于工商业会馆共 31 所，占京师会馆总数的 7% 弱。其中，纯工商业性质的会馆共有 12 馆：（山西）襄陵北馆、（山西）临汾东馆、（山西）颜料会馆、（浙江）正乙祠、（广东）仙城会馆、（山西）潞安会馆、（山西）盂县会馆、（江苏）东元宁会馆、（山西）平定会馆、（陕西）关中会馆、（浙江）天龙寺会馆、（北直）文昌会馆。这类会馆的特点，首先是按地域，其次才是依行业组织起来。

按行业建立的会馆则有：药行会馆、靛行会馆、梨园会馆、金行会馆、当商会馆、长春会馆、金箔会馆、成衣行会馆、棚匠会馆等。此即所谓的行馆，这类会馆的最大特点是突破了一般会馆的地域性，完全按行业组织起来。不过，行馆并非全为工商业会馆，也有与工商业毫无关系的行馆，如惜字会馆即是。[43] 与一般所说的行会有关的行馆至少有 9 所，占全部工商业会馆 29% 强。

药行会馆在前门外东兴隆街，建筑物有药王殿、三皇阁、戏棚、办公室等 6 处。嘉庆二十二年（1817 年）《重建公馆碑》中有："我同行向在南药皇庙，同修祀礼，奉荐神明，命彼伶人，听笙歌之毕奏，昭我诚敬戒礼……近因荒祠久废，古壁成尘。我同行公同合议，于海岱门外北官园之南口，相彼基址，是用创修，兴土木之工。"可见，清初京师的药商不设会馆，只是在南药王庙聚会、祭神农而已。之所以建立会馆，是因为"京师商贾云集，贸易药材者，亦水陆舟车辐辏而至。奈人杂五方，莫相统摄，欲使之卒涣合离，非立会馆不为功"。[44]

靛行会馆在前门外珠市口西半壁街，约在乾隆末、嘉庆初建立，这是由京师的染坊商、蓝靛商建立，又名染坊会馆。[45]

长春会馆在和平门外小沙土园，清乾隆五十四年（1789年）由玉器行商人建立，又名玉行会馆，因信奉长春真人邱处机，所以叫长春会馆。建筑物有大殿、过殿二所。据日本学者加藤繁先生调查，该会馆只是在正月和七月祭祀邱真人，同业之间没有什么协作和援助，各自完全是自由竞争，不加入会馆或不参加祭祀，对玉器商没有什么妨碍。[46]

成衣行会馆为浙江慈谿县成衣行商人会馆，又名浙慈馆，大约创立于清初，地址在前门外晓市大街。

当业会馆在前门外西柳树井，清嘉庆八年（1803年）成立公合堂，又名当业会馆。

棚匠会馆在陶然亭黑窑厂。[47]

清代京师的会馆，除少数是按行业组织起来的联合团体外，大多是地域性很强的同乡组织，因此其与行会的性质不尽相同。与行会较接近的是公所或公会。清前期的公所与公会主要有：皮箱公所，位于天坛北门外牟家井，康熙二十八年（1689年）由皮箱商建立。糖饼行公所，位于广渠门内栖流所，康熙四十八年（1709年），由南案、京案糖饼商建立，自乾隆以来屡次重修，嘉庆五年（1800年）共有八十余家参加。绦行公所，位于陶然亭内哪吒庙，由绦行商人建立，建立年代不详，最早碑为乾隆四十年（1775年）。帽业公会，位于前门外銮庆胡同，乾隆年间，在东晓市药王庙成立行会。手工业造纸同业公会，位于右安门内白纸坊。酒业公会，位于崇文门外东柳树井。煤行公会，位于门头沟圈门村窑神庙。猪行公会，位于西四北大街，成立年代约在乾隆前。[48]

此外，还有一种由学徒或手工业工人单独建立的会馆。如《旧京琐记》载："京师瓦木工人多京东之深、蓟州人，其规约颇严，凡属工徒皆有会馆，其总会曰九皇。九皇诞日，例得休假，名曰关工。"[49]这种工人会馆，多为反抗工商业主和封建把头的压迫剥削而成立起来的组织。[50]

京师的行会组织，在鸦片战争之前，不少手工业与商业基本上没有分工。如糖饼行会的商人，既是制作各式糕点雇佣大量帮工的作坊主，又是出售糕点剥削学徒的铺号。京师有不少行会，是同乡不同行的地方行帮组织。如临汾东馆，是山西临汾籍的杂货、纸张、颜料、干果、烟业等五行商人的行会。仙城会馆，是广州籍的绫、罗、绸、缎、葛、麻、珠宝、玉器、香料、干鲜果品等商人组织。潞安会馆，是山西潞安州铜、铁、锡、烟袋诸帮商人行会。京师的行会组织，与南方的一些城市，如苏州、景德镇等比较，显得要落后。[51]

二、民间手工业的管理

1. 清政府对手工业的鼓励政策

首先，清初匠籍制度的废除，在一定程度上减轻了手工业者的负担，激发了手工业者的积极性。

其次，严禁官府私派里甲之役，搔扰民间手工业工匠。《清史稿》载，顺治十七年（1660年）下令，"禁州县私派里甲之弊"[52]。《清朝文献通考》释曰："十七年禁有司私派里甲之弊。凡有司各官私派里甲，承奉上司。一切如日用薪米，修造衙署，供应家具、礼物及募夫马民壮，每年娄饱之弊，通饬抚案，俱行严禁。"[53]康熙三十九年（1700年），"复申陋规杂派之禁"[54]。雍正二年（1724年），有廷臣指出："大小衙署，遇有公事，需用物件，恣行科派，总甲串通奸胥，从中渔利；凡工作匠役，皆设立总甲，派定当官，以次轮转；又设贴差名目，不愿赴官者，勒令出银，大为民害。"[55]对此种种弊端，清政府又下诏严令禁止。

复次，鼓励民间开采京畿煤矿和其他矿产。顺治十年（1653年），工部题准："煤税累民，概予豁免。"[56]房山等处的产煤地方"悉听民间自行开采，以供炊爨，向不完纳税课"[57]。乾隆四十五年（1780年）覆准："怀柔县北阴背山，开采煤窑。如果无碍田庐坟墓，产煤旺盛，不惟满兵生计有益，即怀柔一带商民，均沾其利。令地方招商试采。"[58]对于没收入官的煤窑，仍然"招商开采"。乾隆三十四年（1769年），工部奏准："顺天府宛平县如意窑，经刑部奏明入官，由部行文顺天府，委官详查，招商开采，除人工窑柱费用外，按十二股计分，抽煤二分，交纳户部。"[59]应当看到，清政府为了京畿的安定，多方鼓励商人开采煤窑，所给予的优惠是全国其他地方无法比拟的。

除减轻煤税，鼓励民间开采煤窑的积极性外，清政府还协助窑商改善运输开采条件、查勘新矿区等。如康熙三十二年（1693年），清廷下令："京城炊爨均赖西山之煤，将于公寺前山岭修平，于众甚属有益，著户工二部差官将所需钱粮，确算具题。"[60]乾隆二十七年（1762

年），"遵旨查勘（门头沟）各煤窑，历年刨挖渐深，被水浸淹，请于旧沟南，修砌泄水沟六百八十余丈，使窑中积水，顺流东下，水尽煤现，自可开采，需费三万六千八百余两，工本浩繁，民间办理，未免拮据。请借给帑银，交商承办，分作五年完缴"[61]。嘉庆六年（1801年），门头沟窑区旧有泄水沟"倾圮淤塞，难以开采，借给帑银五万两，交窑户承领兴修……其所领之项，分作七年完缴"[62]。又如协助查勘京畿新矿区，乾隆二十六年（1761年）、四十六年（1781年），清政府两次下令："各该衙门，察看煤旺可采之处"；嘉庆六年（1801年），又令"步军统领衙门，会同顺天府直隶总督，派委妥员，察看产煤山场，于可以开采之处，招商采挖"。[63]

又如银铅矿，乾隆五十五年（1790年），"题准直隶延庆府属黄土梁地方银铅矿厂准其开采，照黔省银铅矿厂抽课之例办理，余银全行给商，余铅照川省之例一半官为收买"；"又奏准直隶昌平延庆二州属白羊城等处铅厂铅苗不旺，准其停采"[64]。

清政府的鼓励措施虽然限于采煤等部分行业，但是对于京师民间手工业的发展无疑是一很大的促进。

2. 清政府对手工业生产的控制措施

清代前期，政府虽在一定范围内鼓励手工业的发展，但从总体来看，对手工业发展的钳制作用仍相当明显。如雍正五年（1727年），雍正皇帝谕内阁："朕观四民之业，士之外，农为最贵，凡士工商贾，皆赖食于农，故农为天下之本务，而工贾皆其末也。今若欲于器用服玩之物，争尚华巧，必将多用工匠。市肆之中，多一工作之人，则田亩中少一耕稼之人。"[65]可见，清政府还是执行传统的"重农抑末"政策，做为"末业"之一的民间手工业，必然要在政府限制之列。

清政府对手工业实行统制政策，不允许民间随意开设铺户作坊。例如铸铜业，为了限制其在京师民间的蓬勃发展，乾隆九年（1744年），有廷臣奏议，全城364座铜铺作坊，"不许仍前四散开设，请于京城内外八旗三营地方，将现在查出官房二十六处，共计七百九十一间，即令伊等各就近搬入官房内，开设熔铜打造"，对铜铺生产严格限制，"如有情愿改业者，听其自便，所有官房内开设各铺户，应交与步军统领衙门、顺天府尹于城内外各派拨官弁，严行稽查，将每日进铺铜斤若干，并熔化打造出铺铜斤若干数目，令稽查之员，逐日查验明确，登记号簿，报明步军统领衙门。其出入数目符合者，听其出铺发卖，如所出之数浮多，该管官即行禀报根究。倘有私销情弊，交与刑部审明，照例治罪"。[66]又如，嘉庆十三年（1808年），皇帝谕令神乐署两廊附近"赁开茶馆及各项作坊共三十三处,俱不准其开设,著以本日为始,饬令严催,统限两个月一概搬移……倘届期犹未能全数搬净,著步军统领衙门将太常寺堂官参奏,交部议处;并查明任意容留不即搬移之各该民人,一并治以应得之罪"。[67]

清政府对手工业原料的开采与售卖,加以严格控制。例如硝磺业,嘉庆二十一年(1816 年)议准:"顺天府属闻有滨河产硝之地,贫民煎熬易米度日,向有经纪收买,以备采办及匠铺买用。难保无奸民勾结私贩别情,嗣后产硝之区,应责令官硝经纪,向煎户尽数收买。其无经纪处,责成该管营汛,尽收买用。倘查有囤积居奇及抑勒短价情弊,除将该经纪惩办外,仍查取失察文物职名,送部查办。"[68]道光十三年(1833 年)又议定:"硝斤系例禁之物,岂容民间私行埠买,应通行各督抚饬属严禁,年终结报。其各直省匠铺,每年买用硝磺数目,并迅饬查明报部核办。"[69]

商人私自夹带铁斤亦受到严格控制,道光四年(1824 年),"覆准商人买运铁斤出口,在各本境内打造农具,以一百斤为度,呈明地方官给照,赴口守口员弁查验放行,如有私行夹带不成器皿之铁至五十斤者,将铁入官,百斤以上者照例治罪"。[70]

清政府以破坏京师地脉风水为由,禁止银矿的开采。道光六年(1826 年),"谕昨据户部奏,大兴县民陆有章、宛平县民伍云亭等,呈请于宛平等五州县开采银矿,朕以地近京师及易州一带非他省可比,其余地脉风水有无妨碍,饬令那彦成、陆以庄等派委公正大员详加查勘,再降谕旨。朕复思,各省银矿向俱封禁,况畿辅重地且附近易州一带,讵可轻议开挖,著直隶总督顺天府停止,委员覆勘"。[71]

此外,清政府同样以破坏风水为由,限制烧酒与榨油业的发展。据《中外经济周刊》载:"北京在前清时代,因迷信风水之故,限令距城四十里以内,不准经营烧酒及榨油业。故凡中国各地方所习见之旧式榨油房(即用木制压榨器撞击出油),独不发见于北京。"[72]

第三节　主要的手工业部门

一、军火业

1. 发展状况

清前期京师的军器火药制造业很繁荣,除还少量制造传统冷兵器,如刀、矛、弓、盔、甲之外,集中制造火炮,鸟枪等新式火器。其中造炮业的规模最大。

顺治初年，驻京八旗均设炮厂、火药厂制造火器。当时的炮厂，镶黄、正白、镶白、正蓝旗各有房 35 间，设于镶黄旗教场空地。正黄、正红旗各有房 30 间，设在德胜门外。镶红、镶蓝旗各有房 23 间，设在阜成门内。火药厂，镶黄、正黄旗在安民厂有房 12 间，余六旗共 20 间，设于天坛后。安民厂缘儿胡同局和安定门局为收贮炮位的场所。

顺治初年，工部设濯灵厂，"委官制火药，特命大臣督之"[73]。年产量约在 50 万斤以上，其中军需生产火药 30 万斤，烘药 4000 斤，演放火药二十余万斤，烘药二三千斤。[74]濯灵厂"设石碾二百盘，每盘置药三十斤为一台，每台碾三日者以备军需，碾一日者以备演放枪炮。豫贮军需火药，以三十万斤为率，随用随备"[75]。康熙三十一年（1692年）题准："八旗试演枪炮火药，移濯灵厂收贮取用。"[76]雍正二年（1724 年）奏准："军需火药存贮已过十年者，许改作演放火药，陆续取用，其额贮之数，即行补造。"[77]清代火药的配方也日趋标准化，接近现代火药水平。

明清火药配方表

名称	硝酸钾（%）	硫磺（%）	木炭（%）
明初鸟铳药	71.4	14.3	14.3
明初大炮药	78.7	7.9	13.4
明中叶火药	75.8	10.6	13.6
乾隆十八年火药	80	10.51	9.88
乾隆十八年烘药	83.18	14.75	2.07
嘉庆二十三年火药	77.8	9.7	12.5
嘉庆二十三年烘药	78.4	9.8	11.76
道光十九年火药	74	11	15
现代标准火药	75	10	15

资料来源：胡建中：《清代火炮》，载《故宫博物院院刊》1986 年第 4 期。

康熙朝在京师设立了 3 个造炮地点，一是养心殿造办处，一设于景山，两处所造均称"御制炮"，主要供京城和八旗兵使用。再一处设于铁匠营，制造铁炮，供绿营兵用。养心殿造办处是清代最大的中央造炮所，较重要的炮位，由皇帝亲自指定官员前往监造，一般则由工部委派，但每年造多少炮，视情况而定，并无常制。

清前期火炮制作以康熙时期所造质量最好，数量也最多，而且有统一的标准和要求。从康熙十四年至六十年（1675—1721年）的四十余年间，有明文记载的各种火炮近千门之多，不仅有威力巨大的"神威将军"炮，口径达210毫米的"威远将军"炮，而且也有携带使用方便轻巧的子母炮、奇炮等。清代火炮生产在17世纪末叶，趋于自产化、制式化，并明显向"轻利便涉"的方向发展。[78]

康熙朝后，火炮铸造业开始走下坡路。雍正朝仅造炮30位，乾隆朝，八旗汉军共贮炮559位，很少新造。嘉庆四年（1799年），曾改造160门前朝铸造的"神枢炮"，改后美其名曰"得胜炮"，施放结果反而是"以多易少"。本来，"神枢炮"配足火药，射程可达百步，改造以后的"得胜炮"火炮配量更多，射程反而不及百步。道光二十一年（1841年），清政府居然搬出早先康熙帝在1718年制定的炮样和1667年宫中旧存西洋制造的二门火炮为模式，命令造办处"照样铸造"。所铸之炮命名"神捷将军"，但此炮经僧格林沁施放，其功能与康熙五十年所造的威远炮一般，毫无改进。以至于1840年，英舰来犯时，清军能拿出应战的还是清初制造的陈朽火炮，制炮业之衰落可想而知。

2. 火炮的类型与制造技术

清代火炮按其结构和装填弹药方式，大致分为两种类型：一为前装式，即火药和球形弹丸由炮口直接装入的火炮；二为后装式，由一门母炮和若干子炮（即雏形长体炮弹）组成，这种火炮的子炮从母腹后部装入。

两类火炮虽口径各异，长短、大小不一，但均系火绳点火，发射铅丸和铁弹，身管内无膛线，全都为滑膛火炮。炮体一般用铜或铁铸就，外镶加强箍数道，以增抗压力、中部稍后两旁置耳轴，用以支撑、平衡炮体和调整俯仰角度，增大火炮杀伤范围及火力机动性。前有准星（亦称"照星"），其中部或尾部安照门（俗称"缺口"）。清文献上常将两者省称"星、斗"，"乃炮位之高下，偏正之准绳，不可稍有参差"[79]，是供射击瞄准，提高命中率的重要装置。火门（装填烘药和点火用的小孔）开在炮膛极底部，如靠前易炸膛，靠后则燃速慢。大多炮位还配有相应的炮车、炮架、下施轮，这样前后"左右推挽惟所宜"，但有些火炮则只以炮车等作为承载运行的工具，在现场演放或实战中，则弃之不用。[80]

前装式火炮主要有神威大将军炮、神威无敌大将军炮、神威将军铜炮、四环铁炮、木镶铜铁心炮、威远将军铜炮、龚振麟铁炮、威远将军铜炮（臼炮）、信炮。前装式火炮射程远，威力大，身管较长，约为口径的 20 倍。这类火炮工艺精湛，造型威严、美观，铜质细腻。尤以神威将军铜炮为最，它代表了当时的铸造技术水平。前装式火炮的主要缺点在于发炮费时费力，往往贻误战机，而且火力有间隙，给对方以可乘之机。

后装式火炮则较好地解决了再次装填的困难，从而赢得了时间和战争的主动权。一弹发出，立即再装一弹，"递发之相续而速"[81]，故亦称为初级速射炮。后装式火炮主要是属于佛郎机系统的子母炮、木把子母炮、奇炮等。清代制作的后装式火炮，形成了自己的特色，从身管外形来看，已经不再是前部突然收缩成细管状，而是同炮膛一样，从尾底到炮口逐渐地有一定比分地形成圆锥体。这种火炮，尽管威力有限（因所装的火药量毕竟较少），但它具备了近代火炮的许多优点，在有清一代的历次战争中使用的时间最久、范围最广。它们亦是最后一批退役的古代火炮。[82]

3. 军器、军装制造及其技术分工

清代对于各种军器、军装的制造皆有相应的成例规定。对此，《嘉庆十七年钦定工部军器则例》备有详细记载。军器方面，如打造熟铁炮位、每锉炮位、铸造生铁炮位、铸造生铜炮位、制造各项鸟枪、打造鸟枪筒、铸造生铁炮子，在每净重××斤、用荒铁××斤以及所用工匠等方面都有具体要求。军装方面，如"成造炮盖、车驾、虎凳、炮枪木壳、橱柜、箱桶、一切木器并铜铁什件，及各项油饰锭铰等作"，应用工料也有许多细致的规定。

例如铸造生铁炮位："每净重壹百斤用荒铁壹百叁拾斤。每荒铁壹百斤用煤炸贰佰斤，絭麻贰斤，木炭叁拾斤，松香叁斤，烟子叁斤，磁末叁拾陆斤，青坩土伍拾斤，黄土壹佰斤。每净重壹佰斤用铸匠肆工，摸匠贰工。每铸匠拾工用壮夫贰名。"

又如打造鸟枪筒："每净重壹斤用荒铁叁斤，铜叁钱，油壹两。每荒铁壹斤用煤炸陆斤，木炭贰两。每净重壹斤用铁匠捌分工……各项鸟枪打眼，应照炮位分别厚薄核算，匠工锉枪筒并火漆，与炮位例同。"[83]

军装、军器在制造过程中，需要诸多工匠的技术分工与合作。具体分工情况详见下表。

军装军器制造的技术分工情况

制造种类	需用协作工匠
马兵、步兵、绣蟒铁盔	
盔碗、盔钟、盔管、无情、遮眉、盔梁、衬梁、枪盘、葫芦盔枪、黑铁叶	铁匠、铮磨匠、锭铰匠、拈焊匠
牛皮托筒	扎缨匠
盔尾、护耳、圆领、色布、镶边、布带、钮绊	裁缝匠
鞔黑铁叶布、挂左右线綵绣花蟒	画匠、绣匠
铁虎头盔	
铁盔碗、耳鼻眼牙	铁匠、锭铰匠
盔尾、护耳、圆领、布带、钮绊	裁缝匠
彩画虎形	画匠
马兵、步兵有裙袖绣花蟒铁甲	
甲身、护肩、甲袖、遮窝、遮裆、左裆、甲裙、色布镶边、沿领条、钮绊、勒甲带、夹裙腰、布带、鞔黑铁叶布、挂左右线	裁缝匠
綵绣花蟒	画匠、绣匠
甲身亮铁大甲叶、甲裙亮铁甲叶、黑铁小甲叶	铁匠、锉磨匠、锭铰匠
锭铁护心镜实行棉甲	
甲身、护肩、遮窝、攞胸、沿领条、钮绊	裁缝匠
铁护心镜	铁匠、铮磨匠、锭铰匠
（以上盔甲）	
衬甲	
甲身、衬裙、沿领条、钮绊	裁缝匠
亮铁大甲叶	铁匠、锉磨匠、锭铰匠
夹布虎衣壹套	裁缝匠、描画匠
帽胎、帽尾、包腮、圆项、虎衣、圆腰、虎掌、虎裤布腰（以上衣帽）	
夹中军帐	
头停脊、雨上坡、包梁、周围小绊、布带、头停如意云、雨山如意云、前后边云、正脊跨梁压条、夹腰栏、重簷沥水、单布围墙、布绊	裁缝匠
麻辫	辫匠
皮云、包裹风绳皮	皮匠
丝线绦繐	绦匠
正梁、脊柱、簷柱	木匠
油饰梁柱等	油匠

（续表）

制造种类	需用协作工匠
梁柱上铁什件 布屏、周围镶边 布屏彩画麒麟八宝 　（帐篷）	铁匠、锭铰匠 裁缝匠 画匠
头号战被 　战被（中絮棉花）· 　正面彩画 　皮钱、皮绊 　（器械）	裁缝匠 画匠 皮匠
镶火焰边贴金云蟒缎纛 　纛页、火焰边、火焰飘带、夹布纛 　纛页两面贴金云蟒火焰 　油饰纛杆 　纛杆缠扎籐箍 　扁式挖云铁葫芦、空心铁毯、铁盘、 铁捎钉、铁钻、铁铀锁、铁圈 　铁葫芦顶铁毯铁盘正面摆锡 　皮盘、皮条 　皮旱套 　布雨套	裁缝匠 贴金匠、开描画匠 油匠 籐匠 铁匠、挖云匠、锉磨匠 摆锡匠 皮匠、扎缨匠 裁缝匠 油匠、裁缝匠
贴金字长方式缎督阵旗 　旗页、夹布旗 　旗页两面各贴金督阵金字 　铁旗杆连枪顶通 　包鞍铁杆 　皮盘、皮花瓶扣 　布旱套 　布雨套	裁缝匠 贴金匠 铁匠、锉磨匠 鞍鞯皮匠 皮匠、扎缨匠 裁缝匠 油匠、裁缝匠
长式镶火焰边缎帅旗 　旗页、镶心焰边、夹布旗腰、旗页里 面缀夹布绊 　旗心缀绣沙红皮金字 　油饰旗杆 　旗杆缠扎藤箍 　铜盘、铜管 　铁钻、铁铀锁、铁圈、铁捎钉 　皮盘、皮条 　（旗帜）	裁缝匠 拨沙匠、绣匠 油匠 藤匠 铜匠 铁匠 皮匠、扎缨匠

（续表）

制造种类	需用协作工匠
背刀 　刀刃、火漆铁什件（护手盘、僧官帽、靶箍、刀梁、鞘口箍、刀底箍、拴背带铁圈）	铁匠、起线匠、湛水匠、焊匠、铮磨匠、火漆匠、装锭匠
木靶、木刀鞘	木匠
油饰木鞘	油匠
刀鞘缠扎棉线辫、挽手绦	绦匠
长片刀 　刀刃、刀盘、口箍、铁钻、捎钉	铁匠、起线匠、湛水匠、焊匠、铮磨匠、锉白匠、装锭匠
木柄	木匠
油饰木柄	油匠
皮套	皮匠
漆饰皮套	油匠
长枪 　枪头、铁钻、捎钉	铁匠、湛水匠、焊匠、铮磨匠、锉匠、装锭匠
木杆	木匠
油饰木杆	油匠
皮钱皮套	皮匠、扎缨匠
漆饰皮套	漆匠
长矛 　枪头、铁钻、捎钉	铁匠、湛水匠、焊匠、铮磨匠、锉匠、装锭匠
木杆	木匠
油饰木杆	油匠
皮套	皮匠
漆饰皮套	漆匠
拈竹手枪 　枪头	铁匠、湛水匠、铮磨匠
枪杆	劈刮竹匠、拈竹匠、锤筋匠、撕筋匠、缠筋匠
枪杆下用白骨束子	鞔鞯皮匠、装束匠
皮套	皮匠
漆饰皮套	漆匠
藤牌 　藤箍、挽手木	藤匠、扎缨匠 画匠
外面彩画虎头 　　里面红土油饰	油匠

（续表）

制造种类	需用协作工匠
挨牌 　牌身、穿带、口枋	木匠、锯匠、安装木匠、锭铰匠、随匠夫
外面彩画虎头	画匠
里面并四边红土油饰 　（以上器械）	油匠

资料来源：据《嘉庆十七年钦定工部军器则例》卷一、二、三、五、九、十、十二、十三、十六、十七、二十六、二十八、三十编成，引自彭泽益：《中国近代手工业史资料》第一卷，中华书局1962年版，第135—138页。

二、铸钱业

1. 宝泉局与宝源局的沿革

清代京师铸钱的机构是宝泉和宝源两局，前者归户部管理，后者归工部管理。两者铸钱的功用亦不同。据《制钱通考》载："户部宝泉局，鼓铸钱文，专为搭放兵饷之用。工部宝源局，铸出钱文，专为给发工价之需。至雍正二年，宝源局所铸钱文，除给工价外，尚余剩二十万串，经工部奏交户部，搭放兵饷。"[84]

顺治时设立的宝泉局原在东四牌楼街之北。雍正四年（1726年），因鼓铸加增，遂分为4厂。宝泉旧局作为公署，"但以收贮铜铅，不复置炉"，分别"设东厂于东四牌楼之四条胡同，置炉十二座；设南厂于东四牌楼之钱粮胡同，置炉十二座；设西厂于北锣鼓巷之千佛寺后，置炉十四座；设北厂于新桥北之三条胡同，置炉十二座，共为正炉五十座"。并于东南西三厂各置"勤炉"三座，北厂一座，"以备铜铅多余，加卯鼓铸"。[85]

宝源局原在朝阳门内的西南，雍正六年（1728年），"照户部（宝泉局）分厂之例，添设一厂于崇文门内东之泡河，旧厂置炉十二座，新厂置炉十三座，共为正炉二十五座"。并于旧厂设置"勤炉"六座，"以备铜铅多余，加卯鼓铸"。[86]

2. 京局制钱的铸造过程与技术分工

清代的钱币，沿袭了明代的制钱制度。所谓制钱，是由官方所铸，与私铸或盗铸之钱币有别。京局所铸制钱又称样钱，只供京城之用，不准运往外省。乾隆九年（1744年），针对京城近年来钱价昂贵的情况，大学士九卿等认为是由于"耗散多端"所致，"奸商每于出京之时，将制钱车载马驮，向价贵之处兴贩射利。再有闽粤商船装载货物，由海洋直达天津发卖，回棹时概用钱文压载，运至闽粤各省。回空漕船亦往往多载钱文，希图兴贩获利"。他们愤然指出："京局所铸之钱，岂能供各省之用？"[87]

关于制钱的铸造过程，据《清朝文献通考》载："凡铸钱之法，先将净铜錾凿成重二钱三分者，曰祖钱，随铸造重一钱六七分不等者，曰母钱。然后印铸制钱，每遇更定钱制，例先将钱式进呈。其直省开局之始，亦例由户局先铸祖钱、母钱及制钱各一文，颁发各省，令照式鼓铸云。"[88] 又《石渠余纪》载："凡铸钱，先錾凿块铜曰祖钱，乃铸无文而圆者曰母钱，然后印铸函方而成制钱"[89]。制钱采取"流水线"进行生产，"凡铸冶之工八，曰：看火、翻沙、刷灰、杂作、锉边、滚边、磨钱、洗眼，治之各以其序"[90]。

3. 制钱鼓铸数量及铸钱原料

清初京局铸钱并无定数，每年自数万串递加，铸至数10万串不等。顺治十五年后，因制钱改重，故铸额中减。十七年后，铸数复增。宝泉局岁铸钱二十八万余串，宝源局每年铸钱十八万余串。康熙初年，两局铸钱数额有所减少。康熙二十三年以后，"分定卯数"，大抵宝泉局每年为二十八万余串，或二十三万余串不等，宝源局每年为十七万余串，或十二万余串不等。"至康熙六十年间，两局各三十六卯，每铜铅百斤除耗九斤，给工料钱一串九百六十九文。宝泉局每卯用铜七万二千斤，铅四万八千斤，铸钱一万二千四百八十串。宝源局每卯用铜三万六千斤，铅二万四千斤，铸钱六千二百四十串。每年共为钱六十七万三千九百二十串云"。[91] "自雍正十年以后，宝源局减正额为三十七卯，至十三年，复可为四十一卯"[92]。以上乃《清朝文献通考》的有关记载。

又《石渠余纪》载："国初户部年铸三十卯（以万二千八百八十串为一卯），遇闰加三。康熙、雍正两朝，各增十卯。乾隆六年增二十卯，次年增勤炉十座，铸六十一卯，得钱六十九万余串。十六年以后，因余铜加铸，至三十八年定为七十五卯，岁得钱九十三万串有奇，末年裁勤炉，复铜六铅四之制，仍为三十卯。嘉庆初年渐复，五年设俸炉，铸搭京俸。后铜铅不敷，亦旋减旋复。自国初以来，皆户部铸二，工部铸一。今（道光年间）则例宝源局正炉之外，有勤炉俸炉加铸，岁出钱百十三万串，闰四万串。宝泉局有勤炉岁出钱五十三万串，闰加四万串各有奇。"[93] 据此可知，清代宝泉、宝源二局，在清代顺治至道光年间铸钱的大致变化。需要指出的是，《石渠余纪》与《清朝文献通考》在记载康熙年间铸钱数上有出入，《石渠余纪》为四十卯，《清朝文献通考》则为三十六卯。

此外，阮葵生《茶余客话》记载："户部宝泉局每年铸钱七十六万一千二百八十串，工部宝源局每年铸钱三十八万六百四十串。"[94] 此数目可能为清代京局铸钱的年均约数。

户工两局历年铸钱数（1757—1793 年）

年代	宝泉局		宝源局	
	卯数	铸钱数（串）	卯数	铸钱数（串）
1757（乾隆二十二年）	71	887.358		
1764（乾隆二十九年）	76	950394.788		
1777（乾隆四十二年）	75	938006.146		
1778（乾隆四十三年）			74	462445.98
1782（乾隆四十七年）			70	437448.9
1783（乾隆四十八年）	75	938006.146		
1784（乾隆四十九年）			74	462445.98
1785（乾隆五十年）	75	938006.824		
1787（乾隆五十二年）	75	938006.824	70	437448.9
1788（乾隆五十三年）	75	938006.146		
1791（乾隆五十六年）	75	938006.146		
1793（乾隆五十八年）	75	938006.824	70	437448.9

附注：每串制钱为 1000 文。

资料来源：据中国社会科学院经济研究所藏清代钞档。引自彭泽益：《中国近代手工业史资料》第一卷，中华书局 1962 年版，第 124 页。

京局所铸制钱的重量，在清代历朝屡有变化。据《茶余客话》记载："顺治元年铸钱，每文重一钱，二年改一钱二分。以后屡有改定。至十四年，定为一钱二分。康熙二十三年，改为一钱。至四十一年，改为一钱四分。雍正十二年，改为一钱二分，永为例。"[95] 至于铸钱的工本，"雍正十二年，钱重一钱二分，每串计用工本银一两七分。乾隆四年核销，每串用工本银九钱八分三厘"[96]

清代历朝铸造制钱重量比较（1617—1752 年）

年代	每文制钱重量（两）	年代	每文制钱重量（两）
1617（天命二年）	0.120	1684（康熙二十三年）	0.100
1644（顺治元年）	0.100	1702（康熙四十一年）	0.140
1645（顺治二年）	0.120	1734（雍正十二年）	0.120
1651（顺治八年）	0.125	1752（乾隆十七年）	0.120
1657（顺治十四年）	0.140		

资料来源：引自彭泽益：《中国近代手工业史资料》第一卷，中华书局1962 年版，第 124 页。

据上表可知，所铸制钱重量大多为一钱二分，其中最重的是，顺治十四年（1657 年）与康熙四十一年（1702 年），为每文一钱四分。

制钱的主要成分为铜。由于铜性较硬，以当时的生产技术，使用纯铜铸钱尚较困难，因而多杂以铅、锡等。康熙二十三年（1684 年），"定以铜六铅四配铸制钱"[97]。雍正五年（1727 年），京局"又定以铜铅各半配铸制钱"[98]。乾隆五年（1740 年），"改铸青钱……其剂红铜仍五十分，减白铅为四十一分有半，用黑铅六分有半，加点锡二分"[99]。乾隆五十九年（1794 年），"又定宝源局鼓铸之法，仍照旧例以铜六铅四配铸"[100]。嘉庆四年（1799 年），议准"宝泉局鼓铸，每一百斤，用铜五十二斤，白铅四十一斤八两，黑铅六斤八两配铸"。次年，又奏准"户工二局……减用黑铅三斤四两，将所减铅斤加添滇铜二斤，白铅一斤四两以之配铸"。[101]可见，京局所铸制钱以铜为主，还有其他成分。

京局铸钱所需原料中以铜为大宗，其次是铅、锡等。这些原料的获取途径主要有：

一是由国内矿产地直接供给。《清朝文献通考》载："康熙年间，如盛京及闽浙诸省皆曾开采，续经停止。今则云南、贵州、湖南、四川、广西、广东等处，并饶矿产。而滇之红铜，及黔楚之铅，粤东之点锡，尤其上供京局者也。"[102]

二是由各关在市面上收购。《清朝文献通考》云："自顺治二年始，令各关差办铜，嗣经陆续增定，于京城曰崇文门，于直隶曰天津关，于山东曰临清关，于江苏曰龙江关、西新关、浒墅关、淮安关、扬州关，于安徽曰芜湖关、凤阳关，于浙江曰北新关、南新关，于江西曰湖口关、赣关，于湖北曰荆州关，于广东曰太平桥关。西新关并于龙江关监督，南新关并于北新关监督，共十四监督，各支税银，采铜解部。"[103]

三是收买洋铜。《清朝文献通考》曰："采买洋铜，例往东洋日本。自康熙二十二年设立海关，是时洋铜即已流通内地。逮三十八年以京局额铜，交商办解……皆取给于东洋。"[104]不过，乾隆以后，由于京局改用滇铜，所用洋铜渐止。

四是收买淘洗余铜、收换前代废钱等。如宝泉、宝源二局收买淘洗余铜，"户工二部议定，两局鼓铸钱文，凡土砂煤灰内有滴流余铜，应令该监督召人淘洗所得之铜，照部定价收买"[105]。收买（换）旧钱、废钱，如康熙十年（1671年），户部议言："两局制钱见在远近流通，民间旧钱、废钱不准行使……应令尽数交官，每勘照铜价给直六分五厘，解局销毁改铸"[106]。乾隆二十二年（1757年），又令"前代废钱……准民间检出，官为收换，所换钱文，即供鼓铸之用"[107]。

三、织染业

1. 京内织染局

清前期，京师的官营织染业以京内织染局为主。其织染的数量、花色、品种，《光绪大清会典事例》备有记载："康熙初年，设局监视匠役织造缎纱，无定额"；"四十七年奏准，岁造缎纱三十八匹，青屯绢二百匹，大红长毛氆氇四十匹，交广储司缎库"。"雍正七年奏准，改织暗花屯绢宁绸官绸八丝缎袍褂各料，均按三节进呈。其每年额交缎库缎纱屯绢氆氇概行停止"。"乾隆十六年议准，按节进呈之袍褂料，并无新样，嗣后停止，毋庸织造"；"十七年奏准，嗣后行文各织造处，挑选上好丝经送局，令匠役等于传办差务之暇，另造精巧新样缎绸，随时织办进呈"。[108]据上可知，京内织染局主要是生产"精巧新样"的丝织品。

织染局的生产规模，以其修理机张数目为例。《光绪大清会典事例》曰："修理机张。原定三十二架，新拴之机，所用引机茜丝，上嵌中渠下坠线，并新挑造花本线。二年黏补一次，黏补后一年黏补一次"；"乾隆十六年，改机张为十六架"。[109]

织染局对支领官物和查核丝斤皆有相关规定。支领官物方面要求："织造缎匹应用丝斤，量一年足用，并泛湛铁梭剪镊等项，开明数目，呈明咨行户部，转行浙江巡抚办理染丝应用颜料，及茜草红花乌梅槐子黄蜡白蜡等项，咨户部领用。木柴咨工部领用"。"乾隆九年奏准，红花改向广储司领用"；"十八年奏准，织造绸缎，应用八丝经五丝经斤数若干，行广储司转饬江宁苏州杭州各织造处办进"；"三十五年奏准，本局例行户部工部领取之物者，改向广储司营造司领用"。[110] 可见，织染局支领官物，先是从户、工二部领取，后改从广储司支取。

在查核丝斤方面，乾隆二十六年（1761年）奏准："本局节年织办领用丝斤颜料各项，并现存库储等件数目，自本年为始，与广储司六库每届五年，一律盘查一次，以为定例。"[111]

雍正年间，清政府在京畿一带推广种桑、养蚕，北京织染局曾"从四川、江浙雇来工匠，教授纺织之法，学徒领悟，如贡缎、江缎、大缎、浣花锦、金银罗绢等均能仿照"[112]。

2. 民间纺织业

在民间，京师及其周边地区的纺织业则以家庭棉麻纺织为主。这方面的例子，顺天府属各县的方志记载不胜枚举，如《良乡县志》记："白氏，廪生宁国璧妻，璧卒时，氏尚年少，贫无恒产，抚育子女，专务绩纺以供衣食……历四十余年如一日"；"胡氏……家贫无依，以女工自给，苦节三十余年"；"王氏……性贤淑孝敬，精女红……（夫死）十余年，自食己力，竭十指之资，以奉孀姑，孝行苦节"。[113] 又《蓟县志》载："杨三让妻王氏……三让卒无子，且贫无立锥地，氏甘心苦守，以纺绩为存活"；"生员陈大漠妻李氏，二十八岁夫亡，家贫，奉养翁姑，纺绩以供甘旨"；"生员杨奇妻屈氏，二十八岁而奇亡，遗子甚幼，氏矢志苦守，借纺机为存活"；"武生吴克宽妻黄氏，二十八岁夫亡……纺绩为生"。[114] 又《清河县志》记："全县中等人家妇女大半以织布为业，用本地旧式织机织成布匹，俗名粗布。此外有花、紫花布"[115]；"薛氏……（夫卒），年十九……家贫，翁姑在堂，纺绩以佐甘旨"；"张氏……（夫卒）遗三子……昼则纺绵，夜……枕然醒纺绵，更课三子工作……不数年，遂至小康"。[116] 又《宝坻县志》载："妇女无怡游，亦不尚剪绣，惟勤于纺绩，无论老媪弱息，未尝废女红，或为伶家佐之，贫者多织粗布以易粟"；"卢氏……（夫故）家徒四壁……以织絍自存活"[117]。可见，清前期传统的家庭手工纺织业在京师还相当普遍。

京畿民间还制作有冬夏用的帽兜，"北地冬用毡帽兜，以蔽风雪……夏以油绸遮雨，外项与内项相符，不容僭越，奉承士大夫者曰冠上加冠"[118]。

四、建筑业

清代北京城基本继承了明代格局，仅在局部作了改造与更动。其建设集中在 3 个方面：一是充实、调整与改造旧城；二是在西北郊大规模地造园；三是王府、会馆建筑的大量涌现。

清代北京城建筑形成了自己的艺术风格。与宋元以来追求建筑造型上的巨大体量和稳重、严谨的风格不同的是，更关注建筑组合、形体变化及细部装饰等因素。建筑物更多地关注其实用性与观赏性。建筑基本架构仍然延续传统木构架技术，砖石材料的应用和处理范围进一步扩大，建筑外貌遂有所改变。

1. 紫禁城宫殿的复建与改建[119]

清初继续沿用明代紫禁城格局，没有进行大的改动。《国朝宫史》记载："我朝宫殿制度，自外朝以至内廷，多仍胜国之旧，而斟酌损益，皆合于经籍所传，以为亿万年攸芋攸宁之所"[120]。紫禁城"前朝后寝"、"左祖右社"、东西六宫分列的布局并无变化，明代大明门（清改称大清门）、承天门（清改称天安门）、端门、午门等系列门制得以完整保留和继承。紫禁城内的殿宇基本按照明代规制，除了对部分毁于明末战火的宫殿进行复建外，其他基本保留原来状态。

自顺治朝开始，在原宫殿基址上逐步复建宫阙。大致可分为 3 个阶段：

第一阶段是顺治元年至十四年（1644—1657 年）。为了恢复朝仪，以帝居及妃嫔居处为主要内容，复建了大内前部之午门、天安门、外朝太和门及前三殿，内廷中央的乾清宫、交泰殿、坤宁宫，东路钟粹、承乾、景仁，西路储秀、翊坤、永寿等六宫，以及慈宁宫、奉先殿等，使紫禁城稍具观瞻之雄，外朝内寝皆有其所。此时的建筑大部按明宫旧式建造，概从简朴，没有什么重要更动。《日下旧闻考》载："我朝定鼎，凡前明弊政划除务尽。宫殿之制，概从简朴，间有兴葺，或仅改易其名。"[121] 康熙前期，因幼龄登基，加之三藩之乱，国家多事，故紫禁城宫殿建筑工事暂停了一段时期。

第二阶段为康熙二十二年至三十四年（1683—1695 年）。此时期进行了大规模复建，计有经筵用的文华殿、传心殿，太后居住的咸安宫、宁寿宫，后妃住的东路景阳、永和、延祺三宫，西路咸福、长春、启祥三宫，皇子居住的乾东头所、二所，乾西五所及撷芳殿、毓庆宫等。重建了太和殿及乾清宫、坤宁宫、奉先殿，使宫寝建筑更为完备，而且还设置了上驷院、造办处、内务府等服务性建筑，至此，紫禁城宫殿建筑群已基本恢复到前明时的规制。

第三阶段为乾隆时代。这一时期，经济状况逐渐丰厚，紫禁城建筑不仅局限于恢复旧貌上，且诸多改造。如乾西五所，改造为重华宫、建福宫；宁寿宫添建大殿及后寝养性殿、乐寿堂、戏台、花园；撷芳殿改建为南三所；新建寿康宫、寿安宫、雨华阁、文渊阁等。乾隆时期的宫庭建筑在形式与内容上完全走出明代建筑的窠臼，装修上亦追求宏丽，使紫禁城的风格更为丰富。乾隆以后，各朝增建很少，皆为修补或重建，甚至有闲置不用，毁圮不修的宫室。

清代紫禁城的建设，在依照明代宫室殿堂的基本规制外，也有若干变化与改动。例如，外朝三大殿在明代以及清初数次失火相互延烧，其建筑形制采用了廊院制及以斜廊通达主要殿堂的做法。康熙十八年（1679 年）火灾后，于三十四年（1695 年）重建时，将太和殿及保和殿两侧的斜廊改为阶梯状封火墙，而且将保和殿前东西联庑中加设封火山墙 7 道，将联庑分割成 6 段，太和殿前东西联庑在加设封火墙的同时，又将左翼门、右翼门、体仁阁、弘义阁等门阁独立出来，两侧联庑至此中段，改为厚墙连接。这些措施皆是出于避免火灾延烧的原因。基于同样的原因，乾清宫、坤宁宫两侧的斜廊亦被取消，改为封火墙。

又如，太和门前东西庑进深改小了，间数增多。明代东西庑共 40 间，在协和门、熙和门南北各 10 间，而现今各为 13 间。此外，明代后宫坤宁门的位置在今顺贞门的位置，即将宫后苑包在后宫宫墙之内，宫苑联为一体，在今坤宁门位置为一围廊，称游艺斋。《宸垣识略》云："明宫室坤宁宫北有围廊曰游艺斋，与御园相接，其钦安殿后顺贞门，即坤宁门，今改围廊为坤宁门，而界御园于外。"[(122)] 清代改建时将坤宁门内移至围廊处，门左右添建东西板房为太监值宿处所，使御花园成为一独立的宫内园林。

清代对明代宫殿的改造还有保持自己民族传统和风习的要求。如坤宁宫的内部装修结构是紫禁城内最能体现满族风习的地方。明代坤宁宫为皇后的日常居处，清顺治十二年（1655 年）建坤宁宫时依据奉天行宫清宁宫旧制，将其改为祀神、皇帝大婚的处所。坤宁宫平面为 7 开间带周围廊，呈不对称布置，东尽两间的东暖阁为皇帝喜房，西尽间为夹屋。中部 4 间为神堂。大门开在东次间，改槅扇门为木板门。神堂内按满族习俗，沿北西南三面设万字炕，俗称"口袋居"。神堂采用减柱方法修建，内部立柱减少，空间扩大，便于跪拜祭神。

雍正即位后，不复居住乾清宫，改内寝为养心殿，并将其作为处理日常政务、召见臣下的处所。养心殿保留了工字殿的建制，前殿明间设宝座朝仪，左右为东西暖阁。东暖阁是皇帝起居和召见近臣的地方，西暖阁是皇帝的机要办公处。后殿为皇帝晏寝之所，清代皇帝的起居之所较明代更加注重实用，室内装饰和摆设也显得舒适温馨。[123]

总体来说，清代紫禁城宫殿虽然是在明代基础上复建而成，但布局与形制上有许多创新与变化。而单体宫室建筑则绝大部分为清代所建，反映了清代的建筑风格。其明显的变化与进步主要有以下几方面：

首先，建筑群按中轴线布局意识进一步加强。清代几代帝王严格按照明宫规划完整地恢复了中轴线上的三大殿、后两宫、东西六宫及一系列门阙建筑，再现了天子至尊的建筑气派，对一些有碍布局的建筑则予以摒弃（如明末在养心殿南建的隆道阁即未恢复）。乾隆十四年（1749年）将景山东偏的寿皇殿移建至中轴线上来，殿前添建品字形3座木牌坊；乾隆十六年（1751年）在景山五峰上添建五亭，中峰万春亭，前俯紫禁城，后瞻鼓楼，成为欣赏雄伟的北京轴线的绝佳处。景山前还建了绮望楼，使宫城中轴布局进一步得到延伸与加强。

其次，分区布局上突破了明代讲求东西对称的方式，组织设计了养心殿、重华宫、宁寿宫等次一级的行政中心，且实用性很强。还形成了外廷东路皇子居住区、西路皇太后居住区、武英殿书刊学馆区、西华门内服务机构区、西北隅的佛殿区。分区更为明显集中，使用管理更为方便。各区布局多较自由，按实际需要采用了合宜灵活的平面。

再次，宫殿生活气息加浓，许多建筑采用小体量精致的外形，不以高大为目标，而且为了追求生活舒适，将宫、寝、书斋等合建为一座建筑，内部相互分割勾连，如养心殿、乐寿堂、倦勤斋等处，或拆改合并为一区如储秀宫、诩坤宫等，或与园林结合，讲求环境艺术。

最后，宫殿建筑技术与艺术亦有重要进步。如午门明间跨距达9.15米，天安门明间跨距8.52米，太和殿内当心间为了摆放宝座，明间跨距8.44米，内金柱高达12.63米，这些高大结构都是通过一系列的构造设计及材料帮拼技术而得以解决。尤为称道的是，清代宫庭装饰艺术达到空前的繁富，如彩画种类增加了特为皇家宫殿选用的和玺彩画，乾隆时还将南方包袱彩画引入宫庭。内檐装修中引入南方园林建筑中的花罩，各种棂花格扇及雕刻工艺，并调入南方工匠，成立造办处、如意馆等，专司建筑装修及装饰工艺品的制作，养心殿、乐寿堂、储秀宫、漱芳斋、三友轩、倦勤斋皆为内檐设计精品。内檐隔断也为室内空间增加了无穷的变化，可以创造出像符望阁那样复杂的建筑。乾隆以后，引入净片玻璃，使用鎏金铜瓦，借鉴"周制"家具的银嵌技术，皆为建筑装饰增色不少。

2. 园林建筑[124]

清代京师的园林建设可以说是北京造园史上最为繁盛的时期，不仅园林数量众多，在造园艺术上也达到极高水平。经过康雍乾三朝的经营，在北京西北郊建成了号称"三山五园"（香山、玉泉山、万寿山、畅春园、圆明园、静明园、静宜园、清漪园即颐和园）的大片皇家园林，其中以圆明园规模最大。与此同时，紫禁城内的西苑以及南苑行宫，增建、修葺亦甚多。

清前期京师园林的发展经历了两个阶段：一是清初的恢复期，二是乾嘉的鼎盛期。

清初的恢复期包括顺治、康熙、雍正（1644—1735 年）约百年时间。顺治八年（1651 年），在琼华岛明代广寒殿旧制上建造了白色的喇嘛塔，拆除了山前的殿堂，改建永安寺普安殿等建筑，初步改变了北海的景观面貌。而南海则做了较重大的修缮与增建，新建了瀛台、丰泽园、勤政殿、春藕斋等一大批宫庭建筑。丰泽园内静谷小园假山是聘请江南叠山名家张然叠制的，在畅春园未建造之前，康熙帝经常在此处理政务，接见臣僚。康熙时期还在南海建造了园中园的淑春院，院内包括有流水音、蓬瀛在望、葆光室、尚素斋、千尺雪等建筑。南海经康熙时的经营已初具规模，湖水内外皆已成景，与北海、中海成鼎足之势。

清初在政局基本稳定之后，皇家园林建设逐步转移到离宫园囿的建造方面来。清初除将南苑扩建成狩猎演武之地以外[125]，康熙帝还选中了北京西北郊作为建设离宫的所在地。康熙十六年（1677 年），在原香山金代行宫基础上修缮佛殿，并建行宫以"避喧听政"。十九年（1680 年），又在玉泉山南坡建"澄心园"行宫，三十一年（1692 年）改名"静明园"。这两处行宫的规模都比较小，建筑亦较简朴。康熙二十三年（1684 年），用明代李伟别墅旧址，借丹棱沜泉水，依高为阜，即卑成池，兴建楼阁，凿湖堆山，建成新园林，赐名畅春园。园内分东路、中路和西路，中路上宫门内的"九经三事殿"，为园中正殿，是康熙帝听政之处。

雍正帝即位以后，忙于皇室内部的纷争，无暇顾及皇家园林建设，主要将其为太子时的赐园"圆明园"加以扩建，作为离宫御苑。自雍正三年（1725 年）开始，终雍正之世，在园内大约完成了 28 处景点建设，形成了以"九洲清宴"为中心的前湖后湖园林建筑布局。

清初的宫苑建设一般都反映出简约质朴的特点。畅春园中的建筑，一律用青瓦屋面，不施彩绘，有些建筑还用草顶、原木，不施雕琢，不用贵重的汉白玉石料，就地取材，墙垣为块石砌造，与一般民间建筑不二。

乾隆、嘉庆时期，京师园林建设得到巨大发展，成为造园艺术的顶峰时代。

大内御苑方面，乾隆朝时以四五十年的时间，对西苑作了重点改建。清代西苑的面积较明代时的规模大为缩小，西部大部分用地被衙署、府邸和民宅占用。乾隆时在北海的建设，如在琼华岛白塔山西部建筑了悦心殿、庆霄楼等，在山的北麓构筑了两层廊的延楼。沿海东岸建起了濠濮间、春雨林塘殿，画舫斋等；北岸建有静心斋、天王殿琉璃阁、彩色琉璃镶砌的九龙壁、阐福寺、澂（澄）观堂、极乐世界、大西天等。此外，在中海西岸还整修了紫光阁，在南海南岸增建了宝月楼，成为瀛台岛的对景建筑。

乾隆时期大规模的园林建设是在离宫御苑方面。乾隆三年（1738年）扩建北京南苑，以后又在苑内新建团河行宫，专供狩猎阅武之用。团河行宫是清代帝王在南海子建造的四座行宫中规模最宏伟的一座。修建于乾隆三十七年至四十二年（1772—1777年），因宫中有团河之源——团泊而得名。团河行宫吸取了江南园林以景取胜的建筑布局，占地约400亩，以大小两个团泊为中心，在周长2公里的边沿上，取土造山，广植林木，并在山上建龙王庙、镜虹亭、露香亭、云岫峰等十几处别致秀丽的景点，雕梁画栋掩映在苍松翠柏之中，高低错落，构成一幅自然的山水景色。宫内建筑分东西两部。西部以宫内西湖为主，湖边叠石为岸，岸旁建有大小船坞、过河厅、狎鸥舫、濯月漪、临河房、凉亭、碑亭等楼台亭阁多处，是宫内主要风景区。东部为宫殿区，有与西湖相连的护宫河围绕，从南边大石桥过河进宫。宫为二进三跨。宫门外有朝房、茶膳房。宫内有军机处及会见大臣议事的旋源堂、涵道斋，以及太后寝宫——清怀堂、后妃住所储秀宫等。宫殿区最后面是比西湖较小的东湖，湖边有钓鱼台、群玉山房。湖中起一小岛，岛上建敞厅——翠润轩，有小桥与宫内相通。此处是宫中的御花园，专供皇帝在这里纳凉小憩、赏花观鱼之处。

乾隆十年（1745年），扩建香山行宫，于林隙崖间，增置了殿台亭阁，修建了宫门朝房，加一道5公里多的外垣，次年赐名"静宜园"。当时园墙分为内外垣，共有28景，内垣20景：勤政殿、丽瞩楼、绿云舫、虚朗斋、璎珞岩、翠微亭、青未了（亭）、驯鹿坡、蟾蜍峰、栖云楼、知乐濠、香山寺、听法松、来青轩、唤霜皋（亭）、香岩室、霞标磴、玉乳泉、绚秋林、雨香馆。外垣8景：晞阳阿（朝阳洞）、芙蓉坪、香雾窟、栖月崖、重翠崦、玉华岫、森玉笏、隔云钟。以上28景多是组合或单体建筑。

乾隆十五年（1750 年），扩建静明园，玉泉山及山麓的河湖地段全圈入宫墙内，乾隆十八年（1753 年）基本建成，置总理大臣兼管清漪、静宜、静明三园事务，并命名了"静明园十六景"：廓然大公、芙蓉晴照、玉泉趵突、圣因综绘、绣壁诗态、溪田课耕、清凉禅窟、采香云径、峡雪琴音、王峰塔影、风篁清听、镜影涵虚、裂帛湖光、云外钟声、碧云深处、翠云嘉荫。乾隆二十四年（1759 年）全部建成。乾隆五十九年（1792 年）全园大修一次，这是玉泉山园林建设的极盛时期。

乾隆十五年（1750 年），始建清漪园（颐和园前身）。第一项工程是扩展湖面，挖湖堆山，将西湖向东扩展，使它的面积和深度都增加了一倍，并用泥土加大山势。与此同时，乾隆为了庆祝他的生母孝圣皇太后钮祜禄氏 60 寿诞，拆除明代圆静寺，在其基址上改建大报恩延寿寺。第二年改瓮山为万寿山。又将瓮山泊改名为昆明湖。经十余年的土木之功，建造了大量的宫殿亭阁，到乾隆二十九年（1764 年）建成，成为一座大型经人工改造的自然山水园林。

乾隆二年（1737 年），乾隆帝移居圆明园，对该园又进行第二次扩建。这次扩建并没有再拓展圆明园本身地盘，而是在原来范围内调整园林景现、增加新的建筑群组。乾隆时新增的 12 景分别是：曲院荷风、坐石临流、北远山村、映永兰香、水木明瑟、鸿慈永祜、月地云居、山高水长、澡身浴德、别有洞天、涵虚朗鉴、方壶胜境。圆明园的扩建工程大约在乾隆九年（1744 年）告一段落。此后，又在它的东邻和东南邻另建附园"长春园"和"绮春园"。由于三者同属圆明园总理大臣管辖，故又称"圆明三园"。长春园内，靠北墙一带有一欧式宫苑，俗称"西洋楼"，乾隆二十四年（1760 年）建成。绮春园于乾隆三十四年（1769 年）由若干私家园林合并而成，其中包括皇室成员死后缴进的赐园。

三园之内，大小建筑群总计 120 余处，其中的一部分具有特定的使用功能，如像宫殿、住宅、庙宇、戏楼、市肆、藏书楼、陈列馆、船坞、码头以及辅助后勤用房等，大量的则是一般饮宴、游赏的园林建筑。

建筑物的个体尺度较外间同类型的建筑要小一些，绝大多数的形象小巧玲戎、千姿百态。设计上能突破宫式规范的束缚，广征博采于北方和江南的园林，出现许多罕见的平面形状如眉月形、卐字形、工字形、书卷形、口字形、田字形以及套环、方胜等。除极少数殿堂外，建筑的外观朴素雅致，少施或不施彩绘。因此，建筑与园林的自然环境比较协调。而室内的装饰、装修和陈设却非常富丽堂皇，以适应帝王宫庭生活的趣味。

乾隆以后，圆明园的工程仍未停顿，嘉庆六年（1801 年）绮春园内添建敷春堂、展诗应律。嘉庆十四年（1809 年）建成大宫门，修葺敷春堂、清夏斋、澄心堂等处殿宇，将庄敬和硕公主的赐园含晖园和西爽村的成亲王寓园等并入绮春园的西路，并大事修葺。绮春园的规模比乾隆时扩大了将近一倍，共成"绮春园三十景"。但总的看，嘉庆时代的园林建设主要是修补增饰，没有布局和结构上的变化。

3. 坛庙建筑

清代继承了明代祭天神、宗祖的天坛、地坛、日坛、月坛、先农坛、太庙以及历代帝王庙等一系列坛庙建筑。但又进行了不同程度的改造，最显著的是天坛的形制。至清代乾隆时期，天坛已经历了二百余年，琉璃砖地面、台面、围墙墙身、墙顶损坏甚巨，因此乾隆十四年（1749 年）又大规模改造，主要包括两方面：其一是改换瓦件，围墙墙身包砖。如将祈年殿（泰享殿）的三色琉璃瓦改为纯青色琉璃瓦，皇穹宇、皇乾殿、祈谷坛门楼、祈年殿两庑、圜丘外壝垾等处绿色瓦也改为青色瓦，整个圜丘坛原用青琉璃的地面及栏板俱改为艾叶青石及汉白玉石成造。其二是改变圜丘坛的平面尺寸，使之更符合礼制数理要求。如三层台径皆取一三五七九阳数数列，每层台面铺地皆为 9 环，每环为 9 的倍数，取阳数之极。三层台基栏板共 360 块，以应周天 360 度之意，此外每层台基踏步皆为 9 步，整个设计充满了表示帝王统驭天下的阳极之数。天坛经乾隆朝改建，其平面构图的数字象征意义更为加强。[126]

与天坛相应，地坛的瓦色、坛面尺寸及用砖数亦有改变，多取 8 数为则。乾隆十四年（1749 年），乾隆帝在命人大规模重修天坛的同时也对地坛展开了拓展工程，前后历时 3 年始告竣工。经过这次修整，双层方形地坛，上层方 6 丈，下层方 10 丈 6 尺，高均为 6 尺。坛面铺方石，其中上层坛面中心，是 36 块较大的方石，纵横各 6 块；围绕中心点，四周铺石块 8 圈，最内圈 36 块，最外圈 92 块，每圈递增 8 块。下层坛面同样砌有 8 圈石块，内圈 100 块，外圈 156 块，也是每圈递增 8 块。而上层共计 584 块，下层共计 1024 块，上、下两层合有 1572 块，皆为 8 的倍数。在下层坛面上，南部左、右设五岳、五镇、五陵山石座，凿山形花纹；北部左、右设四海、四渎石座，凿水形花纹，座下再凿池，可贮水。坛的四周仍环以水渠，是为方泽。泽之西南涯嵌白石龙头，虚其口，以注水，且有暗沟将其与神库内水井相连。这次拓展工程，对地坛内外坛墙及皇祇室等也进行了彻底整修。其中皇祇室和坛墙原来所覆绿瓦，一律被换成黄琉璃。[127]

清初沿用明代朝日坛，雍正二年（1724 年）在日坛西南方建 3 座照壁，五年（1727 年）又增造日坛牌坊两边的墙垣。乾隆八年（1743 年），移建日坛具服殿 3 间，左右配殿 6 间，宫门 1 座，并拆移衙署 13 间。乾隆二十年（1755 年）日坛再经大修。到嘉庆五年（1800 年），又重修祭台、神库、牌楼、具服殿和外围墙垣。经过多次修缮改建的清代日坛有内外两层坛墙，外坛墙前方后圆，周长 290.5 丈；内坛墙圆形，周长 76.5 丈，高 8.1 尺，厚 2.3 尺。内坛墙内，是日坛的主体建筑日坛。

与日坛一样，清代在沿用明代月坛后也屡加修缮，雍正三年（1725 年）在月坛东北空阔的地方建照壁 3 座，并修整牌坊两边的墙垣。乾隆八年（1743 年）和二十年（1755 年），在修建日坛的同时，也对月坛进行了与日坛类似的重修，此后在乾隆四十八年（1783 年）和五十年（1785 年）又连续修整。[128]

雍正时还在紫禁城的东面添建了宣仁庙（风神庙）、凝和庙（云神庙）、昭显庙（雷神庙），以补山川坛之缺。清代北京的孔庙及国子监仍沿用城东北隅的元明之旧制，呈"左庙右学"之制。尤其是乾隆四十八年（1784 年）命建"辟雍"，五十年（1786 年），"新建辟雍成"[129]，使国子监成为一所富丽堂皇、规度齐备的学习场所。辟雍是一座重檐黄琉璃瓦、攒尖鎏金宝顶的方形木结构建筑，四面没有墙壁，只有槅扇，四周有廊环绕，建在一个圆形水池的中央。每位皇帝即位，皆要在国子监辟雍讲学一次，称为临雍。

清代京师还有一种特殊的神庙，称为"堂子"，是清代皇室祭天地诸神的地方。清朝建都北京后于顺治初年在长安左门外建堂子，其址在今东城台基厂北口。堂子内的建筑物并不高大。正中为飨殿，5 楹，南向，汇祀群神。前为拜天圆殿，北向。两殿之间设神杆石座。稍后两翼分设 6 行，每行又各 6 重，第一重为皇子，其后依次为亲王、郡王、贝勒、贝子及公等，各按行序，均北向。其东南为上神殿，3 楹，南向。[130]

4. 宗教建筑

清代前期，北京宗教建筑得到进一步发展的主要是佛教建筑，尤其是藏传佛教建筑。

清初，北京城内的原有的元明建造的寺观基本上保存下来，如东城的柏林寺、隆福寺、智化寺，西城的白塔寺、广济寺、护国寺、都城隍庙，北城的广化寺、显佑宫，外城的法源寺、报国寺等。但也有衰败不堪的，如西城元代的天师府，明宣德年间曾大加扩建，形成前后 11 进的大型道教宫观——朝天宫。天启六年（1626 年）大火焚毁后，再也没有复建。清代道教建筑逐渐衰微，一代名观遂析为民居用地。

（1）佛寺建筑

北京的佛教建筑在清前期又有新的发展，有些明代遗留的寺庙得到了扩建与复建。如西郊碧云寺于乾隆十三年（1748 年）在寺后建金刚宝座塔一座及罗汉堂等。西直门外的万寿寺在乾隆时曾两次修葺。此外，大觉寺、潭柘寺、戒台寺等处亦有不少扩建。

清代藏传佛教获得了特殊的政治地位，藏传佛教建筑被大量引入京师。在北京的藏传佛教建筑，一类为纯粹仿照西藏寺庙建筑，藏式因素占主导；另一类为汉藏结合，在汉式殿堂之上进行部分改动而建成。一般采用汉地寺庙做法，融合藏传佛教教义，借鉴西藏寺庙布局手法，加以变通。

早在顺治年间，在德胜门外与安定门外之间，就建了东、西黄寺为西藏黄教领袖达赖五世在京驻锡之所。东黄寺建于顺治八年（1651年），《宸垣识略》记："东黄寺在安定门外镶黄旗教场北，顺治八年敕就普静禅林兴建"[131]。西黄寺建于顺治九年（1652 年），《光绪顺天府志》载："顺治九年，以达赖喇嘛综理黄教，肇建兹寺。"[132]西黄寺是紧靠东黄寺新建而成，它原是旧有的一座庙，称"汇宗梵宇"，为辽金建筑基址，是两层藏式长方形楼房，歇山式房顶，全系楠木结构，共 81 间，上下两层，四周均有出廊相通，巨柱分间，飞檐翘角，结构奇特，为京都之仅见。五世达赖及六世班禅最初均曾居此。[133]

雍和宫是清代以来北京的最大喇嘛寺院，始建于康熙三十三年（1694 年）。初为雍正之"潜邸"，位于皇城东北角，与国子监隔街相望。雍正三年（1725 年），命名为雍和宫。雍正十三年（1735 年），将主要建筑易为黄琉璃瓦顶。乾隆九年（1744 年），改为喇嘛庙，成为清代北京藏传佛教活动中心。

此宫建置均仿西藏正规寺院，如设四学殿（即四扎仓）：显宗殿、密宗殿、时轮殿、医学殿。各殿均备有所需经典及所供佛像。法轮殿是全宫最具有代表性的主殿。该殿原型似模拟故宫雨华阁，但又有创新，如该殿在黄琉璃瓦顶上，设 3 座小亮窗，均为歇山顶，3 座歇山式亮窗顶上又各立鎏金藏式宝塔 1 座，从而使法轮殿具有汉藏风格。[134]万福阁是雍和宫中最高大的建筑，飞檐三重，高 23 米，腾空架设飞梁与两侧阁楼相接。寺庙东跨院花园,名太和斋,面积不大,其中假山、水池布置于方寸间,闹中取静。

雍和宫内还有班禅楼及戒台楼各1座,分别位于法轮殿之两侧。东侧为戒台楼,内有汉白玉两层戒台,系乾隆四十四年(1779年)仿热河广安寺戒台而建,1780年班禅六世在此戒台为乾隆受戒。班禅楼为六世班禅驻锡地之一,班禅在京时为许多信徒讲经、受戒,多在雍和宫,是时即居此楼。

北京的藏传佛教建筑多仿西藏著名寺庙,诸如碉楼式建筑、都纲式经堂等,但又并非机械地照搬。比如,碉楼式建筑的窗口有的设计为暗窗,仅作装饰之用,或在其上贴饰琉璃,华丽富贵。此外,在布局上也不完全拘泥于西藏佛教寺庙的程式。

香山昭庙,全称为"宗镜大昭之庙",是乾隆帝为六世班禅进京觐见所建的夏季驻锡地。依山势而建,因庙有高厚醒目的红墙,故又俗称红台。庙为藏式碉楼式建筑,方形而高厚的饰有梯形箭窗的红墙,酷似西藏寺院。而其顶部建有歇山式飞檐汉式琉璃瓦顶的楼阁,更增添了昭庙的雄浑气魄。庙前有三门三楼式琉璃牌坊1座,红色柱墙,黄绿两色琉璃瓦,使琉璃牌坊极为壮美。牌坊上雕有四体文题额。从整体外貌来看,以浓郁的藏式建筑色彩为主,但又在建筑局部渗入汉式因素。昭庙建筑充分发挥了琉璃装饰的作用,于寺庙庄严神秘的气氛中增添了亮丽的色调。

(2)佛塔建筑

清代前期,北京的佛塔建筑主要有密檐式、楼阁式、覆钵式及金刚宝座式佛塔等。

清代北京密檐、楼阁式佛塔建筑承明代之余绪,在寺庙中大量修建,尤以琉璃塔的建造为突出。颐和园万寿山后的多宝琉璃塔,建于乾隆十六年(1751年),是乾隆帝为庆祝皇太后60寿辰而建造的。这座七级八角形楼阁式与密檐式相结合的古塔,高约16米,全塔采用五色琉璃砖瓦镶砌。塔座为八角形须弥座,座的外围由汉白玉砌成八角形围栏。基座上为3层楼阁式塔身,每层塔身的东、南、西、北四面都设有券门,内置石佛。每层塔身的八面都布满着排列整齐的小佛龛。塔身的七级密檐下施有斗拱和垂脊,各角都挂有风铃。由宝珠和花蔓天盘组成铜制铃铎式塔刹。[135]

建于乾隆四十五年(1780年)的香山琉璃塔,位于香山昭庙后的山坡上。塔为砖石结构八角七层楼阁式,高约40米。石砌方形的塔座由两层组成:第一层塔座上建有八角形白石栏杆、八面大型围廊和八角琉璃坡屋顶，围廊设有木构附阶和廊柱，附阶的正中为塔座、塔座上雕有佛像。屋顶上部为第二层塔座，内收的八角形平台上环绕着石栏杆，由正中的八角形须弥座承托着八角七层琉璃塔身。实为砖石外呈仿木的各层塔身均用黄、绿、紫、蓝各色琉璃砖瓦，砌成柱子、拱门、斗拱、额枋、檐椽、瓦垄等。每面的拱门内都雕有佛像 1 座，各层上下相对。每层塔的檐角下系以铜铃，共 56 个。塔刹饰以巨大的黄色琉璃宝珠。此塔的基座和塔身全部用琉璃砌筑而成，独具特色，颇为壮观。[136]

清前期北京的密檐式与楼阁式佛塔多繁缛复杂，使得中原传统佛塔建筑缺乏新意和力度。而藏式佛塔的样式与建筑风格则超过了汉地原有佛塔建筑形式，其建筑主要有覆钵式和金刚宝座式塔。

覆钵式塔在清代已发展成固定的模式，与元代覆钵式佛塔相比，塔身与相轮皆变得轮廓清晰、修长，通常塔身有"眼光门"，内装佛像或经文，无分缨络。北海白塔是顺治八年（1651 年）广寒殿旧址上修建的覆钵式喇嘛塔，塔身全部为白色，故俗称白塔。塔高 35.9 米，覆钵式塔身最大直径为 14 米，塔基为方形砖石结构，塔座为折角式须弥座，座上由 3 层圆台（金刚圈）承托覆钵式塔身。塔身正面有壶门式焰光门，门上刻有梵文咒语，塔内贮藏佛教器物。塔身上部的塔刹，刹座是小型须弥座，其上是由 13 重相轮组成的"十三天"刹身，再上为承托刹顶的两层铜质伞盖，边缘悬铜铃 14 个，刹顶冠以鎏金仰月与宝珠。[137]北海白塔的造型比例匀称、秀丽挺拔，与周围环境相互协调，堪称清代覆钵式塔的典型代表。

金刚宝座式佛塔在清代得到丰富和发展。建于乾隆十三年（1748 年）的碧云寺金刚宝座塔，坐西朝东，总高 34.7 米，全部用汉白玉砌筑而成。塔基先由石块砌成方形高台，再在其上用汉白玉石砌筑方形金刚宝座。座南正中有拱券门，门内两侧各有 1 座石梯可上至座顶。座顶为方形平台，平台前方左右各有 1 座汉白玉雕成的覆钵式石塔，石塔的基座为"亚"字形须弥座，须弥座承托着覆钵式塔身。塔刹由相轮和铜制华盖组成。平台前方正中设有 1 座小型金刚宝座塔，其宝座为屋形方亭，方亭南北各设券门通行。宝座上方四隅各建 1 座覆钵式石雕小塔，正中为方形 2 层石塔。平台后方为 5 座十三层密檐式石制方塔，中央则为 1 座比四隅方塔高且宽的大型方塔。5 座方塔分别由方形塔座承托方形塔身，塔身以上又都由十三层密檐承托着石雕的覆钵式塔刹。碧云寺金刚宝座塔，布满了大小佛像、天王力士、龙凤狮象等雕饰，其僧人手托宝塔的 3 座浮雕更加突出了佛教特点，双层金刚宝座式塔在我国金刚宝座塔中比较少见，它在我国现存金刚宝座塔中也属于最高和规模最大的一座。[138]

建于乾隆四十七年（1782 年）的西黄寺清净化城金刚宝座塔（也称"班禅塔"），是乾隆帝为安葬班禅六世的衣冠经咒所建造的。在四座高 7 米的经幢塔的簇拥下，玉身金顶的清净化城塔峭然而立。设计者考虑西藏班禅的民族特点，塔形没有采用印度金刚座式培，也未取汉地楼阁式塔，而特选藏式瓶形塔，即 13 世纪自西藏传入内地的所谓喇嘛塔，主塔高 16 米，由塔基、塔身和刹杆组成。玉石为料，通体洁白，遍布浮雕，玲珑巧丽。整个塔群建筑的细部，雕刻了众多的佛像，和佛教常见的动物、莲花、天兵天将、佛经等物，可以反映出佛教整个历史发展概貌。塔雕之如此安排，正寓意六世班禅升入"天国"。[139]

5. 王府建筑

北京现存的王府基本都是清代的。从历史上看，金代虽然沿袭了历代分封的制度，但在北京没有留下王府的实例。元代实行的是划地封藩制度，受封之王各有封地，不居大都。明代不仅沿袭元朝的分封制，而且分封的也都是朱氏宗室子弟。这些被分封的朱氏宗室子弟，幼时大多生长教养在都城南京的皇宫大内，一旦长大成人便被派遣到各自的封地去，以抗拒外患、拱卫王室。例如，洪武三年（1370 年）朱元璋封其第四子朱棣为燕王，驻守元大都北京，以拒塞外元朝的残余势力。于是，燕王朱棣驻守北京后，将元大都的皇室内殿改建为燕王府，这是洪武十二年（1379 年）的事，也是如今大家比较认可的北京城内最早王府的记录。明永乐元年（1402 年），燕王朱棣经过 4 年的"靖难之役"，并最终夺取了帝位。为了暂时安抚那些依然雄踞四方的诸王，永乐皇帝迁都北京之前，还派人在北京城内大肆兴建了 10 座王府。据《明成祖实录》记载，永乐十五年（1417 年）六月，"复于皇城东南建皇太孙宫，东安门外东南建十王邸，通为屋为八千三百五十楹"[140]。如今，十王府已踪迹不见。东安门虽也踪影难寻，但东安门大街的名称依存，据专家考证在今东华门以东方位，即今王府井大街东安市场一带。

入清以后，在沿袭明制的同时，清朝统治者在总结历代封藩制利弊的基础上，更加认识到"封而不建，实万禩不易之常法"[141]。在"封而不建"的原则上，将明代表面上存在的郡国形式也取消了。规定"诸王不锡土，而其封号但予嘉名，不加郡国"[142]。这样诸王贝勒受爵却无"国"可就，只能在京师建府而居。因此，清代的众多王府云集于北京，成为北京建筑中一道仅次于皇宫的壮丽风景。

在天子脚下，北京王府的建造必须合乎规矩。《八旗通志》、《清实录》、《清会典》等文献中对各级王公府邸营造的规模都作了规定，而且不同时期又有一定变化。其中以清后期光绪朝的《大清会典》中的规定最为详尽，譬如亲王府制："正门五间，启门三，缭以崇垣，基高三尺。正殿七间，基高四尺五寸。翼楼各九间，前墀护以石阑，台基高七尺二寸。后殿五间，基高二尺。后寝七间，基高二尺五寸，广度十一尺，后列屏三，高八尺，绘金云龙。凡正门殿寝均酌覆绿琉璃瓦，脊安吻兽，门柱丹镬，饰以五彩金云龙，禁雕刻龙首，压脊七种，门钉纵九横七。楼房旁庑，均用筒瓦。其府库、仓廪、厨厩及典司执事之屋，分列左右，皆板瓦，黑油门柱。"亲王世子府制："正门五间，启门三，缭以崇垣，基高二尺五寸。正殿五间，基高三尺五寸。翼楼各五间，前墀护以石阑，台基高四尺五寸。后殿三间，基高二尺。后寝五间，基高二尺五寸。后楼五间，基高一尺四寸。共屋五重。殿不设屏座。梁栋绘金彩花卉、四爪云蟒。金钉，压脊各减亲王七分之二。余与亲王同。郡王府制亦如之。"[143]这些规定等级森严，差别明确，不可逾越。绝大多数王府的建筑规格不仅不敢超标，甚至往往不能达标，不是间数不足，就是该建楼处建平房。

从王府规制来说，北京王府大致可以分为亲王府、郡王府和其他王府3种类型。王府建制不同于普通官民宅院，尤其是中路的布局，《大清会典》中有着严格的规定。首先是府门，王府的大门有两重。正门南向，位于中轴线上，两侧有石狮一对，但并不临街，而是由成排的倒坐房和东、西群房在门前围成一个大院落，称"狮子院"。王府的办事机构就设在此院，来访亲友的车、轿、马匹也都停放在这里。院的东、西墙上各有角门一间，均叫阿司门，又称辕门，其中之一作为王府人员日常出入之所，另一门通常关闭。阿斯门外两旁摆放红漆辖禾木一对，还有上马石、拴马桩和八字大影壁。亲王府正门5间3启门，即面阔5间，中间3间开放；郡王府3间1启门。可见，王府大门的形制与普通官民宅门有明显区别。首先王府大门建于宅正南的中轴线上，影壁设在大门外，即外屏，规模也大得多，面宽5间或3间。而普通民宅门只能开在宅东南角，宽1间，影壁在内。皇家贵族的身份由此可见一斑。

进入宫门便是正殿，俗称银安殿。亲王府银安殿面阔7间，郡王府5间。大殿只有在举行大庆典礼才开放，平时都是锁着的。殿内设王爷的宝座，后列屏风3扇，上绘金云龙。正殿两翼各有9间配楼，两旁有左右夹道，可达后殿。后殿7间或5间，左右有配房。再往后，便是面阔 7 间的寝宫，又称神殿，西间是举行满族祭神仪式时跳神、吃肉的地方，东间是王爷结婚的洞房。在这进院中，仍保留着浓厚的满族关外遗风，如窗户纸糊在外，神殿内放着煮祭肉的大铁锅，院内立着神杆，俗称索拉杆，上有碙斗，斗内放祭天神的肉。神殿院内也设有左右配殿。神殿后院为遗念殿，专供奉先帝先后生前穿戴之衣帽等物。清代向例，帝与后崩逝后，由继位的皇帝将先帝先后生前穿戴的遗物，颁赐给各王公大臣，美其名曰"遗念"。此外，佛堂、祠堂皆在此院内。最后是后罩房或后罩楼。以上是王府中路的布局。东、西路则可以自由配置，一般为居住区和花园（有的花园在中路后部）。[(144)]

清代北京王府大都集中在内城。据记载，乾隆年间京城有王府 30 座，其中包括 19 座亲王府、11 座郡王府。嘉庆年间有王府 42 座。[(145)] 最为著名的有清初所谓八大家铁帽子王府及清中后期赐修的四大家王府。八大铁帽子王府分别是：礼亲王府、睿亲王府、郑亲王府、豫亲王府、肃亲王府、庄亲王府、克勤郡王府、顺承郡王府。以上六家亲王府和两家郡王府，即"八大家"，均系世袭罔替。赐封年代较晚的四家王府也是世袭罔替，它们是：怡亲王府、庆亲王府、醇亲王府、恭亲王府。

现存王府中保存最完整的是位于于前海西街的恭亲王府，建于乾隆四十一年至五十年（1776—1785 年）。原为清代乾隆朝权臣和珅的私宅和嘉庆帝的弟弟永璘的府邸。恭王府作为清朝亲王的府邸，其建筑布局规整、工艺精良、楼阁交错，充分体现了皇室辉煌富贵的风范和民间清致素雅的风韵。

恭亲王府有正门两重，均朝南。大门面宽 3 间，前有石狮子 1 对；二门面阔 5 间。整座王府分中、东、西 3 路建筑。中路建筑，进二门为正殿和东西配殿，后面为后殿和东西配殿，后殿称"嘉乐堂"。殿堂屋顶镶有琉璃瓦、脊吻兽。东路建筑，正厅称"多福轩"，后院厅称"乐道堂"，是恭亲王起居处。西路建筑，正厅称"葆光室"，后院厅称"锡晋斋"。精品之作当属高大气派的锡晋斋，大厅内有雕饰精美的楠木隔段，为和珅仿紫禁城宁寿宫式样（此为和珅僭侈逾制，是其被赐死的"二十大罪"之一）。

在 3 路建筑之后，有 50 多间、全长 160 多米的两层后罩楼，俗称"九十九间半"，取道教"届满即盈"之意。东部称"瞻霁楼"，西部名"宝约楼"。恭王府后罩楼规模之大，建筑之豪华几为京城王府之最。楼中间有一过道，直通后花园。花园取名"萃锦园"，俗称恭王府花园。与府邸相呼应，花园也分为东中西 3 路。正门为西洋式石拱券门。左右有假山，迎门立一座刻有"独乐峰"的柱形太湖石。石后有一小水池。水池后有一面宽五间的"安善堂"，其东有配房"明道堂"，其西有配房"棣华轩"。堂后有一方形的水池，并有一组假山。中路最后建筑为著名的"蝠厅"，又名养云精舍。正厅5间，厅两侧各有耳房。除此之外，在院内还有大戏楼、怡神所、天香庭院、福寿长廊、益智斋、澄怀撷秀、韬华馆等一系列建筑。[146]

在清代的北京王府中，除了皇室宗族王爷所居之王府外，还有少数蒙古贵族和汉族大员被晋封为王爷时建造的王府，诸如僧王府、那王府、平西王府等。这些王府不仅在规模上与皇族王府不相上下，而且由于这些王府的主人往往都是对清廷有过卓越贡献或与清皇室利益攸关，因而这类王府具有某种特殊性。

僧王府位于东城区炒豆胡同（今安定门内交道口南板厂胡同），为成吉思汗弟弟哈布图哈萨尔后裔僧格林沁的府邸。僧王府是保存比较完整的清代蒙古王府。

僧格林沁最先所居府邸并不很大，后以6690两白银购买了被朝廷收官的原杭州织造福德的117间房屋，并将其与原府进行改建，从而使僧王府形成了几乎占有整个炒豆胡同的一座显赫王府。在这座王府内，僧格林沁在改建时特别保留了原杭州织造福德府中的江南建筑风情，使其与自己原先府邸中厚重坚固的北方特色相映成辉。

僧王府正门两旁有上马石，门内有阿虎枪架，对面有大影壁，正门内有腰厅5开间和垂花门。垂花门北有正房院和后寝院、后罩房。府中建筑还有东路、西路。路南还有马圈。中轴线建筑均有抄手游廊相连接。室内冬季取暖设有火炕。府内还有土山、爬山廊、花厅、亭台、池沼。

那王府位于钟鼓楼的东北侧，宝钞胡同北口路西，现名国兴胡同与国祥胡同的两条小胡同之间。它是因最后的府主——喀尔喀蒙古赛因诺颜部扎萨克和硕亲王那彦图而得名，也是外蒙古亲王在北京仅有的一处王府。

那王府坐北朝南，临街有宫门3间。宫门东西各有阿司门1间，宫门内有座木质影壁。银安殿建筑宏伟，结构紧凑，殿字均按皇宫形式建筑，只是规模小一些。

平西王府位于东城区王府井大街（今东安市场址）。该府系明末将领、降清后被顺治皇帝封为平西王的汉族人吴三桂的府邸。《啸亭杂录》称为"异姓王"。顺治二年（1645年），吴三桂因功晋封亲王。顺治十年（1653年），其子吴应熊迎娶世祖皇帝异母妹恪纯公主（和硕长公主、建宁长公主）为妻。康熙十二年（1673 年），朝廷决定撤藩后，吴三桂与耿精忠、尚之信发动叛乱，史称"三藩之乱"。康熙十四年（1675 年），吴应熊并其子世霖被处死。8 年后，叛乱被平定。因此，其王府也被夷为平地，成为八旗兵神机营的练兵场。[147]

6. 会馆建筑

会馆是北京城中一类较为特殊的建筑。作为具有一定共性人群的公益性建筑，有着维系感情的功能。据《修建临襄会馆碑记》载："粤稽会馆之立，所以联乡情、笃友谊也。"[148] 会馆建筑的组成，除旅居和办理事务用房外，为增强凝聚力，常有专用为祭祀的建筑出现，或独建乡贤祠，或在正厅当心间设龛，奉祭本乡历史名人或本业祖师。例如，《浮山会馆金粧神像碑记》云："我浮山会馆，建自雍正七年，其馆北立五圣像，神德灵应，佑我商人。"[149]《建修戏台罩棚碑记》曰："我行先辈，立业都门，崇祀梅、葛二仙翁，香火攸长，自明代以至国朝，百有余年矣。"[150]

清代北京会馆多达 340 余座，因清代前期实行内城居满官满人，驻八旗兵及其家属，外城居汉人之制，而且参加会试或从事商贸者多为汉人，所以会馆多分布在外城。

会馆建筑一般借用民居，总体布局要比民居宽敞，坐北朝南，院落较多的会馆会有明显的轴线。规模较大的会馆在其轴线上建有神庙，多为关帝、财神、魁星等，也有的会馆供奉天后娘娘。还有的会馆建有戏楼。由于地域的不同，会馆建筑带有明显的地方色彩。

安徽会馆建筑分中、东、西 3 路，院落叠加，建筑组合丰富。会馆最北部为小型园林，面积不大，但假山、亭、阁、廊、榭布局巧妙，灵活多变，是对江南园林的学习与模仿。安徽会馆的戏场结构的做法和风格基本上是北京本地形式，戏楼是会馆中规模最大的建筑，南北向，屋顶为双卷勾连搭悬山式，东西两侧各出重檐，状如歇山，颇具特色。

汀州会馆则具有浓郁的福建民居建筑风格。馆内建筑相当考究，并具有福建建筑的特点：房屋木料悉用杉木，古朴典雅。屋顶构造较为奇特，起坡平缓，前廊后庑，整体建筑形制独特，强调细部的雕镂刻画。[151]

湖广会馆在虎坊桥骡马市大街路南，嘉庆年间建，道光十年（1830 年）重修，会馆总体分为 3 部分，主体建筑沿中轴线布置，自北而南为正厅、客厅及附在厅后的楼阁，最南为戏场。建筑采用了北京民居通用的形式，屋宇间以游廊连接，形成串联的院落。戏楼为南方穿斗式木架勾连搭屋顶，楼内有戏台 1 座，台前中央为戏池，北、东、西三面有上下两层看楼，是北京会馆中较大的剧场。

五、酿酒业

清代前期，京师的酿酒业已相当发达。乾隆初年，就已是"酒品之多，京师为最"[152]了。

清宫用酒，名目繁多。御制佳酿"玉泉酒"，创制于乾隆时期，用的是钦定的"天下第一泉"——京郊玉泉山的泉水。当时制酒的时间，多在春秋两季。因这个季节，北京雨水较少，泉中喷出之水，清澈无杂质，所酿之酒醇美浓香。这种"御酒"是用糯米、淮曲、豆曲、花椒、酵母、芝麻、箸竹叶等做原料，加以精工制作，为清宫大宴和帝后日常饮膳必上之旨酒。[153]

再有就是"莲花酒"，即清宫佳酿"莲花白"。关于此酒，《清稗类钞》有如下记载："瀛台种荷万柄，青盘翠盖，一望无涯。孝钦后每令小阉采其蕊，加药料，制为佳酿，名莲花白，注于瓷器，上盖黄云缎袱，以赏亲信之臣。其味清醇，玉液琼浆不能过也。"[154]

在清宫佳酿中，还有一定数目的药酒，例如夜合枝酒即为清宫御制药酒之一。夜合枝即合欢树枝，此酒原料除合欢枝外，还有栢枝、槐枝、桑枝、石榴枝、糯米、黑豆和细曲等，可治中风挛缩之症。

至于御酒的酿造方法，明末清初人宋起凤的《稗说》记载甚详，为极其罕见的可贵资料，兹摘录如下："酒醋局与惜薪司栉比，设西华门内御道之北。凡六宫岁用酒浆醯醴，俱办于局。京师称内酒，即局中酒也。上用御酒一种，取玉泉水浸米，米佳糯，筛簸净，取全粒不损者入水淘洗三四次，浸之。数易新水，凡一昼夜，入笼蒸熟，晾冷，和曲末香料拌匀，入瓮。凡数日后，用木耙时上下掀播，务使曲米与浆俱调匀，无纤微凝结，则米汁尽出，卒无酸甘之失。期满，柞为浆液，贮大瓮中封固，存其米汁之气，再数日方进御。此为新酒，味少薄，贮白磁盏，与之一色，不见酒痕，而清氛常溢喉齿。至初春，局中用大镬逐瓿隔汤煮之，有火候取出，置高燥地面。存阅月，复进用，谓之熟酒。色如金蜡珀，少带微黄，其香甘更倍，醇美易入口。此二种皆备宫中御用，外廷所赐，悉出大官光禄署，不易得也。"[155]

除了皇家御制的名酒外，坊间的酒品更为丰富。据《清稗类钞》记载："京师酒肆有三种，酒品亦最繁。一种为南酒店，所售者女贞、花雕、绍兴及竹叶青……一种为京酒店，则山左人所设，所售之酒为雪酒、冬酒、涞酒、木瓜、干榨，而又各分清浊。清者，郑康成所谓一夕酒也。又有良乡酒，出良乡县，都人亦能造，冬月有之，入春则酸，即煮为干榨矣……别有一种药酒店，则为烧酒以花蒸成，其名极繁，如玫瑰露、茵陈露、苹果露、山查（楂）露、葡萄露、五茄皮、莲花白之属。凡以花果所酿者，皆可名露。"[156] 需要指出的是，在清前期，京酒店所售之"良乡酒"主要是由外地人酿造的。京师之人"亦能造"则大约在光绪年间，成书于光绪二十六年（1900年）的《燕京岁时记》云："良乡酒者，本产于良乡，近京师亦能造之。其味清醇，饮之舒畅，但畏热不能过夏耳。"[157]

在以上三类酒店制售的各色酒品外，尚有外地酿制之"南路烧酒，张家湾之湾酒，涞水县之涞酒，易州之易酒，沧州之沧酒"等。[158] 民间的酿酒作坊，当时称为"烧锅"，烧酒分成东、西、南路，如东路烧锅多设在通州，所产之酒即称为"东路烧酒"。

清前期京畿酿造的良乡酒颇为有名，所谓"良乡酒为京师冠。大凡往者，皆与红友论交耳"[159]。良乡黄酒"远迩驰名，京师尤重……若良之黄酒，则系山东人在邑中设肆以酤之。居人殊不解造酒法也"[160]。此外，"房山邑杨姓酿酒，称房酒。色如赤金，味冲和颇醇，价高他酒，皆隔年煮者。一种有藏数年真良酝，辇下贵人素知者，间觅一二，他客无从得已"[161]。

六、特色手工艺制作

1. 景泰蓝制作[162]

到了清代，在前100多年的时间里，景泰蓝发展并不显著。康熙和雍正年间，景泰蓝制作精美，但其造型主要是模仿明宣德和景泰时期的风格，以制造炉、鼎等祭器为主。乾隆时期，景泰蓝制作进入全盛时期，当时，在内务府造办处专门设有景泰蓝生产机构——珐琅作，能工巧匠云集。景泰蓝生产产量之多、规模之大、做工之细是前所未有的。

乾隆时期的景泰蓝一改明宣德和景泰年间朴实、粗犷、豪放的风格，向清秀、华丽、鲜明的方向发展。制作数量较之以前大为增加，凡帝王后妃活动的大殿、寝宫等场所景泰蓝制品比比皆是。除大量制作祭器外，逐步替代了一些如玉器、象牙等易碎的贵重日用器具，品种上还发展了围屏、屏风、绣墩、枕头、筷子、鼻烟壶等实用品和陈设品。制作技术也有了进一步提高，不仅能制作极小的精致器物，还能制作一丈多高的大佛塔，以及与人同高的大型法器。这样大型制品在制胎、烧蓝等工序上都需要有较高的技术与设备才能完成。

明代时景泰蓝的胎、丝绝大部分是用青铜铸造锤打而成的。到乾隆年间，在原料方面也有了革新，采用延展性能较强的红铜为原料，制胎、制丝工艺也相应得到改进。应用新的打胎拔丝技术，使制品胎骨比明代精致，铜丝匀细，胎形更加富于变化。这时期还有了简单的脚踏磨活机，提高了打磨质量与效率。

在构图和花纹布置上，清代景泰蓝广泛采用锦地开光密布于主题花纹四周的办法。"八宝吉祥图案"、"自然风物图案"的应用，使乾隆时期的景泰蓝更富有绘画、刺绣和缂丝的艺术效果，形成了与明代截然不同的细腻、秀美的风格。花鸟虫草图案更加生动多姿，龙凤图案越显刚柔相济，大明莲也演变成精美细秀的勾子莲，并出现了利用历代文人名画摺制的作品。釉料出现了粉红、银黄和黑等新釉色，使乾隆制品的表现力越加充分。色釉除比明代增多外，往往还以几种颜色为主，再配几种复色，效果较之明代含蓄，成品光滑。由于是制作御用品，造办处用料极尽奢华，镀金之厚重远超出于明代，甚至常在釉料中直接加入金银使色彩更玉润。

乾隆时期的景泰蓝还与竹木、牙雕、漆器等工艺品相结合。如在紫檀木、红木等家具中嵌入景泰蓝饰件，在挂屏、屏风中装置一些景泰蓝山水、花鸟，还有用开光的形式在景泰蓝中嵌入珠宝、瓷画等。既是独立的工艺品，又可作为镶嵌用品，丰富多彩，变化无穷。

嘉庆以后，景泰蓝生产走下坡路，工艺的发展平平。

2. 玉器制作[163]

清代的玉器制作是我国古代玉器史上空前繁荣的阶段。清代前期的宫廷玉器代表了京师地区玉器制作的最高水平，清宫养心殿造办处和圆明园如意馆两处玉作作坊，由于得到雍正和乾隆帝的支持，又有充足的优质玉材和技艺精湛的工匠，因而在发展制玉生产方面发挥了重要作用。

清代前期，宫廷玉器的繁荣昌盛期是在乾隆二十五年至嘉庆十七年（1760—1812年）。这52年间，制玉业空前繁荣，技艺成熟，琢碾了若干大件玉器。此期玉器生产蓬勃发展，但发展情况并不平衡。从乾隆二十五年（1760年）以后逐年上升，至乾隆四十一年（1776年）贡进共二万余斤的6块大玉和后来的九千余斤大玉，至乾隆五十二年（1787年）琢成《大禹治水图》玉山为高峰，这十余年琢玉工艺达到了高潮和顶点。

《大禹治水图》玉山，原名"大禹开山山子"，全名"密勒塔山玉大禹治水图"玉山，是现存最大的古代玉雕。9000斤，做成后高9.5

尺（224 厘米），金丝铜座。以宋人画《大禹治水图》为蓝本，经造办处、如意馆设计。乾隆四十六年（1781 年），先画出玉山的前、后、左、右 4 张纸样，由宫廷画家贾铨临画在玉料上，并浇铸蜡样一座，一同运往扬州，着两淮盐政监制。玉山前、左、右三面，依据材料的原有形状，以高浮雕和圆雕相结合的形式，表现大禹率领民众开山引水的壮观场面。玉山费时 6 年琢制完成，于乾隆五十二年（1787 年）运回北京。次年，乾隆帝又令如意馆工匠朱永泰将其题写的七言诗和自注文刻在玉山的背面。这件巨型玉雕，从选料设计到刻字完成的全部工程共花了 10 年的时间。

乾隆四十一年至四十四年（1776—1779 年）琢制的"大玉瓮"，原玉重 4000 斤，瓮高 1.6 尺，面宽 4 尺，进深 3.8 尺，是清代造办处制作的第一件巨型玉器。

宫廷玉器制作有严格的程序，一般要经选料、画样、锯料、打钻、做胚、做细、光玉、刻款几道工序，仿古玉还要加做旧（烧古）工序。其中选料、画样是关键，由处于领班地位的工匠承担，做细、刻款、烧古等技术难度大的工序都有专职玉工负责。造办处玉器的制作在乾隆帝的直接监管下，绝大部分制品都经画样呈览，"奉旨准做"后，再琢制。有些重要器物的每一环节都要经乾隆帝过目。造办处尽管集中了一批能工巧匠，但玉器制作的整体水平仍不及苏州和扬州。造办处玉作以琢制小型玉器、刻款、镌字为主，以琢工精细见长。

造办处、如意馆玉作的玉匠，有北京、苏州的匠人和满族八旗的家内匠，通常保持在四五人的规模。如有特殊需要，即自民间临时雇佣工匠。如乾隆四十四年（1779 年）为太庙制玉宝、玉册，临时从苏州调两批共 16 名玉匠进宫，用 1 年的时间刻汉字四千余，满文八千余。见诸档案记载的名工巧匠有邹景德、陈宜嘉、张君先、鲍德文、贾文远、张德绍、蒋均德、平七、朱玉章、沈瑞龙、李均章、吴载岳、王振伦、庄秀林、姚肇基、顾位西、王尔玺、陈秀章、朱鸣岐、李国瑞、王嘉令、朱时云、朱永瑞、朱光佐、朱仁方及旗人六十三（人名）、七十五（人名）、八十一（人名）等。

以上玉匠中以姚宗仁的成就最为突出。据《清档》记，乾隆时雕造玉器常由姚画样。姚还善做仿古玉器，乾隆十八年（1753 年）弘历误将清代烧伪沁的双耳玉杯认作汉代玉器，经姚宗仁指点方知是姚祖父所造，乾隆为此特作《玉杯记》一文以记。该文记姚宗仁所述其祖（约康熙时人）做旧的方法："染玉之法，取器之纰类目密者，时以侵取而越润也，炽以夜阴沉而阳浮也，无贵无暇，谓其坚硬难致他，

乃取金刚钻如钟乳者，密疏如蜂蚕，而以琥珀滋涂而清之，其于火也，勿烈勿熄，夜以继日，必经年而后业成。"[(164)]

值得注意的是，宫廷玉器在制作工艺上还受到来自中亚的痕都斯坦玉器的影响。"痕玉"胎体极轻薄、透明，琢磨精细绝伦，被乾隆帝誉为"薄如纸更轻于铢"、"水磨磨成制绝伦"。由于"痕玉"备受乾隆帝的推崇，便采取鼓励进口的政策，以致驻在大臣争相竞购贡进。乾隆帝还命造办处、如意馆玉作仿制"痕玉"。传世的白玉砚滴、碧玉六瓣碗、碧玉菊瓣盘等均是仿"痕玉"制作的。尤其是白玉嵌金丝碗是内廷玉工仿"痕玉"的代表作。碗为桃实双耳，外壁饰错金花叶纹，并用红宝石镶嵌花瓣。碗心镌刻乾隆御制诗，内有"巨材实艰致，良将命精追"句。此碗从总体效果来看是相当成功的，但在薄、光方面，仍有一定差距，因此"非中土玉工所能仿佛"的评论并非虚语。

乾隆之后的一段时间，玉器琢制仍然不衰。虽然大件玉器制作减少了，但宫廷和各玉器产地的玉器生产仍维持一定的规模。例如，嘉庆十七年（1812年）造办处接到嘉庆十六年（1811年）的贡玉，仍画样制玉山、瓶、花觚、卧马、卧牛等63件，一半留如意馆，一半发往地方加工。嘉庆十七年（1812年），嘉庆帝命新疆的年贡玉减半，玉器产量骤减。据《啸亭杂录》记载："今上亲政时，首罢贡献之诏，除盐政、关差外，不许呈进玩物，违者以抗旨论。谕中有'诸臣以如意进者，朕视之转不如意'之语。时和阗贡玉，辇至陕、甘间，上即命弃诸途中，不许解人。故一时珠玉之价，骤减十之七八云。"[(165)] 此后，玉器生产渐趋衰落。

3. 京式家具制作[(166)]

京式家具又称京作家具，为明清两代宫廷中制作的家具，由宫廷招募民间能工巧匠选用名贵木材制作而成，其设计、雕刻、装饰皆按宫廷的要求而进行，形成特有的艺术风格。京式家具是在融合广式和苏式家具的基础上，形成的一种新的家具风格和式样。清代乾隆以后，京式家具与广式、苏式家具形成三足鼎立的局面。

清代开始时，家具主要来源是向产地采办，康熙年间还是沿明朝旧制从苏州地区采办。雍正后，新兴的广式家具得到清廷的偏爱，苏式家具的地位遂为广式家具所取代。因此，清代京式家具可分为早、中、晚三期。早期的京式家具，实际上是苏、广两地进贡的精品家具且数量巨大，仅乾隆三十六年（1771年），有两江、两广、江宁、两淮等9处向宫庭进贡家具一百五十余件。

后来，为了进一步满足皇室生活的需要，清宫造办处下设制造家具的机构，有木作与广木作，专门承担皇宫的木工任务。于是造办处又从苏、广两地招来许多能工巧匠，专事木作，如清雍正年间的名匠罗元、林彬，就被召入宫内参与宫庭家具制作。木匠制作的地方集中在紫禁城和圆明园附近。

雍正、乾隆时期，京式家具用料极讲究，所用名贵木材又极宽裕，尽可从独块板料进行挖制，唯求尽善尽美。其风格造型大体介于广式与苏式之间，既不像广式那样厚重宽大，又不如苏式那样纤秀轻盈。从外表看，京式与苏式在用料上较为接近，但京式一般不用包镶法，首选紫檀木，以制作大型红木家具为主，造型雄浑稳重，皇家气派十足。京式家具比苏式家具相对大方。

在工艺方面，京式家具采用雕漆、堆漆、彩绘、剔犀、犀皮、镶嵌、描金、罩金、戗金等工艺，使各类家具富丽堂皇，美不胜收。

在图案纹饰上，京式家具普遍采用古代器物上的图案。在雕刻准备期，由设计者从夏商周三代的古铜器、古玉器及汉代石刻的纹饰中选取图案，多用夔龙纹、夔凤纹、蟠纹、兽面纹、雷纹、云纹、蝉纹、勾卷纹等。根据家具造型的不同特点，而施以各种不同形态的纹饰，显示出古式古香、文静典雅的艺术风格。在家具上雕刻古代器物纹饰始于明代，而明代初期大多只采用夔龙、螭虎龙（北京匠师多称其为拐子龙或草龙）等少数几种纹饰，一般仅限于装饰翘头案的牙板和两腿间的镶板上，后来逐渐增多。至清代，纹饰的选用范围扩大到数十种。

清代的京式家具显示出与明代截然不同的风格。明代的京式家具朴素、大方、舒适，造型简练；清代则变为豪华、富丽、稳重，造型纹饰繁复。由于内廷造办处财力、物力雄厚，制作家具不惜工本和用料，装饰力求华丽，镶嵌金、银、玉、象牙、珐琅、百宝镶嵌等珍贵材料，非其他类型家具制造可比，从而使京式家具形成了气派豪华与装饰华丽的特点。不过由于过分追求奢华和装饰，淡化了实用性，甚至成为一种摆设，这是京式家具的又一特点。

七、煤窑业

入清以后，煤的需求量不断增加，统治者对京师煤炭的生产益为重视。康熙三十二年（1693年），皇帝明确指出："京师炊爨均赖西山之煤"。为了使西山煤炭开采和运输便利，皇帝决定"将于公寺（今碧云寺）前山岭修平，于众甚属有益。著户、工二部差官，将所需钱粮，确算具题。"[167] 前已述及，乾隆帝曾多次发布谕旨，鼓励督促京畿地区煤窑的开采、运输等。乾隆二十六年（1761 年）、乾隆四十六年（1781 年）、嘉庆六年（1801 年），组织了规模较大的勘查开采煤炭和恢复旧煤窑的活动。

乾隆二十七年（1762 年）的档案记载表明，京畿西山、宛平、房山共有旧煤窑 750 个，在采煤窑 273 个。为具体了解当时煤窑的生产、废闭等情况，兹将有关档案照录如下：

"近京一带产煤地方，西城所属北山过街塔、善化寺、辘辘浆、香峪等处，旧有煤窑八十余座，今开十六座。宛平县属西山门头沟、天桥符、风口庵、王坪口、千军台等处，旧有煤窑四百五十余座，今开一百一十余座。房山县属南山车儿营、英水村、狮子岩、长沟峪等处，旧有煤窑二百二十余座，今开一百四十余座。

查西山所属北山，废闭煤窑七十余座，内除开采年久，煤已刨尽，并两窑打通，现有一处出煤之大石佛等窑八座。……

至宛平县西山，煤窑四百五十余座，现开一百一十七座。内大岭以东门头等村，仅有二十九座；其余八十余座，俱在岭头风口庵西北一带，小民越岭贩易，路既遥远，驼运维艰，较岭内价值未免昂贵。其未开窑三百三十余座，均在门头村天桥符东西新房两村南北山坡下，至京不过四五十里。……

其房山县属南山煤窑二百二十余座，内未开窑八十余座，除无煤可采，并出产臭煤不堪应用者五十余座，尚有应开煤窑三十余座，亦应招募村民，即时开采。"[168]

西山、宛平、房山煤窑统计

乾隆二十七年（1762 年）

	旧有煤窑数	废闭煤窑数	停止未开煤窑数	在采煤窑数
近京西山	80	70	30	16
宛平县	450		330	117
房山县	220	50	80	140
合计	750	120	440	273

资料来源：见上引《清代钞档》。

又据嘉庆六年（1801 年）直隶总督姜晟的奏折披露，有旧煤窑 778 个，在采煤窑 185 个，废闭煤窑 417 个。《朱批奏折》称："兹据该委员等勘明，分别可采不可采窑座造册由司详送前来，臣逐加复核。缘京营与宛平、房山三处地方，均系产煤之区，共有煤窑七百七十八座。内京营旧有煤窑八十座,现开七座,暂停二十三座,封禁废闭共五十座;宛平县旧有煤窑四百二十四座,现开六十八座,暂停一百三十二座,废闭二百二十四座;房山县旧有煤窑二百七十四座,现开一百十座,暂停二十一座,废闭一百四十三座。"[169]

	旧有煤窑数	废闭煤窑数	暂停煤窑数	在采煤窑数
京营	80	50	23	7
宛平县	424	224	132	68
房山县	274	143	21	110
合计	778	417	176	185

综上两表格,从乾隆二十七年(1762 年)到嘉庆六年(1801 年)近 40 年中,西山(京营)、宛平、房山三地的在采煤窑数减少 88 座,废闭煤窑数增加 297 座,暂停开采的煤窑减少 264 座,二者相抵,停止开采的煤窑增加 33 座。

清代前期,京畿采煤仍相当落后,主要为手镐刨挖,人力背拖筐篓或口袋运输,油灯照明,以自然或人工通风排水。窑工们的劳作与生活异常艰苦。

八、印刷业[170]

清代前期,北京的印刷业,较元、明时期有了更大的发展。除著名的武英殿官刻外,私营书坊和刻字铺发展极为兴盛,仍然处于全国印书中心的地位。但是,由于清政府二百多年一直实行闭关锁国,在印刷技术方面,清中前期始终保持着小手工业的作坊形式,而同一时期西方印刷技术大都实现了机械化。

1. 武英殿本

清初,内务府刻书基本上仍由明经厂中原有工匠承办,款式亦如明经厂本,称"内府本"或"内板"。顺治在位十八年(1644—1661年),内务府刻书约 16 种,如《御纂孝经衍义》、《内则衍义》、《资政要览》诸书。

康熙朝中期设立武英殿修书处作为内务府的主要刻书机构,所出书籍称"武英殿本"或"殿本",遂取代"内府本"之名。武英殿在紫禁城内熙和门西、西华门东。《日下旧闻考》曰:"熙和门之西为武英殿,规制如文华。门前御河环绕石桥三。殿前后二重皆贮书籍。凡钦定命刊诸书俱于殿左右直房校刻装潢。西北有浴德堂，为词臣校书直次，设总裁统之。"[171]武英殿修书处从康熙年间设置起就集中了大批朝廷词臣、校对官员和优秀的写刻字工匠，机构非常庞大。

清代前期各朝的殿本或内府本有多少，说法不一。其中张秀民《中国印刷史》认为，康熙朝63种，雍正朝71种（内有佛经30余种），以乾隆朝120种为最多，嘉庆25种，道光11种。[172]

乾隆朝的殿本，不仅数量大，品种多，而且质量也高，留下了一批难得的珍本。乾隆朝刊刻的较为重要的典籍有《二十四史》、《九通》、《大清一统志》、《皇舆西域图志》、《盛京通志》、《日下旧闻考》、《医宗金鉴》等。凡在乾隆十二年前刊印者，写刻工致，纸墨精良，称为殿板极盛时代。[173]乾隆以前使用的主要是开化纸和竹纸，纸质细腻，洁白无疵，柔薄而有韧性。嘉庆以后则采用开化榜纸。殿版书还有用宣纸印刷的。宣纸洁白、柔软，经久不变、不蛀蚀，易保存。印刷用墨也极为考究。清内务府御书处专设有墨作。造墨用料有白檀香、熊胆、麝香等配料，不惜工本，不论朱墨、黑墨皆光亮色润、气味幽香。

精刊精校是殿版书的重要特征。从康熙时起，殿版书就任用翰林词臣、博学鸿儒科学士负责校勘。乾隆时还规定"有一误字，罚俸一年"。由于对校勘的重视，殿版书差错极少。

在装订上，清代印本书多为线装。装订穿孔多为4孔或6孔。书皮内府本多用黄色纸，好的线装书，还用细绢包角。各种装潢中，以黄红绫、锦面料、杉木板为最高贵。嘉庆前较考究的殿本书，以月白绢布为套，装帧典雅庄重。嘉庆以后，有用布、绫、杭纺等作书籍的装帧，更显雍容华贵。

2. 坊刻与私刻

清代前期，北京的坊刻，较元、明时期有了更大的发展，尤其是从乾隆年间起不仅书肆、书坊大增，刻印书的种类、数量也有了迅速增长。北京书坊有资料可考的有老二酉堂、洪氏剞劂斋、五柳居、文成堂、善成堂、声遥堂、名盛堂、带草堂、同陞阁、宗圣堂、圣经堂、聚秀堂、二酉堂、文锦堂、文绘堂、宝田堂、京兆堂、荣锦堂、博古堂、宝名堂、鉴古堂、荣宝斋等百余家。这些书坊、书肆大多既刻书又售书，少数只售不刻。在书坊名前大多冠有"京都"二字。还有些古玩店、南纸铺、刻字铺也兼营刻印书业务。北京的刻字铺不但雕刻各种书板，又代刻图章，代书喜庆对联、祭轴、寿幛。

明代书坊主要分布在正阳门内、旧刑部街、宣武门内。到清代则集中在内城隆福寺与宣武门外琉璃厂两处，尤以琉璃厂为最盛，俗称

"厂肆"。琉璃厂书肆是一个地区的概称,包括厂甸、南新华街、小沙土园、东南园、东北园、万源夹道、吉祥头条、西南园、安平里和东西横街等街巷。据《琉璃厂小志》记载:"琉璃厂书肆,自前清乾嘉以来,多系江西人经营。相传最初有某氏,来京会试不第,在此设肆,自撰八股文试帖诗,镌板出售,借此谋生,后来者以同乡关系,亦多仿此而行,遂成一集团。"[174]乾嘉时期,琉璃厂"书坊以五柳居、文粹堂为最"[175]。当时厂甸所售者多为新书,供应入京会试举人一般经史用书及八股文试卷。后来所刻主要为小说、民歌、俗曲、鼓词、子弟书、山歌、谜语、字典、医书、法律、善书及初学满文刻本。琉璃厂炳蔚堂、文光堂、天绘阁、英华堂,隆福寺聚珍堂、文盛堂,多出版满文(清文)书。文萃堂有《新刻买卖蒙古同文杂字》。雍和宫附近之天清经局,主要刊蒙、藏文佛经零种。刊鼓词子弟书最多者为二酉堂、文粹堂、会文山房,多为小型木板。[176]

清代的私宅刻书,远越前朝,且出版了不少精品。但真正由北京私宅出资或主持,又由北京工匠刻印行世的所谓北京的私宅刻书,在清初却为数不多。原因在于乾隆以前北京的刻字工匠少,且技术不高,很少有人在北京发刻。雍正至乾隆初年,在北京东安门外贤良寺设馆,派和硕庄亲王允禄、和硕和亲王弘画主持,开雕汉文《大藏经》时,允禄给乾隆帝的奏折中便提出:"京师刻字匠役,不过四百余名。除上谕馆、武英殿等处雇用二百余名外,所剩无几……臣请交三外织造,照所定刻经板一块,工价银七钱二分之例,令其招募数百名来京刊刻,庶时日不致迟滞,而工程均有裨益矣。"[177]可见清初北京的刻字工匠的确稀少,且多被内务府雇用,于上谕馆、钦天监印历所、武英殿等处佣工,没多少余匠再为私宅刻书。私宅刻书多属一次性短工,一书刻完,便要另觅刻活,生计无定。所以即使有些余工,也常为书铺子佣工。因之清王士祯称"京师刊书,亦鲜佳手",直至乾嘉时,"京师书局刻手写手日益精好"[178]。

总之,清代前期,京都虽然官刻、坊刻比较兴盛,私宅刻书却不甚发达。[179]

九、其他行业

1. 中药炮制

清前期的京师,以中药炮制著称的有同仁堂等药铺。据《北平市工商业概况》记载:"同仁堂铺东为乐姓,最初有乐尊育,为清太医院吏目,喜阅方书,辨药味道地疑似,及其子乐凤鸣,能守先训,始在正阳门外大栅栏设立同仁堂药铺，后又有乐印川者，于依古方炮制外，并能秘制新方，药品日增。"[180]

同仁堂药铺创设之年份，存在两种说法：一说为，乐家五世祖梧冈创设于康熙四十一年（1702 年）；另一说为，乐家四世祖尊育（梧冈之父）创设于康熙八年（1669 年）。经过有关考证，以前说符合史实。[181]

康熙四十一年（1702 年），同仁堂总结出中成药处方 362 个，其中有古方、宫庭秘方、家传秘方、民间验方。同仁堂制药一贯严守"炮炙虽繁，必不敢省人工；品味虽贵，必不敢减物力"的古训，配方独特，选料上乘，工艺精湛，故疗效显著。[182]

同仁堂于雍正元年（1723 年）开始供奉御药房，因此声誉日隆。在以后的世代中，同仁堂经历了兴衰的变迁。乾隆十八年（1753 年）乐家遭遇火灾和第六代乐礼病故，同仁堂药铺难以为继。乐礼之妻申请主管衙门资助，由于皇家需设药房，便出示招商，由乐家世交张世基认股合资经营。此后同仁堂股份越来越多，在嘉庆二十三年（1818 年）的一张合股经营的废合同上，同仁堂的股东达 21 人，股银 43800 两。道光十一年（1831 年）同仁堂又以价银 60000 两典给朱某，同仁堂屡经变迁，历尽沧桑，所不变的只是挂在药铺前的"乐家老药铺同仁堂"的匾额。[183]

中药炮制是从长期的医疗实践中积累起来的技术。因为药物大多是生品，有的具有毒性或性质剧烈，不能直接服用，有的须去净杂质和不适用部分，方可药用，有的因气味恶劣而不利于服食，况且同一药物，生熟不同，制药辅料不同，其功用趋向因之而异。中药品种繁多，而炮制方法不一，可分为净选、切制、炮制 3 大类，方法近 40 种，颇为讲究。所谓"不及则功效难求，太过则气味反失"，是以炮制对药物质量、功效、趋向起着决定性作用。同仁堂对于炮制药材在遵守古法方面，犹有独到之处，如制半夏，除按常规炮制外，并用 12 种香药浸泡以加强其去湿平逆之功，提高了疗效。

在制造成药过程中，从按方投料至成型的各道工序中，都有一套严格的管理制度与精湛的工艺，如制造虎骨酒，旧法用铜罐煮，按规定时间，不得减少，尤其是酒浸时间，必需在一年以上方可出厂，故其性味醇和，疗效显芽。而蜜丸制剂，不仅原料讲究地道，对于群药掺合、粉碎细度、细料研兑、出丸数量等等，都必需符合规定，所用辅料蜂蜜，亦必采用质细腻气味香甜的荆条枣花蜜等优质品种，以保持丸药滋润，虽经久储存而不干硬，色泽、气味而不变异。[184]

关于中药炮制方法，清人阮葵生《茶余客话》总结说："同一方也，而炮制当否利钝迥别。大约姜制者宜发散，盐制者走肾而软坚，醋制者注肝而止痛。童便制者去劣性而降下，米泔制者去燥性而和中。乳制者润枯生血，蜜制者甘缓益元。陈壁土制者窃真气骤补中焦，麦麸皮制者抑酷性不伤上膈。乌豆汤甘草汤渍曝者并解毒平和，羊酥油猪脂油涂烧者皆渗骨易碎。凡去瓤者免胀，抽心者除烦。此类甚多，亦不可不知者也。"[185] 可见，炮制所用的配料不同，会直接影响到药物的功效之别。

除同仁堂中药铺外，京师制药业著名的还有"毓成栈、天汇号，聚川广云贵之精英；邹诚一、乐同仁，制丸散膏丹之秘密。史敬斋鹅翎眼药，不让空青；益元堂官拣人参，还欺瑞草。刘铉丹山楂丸子，能补能消；段颐寿白鲫鱼膏，易脓易溃。"[186]

2. 刀剪铺

清前期，京师著名的刀剪铺有"三代王麻子"等。顺治八年（1651 年），山西王姓人，脸上有麻子，在宣武门大街南头临近菜市口的地方，开设了一家经营火镰、剪刀等杂货店，他与张兴、李顺合作，将两处作坊和杂货店合并在一起，王为出资的东家，张、李二人做为领东，既有作坊，又有门市。由于这家杂货店剪子上乘，其名声"不胫而走"。嘉庆二十一年（1816 年），这家杂货店正式挂出了"三代王麻子"招牌，剪子上刻有"王麻子"的商标。

王麻子刀剪要求质量非常严格，每把剪子都要做到"三看"、"两试"。三看是：一看外观、二看刀刃，三看剪轴。两试是：一试锋锐、二试手感。不符合标准的剪子，一律不许拿到柜台出售。[187]

"三代王麻子"创出以后，引起同业中人的重视，其中竟有些人妄图鱼目混珠，从中渔利。以"麻子"作为标榜，诸如汪麻子、老王麻子、老老王麻子、真王麻子、旺麻子等刀剪店充斥北京街市。清人李静山《增补都门杂咏》描述当时"王麻子刀"曰："刀店传名本姓王，两边更有万同汪，诸公拭目分明认，头上三横看莫慌。"[188] 不仅京师仿冒者云集，甚至外埠亦不乏假冒现象。《清稗类钞·京师针刀剪铺市招》写道："京师前门有针刀剪铺，门竖高坊，上大书三代王麻子。而外省多有冒之者，所悬市招，犹大出矢言，言'近有假冒者男盗女娼'云云，而不知其实自道也。"[189]

注释：

（1）尹钧科：《北京历代建置沿革》，北京出版社 1994 年版，第 167 页。

（2）《清史稿》卷一百十六《志九十一·职官三》。

（3）尹钧科：《北京建置沿革史》，人民出版社 2008 年版，第 196 页。

（4）（5）《清朝文献通考》卷八十一《职官五·工部》。

（6）《清朝文献通考》卷八十一《职官五·户部》。

（7）《清朝文献通考》卷八十一《职官五·礼部》。

（8）《清朝文献通考》卷八十三《职官七·内务府》。

（9）（清）王庆云：《石渠余纪》卷三《纪立内务府》，文海出版社 1973 年版，第 226 页。

（10）《钦定总管内务府现行则例》，《广储司》卷一，引自彭泽益：《中国近代手工业史资料》第一卷，中华书局 1962 年版，第 150—152 页。

（11）（清）王庆云：《石渠余纪》卷三《纪立内务府》，文海出版社 1973 年版，第 227 页。

（12）（清）昭梿：《啸亭杂录》卷八《内务府定制》，中华书局 1980 年版，第 230—231 页。

（13）《光绪大清会典事例》卷一千一百七十二《内务府·官制》。

（14）（清）王庆云：《石渠余纪》卷三《纪立内务府》，文海出版社 1973 年版，第 230 页。

（15）崇璋：《造办处之作房及匠役》，载《中华周报》第 2 卷第 19 期。

（16）《清朝野史大观》卷一《清宫遗闻》，上海书店 1981 年版，第 17 页。

（17）（清）王庆云：《石渠余纪》卷一《纪节俭》，文海出版社 1973 年版，第 43 页。

（18）（清）王庆云：《石渠余纪》卷三《通考京师用额》，文海出版社 1973 年版，第 287—289 页。

（19）引自彭泽益：《中国近代手工业史资料》第一卷，中华书局 1962 年版，第 161—162、158—159、153、149、71 页。

（20）《明世宗实录》卷五十三《嘉靖四年·七月庚辰》。

（21）《光绪大清会典事例》卷一千一百九十五《内务府·园囿》。

（22）《嘉庆大清会典事例》卷七百十七《工部五十七·匠役》。

（23）《清朝文献通考》卷二十一《职役一》。

（24）《嘉庆大清会典事例》卷七百十七《工部五十七·匠役》。

（25）《清朝文献通考》卷二十一《职役一》。

（26）（27）（28）（29）《嘉庆大清会典事例》卷七百十七《工部五十七·匠役》。

（30）孙健主编：《北京古代经济史》，北京燕山出版社 1996 年版，第 249 页。

（31）（32）崇璋：《造办处之作房及匠役》，载《中华周报》第 2 卷第 19 期。

（33）《清宫内务府造办处各作成做活计清档·记事录》，乾隆十六年八月二十九日。

（34）《清宫内务府造办处各作成做活计清档·记事录》，乾隆四十二年五月二十日。

（35）引自稽若昕：《乾隆朝内务府造办处南匠薪资及其相关问题研究》，见陈捷先等主编：《清史论集》（上），人民出版社 2006 年版，第 524 页。

（36）《光绪大清会典》卷六十一；《嘉庆大清会典事例》卷七百二十一《工部六十一·制造库工作》。

（37）全慰天：《王麻子刀剪业史料拾零》，见《北京史苑》第二辑，北京出版社 1985 年版，第 202 页。

（38）（清）阙名：《燕京杂记》，北京古籍出版社 1986 年版，第 130 页。

（39）（40）参见孙健：《北京古代经济史》，北京燕山出版社 1996 年版，第 257 页。

（41）引自彭泽益：《中国近代手工业史资料》第一卷，中华书局 1962 年版，第 165 页。

（42）李华：《明清以来北京工商会馆碑刻资料》，文物出版社 1980 年版，第 23 页。

（43）吕作燮：《试论明清时期会馆的性质和作用》，见南京大学历史系明清史研究室编：《中国资本主义萌芽问题论文集》，江苏人民出版社 1983 年版，第 183、182 页。

（44）［日］加藤繁：《中国经济史考证》第三卷，商务印书馆 1973 年版，第 111 页。

（45）李华：《明清以来北京工商会馆碑刻资料》，文物出版社 1980 年版，第 5 页。

（46）［日］加藤繁：《中国经济史考证》第三卷，商务印书馆 1973 年版，第 119—120 页。

（47）（48）以上见李华：《明清以来北京工商会馆碑刻资料》，文物出版社 1980 年版，第 4—8、3—7 页。

（49）（清）夏仁虎：《旧京琐记》，北京古籍出版社 1986 年版，第 100 页。

（50）（51）李华：《明清以来北京工商会馆碑刻资料》，文物出版社 1980 年版，第 20、23 页。

（52）《清史稿》卷一百二十一《志九十六·食货二·赋役仓库》。

（53）（54）《清朝文献通考》卷二十一《职役一》。

（55）《清史稿》卷一百二十一《志九十六·食货二·赋役仓库》。

（56）《光绪大清会典事例》卷九百五十一《工部·薪炭》。

（57）《清代钞档》，乾隆五年十一月初九日工部尚书哈达哈题本。

（58）（59）（60）（61）（62）（63）《光绪大清会典事例》卷九百五十一《工部·薪炭》。

（64）《清朝续文献通考》卷四十三《征榷十五·坑冶》。

（65）《清世宗实录》卷五十七《雍正五年·五月初四》。

（66）《清代钞铛》，乾隆五年十月初九日鄂尔泰等奏。

（67）《清朝续文献通考》卷六十三《市籴》。

（68）《光绪大清会典事例》卷八百九十五《工部·军火·火药二》。

（69）《光绪大清会典事例》卷八百九十六《工部·军火·火药三》。

（70）（71）《清朝续文献通考》卷四十三《征榷十五·坑冶》。

（72）《北京之油业》，载《中外经济周刊》第 159 号，第 22 页。

（73）《清朝文献通考》卷一百九十四《兵十六》。

（74）胡建中：《清代火炮》，载《故宫博物院院刊》1986 年第 4 期。

（75）（76）（77）《嘉庆大清会典事例》卷六百八十六。

（78）胡建中：《清代火炮》，载《故宫博物院院刊》1986 年第 2 期。

（79）《清宫内务府造办处各作成做活计清档·枪炮处》，乾隆三十二年九月十六日。

（80）胡建中：《清代火炮》，载《故宫博物院院刊》1986 年第 2 期。

（81）《光绪大清会典图》卷一百《武备十》。

（82）胡建中：《清代火炮》，载《故宫博物院院刊》1986 年第 2 期。

（83）《嘉庆十七年钦定工部军器则例》卷二十五，引自彭泽益：《中国近代手工业史资料》第一卷，中华书局 1962 年版，第 131 页。

（84）（清）唐与昆：《制钱通考》卷二《钱二》，中央民族大学出版社 1994 年版，第 50 页。

（85）（86）《清朝文献通考》卷十五《钱币三》。

（87）（88）《清朝文献通考》卷十六《钱币四》。

（89）（90）（清）王庆云：《石渠余纪》卷五《纪制钱品式》，文海出版社 1973 年版，第 416 页。

（91）《清朝文献通考》卷十四《钱币二》。

（92）《清朝文献通考》卷十五《钱币三》。

（93）（清）王庆云：《石渠余纪》卷五《纪户部局铸》，文海出版社 1973 年版，第 418—419 页。

（94）（95）（96）（清）阮葵生：《茶余客话》（上）卷三《户工部铸钱数》，中华书局 1959 年版，第 82 页。

（97）《清朝文献通考》卷十四《钱币二》。

（98）《清朝文献通考》卷十五《钱币三》。

（99）（清）王庆云：《石渠余纪》卷五《纪制钱品式》，文海出版社 1973 年版，第 417 页。

（100）（101）《清朝续文献通考》卷十九《钱币一》。

（102）（103）《清朝文献通考》卷十四《钱币二》。

（104）《清朝文献通考》卷十七《钱币五》。

（105）（106）《清朝文献通考》卷十四《钱币二》。

（107）《清朝文献通考》卷十七《钱币五》。

（108）（109）（110）（111）《光绪大清会典事例》卷一千一百九十五《内务府·园囿》。

（112）（清）卫杰：《蚕桑碎编》，引自《故宫博物院院刊》1987 年第 3 期。

（113）（民国）周志中、吕植等：《良乡县志》卷五《列女》，成文出版社

1968 年版，第 320、325 页。

（114）（民国）仇锡廷：《蓟县志》卷四《人物·节烈》，引沈志，成文出版社 1969 年版，第 397、399、403 页。

（115）（民国）张福修：《清河县志》卷二《物产》。

（116）（民国）张福修：《清河县志》卷十二《节妇》。

（117）（乾隆十年）洪肇楙修：《宝坻县志》卷七《风物》。

（118）（清）李光庭：《乡言解颐》卷四《物部上·帽兜》，中华书局 1982 年版，第 75—76 页。

（119）此节文字主要参考孙大章主编：《中国古代建筑史·第五卷：清代建筑》，中国建筑工业出版社 2002 年版，第 43—70 页。

（120）鄂尔泰、张廷玉等：《国朝宫史》卷十一《宫殿一·外朝》，北京古籍出版社 1987 年版，第 177 页。

（121）（清）于敏中等：《日下旧闻考》卷三十三《宫室》，北京古籍出版社 1985 年版，第 494 页。

（122）（清）吴长元：《宸垣识略》卷二《大内》，北京古籍出版社 1982 年版，第 33 页。

（123）参见李福顺主编：《北京美术史（下）》，首都师范大学出版社 2008 年版，第 831—832 页。

（124）此节内容主要参考孙大章主编：《中国古代建筑史·第五卷：清代建筑》，中国建筑工业出版社 2002 年版，第 71—113 页。赵兴华编著：《北京园林史话》第八章《清代北京的园林》，中国林业出版社 1994 年版。

（125）南宫建造于康熙五十二年，有宫门二重，前殿五楹，后殿五楹，再后西正室三楹。前后殿均建有东西配殿。清圣祖玄烨所以要在这里建造行宫，其目的就是靠近常作为"大阅之地"的"晾鹰台"。每当"恭遇大阅"之时，南宫就是驻跸的地方。

（126）参阅孙大章主编：《中国古代建筑史·第五卷：清代建筑》，中国建筑工业出版社 2002 年版，第 14—15 页。

（127）（128）刘祚臣：《北京的坛庙文化》，北京的坛庙文化 2000 年版，第 70—71、76—77 页。

（129）《清史稿》卷八十四《志五十九·礼三》。

（130）刘祚臣：《北京的坛庙文化》，北京的坛庙文化 2000 年版，第 116—117 页。

（131）（清）吴长元：《宸垣识略》卷十二《郊坰一》，北京古籍出版社 1982 年版，第 242 页。

（132）（清）周家楣、缪荃孙：《光绪顺天府志》卷十七《寺观二》，北京古籍出版社 1987 年版，第 572 页。

（133）（134）黄颢：《在北京的藏族文物》，民族出版社 1993 年版，第 44—45、56—57 页。

（135）（136）（137）（138）参见薛增起、薛楠：《北京的塔》，北京出版社

2002 年版，第 91、81、3、102—103 页。

（139）黄颢：《在北京的藏族文物》，民族出版社 1993 年版，第 73 页。

（140）《明太宗实录》卷二百三十二《永乐十八年·十二月癸亥》。

（141）《清朝文献通考》卷二百四十六《封建一》。

（142）《清史稿》卷二百十五《列传二·诸王一·显祖诸子》。

（143）《光绪大清会典》卷五十八《工部》。

（144）以上参见龙霄飞等：《帝都赫赫人神居：宫殿、坛庙、王府、四合院》，光明日报出版社 2006 年版，第 112—115 页。

（145）李诩：《北京的王府》，载《科学大观园》2009 年第 8 期。

（146）参见龙霄飞等：《帝都赫赫人神居：宫殿、坛庙、王府、四合院》，光明日报出版社 2006 年版，第 116—123 页。

（147）以上参见窦忠如：《北京清王府》，百花文艺出版社 2007 年版，第 141—152 页。

（148）（149）（150）李华：《明清以来北京工商会馆碑刻资料》，文物出版社 1980 年版，第 23、100、1 页。

（151）参见李福顺主编：《北京美术史（下）》，首都师范大学出版社 2008 年版，第 871 页。

（152）（清）潘荣陛：《帝京岁时纪胜》之《十月·时品》，北京古籍出版社 1981 年版，第 36 页。

（153）（清）《光禄寺则例》咸丰年本，引自王仁兴：《历史上的北京酒》，载《史苑》第二辑。

（154）（清）徐珂：《清稗类钞》第十三册《饮食类》，中华书局 1984 年版，第 6321 页。

（155）（清）宋起凤：《稗说》卷四《酒醋局》，见谢国桢编：《稗说·出劫记略·利玛窦日记》，江苏人民出版社 1982 年版，第 118 页。

（156）（清）徐珂：《清稗类钞》第十三册《饮食类》，中华书局 1984 年版，第 6321 页。

（157）（清）富察敦崇：《燕京岁时记》之《九月·良乡酒》，北京古籍出版社 1981 年版，第 83 页。

（158）（清）潘荣陛：《帝京岁时纪胜》之《十月·时品》，北京古籍出版社 1981 年版，第 36 页。

（159）（清）震钧：《天咫偶闻》卷九《郊坰》，北京古籍出版社 1982 年版，第 199 页。

（160）（民国）周志中、吕植等：《良乡县志》卷七《物产》，成文出版社 1968 年版，第 410 页。

（161）（清）宋起凤：《稗说》卷三《品酒》，见谢国桢编：《稗说·出劫记略·利玛窦日记》，江苏人民出版社 1982 年版，第 96—97 页。

（162）主要参阅唐克美：《景泰蓝》，见王绎、王明石主编：《北京工艺美术集》，北京出版社 1983 年版，第 20—21 页。梁秀伟：《景泰蓝史话》，载《中国科技史料》第 5 卷（1984）第 3 期。

（163）主要参阅杨伯达：《清代宫庭玉器》，载《故宫博物院院刊》1982 年第 1 期。

（164）转引自田自秉、华觉明主编：《历代工艺名家》，大象出版社 2008 年版，第 156 页。

（165）（清）昭梿：《啸亭杂录》卷一《却贡玉》，中华书局 1980 年版，第 27—28 页。

（166）主要参阅杨金仙编：《古玩鉴赏百日通：古杂件篇》，浙江摄影出版社 1999 年版，第 44 页。刘文哲编著：《中国古代家具鉴定实例》，华龄出版社 2010 年版，第 150、147 页。

（167）《光绪大清会典事例》卷九百五十一《工部·薪炭》。

（168）《清代钞档》，乾隆二十七年正月十一日，工部等衙门大学士仍兼管工部事务史贻直等谨奏。

（169）《朱批奏折》，嘉庆六年五月二十三日，直隶总督姜晟奏。转引自吴晓煜编纂：《中国煤炭史志资料钩沉》，煤炭工业出版社 2002 年版，第 202 页。

（170）主要参阅《北京工业志》编委会编：《北京工业志·印刷志》，中国科学技术出版社 2001 年版，第 65—96 页。

（171）（清）于敏中等：《日下旧闻考》卷十三《国朝宫室》，北京古籍出版社 1985 年版，第 172—173 页。

（172）（173）张秀民：《中国印刷史》，上海人民出版社 1989 年版，第 549 页。

（174）（清）孙殿起辑：《琉璃厂小志》，北京古籍出版社 1982 年版，第 48 页。

（175）（清）翁方纲：《复初斋诗集》自注。

（176）张秀民：《中国印刷史》，上海人民出版社 1989 年版，第 552 页。

（177）引自梁玉泉：《〈清藏〉经板述略》，载《文物》1987 年第 10 期。

（178）（清）张穆：《斈斋书札诗稿》王士祯语。

（179）李致忠：《肩朴集》，北京图书馆出版社 1998 年版，第 273 页。

（180）池泽汇等：《北平市工商业概况》第三篇《饮食·中药业》，北平市社会局 1932 年版。

（181）沈鸿娴：《同仁堂乐家老药铺》附记《关于同仁堂药铺创设年份考》，见《北京工商史话》第一辑，中国商业出版社 1985 年版。

（182）北京市崇文区地方志编纂委员会编著：《北京市崇文区志》，北京出版社 2004 年版。

（183）沈鸿娴：《同仁堂乐家老药铺》，见《北京工商史话》第一辑，中国商业出版社 1985 年版，第 29—30 页。

（184）参见北京中医药老年保健研究所：《北京同仁堂名药》之《同仁堂简史》，中医古籍出版社 1986 年版，第 8—9 页。

（185）（清）阮葵生：《茶余客话》卷十五《方剂炮制》，中华书局 1959 年版，第 453 页。

（186）（清）潘荣陛：《帝京岁时纪胜》之《十二月·皇都品汇》，北京古籍出版社 1981 年版，第 42 页。

（187）白凤鸣：《老字号王麻子刀剪店》，见《北京工商史话》第一辑，中国商业出版社 1985 年版，第 101 页。

（188）李静山：《增补都门杂咏》，见杨米人等：《清代北京竹枝词·十三种》，北京古籍出版社 1982 年版，第 102 页。

（189）（清）徐珂：《清稗类钞》第五册《农商类》，中华书局 1984 年版，第 2298 页。

第十章　清代后期

1840 年的鸦片战争，对于北京虽未造成直接的危害。但在其后，西方列强曾三次直接侵入北京（北平）[1]，千年帝都遂逐步陷入半殖民地化的深渊。在外国资本主义的侵袭下，京师原有的各种类型的手工业，由于所处的地位和条件的不同，其归宿亦各异。有些行业，如土布、土纱、铁器等，受到洋货的排挤而减产、停产；一些传统手工艺品，如地毯、景泰蓝、雕漆、玉器、绢花等，以其高超的技艺和鲜明的民族风格受到外商重视，进入国际市场，得到持续发展；有的行业则在新的原料、工具和市场需求的刺激下，而有了新的发展。

清代后期（1840—1911 年），京师官营手工业的衰落以军火生产最为典型。清末兴办的工艺局及工艺传习所工场，除主要为官办外，还出现了商办和官助商办等新的形式。民间手工业进一步发展，不仅表现在主要由官府经营的特种手工业普遍流向民间，而且京师居民生活的必需品，如衣食住行等方面的手工业品，皆离不开民间的生产和经营。

清代后期，手工业在北京经济中依然占据着重要地位。这一时期的京师手工业生产，主要有军火制造、银钱铸造、地毯等特色手工艺品及民间日用品制作等。

第一节　京师的官营手工业

一、管理机构及经营状况的变化

1. 京师农工商总局的设立与旋废

甲午战争惨败后，包括光绪帝在内的一部分清朝统治者认识到发展资本主义工商业对于国家富强的重要性。光绪二十一年（1895 年）闰五月丁卯，清政府谕令"以恤商惠工为本源，此应及时举办"，并命各直省将军督抚暨地方官就如何发展工商"悉心妥筹，酌度办法"。[2] 于是，一些官员纷纷奏陈各项振兴工商措施。同日，张之洞上《吁请修备储才折》，奏请设立"工政局"，主张"今宜于各省设工政局，加意讲求。查各关贸易册中每年出口易销之土货，则加工精造之、扩充之，以广其出；进口多销之洋货，则加工仿为之，以敌其入……责成各省督抚招商设局，各就本地土宜销路筹办"[3]。

光绪二十四年（1898 年）四月，侍郎荣惠奏请特设"商务大臣"，总管全国工商。是年七月初五（8 月 21 日），清廷根据康有为请立农工商总局于京师，立分局于各省的奏议，谕令在京师设立农工商总局，派直隶霸昌道端方、直隶候补道徐建寅、吴懋鼎为督理，并均赏给三品卿衔，"一切事件，准其随时具奏"。各直省由该督抚设立分局，遴派通达时务公正廉明之绅士总司其事。[4] 在商部设立之前，除京师的农工商总局可以随时具奏外，各省的商务局遇事均需呈请督抚代奏。

京师农工商总局成立后，以原詹事府衙门作为公署，开始筹划全国工商实业的发展工作。不久，端方即上奏提出农工商总局的工作规划，其中在工业方面，要设法鼓励民间办厂，如有出资设厂，自制货物，即优予奖励，力为保护。

京师农工商总局是新政的产物，成立后受到维新势力的支持，也受到光绪帝的信任。新政期间，凡有关工商经济方面各官员的奏议、条陈和朝廷的措置，均交农工商总局议奏和办理。同时，它也开始落实自己所提出的计划。

正当京师农工商总局准备将所规划的事情逐项落实时，八月初六（9 月 21 日），慈禧太后发动政变，随后废除了包括农工商总局在内的各项新政措施。由于京师农工商总局存在的时间很短，各项工作大部分未及展开而即夭折。[5]

2. 商部——农工商部工艺局

工艺局首先设立于北京。光绪二十七年（1901 年）五月二十九日，黄中慧上书庆亲王奕劻，倡议筹办北京善后工艺局。黄氏具体阐明了设立工艺局的缘由、宗旨及实施方案。如设立缘由，黄氏认为："惟有多设工艺局，分别教养，不独销目前之患，且可开商务之源，虽稍糜费于一时，而可获利于异日，一举数善，无逾于此"。又如设立宗旨，黄氏主张"以收养游民，开通民智，挽回利权，转移风气四端为宗旨"。至于其实施细则，黄氏在所拟《北京工艺局创办章程》中备有详细说明。又如经营形式，黄氏主张"此举工而兼商，不请官款，专归绅办，无总办、会办、提调、监督诸名目，在局任事服役者，亦统无官派"。[6]是年十一月十八日，清政府谕内阁："兹据复陈各节，京师游民甚繁，以教工为收养，实于生计有益。着照所拟，于京师内城外城各设工艺局一所，招集公正绅士，妥筹创办，由顺天府府尹，督率鼓励，切实举行。朝廷准立工艺局，意在养民，不同谋利。该兼尹等务当加意考察，使工有所劝，民有所归。"[7]

光绪二十八年（1902年）五月，顺天府尹陈璧开始创办工艺局，共设工厂10余科，分官办、商办、官助商办3大类。同年六月初六日，顺天府又奏："召募女工，试办纺织"[8]，得到清政府的允准。

关于工艺局创始情况，陈璧在光绪二十八年《遵旨设立工艺局暨农工学堂大概情形折》中述曰："工艺之事，宜官助商办，臣等奉旨后，于城外下斜街购置宽敞民房一所，又租赁数所，并买毗连余地，拟添堂舍共计二百余间……凡工执艺事十有六类，均令一面作工，一面授徒，业于本年（光绪二十八年）五月四日开工……此外，仍当广求门类，续行增立，此十余项中，易于仿造，成本不至亏折者，开局后，即行招商承办；其不易仿造，必须筹垫成本者，由官仍招匠教徒，俟稍着成效，再行招商承办之后，官仍假以局所地场，匠作器具，并养赡艺徒犒赏工师。该绅商等得此利益，鼓舞乐从，接办一项，则官本减轻一分，便可另办他项工艺。所教各艺徒，分别年限卒业，以学成之多寡，定工师之殿最。成材尤多者，或给予功牌。又于该局建设劝工场，将局中制造各货陈列，纵人入观。至市面制成货物，有能独出新意，甚适时用者，亦许送场陈列，代为销售，并给予优异商标执照。能创制中国所无之艺事，咨请外务部核验，酌给专利年限，见示鼓励，京城工艺，必能争自磨砻，力求精进。其内城已定铁狮子胡同房一所，俟外城布置完善，再行扩充分设，以期教养穷黎。"[9]

光绪二十九年（1903年）以后，工艺局归入商部（农工商部）办理。该局"原为讲求制造，提倡工艺之地，历经遴员拨款，整顿改良，规模渐已略备"[10]。工艺局对于"京货所著名者，如景泰琅绒毯平金雕刻之类，精益求精，以广销路。洋货所浸灌者，如纸张布匹针钱火柴蜡烛之类，设法仿造，以塞漏卮"[11]。

创立北京工艺局意在为推动全国各地建立工艺局树立楷模。农工商部认为，"中国工业正当幼稚之时，非示以模型，无由收振兴之明效"[12]。《工艺局添筑新厂力图扩充谨将办理情形暨拟定开局日期具奏折》称："近复屡奉谕旨，饬令各省振兴实业，鼓励商民。京师首善之区，尤宜鼓励维持，以期工业繁兴，俾为各省表率，自非由官设局厂，先行推广研求，不足以示模型，而资观感。"[13]

光绪三十三年（1907 年）十月，改组后的农工商部将工艺局大加扩充，添购土地，建筑新厂，新建厂房九百七十余间，"分设织工、绣工、染工、木工、皮工、藤工、纸工、料工、铁工、画漆、图画、井工等十二科。"又"设立成品陈列室，罗列货品，以资研究，设立考工楼，搜集中外新奇制造，以备参考，拟定试办简章三编，计十五章二百九条"[14]。工艺局扩充事宜由左丞耆龄、右参议袁克定经理。其具体情况如下表。

1904—1908 年商部农工商部工艺局情形[15]

科别及制品	工师匠徒					经费
	共计	工师	匠目	工匠	工徒	
共计 12 科	501	12	44	53	392	光绪三十年支购地盖房及各科采办材料成本共京平足银 9685.7 两，经常费京平足银 16000 两。
织工科：织直纹斜纹各种花素细布 14820 件。附织巾：织成各式床巾、毛巾 13750 件。	146	1	2	13	130	
提花科	41	1	3	2	35	光绪三十一年经常费京平足银 17000 两。
绣工科：绣屏风挂镜等类，其质量与日本高等成品相坿，绣成大小镜屏 401 件。	28	1	6	5	16	光绪三十二年修筑马路 5700 两，经常费 13000 两。
染工科：用外洋煤染之法，染成大小印花巾 1896 件，染漂各色线料 4388 件。	23	1	3	2	17	光绪三十三年改建工程费京平足银 108643.07 两，扩充各科经费京平足银 20000 两，各科材料费京平足银 50000 两，经常费京平足银 30338.9251 两。
木工科：制成中西各式桌椅等器 5103 件	35	1	10	3	21	
皮工科：制成大小靴鞋包箱 1790 件。	21	1	1	3	16	光绪三十四年经常费京平足银 42000 两，售品处经常费京平足银 5640 两，添置各科经费京平足银 6239.2351 两。
藤工科：制桌椅几架之类并仿照日本竹器，制成各式藤竹器具 1528 件。	35	1	1	5	28	

（续表）

科别及制品	工师匠徒					经费
	共计	工师	匠目	工匠	工徒	
共计12科	501	12	44	53	392	
料工科：制成各式花台瓶碟灯碗29350件。	42	1	2	4	35	
纸工科：制成各式美浓纸2030件。	30	1	1	3	25	
画漆科：制几架盘盒等件，制成大小陈列器具833件。	25	1	1	3	20	
图画科：画中法工细花卉，西法水彩山水及各种油画，画成水彩油画摹仿照像885件。	50	1	11	5	33	
铁工电镀科：用机器制造各种器具	25	1	3	5	16	
井工科：凿井24眼						

附注：

（1）光绪二十八年五月创办，三十三年十月扩充。

（2）全局额定工师10名，匠目7名，副匠目5名，头等工匠5名，二等工匠31名，三等工匠16名，工徒426名，共计500名。

（3）染工科附设踹布及彩印。

（4）提花原附设于织工科，光绪三十四年由外洋采购新式提花机12架专立提花科。

（5）光绪三十三年开办首善工艺厂，将纸工科全科工师工匠及一切家具拨交该厂。

（6）设售品所两处，光绪三十四年共售进银34886.384两，除工料外盈余银4652.804两。

资料来源：《农工商部统计表》工政，第5—7页，1908年；《第二次农工商部统计表》工政，第4—5页，1909年。

北京工艺局的开办取得了很大的成绩，并成为全国各地开办工艺局的示范。如"河南自去岁兴办工艺，渐有成效，惟地僻人愚，开通不易，是以尚难推广。陈中丞以京师工艺局成效最著，特派候补知府陈太守来京调查一切"[16]。

北京除了商部农工商部工艺局之外，还有光绪三十年（1904 年）慈禧于内廷开办的女工艺局。据光绪三十年十二月二十二日《北京报》载："前因皇太后饬谕内务府大臣，召选浙中妇女，能纺绩工针锈者数人，纳于宫中，以教宫女学习各项女工。兹闻皇太后致心振兴工艺之际，拟将内廷女工大为推广，添招织妇，无论往福晋命妇等，均准入内肄业，以期化民成俗云。"[17]

3. 京师习艺所、北京首善工艺厂

京师习艺所为劳教场所，其宗旨是："惩戒犯人，令习工艺，使之改过自新，藉收劳则思善之效。并分别酌收贫民，教以谋生之技，能使不至于为非。"[18]

习艺所创办于光绪三十一年（1905 年）七月，由管理工巡局事务大臣那桐奏请设立，地址在西城皮库胡同神机营旧基，初隶工巡总局，光绪三十二年（1906 年）改隶巡警部，民政部成立后改归该部直辖。

巡警部接管京师习艺所后，于光绪三十二年（1906 年）二月派候选道朱启钤担任监督，对京师习艺所进行管理。朱启钤拟定了《京师习艺所试办章程》，同年四月正式开办。京师习艺所内办事机构有 5 处 2 科：文案处、会计处、考工处、庶务处、稽巡处、诊治科、教授科。其中，考工处，掌考察工艺及技师勤惰，并出纳物品事；庶务处，掌置办、保存各项杂件，约束所中夫役人等。[19]

贫民习艺的主要内容是工艺制作。习艺的种类有 5 种，即织布、织带、织巾、铁工、搓绳，其木工、缝纫等科及各项工作应随时陆续添设。其中，织布、织带、织巾、铁工为正艺，搓绳为副艺，"犯人、贫民入所各就其性之所近分别学习。其性质愚鲁、不堪造就及犯人罪期过短者，则使搓绳并执扫洒、灌溉、操作等事"。"犯人期限非九十日以上者，不得使习正艺，其习正艺而限满未熟者，酌量拨入贫民类中续习"。[20]

光绪三十三年（1907 年），奕劻等奏准设立北京首善工艺厂。光绪三十四年（1908 年）八月十二日的《庆亲王奕劻等奏开办首善工艺厂情形》曰："查外火器营及圆明园八旗包衣三旗精捷营等处，旷地较多，穷乏尤伙，最为相宜，拟就各营校场内空间地基，分设工艺厂七处，复于城内东西城分设工艺厂二处，现已将次竣工，当即责成农工商部左侍郎熙彦为督办，以总其成；镶黄旗蒙古副都统春禄等五人为会办，以理其事，即就东城工厂作为办事处所，统俟各项工竣，定期开办……如果办有成效，当再渐图推广。"[21]

北京首善工艺厂的经费开支包括开办及常年经费，"在京师内外城地方，分建首善工艺厂数区，两载经营，计共筹有十二万余两，存储大清银行。开办及常年不敷经费，后经臣世续那桐袁世凯铁良合力捐筹，由北洋拨助银五万五千两，民政部筹银一万两，合大清银行前款作为开办经费。此外外务度支陆军农工商邮传等部，每年各拨银一万两，北洋每年拨银三万两，南洋每年拨银二万两，臣奕劻等常年陆军部公费一万二千两，一并尽数拨付，又闽浙总督由福州全省每年拨银二千两，崇文门由盈余项下每年拨银二千两，计共十一万六千两，即以之作为常年经费"。[22] 从经费开支来看，北京首善工艺厂的经营规模是相当大的。

除了京师习艺所和北京首善工艺厂外，清末北京地区还开有其他一些工艺局厂，如北京北洋官立第一二工场、密云县教养局等。需要指出的是，有些工艺局厂已采用新法生产，间或使用机器。其基本情况如下表。

北京传习工厂概况（1904—1910 年）[23]

工场名称	开办年月	经费（两）		艺徒人数	科目	备考
		开办	常年			
北京北洋官立第一工场	1905 年 8 月	7600	350—4390	61	织工、染工、木工	本场用新法改良织业，招收自费官费生。
北京北洋官立第二工场	1906 年 4 月	12884	1500—3570	55	织工、木工	本场用新法改良织业，招收自费官费生。
密云县教养局	1906 年 5 月	京钱2800串	2000	10	织布、编筐	
昌平州工艺局	1904 年 9 月	？	？	8	织布、荆条	织造间用机器

附注：开办年的月份为农历。

资料来源：孙多森：《直隶实业汇编》卷六《工学》，宣统二年劝业公所铅印本，第 66—83 页。

4. 合并工部

光绪二十九年（1903 年）成立的商部下辖四司：保惠司、平均司、通艺司、会计司，其中通艺司，"专司工艺、机器制造、铁路、街道、行轮、设电、开采矿物、聘请矿师、招工之事"[24]。商部的职权范围极大，涉及到农、工、商、矿、交通等有关经济发展的各个方面。然而，商部的权限往往与其他部有重叠或冲突。如工部"一职，兼古之水火工虞，如河工、海塘、水利、船政、度量权衡、矿冶之利、山泽之材，其事多与农工商相表呈，循名核实，皆应并入……以一事权"[25]。通艺司又多与外务部考工司主辖的"铁路、矿务、电线、机器制造、军火、船政、聘用洋将洋员、招工、出洋学生等事务"[26]相抵触。

光绪三十二年（1906 年）九月，清政府宣谕中央官制改革方案，其中包括"工部着改并入商部，改为农工商部"[27]，理由是"农、工、商为富国之源，现设商部，本兼掌农、工，仅名曰商，意有未备"[28]。

本来，工部掌管的事务非常广泛，主要有铸币、建筑工程、水利道路建设，以及官府所需物品的手工作坊等。以宝源局为例，起初规模很大，每年耗铜达五十九万七千斤，"老局设老炉十二座、勤炉六座，新局设老炉十三座，共三十一"，"每岁铸钱十二卯，共得钱七万五千串有奇"[29]。到了清朝末年，各地纷纷建立铜元局，改用机器制造铜元，光绪三十一年（1905 年）清廷遂裁撤宝源局，缩小了工部的职权范围。职能日益萎缩的工部被归并，已是势所必然。

农工商部对工部职能进行了有选择地吸纳。据当时的新闻报道："农工商部堂宪以本部所谓工者系专指工艺而言，与从前工部之工字义不同，故拟酌分事项于他部以清界限，而仅留都水一司于本部，因水利一项岁入颇巨，籍此可以增加常年经费。"[30]

工部并入农工商部后，农工商部只接受都水一司，即有朝臣提出异议。光绪三十二年（1906 年）十二月初八日，御史王步瀛上奏曰："恭读九月二十日懿旨，以工部并入商部，改名农工商部，谨译圣意，原不过以类相从，俾归简要，未尝谓司空职掌举可废弃也。乃风闻农工商部改订大旨，于工部旧署仅留都水一司，其虞衡、屯田、营缮各司之事，归诸礼部者什一，归诸内务府者什九。夫礼部所职与工程既绝不相类，而内务府办事情形更难以各部相例……倘竟照此办法，将来之弊必无异于从前之工部……今该部注重工艺诚当，然遂谓除水利外一切工程，无关官守，按之经意则不典，稽诸祖制则非法，意果何居。论者谓商部虽系新署，而其用事司员未能全无习气，此次摈斥各司，正以承澄清之后而然……惟是昔日之工与今日之农工商，均为圣朝设官分职之一部，当今改并之初，凡该部堂司各官，受兹重任……倘竟不究其端，不讯其末，师心自用，于去留分际，不求至当之归，至嗣后国家仍岁糜无数金钱……倘能特饬农工商部各堂官会同该尚书，将原有工部事务悉心筹划，厘订职守，务期名实相符。"[31]

在王步瀛上奏的第二天，军机大臣奕劻等上奏《厘定农工商部职掌及员司各缺折》，主张："除旧隶工部各事宜，与臣部名实不符者，另行奏明，请旨分隶他部外……改通艺司为工务司，专司工政。"[32]同日，奕劻还上奏了《酌拟将工部主管各事分别归并办法折》，折中将原来工部的职权分别分割于农工商部、民政部、度支部、内务府、礼部和陆军部等。[33]

二、官手工业中的工匠

1. 工匠的来源与构成

关于工艺局中的工匠构成，黄中慧在《倡议北京善后工艺局说帖》中说："工艺局所收之人，大约可分为三等：择其向有手艺者，就其所长付以所需物料，制造成件后，交公中发卖，并令其教授他人，此为第一等。其次，则选其年轻而性情灵敏者，就其性之所近，令习一技，如织布、织带、平金、刺绣、雕刻牙本、制造景泰蓝之类，为第二等。其余粗笨老幼残疾之人，则可令其织席、打绳、编制、箕帚及一切粗浅易为之事，量力课程，为第三等。"工匠的来源则以游民为主，黄氏所拟《北京工艺局创办章程》言："游民约有数种，除老弱残废，由五城另行收养外，其余以身家清白，穷无所归者为上；本有行业，避难流离者次之；平日懒惰性成，兼有嗜好者又次之；甘心下流，近于邪僻者为下。一一问明来历籍贯，取有切实保人，登注册簿，方可收留。"除游民外，还"有孤贫幼童，愿来习艺者，亦准取保挂号，挨次传补"。[34]以上黄氏的倡议与设想，对于随后工艺局的正式创办无疑有着直接的影响。

光绪二十八年（1902年）工艺局创办以后，"所有先立各科，如系南省专门工艺，京师尚未仿照者，则招集各该省工匠来京制造，以广其传；其京师已有之工艺，尚当推陈出新者，则招致良工，益加考究，以尽其量。"[35]"流匄中择其少壮者，亦量为收留，计口而授之以食，因材而教之以勤。"[36]

工艺局"招集工徒五百名，聘募工师，分科传习"[37]。工师、工徒的雇（招）募有详细的制度规定。如《雇募工师条例》第一条说明："工师以技艺熟谙、品行端正、情殷传授者为合格"[38]；又如《招募工徒条例》对于工徒的年龄、家庭及身体状况、教育程度皆有具体的要求，年岁"以十六岁以上，二十二岁以下者"为合格，工徒"身家清白，体质强壮，毫无疾病者"，而且"须读书一二年，能稍识字"为合格。[39]

京师习艺所的工匠主要来源于轻罪人犯，此外，酌收一定数量的贫民。[40]

北京首善工艺厂则专招各营旗丁及京师旗民入厂学习工艺，"京西七厂，专招各营旗丁；内城东西二厂，兼招京师旗民入厂学习工艺"[41]。

2. 工师（徒）的管理及生活待遇

工艺局中工师（徒）的管理及生活待遇，在《各科匠徒执事规则》、《雇募工师条例》、《招募工徒条例》中设有具体的规定。

对工师（徒）的管理主要体现在生产管理和赏罚制度上。生产管理方面，工艺局制定了"金字塔"式的管理办法，"工师应听本局（指工艺局）管理及坐办监工约束"，"工徒众多，虽有工师匠目约束，恐难周备，每十名以上酌量选派徒长一名，为工徒表率，听巡查工师匠目指挥"。[42]还规定了严格的劳作制度，"每日上工前一刻，各匠徒齐集稽查处，各持名牌，听候打点，持牌依次入科。到科后，各将名牌挂监工处，以凭查核。""匠徒上工时，不准携带违禁之物入场；下工时，不准携带丝毫材料器物出场。"[43]

赏罚方面，工师依其业绩决定升迁，"工师到局后，如能改良旧法，发明新艺，仿照洋货，由本局分别呈明本部，赏给八九品艺士职衔，以资鼓励。"[44]教练工徒也是考核工师一项主要的业绩指标，"工师效力三年，如工徒教育普及，进步迅速，由本局呈明本部赏给九品艺士职衔；效力六年者，赏给八品艺士职衔，以示奖励"。相反，"工师教授不力，屡犯局章，立即革退，所保奖衔，同时销除"。[45]工徒也是凭其业绩升退，"工徒毕业后，可升为工匠、匠目、工师等名目"，"工徒毕业后，有技艺超群，升作工师者，由局呈请本部赏给八九品艺士职衔执照，以示优异"，"工徒考取之后，有不遵本局条规，或性情懒惰，实在不堪造就者，当随时革退"。[46]

工师（徒）的生活待遇主要包括衣、食、住及休息、医疗等方面。工师到工艺局后，开始"充二等工师，每月发给辛工银元二十元，伙食在外，以后教练工徒，着有成效，擢升一等工师，每月给辛工银三十元，伙食在外"；"每年由本局发给冬夏两季单夹操衣"。工师患病，"由局医治，并由局预备医药，并不扣发辛工"。[47]工徒留在工艺局后，"即作为官费工徒，除由局供给火食外，每月酌给津贴银元一元。其去家路远，或家住乡村者，由局酌备宿舍"；"每年春秋两季，发给单夹操衣各一分";"应用书籍纸笔器具,由局发给"。[48]匠徒休息,"每年自腊月二十五日,至次年正月十六日,为年假之期,其余清明、端午、中秋各节,及万寿圣节等日,俱各放工一日,作为本局放假日期";"每月按星期放假休息"。[49]显然,在薪酬待遇上,工师较之工徒高出不少,工徒的生活水准是相当低下的。

第二节 京师的民间手工业

一、民间手工业的持续发展

鸦片战争以后,由于外国棉布、棉纱、金属制品等大量输入,使北京固有的土布、土纱、织染、冶铁等行业遭到沉重打击,与此相关的制钉、制针业亦日趋衰落。制烛(蜡)业,本是北京传统手工业的一个重要行业。由于在价格和照明度方面,土烛无法与洋烛竞争,遂造成手工烛坊大量歇闭。此外,近代铅字印刷排挤了手工刻书坊。后来,甚至连官吏顶戴上的珊瑚、玻璃球,都逐渐被日本货取代。[50]

北京手工业的部分行业虽然受到洋货倾销的影响,但是,就总体而言,其影响毕竟有限。与北京人生活息息相关的日用手工业以及需要专门技艺的特色手工业,在晚清仍普遍得到发展。

北京居民的日用手工业,即衣食住行都离不开的手工行业。例如陶器、砖瓦器、刀剪、木器、筐篓、山货、手工造纸等行业。

陶器是北京居民大宗普通用品。带釉的称绿盆,为洗衣及厨房所用。无釉的称瓦盆,有痰盂、茶具、泡菜坛、花盆等,这些制品以朝阳门外的六里屯产量为最。京西砂锅村,以生产砂锅最为有名,产品有砂锅、砂吊、酒炙炉等。[51]

砖瓦麻刀,以齐化门(朝阳门)外东窑制作最良,永定门外南窑为逊。[52]

打有王麻子标记的刀剪锋利异常,制品很受百姓青睐,京师的工匠在"无机器、无倒焰大炉"的条件下,"所炼钢铁已无异西人",连外国人也不得不承认这一点,只可惜无以著述而传其法。[53]

旧式木器分硬木和柴木两种。硬木中以紫檀木最贵重,其次为花梨、樟木、楸木。柴木是指杨、柳、榆、槐,坚实耐用,普通居民多用柴木制作家具,有专营此业的桌椅铺或嫁妆铺。[54]

筐篓业包括筐铺和油篓铺二业,以荆条为原料,由乡民家庭手工编织而成,有煤筐、鸡笼、背筐、三眼筐、抬筐等。而山货业是指京郊山区所产的植木麻品，其种类繁多，如竹帚、扁担、槟榔勺、木勺、水勺、麻绳、麻袋、簸箕、柳条箱、笤帚、竹盒、竹篮等。[55]

手工造纸业有裱房用的银花纸、素花纸及豆纸，又有顺红、黄毛边及各染色之中国纸，还有出于东便门一带的文成纸等。[56]

清代后期，传统的宫庭特种工艺品生产已转向民间，光绪年间清宫使用的景泰蓝、玉雕、雕漆等器物大多是民间作坊制作的。如杨天利、德兴成、老天利等景泰蓝作坊、继古斋等雕漆作坊，均有上乘制品。德兴成的景泰蓝制品色彩夺目，为独特秘技。杨天利制作的炉、鼎，捏工颇为匀整。此外，还有周乐园画鼻烟壶。内画山水花果仿名人卷册，光绪初年每枚已值数十金。于啸轩所刻的象牙极为精巧，寻常人目力所不辨者，皆刻画成文。[57]

清咸同年间（或云咸丰十年、或云同治十年），有西藏喇嘛僧师徒三人至京师，在报国寺设地毯织制传习所，招贫寒子弟，教授织制技术。两个徒弟传授制法略有不同，他们在报国寺出入分东、西两门，在京城遂有东门法与西门法之分。自是，北京民间地毯制造业日臻兴盛。此外，清代后期还兴起料器、刻瓷等工艺，清末又发展起抽纱工艺。

北京还涌现出一批民间艺人，如面人郎、泥人张、风筝哈、葡萄常等等，他们娴熟高超的技艺是北京人的宝贵财富，他们的作品深受社会各阶层人士的喜爱。[58]

二、民间手工业的管理与经营

清代后期，工部职权逐渐缩小，政府对手工业的管理已明显松弛，有些官营手工业走向民间。庚子以后，清廷的一些修建工程改为"官工私做"[59]，即招商承包，而不由工部经办。皇室和王公贵族需要的手工业品和日用品更多地要到民间的作坊和店铺里去采买，或责令这些作坊代为制作，而不再自己制造。如慈禧太后宠幸的太监小德张曾在北京开办了一家"祥义"商号，专门为官内服务。[60]

鸦片战争以后，随着生产力的变革，生产形态发生了相应的变化。据学者研究，1840 年至 1937 年抗战前夕这一时期，中国民间手工业的经营形态主要存在依附经营、自主经营和联合经营三种类型。[61]从现有资料来看，在清末京师地区，这几种经营方式虽在一定的范围内有所表现，但还不是主要的经营形态。清代前期的家庭手工业、铺坊制、独立作坊制和个体手工艺人 4 种类型仍以其历史惯性而继续存在。

第三节　主要的手工业部门

一、军火业

1. 军需火药的生产

咸丰年间，清政府在军火业方面，首先是加紧军需火药的生产。制造火药需用大量的原料——硝磺。为此，清政府一再谕令禁止私自贩卖硝磺。咸丰三年（1853 年），又谕："给事中雷维翰奏请饬严拏私贩硝磺，以防影射而杜接济一折。私贩硝磺，久干例禁，若如该给事中所奏，官役以采办为词，恃有印文影射，即拏获到官，亦可借词狡脱，甚至沿途售卖，各处土棍辗转兴贩，接济奸徒，弊端百出，关津渡口官役人等，得规包庇，是官役私贩，较之民闲尤难破案，亟应明定章程，严行惩办，着直隶山西各督抚、顺天府府尹，于出产硝磺之处，认真查核，严辑究办，并着各直省一体查拏，毋稍徇隐。"[62]

军需火药的生产过程，《光绪大清会典事例》上有详细记载："配造军需火药，先期熬硝，每锅一百二十斤，去其矾碱，入小铁锅内，俟冷扣成硝它（演放火药，不扣硝它），又将净磺块碾干，用细绢罗筛成细磺面，又将柳木炭入窑烧红，以无烟为度。窑口复大铁锅，闭封三日，取出入大铁槽碾轧，用极细绢罗筛成极细炭觔。凡配药百斤，计用熬过净硝八十斤（仍熬化成水），炭觔十二斤八两，磺觔十斤，共一百二斤八两（二斤八两，豫备抛洒），先以炭觔磺觔搅匀，入会药库缸内，倾入硝水，以木橛搅匀如稀泥，晾冷定干，用小叵罗盛三十五斤，放石碾上碾轧，不时泼水，俟碾轧三次（演放火药，碾轧一次）。每夫一名，发给二十五斤（演放火药，发给三十五六斤），分五六次做。入大叵罗内，用木棒打过，手搓成珠，粗筛筛下细珠，又用马尾罗筛去其觔（演放火药，用马尾罗）。然后方成火药，用布袋装储……其筛上粗渣，罗下细觔，另行改做。每夫一名，计丸晒二十斤（演放火药丸晒三十斤），配造烘药，熬硝去其矾碱，入铁锅内，俟冷捞出马牙净硝，将净磺块砸碎，以麻秸入窑烧，闷成熟炭，每包用西纸一张，计硝一两二钱八分，磺一钱六分，麻秸炭一钱九分二厘，共一两六钱三分二厘（三分二厘，豫备抛洒），以铁手碾碾研成药，每日逐包点试，有力者收存丸做，无力者再碾。碾成后每夫一名，发给二十五六斤，分五六次做。入叵罗用木棒打过，手搓小珠，置布宣单上，下垫席晒干，用马尾罗筛下细珠，复用绢罗去其觔，其马尾罗上粗渣，绢罗下细麨，俱另改做，计夫一名，做净药二十斤，做成盛口袋，入库内木箱存储。"[63]

煮炼硝斤的方法："加工火药，全在煮炼硝斤……其法大锅盛硝四十斤，清水十五斤，细火煮半炷香时，入牛皮胶水一茶钟。渣滓浮起，以笊篱捞去，用铁铲不住铲和，以防滞底。另用瓦钵白布幔盖，将煮成硝水滤入钵内，凝结成饼，簪牙玲珑半尺许，洁白如冰雪，以舌试之，绝无卤气为率。然后将硫磺拣净渣滓石性，捣末细研，重罗成粉。造药万斤，用石臼二十个，外方内圆，深一尺四寸，径宽一尺三寸，厚五寸。杵用槐榆坚木，长六尺，杵觜长一尺六寸，杵尾挖土深一尺，俾扬高有力。每臼用牙硝八斤，磺粉一斤二两，炭粉一斤六两，掺和入臼，三人轮替换舂不辍，以三万杵为度。每日每臼造药十斤，舂成筛晾成珠，然之掌中不伤手，乃为尽善。至提炼硝磺，宜于春季，造药必在夏初，取其昼长功倍。晒晾亦复得力，硝斤提煮三次，断不可少。"[64]

为了弥补京师硝磺原料的不足，咸丰五年（1855年）奏准："试行提煮土硝，可得净硝四五成不等。其提煮之法，于常例火工外，按斤多加火工一次。刨挖土硝每千斤，计用壮夫五名，赁用布袋制线四百文，车脚制钱一串，逐一核算，共需银六十六两五钱，钱一百三十一串八百七十五文。俟外省解京硝斤数多，即奏明停止。"[65]

2. 工部铸造重大铜铁炮

清代后期，工部铸造了一批重大铜铁炮位，重者达万斤，轻者有200斤重。咸丰六年（1856年），"铸造万斤重大铜炮四位，九千斤重大铜炮四位，八千斤重大铜炮二位，钦定名号为威武制胜大将军。又铸三千斤重铁喷炮二十位，六百斤重铁炮五位，二百斤重铁炮七位。万斤重铜炮，长一丈一尺，口径一尺四寸，膛口五寸七分，用火药十斤，铅子三十一斤。九千斤重铜炮，长一丈一尺，口径一尺二寸五分，膛口五寸一分，用火英八斤，铅子二十二斤。三千斤重铁喷炮，长五尺七寸，口径一尺一寸，膛口六寸，用火药三斤八两，群子十五斤。六百斤重铁炮，长四尺六寸五分，口径五寸九分，膛口二寸三分，用药十二两，铅子二十八两。二百斤重铁炮，长三尺七寸，口径三寸四分，膛口二寸，用火药十两，铅子二十四两。炮车全"[66]。

同治四年（1865年），清政府奏准，"巡捕五营，调取马兰镇子母炮一位，仿照铸造五十尊"[67]。

3. 北京火药局的衰落

19世纪60年代以后，清军中使用冷武器大刀、长矛和热武器前膛枪的越来越少，逐渐被西方资本主义国家传入的后膛毛瑟枪等新式武器所代替。据《民国贵县志》记载，"清代营兵军械，为弓、箭、腰刀、藤牌、牌刀、剐刀、长枪、双手带刀、挑刀、抬枪、鸟枪之属，至大炮则有三百斤大炮、二百斤大炮、一百五十斤大炮、一百斤大炮，并有子母炮、鸟机枪，弹子则为大小生铁弹子及小铅弹子。迨清季编练新军，刀矛遂废"。[68]以枪炮取代刀矛，随之而来的是生产刀矛的手工工场被逐渐废止。

光绪二十八年（1902 年），管理北京火药局的松湘等奏请估修"多经拆毁"的火药局，光绪帝命陈璧"察看情形，择要核实估修"。陈璧经过"详细察看"后上奏说："所有官厅堆拨库座鸾桥，均已拆毁，尽成瓦砾之场，即柱顶石片地基，亦难辨识，仅存西南围墙数十丈，大半赃闪碾盘臼子二十余座，亦多残失，与松湘等原奏大略相同……从前屡次修理，糜费虽多，卒难持久，今欲从新建造，事同创始……该局向用土法，人力制造土药，以供京营，及密云、察哈尔、热河、绥远城等处操防之用，然但施诸前膛各枪，一遇雨淋潮湿，便不适用，当日火器至此而止。至于今日，则人人目为钝货，各国嗤为弃物。若新式后膛毛瑟等枪弹，则用铜壳铅子中装洋火药，江鄂各局，皆能自制，北洋现将重新制造……今方议改新军，悉用后膛，而犹亟亟焉修此制造土药之局，以供前膛各枪之用，臣愚窃以为无此办法。或谓该局能制夯药，即仿制洋法制造后膛药，旧有局座岂宜废置不修？不知制造洋火药，必用各项机器，安设机器，必须展拓房间，自非统筹全局，未易举办。今若照旧兴修，必不适用，仍须从新拆改，糜费转多，则此次工程不可不从缓议矣。"[69]可见，随着近代军火工业的建立和发展，旧式制造武器弹药的手工工厂趋于衰落，并最终消失。北京火药局的倒闭，即是典型的例证。

二、铸钱业

1. 制钱的铸造情况

（1）大钱、铁钱、铅钱的铸造

大钱的铸造，始于咸丰三年（1853 年）。其原因在于，咸丰初年，太平天国的军事力量占领了长江中下游一带的重要都市，使滇铜不能照常运到京师，故而清廷考虑到铸造大钱、铁钱、铅钱以节省铜斤。据《天咫偶闻》记载："咸丰三年，军旅数起，饷需支绌。东南道路梗阻，滇铜不至。刑部尚书周祖培、大理司卿恒春、御史蔡绍洛先后请改铸大钱，以充度支。下其议于户部，时祁文端为权尚书，力赞

成之。"(70)

咸丰三年（1853年）清廷铸造大钱的机关有惠亲王、恭亲王等主持下的户工两局与庆惠、文瑞主管的铸钱局，不久就将后者合并于前者。(71)

咸丰三年（1853年），"三月，先铸当十钱一种，文曰：咸丰重宝。重六钱，与制钱相辅而行。八月，增铸当五十一种，重一两八钱。十一月，因巡防王大臣之请，又增铸当百、当五百、当千三种。当千者重二两；当五百者重一两六钱，铜色紫；当百者重一两四钱，铜色黄，皆磨砺精工，光泽如镜，文曰：咸丰元宝。而减当五十钱为一两二钱，当十钱为四钱四分，继而又减为三钱五分，再改为二钱六分。四年正月，命宝源局铸当五钱一种，重二钱二分；三月，铸铁当十钱；六月，铸铅制钱，亦颇可行"。(72)

咸丰五年（1855年）以后，当十、当五大钱与制钱并行。咸丰五年（1855年）十一月，清帝谕："着桂良严饬所属各州县，于民间交纳钱粮时，务遵前定章程，将当五当十大钱，按成搭收。"(73)

咸丰六年至七年（1856—1857年），规定搭放搭收办法。咸丰六年（1856年）五月，上谕："制钱大钱，相辅而行，岂容任意低昂。近日大钱渐见流通，而各钱铺开发钱票，并不搭用制钱，以致民间零星日用，诸多窒碍，自应亟筹变通，以期尽利。嗣后京城各官号开放兵饷及开发宝钞，凡兵民到铺取钱，每京钱一串，均着搭用制钱十分之一。其民间钱铺开发钱票……不得专用大钱。"(74) "顺天府各属征收丁粮，实银四成，宝钞三成，当十铜、铁大钱三成；其畸零小户，准以铜、铁大钱与铅、铁制钱搭配呈缴。"(75)咸丰七年（1857年）四月，上谕："令在京各局，增铸铁制钱，分成搭放，俾与铜铁大钱相辅而行，原为便民起见，并非置大钱于不用。"(76)

当十大钱使用几年之后，与当五十以上的大钱遭受同样迅速贬值的厄运，每一枚仅值制钱二文左右。咸丰九年（1859年）九月，上谕："御史徐启文奏，请严禁私销私铸，以通钱法一折。据称，'京师现行之铜当十钱，最为饶裕，近日骤行短绌，推原其故，京中铜当十钱一文，仅抵铜制钱二文，若改铸制钱，可得三四文。必有奸民牟利，盗销改铸之弊……'。"(77)

直至光绪十四年（1888年），"阎敬铭为户部尚书，请废当十，仍用制钱，遂奉旨以三年为期，所有交官之项，以制钱出，以大钱入，期于三年内收尽。然大钱在市，虽名当十，仅作制钱二文，相沿已久。此令既下，市肆大扰，贫富交困。先是，咸丰初年，银一两，易钱七千余。同治初，易至十千。光绪初，至十七千，戊子（光绪十四年）以后，渐减至十二千，丁酉（光绪二十三年）以后，更减至十千零。大钱渐绝，市面乃稍定"。[78]

光绪二十八年（1902年），"各省已竞设银铜元局厂，而京师犹铸大钱及制钱，故户工两局尚存在。至三十一年八月（1905年9月），户部始奏裁撤宝泉宝源两局，停铸大钱"[79]。光绪三十一年（1905年），"允户部奏，永远停铸当十大钱"[80]。

（2）私铸大钱

大钱发行以后，私铸现象十分严重。《清续文献通考》记载："大钱甫经行使，即形壅滞。前王大臣等饰词入奏，谓民间颇称利用，实则民不利用大钱，利用大钱之私铸耳。查旧行制钱每千重百二十两，熔之可得六十两，以铸当千大钱，可抵三十千之用。利之所在，人尽趋之，而谓能禁遏之乎？"[81]

在京师地区，大钱行使"未及一年，盗铸如云而起。通州所辖之张家湾及长新店左近，西山之内，并有私炉鼓铸。利之所在，虽治以弃市之罪，趋者若鹜"。[82]

私铸尤以通州一带盛行，如咸丰四年（1854年）的通州河西务聚众私铸、咸丰七年（1857年）的张家湾私铸当五铜钱、光绪七年（1881年）的燕郊、三河私铸私销案，等等。

咸丰四年（1854年）七月，上谕："有人奏，'通州河西务一带奸民聚众私铸，竟敢于白昼闹市之中，公然设炉制造，地方官畏其人众，不敢查问，请饬严密访拿'等语。通州等处地方，密迩京畿，现在贼氛未靖，奸宄尤易混迹。若如所奏，奸民聚众盘锯，私铸大钱，毫无忌惮，恐日久别生事端，亟应赶紧查拿，以杜奸荫。"[83]

咸丰七年（1857年）三月，清帝谕："据给事中龚自闳奏，'访闻通州所属之张家湾地方，多有私铸当五铜钱，轮廓大小与制钱等，获利甚厚，运京甚近。以至京师当五钱顿形壅滞'等语。虾徒瞥不畏法，胆敢在近畿地方私铸钱文，实于圜法大有妨碍，亟应从严究办。"[84]

光绪七年（1881年）十月，上谕："御史嵩林奏，请饬严缉私铸匪徒一折。据称，'顺天通州之燕郊，及直隶三河县地方，向有回民勾串逃犯匪徒，于僻静处所，设炉私铸，潜运京城，以致私钱愈多，民间挑剔不用，贻害非浅'等语。私铸私销，向于例禁，该匪徒胆敢安设私炉，大肆销铸，殊属不法。"[85]

（3）滥事鼓铸的后果

大钱滥发，不仅造成大钱铁钱不能流通，而且滥事鼓铸还引起京师及其周边地区社会经济生活的恶化。

大钱铁钱不能流通，咸丰四年（1854 年）七月，有奏折称："现行大钱，当千及当五百者，京中已难行使，在外各州县，亦恐不能适用。"[86]《天咫偶闻》载："初令大钱与制钱并行，其后，京城遂不用制钱。出城数十里，即不用大钱"[87]。

大钱滥发，人民深受其害。咸丰四年（1854 年）闰七月，有奏折指出："近闻街巷贫民，将布衣等物只能当制钱一二百文者，该当店概以当百大钱与之，若与争竟小钱，即将原物掷还。一当店如是，各当店可知。贫民需钱甚急，无可如何，只得领大钱而去。及至持此大钱往买食物，而市中小卖，多半不用，即有愿用者，又不找回零钱。彼此争端，酿成人命者有之。"[88]"京城百货仰给外省，即杂粮蔬果牲畜，亦来自各乡。大钱既不通行，货物又无由运（京），致市肆歇业不少，而粮店尤多。盖以村僻之中，大钱必无所用故也。至于肩挑背负之徒，情尤可悯。不受，则货滞无以为生；受之，则钱入而不能复出。"[89]可见，不仅有因行用大钱引起争端而酿成人命的，而且，由于大钱不能在京外流通，外省货物无法运至京城，因此，商店纷纷关门歇业，尤以粮店为多。

滥事鼓铸大钱还造成严重的通货膨胀。咸丰八年（1858 年）正月，有奏折曰："自鼓铸大钱以来，嗣又兼铸铁铅制钱，二八成搭放，以便行使，原期子母相权，不得畸轻畸重，立法极为周密，无如大钱止行于京城内外，出京数十里或百余里外，民间即不行使。其铁制钱可以搀入铜制钱内行使，每贯搀入数十文至数百文不等，渐次及远，并无壅滞，以致京城内大钱愈积愈多，而制钱行使出京，不能存留。现在每大钱一串，只抵铁制钱三百文，大钱愈多，则银价日昂，物价亦因之日增，日甚一日，米有底止。去岁（1857 年）春间，每粟米一石价京钱十余千，今则渐长至二十余千，他物称是。贫民小贸者，尚可加增物价，佣工者尚可倍长工钱，借资糊口，然已难于支持。"[90]光绪四年（1878 年）三月，又奏折指出："鼓铸制钱，国有定式。自咸丰年间，铜斤见绌，京师始铸当十大钱，为一时权宜之计，乃历久弊生，私铸充斥，银价与物价递增。昔用制钱换银一两，不过京钱三千。今当十钱换银一两，竟至京钱二十千。斗米值京钱五六百者，今不止京钱五六千，其它诸物皆然。名为以一当十，几至以十当一。当十钱行不及百里外，而受累者不知几千万家，是公私交病也。"[91]

2. 银币铸造

有清一代，制钱虽然担任了最广泛的货币任务，但国家收支还不是用制钱而是用银两为计算单位。清政府对于钱文和银两的铸造，采取完全不同的两种政策。它对钱文的铸造，采取国家垄断政策，而对银两的铸造，则采取自由放任政策。[92]

铸造银币的银炉又称炉房，以铸造元宝银（马蹄银）为主。北京、汉口等地营此业者甚多。银炉冶银铸宝，或自购生银，改铸后转卖给钱庄；或受钱庄及各商店嘱托，以生银等改铸，而后者尤为通行。各地银炉的开业，必须取得户部的许可，并发给部照以为凭执。而且银炉的数目，清政府皆有规定，不能任意增设。北京只许有 26 家开业。[93]这些银炉实际上都是官炉。到了清代末期，由于法令逐渐松弛，对于私自设立的银炉不再干涉，因此才有私炉之称。

银炉铸造的银锭，在有公估局的地方，必须经过公估局的鉴定保证，方能通用。若该地无公估局，则须在银锭上刊刻铸造所在地的炉名，作为标识，以自负其责。[94]

清朝的北京共有七种银两。第一种是库平银，其正常标准是纯银成色 1000 重 575.8 英厘，库平银实质上是一种虚银两。除库平外，尚有公砝，重 555.7 英厘；市平，重 552.4 英厘；京平，或称二两平，重 541.7 英厘；同时这三种银两又各有两种不同的成色，即 1000 与 980，因此，北京所通用的银两一共有七种。[95]北京市场上通用的是公估局估定 10 两重之锭银。

北京的银两，随着交易活动的频繁及范围扩大，逐渐统一成京公砝平银。吉田虎雄的《中国货币史纲》指出："到了后来，各地银两的种类渐次减少，尤其是现宝，一地方大概统一为一种了……例如北京，从前所用的平，有京公砝平、库平、京平、市平四种，至于银两，则有京公砝平、三六库平、二七京平、三六京平、三四库平、六厘京市平、七厘京市平银七种。但到了后来，只有京公砝平银了。"[96]

三、特色手工业

1. 地毯制作

咸丰十年（1860 年），西藏达赖喇嘛进京，带来大批藏毯献给咸丰皇帝。咸丰帝十分喜爱，将一部分赐给皇宫大臣，并准许清廷内务府造办处召喇嘛艺人鄂尔达尼玛带弟子二人进京，在民间传授编织地毯技术。二弟子在广安门内的报国寺设立地毯传习所，招徒授艺。地毯编织技术在民间发展后，艺人们发挥了丰富的艺术想象力，充分运用民间喜闻乐见的装饰图案，织出的地毯丰富多彩。常见的图案有寿字、福字、牡丹、松枝、佛手、仙桃、狮子、山羊、仙鹤、蝙蝠等，还有许多带有神话色彩的龙、凤、麒麟等。在图案的空隙还常用琴、棋、书、画、轮、罗、伞、盖、花、罐、鱼等加以点缀，使毯面图案饱满秀丽，典雅古朴，聚散适度，具有鲜明的中国民族艺术风格。[97]

最初编织地毯的户规模很小。一般都不是正式营业，以家庭手工业为多。生产的产品主要是马毡、马褥和小型地毯。产品销售的主要对象是蒙古草原上的骑士和当时的王公贵族。

光绪二十六年（1900年）庚子事变以后，帝国主义势力进一步渗入北京，纷纷在北京设立洋行，这些洋行将地毯等特种手工艺品贩运出国牟利，开始了北京地毯的外销。据记载："直至光绪二十六年，德商鲁德（一说鲁麟）洋行购样毯二张，运往德京，彼都人士始知我国地毯原料细软花样新奇，并且颜色可以历久不变，遂争向该行订购。"[98]鲁麟洋行遂"利用时机，转向继长永定购，永和公地毯工厂，亦乘时而起，承造美商新旗昌洋行地毯甚多"[99]。

光绪二十九年（1903年），在美国圣路易斯的万国赛会上，北京地毯以品质优良、经久耐用、式样美观等优点，压倒土耳其地毯而获得一等奖章，一跃而为国际市场上的珍品。此后，艺人们又施展更高的艺术表现手法，编织出了新的产品——艺术挂毯和盘金丝毯。艺人们模仿壁画的艺术效果，用细毛纱和细棉纱，采用巧妙的手法编出立体感强，主题突出，有故事情节，形象优美，花纹细腻的图案，并配用丝线编出边穗装饰，烘托了艺术挂毯的华贵、洁雅。艺人们在编织盘金丝毯时，采用金丝线和丝绒线，在经线上盘绕出各种纹样，手法精巧细腻，风格独特。这两种产品成为当时的高级艺术欣赏品和贵重的艺术装饰品，图案有八仙人和天女散花等。艺术挂毯的出现，反映出北京手工编织地毯技术达到了很高的艺术水平。这时的北京地毯图案还出现了美术式、彩枝式和八大绣等品种，显现出北京地毯的繁荣景象。[100]

关于光绪二十六年（1900年）前后北京地毯的生产销售情况，据《中国经济通报》载："一九〇〇年以前，北京地毯仅供本地销售，从一九〇〇年开始，地毯的出口量才大量增加……一九〇三年中国地毯在美国圣路易斯州国际博览会上吸引了广大而热情的观众。这对中国地毯业起了很大的推动作用，结果是对北京地毯商提出了大量的需要，当时北京的地毯商，还没有足够的经验来有效地满足这一新的需要……满清末年，有织机十台以上的地毯工厂还不到十家。"[101]数量少、规模小、资力微弱反映了清末北京地毯业的基本情况。

显然，外销的畅滞决定着整个行业的兴衰，这是北京地毯业的一个重要特点。《北京市工商业概况》称，1903 年以后，"地毯输出外洋，数量盛时可达二百万元之巨。宣末民初，殆为全盛时代"[102]。在国外，地毯的售价高于国内数倍。帝国主义洋行见经营地毯能获厚利，就在北京竞相采购，贩运出口，北京的地毯手工业也在这种刺激下大大发展起来，出现了一些工厂、大作坊，并使北京地毯由内销为主逐渐转变为外销为主。1905 年前后，北京约有八九家地毯厂。如继长永、继承恒、兴和、隆利、泰山涌等，共有工人和学徒 200 人左右。[103]

2. 景泰蓝制作

嘉道以后，景泰蓝生产工艺逐渐转向民间作坊。据记载："历嘉道而至咸丰，市肆之间，始有珐琅专业，所出精品，都人士咸相于尚。"[104] 随着商品经济的发展，"咸丰年间，有德兴成、全兴成、天瑞堂等数家，精心研究，珐琅一业，始又渐盛"。景泰蓝作为内销产品，在咸丰中期之后的一段时间里，只有北京一地可以买到。[105] 同治年间的掐丝珐琅制品，以浅黄色釉为地者居多，饰红、绿彩图案，色彩较单调，掐丝均匀细腻。

光绪二十六年（1900 年），八国联军侵入北京，此后"海禁大开，各国人士，见其精美，亦争来订购"[106]。由于不少外国人对景泰蓝的兴趣很大，景泰蓝出口数量大增，因之民间的作坊纷纷开业，其中比较著名的商号兼作坊有老天利、德兴成以及杨天利（俗称洋天利）等。清末，北京的景泰蓝工艺品，多次参加国际博览会。光绪三十年（1904 年），老天利生产的宝鼎炉在美国芝加哥世界博览会上荣获了一等奖。

20 世纪初，清廷在北京设立工艺局，局内即有专制景泰蓝的作坊。这时已经成为外销产品的景泰蓝，在对外贸易的刺激下，除官营作坊外（制品刻有"大清工艺局造"六字款），私营作坊纷纷开设，北京的景泰蓝业呈现了一派繁荣的景象。这一时期的制品，打胎、烧蓝、磨光技术有提高，但胎薄、釉薄、镀金也薄。胎体借助于机械成型的方法，器型规矩。由于金属拉丝技术的运用，掐丝线条匀细。填料有以赭红、淡黄、苹果绿、灰白和墨色釉作地者，前期那种以浅蓝色釉为主色调的作品减少。图案装饰多以折枝花卉为主，亦常表现整株的花卉及花鸟虫鱼。花朵和花叶的翻卷转折层次较多，注重色彩的晕色效果，有浓厚的西方韵味。造型多以各式瓶为主，式样多有变动。有些作品上下比例失调。仿照景泰年制的珐琅作品，其器型、花纹图案和釉料色彩，均与原器相差甚远，给人以轻浮飘逸之感，而不似明代沉稳凝重的风格。"大明景泰年制"款的处理，亦过于拘谨或随心所欲，极易区别。镀金艳黄，浮光亮泽，有别于传统的用金方法。现存北京故宫博物院所藏的光绪年间大型熏炉和仿雍正九桃大瓶、大盘、番莲鱼缸等都是民间作坊生产的制品。老天利的制品以仿古铜器、古瓷器著称，德兴成则以制作陈设品为主。[107]

晚清景泰蓝的一度繁荣，使其在国内外的声誉日隆。宣统元年（1909年），兰陵忧患生所编《京华百二竹枝词》写道："工艺局成侈美观，各般制造尽追探。就中绝技高天下，压倒五洲景泰蓝。"其后注文曰："工艺局开设琉璃厂，已历年所。凡制造各物，极意改良，惟景泰蓝一品，实为我中国独绝之技，东西洋赛会屡占优等。"[108]北京景泰蓝的精湛技艺及其社会影响于此可见一斑。

3. 雕漆业

清代乾隆以后，盛极一时的北京雕漆逐渐衰退。到光绪二十二年（1896年）已无官营作坊，技艺几乎失传。后由于清宫内需要修理雕漆工艺品，北京的民间雕漆又兴起。据记载，光绪二十六年（1900年），"慈禧皇太后所素宠之雕漆捧盒，不慎坠裂，乃饬两太监于城内遍寻雕漆匠人修补，卒于今之东四牌楼附近，觅得忠和局油画作之宋兴桂、萧兴达两油画匠人，萧宋二人费时累月卒将漆盒修补完好如初，慈禧太后乍喜之余，乃赏银五百两，并为赐见，自是，萧宋之声名大噪，雕漆业亦因之重兴。"[109]而雕漆技艺，"亦遂分萧宋两派，萧派之刻工见细，磨工较粗；宋派则适相反。两派所用之雕刻刀亦有所区别，宋派刀为硬木柄，下端镶以铜箍，萧派则刀柄裹布"[110]。

咸丰十年（1860年），圆明园劫变，雕漆制品亦被掠至西方。自此，雕漆品渐为西方人所器重。1900年以后，雕漆品"颇为外人所乐购，乃复渐有起色，与景泰蓝、地毯等同为外销货品之大宗。且因外人嗜古，间亦仿制明代色式，行销外洋。并于铜胎而外，或改为铁胎，以期成本减轻。又另制一种土胎，专雕各类朱漆人物、亦觉别饶古趣"。[111]据记载："光绪二十八年，萧乐庵君始仿古雕漆，创设集（继）古斋于北京剪子巷，所出各种雕漆器具异常精致，一瓶之制，有费时三四年，价值数千金者。"[112]光绪末年，在荷兰博览会上，北京前门外剪子巷稽古雕漆作，曾将各色出品运往赛会，得有奖品。有评论称："对于北京雕漆的恢复，清末时期的'继古斋'在雕漆历史上占有一定地位，并对近代北京雕漆技艺的发展，起了相当重要的作用。"[113]

这一时期，雕漆货品的种类有瓶、盒、盘、罐、箱、文具、玩物、造像、几杖等。制作主要有5步程序，先制胎，后打底，再上漆，漆有上至百余层，少者亦有数十层，趁漆尚未干透，开始雕花，最后是磨光。雕漆制品极费时间，大件者，有费时至数月，或一年以上。

4. 花炮制作

北京的花炮制作，在清代已发展成为一种颇为兴盛的特种手工艺行业。关于北京花炮的制造和品种，在潘荣陛著的《帝京岁时纪胜·烟火》中有颇为详细的记述："烟火花炮之制，京师极尽工巧。有锦盒一具内装成数出故事者，人物像生，翎毛花草，曲尽妆颜之炒。其爆竹有双响震天雷、升高三级浪等名色。其不响不起盘旋地上者曰地老鼠，水中者曰水老鼠。又有霸王鞭、竹节花、泥筩花、金盆捞月、叠落金钱，种类纷繁，难以悉举。至于小儿玩戏者，曰小黄烟。其街头车推担负者，当面放、大梨花、千丈菊；又曰：滴滴金，梨花香，买到家中哄姑娘。统之曰烟火。勋戚富有之家，于元夕集百巧为一架，次第传爇，通宵为乐。"[114]

到了清光绪年间，北京花炮制作极盛。据《燕京岁时记·灯节》载："每至灯节，内廷筵宴，放烟火，市肆张灯……花炮棚子制造各色烟火，竞巧争奇，有盒子花盆、烟火杆子、线穿牡丹、水浇莲、金盘落月、葡萄架、旂火、二踢脚、飞天十响、五鬼闹判儿、八角子、炮打襄阳城、匣炮、天地灯等名目。富室豪门，争相购买，银花火树，光彩照人。"[115]又《北平岁时志上》记载："烟火之盛，莫如京城，而最盛莫如慈禧太后垂帘时代……今造办处花炮局，向江西招工来京督造，自此遂有南式花盒。又在交民巷德商祁罗福订购外洋花炮，每年灯节，在中海水上燃放。"[116]

由上可以看出，北京花炮不仅花色品种多样，而且有"本地做"和"外来货"两种。外来货中又有"洋庄货"。北京花炮大体可分为3种：

第一种是带响的叫"爆竹"。最初只有单响的"麻雷子"，声音宏大，但一响便绝，毫无蕴蓄。其次继而兴起的为"二梯子"，俗称"二踢脚"，又名"双响"。第一响将药筒打入高空后，然后爆发第二响，漫天轰雷，最有趣味。由麻雷子衍化成的是"鞭"，鞭是连结许多单响爆竹，燃着以后连串作响，声如机关枪。鞭不止于过年燃放，平日也大有用处。凡遇红白喜事、商店开张、新房驱煞，都要放鞭。

鞭以每个大小分有"寸鞭"和"小鞭"。以每挂多少分有"五百头鞭"、"一千头鞭"、"五千头鞭"、"一万头鞭"。以构造分有"洋鞭"、"机器鞭"、"鞭里加炮"。鞭里加炮是每10个或20个鞭之间，加一个大响爆竹。鞭炮的分别，自然是声音大小之别。由二梯子衍成的有"炮打灯"、"炮打双灯"、"飞天十响"等。

还有"起花",北京俗呼"齐货"。爆竹上缚苇秆,放时尾向天,因药力打出极远,大起花能远射数十丈,如天空流星斜渡,并且极快,所以北京人喻人行路太快为"坐起花来的"。起花虽无声响,也是二梯子衍成的,以上都算是带响的爆竹之类。

第二种是不带响的称"花"。花的基本形式是本色白纸爆竹形,变态又作粗圆桶形。如上糊平纸而无信捻的"太平花",以后的"盆花",形似瓜果的花,都由此演变。将炮打灯和花混合组成大型花炮烟火,有"炮打襄阳城",形如冥物中的金银山。还有"八角"、"花盆"、"葡萄架"等,放时花、炮、灯一齐飞起,尤为美观。由花衍成的"滴滴金"、"耗子屎"以及"黄烟"、"黄烟带炮",都是小孩的玩物。

第三种是花盒。花盒以层数多、制作巧为精。"吉庆堂史家"曾承应内廷花炮,慈禧太后恩赐"官花炮作",并准由硝磺库拨用硝磺。吉庆堂史家以做"烟火城"曾惊动慈禧太后亲观制作,并赏史公惠林六品顶戴内廷供奉。史公又曾制作一座"八角美人亭",火线燃着,亭角珠灯齐明,亭中美人动作如真人。慈禧太后因制作精巧,命内监剪下美人。起初史公以为将获罪谴,后奉到供奉的懿旨,方知上邀宸赏了。史公还特制三丈五丈九层大花盒,有的每层装制一个吉祥故事,有的每层装制一出戏。有一次史公惠林用半年时间,研究出一个特别方法来,把一个九层花盒共制成一出戏,每一层一个场面,盒子连续落下,场面连续演出,太后十分喜欢,赏赐很多。吉庆堂的花炮烟火,以花炮原理加以机关方法,所以特具奇妙。[117]

四、建筑业

1. 发展情况[118]

如上章所述,清王朝建立后,在明代建筑基础上改建、扩建和新建了宫殿、坛庙、城垣、寺院、衙门、皇陵等各种建筑,规模之大,风格之美,世所罕见。对三海(北海、中海、南海)和五园(畅春园、圆明园、静明园、静宜园、清漪园)的修建,更是清代建筑的突出发展。这些"官工"建筑主要在康熙、雍正,尤其是在乾隆时代先后建成的。

1840年以后,新建工程虽然有所减少,但整修不断。除"官工"外,有王爷、官僚、大贾的私人住宅和花园,还有一般商号、住宅的新建和整修。所有这些建筑都是民族形式的。虽然第二次鸦片战争后,北京步入了半封建半殖民地化的城市发展进程,但是,除了1861年3

月英法占据东江米巷（即现东交民巷）王公府弟，建筑使馆，并建筑一些教堂外，洋式建筑极少。

1900 年前的建筑基本上是北京锅伙的营造厂承做的。当时大小木厂一二百家。有名的能应官活的营造厂有广丰、兴隆、祥茂、天德、广恩、中昌、恒德、富兴、德兴、祥盛、恒和、森昌、泰和、天合等 23 家，其中尤以东城广丰、西城兴隆等"八大柜"最为驰名。当时的"官工"都由工部管理，交给大木厂去建造。宫内小工程则由营造司交由有关厂商去办。遇到大工程，木厂间组织联柜，共同建筑。当时营造厂应"官工"，主要是按皇家出钱多少办事，没有"包工程"之说。一般说来，当时皇家动工是不计所耗的。拿陵工来说，当时定皇陵 800 万两，王陵 80 万两。其他工程，可想而知。

"八大柜"规模很大，如兴隆有十多个先生，有各工种的工头，"出师徒第无数"，在其衰落时期，经常保持的徒弟还有百人左右。它能应一二千人的活，往往同时在六七处动工。多数厂子规模甚小，如德顺木厂，在其开业的几十年中，出师一百多徒弟，柜上有一个先生，有木工头和瓦工头，经常保持几个徒弟。一般应几十人的活。1900 年前北京建筑工人有 2 万多人。

1900 年八国联军攻占北京，对北京建筑业的影响很大。其一是随着北京的进一步半殖民地化，洋式建筑开始盛行起来。其二是由于八国联军的破坏，很多建筑如前门及一般住宅等急需重建和整修。所有这些都刺激了北京建筑业的变化和发展。当时除大修被破坏之建筑物外，各处都院都拆旧建新，很多商铺将大赤金门面拆去改建洋式。这时期帝国主义扩建、新建使馆、兵营；汇丰、德华、汇理、华俄道胜、横滨、正金等金融建筑也接踵而起。清代统治者也大行享乐之能事，专供西太后等享用的颐和园，仅零星修整每年就需要工匠五百多人。

这一时期北京的建筑业的重大变化之一是外地锅伙的兴起。北京锅伙的厂门不会作洋式建筑，以往建造洋式建筑，基本是由上海、天津等地的营造厂包作，做完即回原地。在洋式建筑大量发展的情况下，迫切需要在北京建立一些专修洋式建筑的营造厂。艺和木厂的创办颇能说明这时的情况。艺和木厂的厂主刘万和本是北京锅伙出师的木匠，1900 年以前他在一家美国教会专为使馆、教堂服务的艺树木厂当老师。1900 年以后，他回到北京，由于懂些洋式建筑，立时成了红人，开了艺和木厂，并有了七品顶带。天泉尽管是大厂子，因不会搞洋式建筑，就得和艺和合伙应活，曾合伙修建了铁狮子胡同陆军部大楼等建筑。可见仅靠个别能做洋活的北京厂门是不能适应建筑业发展形势的要求的，这就产生了已有近百年洋式建筑经验的上海、天津等外地锅伙在北京建厂的必然性。

如果说北京锅伙主要走封建官府的路子，那么外地锅伙走的则是西方列强的路子。公兴顺的创办正好说明这个问题。公兴顺是北京洋式建筑营造厂中最有名的一个。公兴顺是由 3 个人在清末办起来的。一个叫宋七爷（后任经理宋华卿的父亲），原是在崇外经营渔业的天津商人。另外两个是油工出身的高玉堂和瓦工出身的韩来龙，都在天津干过洋活。由于高玉堂和在美国使馆作事的张宝鑫是亲戚，就和使馆拉上了关系。公兴顺从替美国武官建立一座小楼起，开始了它的兴盛时期。

从 1900 年至辛亥革命约 10 年的时间里，北京厂门增多了，工人增加了。虽然外地锅伙只是刚刚兴起，但这却是北京建筑业发展中的重要转折时期。这时期北京的建筑工人约有四五万人。

2. 西洋建筑[119]

乾隆朝在圆明园中修建的西洋楼建筑群，是最早成规模引入中国的西洋建筑，其初衷是抱着猎奇和玩赏的态度来引进。

乾隆十年（1745 年）在圆明三园之一的长春园北部，开始建造西洋楼建筑群，乾隆二十四年（1759 年）建成，前后历时 15 年。西洋楼由谐奇趣、线法桥、万花阵、养雀笼、方外观、海晏堂、远瀛观、大水法、观水法、线法山和线法墙等十余个建筑和庭院组成。由西方传教士郎世宁、蒋友仁、王致诚等设计指导，中国匠师建造。[120]

圆明园西洋楼建筑物大多采用汉白玉石柱，墙身或嵌五色琉璃花砖或抹粉红色石灰。屋顶为中国宫殿式琉璃瓦屋顶，但不起翘。平面布置、立面柱式、门窗及栏杆扶手等都是西洋做法。细部装饰为西洋雕刻中夹杂着中国民族花饰。

西洋楼建筑基本上属于意大利巴洛克建筑风格。由于它兴建期间正值“洛可可”风格在法国和欧洲流行，因此也深受其影响。同时，西洋楼中也有西方传教士和中国工匠的创造。

张复合在《北京近代建筑史》一书中将北京近代（1840—1949年）建筑样式的演变归纳为“西洋楼式”、“洋风”、“传统复兴式”和“传统主义新建筑” 4 种。而在清代后期（1840—1911 年），“西洋楼式”和“洋风”建筑，则是北京建筑中的主流。

所谓“西洋楼式”，专指中国工匠和营造者对圆明园西洋楼建筑进行模仿和发挥，并掺杂进北京古代传统建筑装饰的样式。

颐和园清晏舫舱楼，是“西洋楼式”建筑的最初表现。光绪十九年（1893 年），慈禧仿翔凤火轮的顶舱式样，命建两层木结构的西洋舱楼，并在船体两侧加上两个机轮，取"河清海晏"之意，命名为"清晏舫"。

清晏舫船体用巨大的石块堆砌而成，两层舱楼做法仍遵循中国传统木结构，但在整体装修上采用了洋式做法，如油饰成大理石纹样的柱子，券窗、彩色玻璃及地面铺花砖等，精巧华丽。颐和园石舫的修建对清末北京地区的"西洋楼式"建筑有引导的作用。

畅观楼和六国饭店是"西洋楼式"的外国人的作品。乐善园的畅观楼建于光绪二十四年（1898 年），是红砖砌筑的 2 层楼；局部抹灰及灰塑线脚，并夹以砖雕花饰；装饰爱奥尼（Ionic）柱式，曲线形山墙上缀以球形装饰；正面两端转角处建八角形楼阁，上覆拱形铁皮顶。畅观楼具有欧洲府邸建筑的风格。

光绪二十八年（1902 年）建成的六国饭店坐东朝西，平面近似"山"字形，中部和南北侧翼西向山墙作半圆山花装饰，为北京"西洋楼式"建筑的早期典型。

据《清末北京志资料》记载："外国人经营之旅馆，大多在城内东单牌楼、崇文门内、东交民巷、东长安街等地。居现时北京旅馆中规模最大者为比利时人经营之瓦贡里（中国人称之为六国饭店或六国饭店），位于东交民巷御河桥畔，为砖瓦结构之二层楼房，巍峨耸立，乃北京最壮美之建筑物。"[121]

中海海晏堂为"西洋楼式"皇室的建筑，光绪三十年（1904 年）竣工，历时 3 年，耗银五百多万两。中海海晏堂的结构形式，仍然为中国传统的抬梁式木结构，所有建筑均作洋式玻璃门窗，饰以洋式花卉。与圆明园西洋楼极为相似，区别仅在于中海海晏堂墙体由砖石改为以青砖为主。

清末陆军部衙署主楼则是"西洋楼式"的官方最后作品。光绪三十二年（1906 年）二月开始动工建造，次年七月（1907 年 8 月）建成。陆军部衙署南楼（主楼）是很大的一组办公楼，高 2 层（中央部分凸出，高 3 层）。平面呈工字形，中间为走廊，两旁为办公室，建筑四周设外廊。"全部建筑为灰砖砌造，木楼板，木桁架，铁皮屋顶。立面为砖柱分割，采用圆券，带有很多中国砖雕装饰。"[122]

"西洋楼式"建筑还走出皇家苑囿，作为"门面"而出现在北京的市井。例如，建于光绪三十二年（1906 年）的农事试验场大门，采取传统的牌楼造型，但为典型的"西洋楼式"，下部按柱式处理，上部做半圆形砖雕装饰，有繁复的龙形图案。

"西洋楼式"作为门面在店铺建筑中表现最为突出，尤以前门大栅栏商业区为最。光绪三十二年（1906 年）前后，前门大栅栏商业区的西洋楼式"门面建筑"基本上有 4 种处理：一是，用砖发券，券旁做柱墩，墩上作几排横线脚，顶上站狮子、花篮等装饰。二是，把正面的山墙或女儿墙做成半圆或其他复杂形式，其上刻有繁琐的花纹。三是，加洋式天棚门面，这大多数出现在大绸缎庄、茶叶庄等。建筑大都是中式楼房，高二三层，三四进勾连搭，前后带天井，上覆两坡式弧形桁架天棚，在天棚前做洋式门或铁栅栏。四是，在单层店面上另砌高墙，做西式假窗，造成两层楼的外观。

这些西洋楼式"门面建筑"大都由旧房改装，很少新建。建筑材料都很简陋。改装的门面，早期用砖墙雕花或斩假石，以后改为墙外抹水泥、涂油漆或作水刷石。有的则只是用板条抹灰搭盖，形同布景。装饰花纹则由刻石雕砖变为以堆灰涂色为主。[123]

所谓"洋风"，是指移植到北京的西方古代建筑样式，以东交民巷使馆区建筑为滥觞。

东交民巷中的使馆建筑，1900 年以前多沿用中国传统旧屋加以改造，有少量是新建的单层外廊样式建筑。1900 年以后，除西班牙使馆维持原状外，其他各国皆扩大地盘，改建、扩建使馆，新建兵营，基本上秉承了各自驻华国家的建筑风格，多以 2 层砖木结构板式建筑为主，长廊砖柱或石柱，砖砌拱券，样式各异。总体属 18 世纪中叶后流行于欧洲的折衷主义复古式，个别部位引用了中国建筑构件。[124]

英国使馆。1861 年设，占淳亲王府（后改称梁公府），并临玉河西岸建"洋风"大门。大门造型取材自凯旋门，但没有柱式点缀，仅门窗和檐口有简单装饰，并用灰砖砌出类似块石砌体的效果，整体上稳重坚实。

使馆办公楼多采用横贯整个建筑的两层券廊。这种具有浓厚"殖民地风格"的做法在 18 世纪流行于美洲，19 世纪后期传入东南亚及台湾。应用于东交民巷使馆建筑中，表明当时头号殖民帝国英国对往昔的流连之情。使馆雇员楼在采用英国都铎风格的锤式屋架装饰的同时，也采用中国传统的歇山顶、斗拱和瓦当等构件，在中式和欧式建筑之间形成过渡。这种拼凑做法在大门中也有表现，洋式大门上配有两扇中国大板门，上装七路门钉。[125]

1900 年以后，英国新占梁公府北侧的翰林院，东部的銮驾库、鸿胪寺以及兵部、工部的一部分，就原址大为扩充。

日本使馆。1872 年开设于北京，利用在东四六条胡同购买的中国民宅，没有专门新建使馆用房。1884 年，日本使馆购买了东交民巷路北的中国民宅，由日本外务省技师片山东熊设计，单层，砖木结构，仿古典主义风格、正面带券廊，柱子用线脚装饰，主入口重点处理，有三角形山花，拱券及壁柱，均有精细的砖雕花饰。本馆利用原有四合院，在保留北、东、西三栋房屋的基础上，重建南房。南房为单层外廊式建筑，主要供对外接待，按西式布置；其余三栋房屋供内部使用，按和式布置。这种处理承袭了当时日本国内宅邸中流行的洋馆、和馆并设的做法。

1900 年以后，日本新占英国使馆对面、玉河东岸的詹事府、柴火栏及肃王府的一部分，而为新馆及兵营。新馆于 1907 年兴建，1909 年建成启用。新馆工程由真水英夫主持，建筑设计利用肃王府的花园，保留了部分围墙和山石树木。建筑物为两层砖木结构，明显地受日本"西洋馆"建筑当时的流行样式的影响，表现出法国宫殿建筑的情调。

荷兰使馆。1873 年设，在东交民巷西口路南，主要有大门、办公楼和大使官邸。建筑主要采用 16 世纪后期尼德兰时期建筑风格，用红砖砌墙、白石做角隅、门窗框、横额，拱券及一些装饰线脚，坡屋顶，上做老虎窗，竖起的烟囱也是房屋轮廓的点缀。办公楼屋顶上用台阶式山花，上面开组合式券窗，使屋顶造型更加丰富。建筑以水平划分为主，护栏、线脚、石额，檐口和屋脊线均有效地表现了这一特点。办公楼正面中间 2 间为入口，做成凹入的券廊，上下两层均用文艺复兴时期的"帕拉第奥母题"格式作为重点处理。大使官邸正面主入口凹入，并用白石砌筑，使之突出，侧翼凸出，下为敞廊，上为居室，体形更富变化。使馆大门尺度适中、形式简洁，用"帕拉第奥母题"装饰，显得十分庄重，门头形象与官邸檐口相似，各建筑还用同一种徽记装点重点部位，以互用某种手法或构件的方式获得统一。[126]

庚子之后，荷兰原使馆在八国联军入侵时被毁，在原址扩占怡贤亲王和附近民房、石厂、澡堂等，"就原地略向东移，盖西口失于美使新馆者，东收诸道胜银行旧址，南亦抵城根。无兵营。"[127]新馆于 1909 年建成。

此外，使馆区还有洋行、银行等建筑，主要采用砖木结构，屋顶坡度很大，多建有穹顶楼，大量使用花岗石砌成，外观坚固厚重。例如德华银行，1889 年设总行于上海，1905 年在北京设立分行，1907 年在东交民巷建新楼。银行大楼由德国倍高洋行（Beeker & Baedecker，Architects）设计，德商施密特公司（F. H. Schmidt, Altona, Hamburg, Tsingtau）承建，1907 年建成。

　　东交民巷的德华银行具有明显的 16 世纪德国建筑的特点。平面基本上呈匚形，进出错落较多，房间组合复杂。建筑尺度适宜，不以无限制的高大傲慢压人。主入口在南侧，大小与其他门窗相当，只是略抬高，更庄重，以示重要。建筑立面富有变化，汇集了许多德国传统建筑手法。

　　建筑为砖木结构，主要为二层，局部三层。立面为混水墙面，并用抹灰堆塑出线脚纹饰，窗洞较大，系仿德国市民建筑木结构作法，在其东端二层有三间挑出阳台，栏杆遮阳是地道的德国民间作法。屋顶坡度很大，上开老虎窗，局部起假山花，做出台阶形、转角处起钟楼式的塔楼，其形象与德国阿夏芬堡宫（16 世纪末建）的钟塔相似，其四角用仿木锤式结构造型。

　　德华银行亲切自由的形象在北京近代银行建筑中是独一无二的。[128]

五、糕点业

1. 发展概况

　　旧时，北京人（包括北方人）称糕点为"饽饽"，称售卖糕点的店铺为"饽饽铺"。据考，饽饽一词，始于元代。世祖忽必烈改金中都为元大都，大批蒙古族人随之入京。蒙、汉人民杂居相处，风俗渐近，大都市面上开始出现以蒙古饽饽为主的民族食品。到了清代，北京市面上又出现了满洲饽饽。北京人泛称满、蒙饽饽为"鞑子饽饽"。[129]

　　清道光以前，北京城的糕点业称为"糖饼行"，道光以后，才改称叫"烘炉"（亦写作"红炉"）。早年老北京的糖饼行分南、北两案，南案由江浙商人经营，专做南味糕点；北案则由京畿、直隶商人组成，制售京式糕点。

　　在老北京的各式糕点中，"满洲饽饽"具有特殊的政治地位。清道光二十八年所立《马神庙糖饼行行规碑》中规定，满洲饽饽是"国家供享、神祇、祭祀、宗庙及内廷殿试、外藩筵宴，又如佛前素供，乃旗民僧道之所必用。喜筵桌张，凡冠婚丧祭而不可无，其用亦大矣！"[130]

　　碑文中有"喜筵桌张"一语，"桌张"即饽饽桌子，"旧时旗礼，一切婚丧大事，俱有桌张，今渐无矣"。[131]饽饽桌子是老北京满洲饽饽铺的大宗买卖，齐如山曾撰文介绍其制法："下面用一长约三尺左右，宽约二尺左右，高约尺余之木桌，上摆铜盘十个。每盘饽饽二十块分四罗（此种饽饽之名曰点子，亦满洲语之名词），共二百块一层，摆好上压以红漆木板，板上再照样摆铜盘及饽饽，如此摆至三层即妥。再高则五层、七层可至二十层，然九层亦算很讲究矣。无论几层，顶上须单摆纸花或鲜花、或水果一层方算完备。从前九层之桌合价不过十余元，饽饽之味颇甘美。近则几需五千余元，而饽饽则几不可食矣。闻各王圆寂祭祀所用之饽饽，皆系本质所作。每次用时取出摆好，事完即又藏之，也算省事。"[132]

清末，因为国势衰微，好讲排场的旗人渐渐无力支撑门面，送饽饽桌子的自然少了，满洲饽饽铺开始改变经营方向，发展满制汉点。

所谓满制汉点，是说饽饽铺采用满点的制作工艺，做出的各式汉族糕点，主要是为了适应旗人久居京城，饮食习俗逐渐汉化的需要。比如花糕中掺与奶皮，即为奶皮花糕；元宵的馅中掺入了奶皮，即为奶皮元宵；糯米用鲜奶浸后包粽，唤作奶子粽；月饼的馅中拌入了奶皮，就成了奶皮月饼。说起满式月饼，当首推宫中内膳房所做的宫庭月饼，是集苏式、广式、京式三种传统月饼制作工艺于一身的"贵族"月饼。宫庭月饼在皮上压有云彩、蟾宫、桂树、玉兔等吉祥图案，还上有各种颜色，有彩绘的、红边白心的、白边红心的。全红的称"自来红"，全白的称"自来白"。"自来红"和"自来白"都是酥皮月饼，香油和面，有彩绘图案的则属于提浆月饼。[133]

总之，清代糕点种类繁多，生产工艺有先成型后熟制和先熟制后成型；成型方式分擀揉、模具、滚动、包馅等；熟制方式有蒸、煮、烘、炸等。著名的满式糕点有奶皮、印面、寿意、层台、杠子饽饽及赛利马（萨其玛）、蜜供等；清真糕点有糯米元宵、白蜂糕和糖火烧等；汉民糕点有提浆、翻毛、大小八件等各式月饼，节糕、蜜糕、巧果及蓼花等。此外还有仿制西洋口味的茯苓夹饼等。[134]各种名特糕点及生产名家、工艺特色详见下表。

清代北京著名糕点及其工艺特色一览表[135]

品名	又称	类别	制售名家	工艺特色
萨其玛	赛利马	满式	正明斋、永星斋	以奶油、冰糖和白面成型，用不灰木烘炉烤
蜜供	蜜贡	满式	正明斋、蜜供局	以油、糖、蜜、面成型、炸制、挂浆
奶皮花糕		满式	聚庆斋、永星斋	以牛奶皮等为辅料成型、烘制

（续表）

品名	又称	类别	制售名家	工艺特色
杠子饽饽	坑子饽饽	满式	高明远	硬面成型，在火铛上拌石子烘炒、烙烤
糖火烧		清真	大顺斋	以面团加麻酱、糖为馅成型，铛上烙黄再烘制
糯米元宵	汤圆	清真	马思远	以糯米粉包入桂花、核桃等馅料滚动成型
白、黄蜂糕		清真、汉	芙蓉斋	以江米、糖、香油（汉用大油）配料成型、蒸制
山楂蜜糕	山楂糕、金糕	汉	汇丰斋、泰兴号	以山里红、砂糖、白矾等为原料熬制凝固成型
萝卜丝饼		汉	致美斋	以油面为皮，白萝卜丝等为馅成型、烘制
水晶饼		汉	滋兰斋	以糯米研磨、过滤、蒸制加辅料，成型
玫瑰饼	内府玫瑰饼	汉	和兴斋	以油糖面制皮，包玫瑰糖馅成型、烙烤
翻毛月饼	酥皮月饼	汉	致美斋、合芳楼	以油糖面为皮料，熟油面为酥料合成酥皮包馅成型烘制
槽子糕	鸡蛋糕	汉	致美斋	以面糖蛋等配料置入槽状模具成型、烘制
花	子花	汉		以江米面成型，炸制蘸糖
巧果	乞巧果子	汉		以油糖面配料成型，蒸或炸制
缸炉	缸烙	汉	瑞芳斋	发酵面粉加糖成型、烙制
茯苓夹饼	片儿饽饽	仿洋式	滋兰斋	以松、桃仁为馅料，用烘制的薄纸状饼片夹合而成

2. 著名老字号的饽饽铺（京八件）[136]

（1）正明斋

提起北京糕点，南味以稻香村、桂香村、稻香春著名，清真以大顺斋为最，可谈及正宗的京味糕点，得数正明斋了。清末崇彝所著

《清咸以来朝野杂记》中写道："瑞芳、正明、聚庆诸斋，此三处，北平有名者。"[137]

正明斋的东家孙学仁，祖籍山东掖县。正明斋共有 7 个，总号坐落在前门外煤市街路东，正明斋开业后，买卖兴隆，于 1870 年在前门外北桥湾路西开设了第一分号；于 1882 年在前门外鲜鱼口迤南路东开设了第二分号；1890 年在前门外珠市口迤南路东开设了第三分号。光绪三十四年（1908 年），正明斋分了一次家，正明斋和第三分号归孙学仁、孙学义经营；第一、第二分号归孙学士等人经营。正明斋第一分号改称正明斋东栈，第二分号改称正明斋东记。

正明斋制售的糕点应时应节，品种齐全，一年四季都有供应：正月十五做元宵；早春二月做太阳糕；四月做玫瑰饼；初夏（五月）做五毒饼、粽子；盛夏做绿豆糕、水晶糕、豌豆黄；中秋做月饼；重阳节做花糕；冬季做糟糕、油糕；腊月二十三民间祭灶，做板糕、蜜供及关东糖、糖瓜。正明斋还生产祭祀用的饽饽，有奶皮自来红和由枣花、福字、禄字、寿字、喜字、卷酥、核桃酥、八拉饼等组成的大八件。

正明斋所以经营得好、成为北京有名的饽饽铺，是因为其糕点取南北荤素之精萃，融汉蒙满藏之特色，以用料考究，配方严格，做工精细著称。他们对企业管理有方，会笼络骨干职工，能使一般职工为企业出力做活；还因为他们在糕点制作上选料精细，加工讲究，货实味正；在门市经营上，对待顾客礼貌热情。正明斋开业一百多年来，深得满汉各族、官民、工商各界的赞许。从咸丰元年起，正明斋糕点一直是清朝宫庭喜、庆、宴、寿之御用食品。慈禧曾用以赠送宫妃宾客。正明斋糕点还被列为御膳房佳品，称之为正统的满汉糕点。当时许多旗人贵客、社会名流慕名而来，满意而归，使得正明斋名声大振，顾客盈门。张学良将军在京时，喜欢订做正明斋的玫瑰花饼；京戏名净郝寿臣，最喜爱食用正明斋的鸡油饼；满、蒙宾客喜爱食用正明斋的奶油萨其马和杏仁干粮；正明斋的风味月饼也是老北京人的名点。

正明斋的糕点之所以出名，主要是产品质量值得信赖，从糕点的原料配比到加工制作的每一道工序都有十分严格的规定，有许多特味产品，都是采取独特的加工方式，从而保持了糕点的特殊风味。从选料来说，正明斋使用的是西山的薄皮核桃、密云的小枣、云南的桂花、北山的山楂等。次货不用，绝不以次充好。不仅选料精，而且投料足。正明斋的月饼，1 斤面要对 4 两香油。一块月饼放在瓷盘中，不到一天，瓷盘里就会有一层油。

正明斋的月饼亦颇著名，其中有红、白、干菜、黄酥月饼等很多品种。旧时每逢中秋佳节，一些北京人常去买正明斋的月饼，待到秋夜月圆之时，亲朋好友在四合院中，围坐桌旁，吃着月饼，品茶赏月，实是一大乐趣。同时，还负责提供居民办喜庆事、祭祖祭佛需要的各种饽饽。

正明斋之所以享有盛名，也不仅仅是选料精、做工细，还因为有着热情周到的服务。过去，每年一进腊月，北京的不少大街小巷就会见到挑着写有"正明斋饽饽铺"字样的大圆笼走来走去，这是正明斋派人为那些大户人家、大店铺送饽饽和蜜供。挑着在圆笼送货，在街上一走，自然增添了过年的气氛，同时也是最好、最活的广告正明斋制作的蜜供，最为有名，不仅经得起气候变化的考验，即便是夏天也不会淌蜜，质量上乘，能够贮存较长的时间；且吃起来不粘、不糊嘴，口感香甜柔软，耐咀嚼，余味特佳。

（2）聚庆斋

聚庆斋是饽饽田家开办的，当年在北京有 3 个聚庆斋，东四有东聚庆和西聚庆，前门外大栅栏里的称南聚庆。这 3 个聚庆斋都开业于清同治、光绪年间，东聚庆开业于同治初年，西聚庆开业于光绪初年，南聚庆开业于光绪末年。清末，朝廷祀典或庆典，常用聚庆斋的饽饽。

聚庆斋的饽饽之所以取得如此高的声誉，与其好吃、货色齐全、热情招待客人有关。要使饽饽人人爱吃，首先在饽饽的原料上，不用次货，定进好原料。用密云县的小枣，房山县的核桃，云南的桂花，台湾的蔗糖，并且从中挑选质优的果品投入料中。原料来源是一个方面，料放的量也很重要。聚庆斋的饽饽油大，糖既要放足、又要适量，以使饽饽甜咸适度。像聚庆斋的红、白月饼，按传统做法 1 斤白面用 4 两香油，而聚庆斋是 1 斤白面用 4 两香油外，还要加 2 两大油。因为只放香油不行，放大油才能让月饼酥软。聚庆斋的月饼放到瓷盘中，一会工夫，盘中就会汪出一层油。另外，像春节时祭祀用的蜜供，不管放在冷屋子里，还是暖和的屋子里，蜜都不流淌下来，供不会散架。因其放的是好冰糖，而一般饽饽铺用的是普通糖，他们制作的蜜供，屋中温度一高，蜜就流下。

聚庆斋是前店后坊，东四这两家聚庆斋的饽饽都在东聚庆后边制作生产。聚庆斋生产经营饽饽分平日供应的饽饽、季节性饽饽和婚丧喜庆用的饽饽。平日供应的饽饽品种很多，有江米条、套环、燎火、槽子糕、金钱饼、茯苓饼、俄式排叉、官样月饼、西洋糕等。大八件、小八件、细八件是平日成套供应的饽饽。大八件的八样饽饽是：福、禄、寿、喜、枣花、卷酥、核桃酥、八拉饼。小八件的八样饽饽是：喜、石榴、苹果、桃、杏、枣方子、杏仁酥、桃仁酥。细八件的八样饽饽是：状元饼、太师饼、鸡油饼、杏仁饼、白皮饼、馕饼、硬皮桃、蛋黄酥。大八件和细八件都是一套八样一斤，小八件为半斤。

聚庆斋还根据市场需要，按季节生产时令饽饽。每年春天，按习惯是，正月十五元宵节，必须大量生产各馅元宵。二月二龙抬头，生产太阳糕。进入夏季，五月节做应时无毒饼、江米小枣粽子。在天气炎热的伏天，聚庆斋做水晶糕、绿豆糕、豌豆黄等供应市场。立秋后，八月中秋节，居民吃月饼以应佳节，聚庆斋的红、白月饼是该铺的名产品，销量很大。九月九重阳节做花糕。到了冬天，聚庆斋大量供应居民爱吃的蜂糕、喇嘛糕、蛋黄糕等饽饽。

过去老北京举办婚丧等红白之事时，也有其该吃的传统风味饽饽。娶媳妇、聘姑娘是件大喜事。男家给女家"放定"时，除送给女家的鹅、酒、衣物和金银首饰外，还要送几十斤或上百斤的"龙凤饼"（俗称"大饼子"）。聚庆斋生产的龙凤饼，皮酥、馅好，入口松软、香甜。妇女生孩子、坐月子，娘家和亲戚在小孩"洗三"时，除送鸡蛋、小米、红糖外，还要送"缸炉"。这种"缸炉"是聚庆斋做饽饽时，都要开炉"试火"。用作试火的饽饽，称作"缸炉"。这种缸炉，虽然表面呈深棕色、边裂，但质量高、营养丰富，而且价钱便宜，很适合生孩子的妇女食用。

聚庆斋站柜台的伙计，上柜台接待顾客必须穿长衫，衣服整洁，梳洗干净，说话和气。买的多，派人用圆笼给顾客送到家里。买的少，就是买一块饽饽，也是热情接待，用纸给包好。

（3）永兴斋

永兴斋原坐落于朝阳门外日坛口，始创于清光绪六年（1880年），东家王芝亭是个汉人，早年在京城第一大饽饽铺"毓盛斋"学徒，制售满式糕点是他的绝活。永兴斋的糕点生产工艺十分严格：面粉始终用当时西直门外的元顺成粮栈和它的几个联号元顺兴、元顺常、元顺功、元顺永等几家油盐粮店的货，即所谓"元"字号的"重箩细面"；冰糖用当时最好的"石里冰"，又称"闽糖"；白糖用"本港"白糖，由前门外"义"记糖庄进货；油从"裕盛公"白油局子进货；木炭则从京西山区用骆驼往回驮……如此精心的选料，其所制糕点的质量可想而知。

永兴斋还不断求新，研制出不少精制的糕点，如芙蓉奶油萨其马、七宝缸炉、八珍糕、奶油棋子桂花劳脯、卧果花糕、金线小油糕、蜜馋上品细小饽饽（仅此一项就有 40 多个花样），至于宫庭糕点，其生产品种不下千种。

光绪二十六年（1900 年）以前，一直被清宫内务府饽饽房指派给宫内制做大量传供糕点。并常年供应恭王府、惇王府、醇王府、弘王府及中堂府各种满式饽饽。此外，还供应朝外东岳庙、南海慧寺、关帝庙等处的全年供品，以及和平门的吕祖阁、德胜门的拈花寺、琉璃厂的延寿寺、东便门的蟠桃宫、地安门的火神庙和京西檀柘山的岫云寺等寺庙的一部分供品。

（4）芙蓉斋

据《道咸以来朝野杂记》记载："芙蓉斋者，东四马市大街糕点铺也。各种糕点并不胜于瑞芳、正明、聚庆诸斋，惟以所制黄、白蜂糕，为他处所不逮（及）"[138]。这是由于芙蓉斋的蜂糕不是用麦面，而是用米面制成，加放适量香油、白糖合米面。辅料较多，如核桃仁、瓜子、芝麻、枣、青丝、红丝、玫瑰等干果调味。上笼屉蒸熟的蜂糕"食之松腻，以其宣厚内多蜂窠，故名之"。芙蓉斋的黄、白蜂糕有名于世，该家生产的碎蜜供更是北京独一无二。蜜供在旧北京时，是祭佛的供品。碎蜜供是过去饽饽铺门市销售的食品。芙蓉斋的碎蜜供"不若其酥而味厚，都人皆嗜之"。

（5）宝兰斋

宝兰斋原座落于王府大街迤北路西，与东安市场斜对门，开业于清咸丰年间，其著名产品有酒皮细、小八件，小巧玲珑，馅细味纯，各有不同之美味，还有满点萨其马，奶油蛋黄味浓郁，色泽晶莹鲜美，口感入嘴即化，色、香、味兼优。

（6）致兰斋

致兰斋开设于清道光年间，制作的主要产品有：松仁油糕，食之绵软，甜香润口；桂花蜜供，酥松适口，有浓郁的桂花香味。

（7）桂福斋

桂福斋开设于清宣统年间，生产的主要产品为奶子馕饼，食之绵酥，奶香味美，枣香味浓。还有山楂锅盔，食之酥松绵软，甜酸适口。重阳花糕，三层夹合多种果料，食之甜软，口味鲜美。

六、其他行业

1. 搭棚业[139]

搭棚业在清代是个广为盛行的行业。棚匠的高超技艺得到了时人的赞誉，震钧在《天咫偶闻》中说："京师有三种手艺为外方所无，搭棚匠也，裱褙匠也，扎彩匠也"[140]。其实，搭棚匠等手艺人外地都有，只是不如北京艺人高明。徐珂《清稗类钞》谓："搭棚匠，裱褙匠，絷彩匠，所在有之，而以京师为精"[141]。

棚铺业主要包括席棚业和布棚业。北京夏季入伏以后，暑气袭人。于是用芦席支搭凉棚，用以遮阳。从宫中到府第，自官署至私宅，纷纷支搭凉棚，以避阳光曝晒。因为棚要耸出于庭院之上，所以谓之"天棚"。沿街的店铺，为了避免"西照"，也要搭起遮阳天棚。于是夏季搭天棚，成了北京生活中的一项内容。而搭天棚也就成为棚行的主要业务。棚铺也如雨后春笋，纷纷开设。

清乾隆以后，出现了经营支搭布棚的行业。起初主要供内廷、官署的召唤，民间支搭棚帐的很少。由于布棚的支搭搬运较席棚轻便，民间亦渐喜欢搭布棚办事。布棚的用途日广，其成本且较席棚为低，所以得以与席棚业并列。清末民初，北京较有名的布棚铺，有东城灯市口"天顺"、西城西安门外"天合"、西四牌楼"义泉"、南城崇外南桥湾"利顺"、宣武门内"泰来"、广安门内米市胡同"兴隆"、北城鼓楼"兴泉永"等7家。

北京的棚铺，主要有喜棚、丧棚以及凉棚等。

喜棚，行话称之为酒棚。即嫁聘、迎娶、寿日、满月等喜庆事所搭之棚。普通喜棚，即用席或布搭成平棚。棚顶之上，围以栏杆，两面、三面、四面均可。栏杆皆漆成红色，中间嵌有金色花瓶，有木制和玻璃制两种。栏杆之下，围以挂檐（形如房檐），上绘各种花卉。栅的四壁，安以玻璃窗户，视房屋院落形式，搭一面、两面或三面、四面均可，以使棚内光线充足。在夏天，棚的北面朝阴处，也有不挡的，以图凉爽透风。玻璃窗上的图案、绘字，亦有讲究。四角画蝙蝠，取谐音为"福"。娶亲的，画双喜字；嫁女的，画单喜字。办寿的，中间画一圆寿字。但这些设备，只有设备齐全的大棚铺才有。

特别讲究的喜棚，四周都做出廊子，甚至有做成两层或三层楼形者。挂檐的后边，都安有"垂头"及"横楣"（均为玻璃制品），绘有美丽花纹。棚顶中心安有"天井"，形似覆盆，中嵌玻璃花饰，垂以璎珞，花色美观，又可透阳光。棚内顶的四角，安三角木框涂制的"角云"（角形的云朵）；玻璃窗户之下，安玻璃隔扇，隔扇也绘有各种花卉。棚的出入口处，都安装有拉手的玻璃门，与屋宇的建筑一样。棚内四周，有各式挂屏，挂屏上山水、花鸟，或写意，或工笔，如室内张挂的字画条幅一样。棚内外，凡目力所能看到的木头如梁、柱等，均裹以红布；棚中的地面上，铺以地毯。

丧棚,行话称之为白棚或全棚。白棚,即是办白事的棚之意;全棚则因为办丧事所需要支搭的棚台,种类很多,能把棚行的手艺全用上。丧棚也有普通的和特别讲究的两种。前者叫做平棚,后者叫做起脊棚。丧棚还有月台、经楼和另外的路祭棚等。

凉棚,是棚行里的通称。因较高大,要高出房檐之上,所以人们又叫它"天棚"。

凉棚也分普通的和特别讲究的两种款式。普通凉棚,占四合院的整个一个院子,把全院都遮住。顶上设有可以卷拉的活席,形同卷窗,可以在下面拽绳卷放。东、西两面,各有用席和竹竿制成的斜坡形的遮檐,可以安装活席,用以拉卷。棚顶的柁端,安有四个"柁光"(即圆形的木牌),柁光作红色写黑字(忌讳用白地)上书"吉星高照"或"富贵平安",取意吉庆。商店大都在它的天棚遮席上,写上字号和货名,柁光上则专写店名,以便识别。

特别讲究的凉棚,皆安有挂檐,能看见的木头柁、柱,都染成红色;搭棚用的麻绳,也染上红色,行话谓之红股。在天棚的东南、西北角的房屋之上,还安有"对档",即用席做成的屏门形,用漆染成绿色,中有红色斗方,上书"斋庄中正"等屏门上常用的字句。其所以安"对档"门,是为了显示棚外有楼之意。席棚的边沿,都做成方棱或圆棱,平滑整齐,款式美观。搭此种高级凉棚的,以王府宅第居多。

棚行是北京地方的一种特技行业。北京棚行搭棚时,作为主柱用的粗杉篙,是浮放在地面上的。不论搭多高大的棚,也不论什么样的地形,立柱栽杆从不挖坑,地形再复杂也是平地立柱绑架子,把杉篙竖的、横的、斜的,用粗麻绳捆绑紧,因其结构符合力学原理,搭起来的架子十分牢固。

搭棚的关键是使用别棍,即以一尺多长的一根木棍,别在棚架的吃力处,用以绞紧。打别棍的时候,地面上的工人一根一根扔给棚架上的工人,一扔一接,十分准确。而且拴捆别棍绳套尤为敏捷,能吃力很大,往往有学徒三年,尚不精于此道者,其难度可见。全棚之着力点,全在别棍上,故打别棍为最重要的技艺,棚的牢固与否,关系至大。

北京搭棚的另一个特点是讲速度和质量,富于突击性。凡是需要搭棚的人家,只要给棚铺打个招呼,棚铺自会派工人用排子车拉上杉篙、竹竿、芦席、麻绳、各色布匹等所需材料,很快就可以搭起各式各样的棚,包括亭台楼阁,牌楼照壁,远看与真建筑无异。据《天咫偶闻》记载:"光绪己丑(1889 年)十二月,太和门火……明年庚寅,

正月二十六日大婚，不及修建，乃以札彩为之。高卑广狭无少差，至
檐桷之花纹；鸱吻之雕镂；瓦沟之广狭；无不克肖。虽久执事内廷者，
不能辨其真伪。而且高逾十丈，栗冽之风，不少动摇。技至此
神矣。"[142]

棚铺工人分架子工和扎彩工。架子工专管搭杉篙架子，铺席做棚。
《天咫偶闻》曰："搭棚之工，虽高至十丈，宽至十丈，无不平地立起。
而且中间绝无一柱，令入者祇见洞然一宇，无只木寸椽之见，而尤奇
于大工之脚手架。光绪二十年重修鼓楼，其架自地至楼脊，高三十丈，
宽十馀丈。层层庋木，凡数十层，层百许根。高可入云，数丈之材，
渺如钗股。自下望之，目眩竟不知其何从结构也。"[143]扎彩工除根据棚
的性质规格进行加工外，也有高空作业。至于搭建装饰性的牌楼、照
壁，更是扎彩工人大显身手的时候。如搭一座四柱三门的彩牌楼，仅
各色布就需上千匹。

搭棚所用的工具有两种：一是鱼刀，长约六七寸，呈初月形，其
状似鱼，故名鱼刀。用以裁席断绳，不可须臾稍离。另一种是弯针，
长约尺许，成半圆形，故称弯针，用来穿绳缝席。此外别无工具，全
凭双手和娴熟的技艺。

2. 文玩业及其他

清代后期，北京的文玩业以琉璃厂一代最为集中。"琉璃厂这一时
期除书业以外，还伴随着发展了许多有关文化的商业和特种工艺作
坊……也有专售胡琴的'徐兰元'胡琴铺；还有刻书铺、刻字铺、裱
画铺、裱贴铺；还有专作书套的铺子，专作匣囊的铺子，专门为书铺
修书以后裁书的作坊，制作印泥的作坊，刻板刷印笺纸的作坊，乃至
配补抄书，都有专行老手。"[144]

夏仁虎《旧京琐记》中有几条关于光绪二十八年（1898 年）前后
琉璃厂文玩业等方面的记载，兹录如下：

"琉璃厂为书画、古玩商铺萃集之所。其掌各铺者，目录之学与鉴
别之精往往过于士夫，余卜居其间，恒谓此中市佣亦带数分书卷气，
盖皆能识字，亦彬彬有礼衷。"[145]

"南纸铺并集于琉璃厂。昔以松竹斋为巨擘，纸张外兼及文玩骨
董。厥后清秘阁起而代之，自余诸家皆为后起。制造之工，染色雕花
精洁而雅致，至于官文书之款式、试卷之光洁，皆非外省所及。詹大
有、胡开文之墨，贺莲青、事玉田之笔，陈寅生之刻铜，周全盛之折
扇，虽各设专铺，南纸铺皆为代销，书画家之笔单亦备在。"[146]

"昔日玻璃未盛行，宫中用之以防火患。曰'刻字铺'与'眼镜

铺'，其工人皆籍金陵，聚处琉璃厂，今犹世其业。又有织工，昔内府设绮华馆，聚南方工人教织于中，江宁织造选送以为教习。又织绒毡者亦南京人，能以金线夹绒织之，璀璨耀目……今缎、扇、羊灯之业皆废，而一般工人亦于此长子孙，成土著矣"。[147]

可见，琉璃厂除为著名的书肆聚集地外，还制售"文房四宝"和经营古玩等行业。

注释：

（1）第一次是第二次鸦片战争期间，英法联军侵入北京；第二次是 1900 年，八国联军侵犯北京；第三次是 1937 年日本发动卢沟桥事变后，开始占据北平。

（2）（清）朱寿朋编：《光绪朝东华录》，中华书局 1958 年版，总第 3631 页。

（3）苑书义等主编：《张之洞全集（第二册）》卷三十七《奏议三十七》，河北人民出版社 1998 年版，第 998—999 页。

（4）朱有瓛主编：《中国近代学制史料第 1 辑　下》，华东师范大学出版社 1987 年版，第 921—922 页。

（5）参见汪林茂编著：《中国走向近代化的里程碑》，重庆出版社 1998 年版，第 259—260 页。

（6）彭泽益：《中国近代手工业史资料（1840—1949）第二卷》，生活·读书·新知三联书店 1957 年版，第 515—520 页。

（7）（8）《清实录》第 58 册，中华书局 1987 年版，第 473—474、612 页。

（9）（10）（11）彭泽益：《中国近代手工业史资料（1840—1949）第二卷》，三联书店 1957 年版，第 506—507、508、519 页。

（12）《农工商部奏通饬各省精研工艺并先酌予奖励折》，载《商务官报》宣统二年第 1 期。

（13）（14）（15）彭泽益：《中国近代手工业史资料（1840—1949）第二卷》，三联书店 1957 年版，第 508、510 页。

（16）《派员调查工艺》，载《大公报》1905 年 3 月 9 日。

（17）彭泽益：《中国近代手工业史资料（1840—1949）第二卷》，三联书店 1957 年版，第 515 页。

（18）（19）（20）中国第一历史档案馆：《清末开办京师习艺所史料》，载《历史档案》1999 年第 2 期。

（21）（22）（23）彭泽益：《中国近代手工业史资料（1840—1949）第二卷》，三联书店 1957 年版，第 525、528—532 页。

（24）《奏定商部开办章程》，国家图书馆清史文献中心藏。

（25）商务印书馆编译所编：《大清光绪新法令》第 16 册，上海商务印书馆 1909 年版，第 81 页。

（26）李鹏年主编：《清代中央机关国家概述》，黑龙江人民出版社 1983 年版，第 250 页。

（27）（清）朱寿朋编：《光绪朝东华录》，中华书局 1958 年版，总第 5579 页。

（28）故宫博物院明清档案部编：《清末筹备立宪档案史料》上册，中华书局 1979 年版，第 471 页。

（29）《光绪大清会典》卷六十二《工部钱法堂》。

（30）《农工商部划清权限》，载《大公报》1906 年 11 月 14 日。

（31）（32）（33）故宫博物院明清档案部编：《清末筹备立宪档案史料》上册，中华书局 1979 年版，第 479—480、480—481、482—483 页。

（34）（35）（36）（37）（38）（39）彭泽益：《中国近代手工业史资料（1840—1949）第二卷》，三联书店 1957 年版，第 516、518、506、507、508、513、514 页。

（40）中国第一历史档案馆：《清末开办京师习艺所史料》，载《历史档案》1999 年第 2 期。

（41）（42）（43）（44）（45）（46）（47）（48）（49）彭泽益：《中国近代手工业史资料（1840—1949）第二卷》，三联书店 1957 年版，第 525、513、511、513—514、514—515、514、512 页。

（50）曹子西主编：《北京通史》（第八卷），中国书店 1994 年版，第 287 页。

（51）（52）吴廷燮等：《北京市志稿 3 度支志货殖志》卷四《工业二》，北京燕山出版社 1998 年版，第 487、496 页。

（53）林传甲：《大中华京师地理志》第十四篇第八十四章《工师》，中华印刷局 1919 年版，第 167 页。

（54）（55）（56）吴廷燮等：《北京市志稿 3 度支志货殖志》卷四《工业二》，北京燕山出版社 1998 年版，第 495、498、497、491—492 页。

（57）（58）李淑兰：《北京史稿》，学苑出版社 1994 年版，第 399 页。

（59）故宫博物院明清档案部编：《清末筹备立宪档案史料》下册，中华书局 1979 年版，第 1297 页。

（60）《北京瑞蚨祥》，三联书店 1959 年版，第 15 页。

（61）赵屹：《1840 年—1937 年我国民营手工艺经营形态研究》，载《山东社会科学》2010 年第 11 期。

（62）（63）（64）（65）（66）（67）《光绪大清会典事例》卷八百九十七《工部·军火》。

（68）梁崇鼎等：《民国贵县志》卷四，引自彭泽益：《中国近代手工业史资料（1840—1949）第二卷》，三联书店 1957 年版，第 503—504 页。

（69）（清）陈璧：《望嵩堂奏稿》卷三《遵旨察看火药局情形敬陈管见折》，文海出版社《近代中国史料丛刊第十辑》，第 265—267 页。

（70）（清）震钧：《天咫偶闻》卷三《东城》。

（71）杨端六：《清代货币金融史稿》，三联书店 1962 年版，第 96 页。

（72）（清）震钧：《天咫偶闻》卷三《东城》。

（73）《清实录》第 42 册，中华书局 1987 年版，第 1048 页。又见《清续文献通考》卷二十《钱币二》。

（74）《清实录》第 43 册，中华书局 1987 年版，第 138 页。又见《清续文献通考》卷二十《钱币二》。

（75）（清）周家楣、缪荃孙编纂：《光绪顺天府志》之《经政志六·钱法》，北京古籍出版社 1987 年版，第 2094—2095 页。

（76）《清实录》第 43 册，中华书局 1987 年版，第 500 页。

（77）《清实录》第 44 册，中华书局 1987 年版，第 292 页。

（78）（清）徐珂：《清稗类钞》第 2 册，中华书局 1984 年版，第 532 页。

（79）章宗元：《中国泉币沿革》，见财政部钱币司编：《币制汇编》第四册，1919 年版，第 234 页。

（80）《清续文献通考》卷二十二《钱币四》。

（81）《清续文献通考》卷二十六《钱币四》

（82）（清）周家楣、缪荃孙编纂：《光绪顺天府志》之《经政志六·钱法》，北京古籍出版社 1987 年版，第 2093 页。

（83）《清实录》第 42 册，中华书局 1987 年版，第 394—395 页。

（84）《清实录》第 43 册，中华书局 1987 年版，第 452 页。

（85）《清实录》第 53 册，中华书局 1987 年版，第 978 页。

（86）《清代钞档》：咸丰四年七月十一日，马兰镇总兵兼管内务府大臣庆锡奏折。

（87）（清）震钧：《天咫偶闻》卷三《东城》。

（88）《清代钞档》：咸丰四年闰七月十五日，通政使李道生奏。

（89）《清代钞档》：咸丰四年闰七月十八日，江南道监察御史沈葆桢奏。

（90）《清代钞档》：咸丰八年正月二十五日，浙江道监察御史陈鹤年奏。

（91）《清代钞档》：光绪四年三月初一日，马相如奏。

（92）杨端六：《清代货币金融史稿》，三联书店 1962 年版，第 63、72 页。

（93）（94）阮湘等编：《第一回〈中国年鉴〉》，上海商务印书馆 1924 年版，第 814 页。

（95）杨端六：《清代货币金融史稿》，三联书店 1962 年版，第 85 页。

（96）周伯棣编译，[日] 吉田虎雄著：《中国货币史纲》，中华书局 1934 年版，第 77 页。

（97）鄢钢：《地毯》，见王绎、王明石主编：《北京工艺美术集》，北京出版社 1983 年版，第 41 页。

（98）池泽汇等：《北平市工商业概况》第一编《特品·地毯业》，北平市社会局 1932 年版，第 8 页。

（99）彭泽益：《中国近代手工业史资料（1840—1949）第二卷》，三联书店 1957 年版，第 380 页。

（100）鄢钢：《地毯》，见王绎、王明石主编：《北京工艺美术集》，北京出版社 1983 年版，第 42 页。

（101）Chinese Economic Bulletin, No. 12. March 10, 1922, Series Ⅱ, pp. 2—3.

引自彭泽益：《中国近代手工业史资料（1840—1949）第二卷》，三联书店 1957 年版，第 380—381 页。

（102）池泽汇等：《北平市工商业概况》第一编《特品·地毯业》，北平市社会局 1932 年版，第 9 页。

（103）杨洪运、赵筠秋：《北京经济史话》，北京出版社 1984 年版，第 186—187 页。

（104）《北平市景泰珐琅业概况》，载《国货年刊》1934 年。

（105）《北平珐琅工业近况》，载《经济半月刊》第 2 卷第 14 期，1928 年。

（106）《北平市景泰珐琅业概况》，载《国货年刊》1934 年。

（107）唐克美、李苍彦主编：《中国传统工艺全集·金银细金工艺和景泰蓝》，大象出版社 2004 年版，第 220 页。

（108）（清）杨米人等：《清代北京竹枝词（十三种）》，北京古籍出版社 1982 年版，第 129 页。

（109）（110）唐功烈：《北平的手工业——雕漆》，载《工业月刊》第 4 卷第 9 期，1947 年。

（111）池泽汇等：《北平市工商业概况》第一编《特品·雕漆业》，北平市社会局 1932 年版，第 33 页。

（112）《经济半月刊》第 2 卷第 10 期，1928 年 5 月 15 日。

（113）杜炳臣、刘书印：《北京雕漆的历史和发展》，见北京市政协文史资料委员会编：《文史资料选编》第 13 辑，北京出版社 1982 年版，第 253 页。

（114）（清）潘荣陛：《帝京岁时纪胜》，北京古籍出版社 1981 年版，第 10—11 页。

（115）（清）富察教崇：《燕京岁时记》，北京古籍出版社 1981 年版，第 48 页。

（116）（民国）张江裁：《北平岁时志上》卷一，国立北平研究院史学研究会 1936 年排印本，第 22 页。

（117）金受申：《京华岁时纪胜》，见北京市政协文史资料委员会选编：《风俗趣闻》，北京出版社 2000 年版，第 401—403 页。

（118）主要参考鲁迫、李和平：《旧中国北京的建筑业及工人状况》，见北京市总工会工人运动史研究组：《北京工运史料（第一辑）》，工人出版社 1981 年版。

（119）主要参考张复合：《北京近代建筑史》，清华大学出版社 2004 年版。

（120）周一良：《中外文化交流史》，河南人民出版社 1987 年版，第 259 页。

（121）吕永和、张宗平译：《清末北京志资料》，北京燕山出版社 1994 年版，第 418 页。

（122）中国近代建筑史编辑委员会编：《中国近代建筑史（初稿）》，建筑工程部建筑科学研究院 1959 年版，第 63 页。

（123）中国近代建筑史编辑委员会编：《中国近代建筑史（初稿）》，建筑工程部建筑科学研究院 1959 年版，第 70—71 页。

（124）（125）（126）杨秉德主编：《中国近代城市与建筑（1840—1949）》，中国建筑工业出版社 1990 年版，第 414、419—420、419 页。

（127）章玉和：《北京使馆界之沿革》，载《中和月刊》第 3 卷第 4 期，1942 年。

（128）杨秉德主编：《中国近代城市与建筑（1840—1949）》，中国建筑工业出版社 1990 年版，第 420 页。

（129）胡玉远：《京都胜迹》，北京燕山出版社 1996 年版，第 353 页。

（130）李华编：《明清以来北京工商会馆碑刻选编》，文物出版社 1980 年版，第 133 页。

（131）清末得硕亭语，引自《旧京人物与风情》，北京燕山出版社 1996 年版，第 255 页。

（132）详见齐如山著、鲍瞰埠编：《故都三百六十行》，书目文献出版社 1993 年版，第 108—109 页。

（133）周家望：《老北京的吃喝》，北京燕山出版社 1999 年版，第 81 页。

（134）（135）（136）李宝臣主编：《北京风俗史》，人民出版社 2008 年版，第 221、221—222、223—228 页。

（137）引自曲小月编著：《老北京皇都风貌》，北京燕山出版社 2008 年版，第 151 页。

（138）（清）崇彝：《道咸以来朝野杂记》，北京古籍出版社 1982 年版，第 30 页。

（139）主要参考北京市政协文史资料研究委员会：《北京往事谈》，北京出版社 1988 年版。郭子升：《风俗卷市井风情：京城庙会与厂甸》，辽海出版社 1997 年版。

（140）（143）（清）震钧：《天咫偶闻》卷十《琐记》，北京古籍出版社 1982 年版，第 215 页。

（141）（清）徐珂：《清稗类钞》第五册《工艺类》，中华书局 1984 年版，第 2372 页。

（142）（清）震钧：《天咫偶闻》卷一《皇城》，北京古籍出版社 1982 年版，第 5 页。

（144）老外：《北京琉璃厂史话杂缀》，载《文物》1961 年第 1 期。

（145）（146）（147）（清）夏仁虎《旧京琐记》卷九《市肆》，北京古籍出版社 1986 年版，第 98、101、102 页。

第十一章　民国时期

从 1911 年中华民国肇建至 1948 年年底北平和平解放的 37 年间，北京经历了北洋军阀政府建都和南京国民党政府设市的两个主要历史阶段。其中于 1937 年 7 月至 1945 年 8 月间，曾为日本侵略者占领（称沦陷期）。[1]

北洋（北京）政府时期，原顺天府于 1914 年改为京兆尹公署，直至 1928 年废止。其间，北京曾为京都市，成立京都市政公所，负责市政建设。京兆尹公署只管辖北京附近的大兴、宛平、昌平、通县等二十县。而京师警察厅在北京城区以警政代替行政，成为北京城区实际上的行政中心。

1928 年，南京政府改北京为北平，设立北平特别市，1930 年又降为北平市，直至北平解放。其中日伪沦陷时期，伪"临时政府"又一度改北平为北京，但中国政府和人民始终未予承认。

民国时期，手工业在北京（北平）经济中依然占据着重要地位。直到 1948 年，北平的 272 家工厂中，不用发动机，雇工不满 30 人的小手工业工场、作坊仍有 223 家，而合于工厂法的"工厂"数额仅有 49 家。小厂、作坊手工业占总数的 81.99%，"工厂"工业占 18.01%。[2] 显然，手工业在北京整个工业中占有较大比重。

进入民国以后，北洋（北京）政府和南京政府对北京（北平）手工业总体上采取保护和倡导的政策，其最突出的表现就是设置各种各样的手工工厂。在生产管理上，虽然政府和民间行会组织（同业公会）仍在一定程度上对手工业生产实施控制与约束，但其内容和形式都在发生着或隐或显的变化。在经营方式上，主要存在包买主制下的依附经营和业主制下的自主经营。[3] 此外，普遍使用学徒是北京手工业行业中的一大特点。

就生产品类而言，特种手工艺生产是一大宗，地毯、景泰蓝、雕漆、玉器、象牙雕刻、刺绣等曾一度有所发展。与各阶层人士休戚相关的日用品制作（造），涉及到衣食住行等方方面面，如制鞋、制帽、织袜、火柴业、酿酒业、猪羊肠衣业、五金业、建筑业等，在手工业生产中无疑占有较大比重。

这一时期，北京（北平）手工业的兴衰不仅与世界资本主义市场需求状况紧密联系在一起，而且与国内市场的"屡有变易"[4]息息相关。一些特种工艺品，如地毯、景泰蓝、雕漆等，其生产的兴衰主要受外销的畅滞所制约。有些手工业，如刀剪业、织袜业、毛巾业等，其原料或设备更多依赖国外进口。

第一节 对手工业的倡导与管理

一、政府对手工业的保护与倡导

1. 机构的变更与法规的颁布[5]

民国时期，主管手工业的政府机构屡有变化。民国元年（1912年），北京政府将农工商部划分为农林、工商两部。该年 12 月 5 日，工商部即有《奖励工艺品暂行章程》的颁布，共 13 条。按照这项章程规定，凡发明或改良的制造品，由工商部考验认为合格者，得享有 5 年专卖权利，或给予名誉上的奖励，给予奖状。

1913 年 12 月，农林与工商两部重行合并，改称农商部。1914 年 1 月 13 日，颁布《公司条例》、《公司保息条例》。《公司保息条例》共 18 条，其中第二条规定："被保息公司种类如左：甲、棉织业、毛织业、制铁业；乙、制丝业、制茶业、制糖业。"[6]

此后，关于工业条例的颁布，计有：（1）1917 年 11 月 23 日颁布的《改定工业试验所章程》，共 22 条；（2）1923 年 3 月 29 日颁布的《工厂暂行规则》，共 28 条。均因时局多故，未能一一付诸实施。

农商部成立及颁布各项法规，从行业和地域来看，虽未专门针对手工业和北京地区，但北京手工业受其实惠亦很显见。如《奖励工艺品暂行章程》颁发后，研究改良者亦日见增多。京兆沈德铨的纺绩机，就非常著名。

南京国民政府成立后，设置实业部作为发展工商业的统筹机构。1928 年 2 月，实业部更名为工商部。1931 年，农矿部与工商部合并，恢复实业部的名称，负责全国工商业的发展和经济资源的开发。抗战爆发后，实业部又更名为经济部。

1929 年 7 月 31 日，南京政府颁布了"特种工业奖励法"。按照这项办法的规定，奖励的范围如下：（1）创办基本化学工业、纺织工业、建筑材料工业、机器制造工业、电料工业，以及其他重要工业者；（2）制品能大宗行销国外者；（3）自己发明或输入外国所发明，首先在一定区域内制造者；（4）应用机械或改良手工制造洋货之代用品者。凡属上列四项，均可呈请奖励。

同年 12 月，南京政府又制定了"行政纲要十六条"，规定了奖励和提倡中国工业的步骤。这项行政纲要，自工商部改为实业部后，仍继续执行。其关于奖励、指导、维护、提倡中国工业的方法，约有以下数端：

其一，关于民营工业的奖励。为奖励民营工业起见，政府制定了"特种工业奖励法"，并发给国货证明书规则，及各种奖励法规，组织审查会。两年以来，共计核准专利案 25 件，发给国货证明书 143 件，发给褒奖状 35 件。

其二，关于工业改良。对于各种家庭手工业品，进行分别考查，研究指导改良。

其三，关于旧工业的维护。在旧有工业中间，凡属规模宏大，周转不灵，几难以维持者，可即呈请中央设法救济。如筹拨官款加入永利制碱公司，整理国民制糖公司等事项。此外，督促各县市小工业贷贷所，扶植小工业的发展。

其四，关于竭力提倡国货。中央一再强调提倡国货，并列入下层工作七项运动之一。工商部对于北平国际实业展览会，已着手筹备。

此外，还设立北平国货陈列馆，附设国货商场，筹办国货工厂、合作商场。

南京政府制定的"行政纲要十六条"，尽管其主旨在于谋求振兴全国的民营工业，但对北平手工业的发展无疑有着促进作用。

2. 各种手工工厂的设立

进入民国以后，由于北方政治局势的不稳定，连年的天灾人祸，再加之人多地薄和繁重的税收，北京附近省份的贫苦农民因为生活所迫，不得不流入北京。为了缓解巨大的流动人口压力，民国北京政府继承清朝的策略，设置各种各样的手工工厂，安置流动人口。

北洋政府时期，接管和建立了济良所、妇女习工厂、男童习艺所、织布厂等，传授贫困妇女、儿童、平民以技术，组织他们做工以自救。

　　济良所于 1906 年由外城巡警总厅督同绅商办理，1913 年 1 月由京师警察厅接管。[7]警察厅专门教授"刻绣、挑花、缝纫、烹饪"等实用课程。[8]这些课程使"所女受益匪浅"[9]。

　　1917 年 12 月，经内务部批准，妇女习工厂正式设立，京师警察厅负责所有经费和其他一切事宜，[10]并派有 28 名巡官、长警（巡长、巡警）维持习工厂秩序。[11]与济良所不同的是，妇女习工厂收养的女性以"良家贫苦之妇女"为主。[12]

　　妇女习工厂设立以后，主动要求入厂和被其家属送入厂中的妇女不在少数，主要是一些"孤苦无依"、家庭贫寒、无法生活的妇女。[13]

　　进入妇女习工厂的女性年龄"较大者学习相当工作"，工厂"延聘专门技师教以缝纫、手工、毛巾、扣花、挑花、刺绣、烹饪各科"。妇女习工厂开设工艺各科目的"不在营利"，一方面是为了使贫困妇女学习技艺，用以谋生，另一方面则是通过劳动教育感化性行不良的妇女。[14]

　　男童习艺所，是清末刑部主持设立的，民国后先由内务部接管，1917 年 4 月交由警方接管。8—16 岁的男孩都有资格进入习艺所，无家可归的孩子也可自愿进习艺所。1918 年习艺所收留了 660 多名男童。[15]

　　在习艺所年龄较小的孩子学习文化知识，每天上 5 小时的课，教学程度相当于初小或高小。大部分不上学的孩子要学手艺和做工。他们所学的手艺有木工、印刷、造纸、制肥皂、织地毯、裁缝、纺线、织布以及织裹腿带等 9 种。[16]

　　1928 年北平特别市政府成立后，对官营的救济机构进行了改组，成立了第一救济院、第二救济院、第一习艺工厂、第二习艺工厂、妇女救济院、乞丐收容所等，1934 年又将其合并为北平市社会局救济院。救济院分设 4 部：第一习艺部、第二习艺部、劳工部、儿童部。其中第一习艺部分设印刷、机织、手工 3 组，主要承揽各类印刷品的印制，织染毛巾、袜子以及制鞋、藤竹器皿的制造等。第二习艺部主要收容妇女进行挑花、纺织、刺绣、烹饪等。劳工部主要组织壮劳力修沟、筑路等工作。[17]

　　1936 年 2 月 12 日《世界日报》有一则《平市拟创办手工业工厂现正计划中》的消息，提出"平市社会局为彻底救济贫民，拟创办简易工厂一处，将来以平市最普遍之各项手工业为工作主体，招致各地贫民妇女，因系手工业性质工厂，不用机械，创办较易，将来工作，拟以作鞋底，包制服装为大宗"。[18]

即便是乞丐收容所，也是本着教养兼施为主，除供给他们衣食外，还要组织他们参加劳动。例如，1938 年警察局所属的乞丐收容所，就依乞丐的身体条件分配他们从事道路的修筑和清扫工作以及纳鞋底、制作扫帚、制牙刷、糊纸匣等工作。[19]

二、政府及同业公会对手工业生产的管理

民国时期，同业公会作为一种行业经济治理机制，对政府和手工工厂（作坊）来说都具有重要意义。在政府与手工工厂（作坊）之间，同业公会发挥着重要的中介作用。在手工业生产的管理上，北京的同业公会受到政府的诸多制约。同时，同业组织内部也在发生蜕变，同业公会对于生产的限制以及同业人员的入会问题，皆有所放松。

1. 政府加强对同业公会的控制

入民国后，从中央到地方的政府机关，都颁布了许多关于工商同业公会的章程和法令，要求所有店铺、场坊和行会成员登记注册。

1918 年 4 月 27 日，北京政府农商部颁布了《工商同业公会规则》，在营业种类范围方面，"以各地方重要各营业为限，其种类范围，由该处总商会认定之"，并将手工劳动及设场屋以集客之营业排除在外。在地区方面，"同一区域内之工商同业者设立公会，以一会为限"。[20]

《工商同业公会规则》在 1923 年进行了修订，均强调同业公会要接受主管官署之领导。政府虽未强制同业公会加入商会，但以商会为总属，以同业公会分领行业的建构方式已渐成共识。可以说，在北京政府时期，已初步建立起了由政府部门到商会到同业公会的行业管理雏形。[21]

1927 年 11 月 27 日，农工部颁布《工艺同业公会规则》。其中所指工艺同业包括"凡属机械及手工工厂、作坊、局所等，操同一职业者"。并规定本规则自公布之日起施行，"从前原有之工艺团体，如行会、公所、会馆等应依照本规则改组"。[22]

1938 年，南京政府对商会法和同业公会法进行了全面修订，颁布了新的《商会法》，并依据工业、商业和输出业的划分，将原工商同业公会法分解为《工业同业公会法》、《商业同业公会法》、《输出业同业公会法》，以适应对类型经济的不同统制政策的需要。[23]

1940 年 12 月，经济部、社会部、财政部等联合拟定了《非常时期严密商业组织办法大纲》。各部会商认为："在此非常时期严密商业组织起见，本办法大纲实有实施之必要。"[24] 该办法主要是：凡经营工商业必须依法登记；凡公司行号均须加入同业公会；公司行号应依其登

记之项目，若属兼营两类以上业务者，应依法分别加入各同业公会；凡同业公会必须加入商会。主管官署则对企业之开业、停业，实行许可制，并酌派人员检查公司行号的不正当经营行为。由此，建立起由主管官署到商会、同业公会和企业的调控体系。[25]

1941年6月，南京政府颁布实施《非常时期工商业及团体管制办法》，以加强对工商业团体的监管。这是对商会、工商同业公会组织进行管制的最为严厉的一项法规。在抗战时期，这项法规是确定政府管理同业公会及通过同业公会实行同业统制的法律依据。[26]

北京市曾经发布公告："查工商同业公会法第七条规定，同业之公司行号，均应为同业公会之会员。北京市工商各业，多已成立同业公会，而商号未加入各该业公会为会员者，尚居多数，不惟不便统辖，亦且与法不合。合亟布告本市各商号，自布告之日起，限三个月内，一律加入其本业公会。倘逾限仍不加入，即行依法罚办，切勿延误。合行布告周知，切切。"[27]

显然，政府加强对同业公会的控制，是要直接对工商行业进行严格的管理。政府还取消同业公会对于本业从业人员的数量限制，日渐把手工业生产与经营直接置于政府的控制之下。北京的靛行，新开张的商号"民国以后要得到警察厅，其后要得到社会局的许可，与染业会馆没有关系也行"。时人记述说："商号太多的话经营会很困难，即便如此也没有任何限制。"[28]

北京胰皂业行会的垄断权，自民国成立后已大为削弱。因为政府对他们在前清所享有的独占权，拒绝予以保护。在清代，该业曾经以每家缴纳注册费7000两—8000两银子的代价，获得过清政府的特许，将从事该业的商号限制在14家以下。民国成立以后，政府对从业商号的数量并不加以限制。虽然该业的批发商号并未增加，但是其业务和利润则已经为许多零售商所分润。[29]

2. 同业公会职能的削弱

同业公会职能的削弱，主要表现在对于手工业生产的限制以及同业人员的入会问题上，都有所放松。

据甘博的《北京的社会调查》记载，自民国以来，"没有一个行会限制本会会员的生产产量。如果他卖出的商品价格不低于行会制定的价格，就允许每一个制造业主任意进行生产与销售"。[30]可见，行会对会员的生产额已经无法加以任何限制，每一手工业者只要不低于同业公会的定价，可以尽量生产，尽量出售。即使以低于行会的定价进行竞争，行会纵想干涉，也多半心有余而力不足。前述北京政府取消胰皂业行会对产品价格的垄断，其结果，自然也就相应地削弱了行会对其成员的束缚。[31]

事实上，在北京手工商业行会中，"急剧的变化时时可见，商品价格的决定权现已不属于行会首领，而由其成员担当了。制定出来的价格，被视为最低价格，商人在该价格以上买卖是可以的，但不允许以低于其的价格进行交易，否则就会被施以严厉的惩罚。行会还规定着工资、劳动时间、学徒年限等等事项，也负有解决纷争的责任"，只不过，"行会过去所拥有的体罚权，已为法律所剥夺"。[32]

某些手工业行会还联合相近有关同行，企图扩大成立具有更大垄断性的联合组织的尝试。北京原来的木工、瓦匠皆有会馆，总会名曰"九皇"[33]。1913年，北京出现了一个试验性的组织——鲁班工业联合会。该联合会成立的目的，是把那些崇拜鲁班的、把鲁班作为行业祖师的木匠、泥瓦匠、油漆匠等建筑行业的人联合起来。联合会的目标是成为一个超级的行会。[34]

在同业人员入会与否的问题上，有着不同的规定。20世纪20年代，据布济时的调查，北京的同业公会有强制入会者、自愿入会者和不确定者3类。在强制入会者中，手工业公会有10个，职业公会有4个；在自愿入会者中，手工业公会有4个，商业公会有17个，职业公会有3个；在不确定者中，手工业公会有2个，商业公会和职业公会各有1个。[35]依此看来，行会的强制力量似乎已经很微弱了。

已有研究表明，20世纪二三十年代，手工业的行规条文中确实已经很少有强迫入会的规定，但是之所以省略了这一条文，大半是由于加入行会已经为同行业者所完全接受，行会无需再加声明，"对当时的一个手工业者来说，拒绝加入行会是不可想象的。"[36]从40年代时日本学者对北京手工业行会的调查来看，这种情况并未发生多大改变。染坊业、制鞋业、建筑业的从业人员在接受访问时都表示："可以入会也可以不入会，但只有入会者才有祭祀鲁班祖师的权利。""不入会者也可以工作，但是入会的一方较为有利。""行会这方面强迫加入的事情是没有的，但若不加入，（自己的）利益会受到损害。"[37]

此外，在同业公会制度下，雇主与雇工之间的关系，分歧不断加深，同业组织内部也在发生蜕变，"首先会像香烛和化妆品行会那样，该行会的雇主和雇工同属于一个行会，但是却分别开会，而且互相之间并没有什么联系。最后，就会像制鞋业那样，雇工单方组建了独立组织。"[38]

第二节　手工业的经营方式与学徒制的盛行

一、包买主制下的依附经营

包买主制下依附经营是指手工业者由于原料、资本、技术、工具设备或销售渠道等方面的限制，依赖他人而开展生产的经营方式。其主要特点是生产者丧失了生产经营的自主权，形成对他人的依赖。[39]包买主制下的依附经营，在民国北京的主要手工业行业中广泛存在。

从包买主资本活动的主要范围来看，包买主的存在形态有商人型包买主、商人兼工场主型以及工场主型包买主等。

商人型包买主是指那些自身并不开设工厂，而是以发放原料、收回制品为主要业务活动的包买主。作为商人，他们必须买进原料，卖出制品；作为包买主，他们往往雇佣大量散处手工业者为其加工成品，并按件计酬。这类包买主普遍存在于各种手工业行业中。[40]

例如挑补花业，其生产的特点是层层包买主控制下的分散的家庭手工劳动。挑补花工人绝大部分是贫苦的家庭妇女和尚未成年的女孩。他们从揽头手中得到作坊发给的布、线等半成品（已裁好和附上样子），在自己的家中加工（挑花、补花或拨花），然后取得计件工资。[41]

在作坊和挑补花工人之间，是通过"揽头"来"撒活"的。揽头要掌握挑补花的技术，懂得配色和作活，才能把从作坊领来的活计，交代、分配给挑补花工人，并指导他们如何去作，以符合作坊的要求。揽头从作坊把裁好的布料和色线领来，分配给工人作好后，把活交回去，再领得工资，发给工人。[42]

玉器业，"除了几户资金雄厚的作坊，自产自销，绝大多数作坊为玉器商作加工。玉器商多半不开作坊，个别自己有个小作坊，活儿一多也在外发加工"。[43]

成衣业采用机器生产较为迟缓，基本上保留着各种传统生产关系和经营习惯，然而，即便如此，也已经越来越多地感受到了商业资本的影响。成衣业揽活的方式主要有3种：一是裁缝铺经常与一些有钱人家联系，上门取活来做；二是承接来店内裁制衣服的顾客的生意；三是为绸布店的顾客加工，在这种场合，成衣店并不与顾客发生直接联系，而是接受绸布店的定货，实际上成为了绸布店的加工作坊。[44]

商人兼工场主型包买主是指那些既向分散的手工业者发放原料、

411

回收成品、按件计酬，同时又自己经营手工工场的包买主。[45]其中一类包买主的大部分货源依赖散工，自设工厂只生产一小部分；或平时主要依靠散工，自设工厂只从事季节性生产。例如北京纸绢花业中的"花行"，就存在着这种类型的包买主。他们除自己"制造物品发行营业外"，还以"造发活"的形式控制该业中的小户人家，使之"代各花行制造"。[46]

工场主型包买主是指那些以手工工场生产为主，仅借助于散处工人从事辅助劳动，或利用散工补充工场生产不足的包买主。这种类型的包买主都设有大规模的手工工场，但为了减轻场内设备费，便将生产中的简单工序转让于场外工人，或由于资本不足，无法扩充工场，而不得不雇佣部分场外工人以增加生产。[47]

20世纪二三十年代的北京地毯作坊，往往依靠较大规模地毯工场为之定购，大工场为他们提供织毯原料，并回收成品。[48]北京的地毯工场在1920年时约354家，其中拥有织机8架以上的约18家，按每架织机需4名工人计算，则每家雇佣工人在30人以上。其余则为织机8架以下，织工不满30人的中小规模手工工场，它们"只靠比较稍大之地毯工厂为之定购，其普通办法，一切地毯材料，均仰给于大厂，甚至米、盐、茶、面亦由大厂供给，其应收之价值则由织成地毯之价以扣除之"[49]。

到1924年，北京"大地毯行利用货真价廉之小地毯行做定货者日见其多，例如某地毯行有三十余家小同行专为之做定货，另有一家亦有三十余家小同行承做定货，即天津厂家间有向北京小同行家定货者"[50]。

1921年创办的北京信成地毯工场，更是典型的工场主型包买主。工场所用"笨线"，"系直隶、博野、蠡县、深泽等县农家妇女所纺，时下每斤价值六角上下，该厂系将棉花发给上述各县农家妇女纺线，纺成后用大车搬运来京。"此外，线毯结穗工作，"系由各农家妇女来厂，将线毯领回自己之家内从事结穗，亦按工作给资，结成一打，给以铜元二十枚"。[51]

北京的雕漆局，"1928年时尚存6家，工作分为上漆和雕刻两部分，纯为手艺工业。各业除了雇工在局内劳动外，亦将原料承包给局外工人在家制造"[52]。

二、业主制下的自主经营

业主制下的自主经营，是指手工业者自己掌握生产经营的主动权，自行调配自己的人力、物力、财力组织生产经营活动，即自己决定生产什么，生产多少，劳动多长时间，投入多少资金和原料，使用何种劳动工具、产品如何销售等等，其核心是强调生产经营的独立自主性。[53]

北京的珐琅业，"大多数规模甚小，多系满期出厂之工徒，在家招收学徒数名，自行制造，门外亦不标明字号，与住家无异……所制珐琅器皿，多半供给各大工厂之售品所"[54]。这种经营形式的家庭手工业产品，其销售大多数限于地方性集市。

北京的牙雕业，"这一行业的生产很分散，大多数是业主自己干活并雇少数工人和学徒的小作坊。也有少数是直接找加工活的单干工人"。[55]

"钢刀王"刀铺的产品为自产自销，"一般手工业工人多为计件，自己可以掌握工作时间，下工后也可以到茶馆、酒铺活动，如有工资较高之处也可以走动一下"。[56]

在北京织袜业作坊中，"多半是小业主及其家属参加生产或辅助性劳动，同时雇佣几个工徒，也有完全不雇佣工徒的。有些作坊往往在发展到十几人以上的大、中户时业主家属仍然参加生产。"[57]此外，在帽业中，有许多是个体独立手工业者开设的小帽铺。[58]

值得注意的是，北京地毯业中，"营业发达，技艺较精之工人，有起而开设此项毯行者"的现象。这是依附经营者在其自身发展过程中的一种向上的转化。同样，在市场萎缩、产品销售受阻、经营亏本时，则出现自主经营向依附经营的逆向转换。所谓"营业衰颓，行主亏本降而为造毯工人，亦屡见不鲜"。[59]

三、学徒制的盛行

民国北京（北平）手工业生产的一个显著特点是大量地使用学徒，即以大大低于一般工人的价格残酷剥削徒工，人称"吃徒弟"制度。

1. 学徒的来源及使用情况

从地域分布来看，手工工场和作坊中的学徒，主要来源于北京近郊和附近省份的部分县域。为了便于压榨和控制徒工，工场主在招收徒工时，不愿招收北京市的人，而是到外地招收，很多工厂外地工人的比例高达70%以上。例如地毯业，70.9%的徒工来自北京附近的通县、顺义、大兴以及河北的枣强、武清、怀来、蓟县、易县等地。[60]

制鞋业的学徒多来自北京附近各县，如通州、武清、三河、良乡、房山和京郊一带农村。[61]

制帽业的徒工十之八九都来自京东宝坻、香河、三河、玉田及河北南部的冀县、深县等地，还有一部分来自山东半岛。⁽⁶²⁾

珐琅业的学徒多来自北京附近的乡村，也有从山东、河北等地远道而来的。⁽⁶³⁾

玉器业的徒工多来自河北省南部衡水、深县、冀县、枣强和京郊一带农村的贫雇农，也有少数是北京的城市贫民。⁽⁶⁴⁾

丹凤火柴厂的工人主要是来自通县、易县、良乡、昌平等地的贫雇农子弟，因为火柴厂的工头主要来自于这几个县份，他们利用对家乡熟悉的条件和关系，诱骗农村的贫苦子弟入厂干活。徒工们来时小的只有 10 岁，大的也就 15 岁，平均约 12 岁，都是因为家中无法养活才外出自谋生路。⁽⁶⁵⁾

北京建筑业学徒和工人除部分来自本市外，多来自河北省中部等地及北京东、南面诸县和山东、山西诸省。从各工种来看，木匠多来自深县、衡水、武强、南宫及北京海淀一带，瓦匠和壮工多来自北京郊区。1900 年以后随着洋式建筑的兴起，瓦匠多来自于武清、香河、宝坻、青县一带。石匠多来自河北武强和房山县石窝村。油、画、棚扎、裱糊诸工匠则主要来自北京城郊。油匠也有相当一部分来自深县、武强一带。⁽⁶⁶⁾

民国时期，北京（北平）不少手工业行业中普遍存在学徒的现象，尤以地毯业最为突出。1924 年，北京的一些手工行业使用工人和学徒的情况有如下表。

20 世纪 20 年代北京手工行业使用学徒情况

业别	调查家数	工徒总数	工人占%	学徒占%
地毯业	19	1868	41.3	58.7
织布业	13	926	51.4	48.6
制革业	2	63	50.8	49.2
皂烛业	6	65	73.8	
织袜业	2	44	0.5	
毛巾业	1	45	33.4	
料器业	1	130	15.1	

资料来源：据《调查北京工厂报告》计算而得，转引自彭泽益编：《中国近代手工业史资料》，第三卷，中华书局 1962 年版，第 105、130 页。

又，下表为 1941 年使用徒工的情况。

1941 年调查工厂工徒数量

调查年份	调查厂数	工人数	学徒数	工徒总数	学徒占总数%	附注
1941 年 1 月	12	211	800	1011	79%	尚有 39 名女工未计算在内

资料来源：伪北京特别市公署秘书处：《市政统计月刊》第 1 卷第 1 期，1941 年 1 月。

地毯业方面，据 1920 年北京劝办实业公所调查，该年北京地毯厂达 354 家，学徒使用超过其他各业，"多数毯行，为节省经费起见，每多收学徒，甚有拟将工人全行辞退，只留工人一二人，工作全以付诸学徒者。"[67]

1924 年包立德、朱积权调查北京 207 家地毯工场，工人总数 1768人，艺徒人数 5066 人，工人与艺徒之比为 1：2.9，具体分布情况如下表。

北京地毯行艺徒人数及工人人数比较[68]

每地毯行所有之工人数	毯行计数	工人总数	艺徒总数	工人与艺徒人数之比例
合计	207	1768	5066	1：2.9
0	78	0	1373	
1	12	12	251	1：20.9
2	25	50	547	1：10.9
3	9	27	151	1：5.6
4	20	80	638	1：8.0
5	6	30	145	1：4.8
6	13	78	297	1：3.8
7	2	14	64	1：4.6
8	5	40	133	1：3.3
9				

（续表）

每地毯行所有之工人数	毯行计数	工人总数	艺徒总数	工人与艺徒人数之比例
10	8	80	134	1∶1.7
12	2	24	57	1∶2.4
15	3	45	70	1∶1.6
16	2	32	84	1∶2.6
17	1	17	20	1∶1.2
18	1	18	19	1∶1.1
20	8	160	288	1∶1.8
26	1	26	100	1∶3.8
30	1	30	120	1∶4.0
40	1	40	100	1∶2.5
45	1	45	25	1∶0.6
50	2	100	150	1∶1.4
60	1	60	0	
65	1	65	70	1∶1.1
120	1	120	90	1∶0.8
145	1	145	0	
190	1	190	80	1∶0.4
240	1	240	60	1∶0.3

资料来源：包立德、朱积权：《北京地毯业调查记》，京华印书局1924年版，第55页。

附注：毯行合计数原为206家，误。工人与艺徒人数比例，经核算修正。

据上表可知，地毯工场规模越大，雇佣的学徒越少，工人与艺徒人数的比例越低。在拥有工人0—10人的工场中，1个工人要同时给9个学徒传授技艺，是十分困难的，甚至还有78家地毯场完全不雇工人，而是依赖1373名学徒从事生产。

相比之下，天津的情况稍好一些，天津地毯工人分为细工、粗工、学徒三类，细工6714人，占总数66%，粗工665人，占总数5%，学徒3262人，占总数28%，工人与学徒之比为1∶0.4。[69]

织布工厂中学徒使用非常普遍。1924年调查了北京13家使用手织机的织布工场，其劳动力使用情况见下表。

北京织布工场学徒分布情况表

场名	工人数	工人占百分比（%）	学徒数	学徒占百分比（%）
祥聚	140	70	60	30
德善	60	54.5	50	45.5
经纬	80	53.3	70	46.7
裕华	39	48.7	41	51.3
同义	40	57.1	30	42.9
益华	30	46.2	35	53.8
汉利	13	26	37	74
元记	20	40	30	60
仁记	21	53.7	20	46.3
华盛	28	56	22	44
华丰	30	60	20	40
利丰	15	50	15	50
大中	20	44.4	25	55.6
共计	536	54.1	465	45.9

资料来源：《几个工业区域的劳工状况鸟瞰（续）》，载《劳工月刊》第2卷第10期，1933年。

据上表，北京13家织布工场中，工人536人，占工徒总数的54.1%，学徒465人，占工徒总数的45.9%，其中工徒在100人以上的3家工场，学徒占39.1%，工徒在100人以下的10家工场，学徒占51.8%，工人与学徒之比为1∶0.85。

针织业是20世纪初年传入我国的新兴手工业，产品以袜子、毛巾为大宗，该业很快发展成为我国近代重要的手工业行业。该业同样大量使用学徒，创办于1912年的北京最大织袜企业华兴织衣公司，除2名工头和2名职工外，其余28人全为学徒，占工人总数的87.5%。最大的毛巾企业利容毛巾场，45名工人中学徒30人，占66.7%。[70]

机器修造业，从严格意义上来讲，除少数使用动力的机器工厂外，大多属于技术水平较高的手工工场。该业业主绝大多数都出身于学徒，他们对利用学徒也情有独钟。据1935年对北京机器修造业的调查，使用学徒占工人总数的 45%，工场规模越小，学徒比例越高，具体情况如下表。

北京机器修造业学徒统计表

工厂规模	工厂数	工人数	学徒数	学徒占工人总数（%）
20 人以下者	36	434	264	61
21—50 人者	17	533	303	57
51 人以上者	9	1041	343	33
总计	62	2008	910	45

资料来源：赵梅生：《北平机械工业调查（续）》，载《工商半月刊》第 7 卷第 20 号，1935 年 10 月 15 日。

除地毯、织布、针织、机器修造业外，北京纸绸花、珐琅、制瓷等手工业行业中的学徒数量也不少，简要情况如下表。

其他重要手工业使用学徒情况简表

行业名称	学徒使用状况	资料来源
北京纸绸花业	次等花行之大者，不过工人四五名，学徒十余名，其小者则自行制造外，学徒二三名而已，学习三年为期限	《中外经济周刊》第 165 号，1926 年 6 月 5 日
北京珐琅业	约七八十家，规模较小，多系满期出厂之工徒，在家招收学徒数名，自行制造，学徒三年零一节为满师	《经济半月刊》第 2 卷第 24 号，1928 年 7 月 15 日
北京制瓷业	仅北京瓷业公司 1 家，工人 60 余人，学徒 40 余人	《工商半月刊》第 4 卷第 2、3 号合刊，1932 年 2 月 1 日

2. 学徒的劳动状况与工作环境

学徒的劳动状况与工作环境，是学徒制度的重要组成部分。劳动状况主要反映在劳动时间、劳动范围及劳动强度等方面。

手工业中学徒的劳动时间往往比正式工人更长，据对北京地毯业工人的调查，工人工作时间以 12 小时为最多，学徒则以 14 小时最为普遍，具体如下表。

北京地毯业工人与学徒工作时间表

工作时间 （小时）	场家数	工人数	所占比例 （%）	学徒数	所占比例 （%）
9 小时	1	4	0.2	88	2
10 小时	2	192	11	100	2
11 小时	—	—	—	—	—
12 小时	21	761	43	886	17
13 小时	83	492	28	1893	37
14 小时	99	319	18	2099	41
总计	206	1768	100	5066	100

资料来源：《吾国地毯业概况》，载《工商半月刊》第 3 卷第 23、24 号合刊。

　　尽管学徒的劳动时间如此之长，但除传统三节（端午、中秋、春节）外，学徒几乎没有假期。北京地毯业"仍依照我国各工业旧例，每届旧历新年，放假十天左右，中秋及端午各给假三四天。于工人艺徒之例外休假，因营业关系，更谈不到。至每星期给假一日，业主以为在毯业中，无必要之可言"。[71] 珐琅业"每年端阳、中秋两节，各放假一日，旧历年放假二日，平常并无放假时期"[72]。豆食制造业"每年只有旧历新正初一至初三三日放假，其余虽星期日亦不休息"[73]。学徒平常除婚丧大事外，不能任意请假。比较而言，针织业的情况稍好一些，北京织袜业学徒"工作时间夏十一时冬九时，于阳历每月一号及十五号各休息一天"[74]。

　　学徒在开始接触本行的工作之前（一年左右），往往要承担繁重的杂务劳动。虽然名义上是学徒，但首先是做炊事和勤杂工作。他们一天的工作日程是：（1）拂晓上街买粮食；（2）生火；（3）烧水；（4）打好洗脸水；（5）叫醒其他工人；（6）打扫工作地点．包括倒尿桶、拆铺、扫地等（作坊吃、住、工作在同一室内）；（7）伺候大家洗脸、喝水；（8）摆好座位、工具和工作物；（9）蒸窝头或做饭；（10）再上街买菜；（11）做菜；（12）摆碗筷请其他工人吃饭；（13）伺候资本家吃饭；（14）收拾餐具和工作地点；（15）重复早饭的一切过程再做晚饭一次；（16）下工后收拾工作地点，包括打扫支铺等。除此以外，还有许多临时性的工作，如吃饭时给资本家买酒或小菜，代师傅们买小菜，搬运货物，完成资本家交给的其他工作等。[75]以上反映的是北京珐琅业一般作坊中学徒的服役情况，其他有些行业的新学徒也大略如此。例如，北京机器五金业中，"大抵初学者多作笨重及简单的工作，如拉风箱、钳工（磨光者）、熔铁及为熟练工人或师傅准备工作器具与原料等"[76]，当然也免不了伺候业主或师傅之类的劳役。

至于学徒的工作环境，大多因陋就简，一些较小手工业作坊，工作环境更为恶劣。以北京地毯业的例子为典型。据包立德、朱积权的《北京地毯业调查记》载：

"普通地毯行聚十数人于几间房屋之中，其间空气恶劣，黑暗异常。较大之地毯行，每屋安设三、四架木机，其距离不过三、四尺。小地毯行，因房屋较小，故木机亦设置拥挤。至织地毯所用之工具，陈腐不堪，毫无改良之可言。

屋中光线充足与否，随时季而异，在夏日则窗户洞开，光线尚充足，每届冬令，窗户用纸糊裱，以御风寒，室中黑暗异常，空气又污浊不堪。其内温度，亦随时季而异，每届冬令，则用一二旧式之煤炉以御寒，屋广人多，不敷分配，因此将所有门户关闭，以防寒气侵入，其结果仍不免令工人艺徒忍冻而已。在较大之地毯行，艺徒于夏季每月各得八、九枚铜元，作为洗澡之用，其中间有不忍耗此洗澡钱作为储蓄而身则任其污垢者亦不之人。在毯行中亦备热水专为艺徒工人等之用，惟人多水少，不敷应用，试观若辈工作时面目之状态，当不难了然。厂中对于卫生，毫不注意，随处吐痰，室中则又尘土飞扬，垃圾满地，羊毛线屑，充满室中，屋中墙壁，污秽及黑暗不堪。有时墙上石灰粉，剥落殆尽，屋中情形较诸旧式之黑暗监狱，有过之无不及。地毯业中，有妨害工人及艺徒身体之健康，大都由于不卫生所致，即于工作方面，亦大受影响，有时颜料之恶劣气味，充塞屋内，益令人难堪矣。至于工人艺徒住宿之所，即为日间工作之处，天将晓，即将卧具卷起，搁置一边，临睡时将卧具铺陈地上，度此良夜，在夏季蚊虫侵虐，臭虫为患，冬令则地上寒气逼人，实难忍耐……

……各地毯行中所最不注重之事，即随便设置大小便所，臭气扑鼻，每届夏令则蝇类狼藉，殊于工人及艺徒身体之健康上不无妨害。终日工作，又无适当之坐椅，其结果致令眼力受伤，身体势必改其常度，兼之休息乏时，致困惫异常，而以艺徒年龄在十八岁以下，因之受伤者尤甚。"[77]

3. 学徒的待遇

　　与工人有较为稳定的工资收入相比，各行业学徒的薪酬待遇稍有差异，但总体上极低，且颇不稳定。

　　北京地毯业"学徒，例不给薪，但供膳宿，年终略给微薄之津贴"。[78]"惟仁立毯厂对于学徒除年节给资外，月给津贴六十枚，又林聚毯厂则于学习半年后，每月酌给资五角以上。"[79]

　　珐琅业"学徒由厂供给食宿，并无工资，三年另一节为满期，期满后每月有工资二元"。[80]

　　雕漆业"学徒满业期为四年零一节，未满师以前无工资，如营业有利时，局方亦有提出赢利若干酌给工人者"。[81]

　　纸绢花业"工人工资，每月由二元至三十元不等，食宿均由花行供给……至学徒则但由行中给以食宿，而无工资，学习三年为满期，满期后如仍留工作，则酌给工资"。[82]

　　织布业"学徒初到，除年节酌得津贴外，殆无收入，既能织布，则勤恳者可略得赶工之资，学徒大抵以三年满师，过此期则照工人给予工资。"[83]

　　织袜业"工徒均给与食宿外，工人月给工资三元至四元，另按货之多寡给与一元以下之奖赏，学徒每月给津贴，少者二三角，多者至一元五角，工资均按月发给一次"。[84]

　　毛巾业"工资，工人月八元至九元，学徒月始津贴一元以下"。[85]

　　景泰蓝制造业"工人薪资，最高者月达二十元，最低者为初进之学徒，月只二元，工资每月初支给一次"。[86]

　　牙刷业"工人工资由三四元至十二三元不等，学徒三年期满，始酌给工资二三元，食宿均由厂供给"。[87]

　　食品制造厂"有男工六人，工资最高者每月十五元，最低五元，平均约为七元；徒弟六人（十二岁以上）三年满师，第一年每月给零用钱一元，第二三两年有加至二元或三元者。工人俱住厂内，饭食亦由厂供给"。[88]

　　西式木器家具业"铺中所用工人，有长工、徒弟、短工之分……工徒四年一节满师，学艺期内，每月酌给二元以上之费用，满师后，其工资由六元起码，逐年增加。长工徒弟均住宿铺内，工具均由铺中设备。至短工工资，每日九角，雕花工作，每工工资亦九角，食费在内"。[89]

　　以上反映的是 20 世纪 20 年代北京手工业中一些行业学徒及工人的工资待遇情况。总的来看，学徒期间基本上给食寄宿，但无工资，酌给津贴的行业较多，仅部分行业每月有低微的薪酬。不过，在当时市场物价波动不大的情况下，学徒的微薄薪资尚具一定的购买力。

到了20世纪30—40年代，随着物价不断攀升，依靠薪俸维持生活的徒弟和工人的实际收入有所下降。以下是一份1939—1943年工人工资和伙食费的对照表。

1939—1943年仁立地毯厂男工工资及伙食费列表　　单位：元

年份	1939	1940.1	1941.1	1942.7	1943.7
伙食费（单位：每天）	0.20	0.70	0.60	0.80	2.4
工资（单位：每工）	0.26	0.38	0.58	0.58	0.58

资料来源：北京市总工会工人运动史研究组：《北京工运史料（第二辑）》，工人出版社1982年版，第74页。

据表可知，由于物价的上涨，伙食费不得不随之上涨，而工人的工资却增长极慢。从伙食费的增长可以看出当时物价已急剧增长，而工人的实际工资大大下降。工人尚且如此，学徒的境况更是显而易见。

又据日伪政权在1941年1月所作的有关工厂工人工资的调查统计，工人中以饮食业和有技术的印刷工业、铁工厂工人工资为最高，每日平均工资在1.4元上下。其他行业工人的平均工资均在0.9元—0.25元之间。女工的工资只有男工的64%，在0.35元—0.58元之间。学徒的工资（主要是饭费）平均不到5角钱。同时期，玉米面的价格是每市斤0.17元，猪肉每市斤1.42元。[90]

4. 学徒制的弊端

大量使用学徒不可避免地带来产品质量或标准的下降，从而影响其产品的市场销售。尽管手工工场分工发达，学徒无需掌握全部生产过程，但从不熟练到熟练、从熟练到具有相当技巧，需要一段时间的磨练，而许多学徒是在杂役结束之后，就被当作熟练工加以使用。同时，由于工作环境的恶劣、生活的艰苦，学徒在工作中往往消极怠工，从而造成产品质量的下降。地毯业"手艺不免低逊，制品自较卑劣，于将来营业，不无影响"[91]。"北平地毯之退化，正由于多用学徒，现因美国之抵制，北平地毯工人之失业问题业已产生"[92]。不仅是工人失业，由于"学徒艺术欠佳，所制物品似较工人为差，出品既劣，价格愈低，中外商人收买者，颇存观望，该业几成停顿状态"[93]。

即使是传统工艺十分出色的北京景泰蓝也面临相同的困境。由于

"作品类出学徒之手，艺术不精，出品恶劣，中外商人，皆不敢尽量收买。至国内如广帮建帮，近皆不曾来平批货。本市所销售者亦属寥寥"[94]。

大量使用学徒造成手工业生产中更加激烈、无序的竞争。地毯业中，"学徒三四年期满毕业后，不以超升工人，必应遣散另招，则失业者必须另谋生计而同业竞争愈烈"[95]。据1928年调查，北京景泰蓝业共计七八十家，除几家规模较大外，"大多数规模甚小，多系期满出厂之工徒，在家招收学徒数名，自行制造，门外亦不标明字号，与住家无异，大概亦不呈报营业，以免缴纳捐税"[96]。北京靴鞋业中的小作坊，"大都由鞋店学艺期满者组织而成，概属小本营生，为数甚多"[97]。

从长期来看，学徒制度不利于业主的技术更新。在北京的手工业中，"各厂工师，类皆由工徒出身，非曾习有专门学术，欲其发明新法，俾制品日见精良，指导管理，悉合科学，非所敢期"[98]。

第三节　特种手工艺生产

一、地毯业

第一次世界大战爆发后，因受战争的影响，近东各国如土耳其、波斯等国的地毯输出锐减，我国地毯出口迅速增长，北京的地毯业因之获得了一个发展的良好时机。1916年北京的地毯厂和作坊骤增至一百数十家，出口总值近百万元，比1913年增加好几倍，地毯工厂规模也有进一步扩大。据粗略估计，当时北京从事地毯业的工徒达一二千人。[99]

第一次世界大战以后，随着外国对地毯需要的增减，北京的地毯生产也有过起落，但总的趋势是上升的，至1927年达到了这一时期的高峰。1920年北京大小地毯工厂、作坊共计约354家，有60架毯机的工厂只有1家，33架以下15架以上有10家，总共有毯机278架。20年代以后地毯业外销情况一直迅速上升，地毯厂在竞争中不断增加工人，扩大规模，1924年出现了有毯机百架以上，工人三四百人的大厂。全行业共有工厂207个，毯机518架之多；有15架以上毯机的工厂已有14家，从业人员达到了六千八百余人。[100]

北京地毯业调查（1924 年）[101]

厂名	地点	工人数（人）	学徒数（人）	机数（架）	每日产量（平方尺）	每日工作时间（时）
万成永	内宫监	200	230	100	5000	$9\frac{2}{3}$
仁立	后拐棒胡同	30	300	120	180	8
开源	烂缦胡同	80	120	32	3000	10
燕京	内羊市口关帝庙街	100	80	40	5000	11
京隆	演乐胡同	60	60	22	2000	11
北京	大径厂	70	59	30	2500	10
华盛全	苏州胡同	30	70	30	1000	11
实业	下斜街	20	80	24	2000	9
一得	车辇店胡同	40	60	17	2000 +	10
金台	交道口	60	30	21	2000	11
祥聚	齐内大街	20	50	16	1000	9
林聚	迺兹府后花园	5	70	79	每年 6000 +	10
如意成	宝钞胡同内国祥寺	30	30	17	1200	11
继长永	北新桥瓦岔儿胡同	10	30	30	800	10
周泰永	彰仪门大街	3	40	6	30 +	9
德隆厚	什锦花园	12	28	9	600	$11\frac{2}{3}$
常记	范子平胡同	1	31	10	1200	11
明顺成	打磨厂	18	20	6	700 +	11
瑞生祥	瓷器口	10	20	8	30	10

资料来源：王季点、薛正清：《调查北京工厂报告》，载《农商公报》第 122 期，1924 年 9 月；又见若霖：《北京工厂概况》，载《上海总商会月报》第 5 卷第 5 期，1925 年 5 月。

　　北京规模较大的地毯厂如万成永厂、燕京厂、仁立厂等，皆与外国资本有直接或间接的联系，或获得了外国资本的投资，或直接获得外资的产品包销。北京地毯出口对象主要是美国。美国资本家不但通过洋行收购而获得超额利润，而且还直接投资地毯的生产。

　　万成永是北京最大最老的地毯厂之一。1924 年该厂获得了美国商人的投资，发展成为有 2 个工厂，430 名工人，100 架毯机的大工厂。该厂位于王府井大街和厂桥地区的内宫监，1923 年在内宫监新建洋式楼房作厂房，楼房有 2 层，布置整洁，采光通风等条件均较好。工厂还设有徒工宿舍，比其他工厂条件稍好。工厂在王府井大街还设有批发门市部。[102]

燕京地毯厂于 1920 年在崇外关帝庙街开业，由于以美国花旗银行作后台老板，资本雄厚，一下发展到 6 个分厂，分别设在后鼓楼院、谢家胡同、菜园子等处。拥有工徒 1700 人，控制了北京地毯生产的四分之一到三分之一。[103]

仁立地毯厂由中国民族资本家开设，于 1922 年直接设厂生产，迅速发展，除在朝阳门大街设总厂外，还先后在烧酒胡同、拐棒胡同、北锣鼓巷等处设立了几个分厂。尽管仁立厂的资本比较雄厚，但也不能摆脱外资的控制。[104]

1932 年以后，由于世界经济萧条、美国等资本主义国家采取机器织毯，加之波斯、土耳其地毯的竞争，北平地毯业呈逐渐衰落之势。据 1935 年 6 月的《国际劳工通讯》记载："北平地毯业……近三年来，受世界经济不景气深刻化的影响，输出则锐减，致遭衰落，当民二十时，北平毯业厂家共有二百二十家之谱，今（1935 年）则仅存九十余家矣，二十年时之执业工人及学徒，据调查约有七千四五百人之数，至今记者据多方面之调查，则仅及二千三四百人之数。工人工资除食宿由厂方供给外，各厂之平均数为八元，二十年时平均数约为十一元。综上三项之统计，则现时存在之厂家，抵民二十时百分之四十五，现时执业工人（及学徒）数，抵民二十时百分之三十二，现时工资平均数，约抵民二十时百分之七十三。从上记数目字中，即可窥该业——北平地毡业衰落与艰窘之情形矣。"[105]

不仅是地毯厂家、工人及学徒数量以及工人工资方面有明显下降，在入会家数和生产量等方面也有大幅减少。1936 年 5 月的《国际劳工通讯》又说："北平地毯业，在民国十六年极盛时期，执此业者，约三百余家，工人三千九百余名，每年可织地毯一百万方尺。据该业工会最近调查，从前入工会者一百五十五家，至最近只余七十余家，在会工人约一千六百余名，年可出地毯四十余万方尺，较之极盛时期，产量减低百分之六十。年来地毯出口呆滞，工厂倒闭，工人多数改业，现在（一九三六年）平市仅存一千六百余名工人，工徒只有一百余名。近数年来，以营业不佳，无论大小工厂，均不招收工徒，以现在年龄计算，各厂如不招收工徒，则五年之后，平市工人，只余五百，不待十年之后，毯业工人，即将绝迹矣。"[106]

　　1937 年日本入侵北京后，不少地毯厂停工减产，其间由于日本为了争取外汇，鼓励地毯出口，曾一度有过发展。据仁立的职工说 1939 年时仁立的营业就相当发达，同时据曾任北京最大的特艺品出口商店之一的郑德兴的经理王庚九说，当时日本为了鼓励出口曾有意识地提高外汇牌价，出口多就可以多赚钱。1938—1939 年左右，郑德兴输出的地毯数量也不少。[107]

　　1941 年太平洋战争爆发，海运封锁，出口完全停止。在内无原料、外无销路的情况下，地毯厂坊大量倒闭，全行业几乎处于停业状态。据《北京市工业调查》说："北京地毯业在抗战后期，更屡遭敌伪压迫与摧残，苟延残喘，只剩下三十余家。"又据《经济评论》第 1 卷第 16 期《日趋没落的北平手工业》一文中说，在抗战时最后只剩下十余家。[108]

　　抗日战争胜利后，海运重开，外销复苏，地毯业才有所恢复。如仁立地毯厂在日本投降后即立刻组织地毯出口。此外，当时美国军队侵入北京，美国军官常在回国时，挟带大量地毯走私出国，也在一定程度上刺激了北京地毯业的生产。但总的说来当时地毯生产恢复的程度甚微。与战前生产水平比较相差甚远。[109]

　　1946 年北平仅生产地毯 9 万方尺，不足战前十分之一。[110] 据刘宝忠、曹宗坎《北平的手工业——地毯》记载，1947 年左右北京地毯业，专门从事地毯制造的只有 26 家，且大都是小厂，当时地毯厂的规模比起战前已经不可同日而语了。[111]

　　1948 年上半年北平地毯业继续有小的发展。据调查，地毯厂坊有 54 家左右，工徒九百九十余人。到解放前夕，由于国民党的腐败统治，经济崩溃，物价飞涨，地毯生产又有所下降。1948 年底厂数 50 家，工徒 473 人。1949 年年初厂数为四十余家，工徒 443 人。[112]

二、景泰蓝业

　　自 1911 年辛亥革命后，北京景泰蓝业基本上处于发展的趋势。民国初年，在国内市场上，水烟袋等实用品销量很广。国外市场之扩展亦很迅速，英、美、法等国商人在北京设立洋行，争相购买景泰蓝。当时王府井大街的仁立公司，是专为外国人代收之机构。由于出口贸易的刺激和张謇、蔡元培、朱启钤等一些有识之士的扶持倡导，北京政府还组织手工艺品参加各种博览会，对特种手工艺的发展起到了促进和提高的作用。例如，1912 年，在意大利都灵博览会上，老天利作坊生产的景泰蓝获最优奖。1915 年，在美国旧金山举办的巴拿马太平洋万国博览会上，德昌号作坊生产的景泰蓝荣获金奖。[113]

1923—1924 年，北京景泰蓝业比较景气。私营景泰蓝作坊已有 15 家，仅老天利一家，全年交易额就达三十余万元（景泰蓝产品计值 50%，其余是标牌、证章之类），雇佣工徒 356 名（1924 年统计）。老天利分设有制造厂和售品处。制造厂设在阜成门内宝禅寺街，租赁旧的新丰市场作厂址。骡马市街有其销售门市部。此外，前门外打磨厂的德兴成、东城演乐胡同的杨天利等厂家，全年交易额也多在万元以上。各自雇佣的工匠，约计二三十人左右。当时若把大小规模的工厂加在一起，足有四五十家。[114]

1927 年，由于战乱，铜贵且缺，景泰蓝生产成本增加而又不能提高产品价格，加之海外流言景泰蓝带有传染病菌，致使销路大减，小厂纷纷倒闭。随后，景泰蓝又有几年的回升阶段。据当时海关出版的《中国进出口额贸易统计月报》记载，景泰蓝出口总值，1927 年为 148909 海关两，1928 年为 163317 海关两，1929 年为 223703 海关两（当时 1558 元 = 1 海关两）。[115]

1929 年，北平景泰蓝的大小厂坊有八九十家，著名厂商有老天利、杨天利、德兴成、达古斋等。产品除历代工艺品外，流行素活，有鱼鳞纹、单丝蔓儿、洋花。掐丝工艺技巧更精细、规矩，有一定的装饰效果。[116]

关于景泰蓝业发展的兴盛期，文献记载有出入。鲁迅、李和平《旧中国北京的珐琅业及工人状况》一文认为，1919 年至 1930 年是该业最兴盛时期，大小工场、作坊近百家，从业人员二千六百余人，品种也有了增加。[117]而唐克美、李苍彦主编《中国传统工艺全集·金银细金工艺和景泰蓝》则认为，1931 年是北平解放前景泰蓝业最兴盛时期，产品在国内外有一定影响。这一年，私营作坊发展到一百多家，从事生产的工人约二千余人。但从景泰蓝生产规模看，只有老天利、德兴成等少数几个作坊才具备生产的全部工序，大部分小作坊仅是某一工序的加工作坊。[118]

1931 年以后，截至 1936 年，景泰蓝业又处于停滞衰退时期。此时期内，景泰蓝业无较大发展，出口量起落不定，呈徘徊下降之势。据当时海关出口数据，景泰蓝海关出口价值，1932 年为 179995 海关两，1933 年为 165740 海关两，1934 年为 105202 海关两，1935 年为 80680 海关两，1936 年为 135298 海关两，1937 年为 170492 海关两。[119]在内销方面，也有显著减少，行业逐渐萧条。1935 年，景泰蓝厂商锐减为三十余家,工人仅一千多人。此期,由于同行间互相倾轧,同时又为了迎合部分买主的喜好,不少产品出现了繁缛庸俗的低级趣味。

1937—1945年,为中日作战时期,北平沦陷,市场因之发生剧烈的变动。先是交通隔绝,国内市场减少;继则外销出口,亦告中断。据海关之统计,自1937年起,景泰蓝出口量逐减,至1942年乃告中断。唯日本人在战争初期,尚有一部分购买力,之后,日本人的购买力亦逐渐减少。本国消费者的财产又被搜括,因而景泰蓝一时陷于停顿状态,工人转业,工厂倒闭,造成景泰蓝业有史以来最黑暗恐慌时代。[120]

日伪统治时期,北京景泰蓝业为降低成本,做工上出现偷工减料、粗制滥造的倾向,有所谓"不崩不漏就是好活"的说法,有的作坊生产的制品"十蓝九砂"(砂眼多),有的由于胎骨太薄,放在水里也会漂起来,人们戏称之为"河漂子"。[121]

在此期间,北平有专门为天主教服务的景泰蓝作坊——晋丰工厂。该厂有40名点蓝工人,30名掐丝工人,胎型请佛作代打。该厂生产的品种有圣水罐、圣水池、带方座的十字架、带三角座的十字架、墙上挂的大十字、身上戴的小十字以及教堂吊灯上的铃铛等。在纹样方面,带十字的单丝蔓较多,此外还有卍字、云彩地。在色彩上,红、白二色居多,其他还有淡黄、粉、绿等。[122]

1945年抗日战争胜利后,外国人来华者日见增多。为适应需要,新兴的出售商店如雨后春笋,先后设立,各厂商亦整旗鼓,重新发展生产,一时颇呈欣欣向荣的局面,但市场仅限于平、津、沪、青等美军驻扎地区。这种好景不长,由于美军的陆续撤退,以及在华外国人的购买量已达饱和点,故自1946年10月之后,销售量再呈递减,而且一无运销国外者。[123]

据1947年3月间调查,北平生产景泰蓝的厂家,大小约三十余处,出售商店约四十余处,自产自销者约十余处,大多集中于崇文门大街、王府井大街及前门外大街一带。其中规模较大,具有代表性的厂家如下表。

厂名	厂主	职工人数	地址
德鑫	蒋万颙	5	内一区孝颙胡同11号
老亨记	彭鑫甫	3	前门外劝业场7号
瑞源兴	郭有兴	8	崇文门外头条61号
天义和	徐欣生	11	崇文门大街小报房胡同1号

（续表）

厂名	厂主	职工人数	地址
天新成	何宝珍	6	崇文门大街 51 号
永泰成	梅树深	4	薛家湾 29 号
瑞祥生	张绍瑜	5	前门外劝业场 48 号
宏兴	王润东	3	东安市场霖记商场 20 号
北中兴	王润东	6	东安市工丹柱商场 24 号
南中兴	王润东	5	前门外劝业场 4 号
恒兴隆	戚子兴	2	崇文门大街 16 号
仪兴昌	刘玉珍	4	前门外劝业场 13 号

资料来源：唐功烈、胡文镐：《北平的手工业——景泰蓝》，载《工业月刊》第 4 卷第 12 期，1947 年 12 月。

在这些厂家中，有专做细活的，如天新成、天义和、恒兴隆。也有专做较为粗活的，如老亨记、瑞祥生、仪兴昌等家。它们大多为卢沟桥事变前旧有的厂家，与其同时的老厂家到这时已有半数倒闭。如老天利、杨天利、永茂荣、德兴成、金兴成等厂家，或歇业，或停止生产。

这一时期景泰蓝制品约有四百余种。其中最为习见者首推瓶类，其次如壶、炉、罐，再次如杯、碗、烟碟，此外尚有茶盘、烛台、纸烟架、挂衣钩、水烟袋套、手杖头、带头等等，花样繁多，形式不一而足，且有新兴的装饰品，如别针、发卡、镯子等等，以及实用物品如门牌、徽章等。[124]

解放前夕，铜价不断上涨，珐琅成本不断提高，海运汇价昂贵，出口商人不敢轻易尝试，掮客苛刻的盘剥以及作坊流动资金的缺乏，使得景泰蓝业奄奄一息，从业人员仅剩下六十余人。做活的作坊，以烧蓝的为多，打胎和掐丝的复工很少。开工的作坊，多是赶做尚未交清的订货，也有极少数有实力的作坊，自己做些存货。还有些商人，准备存些景泰蓝制品，等能出口时发些财，便向作坊定做些瓶子洗子之类。[125]

三、雕漆业

民国初期，北京雕漆业呈现出兴盛的局面。据记载，1912—1921年间，"北平之雕漆业呈极度之蓬勃繁荣，城内以及散处城郊乡镇之雕漆匠人，不下五百之众，蔚为空前。"[126]

在艺人们的努力下，北京雕漆业取得了一定的成就。由继古斋著名艺人肖兴达、肖乐安、吴瀛轩等人设计、制作的剔红"群仙祝寿"大围屏，在 1915 年美国旧金山举办的"巴拿马太平洋万国博览会"上获得金奖。当时的黎元洪总统为此题写了一副匾额"雅艺绝伦"。

1921—1937 年，"雕漆品之销售量递减，且经营斯业者，率多沿袭旧法，师徒相传，抱残守阙，虽未至废坠，然较之民初已黯然无光"。[127]

1925 年，"领有执照的雕漆铺子有十余家，产品主要是几、杖、椅、箱、瓶、罐、盘、玩具、文具，胎体主要是铜、锡、木、灰。"[128]

据 1932 年 12 月北平市社会局印行的《北平市工商业概况》记载："雕漆作业家数有字号称为作坊者十余家，散居乡镇，领活单独作工者约有数十家之多，其工人总数约八十余人，其中以学徒为多。"[129]

又据 1935 年北平市政府秘书处编《故都文物略》估计："现平市雕漆作业，有字号称作坊者，约十余家，和合雕漆局最著。散居乡镇领活，单独作工者，约有数十家。"[130]

再据 1936 年 6 月北平市政府秘书处第一科统计股的调查，北平从事雕漆业的有 14 家，工人 80 人。[131]

综上可见，北京（北平）雕漆业，在这十多年间"概无起色"。不过，值得一提的是，1930 年，张学良曾以约四千元大洋委托当时北平财政部印刷局顾问萧鲁源经手，定制仿宫廷家具一堂，计有宝座、龙书案、宫灯、宫扇、围屏等多件，承雕者为雕漆行耆老楼宝善氏，历时一年多方告竣工，这些雕漆制品虽非空前，然恐将绝后。当时参与工作的还有萧乐庵、李殿英等人。[132]

自 1937 年"七七"事变至 1941 年太平洋战争爆发之前，华北虽已沦陷，然而海外交通尚未断绝，北平雕漆作品仍能外销一时。1938 年 8 月间，一名日本人曾将其调查雕漆业的结果，为文刊载于同年 8 月 16 日的北平一日文报纸《北京新闻》上，兹摘译其原文："昭和十三年八月（按指 1938 年 8 月）之调查，北平雕漆之专门作坊九家，职工百人，工资除供膳宿外，学徒每月三元，熟练工每月十元。"

太平洋战争爆发后，北平"雕漆业者亦随之风流云散，雕漆工人纷纷转业他图，改业车夫者有之，改业走贩者有之，雕漆品肆间虽仍有出售，但悉为陈货"。[133]

据民国雕漆老艺人胡增瑞口述曰："北平沦陷期间，景况更惨，一点销路也没有，有些铺子想靠卖存货维持开销，可是存货贬价也卖不出去，许多艺工都改行做小买卖，做小工，拉黄包车。"[134] 可见，战乱使北平雕漆的外销逐渐难以维持，雕漆的生产经营逐渐崩溃。

抗战胜利后，美军和外籍人士在北平竞相购买特产以作来华纪念，北平雕漆业因之再度活跃，先后恢复生产。据 1947 年二三月间调查，"北平城内共有雕漆作坊十家，工人五六十人，但十家中仅有霞公府雕漆生产合作社、福英厚、永兴成雕漆处三家已于北平市社会局呈报营业在案，而领有营业执照，其余七家悉未呈报营业，而仅以家庭手工业方式，纠集一二工人或学徒从事制作，此外散居城郊，如东直门外、朝阳门外之村镇，领活单独作工者尚有百人之众"。[135]

但是好景不长，在国民党统治下的北平，物价飞涨，钱不值钱，货卖出去之后，买不回来原料，于是，除了极少数几家铺子勉强维持之外，大部分雕漆业都关了门。大批艺工又改行摆小摊、拉三轮。[136]

需要指出的是，在抗日战争爆发后一直到北平解放这十几年中，有的作坊主因买不起昂贵的大漆和国产银朱等原料，遂用桐油、洋银朱、铅油来做雕漆。有些恪守传统的雕漆艺人，在铜胎上焊接錾有自己作坊名称的薄铜片或在铜片底部铜片边缘錾凿作坊名款，以示区别。[137]

四、玉器业

清朝末年，北京的玉器生产趋向消沉，风格繁琐，并对以后的生产技艺影响很坏。延续到辛亥革命后的十几年中，北京玉器在生产和技艺上畸形发展，不仅缺乏创新，而且产生了仿古、泥古、粗制滥造等不良倾向。[138]

辛亥革命后的十几年，北京玉器大量流入欧美诸国，引起了上层统治者的兴味。以后由于国内军阀混战和第一次世界大战，曾一度影响北京玉器外销。而战后欧美一些国家以及日本经济复苏，使北京玉器的外销有了好转，并且形成了自 18 世纪末叶开始的北京玉器出口贸易的一个高潮时期。当时的崇文门、花市一带以及前门外的廊房头条、羊肉胡同、炭儿胡同等处，大小玉器作坊林立，沙沙磨玉之声不绝于耳。著名的瑞兴斋、富德润、宝珍斋、荣兴斋、永宝斋、义珍荣、义珍斋、济兴成等玉作就分设在这些街道上。这一时期北京玉器从业人员已达六千余人（其中有一半以上为季节工，即农闲时进城来的农村玉匠）。[139]

玉器行庄因其销路对象不同，大致分为 4 类：一是本庄，出品销平、津、沪、汉各地；二是蒙古庄，出品销蒙古、新疆一带，民国以前为最盛；三是东洋庄，销行日本；四是（西）洋庄，销往美、英、德、法等国，市场不一，需供遂有分别。[140]

据许善述等《旧中国北京的玉器业及工人状况》一书记载，1919—1920 年，"西洋庄"兴起，做大件的多了。西洋庄主要做瓶炉、兽等摆设品。西洋庄又分"法国庄"、"德国庄"（法国庄做的活糙，德国庄做的活细）；约五六年后又有了"东洋庄"，做镯子、耳环花片等，主要销往日本。这时期前门就有近千人，瑞兴斋作坊已经有二三百人，加上崇文门一带，从事玉器业生产约有 3000 人左右。[141]应当指出，这里的从业人员 3000 人左右除去了季节工，与上述六千余人的一半是相符的。

1928—1937 年为玉器业的"黄金时代"。北平东四、西四、永定门一带都有玉器作坊，而前门、崇文门一带最多，几乎占据了羊肉胡同等三十几条胡同。100 人以上的大作坊有瑞兴斋、荣宝斋、玉祥成等十几家；30 人以上的作坊也很多；一二个人的作坊极少。据赵禾《北京手工业之概况》一文统计，"七七"事变前北平玉器作坊有 320 户。[142]在这时期，玉器工人约达 7000 人左右。

1937 年卢沟桥事变后，玉器"国内销路即不见佳，国外去路更为阻断"[143]。尤其是日美宣战以后的数年，北京玉器外销几乎完全中断。作坊纷纷关门，据 1943 年统计资料，全市只剩下 137 家。[144]这时候的作坊，只是支撑着个门面，掌柜最多留着个学徒混饭吃，工人减少90% 以上。

抗战胜利后，北平玉器业"尚未有起色"，1946 年一年出口数量甚微，尚不及战前十分之一。逮 1947 年，北平玉器"制作厂家为数甚少，不过十数家，全属作坊组织；而出售玉器商店则甚多，约有一百二十家左右，散处琉璃厂、廊房二条三条、王府大街一带"。"玉器行多改做滑石器皿，借以苟延；至商号多兼售古玩或营有关之副业，以资维持现状"。[145]

根据联合征信所调查，1947 年 5 月北平"尚有玉器业者六十七家，手艺作坊工厂十五家。作坊之设备为琢玉之洗磨盘砣，名为凳子，一架称为一张，大作坊昔均设凳子四五十张，今则仅二三张，因原料、销路、资金等问题，现均陷于半停顿状态"。[146]

在 1948 年 2 月 28 日的《大公报》上，曾这样记述了当时北平玉器业的景况："玉渐渐没有了……将要到'玉碎'的手工艺人，正在寻找他们新的服务对象。"所以到北平解放时，玉器全行业，只剩下一百多名手工艺人了。[147]

五、挑补花业

关于挑补花业的历史起源，存在两种说法。一是本土说，认为挑补花原是我国的一种民间工艺，已有很久的历史。在日常使用的枕头、围嘴和妇女裤口上，多挑上各种花样图案。补花起源于"堆绫子"。皇家贵族和地主使用的荷包、扇子套、表套和椅垫上，以及庙宇中的佛幔等上，多用绸缎丝线堆补花样。[148] 二是外来说，如张延祝《日趋没落的北平手工业》一文认为"平市花边业历史甚浅，系十九世纪末年由欧西传教士传入中国，最早流行于香港汕头一带，自南而北，民国初年北平始有制作"。[149] 又，张光钰在《北平市手工艺生产合作运动》一书中持论大略相同，认为"挑补花传入北平，大约已有五十年的历史，也是由传教士传入"。[150]

我们知道，挑补花业是在清末和民国时期得到了较大的发展。但是，也有足够的证据表明本土说的成立。从遗存文物看，元代兴建的白塔寺就陈列有清代乾隆十八年（1753 年）塔藏的织锦贴花镶嵌法衣；在雍和宫内也保存有绿度母补像、三长寿佛像的堆绫袈裟等多件。[151]

挑补花作为商品大量生产是在 1900 年前后。最初是传教士中的修女带领女教徒制作，制品供传教士使用，或寄回本国。1910 年美国传教士在灯市口开办慈善工厂。[152] 当时所用图案，多为"天坛"、"牌楼"。[153]

北京（北平）挑补花业在民国期间的兴衰状况，张光钰《北平市手工艺生产合作运动》一书有简短的归纳："北平的挑补花业，以第一次世界大战以后为最发达，工人达八万人左右，销路极畅，常有供不应求之势。九一八以后，略受影响，旋即恢复旧观，七七事变后再挫，但次年又转繁荣，工人数仍保持五六万人的数目。太平洋战争爆发后，国外交通完全断绝，出品无路可去，工厂作坊相继关闭，能继续支撑到胜利前夕者，谨一二家而已，这可说是挑补花业最大的厄运。"[154]

又据记载，1912 年美国传教士又在燕京大学内开办燕京工厂，以后又增加为培德——补花，培善——手绢，培元——挑花等 4 个工厂，吸收教徒及附近贫民入厂生产，直接经营出口。第一次世界大战以后，海运畅通，出口恢复，生产迅速发展起来，大小作坊达到四百余家。到北京解放时，只有小作坊二十余家。[155]

另据 1947 年调查资料，北平"规模较大之花边（按：即挑补花）工厂有三家，即灯市口之慈善工厂，社会局之妇女工厂及仁慈堂工厂，工人皆为女工，散居于朝阳门、东直门、西直门外，约计二百余人。家庭作坊则有一二十家，小者占房一二间，大者三四间，工人率为附近妇女"。挑补花"出品可分挑花、抽花、补花、凸花等类，以枕套、床单、窗帘、台布、沙发用品、手帕、钱包、书包为大宗。"所用原料"除中国夏布外，尚有瑞士玻璃纱、英国麻布、法国颜色线、香港软漆布等，现以价值过昂，输入不便，一时尚无适宜之代替品，因之影响制之精品致，品质亦以减低"。[156]

民国北京（北平）挑补花生产的特点是层层包买主控制下的、分散的家庭手工劳动。作坊是主要的基层生产单位，他们将布料和彩线分发给散工进行加工。有的作坊联系的散工有五六百人甚至上千人。工人绝大部分是贫苦的家庭妇女和尚未成年的女孩，她们主要集中在海淀蓝靛厂、城内的北新桥、朝阳门内外和东郊东坝一带。[157]

六、刺绣业

中国历史上的刺绣业极为发达，如湘绣、顾绣中外知名，北方则以北京（北平）为中心，亦有"京绣"之称[158]。

北京刺绣业，"最繁荣时期远在乾隆年间，无论宫闱民间，衣着服用皆喜刺绣，花样新奇，色彩鲜艳，美观绝伦。"[159]

辛亥革命前后，由于社会生活习尚的改变，人们对衣着装饰的喜爱心理、固有的服饰观念也随之发生很大的变化。张延祝《日趋没落的北平手工业》说北京的刺绣业，"至清末民初，因衣着趋于简便，采用范围不及过去广泛，而所用材料如绸缎丝线亦不及往昔精细，除少数富贵人家常有考求外，普通阶级甚少问津"。[160]刘友铃等《北平的手工业——刺绣》亦谓："民国以来衣饰变更，绸布花样加多，为人乐用，于是绣业日趋没落。"[161]

袁世凯复辟称帝时，"有礼服衣裙之制，绣业一度有复兴之象，然昙花一现，瞬即消失，后来购用者仅一般外人及国内上等阶级者"。[162]

1921年以后，"军阀当政，遇有喜庆祝寿之事，皆购绣品互相馈赠，且北平为各国公使馆所在地，外人甚多，喜购此类土产，寄归本国，分赠亲友，故引起外人对我手工业产品之注意与喜爱。后外商即纷纷至平订购丝绣物品以赢利，自此至太平洋战争爆发时，此业甚为发达。其产品除销售本省外，国内如上海、天津、青岛等地，国外如英、美及东欧一带，均为良好之运销市场"。[163]

抗日战争的爆发打破了稍稍起步后稳定发展的北京刺绣业。据刘友铃等《北平的手工业——刺绣》记载："抗战以还，沿海遭敌寇封锁，产品输出困难，而内地各省因交通梗阻，运输不便，致销路阻滞，生产萎缩，各局庄相继歇业，工友四散转业，所存仅十余家，藉制造鞋面等物维持生活。"[164]

这时北平刺绣业主要改做戏剧服装，同时为公馆的小姐、太太或宅门的有钱人绣制服饰等物。张延祝《日趋没落的北平手工业》记："事变后更大见萧条。现时除绣鞋面、被面、内衣、茧绸浴衣外，厥维供旧剧舞台之用，因北平为旧剧中心，对于戏衣及守旧、围垫、椅披等物向需刺绣花样，以增美观。至对外销路则为浴衣、内衣、领带等粗绣品。究因工价过昂，原料太贵，此业已濒末路。"[165]

抗战胜利后，"美军及外侨来平，争购土产，留作纪念或寄赠亲友，刺绣销路大增，于是绣庄复业或成立者甚多"。[166]据1947年统计资料，"刺绣工人十九为女工，数约三千人，散居朝阳门及崇文门外"。[167]

北京（北平）刺绣业产品分为粗细两种。粗活为本地粗绣花局制造，其中又分3种。一是婚丧所用仪仗诸物，有棺罩、鼓围、轿围、绣伞、绣扇等。二是戏衣，演戏所用的戏衣蟒袍。三是绣裙、绣袜等物。

细活又可分为2种。一是本地绣，花样以平整匀净见长，所用绒线丝数较多，色彩鲜艳，其成品以服用为主。如礼服、睡衣、被面、枕头、围巾、头巾、大袍、领带、鞋面等，鞋面之绣活，又有满帮、大舌、龙凤、偏帮、前头、大舌偏帮之分。二是湘绣，绣品用绒薄，色浅，多于缎地上绣花草、鸟兽、人物、山水、文字等内容。因用绒丝数较少，故不现堆累的痕迹，以观赏陈设物品为多，如对联、镜屏、围屏、绣像等。其绣做种类又有刺绣、平金、打子3种，其中以打子最为讲究，其优点在于耐久，不怕洗濯。平金是以针线平盘金线在缎布上，呈各种花纹，非常美观，但因成本较高，1948年时已很少制做。

刺绣即为上述粗细绣活之制做，此类刺绣手工业产品的制造程序较为简单。其方法是先在纸上画样，然后再誊画到绸上，内行称之为过样，过样后以毛笔蘸化学粉或淀粉溶液重描一次，描好即按样配色装架绣制，绣成后涂少许糨糊于背面，再行烫平即告成功。[168]

七、骨制品业

骨制品为北平特殊的小手工业之一。其原料丰富，主要有牛、马、骆驼骨、鱼骨、牛角等。粗制品以牙刷把为大宗，销行东北及华北各地，其次为筷子、挑簪、篦剔等物。细制品则为骨扣、骨别针等，镂刻精细。而最负佳誉的是虬角器物，可制烟咀、图章、筷子，亦可仿制人物虫蔬，逼肖乱真，其中虬角象牙制品曾获巴拿马博览会之奖状，驰名国外。[169]

据1926年前对北京骨器制造业调查，骨器制造种类有骨簪、筷子、牙刷、舌刮、抿子、浆刮、绢花脚、梳子、帐钩等。各种牙刷柄、抿子柄、簪子是由牛骨制成的。筷子分牛骨和驼骨两种，短的皆为牛骨，长的则是驼骨。舌刮、帐钩、梳子均用牛角制成。浆刮、绢花脚是用牛骨、驼骨或猪羊骨的碎块所制成。

骨器制造厂大多麇集在打磨厂北面的东河沿一带，约有八十余家。其中专制牙刷者约二十余家，专制筷子、簪子者（筷子与簪子的制法极为类似，故多兼制）约20家，专制抿子者约10家，专制舌刮者约十余家，其余数种兼制者则有十余家。但往往专制厂家者有附制他种者，如制筷子、簪子者多附制浆刮、绢花脚等。

各厂的规模，大厂有工人三四人，学徒约10人左右，小厂则只有三四名学徒而已。

各制造厂的骨制品销路甚广，畅销于汉、沪、苏、杭、哈尔滨等地，间有销至闽广等处。[170]

1932年北平市社会局印行的《北平市工商业概况》称，当时的骨角制品大致有5类："一、首饰。凡耳环、头簪、戒指、手镯以及项圈等件皆备。多属虬角所制，色分白、绿。其手镯，制为绿色珠形，贯而成串，尤觉新异。二、烟具。凡烟嘴、烟袋、烟壶、烟碟皆备。有以象牙虬角制者，有以牛角驼骨制者，式样甚多。除旧式各色旱烟袋外，新式烟嘴，雕刻龙形，并有刻以各种彩色花卉，灿然夺目。三、玩具。凡牙牌、棋子、七巧板、十五巧板、筹码、骰子以及人物、小山皆备。各分别象牙虬角与牛角驼骨制造。其棋子一项，尚有欧美新式之品，分黑白两色，共三十二枚。人物则佛仙而外，更有各美术制品。小山则系海马牙根，质似砂石，形如小山，峰峦毕肖。四、文具。凡图章及图章盒、印色盒、笔筒、书签、画轴皆备。多象牙虬角所制，方圆大小，各式俱齐。其图章盒，更有新式小方形者，花样精雅，尤便携带。五、杂品。凡筷与扇柄、梳篦、钮扣、鞋拔、算盘、帐钩皆备。分象牙虬角及牛角驼骨各质料。其中以筷为最多，并有乌本质者。梳有西式，以虬角制者，白、绿相间，系入染时，有盖以桐油之处，即仍存本色。钮扣亦有西服所用者、其色不一。"[171]

制造骨角器"作业家数现时共有九家。设于前外西河沿者，有福兴东、益泰、聚兴、裕成公、天兴裕、福盛德、福兴、裕盛公等八家。设于杨梅竹斜街者，有万兴广一家。中以聚兴与裕成公为最老，于清道光年间、即已开设。但裕成公曾歇业三十余年，近始复业。"[172]

　　至 1947 年时，骨制品业"多散处前外西河沿一带，其制品往往为古玩商所搜求，能待善价沽之。至普通骨制品之作坊则集中于前外至崇文门外之东河沿一带，鳞列栉比，有一二间平房及三四张锉凳即可开业，现时可能维持者有六十家左右，工人约二三百人"。原料来源"除本市外，尚有由察绥及四乡贩运来平者，不致感觉缺乏。"制品出口方面，"惟此业因战后交通多阻，成本高昂，销路已远非昔此，至国外则仅有零星出口，输出无形停顿"。[173]

　　骨制品中还有一类是北京的骨刻。北京骨刻是在制作牙刷柄、牙签、耳勺、纽扣等日用品的基础上发展起来的，即与实用相结合的工艺美术品。

　　清末民初时，杜春荣、杜春茂哥俩合开的春义和字号最为著名，是当时骨货铺中的"京都第一家"。这家的产品技艺精湛，改革了璇活工艺，创新了搜活和刻花工艺，使产品玲珑剔透，花样翻新。以后杜家买卖扩大，哥俩分家，又开设了天利茂字号。到 30 年代初，可以说是北京骨刻历史上的全盛时期，先后开设了广兴和、雅东号、长发永、同益兴、谦成永等二十几家店铺，都是作坊带店铺的连家铺，最大的广兴和也只有二三十人，小字号不满 10 人。这些作坊，大都集中在崇文门外的儿条胡同里。当时买卖虽然兴隆，但产品品种并不多，一般只有头簪、板指、拨子（弹琵琶、三弦用的）以及刀、叉、勺杓等。

　　北京骨刻工艺品生产主要分为两大步骤，一为选料制坯，一为设计雕刻。所用骨料主要来自西北、东北和本市。骨料进厂后须经过细致的清洗、提炼骨油等，然后才开料制坯。制坯后，则贴纸样，根据纸样搜空、雕刻。此后还要进行漂白和光亮才成成品。

　　北京骨刻的主要技艺，表现在搜空上．因为骨料绝大部分是半圆形，因此搜空时必须斜着搜，这样里外两面的孔眼才能大小一样，显得玲珑剔透。[174]

第四节　日用品制作

一、成衣、鞋帽业

1. 成衣业

　　民国期间，成衣业主要做中式便服，其对象主要是皇室贵族，军阀官僚，富商巨贾，高等娼优等。故所加工材料 90% 以上是呢绒绸缎。

一般平民百姓，多是自己作衣服穿，找缝纫店作衣服的很少。[175]

成衣店的规模一般在四五人左右。业主一般不做活，主要是出去揽活。还有两三个工人，一两个学徒。工人在 20 人以上就是有数的三两家。最大的是双顺，工人最多时近 30 人。

据北京市轻工业局所存《1954 年北京市手工业调查资料》，1912 年时北京约有成衣铺五六百户。[176]

1932 年印行的《北平市工商业概况》一书，将当时的成衣铺按性质大致分为 3 类："凡挂成衣二字招牌者，皆承做中式衣服，多为河北人所开设……约有工人万余人。其挂中西成衣招牌者，即由旧式略加改进，约有工人数千。若挂上海分此四字招牌者，专承做男女时式衣服，即苏杭帮工人，约有千余人。外此则有僧衣铺寿衣铺，为数甚少。总计工人不下二万，家数约有千余。"[177] 可见北平此间成衣业的发达状况。

据北京市工商联档案室中所存的一本成衣业公会发文底册记载，1942 年时有成衣店 1074 户。又据 1952 年 4 月 7 日北京市成衣业公会筹委会税收调查情况中记载，1948 年年底时约有 650 户，1949 年底时约有 700 户。又据 1951 年成衣业税收典型调查中，对各种类别的 26 户典型调查，每户从业人员最少的 1 人，最多的 8 人，平均为 4.65 人。如按每户 4 至 5 人推算，则 1942 年当有从业人员 4000 至 5000 人，1948 年年底有从业人员 2600 至 3250 人。[178]

在敌伪统治时期，北平成衣业的大、中、小户数是：以从业人员在 15 人以上的为大户，全市约有 13 户。以从业人员在 8 人到 14 人的为中户，全市约有 41 户。以从业人员在 7 人以下的为小户，全市约有一千余户。从整个活源来看，大概是 60% 是宅门活，40% 是行活。大户承揽上层官僚富商的活较中、小户为多。[179]

2. 制鞋业

民国成立后，鞋业从业人员不断有所增加。1918 年前后，北京鞋业从业人员大约有二千多人（包括作坊主、工人、学徒）其中学徒约占半数。到 1926 年前后洋袜子流行（以前是布袜）。以前受人欢迎的单脸、双脸、三合脸等正绱直脚鞋已不相配，而被更美观、便宜的方口长脸反绱认脚鞋所代替。于是有一部分正绱老工人因活少而纷纷转业另谋出路（当时多数是回老家种地、拉洋车、做小贩等），反绱工人则大量增加。到 1941 年以后因物价不断上涨，民生凋敝，小作坊不易维持，于是鞋业就逐渐衰落了。[180]

3. 制帽业

帽子是衣着的一部分，随着各个时代服装式样的变化而变化。清代主要流行缨帽、瓜皮式小帽，帽子的品种式样很少。原料多用国产布和南京缎。

辛亥革命后，随着清王朝的覆灭，缨帽随之衰落，出现了便帽、皮帽等品种，皮帽又有将军式、英式、美式、土耳其式、普通皮帽等式样。随后又有帽盔、毡帽头等式样出现于市场。同时，坤帽、童帽也增多起来。

1929—1930 年礼帽（毡帽）、草帽开始盛行。这个时期品种多，式样多，产量大，帽业有了得大的发展。1928 年北京帽庄业公会成立时，加入公会的就有 180 家，而且还有一倍于这个数字的小作坊没有入会。帽子不仅供给城市和京郊农村，而且约占产量的 70％—80％远销西北、华北、东北等地。截至 1937 年抗日战争爆发前，为北京制帽业发展的全盛时期。[181]

1932 年《北平市工商业概况》记载当时北平制帽业状况曰："帽之种类，分缎皮、呢草。缎皮多为本市所制，呢草多为外埠所制。缎帽俗名瓜皮小帽，流行最久最普遍，其质料另有呢绒纱布四项，可分季戴用。皮帽式样极多，最佳者为海龙水獭，次为紫羊狐猫诸皮，尤以水獭紫羊猫皮销售最旺。呢帽有美式者……但东洋呢帽仍不少。至本市鲜鱼口以黑猴为记之帽店所作呢帽，式不雅观，近只能销于附近各乡镇。"[182]

北平沦陷时期，外埠商贩不能来京采购，帽业遂日趋衰落。在此期间，关门改行的约占整个行业的一半。抗战胜利后，国民党统治时期，市场混乱，物价飞涨，人民生活水平急剧下降，帽业的销路更为缩小，整个行业处于停滞状态。据中共北平工委调查，1949 年 1 月北平解放前夕，北平制帽业勉强能维持下去的仅有 156 户，人数不到 1000。[183]

二、针织业

1. 织袜业

袜子在我国古称足衣。纱袜（针织袜子）输入中国之前，中国人一般都穿着用布缝制的袜子。鸦片战争后，针织袜子从欧洲输入中国。纱袜逐步排挤了布袜。

1911 年，一名英国人在北京台基厂设立捷足公司，推销自英国带来的织袜机。从此，北京才有人织造线袜，是为北京有织袜业之始。

1912 年，有一留日学生张执中，在北京开设了华鑫[184]针织公司。

该公司不但资本雄厚，且开设期间正值第一次世界大战，帝国主义无暇东顾，因而获得发展的良好时机。该公司的产品在大战期中，甚至一度远销海外，职工有一百余人。在华鑫业务发展的影响下，陆续有人开设了一些织袜厂。据估计，大战结束后不久，北京织袜业发展到二十余户。后来由于穿用线袜的人日渐增多，市场需要量有增无减，使织袜业继续得到发展，1927年前后已有四五十户，在业人数约三四百人。[185]

1924年《调查北京工厂报告》详细记载了以织袜为主的华兴（鑫）织衣公司生产状况："京师织袜业，现在据称有七十六家，资本多甚薄，其小者无异家庭工业，机只三四架，工不过数人。其最先开办而最大者，为十八半截沈袜子胡同之华兴织衣公司，创于民国元年，资本共一万八千元，总董为张执中（日本帝大机械科毕业），聘有直隶高工毕业生一人为管理兼充技师，有工头二人，职工二人及学徒二十八名……织物以袜居多数，外如卫生衣、汗衫、手套等，均有出品，每年销售额总计约价二万元。该厂有织衣机三台，内瑞西式者二台，日本大丸式者一台，缝纫机十一台，织袜机共三十一台，内计圆形织袜机十二台，横编机九台，横编机除织袜外，可兼织手套等，各机械多用手动。"[186]华兴织衣公司的成立，为北京织袜业培养了技术力量，以后很多袜厂的技工或小业主都是出自该公司。

1929年前后，北平曾开过一次工业品展览会，得到上海工业品技术优良、式样美观的启发，织袜技术有所改进，对外销路也逐渐打开。1931年"九·一八"事变前后，北京织袜业迅速增加到一百余户，在业人数约七八百人。[187]

据1932年北平市社会调查局统计："北平织袜工厂，专系作坊性质者，现约五六十家。其工厂兼营商店者，为数亦有四五十家。如东安市场之自强袜庄、舞美毛品袜厂，西单商场之宏庆亨袜厂，张公园之一中针织工厂，打磨厂之同义成织袜工厂，南长街之北平织业袜工厂，菜市口之王大珍家庭工业社，安内永康胡同之北平慈善妇女职业工厂，均此业中之较著者。"此外，"在平市无正式工厂，亦无门市，仅于私宅中装设织机一二架，从事工作，藉资糊口。既不纳捐税，亦不收工徒，此种家庭工，为数颇多。如街头巷尾，及各处庙会之浮摊所售之袜，多属于此类"。[188]

1935年前后，全国掀起抗日运动高潮，加强了对日货的抵制，这也有利于织袜业的发展。据估计七七事变前，北京织袜业约有二三百户，从业人员约有二千余人。但好景不长，不久抗日战争爆发，日寇很快侵占了北京，并实行棉纱统制，迫使大部分袜厂倒闭，只有少数厂户利用土纱土线勉强维持。后来日寇通过纤维公司向北京几家大的袜厂加工军用袜子、手套；大厂又托小户加工，使北京织袜业户数有了较快的增长，曾经发展到数百户（又据轻工业局材料统计：在日本整个统治时期发展到一千多户，其中大户七八户，中户七百余户，其余为小户，现尚无法核实）。但这种发展是完全不正常的。一般正常的民用生产完全处于奄奄一息的境地。至日本投降前夕，甚至连土线也实行统制，因而几乎完全扼杀了正常的民用生产。

抗战胜利后，北京织袜业遭到了空前的灾难：一方面由于物价飞涨，使得产品卖出去就买不回原料，加之购买力下降，产品滞销，使不少织袜户破产；另一方面，美国玻璃丝袜大量涌进中国市场，上海机制袜在美货对上海市场的廉价倾销下也挤向华北、北京的市场寻求出路，更给北京织袜业以严重的打击，使得北京的袜厂大批倒闭。据 1949 年 1 月统计，整个北京针织业只有 47 户，从业人员不过一百余人。[189]

北京织袜业规模很小，20 人以上即称大户，且在总户数中只占百分之几。五六人以至三四人的家庭手工业作坊在总户数中占了百分之七八十。[190]

2. 毛巾业

北京最早生产毛巾是在光绪二十八年（1902 年），即工艺局创办后，在织工科下设立了"洋毛巾"一科生产毛巾。随后，普善、首善、普慈、教养工厂等也在"救济贫民"、"传授工艺"等名义下先后开设工厂生产毛巾。

民国以后，北京开设的毛巾厂更多。据记载："民元以后……彰内大街之日升，牛街之川林，其设立最先者也。西直门外之协和，南小市之永顺成，其继起有功者也。外如振业兴织工厂、首善工厂、亦皆为织巾之较早者。由是风声所播，或采用家庭工业制度，为小规模之毛巾工作。或利用织布工厂余力，添设毛巾副业。其它负有营业性之机关团体，如社会局附属之第一救济院、第二习艺工厂，如公安局所属之感化所，如第一监狱，如香山慈幼工厂，亦皆设有毛巾专科。计十数年来、平市毛巾产量，继长增高，大有长足之发展。"[191]

据调查，在 1918 年，北京约有中小毛巾工厂（作坊）二三十户，职工 400 人左右。[192] 1924 年以前，约有毛巾厂五六十家，其中拥有二三十名工人的较大工厂约占一半，其余为家庭户。工人在五六百至六七百人之间。[193] 毛巾业，一般资本不大。最大者是打磨厂的利容毛巾厂，资本也仅有3千元，有织机20架，工人45人，生产面巾、浴巾两种，颜色以白色和红蓝白条为主。[194]

1928—1933年，是北平毛巾生产最发达的时期。据估计，在1933年前后，北平约有大小毛巾工厂（作坊）一百余户（其中家庭户占60%至70%），工人和学徒近千人（其中家属工人和小作坊的工徒占四分之一）。[195]

据1932年《北平市工商业概况》记载，当时织毛巾的家数，可划分为3类："一、有字号担认税捐者，约有四十余家，以药王庙南小市一带为多。如日升、川林、协和、振业兴、以及安定门内永康胡同之女毛巾工厂，则皆属规模较大，产量较多，行销较畅者也。一、无字号而纯属家庭工作者，约有二三十家，以彰内崇外及北城一带为多。平时自行购料，在家工作，于家人之外，并收学徒。所出之品，或送交各处分销，或赶庙会或临街设摊售卖，或分期赴市属各乡镇村集推销，情形复杂，难以备述。一、向工厂领料作工，计货受值，或单独或合伙而成为作坊者，约有三四十家，以崇外及宣外一带为多，每人每日可织毛巾三打左右，每打工资约一角上下。以上三类，共约有一百余家。"[196]这3类织毛巾的家数，主要是依毛巾生产规模、产量大小以及产品经销方式而划分的。

北平沦陷时期，在日寇"以战养战"的政策下，对棉纱及其他物资实行"统制"，大部分毛巾工厂都因此倒闭，90%的工人都失业了。学徒也大部被辞掉，有的回家种地，有的当苦力，有的拉洋车，做小买卖或者到处流浪。据调查估计，在1943年前后，北平毛巾工厂（作坊），大大小小约五六十户，从业人员三四百人左右。[197]

抗战胜利后，北平毛巾业并没有多大恢复，1946年以后却又形下降，到1948年年底北平解放时，只有毛巾工厂（作坊）四五十家（其中二三人的家庭户占三分之二），职工和学徒300人左右。[198]

三、酿酒业

民国以后，北京（北平）本地酿造生产的酒大致分为两类：一类是本地产的传统烧酒，另一类是本地新兴的西式啤酒。

本地产的传统烧酒，向有南北两路之分。本以居庸关为界，关以内为南路，关以外为北路。但1932年的北平市社会局调查表明："平市现有之烧酒，惟距平约六十里之采育镇，及约四十里之马驹桥，所来大宗烧酒，确属南路。如通州宝坻、三河、香河等县，皆在平东，其烧酒运销平市甚多，本市皆名为东路酒，而各酒栈，则统名为南路酒。至丰润、玉田等县，属于河北区域，近以其地邻热区，其所运来之酒，皆归入北路分栈，名为北路酒。盖视原以关内外分南北路之说，已变其旧矣。"[199]当时这三路酒的年销售量约为六百余万斤，其中，仅北酒一项，即达一百三十六万三千三百三十九斤之多。

1915 年，北京政府财政部设立烟酒公卖局。当各路烧酒抵京时，先由公卖局直接管理的酒栈按市价收买，然后再由酒栈批发给城内外的各家酒缸酒铺。当时经营批发业务的酒栈共有 9 家，分布在崇文门外大街一带，"南分栈，为天裕、泰和、天顺、永益、永隆、永亨、巨隆七家。北分栈，为隆源、福源二家"。[200]这 9 家酒栈，约有店员一百二十余人，他们大都有验酒的本领。酒栈在批发之前，"预为试验酒花，其法将酒由缸中取出，猛向罐内倾倒，看其起泡之力量，便知其成色如何。以水分多，泡易灭；酒之成分多，泡不易灭也。因以定其兑水之成数"。[201]

啤酒制造是民国北京酿酒业中的新现象。1914 年，侨居俄国的华商张廷阁与捷克人尧西夫嘎啦来到北京，在玉泉山参观"啤酒汽水制造厂"。但二人见该厂只产汽水，并无啤酒。其时正值德国啤酒不能来华。张廷阁趁此机会，出资 20 万元，在广安外平汉路广安门车站旁（因此地可引玉泉山之水），创设"双合盛啤酒厂"。全厂员工约有二百余人。

造酒的大麦多来自河北徐水、宣化等地，酒花则由德、奥等国进口。1916 年，第一批北京"五星牌啤酒"出厂。由于此酒质量不逊色于进口啤酒，且价格低廉，故当时畅销于北平本市及天津、上海、汉口、济南等城市。自 1931 年 10 月起，五星牌啤酒经天津转销香港及南洋群岛等地，每年总销量达 6 至 10 万箱，成为北京的地方名酒。[202]

四、建筑业

1. 发展状况

1911 年的辛亥革命曾使北京建筑业一度萧条，据说最初几年只有总统府等处略有工程。从 1916 年以后，直至 1928 年 6 月"国都南迁"，是北京建筑业的一个活跃时期。这一时期北京作为全国政治、文化中心，新建和修建不少官府、学校、医院、银行、旅馆、商店等。在私人住宅方面，新上台的军阀、政客、暴发户等，都要建府落弟；就是那些清代的遗老、遗少，也不时修建住宅，考究程度不减当年。这种活跃景象在"国都南迁"后大减，但建筑业的基本面貌，直至"七七"事变以前是变化不大的。[203]

据 1932 年《北平市工商业概况》记载，这一时期北京能报建筑的木厂一百六十余家，大小共约四百余家。工人约二万余人。[204] 另，1928 年 9 月 6 日《益世报》载，当时北平建筑工人有二万四千余人。

这一时期，较大外地锅伙有二三十家，如正祥泰、顾盛泰、华兴、公顺记、公兴顺、裕兴、公合祥等。北京锅伙也起了变化，一些老的主要为封建王朝的"官工"服务的大木厂下去了，又新起了一些木厂。他们拉拢的对象主要是商业资本家、军阀和官僚们。如 1917 年创办的宝恒木厂是有 2 家金店、很多商号、房产的刘新普开的。1920 年左右创办的德华木厂，是大商人于三的东家。这时期，北京锅伙中，较大的木厂有天顺、德厚、宝恒、恒茂、中和、天增、广和等。[205]

日伪统治时期北平的建筑工程不少。北平是日本侵华的重要据点之一，这些建筑主要是为其侵略战争的需要服务的。这一时期，北平修建了黄寺大楼等一系列的日本兵营，南苑、北苑等飞机场，改建和新建了新北京等一系列的日式房屋，修建了石钢、琉璃河水泥厂等工矿企业。同时还应指出，北平还是日寇在华北进行建筑的基点，华北很多工程也由北平的建筑公司包作。所有这些都使北平的建筑事业有了相当的发展。[206]

日寇的主要工程都是由日本的清水、大林、大仓等八大"株式会社"（即建筑公司）包作，然后再转包给中国的营造厂去做的。除了日本公司外，据 1942 年建筑同业公会材料看，北平营造厂共有 220 家，入同业公会的 157 家。这一时期工人人数，据估计在四五万人以上。[207]

抗战胜利后至 1947 年前，北平在光复气氛、接收大员安家立业的形势下，也有一些工程。如机关的修整、商店的新建和修建、官僚住宅的改建等，但只是昙花一现。特别是 1948 年来，北平极少建筑，工人纷纷转业，是北平建筑最萧条的时期。这一时期工人人数，估计在 1 万—3 万人。[208]

2. 典型建筑

民国期间，北京（北平）除承"洋风"建筑之余绪外，"传统复兴式"和"传统主义新建筑"逐渐成为北京（北平）建筑的主流形式。"传统复兴式"建筑以北京协和医学院新校舍（1925 年）、燕京大学"燕园建筑"（1926 年）、辅仁大学（1930 年）、国立北平图书馆新馆（1931 年）为典型。"传统主义新建筑"则以杨廷宝、梁思成设计的交通银行（1931 年）和仁立公司（1932 年）的建筑为代表。[209]

北京协和医学院新校舍建筑群，是一片中国宫殿式的建筑，包括教学、办公、医院、礼堂、动力房等，共有 16 栋楼。因这一建筑群体，北京协和医学院而有"中国式宫殿里的西方医学学府"之称。[210]

1917 年 9 月，新校舍奠基仪式举行（奠基石在解剖学楼）。[211] 新校舍工程由"中华医学基金会建筑部（China Medical Board Architectural Bureau）"主持。[212]

新校和医院房屋的设计建筑皆由美国人负责，设计师库利奇（Charles Coolidge）于 1916 年由波士顿到达中国，另有建筑师赫西、利恩等参加了这项工作。[213]

新校舍工程分两期进行。1919—1921 年完成第一期工程。第一期工程由沙特克与何士（赫西）建筑师事务所（Shattuck & Hussey. Architects. Beijing，Shanghai，Chicago.）设计。[214] 第一期工程建成礼堂、解剖学楼、校办公室及生物化学楼等 14 栋楼。新校舍第二期工程于 1925 年完成。第二期工程由建筑师安那（C. W. Anner Architect.）设计[215]。建成新校舍建筑群中的两栋楼。

新校舍建筑群体以模仿中国古代建筑为特征，建筑形式为"传统复兴式"。虽然进行模仿，但已不重视梁架、斗拱的表现，不注重单体建筑造型的完整。而是根据使用功能或西式平面决定体型，加以宫殿屋顶及细部装饰来表现中国古代建筑传统。[216] 这在一些外国建筑师的设计中更为突出，他们对传统的作法法式比例了解不多，凭自己的一知半解加以拼凑。[217]

北京协和医学院新校舍建筑群"十几栋建筑联成一体，成十字轴线，对称布置，南门、西门各组成三合院，布置十分局促，且病房朝向很坏，显然是追求形式所致。内部布置及装饰均采用西方建筑形式。所谓中国风格主要表现在上部庑殿式琉璃大屋顶和下部清式台基栏杆等处。特别是在二三层之间，加琉璃腰檐一道，和入口处的单间歇山门厅都显得非常勉强"。[218] 显而易见，北京协和医学院新校舍建筑群的"中国风格"，只不过是形式主义的挪用而已。

燕京大学"燕园建筑"是由美国建筑师墨菲（Henry Killiam Murphy）规划设计。燕京大学于 1920 年由 3 座教会大学合并而成，1926 年正式迁入以淑春园故址为中心兴建的新校舍。燕京大学校园通称"燕园"，指校内未名湖周围旧园林分布的地区，包括淑春园、鸣鹤园、镜春园、朗润园。

在 1921 年完成的规划中，保留了原有"未名湖"，总体布局吸取中国园林处理手法，注意结合自然地形，建筑设计采用"传统复兴式"。燕园东西向主轴线以西校门为起始点，向东经二华表、合院广场、校园主楼（贝公楼）和一片丘陵，止于未名湖中的思义亭。墨菲还通过中国古典园林中"借景"的手法，使远处的玉泉山塔成为这条主轴线的视觉端点。南北向次轴线以鲍式体育馆为起点，经女学生宿舍区、适楼及姊妹阁和一片绿地，止于男生宿舍复斋与蔚斋之间。[219]

燕园所有建筑物，虽然功能上的要求不同，但一律采取三合院式成组设计，在体形上或大或小，在整体布局上或开或合，既各有特点，又互相联系。单体建筑基本取庑殿、歇山及两者结合形式的屋顶，深红色壁柱，白色墙面，花岗石基座，青色彩画——成为燕园建筑的基本特征。[220]著名建筑学家梁思成谓燕园建筑"颇能表现我国建筑之特征，其建筑师 Murphy，以外人而臻此，亦堪称道"[221]。

辅仁大学旧址是醇贤亲王的第七子涛贝勒载涛的府邸。1925 年涛贝勒府租给罗马教廷，由美国天主教本笃会在此创办辅仁大学。1928年，本笃会委托惯于搬用中国南方祠堂庙宇建筑形式来表现其建筑风格的传教士格里森来设计辅仁大学。

比利时籍传教士格里森到北京后，仔细调查研究了中国北方古典建筑的有关资料，实地考察了北京及周围地区的古建筑。他认为："以经济的观点和基地环境、交通条件来说，都需要在中国古典建筑传统中寻找另外一种结构形式。可以从中国皇宫的城墙、城门和城楼造型中得到某种启发。这种造型显示出中国皇宫那种与众不同的某些特征。"[222]

这种思路符合辅仁大学校方提出的设想："建筑方案应体现天主教的'大公精神'，做到新旧融合，宜采用中国传统建筑形式并使其适应现代学校的功能要求。"[223]格里森将辅仁大学建筑设计成一座中国皇宫式城堡，建筑中轴线以北海为依据确定。内部空间布局模仿西方修道院形制，四面围合，以中间楼房分隔成两个小庭院，四角作角楼造型。

1930 年建成的新楼，则利用花园南边空地和马圈旧址建造，保留了王府花园。新楼为 2 层砖混结构，3 层的正入口作汉白玉大拱门，上加 3 个歇山式屋顶，屋脊正中竖十字架，四角加歇山式角楼。立面上混用了绿琉璃清官式屋顶、汉白玉须弥座、南方封火山墙、封檐板和木斗拱等中国传统建筑手法。南北向作为教学用房，单面走廊；东西向作为办公用房，走廊居中。中间下层为图书馆，上层为礼堂。辅仁大学新楼建筑造型重点突出，轮廓线主次分明，美轮美奂而又庄严肃穆，具有一定的"中国传统风格"，当时被誉为北平三大建筑之一。[224]

国立北平图书馆新馆于 1929 年 3 月动工，5 月 11 日奠基，1931 年6 月 25 日举行落成典礼。[225]

图书馆以绿瓦红墙围绕，正门为 3 间琉璃门座式，体量高大，气势宏伟。门内庭院开阔，环境疏朗，主楼前矗立石碑、华表、石狮，增强了庭院环境气派。主楼 2 层带前廊，配楼 1 层，楼间连以平顶连廊；书库在主楼后部；各楼均有地下层。造型仿自清官式大殿楼阁，绿琉璃庑殿顶，汉白玉须弥座石栏杆，半拱梁枋施青绿彩画，柱身也漆绿色（仿自故宫文渊阁）。比例端庄，色调雅致，总体权衡与细部做法基本合乎则例，是此类建筑中设计比较成功的一座。[226]

20 世纪 30 年代，在现代主义潮流的影响下，北平出现了传统主义新建筑。交通银行、仁立公司铺面等，为北平传统主义新建筑的代表作。

北平交通银行由中国建筑师杨廷宝设计，建成于 1931 年。大楼系砖混结构，沿街部分为 4 层，其余为 3 层。外墙以水刷石饰面，处理简洁。基座以花岗石贴面，上部为传统的大块云纹花饰和琉璃瓦檐口。主入口运用垂花门罩，正立面构图隐含传统石牌坊形式，顶部饰以灰塑云团与斗拱琉璃檐。正面以外为红砖墙面，以水刷石装饰，并点缀中国式花纹，门窗之上则加琉璃门罩、雀替。天花藻井、隔扇栏杆则运用于营业大厅内部，饰以彩画，加强了艺术趣味。这种将中国古典传统样式与现代科技、建筑材料相结合的传统主义，体现出现代建筑潮流的影响。[227]

仁立公司铺面是由梁思成于 1932 年改造设计的。铺面改造在按照现代派手法处理的店面上，采用古代建筑传统构件进行装饰，较为新颖别致。据记载："所有装饰构件均采用法式做法，或为唐代斗拱，或为宋式彩画，或为清式吻兽等等。如：下层柜窗采用八角形柱和唐式斗拱，二层楼上施以宋式彩画，三层窗下以砖砌勾法勾栏浮雕。墙端压以清式琉璃脊吻。内部采用磨砖台度。"[228]

五开间铺面的首层正中 3 间为橱窗，用八角柱，一斗三升及人字拱，仿自天龙山隋代石窟；二三层用青砖砌出唐宋勾片栏杆式样；女儿墙顶部安装清式琉璃脊和大吻。室内有磨砖台度，柱间出挑插拱，额枋上绘宋式彩画。两个入口墙面又以水刷石装饰。手法多样，但协调有序，表现出作者纯熟的构图技巧和深厚的古建筑修养。[229]

五、刀剪业

民国时期，北京（北平）刀剪业以王麻子剪刀和"钢刀王"的刀具最为有名。

如前文所述，"三代王麻子"牌子创出以后，同业中人仿冒现象不时发生。据 1932 年《北平市工商业概况》记载："自乾嘉以迄咸同百余年间，讼案累累，卒无从判其孰真孰伪。迄今此种牌号上或加词形容（如加老、或真正、或真正老等字），或混以同音（如王改为旺或汪）……仅相沿以此三字为店门之标识，仍各于柜内别立字号，以为营业（例如开发货单时，在王麻子三字下，另将别立之字号加上）。其艺皆守旧，即此牌号一端，已可表现之也。"[230]

可见，民国后一段时间，以"麻子"作为标榜的刀剪店仍不在少数。这一时期，"平市前外打磨厂，宣外菜市口，为刀剪店最多之处。珠宝市路东，亦为数不少。此外尚有零星在城郊各地开设者。其中货品齐备，规模较大之店，实皆萃于打磨厂。总计市内刀剪店约有六十余家，而刀铺铁铺不计焉"[231]。不过，宣外大街菜市口三代王麻子生产的剪刀，结构、工艺都有其特点，与众不同，其他作坊是难以仿制的。

北平沦陷时期，三代王麻子剪刀生产遭到重创。由于产品所用原料钢铁，是日本侵略者垄断统治的军用物资；货源奇缺，一切金属制品，不但限制生产，日军宪兵队又严禁运出北京城外，防止接济解放区，因而产量大减，营业萧条。许多作坊被迫停业，城市仅存的十几家刀剪作坊，最后有的转业，有的倒闭，所剩无几；三代王麻子刀剪店虽未倒闭转业，挣扎维持着门市，但月月赔钱，坐吃"老本"。这种状况直至北平解放前也未有起色。[232]

"钢刀王"以生产钢制刀具著称。原字号为"恒益合"，由作坊主王万清于 1922 年自创。1932 年开始收徒，质量不断提高，销路逐渐打开。虽然其产品刻以"恒益合"字样，但买主都以刀王称之。于是就在原地搭棚立匾，以"钢刀王"代替了"恒益合"。

"钢刀王"的产品，是自产自销。原料为进口的带钢、赛璐珞、紫钢等较高级原料。从钢刀王开业至北平解放前，在将近 30 年的时间里，是做多少卖多少，门市及作坊一直没有存货。

"钢刀王"主要是制作小腰刀、小宝剑及果刀、折刀等产品，基本属于文玩一类。以小巧玲珑，光洁度强、不折不弯、刀刃锋利（可刮胡子）著称。外埠商人及游客慕名而采购买者，也大有人在。[233]

六、猪羊肠衣业

北平手工业制品大多为日用品或装饰品，食品类手工业主要是猪羊肠衣业。

猪羊肠衣业开始于清代中叶，光绪二十四年（1898 年）始有外销[234]。当时风气初开，经营肠衣的不足 10 家。

民国以后，"外人来华收买肠衣者渐多，于是业肠衣者亦日多一日……十数年间，出口之肠衣，逐次增加"。[235]

关于肠衣的外销去向，张延祝《日趋没落的北平手工业》说："过去输入国家以德国为最多，因德人喜食腊肠故，其次为南洋群岛，战后输德停顿，幸能有一部运往瑞士，为肠衣业一新出路。"[236]而《北平市工商业概况》则谓："肠衣销售美国为最多，德国次之。羊肠多售于美，猪肠多售于德。"[237]

据调查，1929年北平有"七十家肠衣店，拥有工人二百余人，每日出货一十余桶，为极盛时代"[238]。

又据1932年北平市社会局调查统计："肠衣商店总数，共六十余家，内计肠厂十三家，羊肠局四十余家，猪小肠局十余家……工人总数约四百余人。"[239]可见，虽然经营肠衣的工人人数在增加，但从业家数有所减少。

七七事变以后，"由于日人统制甚严，原料来源不畅，颇形不振，倒闭者甚多"。抗战胜利之后，又因"交通不便及自身资金困难，目前（1947年）业此者仅有三十四家，内肠厂七家专制作肠衣，作坊二十七家兼营弓弦、球拍弦及裤带等副产物，工人不满百人，资金共约一千四百万元。出品甚少，每月不过数十桶，营业欠佳"。制作肠衣的厂家作坊，"均集中于东便门内外"。[240]

肠衣原料为猪羊的下水，"除北平四郊供给外，尚需仰赖甘、新、察、绥、豫、晋等省"。[241]

肠衣作法，"须经肠局及肠厂两次手续，方能制成。肠局分猪肠局（又称小肠局）、羊肠局（又称弓弦作坊）两种。肠厂即收货行"。

肠局作法，"在猪肠局，当日将猪小肠刮净烂肉，即交卖肠厂。在羊肠局，须将羊肠放入缸内，用水浸过（夏时浸一日、秋冬浸二三日），再用小刀刮净烂肉，方卖交肠厂"。

肠厂作法，"收买刮净之猪羊小肠后，在厂内设有木水箱或自来水管，安有铜嘴子，将羊肠套于铜嘴之上，放水冲入肠内，复将玻璃球装入，再加水冲，以水力挤球，使之滚动，到不动处，即用刀截断。所用之玻璃球，有二十三分二十一分不等，能容二十三分二十一分玻璃球之肠衣谓之头等货，其次则为二等。至猪肠则不用玻璃球，用木卡子，分作头二三四五六等货。盖猪肠衣以桶细为头等货，羊肠衣以桶粗为头等货。当各货用水冲毕后，即量妥码数。或一百码为一把，或九十三码为一把。用卫生盐按把撒盐、经一昼夜、即缠为把，名为成货，便可运销外洋。"[242]

注释：

（1）尹钧科：《北京建置沿革史》，人民出版社 2008 年版，第 207 页。

（2）彭泽益：《中国近代手工业史资料（1840—1949）第四卷》，三联书店 1957 年版，第 557、558 页。

（3）此为彭南生的观点（具体参见彭南生：《中间经济传统与现代之间的中国近代手工业 1840—1936》，高等教育出版社 2002 年版，第 217—257 页）。王翔则将民国手工业的经营方式归纳为资本主义的工厂制经营、行庄制经营和个体小生产经营并行（见王翔：《中国近代手工业的经济学考察》，中国经济出版社 2002 年版，第 169 页）。

（4）唐功烈：《北平的手工业——雕漆》（续），载《工业月刊》第 4 卷第 10 期。

（5）主要参考祝寿慈：《中国近代工业史》，重庆出版社 1989 年版，第 397—401 页。

（6）农商部编：《农商部法规汇编》，1918 年 3 月印行。

（7）蔡恂：《北京警察沿革纪要》，北京民社 1944 年版，第 54 页。

（8）《京师警察厅济良所工厂出品广告》，载《京师警察公报》1927 年 3 月 1 日。

（9）《所女添设课艺》，载《晨报》1918 年 4 月 27 日。

（10）蔡恂：《北京警察沿革纪要》，北京民社 1944 年版，第 55 页。

（11）《京师警务一览图表》，见《京师警察厅制》，1917 年。

（12）《取妾的添了一处限制》，载《晨报》1921 年 11 月 18 日。

（13）北京市档案馆档案，全宗号：J181. 目录号：018. 案卷号：16633、21650、07827。

（14）《京师警察厅妇女习工厂启示》，载《京师警察公报》1927 年 3 月 1 日。

（15）［美］西德尼·D·甘博：《北京的社会调查》，中国书店 2000 年版，第 315—316 页。

（16）［美］西德尼·D·甘博：《北京的社会调查》，中国书店 2000 年版，第 316 页。

（17）参见袁熹：《北京近百年生活变迁（1840—1949）》，同心出版社 2007 年版，第 268—269 页。

（18）《平市拟创办手工业工厂现正计划中》，载《世界日报》1936 年 2 月 12 日。

（19）参见袁熹：《北京近百年生活变迁（1840—1949）》，同心出版社 2007 年版，第 269 页。

（20）彭泽益主编：《中国工商行会史料集》（下册），中华书局 1995 年版，第 985—986 页。

（21）参见魏文享：《中间组织·近代工商同业公会研究（1918—1949）》，华中师范大学出版社 2007 年版，第 223 页。

（22）彭泽益主编：《中国工商行会史料集》（下册），中华书局 1995 年版，第990、995 页。

（23）此三项同业公会法见《国民政府公报》，1938 年 1 月 13 日公布。

（24）中国第二历史档案馆：11—2—420，《非常时期严密商业组织办法大纲》，1940—1941 年。

（25）参见魏文享：《中间组织·近代工商同业公会研究（1918—1949）》，华中师范大学出版社 2007 年版，第 282 页。

（26）中国第二历史档案馆：173—95，《为释明非常时期工商业及团体管制办法之目的与内容电请查明并转饬知照由》，1941 年 8 月。

（27）《北京市公署布告》，见［日］仁井田陞：《北京工商ギルド資料集》，东京大学东洋文化研究所，第 369 页。

（28）［日］仁井田陞：《北京工商ギルド資料集》，东京大学东洋文化研究所，第 371—374 页。

（29）（30）［美］西德尼·D·甘博：《北京的社会调查》，中国书店 2000 年版，第 206、197 页。

（31）参见彭泽益：《〈中国行会史料集〉编辑按语选》，载《中国经济史研究》1988 年第 1 期；《中国行会史研究的几个问题》，载《历史研究》1988 年第 6 期。

（32）S. D. Gamble, Peking, a Social Survey, Newyork, 1921, pp. 162—190. 引自王翔：《近代中国手工业行会的演变》，载《历史研究》1998 年第 4 期。

（33）彭泽益：《中国近代手工业史资料 第一卷（1840—1949）》，中华书局1962 年版，第 182 页。

（34）［美］西德尼·D·甘博：《北京的社会调查》，中国书店 2000 年版，第209 页。

（35）参见彭泽益：《民国时期北京的手工业和工商同业公会》，载《中国经济史研究》1990 年第 1 期。

（36）S. D, Gamble, Peking：A Social Survey, Newyork, 1921, p. 169. 引自王翔：《中国近代手工业的经济学考察》，中国经济出版社 2002 年版，第 106 页。

（37）［日］仁井田陞：《北京工商ギルド資料集》，东京大学东洋文化研究所，第 650—657 页。

（38）［美］西德尼·D·甘博：《北京的社会调查》，中国书店 2000 年版，第207 页。

（39）赵屹：《1840 年—1937 年我国民营手工艺经营形态研究》，载《山东社会科学》2010 年第 11 期。

（40）彭南生：《中间经济传统与现代之间的中国近代手工业 1840—1936》，高等教育出版社 2002 年版，第 240 页。

（41）（42）（43）北京市总工会工人运动史研究组：《北京工运史料（第一辑)》，工人出版社 1981 年版，第 2、3、73 页。

（44）Chinese Economic Bulletin, No. 12, 1928, p. 237. 又见北京市总工会：《旧

北京缝纫工人情况调查》1961 年，油印本。

（45）彭南生：《中间经济传统与现代之间的中国近代手工业 1840—1936》，高等教育出版社 2002 年版，第 243 页。

（46）《北京纸绸等花工业》，载《中外经济周刊》第 156 号，1926 年 6 月 5 日。

（47）彭南生：《中间经济传统与现代之间的中国近代手工业 1840—1936》，高等教育出版社 2002 年版，第 245 页。

（48）包立德、朱积权：《北京地毯业调查记》，引自彭泽益：《中国近代手工业史资料（1840—1949）第三卷》，中华书局 1962 年版，第 181 页。

（49）罗听余：《调查北京地毯工业报告》，引自彭泽益：《中国近代手工业史资料（1840—1949）第二卷》，三联书店 1957 年版，第 696 页。

（50）包立德、朱积权：《北京地毯业调查记》，引自彭泽益：《中国近代手工业史资料（1840—1949）第三卷》，中华书局 1962 年版，第 181 页。

（51）《北京信成地毯工场之近况》，载《中外经济周刊》第 218 号，1927 年 7 月 2 日。

（52）彭泽益：《近代中国工业资本主义经济中工场手工业》，载《近代史研究》1984 年第 1 期，第 125 页。

（53）赵屹：《1840 年—1937 年我国民营手工艺经营形态研究》，载《山东社会科学》2010 年第 11 期。

（54）《北平珐琅工业近况》，载《经济半月刊》第 2 卷第 14 期，1928 年 7 月 15 日。

（55）（56）（57）（58）北京市总工会工人运动史研究组：《北京工运史料（第一辑）》，工人出版社 1981 年版，第 59、65、68、85、45—46 页。

（59）包立德、朱积权：《北京地毯业调查记》，引自彭泽益：《中国近代手工业史资料（1840—1949）第三卷》，中华书局 1962 年版，第 132 页。

（60）（61）（62）（63）（64）（65）（66）北京市总工会工人运动史研究组：《北京工运史料（第二辑）》，工人出版社 1982 年版，第 52、32、47—48、18、75、207、121 页。

（67）《中国地毯工业之沿革与制法及其销路》，载《中外经济周刊》第 75 号，1924 年 8 月 16 日。

（68）引自彭泽益：《中国近代手工业史资料（1840—1949）第三卷》，中华书局 1962 年版，第 131 页。

（69）《吾国地毯业概况》，载《工商半月刊》第 3 卷第 23、24 号合刊，第 260 页。

（70）王季点、薛正清：《调查北京工厂报告》，载《农商公报》第 122 期，1924 年 9 月。

（71）包立德、朱积权：《北京地毯业调查记》，引自彭泽益：《中国近代手工业史资料（1840—1949）第三卷》，中华书局 1962 年版，第 277 页。

（72）《北平珐琅工业近况》，载《经济半月刊》第 2 卷第 14 期，1928 年 7 月

15 日。

（73）《经济半月刊》第 1 卷第 4 期，1927 年 12 月 15 日。

（74）王季点、薛正清：《调查北京工厂报告》，载《农商公报》第 122 期，1924 年 9 月。

（75）北京市总工会工人运动史研究组：《北京工运史料（第一辑）》，工人出版社 1981 年版，第 19 页。

（76）赵梅生：《北平机械工业调查（续）》，载《工商半月刊》第 7 卷第 20 号，1935 年 10 月 15 日。

（77）包立德、朱积权：《北京地毯业调查记》，引自彭泽益：《中国近代手工业史资料（1840—1949）第三卷》，中华书局 1962 年版，第 279—280 页。

（78）若霖：《北京工厂概况》，载《上海总商会月报》第 5 卷第 6 期，1925 年 6 月。

（79）王季点、薛正清：《调查北京工厂报告》，载《农商公报》第 122 期，1924 年 9 月。

（80）《北平珐琅工业近况》，载《经济半月刊》第 2 卷第 14 期，1928 年 7 月 15 日。

（81）《经济半月刊》第 2 卷第 10 期，1928 年 5 月 15 日。

（82）《北京纸绢等花工业》，载《中外经济周刊》第 165 号，1926 年 6 月 5 日。

（83）（84）（85）（86）王季点、薛正清：《调查北京工厂报告》，载《农商公报》第 122 期，1924 年 9 月。

（87）《北京骨器制造业之调查》，载《中外经济周刊》第 167 号，1926 年 6 月 19 日。

（88）《经济半月刊》第 1 卷第 4 期，1927 年 12 月 15 日。

（89）《经济半月刊》第 1 卷第 2 期，1927 年 11 月 15 日。

（90）伪北京特别市公署秘书处：《市政统计月刊》，1941 年 1 月。

（91）《中国地毯工业之沿革与制法及其销路》，载《中外经济周刊》第 75 号，1924 年 8 月 16 日。

（92）《吾国地毯业概况》，载《工商半月刊》第 3 卷第 23、24 号合刊。

（93）《经济半月刊》第 2 卷第 14 期。

（94）池泽汇等：《北平市工商业概况》，北平市社会局 1932 年版，第 7 页。

（95）《中国地毯工业之沿革与制法及其销路》，载《中外经济周刊》第 75 号。

（96）《北平珐琅工业近况》，载《经济半月刊》第 2 卷第 14 期，1928 年 7 月 15 日。

（97）（98）池泽汇等：《北平市工商业概况》，北平市社会局 1932 年版，第 251、426 页。

（99）参见杨洪运、赵筠秋：《北京经济史话》，北京出版社 1984 年版，第 187 页。北京市总工会工人运动史研究组：《北京工运史料（第二辑）》，工人出版社 1982 年版，第 3—4 页。

（100）王季点、薛正清：《调查北京工厂报告》，载《农商公报》第 122 期，1924 年 9 月。

（101）引自彭泽益：《中国近代手工业史资料（1840—1949）第三卷》，中华书局 1962 年版，第 130 页。

（102）袁熹：《北京城市发展史·近代卷》，北京燕山出版社 2008 年版，第 69 页。

（103）杨洪运、赵筠秋：《北京经济史话》，北京出版社 1984 年版，第 187 页。

（104）北京市总工会工人运动史研究组：《北京工运史料（第二辑）》，工人出版社 1982 年版，第 11 页。

（105）《国际劳工通讯》第 9 号，1935 年 6 月。

（106）《国际劳工通讯》第 20 号，1936 年 5 月。

（107）（108）（109）北京市总工会工人运动史研究组：《北京工运史料（第二辑）》，工人出版社 1982 年版，第 21—22、22、23 页。

（110）张光钰：《北平市手工艺生产合作运动》，1948 年印本。

（111）刘宝忠、曹宗坎：《北平的手工业——地毯》，载《工业月刊》第 5 卷第 1 期，1948 年 1 月。

（112）北京市总工会工人运动史研究组：《北京工运史料（第二辑）》，工人出版社 1982 年版，第 25 页。

（113）（114）（115）（116）唐克美、李苍彦主编：《中国传统工艺全集·金银细金工艺和景泰蓝》，大象出版社 2004 年版，第 231—232、232 页。

（117）鲁追、李和平：《旧中国北京的珐琅业及工人状况》，见北京市总工会工人运动史研究组：《北京工运史料（第一辑）》，工人出版社 1981 年版，第 14 页。

（118）唐克美、李苍彦主编：《中国传统工艺全集·金银细金工艺和景泰蓝》，大象出版社 2004 年版，第 232 页。

（119）李琳琳：《清末民国景泰蓝兴衰之研究》，首都师范大学 2006 年硕士论文，第 5 页。

（120）唐功烈、胡文镐：《北平的手工业——景泰蓝》，载《工业月刊》第 4 卷第 12 期，1947 年 12 月。

（121）杨洪运、赵筠秋：《北京经济史话》，北京出版社 1984 年版，第 164—165 页。

（122）唐克美、李苍彦主编：《中国传统工艺全集·金银细金工艺和景泰蓝》，大象出版社 2004 年版，第 233 页。

（123）（124）唐功烈、胡文镐：《北平的手工业——景泰蓝》，载《工业月刊》第 4 卷第 12 期，1947 年 12 月。

（125）北京档案馆全宗号：4—2—27 北京市人民政府财政经济委员会贸易合作类（1949 年 3 月 21 日）《特种手工艺基本情况》（1949 年），《北平市景泰蓝（珐琅）业调查报告（1949 年 4 月 12 日）》。转引自李琳琳：《清末民国景泰蓝兴衰之研究》，首都师范大学 2006 年硕士论文，第 7 页。

（126）（127）唐功烈：《北平的手工业——雕漆》，载《工业月刊》第 4 卷第

9 期，1947 年 9 月。

（128）北京雕漆厂写作小组：《北京雕漆》，载《北京工艺美术》1980 年第 2 期。

（129）池泽汇等：《北平市工商业概况》第一篇《特品·雕漆业》，北平市社会局 1932 年版，第 36 页。

（130）汤用彬等：《旧都文物略》，书目文献出版社 1986 年版，第 252 页。

（131）（132）（133）引自唐功烈：《北平的手工业——雕漆》，载《工业月刊》第 4 卷第 9 期，1947 年 9 月。

（134）胡增瑞口述、刘志笃笔录：《乾隆以后雕漆工艺的兴衰》，载《故宫博物院院刊》1960 年第 2 期。

（135）唐功烈：《北平的手工业——雕漆》，载《工业月刊》第 4 卷第 9 期，1947 年 9 月。

（136）胡增瑞口述、刘志笃笔录：《乾隆以后雕漆工艺的兴衰》，载《故宫博物院院刊》1960 年第 2 期。

（137）乔十光：《中国传统工艺全集·漆艺》，大象出版社 2004 年版，第 185 页。

（138）杨洪运、赵筠秋：《北京经济史话》，北京出版社 1984 年版，第 168 页。

（139）王绎、王明石主编：《北京工艺美术集》，北京出版社 1983 年版，第 5 页。

（140）张延祝：《日趋没落的北平手工业》，载《经济评论》第 1 卷第 16 期，1947 年 7 月。

（141）北京市总工会工人运动史研究组：《北京工运史料（第一辑)》，工人出版社 1981 年版，第 71—72 页。

（142）赵禾：《北京手工业之概况》，载《东亚经济》第 1 卷第 10 期，1943 年 6 月。

（143）张延祝：《日趋没落的北平手工业》，载《经济评论》第 1 卷第 16 期，1947 年 7 月。

（144）赵禾：《北京手工业之概况》，载《东亚经济》第 1 卷第 10 期，1943 年 6 月。

（145）张延祝：《日趋没落的北平手工业》，载《经济评论》第 1 卷第 16 期，1947 年 7 月。

（146）张光钰：《北平市手工艺生产合作运动》，1948 年印本。

（147）引自王绎、王明石主编：《北京工艺美术集》，北京出版社 1983 年版，第 6 页。

（148）陈华中、钟德钧：《旧中国北京的挑补花业及工人状况》，见北京市总工会工人运动史研究组：《北京工运史料（第一辑)》，工人出版社 1981 年版，第 1 页。

（149）张延祝：《日趋没落的北平手工业》，载《经济评论》第 1 卷第 16 期，1947 年 7 月。

（150）张光钰：《北平市手工艺生产合作运动》，1948 年印本。

（151）田小杭：《中国传统工艺全集·民间手工艺》，大象出版社 2007 年版，第 209 页。

（152）陈华中、钟德钧：《旧中国北京的挑补花业及工人状况》，见北京市总工会工人运动史研究组：《北京工运史料（第一辑）》，工人出版社 1981 年版，第 1 页。

（153）（154）张光钰：《北平市手工艺生产合作运动》，1948 年印本。

（155）陈华中、钟德钧：《旧中国北京的挑补花业及工人状况》，见北京市总工会工人运动史研究组：《北京工运史料（第一辑）》，工人出版社 1981 年版，第 1—2 页。

（156）张延祝：《日趋没落的北平手工业》，载《经济评论》第 1 卷第 16 期，1947 年 7 月。

（157）陈华中、钟德钧：《旧中国北京的挑补花业及工人状况》，见北京市总工会工人运动史研究组：《北京工运史料（第一辑）》，工人出版社 1981 年版，第 2—4 页。

（158）关于"京绣"概念的界定，可参看，赵静：《京绣历史及现状研究》，北京服装学院 2007 年硕士论文。

（159）（160）张延祝：《日趋没落的北平手工业》，载《经济评论》第 1 卷第 16 期，1947 年 7 月。

（161）（162）（163）（164）刘友铃等：《北平的手工业——刺绣》，载《工业月刊》第 5 卷第 7 期，1948 年。

（165）张延祝：《日趋没落的北平手工业》，载《经济评论》第 1 卷第 16 期，1947 年 7 月。

（166）刘友铃等：《北平的手工业——刺绣》，载《工业月刊》第 5 卷第 7 期，1948 年。

（167）张延祝：《日趋没落的北平手工业》，载《经济评论》第 1 卷第 16 期，1947 年 7 月。

（168）刘友铃等：《北平的手工业——刺绣》，载《工业月刊》第 5 卷第 7 期，1948 年。

（169）张延祝：《日趋没落的北平手工业》，载《经济评论》第 1 卷第 16 期，1947 年 7 月。

（170）《北京骨器制造业调查》，载《中外经济周刊》第 167 号，1926 年 6 月 19 日。

（171）（172）池泽汇等：《北平市工商业概况》第一篇《特品·骨角业》，北平市社会局 1932 年版，第 39—40、41—42 页。

（173）张延祝：《日趋没落的北平手工业》，载《经济评论》第 1 卷第 16 期，1947 年 7 月。

（174）赵玉生、黄玉芬：《骨刻》，见王绎、王明石主编：《北京工艺美术集》，北京出版社 1983 年版，第 79—80 页。

（175）陈华中、钟德钧：《旧中国北京的缝纫业及工人状况》，见北京市总工会工人运动史研究组：《北京工运史料（第三辑）》，工人出版社 1982 年版，第1 页。

（176）引自北京市总工会工人运动史研究组：《北京工运史料（第三辑）》，工人出版社 1982 年版，第 2 页。

（177）池泽汇等：《北平市工商业概况》第二篇《服饰·成衣业》，北平市社会局 1932 年版，第 217—218 页。

（178）（179）引自北京市总工会工人运动史研究组：《北京工运史料（第三辑）》，工人出版社 1982 年版，第 2—3、3 页。

（180）（181）李京华、郭福林：《旧中国北京的制鞋业及工人状况》，见北京市总工会工人运动史研究组：《北京工运史料（第一辑）》，工人出版社 1981 年版，第 31—32、43—44 页。

（182）池泽汇等：《北平市工商业概况》第二篇《服饰·帽业》，北平市社会局 1932 年版，第 227 页。

（183）李京华、郭福林：《旧中国北京的制帽业及工人状况》，见北京市总工会工人运动史研究组：《北京工运史料（第一辑）》，工人出版社 1981 年版，第 44 页。

（184）"华鑫"在有的文献中为"华兴"。

（185）刘家铨、饶尚添：《旧中国北京的织袜业及工人状况》，见北京市总工会工人运动史研究组：《北京工运史料（第一辑）》，工人出版社 1981 年版，第83 页。

（186）王季点、薛正清：《调查北京工厂报告》，载《农商公报》第 122 期，1924 年 9 月。

（187）北京市总工会工人运动史研究组：《北京工运史料（第一辑）》，工人出版社 1981 年版，第 83—84 页。

（188）池泽汇等：《北平市工商业概况》第二篇《服饰·织袜业》，北平市社会局 1932 年版，第 205—206 页。

（189）以上均见北京市总工会工人运动史研究组：《北京工运史料（第一辑）》，工人出版社 1981 年版，第 84—85 页。

（190）北京市总工会工人运动史研究组：《北京工运史料（第一辑）》，工人出版社 1981 年版，第 85 页。

（191）池泽汇等：《北平市工商业概况》第二篇《服饰·毛巾业》，北平市社会局 1932 年版，第 221—222 页。

（192）刘家铨、饶尚添：《旧中国北京的毛巾业及工人状况》，见北京市总工会工人运动史研究组：《北京工运史料（第三辑）》，工人出版社 1982 年版，第50—51 页。

（193）北京市总工会工人运动史研究组：《北京工运史料（第三辑）》，工人出版社 1982 年版，第 55—56 页。

（194）王季点、薛正清：《调查北京工厂报告》，载《农商公报》第 122 期，1924 年 9 月。

（195）北京市总工会工人运动史研究组：《北京工运史料（第三辑）》，工人出版社 1982 年版，第 58—59 页。

（196）池泽汇等：《北平市工商业概况》第二篇《服饰·毛巾业》，北平市社会局 1932 年版，第 224 页。

（197）（198）北京市总工会工人运动史研究组：《北京工运史料（第三辑）》，工人出版社 1982 年版，第 60、62—63 页。

（199）（200）（201）池泽汇等：《北平市工商业概况》第三篇《饮食·烧酒业》，北平市社会局 1932 年版，第 354—355、355、356 页。

（202）以上参见池泽汇等：《北平市工商业概况》第三篇《饮食·啤酒业》，北平市社会局 1932 年版，第 343—347 页。

（203）鲁迫、李和平：《旧中国北京的建筑业及工人状况》，见北京市总工会工人运动史研究组：《北京工运史料（第一辑）》，工人出版社 1981 年版，第 115—116 页。

（204）池泽汇等：《北平市工商业概况》第一篇《特品·建筑业》，北平市社会局 1932 年版，第 147 页。

（205）（206）（207）（208）北京市总工会工人运动史研究组：《北京工运史料（第一辑）》，工人出版社 1981 年版，第 116、119、119—120、120—121 页。

（209）张复合：《北京近代建筑的研究与保护》，载《北京社会科学》2000 年第 2 期。

（210）北京市政协文史资料研究委员会编：《话说老协和》，中国文史出版社 1987 年版，第 485 页。

（211）中国协和医科大学编：《中国协和医科大学校史（1917—1987）》，北京科学技术出版社 1987 年版，第 7 页。

（212）参见新校舍第一期工程首层平面图（1922 年），北京协和医学校西区鸟瞰图（1926 年），北京协和医学院 1927 年总图、1929 年总图等。原图藏中国协和医科大学档案室。

（213）北京市政协文史资料研究委员会编：《话说老协和》，中国文史出版社 1987 年版，第 9 页。

（214）参见新校舍第一期工程地下层及一至四层平面图（1917 年），原图藏中国协和医科大学档案室。

（215）参见北京协和医学院总图（1927、1929 年），原图藏中国协和医科大学档案室。

（216）张复合：《北京近代建筑史》，清华大学出版社 2004 年版，第 271 页。

（217）（218）中国近代建筑史编辑委员会编：《中国近代建筑史（初稿）》，建筑工程部建筑科学研究院 1959 年版，第 114、114—115 页。

（219）参见张复合：《北京近代建筑史》，清华大学出版社 2004 年版，第 272—276 页。

（220）徐卫国：《试论近代基督教之"中国式"建筑》，见《第三次中国近代建筑史研究讨论会论文集》，中国建筑工业出版社 1990 年版。

（221）《梁思成文集（三）》，中国建筑工业出版社 1985 年版，第 267 页。

（222）（223）Dom Sylvester Healy. The Plans of the New University Building.

Building of Catholic University of Beijing. No. 6 July 1929. 转引自张复合：《北京近代建筑史》，清华大学出版社 2004 年版，第 277 页。

（224）参见张复合：《北京近代建筑史》，清华大学出版社 2004 年版，第 277—279 页。

（225）《国立北平图书馆馆务报告》，1929 年 7 月至 1930 年 6 月，第 2 页。

（226）参见张复合：《北京近代建筑史》，清华大学出版社 2004 年版，第 285—286 页。

（227）参见李福顺主编：《北京美术史（下）》，首都师范大学出版社 2008 年版，第 1069 页。

（228）中国近代建筑史编辑委员会编：《中国近代建筑史（初稿）》，建筑工程部建筑科学研究院 1959 年版，第 117 页。

（229）参见张复合：《北京近代建筑史》，清华大学出版社 2004 年版，第 292 页。

（230）（231）池泽汇等：《北平市工商业概况》第一篇《特品·刀剪业》，北平市社会局 1932 年版，第 133—134、134 页。

（232）参见中国民主建国会北京市委员会、北京市工商业联合会：《北京工商史话（第一辑）》，中国商业出版社 1985 年版，第 106—107 页。

（233）李京华、郭福林：《旧中国北京的"钢刀王"刀铺及工人状况》，见北京市总工会工人运动史研究组：《北京工运史料（第一辑）》，工人出版社 1981 年版，第 65—66 页。

（234）参见池泽汇等：《北平市工商业概况》第一篇《特品·肠衣业》，北平市社会局 1932 年版，第 151 页。另，张延祝《日趋没落的北平手工业》（《经济评论》1 卷 16 期，1947 年 7 月）认为民初肠衣业始有外销。

（235）池泽汇等：《北平市工商业概况》第一篇《特品·肠衣业》，北平市社会局 1932 年版，第 151 页。

（236）张延祝：《日趋没落的北平手工业》，载《经济评论》第 1 卷第 16 期，1947 年 7 月。

（237）池泽汇等：《北平市工商业概况》第一篇《特品·肠衣业》，北平市社会局 1932 年版，第 153 页。

（238）张延祝：《日趋没落的北平手工业》，载《经济评论》第 1 卷第 16 期，1947 年 7 月。

（239）池泽汇等：《北平市工商业概况》第一篇《特品·肠衣业》，北平市社会局 1932 年版，第 154 页。

（240）以上均见张延祝：《日趋没落的北平手工业》，载《经济评论》第 1 卷第 16 期，1947 年 7 月。

（241）张延祝：《日趋没落的北平手工业》，载《经济评论》第 1 卷第 16 期，1947 年 7 月。

（242）以上均见池泽汇等：《北平市工商业概况》第一篇《特品·肠衣业》，北平市社会局 1932 年版，第 152—153 页。

主要参考文献

一、正史、编年史

（汉）司马迁：《史记》，中华书局 1982 年版

（东汉）班固：《汉书》，中华书局 1962 年版

（南朝宋）范晔：《后汉书》，中华书局 1965 年版

（晋）陈寿：《三国志》，中华书局 1959 年版

（唐）房玄龄等：《晋书》，中华书局 1974 年版

（北齐）魏收：《魏书》，中华书局 1974 年版

（唐）李百药：《北齐书》，中华书局 1972 年版

（唐）令狐德棻等：《周书》，中华书局 1971 年版

（唐）李延寿：《北史》，中华书局 1974 年版

（唐）魏徵等：《隋书》，中华书局 1973 年版

（后晋）刘昫：《旧唐书》，中华书局 1975 年版

（宋）欧阳修等：《新唐书》，中华书局 1975 年版

（宋）薛居正等：《旧五代史》，中华书局 1976 年版

（宋）欧阳修等：《新五代史》，中华书局 1974 年版

（元）脱脱等：《辽史》，中华书局 1974 年版

（元）脱脱等：《宋史》，中华书局 1985 年版

（元）脱脱等：《金史》，中华书局 1975 年版

（明）宋濂等：《元史》，中华书局 1976 年版

（清）张廷玉等：《明史》，中华书局 1974 年版

（民国）赵尔巽等：《清史稿》，中华书局 1977 年版

（宋）司马光：《资治通鉴》，中华书局 1956 年版

（宋）李心传：《建炎以来系年要录》，中华书局 1956 年版

二、实录、档案

《明实录》，中央研究院历史语言研究所校勘本

《清实录》，中华书局 1985—1987 年版

（清）蒋良骐：《东华录》，中华书局 1980 年版

（清）朱寿朋：《光绪朝东华录（1—5 册）》，中华书局 1958 年版

《清代钞铛》，中国社会科学院经济研究所藏

故宫博物院明清档案部编：《清末筹备立宪档案史料（上、下册)》，中华书局 1979 年版

三、政书、类书

（宋）王溥：《五代会要》，上海古籍出版社 1978 年版

（宋）徐梦莘：《三朝北盟会编》，上海古籍出版社 1987 年版

（宋）王钦若等：《册府元龟》，中华书局 1960 年版

（宋）李昉：《太平广记》，中华书局 1961 年版

（宋）王溥：《唐会要》，中文出版社 1978 年版

（宋）宋敏求：《唐大诏令集》，学林出版社 1992 年版

金代官修：《大金集礼》，四库全书本。

（元）苏天爵：《元文类》，商务印书馆 1936 年版

元代官修，郭成伟点校：《大元通制条格》，法律出版社 2000 年版

元代官修：《大元圣政国朝典章》，中国广播电视出版社 1998 年版

龙文彬：《明会要》，中华书局 1956 年版

（明）陈子龙等：《明经世文编》，中华书局 1962 年版

（明）何士晋：《工部厂库须知》，《续修四库全书》本。

（明）郑继芳等：《大明律集解附例》，台湾学生书局 1986 年版

（明）李东阳等：《大明会典》，江苏广陵古籍刻印社 1989 年版

（明）徐学聚：《国朝典汇》，台湾学生书局 1965 年版

（明）解缙、姚广孝等：《永乐大典》，中华书局 1986 年版

（清）徐松：《宋会要辑稿》，中华书局 1957 年版

（清）贺长龄：《清经世文编》，文海出版社 1966 年版

（清）崑冈：《钦定大清会典·钦定大清会典图·钦定大清会典事例》，台湾新文丰出版股份有限公司 1976 年版

商务印书馆编译所编：《大清光绪新法令》第 16 册，上海商务印书馆 1909 年版

《钦定古今图书集成》，中华书局 1934 年影印本

四、方志

（宋）叶隆礼：《契丹国志》，上海古籍出版社 1985 年版

（宋）字文懋昭：《大金国志校证》，中华书局 1986 年版

（元）熊梦祥著，北京图书馆辑：《析津志辑佚》，北京古籍出版社 1983 年版

（元）孛蘭肹等撰、赵万里校辑：《元一统志》，中华书局 1966 年版

《大明一统志》，台联国风出版社 1977 年版

（明）张爵、（清）朱一新：《京师五城坊巷衚衕集·京师坊巷志稿》，北京古籍出版社 1982 年版

（明）李昭祥：《龙江船厂志》，江苏古籍出版社 1999 年版

（清）周家楣等：《光绪顺天府志》，北京古籍出版社 1987 年版

（清）缪荃孙：《顺天府志》（据《永乐大典》辑），北京大学出版社 1983 年版

（清）黄彭年等：《光绪畿辅通志》，河北人民出版社 1989 年版；四库全书本

（清）于敏中等：《日下旧闻考》，北京古籍出版社 1985 年版

（清）缪荃孙等：《光绪昌平州志》，成文出版社 1968 年版

吴廷燮等：《北京市志稿》，北京燕山出版社 1998 年版

宗庆煦等：《密云县志》，成文出版社 1968 年版

马文焕等：《香河县志》，成文出版社 1968 年版

廖飞鹏、高书官纂修：《房山县志》，1928 年版

林传甲：《大中华京师地理志》，中华印书局 1919 年版

孙殿起：《琉璃厂小志》，北京古籍出版社 1982 年版

金梁编纂、牛力耕校订：《雍和宫志略》，中国藏学出版社 1994 年版

［日］多田贞一：《北京地名志》，书目文献出版社 1986 年版

林红：《北京风物志》，北京旅游教育出版社 1985 年版

北京市气象局气候资料室：《北京气候志》，北京出版社 1987 年版

北京市政协文史资料研究会、北京市民族古籍整理出版规划小组：《北京牛街志书——〈冈志〉》，北京出版社 1990 年版

吕永和、张宗平译：《清末北京志资料》，北京燕山出版社 1994 年版

《北京工业志》编委会：《北京工业志·印刷志》，中国科学技术出版社 2001 年版

《煤炭志》编委会：《北京工业志·煤炭志》，中国科学技术出版社 2000 年版

北京市地方志编纂委员会：《北京志·综合经济管理卷·物资志》，北京出版社 2004 年版

董晓萍主编：《数字行业民俗志》，北京师范大学出版社 2009 年版

五、杂史野乘

（北魏）郦道元著，（清末民初）杨守敬、熊会贞疏，段熙仲点校、陈桥驿复校：《水经注疏》，江苏古籍出版社 1989 年版

瞿宣颖：《同光间燕都掌故辑略》，上海世界书局 1936 年铅印本

李家瑞：《北平风俗类征》，商务印书馆 1937 年版

小横香室主人：《清朝野史大观　卷一　清宫遗闻》，上海书店 1981 年版

六、诸子、文集、笔记

（金）元好问：《中州集》，中华书局 1959 年版

（金）刘祁：《归潜志》，中华书局 1983 年版

（金）元好问：《元遗山诗集笺注》，人民文学出版社 1958 年版

（金）赵秉文：《闲闲老人滏水文集·附补遗》，中华书局 1985 年版

（宋）黄休复：《元代画塑记》，人民美术出版社 1964 年版

（宋）郑所南：《心史》，民国据明刻本校印

（宋）忽思慧：《饮膳正要》，明景泰七年内府刻本

（宋）王辟之：《渑水燕谈录》

（宋）洪遵：《泉志》，中华书局 1985 年版

（元）王恽：《秋涧集》，四库全书本

（元）胡行简：《樗隐集》，四库全书本

（元）许有壬：《至正集》，四库全书本

（元）杨瑀：《山居新话》，中华书局 1991 年版

《大元毡罽工物记》，见［日］菊地清：《大连市榊町四八番地》，大连市伏见町一四番地 1942 年版

（元）陶宗仪：《元氏掖庭记》，见（清）虫天子编、董乃斌点校：《中国香艳丛书》第 1 册，团结出版社 2005 年版

（元）权衡：《庚中外史》

（元）胡祇遹：《紫山大全集》，四库全书本

（元）魏初：《青崖集》，四库全书本

（元）程文海：《雪楼集》，四库全书本

（元）吴师道：《礼部集》，四库全书本

（元）陶宗仪：《南村辍耕录》，文化艺术出版社 1998 年版

（元）张宪：《玉笥集》，四库全书本

（元）欧阳玄：《圭斋文集》，四库全书本

（元）姚燧：《牧庵集》，中华书局 1985 年版

（元）虞集：《道园学古录》，四库全书本

（元）纳延：《金台集》，四库全书本

（元）郝经：《陵川集》，四库全书本

（元）陆文圭：《墙东类稿》，四库全书本

（元）苏天爵：《滋溪文稿》，四库全书本

（元）张昱：《可闲老人集》，四库全书本

（元）耶律铸：《双溪醉隐集》，四库全书本

（元）张之翰：《西岩集》，四库全书本

［英］道森编，吕浦译：《出使蒙古记》，中国社会科学出版社 1983 年版

《史料四编：大元仓库记·大元海运记》，台湾广文书局有限公司 1972 年版

冯承钧译：《马可波罗行纪》，中华书局 1954 年版

（明）刘若愚：《酌中志》，北京古籍出版社 1994 年版

（明）刘若愚：《明宫史》，北京古籍出版社 1982 年版

（明）史玄：《旧京遗事》，北京古籍出版社 1986 年版

（明）沈榜：《宛署杂记》，北京古籍出版社 1982 年版

（明）王世贞：《凤洲杂编》，中华书局 1985 年版

（明）沈德符：《万历野获编》，中华书局 1959 年版

（明）刘侗、于奕正：《帝京景物略》，北京古籍出版社 1983 年版

（明）蒋一葵：《长安客话》，北京古籍出版社 1982 年版

（明）朱国祯：《涌幢小品》，中华书局 1959 年版

（明）谢肇淛：《五杂俎》

（明）顾清：《傍秋亭杂记》

（明）刘基：《多能鄙事》

（明）张瀚：《松窗梦语》，中华书局 1985 年版

（明）张萱：《西园闻见录》，哈佛燕京学社 1940 年印行本

（明）顾起元：《客座赘语》，中华书局 1987 年版

（明）贺仲轼：《两宫鼎建记》，中华书局 1985 年版

（明）佚名：《北平考》，北京古籍出版社 1983 年版

（明）萧洵：《故宫遗录》，北京古籍出版社 1983 年版

（明）叶盛：《水东日记》，中华书局 1980 年版

（明）陆容：《菽园杂记》，中华书局 1985 年版

（明）宋应星：《天工开物》，明崇祯刻本；商务印书馆 1933 年版

（明）邱濬：《大学衍义补》，京华出版社 1999 年版

（明）茅元仪：《武备志》，华世出版社 1984 年版

（明）高濂：《遵生八笺》，巴蜀书社 1992 年版

（明）曹昭著、王佐增补：《新增格古要论》，中华书局 1985 年版

（明）杨士奇等：《历代名臣奏议》，四库全书本

（明）李时珍：《本草纲目》，四库全书本

（明）张应文：《清秘藏》，四库全书本

（清）夏仁虎：《旧京琐记》，北京古籍出版社 1986 年版

（清）孙承泽：《天府广记》，北京古籍出版社 1982 年版

（清）王庆云：《石渠余纪》，文海出版社 1973 年版

（清）阮葵生：《茶余客话》，中华书局 1959 年版

（清）孙承泽：《春明梦余录》，北京古籍出版社 1992 年版

（清）戴璐：《藤阴杂记》，上海古籍出版社 1985 年版

（清）唐与昆：《制钱通考》，中央民族大学出版社 1994 年版

（清）于敏中等：《日下旧闻考》，北京古籍出版社 1985 年版

（清）陈璧：《望嵓堂奏稿》，台湾文海出版社《近代中国史料丛刊第十辑》本

（清）富察敦崇：《燕京岁时记》，北京古籍出版社 1981 年版

（清）崇彝：《道咸以来朝野杂记》，北京古籍出版社 1982 年版

（清）陈夔龙：《梦蕉亭杂记》，北京古籍出版社 1985 年版。

（清）杨米人等：《清代北京竹枝词（十三种）》，北京古籍出版社 1982 年版

全国政协文史资料研究委员会：《晚清宫庭生活见闻》，文史资料出版社 1982 年版

果鸿孝：《清宫纪事》，中国青年出版社 1987 年版

章乃炜：《清宫述闻》，北京古籍出版社 1988 年版

章乃炜等：《清宫述闻·初续编合编本》，紫禁城出版社 1990 年版

魏建功等著，刘北汜选编：《琐记清宫》，紫禁城出版社 1990 年版

单士元：《故宫札记》，紫禁城出版社 1990 年版

信修明著，方彪等点校：《老太监的回忆》，北京燕山出版社 1992 年版

七、资料汇编、工具书

曹子西、于德源编：《秦汉魏晋十六国北朝时期蓟城资料》，紫禁城出版社 1986 年版

陈述辑校：《全辽文》，中华书局 1982 年版

蔡美彪编著：《元代白话碑集录》，科学出版社 1955 年版

李修生主编：《全元文》第 22 册，江苏古籍出版社 2001 年版

池泽汇等：《北平市工商业概况》，北平市社会局发行 1932 年版

孙健主编：《北京经济史资料·古代部分》，北京燕山出版社 1990 年版

孙健主编：《北京经济史资料·近代北京商业部分》，1990 年版

彭泽益：《中国近代手工业史资料（1840—1949）第一卷》，中华书局 1962 年版

彭泽益：《中国近代手工业史资料（1840—1949）第二卷》，三联书店 1957 年版

彭泽益：《中国近代手工业史资料（1840—1949）第三卷》，中华书局 1962 年版

彭泽益：《中国近代手工业史资料（1840—1949）第四卷》，三联书店 1957 年版

汪敬虞、孙毓棠：《中国近代工业史资料（1840—1914 年）》，科学出版社 1957 年版

中国人民大学工业经济系：《北京工业史料》，北京出版社 1960 年版

陈真：《中国近代工业史资料》，科学出版社 1962 年版

中国人民银行金融资料组：《中国近代货币史资料》，中国金融出版社 1964 年版

北京市总工会工人运动史研究组：《北京工运史料（第一辑）》，工人出版社 1981 年版

北京市总工会工人运动史研究组：《北京工运史料（第二期）》，工人出版社 1982 年版

北京市总工会工人运动史研究组：《北京工运史料（第三期）》，

工人出版社 1982 年版

北京市政协文史资料委员会：《北京文史资料精选》，北京出版社 2006 年版

彭泽益主编：《中国工商行会史料集》（下册），中华书局 1995 年版

李华编：《明清以来北京工商会馆碑刻选编》，文物出版社 1980 年版

魏开肇等：《〈清实录〉北京史资料辑要》，紫禁城出版社 1990 年版

李文海主编：《民国时期社会调查丛编　二编　近代工业卷　中》，福建教育出版社 2010 年版

中共北京市委党史研究室：《北京早期工业史料选编》，北京出版社 1994 年版

北京市档案馆：《北京会馆档案史料》，北京出版社 1997 年版

北京市东城区园林局汇纂：《北京庙会史料通考》，北京燕山出版社 2002 年版

北京市档案馆：《北京寺庙历史资料》，中国档案出版社 1997 年版

马芷庠：《北平旅行指南》，经济新闻社 1935 年版

黄光域：《外国在华工商企业辞典》，四川人民出版社 1995 年版

张星烺：《中西交通史料汇编》（第一册），中华书局 1977 年版

北京图书馆金石组、中国佛教图书文物馆石经组：《房山石经题记汇编》，书目文献出版社 1987 年版

北京市民族古籍整理出版规划小组：《北京民族文史资料》，天津古籍出版社 1987 年版

王灿炽：《北京史地风物书录》，北京出版社 1985 年版

首都博物馆资料室编：《北京古代史论著资料索引（1949—1985）》，国际文化出版公司 1990 年版

郗志群：《北京史百年论著资料索引》，北京燕山出版社 2000 年版

八、近人、今人著述

曹子西：《北京通史》（十卷本），中国书店 1994 年版

北京市社会科学研究所《北京历史纪年》编写组：《北京历史纪年》，北京出版社 1984 年版

北京大学历史系《北京史》编写组：《北京史》（增订版），北京出版社 1999 年版

李淑兰：《北京史稿》，学苑出版社 1994 年版

方彪：《北京简史》，北京燕山出版社 1995 年版

齐心：《图说北京史（上、下）》，北京燕山出版社 1999 年版

韦唐等：《北京——人文荟萃之所》，人民教育出版社 1998 年版

郗志群：《历史北京》，旅游教育出版社 2004 年版

尹钧科：《北京历代建置沿革》，北京出版社 1994 年版

尹钧科主编：《北京建置沿革史》，人民出版社 2008 年版

尹钧科等：《古代北京城市管理》，同心出版社 2002 年版

王岗：《北京城市发展史》（元代卷），北京燕山出版社 2008 年版

侯仁之：《北京城市历史地理》，北京燕山出版社 2000 年版

侯仁之等：《北京城的起源与变迁》，中国书店 2001 年版

韩光辉：《北京历史人口地理》，北京大学出版社 1996 年版

霍亚贞：《北京自然地理》，北京师范学院出版社 1989 年版

史明正：《走向近代化的北京城：城市建设与社会变革》，北京大学出版社 1995 年版

王同祯：《老北京城》，北京燕山出版社 1997 年版

朱祖希等：《北京城演进的轨迹》，光明日报出版社 2004 年版

罗保平：《明清北京城》，北京出版社 2000 年版

［美］西德尼·D·甘博：《北京的社会调查》，中国书店 2000 年版

吴建雍：《北京城市生活史》，开明出版社 1997 年版

赵兴华：《老北京庙会》，中国城市出版社 1999 年版

袁熹：《近代北京的市民生活》，北京出版社 2000 年版

袁熹：《北京近百年生活变迁（1840—1949）》，同心出版社 2007 年版

习五一：《北京的庙会民俗》，北京出版社 2000 年版

王彬等辑：《燕京风土录》，光明日报出版社 2000 年版

余钊：《北京旧事》，学苑出版社 2000 年版

姜纬堂：《旧京述闻》，山西人民出版社 2002 年版

北京历史考古丛书编辑组：《北京文物与考古一九八三（总一辑）》，1983 年版

北京市文物研究所编：《北京文物与考古（第二辑）》，北京燕山出版社 1991 年版

北京市文物研究所编：《北京文物与考古（第三辑）》，北京燕山出版社 1992 年版

北京市文物研究所编：《北京文物与考古（第四辑）》，北京燕山出版社 1994 年版

文物编辑委员会：《文物考古工作三十年（1949—1979）》，文物出版社 1979 年版

《北京考古四十年》，北京燕山出版社 1990 年版

苏天钧主编：《北京考古集成 5 宋辽》，北京出版社 2000 年版

汤用彬等：《旧都文物略》，书目文献出版社 1986 年版

《北京文物精粹大系》编委会、北京市文物事业管理局编：《北京文物精粹大系·石雕卷》，北京出版社 1999 年版

《北京辽金文物研究》，北京燕山出版社 2005 年版

北京燕山出版社：《京华古迹寻踪》，北京燕山出版社 1996 年版

孙健主编：《北京古代经济史》，北京燕山出版社 1996 年版

杨洪运、赵筠秋：《北京经济史话》，北京出版社 1984 年版

傅筑夫：《中国封建社会经济史》第四卷，人民出版社 1986 年版

朱伯康、施正康：《中国经济通史》，人民出版社 1995 年版

宁可主编：《中国经济通史·隋唐五代经济卷》，经济日报出版社 2000 年版

张九洲：《中国经济史概论》，河南大学出版社 2007 年版

陈汉生主编：《中国古代经济法制史纲》，电子工业出版社 1990 年版

南京大学历史系明清史研究室编：《中国资本主义萌芽问题论文集》，江苏人民出版社 1983 年版

中国人民大学中国历史教研室：《中国封建经济关系的若干问题》，三联书店 1958 年版

李幹：《元代社会经济史稿》，湖北人民出版社 1985 年版

刘玉峰：《唐代工商业形态论稿》，齐鲁书社 2002 年版

童书业：《中国手工业商业发展史》，齐鲁书社 1981 年版

刘国良：《中国工业史（古代卷）》，江苏科学技术出版社 1990 年版

高叔康：《中国手工业概论》，商务印书馆 1946 年版

季如迅：《中国手工业简史》，当代中国出版社 1998 年版

王翔：《中国近代手工业的经济学考察》，中国经济出版社 2002 年版

胡小鹏：《中国手工业经济通史·宋元卷》，福建人民出版社 2004 年版

李绍强、徐建青：《中国手工业经济通史·明清卷》，福建人民出版社 2004 年版

祝寿慈：《中国近代工业史》，重庆出版社 1989 年版

陈诗启：《从明代官手工业到中国近代海关史研究》，厦门大学出版社 2004 年版

彭南生：《中间经济传统与现代之间的中国近代手工业（1840—1936）》，高等教育出版社 2002 年版

魏文享：《中间组织·近代工商同业公会研究（1918—1949）》，华中师范大学出版社 2007 年版

曲彦斌：《行会史》，上海文艺出版社 1999 年版

撰人不详：《钱币考》卷上，中华书局 1985 年版

杨端六：《清代货币金融史稿》，三联书店 1962 年版

北京市政协文史资料研究委员会：《驰名京华的老字号》，文史资料出版社 1986 年版

侯式亨：《北京老字号》，中国环境科学出版社 1991 年版

郑理：《荣宝斋三百年间》，北京燕山出版社 1992 年版

《北京瑞蚨祥》，三联书店 1959 年版

王永斌：《北京的商业街和老字号》，北京燕山出版社 1999 年版

王永斌：《北京的关厢乡镇和老字号》，东方出版社 2003 年版

齐大芝等：《北京商业纪事》，北京出版社 2000 年版

汤锦程：《北京的会馆》，中国轻工业出版社 1994 年版。

胡春焕等：《北京的会馆》，中国经济出版社 1994 年版

王培：《晚清企业纪事》，中国文史出版社 1997 年版

张双林：《老北京的商市》，北京燕山出版社 1999 年版

范纬：《老北京的招幌》，文物出版社 2004 年版

叶祖孚：《北京琉璃厂》，北京燕山出版社 1997 年版

王锋主编：《中国回族科学技术史》，宁夏人民出版社 2008 年版

科学史集刊编辑委员会：《科学史集刊6》，科学出版社 1963 年版

齐如山著、鲍瞰埠编：《故都三百六十行》，书目文献出版社 1993 年版

常人春：《老北京的民俗行业》，学苑出版社 2002 年版

潘惠楼：《北京煤炭史苑》，煤炭工业出版社 1997 年版

袁树森《老北京的煤业》，学苑出版社 2005 年版

李仁溥：《中国古代纺织史稿》，岳麓书社 1983 年版

罗树宝：《中国古代印刷史》，印刷工业出版社 1993 年版

张秀民：《中国印刷史》，上海人民出版社 1989 年版

刘旭：《中国火药火器史》，大象出版社 2004 年版

唐克美、李苍彦：《中国传统工艺全集·金银细金工艺和景泰蓝》，大象出版社 2004 年版

乔十光：《中国传统工艺全集·漆艺》，大象出版社 2004 年版

田自秉、华觉明：《中国传统工艺全集·历代工艺名家》，大象出版社 2008 年版

李福顺主编：《北京美术史》，首都师范大学出版社 2008 年版

王绎、王明石主编：《北京工艺美术集》，北京出版社 1983 年版

王朝闻主编：《中国美术史·元代卷》，齐鲁书社·明天出版社 2000 年版

中国佛教协会编辑：《房山云居寺石经》，文物出版社 1978 年版

肖纪龙等：《北京石刻撷英》，中国书店 2002 年版

朱天舒：《辽代金银器》，文物出版社 1998 年版

中国科学院自然科学史研究所主编：《中国古代建筑技术史》，科学出版社 1985 年版

庄裕光：《古建春秋》，百花文艺出版社 2007 年版

侯幼彬等：《中国古代建筑历史图说》，中国建筑工业出版社 2002 年版

孙大章主编：《中国古代建筑史·第五卷：清代建筑》，中国建筑工业出版社 2002 年版

张钦楠：《中国古代建筑师》，三联书店 2008 年版

中国近代建筑史编辑委员会编：《中国近代建筑史（初稿）》，建筑工程部建筑科学研究院 1959 年版

王世仁等：《中国近代建筑总览》，中国建筑工业出版社 1993 年版

杨秉德主编：《中国近代城市与建筑（1840—1949）》，中国建筑工业出版社 1990 年版

杨永生编：《哲匠录》，中国建筑工业出版社 2005 年版

于倬云主编：《紫禁城建筑研究与保护：故宫博物院建院 70 周年回顾》，紫禁城出版社 1995 年版

萧默：《巍巍帝都：北京历代建筑》，清华大学出版社 2006 年版

张复合：《北京近代建筑史》，清华大学出版社 2004 年版

汪莱茵等：《紫禁城》，南开大学出版社 1989 年版

张国瑞：《太庙考略》，北京故宫博物院出版 1919 年版

刘祚臣：《北京的坛庙文化》，北京的坛庙文化 2000 年版

朱偰：《北京宫阙图说》，上海商务印书馆 1938 年版

朱偰：《明清两代宫苑建置沿革图考》，上海商务印书馆 1947 年版

朱祖希：《北京城——营国之最》，中国城市经济社会出版社 1990 年版

龙霄飞等：《帝都赫赫人神居：宫殿、坛庙、王府、四合院》，光明日报出版社 2006 年版

朱祖希：《千年古都话沧桑：北京城的演进、桥梁、长城》，光明日报出版社 2006 年版

张宝秀等：《北京的长城与桥梁》，光明日报出版社 2000 年版

谢敏聪：《明清北京的城垣与宫阙之研究》，台湾学生书局 1980 年版

张先得：《明清北京城垣和城门》河北教育出版社 2003 年版。

高巍等：《四合院——砖瓦建成的北京文化》，学苑出版社 2003 年版

王其明：《北京四合院》，中国书店 1999 年版。

翁立：《北京的四合院与胡同》，北京美术摄影出版社 2003 年版

薛增起、薛楠：《北京的塔》，北京出版社 2002 年版

汪建民等：《北京的古塔》，学苑出版社 2003 年版。

于德源：《北京漕运和仓场》，同心出版社 2004 年版

韩昌凯：《北京的牌楼》，学苑出版社 2002 年版。

赵兴华编著：《北京园林史话》，中国林业出版社 1994 年版

李济：《远古石器浅说》，见张光直主编：《李济文集 2》，上海人民出版社 2006 年版

裴文中：《中国石器时代》，中国青年出版社 1954 年版

贾兰坡：《旧石器时代文化》，科学出版社 1957 年版

［英］K. P. 奥克莱：《石器时代文化》，科学出版社 1965 年版

北京大学历史系考古教研室：《新石器时代考古》（中国考古学之二），1972 年版

贾兰坡：《周口店"北京人"之家》，北京出版社 1975 年版

陕西省西安半坡博物馆：《中国原始社会》，生物出版社 1977 年版

安志敏：《考古学专刊·甲种第十八号·中国新石器时代论集》，文物出版社 1982 年版

贾兰坡：《贾兰坡旧石器时代考古论文选》，文物出版社 1984 年版

裴文中等：《中国猿人石器研究》，科学出版社 1985 年版

孙铁刚：《中国旧石器时代》，文史哲出版社 1985 年版

黄慰文：《劳动创造了人——闻名世界"北京人"》，书目文献出版社 1985 年版

张森水：《中国旧石器文化》，天津科学技术出版社 1987 年版

王兵翔：《旧石器时代考古学》，河南大学出版社 1992 年版

贾兰坡等：《发现北京人》，幼狮文化事业公司 1996 年版

佟柱臣：《中国新石器研究》（上册），巴蜀书社 1998 年版

李宗山：《石器史话》，中国大百科全书出版社 2000 年版

武弘麟：《北京文明的曙光》，北京出版社 2000 年版

张之恒等：《中国旧石器时代考古》，南京大学出版社 2003 年版

张之恒：《中国新石器时代考古》，南京大学出版社 2004 年版

杨树森：《辽史简编》，辽宁人民出版社 1984 年版

杨复吉辑：《辽史拾遗补》，中华书局 1985 年版

周良霄、顾菊英：《元代史》，上海人民出版社 1998 年版

陈高华：《元大都》，北京出版社 1982 年版

王戎笙：《清代简史》，辽宁人民出版社 1997 年版

林克光等：《近代京华史迹》，中国人民大学出版社 1985 年版

《中华文明史》编委会编：《中华文明史》第 7 卷，河北教育出版社 1994 年版

熊文彬：《元代藏汉艺术交流》，河北教育出版社 2003 年版

顾卫民：《基督教宗教艺术在华发展史》，上海书店出版社 2005 年版

刘志琴：《近代中国社会文化变迁录》，浙江人民出版社 1998 年版

王光尧：《中国古代官窑制度》，紫禁城出版社 2004 年版

文物编辑委员会编：《中国古代窑址调查发掘报告集》，文物出版社 1984 年版

赵光林：《古陶瓷的收藏与研究》，中国书籍出版社 2007 年版

彭善国：《辽代陶瓷的考古学研究》，吉林大学出版社 2003 年版

陈述：《辽金史论集·第一辑》，上海古籍出版社 1987 年版

清代宫史研究会：《清代宫史探微·第一届清代宫史学术讨论会论文集》，紫禁城出版社 1991 年版

南开大学历史系、北京大学历史系编：《郑天挺先生百年诞辰纪念文集》，中华书局 2000 年版

万依等：《清代宫廷史》，辽宁人民出版社 1990 年版

李国荣：《清宫档案揭秘》，中国青年出版社 2004 年版

万依等：《清代宫廷生活》，三联书店 2006 年版

刘东声、刘盛林：《北京牛街》，北京出版社 1990 年版

金启孮：《北京城区的满族》，辽宁民族出版社 1998 年版

故宫博物院：《清宫藏传佛教文物》，紫禁城出版社 1998 年版

爱新觉罗瀛生：《老北京与满族》，学苑出版社 2005 年版

九、报刊、杂志

《中外经济周刊》、《市政统计月刊》、《社会科学杂志》、《工商半月刊》、《工业月刊》

《文物》、《考古》、《考古学报》、《故宫博物院院刊》、《北京文博》

十、其他

文渊阁《四库全书》，上海人民出版社、迪志文化出版有限公司，电子版光碟

《国学智能书库》，北京国学时代文化传播有限公司，电子版

后　记

　　这本《北京手工业史》书稿是 2009 年立项的北京市社会科学院重点课题《北京手工业发展史》的最终成果。现纳入《北京专史集成》丛书出版。全部书稿由课题主持人章永俊副研究员独立完成。历史所所长王岗研究员欣然撰写"前言"，人民出版社张秀平编审给予了大力帮助，在此谨致谢忱。

　　《北京手工业史》一书旨在系统阐述北京手工业发展史的演变轨迹，探讨北京手工业的政策、制度、管理体制、经营方式以及手工业者的身份与地位诸问题，揭示各历史时期的主要手工业行业状况及其兴衰变化趋势，初步建立北京手工业史基本理论框架和手工业本身发展变化的动态体系。

　　应当说，北京手工业史从不同角度和层面，尚有很大的研究空间。诸如：对北京历史上，尤其是元明清时期手工业生产技术演进、生产管理与经营方式、行业地域空间分布等问题，都值得进一步挖掘。

　　在书稿撰写过程中，作者搜集了与之相关的大量文献资料，因而本书具备较为坚实的史料基础。对于所引征的文献，文中尽可能一一标明出处。

　　由于撰者学识谫陋，加之文中所涉领域甚广、所及行业众多，识见难免偏颇乃至谬误，恳请方家指正为盼！

　　是为后记。

北京市社会科学院历史所

章永俊

2011 年 9 月

图书在版编目 (CIP) 数据

北京手工业史 / 章永俊著.
-北京：人民出版社，2011
（北京专史集成 / 王岗主编）
ISBN 978-7-01-010313-6/
Ⅰ.①北… Ⅱ.①章… Ⅲ.①手工业史-北京市
Ⅳ.①F426.899
中国版本图书馆 CIP 数据核字 (2011) 第 200470 号

北京手工业史

BEIJING SHOUGONG YESHI

作　　者：章永俊
责任编辑：张秀平
封面设计：曹　春

人民出版社 出版发行

地　　址：北京朝阳门内大街 166 号
邮政编码：100706　www.peoplepress.net
经　　销：新华书店总店北京发行所经销
印刷装订：北京昌平百善印刷厂
出版日期：2011 年 10 月第 1 版　2011 年 10 月第 1 次印刷
开　　本：730 毫米×970 毫米　1/16
印　　张：31
字　　数：520 千字
书　　号：ISBN 978-7-01-010313-6/
定　　价：80.00 元